hugo

POCKET DICTIONARY

FRENCH

FRENCH-ENGLISH
ENGLISH-FRENCH

HUGO'S LANGUAGE BOOKS LTD
LONDON

Completely revised 1973

© 1973 Hugo's Language Books Ltd

ISBN : 085285 050 6

hugo

DICTIONNAIRE DE POCHE

ANGLAIS

FRANCAIS-ANGLAIS
ANGLAIS-FRANCAIS

PRÉFACE

Le dictionnaire anglais-français de HUGO est un livre de poche qui sera consulté avec le plus grand profit. Il contient, sous un volume très réduit, les expressions usitées dans la vie courante. Nous avons employé le système bien connu de prononciation figurée de HUGO. Cette méthode est si simple que toutes les personnes qui se serviront de notre dictionnaire pourront l'appliquer immédiatement sans l'étude préalable d'une clef plus ou moins compliquée (voir page vi).

Les mots ayant la même racine, qui ne figurent pas dans la partie Français-Anglais, se trouvent généralement dans la partie Anglais-Français. Cette disposition a été adoptée afin de ménager l'espace nécessaire à l'insertion du plus grand nombre de mots possible.

PREFACE

Hugo's French Dictionary will be found a most serviceable pocket reference book. It contains in a small space the words that are needed in everyday life. Hugo's well-known system of Imitated Pronunciation has been used throughout; this method is so simple that anyone can use it at once without the slightest trouble (see page vii). *There is no complicated key to be mastered.*

Words belonging to the same root not given in the French-English section will generally be found in the English-French section. This plan has been followed to provide space for the greatest possible number of words.

LA PRONONCIATION FIGURÉE

Prononcer chaque syllabe comme si elle appartenait a un mot français, mais en tenant compte des indications suivantes:

ă   a extrêmement bref. Dans certains mots (**have, had, has, man, hat** etc), entre l'**a** de 'bal' et l'**è** de 'complète'.

a, eu,   ŏ son indistinct et sourd, analogue à celui d'**e** dans 'me', 'de', 'que'. Ce son est souvent indiqué par une apostrophe dans la prononciation figurée de certaines finales anglaises: **lesson,** less **-'n.**

o   son très bref, entre **eu** dans 'fleur' et **a** dans 'lac'. Par example: **but,** botte (son presque comme 'batte').

oa   désigne un son qu'on reproduira avec une exactitude suffisante en prononçant à peu près, et d'une seule émission de voix, comme **au** dans 'laure', 'Faure'.

r   à la fin d'un mot ou d'une syllabe, ne se fait sentir que très faiblement, à moins qu'il ne soit immédiatement suivi d'une voyelle.

h   cette lettre s'aspire toujours distinctement.

th   (dur=*ts,* et doux=*dz*). Prononcer *ts* et *dz* en mettant le bout de la langue entre les dents comme lorsqu'on zézaie.

L'e muet a la fin d'une syllabe ne doit jamais se prononcer.

ACCENT TONIQUE

En anglais, l'accentuation d'une syllabe est donnée dans le prononciation figurée par le symbole ' placé après la syllabe accentuée.

(voir la suite page viii)

THE IMITATED PRONUNCIATION

If the syllables given are pronounced as if they formed part of an English word, the speaker will always be understood by any French-speaking person. But the exact sound can in some cases be still more nearly obtained if the following instructions are remembered.

r (italic) not to be pronounced at all.

ng (italic) not to be pronounced at all. It merely indicates that the preceding vowel has a nasal sound; ah*ng* is pronounced like **au** in 'aunt', a*ng* like **ang** in 'fang', o*ng* like **ong** in 'wrong', and u*ng* like **ung** in 'lung'.

r (bold type) pronounced more strongly than in English—rrroll it on the tongue.

sh (bold) like **s** in 'measure'.

eh like **e** in 'bed'.

e*r* like **u** in 'fur'.

er (bold type) is the same sound, but longer and with the **r** sounded.

e*r* like **e** in 'her', but more closed.

ah like **a** in 'far', but shorter.

ai or ay like **ai** in 'fair'.

E, EE represent the sound of the French **u**; say 'tree' with lips rounded as when whistling, and the terminal sound of **ee** is that required.

oo like **oo** in 'book', 'look', 'took'.

There is practically **no stress** in French words; the same value should be given to all syllables.

(continued on page ix)

ADVERBES

L'astérisque (*) indique les adjectifs auxquels il suffit d'ajouter la finale -ly pour en faire des adverbes. Par exemple: **wise** (sage) = **wisely** (sagement). Cette finale -ly a un son intermédiaire entre li et le.

IMPORTANT. — La prononciation figurée de la partie Anglais-Français de ce dictionnaire est uniquement à l'usage des Français, et c'est au moyen de lettres et groupes de lettres empruntés à la langue française qu'elle représente les sons de l'anglais. On ne devra donc attacher aucune importance aux critiques émanant de personnes de langue anglaise qui ne se rendraient pas compte que cette prononciation figurée n'est pas fondée sur la phonétique de leur propre idiome.

Réciproquement, la prononciation figurée de la partie Français-Anglais n'intéresse que les seules personnes de langue anglaise.

ABRÉVIATIONS

	adjectif	*mus*	musical
adv	adverbe	*n*	nom
aero	aéronautique	*naut*	nautique
art	article	*pers*	personnes
com	commercial	*pl*	pluriel
conj	conjonction	*pop*	populaire
eccl	ecclésiastique	*poss*	possessif
f	nom féminin	*pp*	participe passé
fam	familier	*prep*	préposition
fig	figuré	*pres*	participe
geog	géographique	*part*	présent
interj	interjection	*pron*	pronom
m	nom masculin	*refl*	réflechi
mech	mécanique	*s*	singulier
med	médical	*v*	verbe
mil	militaire	*vulg*	vulgaire

ADVERBS

Most French adverbs end in **-ment** (pronounced mah*ng*). To form them it is only necessary to add this termination to the feminine ending of the adjective, or to the masculine form if this ends in **e**. For example: **positif** (*m*), **positive** (*f*)=**positivement** (*adv*), and **rare** (*m* & *f*)=**rarement** (*adv*). All adjective from which an adverb can thus be formed are marked with an asterisk (*).

NOTE. — The imitated pronunciation in the French-English section, being for English-speaking people only, is framed in accordance with English 'sound-spelling' principles. Users of this Dictionary should beware of criticisms from foreigners who forget that this imitated pronunciation is not based upon their own phonetics.

Vice versa, the imitated pronunciation in the English-French section is for French-speaking people only.

ABBREVIATIONS

a	adjective	*mus*	musical
adv	adverb	*n*	noun
aero	aeronautics	*naut*	nautical
art	article	*pers*	persons
com	commercial	*pl*	plural
conj	conjunction	*pop*	popular
eccl	ecclesiastical	*poss*	possessive
f	feminine noun	*pp*	past participle
fam	familiar	*prep*	preposition
fig	figurative sense	*pres*	present
geog	geographical	*part*	participle
interj	interjection	*pron*	pronoun
m	masculine noun	*refl*	reflexive
mech	mechanical	*s*	singular
med	medical	*v*	verb
mil	military	*vulg*	vulgar

TABLE COMPARATIVE

Mesures   **Poids**

MESURES DE LONGEUR

1 inch (in.) =2·54 cm.	1 furlong =201·16 m.
1 foot (ft.) =30·4 cm.	1 mile =1609 m.
1 yard (yd.) =91·4 cm.	1 fathom =1·828 m.

1 nautical mile=1852 m.

MESURES DE SURFACE

1 square inch =6·45 cm²	1 square yard =8361 cm²
1 square foot =929 cm²	1 acre =4047 m²

1 square mile =2·59 km² (10 sq. miles =26 km²)

MESURES DE CAPACITÉ

1 pint	=0·568 litres
1 quart (2 pints)	=1·135 litres
1 gallon (8 pints)	=4·543 litres

MESURES DE POIDS

1 ounce	=28·35 gr. (16 oz.=1 lb.)
1 pound (lb.)	=453·59 gr. (14 lbs.=1 stone)
1 stone	=6·35 kg. (8 stones=1 cwt.)
1 hundredweight (cwt.)	=50·8 kg. (20 cwt.=1 ton)
1 ton (tonne anglaise)	=1016 kg.

THERMOMÈTRE

32° Fahrenheit=0° C.   212° Fahrenheit=100° C.

9° Fahrenheit égalent donc 5° C. Pour convertir les degrés centigrades en degrés Fahrenheit, multiplier par 9, diviser par 5 et ajouter 32.

x

COMPARATIVE TABLE

Measures   **Weights**

LINEAL MEASURE

1 centimètre = 0·393 inch (10 cm. = about 4 ins.)
1 mètre = 39·37 ins. (10 m. = about 33 ft.)
1 kilomètre = 1000 m. = 1093·63 yds. (⅝ of a mile)

SQUARE MEASURE

1 centiare (1 sq. metre)   = 1·196 sq. yds. (10·8 sq.
1 are (100 sq. metres)   = 119·6 sq. yds.   [ft.]
1 hectare (10,000 sq. metres) = 2·471 acres

CUBIC MEASURE

1 stère = 1·308 cu. yds.
1 litre = 1·76 pints   1 hectolitre = 22 gals.

WEIGHTS (Avoirdupois)

1 hectogramme (100 grams) = 3·527 ozs.
1 kilogramme (1000 grams) = 2·205 lbs.
1 tonne (1000 kilograms)   = 0·984 ton

THERMOMETER

0° Centigrade = 32° Fahrenheit
100° Centigrade = 212° Fahrenheit

5° C. are equivalent to 9° F. To convert Fahrenheit into Centigrade, subtract 32, multiply by 5, and divide by 9.

GEOGRAPHICAL NAMES
NOMS GÉOGRAPHIQUES

Africa, African: *l'Afrique, africain*
Algeria, Algerian: *l'Algérie, algérien*
America, American: *l'Amérique, américain*
Arabia, Arabian: *l'Arabie, arabe*
Asia, Asian, Asiatic: *l'Asie, asiatique*
Atlantic (Ocean): *l'(Océan) Atlantique*
Australia, Australian: *l'Australie, australien*
Austria, Austrian: *l'Autriche, autricien*
Belgium, Belgian: *la Belgique, belge*
Brazil, Brazilian: *le Brésil, brésilien*
British: *britannique*
Brittany, Breton: *la Bretagne, breton*
Burgundy, Burgundian: *la Bourgogne, bourguignon*
Canada, Canadian: *le Canada, canadien*
Channel Islands: *les Iles de la Manche*
China, Chinese: *la Chine, chinois*
Corsica, Corsican: *la Corse, corse*
Denmark, Danish: *le Danemark, danois*
Dutch: *hollandais*
Egypt, Egyptian: *l'Egypte, égyptien*
England, English: *l'Angleterre, anglais*
English Channel: *la Manche*
Europe, European: *l'Europe, européen*
EEC, European Economic Community: *CEE, la Communauté économique européenne*
France, French: *la France, français*
Germany, German: *l'Allemagne, allemand*
W. Germany: *RFA, République fédérale allemande*
E. Germany: *RDA, République démocratique allemande*
Great Britain: *la Grande-Bretagne*
Greece, Greek: *la Grèce, grec*

Holland, Dutch: *la Hollande, hollandais*

Hungary, Hungarian: *la Hongrie, hongrois*

India, Indian: *l'Inde, indien*

Indonesia, Indonesian: *l'Indonésie, indonésien*

Ireland, Irish: *l'Irlande, irlandais*

Israel, Israeli: *l'Israël, israélien*

Italy, Italian: *l'Italie, italien*

Japan, Japanese: *le Japon, japonnais*

Mediterranean: *la Méditerranée*

Morocco, Moroccan: *le Maroc, marocain*

NATO, North Atlantic Treaty Organization: *OTAN, Organisation du Traité de l'Atlantique Nord*

Netherlands: *le Pays-Bas*

New Zealand: *la Nouvelle-Zélande*

North Sea: *la Mer du Nord*

Norway, Norwegian: *la Norvège, norvégien*

Poland, Polish: *la Pologne, polonais*

Russia, Russian: *la Russie, russe*

Scotland, Scottish, Scots: *l'Ecosse, écossais*

South Africa: *(République d') Afrique du Sud*

Spain, Spanish: *l'Espagne, espagnol*

Sweden, Swedish: *la Suède, suédois*

Switzerland, Swiss: *la Suisse, suisse*

Syria, Syrian: *la Syrie, syrien*

Turkey, Turkish: *la Turquie, turc*

UN(O), United Nations (Organization): *ONU, Organisation des Nations Unies*

UAR, United Arab Republic: *RAU, République Arabe Unie*

USA, United States (of America): *les Etats-Unis*

USSR, Soviet Union: *URSS, Union soviétique*

Yugoslavia, Yugoslavian: *Yougoslavie, yougoslavien*

Wales, Welsh: *le Pays de Galles, gallois*

West Indies: *les Antilles*

FRENCH-ENGLISH DICTIONARY

—

à, äh, *prep* to; at; in; within; on; by; for; from; according to.

a, äh, *v* has.

abaissement, äh-bayss-mah*ng*, *m* lowering; fall; diminution; disgrace.

abaisser, äh-bayss-eh, *v* to lower; to pull down. **s'—,** to humble oneself; to stoop.

abandon, äh-bah*ng*-do*ng*, *m* abandonment; desertion; ease. **à l'—,** at random.

abandonné, e, äh-bah*ng*-donn-eh, *p p* & *a* deserted; depraved; profligate.

abandonner, äh-bah*ng*-donn-eh, *v* to abandon; to desert; to give up; to let go. **s'—,** to indulge (**à,** in); to trust in.

abasourdir, äh-bäh-zoohr-deer, *v* to stun.

abatage, abattage, äh-bäh-tähsh, *m* cutting down; slaughter.

abâtardir, äh-bah-tähr-deer, *v* to debase; to corrupt.

abat-jour, äh-bäh-**shoohr**, *m* reflector; lamp-shade.

abattement, äh-bäht-mah*ng*, *m* prostration.

abattis, äh-bäh-te, *m* felling; giblets.

abattoir, äh-bäh-to'ähr, *m* slaughter-house.

abattre, äh-bäh-tr, *v* to bring down; to cut down. **s'—,** to fall.

abattu, e, äh-bäh-te, *pp* & *a* brought down; de- ⌐pressed. **abat-vent,** äh-bäh-vah*ng*, *m* wind-screen. ⌐pressed.

abbaye, äh-bay-yee, *f* abbey.

abbé, äh-beh, *m* abbot; priest, abbé.

abbesse, äh-bess, *f* abbess.

abcès, ähb-say, *m* abscess.

abdiquer, ähb-de-keh, *v* to abdicate.

abdomen, ähb-doh-menn, *m* abdomen.

abeille, äh-bay'e, *f* bee.

abêtir, äh-bay-teer, *v* to stupefy. **s'—,** to grow ⌐stupid.

abhorrer, äh-bor-eh, *v* to abhor, to loathe.

abîme, äh-beem, *m* abyss.

abîmer, äh-bee-meh, *v* to spoil.

abject, e, ăhb-sheckt, *a* base; mean.
abjection, ăhb-sheck-se-o*ng*, *f* vileness.
abjurer, ăhb-sHE-reh, *v* to renounce.
ablution, ăhb-lE-se-o*ng*, *f* washing.
abnégation, ăhb-neh-gäh-se-o*ng*, *f* self-denial.
aboi, ăh-boäh, *m* **aboiement,** ăh-boäh-mah*ng*, *m* bark, barking.
abois, ăh-boäh, *mpl* **aux abois,** oh-z'—, at bay; desperate situation.
abolir, ăh-bol-eer, *v* to abolish.
abominable,* ăh-bomm-e-näh-bl, *a* abominable.
abomination, ăh-bomm-e-näh-se-o*ng*, *f* abomination.
abondamment, ăh-bong-däh-mah*ng*, *adv* plentifully.
abondant, e, ăh-bong-dah*ng*, *a* abundant.
abonder, ăh-bong-deh, *v* to abound (**en**, in, with).
abonné, e, ăh-bonn-eh, *mf* subscriber.
abonnement, ăh-bonn-mah*ng*, *m* subscription.
carte d'—, kăhrt d—, season ticket.
abonner (s'—), săh-bonn-eh, *v* to subscribe.
abord, ăh-bor, *m* access. **d'—,** at first.
aborder, ăh-bor-deh, *v* to land; to approach; to accost; to run foul of, to collide with.
aborti-f, ve, ăh-bor-tiff, *a* abortive.
aboucher, ăh-boo-sheh, *v* to bring together. **s'—,** to confer.
aboutir, ăh-boo-teer, *v* to end; to abut; to lead.
aboutissant, ăh-boo-tiss-ah*ng*, *m* abuttal. **tenants et —s,** ter-nah*ng* z'eh—, ins and outs.
aboyer, ăh-bo'äh-yeh, *v* to bark.
abrégé, ăh-breh-sheh, *m* summary, abstract.
abréger, ăh-breh-sheh, *v* to shorten.
abreuver, ăh-brer-veh, *v* to water animals; (fig.) to soak. **s'—,** to drink plentifully.
abreuvoir, ăh-brer-vo'ăhr, *m* watering-place.
abréviation, ăh-breh-ve-ah-se-o*ng*, *f* abbreviation; shortening.
abri, ăh-bre, *m* shelter.
abricot, ăh-bre-ko, *m* apricot.
abriter, ăh-bre-teh, *v* to shelter.
abroger, ăh-bro-sheh, *v* to repeal.
abrupt, e,* ăh-brEpt, *a* abrupt, steep, rugged.

abrutir, ăh-bre-teer, *v* to stupefy; to brutalize. **s'—,** to make a beast of oneself.

absent, e, ăhb-sahng, *a* absent.

absenter (s'), săhb-sahng-teh, *v* to absent oneself

abside, ăhb-seed, *f* apse.

absinthe, ăhb-sangt, *f* wormwood; absinth.

absolument, ăhb-sol-E-mahng, *adv* absolutely.

absolution, ăhb-sol-E-se-ong, *f* absolution, pardon.

absorber, ăhb-sor-beh, *v* to absorb; to engross.

absorption, ăhb-sorp-se-ong, *f* absorption.

absoudre, ăhb-soo-dr, *v* to absolve.

abstenir (s'), săbhs-ter-neer, *v* to abstain.

abstinence, ăbhs-te-nahngs, *f* abstinence; fasting.

abstraire, ăhbs-trair, *v* to abstract.

abstrait, e,* ăhbs-tray, *a* abstract; abstruse; obscure.

absurde,* ăhbss-EErd, *a* absurd, silly.

absurdité, ăhbss-EEr-de-teh, *f* absurdity, nonsense.

abus, ăh-be, *m* abuse.

abuser, ăh-bE-zeh, *v* to deceive; to abuse.

abusi-f, ve,* ăh-bE-ziff, *a* improper (use of word).

académie, ăh-kăh-deh-mee, *f* academy.

acajou, ăh-kăh-shoo, *m* mahogany.

acariâtre, ăh-kăh-re-ah-tr, *a* bad-tempered.

accablant, e, ăh-kăh-blahng, *a* overwhelming; oppressive; unbearable.

accablement, ăh-kăh-bler-mahng, *m* depression, dejection.

accabler, ăh-kăh-bleh, *v* to overwhelm; to crush; to overcome (**de,** with).

accaparer, ăh-kăh-păh-reh, *v* to monopolize; to forestall.

accéder, ăhck-seh-deh, *v* to accede; to comply (**à,** with).

accélérateur, ăhck-seh-leh-răh-ter, *m* accelerator.

accélérer, ăhck-seh-leh-reh, *v* to hasten.

accent, ăhck-sahng, *m* accent; tone; stress.

accentuer, ăhck-sahng-tE-eh, *v* to accentuate; to emphasize.

acceptation, ăhck-sehp-tăh-se-ong, *f* acceptance.

accepter, ăhck-sehp-teh, *v* to accept.

acception, ăhck-sehp-se-ong, *f* regard; meaning (of word).

accès, ăhck-say, *m* access; fit.

accessoire, ăhck-sess-o'ăhr, *m* detail. *pl* properties. *a*, accessory.

accident, ăhck-se-dahng, *m* accident; mishap.

accidenté, e, ăhck-se-dahng-teh, *a* eventful, chequered; victim (of accident).

accise, ăhck-seez, *f* excise.

acclamer, ăh-klăh-meh, *v* to acclaim.

acclimater, ăh-kle-măh-teh, *v* to acclimatise.

accolade, ăh-kol-ăhd, *f* embrace. [with.

accommodant, e, ăh-komm-odd-ahng, *a* easy to deal

accommodement, ăh-komm-odd-mahng, *m* settlement.

accommoder, ăh-komm-od-eh, *v* to suit; to do up (food); **s'— à,** to adapt oneself to; **s'— de,** to put up with.

accompagnement, ăh-kong-păhn'yer-mahng, *m* attendance; accessory; accompaniment.

accompagner, ăh-kong-păhn'yeh, *v* to accompany.

accompli, e, ăh-kong-ple, *pp & a* accomplished; thorough.

accomplissement, ăh-kong-pliss-mahng, *m* completion; fulfilment.

accord, ăh-kor, *m* agreement; consent; tuning; **d'—,** agreed; **tomber d'—,** tong-beh d—, to come to an agreement; **mettre d'—,** met-tr d—, to conciliate.

accordage, ăh-kor-dăhsh, *m* tuning.

accorder, ăh-kor-deh, *v* to accord; to grant; to tune; to reconcile; **s'—,** to agree.

accoster, ăh-koss-teh, *v* to accost (a person); to come alongside.

accoter, ăh-kot-eh, *v* to stay; **s'—,** to lean.

accoucher, ăh-koo-sheh, *v* to give birth; to deliver a [child.

accoucheur, ăh-koo-sher, *m* obstetrician.

accoucheuse, ăh-koo-sher-z, *f* midwife.

accouder (s'), săh-koo-deh, *v* to lean on one's elbow.

accoupler, ăh-koo-pleh, *v* to couple; to yoke; to pair.

accourcir, ăh-koohr-seer *v* to shorten.

accourir, ăh-koo-reer, *v* to run up; to hasten.

accoutrement, ăh-koo-trer-mahng, *m* garb.

accoutrer, ăh-koo-treh, *v* to rig out.

accoutumer, ăh-koo-tE-meh, *v* to accustom; **s'— à,** to get used to.

accréditer, ăh-kreh-de-teh, *v* to accredit; to credit.

accroc, ăh-kro, *m* rent, tear; hitch.

accrocher, ăh-kro-sheh, *v* to hook on; to catch; **s'—,** to cling.

accroire, ăh-kro'ăhr, *v* (used in infinitive only and with **faire**), to make believe; **en faire —,** ahng fayr —, to impose (**à,** upon).

accroissement, ăh-kro'ăhss-mahng, *m* increase.

accroître, ăh-kro'ăh-tr, *v* to increase; **s'—,** to grow.

accroupir, (s'), săh-kroo-peer, *v* to squat.

accru, ăh-krE, *pp* increased.

accueil, ăh-ker'e, *m* reception; welcome.

accueillir, ăh-ker-yeer, *v* to receive; to welcome.

accumulateur, ăh-kE-mE-lăh-ter, *m* accumulator, storage battery.

accumuler, ăh-kE-mE-leh, *v* to accumulate; to heap.

accusation, ăh-kE-zăh-se-ong, *f* accusation, charge.

accusé, e, ăh-kE-zeh, *mf* accused person; **— de réception,** — der reh-sep-se-ong, acknowledgement.

accuser, ăh-kE-zeh, *v* to accuse, to indict.

acerbe, ăh-sairb, *a* sour, harsh.

acéré, e, ăh-seh-reh, *a* sharp; steeled.

achalandé, e, ăh-shăh-lahng-deh, *a* with large custom (of shop).

acharnement, ăh-shăhr-ner-mahng, *m* relentlessness, desperate eagerness.

acharner (s'), săh-shăhr-neh, *v* to be relentless; to persist in something.

achat, ăh-shăh, *m* purchase.

acheminement, ăhsh-meen-mahng, *m* step.

acheminer, ăhsh-me-neh, *v* to despatch; **s'—,** to set out; to proceed.

acheter, ăhsh-teh, *v* to buy; **s'—,** to be bought; to be purchased.

acheteur, ăhsh-ter, *m* purchaser [purchased.

achever, ăhsh-veh, *v* to finish.

achoppement, ăh-shop-mahng, *m* stumbling; **pierer d'—,** pe'air d—, stumbling block.

acide, ăh-seed, *m* acid; *a* sour, sharp.

acier, ăh-se-eh, *m* steel.

aciérie, ăh-se-eh-ree, *f* steel-works.

acné, ăhck-neh, *f* acne.

acolyte, ăh-kol-eet, *m* acolyte; accomplice.

acompte, ăh-ko*ng*t, *m* instalment.

acoustique, ăh-kooss-tick, *f* acoustics; *a* acoustic.

acquérir, ăh-keh-reer, *v* to acquire.

acquiescer, ăh-ke-ess-eh, *v* to acquiesce (**à,** in).

acquis, e, ăh-ke, *pp* acquired; *m* knowledge; experience.

acquisition, ăh-ke-ze-se-o*ng*, *f* acquisition, purchase.

acquit, ăh-ke, *m* receipt; discharge; — **à caution,** — t'ah koh-se-o*ng*, permit (Customs).

acquittement, ăh-kit-mah*ng*, *m* payment: acquittal.

acquitter, ăh-ke-teh, *v* to clear; to pay; to receipt; to acquit (an accused person); **s'— de,** to carry out.

âcre, ahkr, *a* acrid, sour.

âcreté, ah-kre*r*-teh, *f* acridity; acrimony.

acrimonie, ăh-kre-monn-ee, *f* acrimony.

acrobate, ăh-kro-baht, *mf* acrobat.

acrobatie, ăh-krob-ăh-see, *f* acrobatics.

acte, ăhckt, *m* act; action; deed; certificate; **faire — de,** fair — de*r*, to show proof of.

ac-teur, -trice, ăhck-te*r*, *mf* actor, actress.

actif, ăhck-tiff, *m* assets.

acti-f, ve,* ăhck-tiff, *a* active.

action, ăhck-se-o*ng*, *f* act; deed; share; *pl* stock.

actionnaire, ăhck-se-onn-air, *mf* shareholder.

actionner, ăh-se-onn-eh, *v* to set in motion: to sue.

activer, ăhck-te-veh, *v* to urge on.

activité, ăhck-te-ve-teh, *f* activity.

actualité, ăhck-tɛ-ăh-lee-teh, *f* reality; event; **les —s,** leh z—, the news; newsreel.

actuel, le,* ăhck-tɛ-ell, *a* present; real.

acuité, ăh-kɛ-e-teh, *f* acuteness.

adage, ăh-dăhsh, *m* saying, adage.

adapter, ăh-dăhp-teh, *v* to adapt; to fit; to apply; **s'—,** to be suitable (**à,** for).

addition, ăh-de-se-o*ng*, *f* addition; (restaurant) bill.

additionnel, le, ăh-de-se-onn-ell, *a* additional.

adepte, ăh-dept, *a* adept.

adhérer, ăh-deh-reh, *v* to adhere; **s'—,** to join (party). party).

adhésion, ăh-deh-se-o*ng*, *f* adhesion; joining (of

adieu, äh-de-er, *m* farewell; *adv* good-bye, farewell.

adjacent, ähd-shäh-sah*ng,* *a* adjacent, contiguous.

adjoindre, ähd-sho'ang-dr, *v* to adjoin; **s'—,** to take as an associate; to join.

adjoint, ähd-sho'ang, *m* assistant; deputy-mayor.

adjudant, ähd-shE-dah*ng,* *m* adjutant.

adjudicataire, ähd-shE-de-käh-tair, *m* highest bidder.

adjugé! ähd-shE-sheh, *pp* gone! (in auctions).

adjuger, ähd-shE-sheh, *v* to award; to knock down (at auctions); **s'—,** to appropriate to one's use.

adjurer, ähd-shE-reh, *v* to adjure; to beseech.

admettre, ähd-met-tr, *v* to admit; to allow.

administrateur, ähd-me-niss-träh-ter, *m* administrator; manager; director; trustee.

administré, e, ähd-me-niss-treh, *pp* & *n* administered; person under one's jurisdiction.

administrer, ähd-me-niss-reh, *v* to administrate; to administer.

admira-teur, -trice, ähd-me-räh-ter, *mf* admirer.

admirer, ähd-me-reh, *v* to admire.

admission, ähd-miss-e-ong, *f* admission; admittance.

admonester, ähd-monn-ess-teh, *v* to reprimand.

admonition, ähd-monn-e-se-ong, *f* warning.

adolescent, e, äh-doll-ess-sah*ng,* *mf* youth, lad; girl.

adonner (s'), säh-donn-eh, *v* to addict oneself to; to devote oneself to.

adopter, äh-dop-teh, *v* to adopt.

adorable, äh-do-räh-bl, *a* adorable, charming.

adora-teur, -trice, äh-dor-äh-ter, *mf* worshipper.

adorer, äh-do-reh, *v* to adore; to be passionately fond of.

adosser, äh-dohss-eh, *v* to lean (against).

adoucir, äh-doo-seer, *v* to soften; **s'—,** to grow softer.

adoucissement, äh-doo-siss-mah*ng,* *m* softening, alleviation.

adresse, äh-dress, *f* address; skill.

adresser, äh-dress-eh, *v* to address; to direct; **s'—,** to apply; to be directed.

adroit, e,* äh-dro'äh, *a* handy; skilful; artful.

aduler, äh-dE-leh, *v* to fawn upon; to adulate.

adulte, äh-dEElt, *a* adult, grown up.

adultère, ăh-DEEl-tair, *a* and *n* adulterous; adulterer; adultery.

advenir, ăhd-ver-neer, *impers v* to happen; to befall.

adversaire, ăhd-vair-sair, *m* opponent; foe.

adverse, ăhd-vairss, *a* adverse.

adversité, ăhd-vair-se-teh, *f* misfortune; adversity.

aéré, ăh-eh-reh, *a* aired, airy; aerated.

aérodrome, ăh-eh-ro-drohm, *m* aerodrome.

aérogare, ăh-eh-ro-gahr, *f* air-terminal.

aéroport, ăh-eh-ro-por, *m* airport.

affable,* ăh-făh-bl, *a* affable.

affaiblir, ăh-fay-bleer, *v* to weaken.

affaire, ăh-fair, *f* affair; business; matter; thing; action; work; scrape; **avoir — à,** ăh-vo'ăhr — ăh, to have to do with; **faire des —s,** fair day z'—, to do business; **faire l'—de,** fair l— der, to suit; **homme d'—s,** omm d—, business man; **se tirer d'—,** ser te-reh d—, to get out of a scrape; **j'en fais mon —,** shah*ng* fay monn —, I take it upon myself.

affairé, e, ăh-fay-reh, *a* busy.

affaissé, e, ăh-fess-eh, *pp* sunk down; depressed.

affaisser (s'), săh-fess-eh, *v* to sink, to flag.

affamé, e, ăh-făh-meh, *pp & a* starved; starving.

affamer, ăh-făh-meh, *v* to starve.

affectation, ăh-feck-tăh-se-o*ng*, *f* affectation; simulation; assignment.

affecté, e, ăh-feck-teh, *a* affected, conceited.

affecter, ăh-feck-teh, *v* to feign; to set apart; **s'—,** to be moved; affected.

affection, ăh-feck-se-o*ng*, *f* affection, fondness; disease.

affectionner, ăh-feck-se-onn-eh, *v* to be fond of.

afférent, e, ăh-feh-rah*ng*, *a* pertaining to.

affermer, ăh-fair-meh, *v* to rent; to lease.

affermir, ăh-fair-meer, *v* to strengthen.

afféterie, ăh-feh-tree, *f* affectation.

affichage, ăh-fe-shăh*sh*, *m* bill-posting.

affiche, ăh-feesh, *f* placard, poster.

afficher, ăh-fe-sheh, *v* to stick up; to make a show of; to expose.

affiler, ăh-fe-leh, *v* to sharpen.

affilié, e, ăh-fe-le-eh, *a* affiliated.

affiner, ăh-fe-neh, *v* to refine.

affirmer, ăh-feer-meh, *v* to assert, to affirm.

affleurer, ăh-fler-reh, *v* to level.

affliger, ăh-fle-sheh, *v* to afflict; to grieve.

affluent, ăh-flɛ-ahng, *m* tributary, *a* affluent.

affluer, ăh-flɛ-eh, *v* to flow; to run; to abound.

affolé, e, ăh-foll-eh, *a* distracted; panic-stricken; (compass) not true.

affoler, ăh-foll-eh, *v* to drive mad; **s'—,** to become infatuated (**de,** with); to panic.

affranchi, e, ăh-frahng-she, *pp & a* freed; prepaid.

affranchir, ăh-frahng-sheer, *v* to free; to prepay; to stamp (letter).

affranchissement, ăh-frahng-shiss-mahng, *m* emancipation; prepayment; postage.

affréter, ăh-freh-teh, *v* to charter; to freight.

affreu-x, se,* ah-frer, *a* frightful; hideous.

affriander, ăh-free-ahng-deh, *v* to make dainty; to entice.

affront, ăh-frong, *m* insult; disgrace.

affronter, ăh-frong-teh, *v* to confront; to dare; to face.

affubler, ăh-fɛ-bleh, *v* to muffle up; **s'—,** to rig oneself out.

affût, ăh-fɛ, *m* lying in wait (for game); carriage (gun); **être à l'—,** ay-tr ăh l—, to be on the watch (**de,** for).

affûter, ăh-fɛ-teh, *v* to sharpen.

afin, ăh-fang, *conj* **— de,** in order to; **— que,** in order that.

agacement, ăh-găhss-mahng, *m* annoyance.

agacer, ăh-găh-seh, *v* to set on edge; to irritate; to provoke; to tease.

agacerie, ăh-găhss-ree, *f* provocation; *pl* allurement.

âge, ahsh, *m* age; old age; period; generation.

âgé, e, ah-sheh, *a* aged; old.

agence, ăh-shahngss, *f* agency.

agencement, ăh-shahngss-mahng, *m* arrangement (of house); *pl* fittings, fixtures.

agenda, ăh-shang-dăh, *m* memorandum book; diary.

agenouiller (s'), săhsh-noo'e-yeh, *v* to kneel.

agent, ăh-shahng, *m* agent; middleman; policeman.

agglomérer (s'), săh-glomm-eh-reh, *v* to agglomerate.

aggravation, ăh-grăh-văh-se-ong, *f* aggravation; worsening.

aggraver, äh-grăh-veh, *v* to aggravate; to make worse; to increase; **s'—,** to become worse.

agile,* äh-shill, *a* nimble; quick.

agir, äh-**sheer**, *v* to act, to do, to work; **de quoi s'agit-il?** der kwäh säh-she-till? what is the matter? **il s'agit de ...,** ill säh-she der ... the matter, thing, or question is (about, to) ...

agiter, äh-she-teh, *v* to agitate; to shake; to toss; to wave; **s'—,** to exert oneself; to fret; to swell; to get disturbed.

agneau, ăhn-yoh, *m* lamb.

agonie, äh-gonn-ee, *f* death-struggle; anguish; great pain. **à l'—,** äh l—, dying.

agonisant, äh-gonn-e-zah*ng*, *a* dying.

agrafe, äh-grähf, *f* hook, clasp, staple.

agrafeuse, äh-grăh-ferz, *f* stapler.

agraire, äh-grair, *a* agrarian.

agrandir, äh-grah*ng*-deer, *v* to enlarge; **s'—,** to become larger.   [ment.

agrandissement, äh-grah*ng*-diss-mah*ng*, *m* enlarge-

agréable,* äh-greh-äh-bl, *a* agreeable, pleasing; acceptable.

agréé, äh-greh-eh, *m* solicitor, attorney.

agrégation, äh-greh-găh-se-o*ng*, *f* fellowship.

agrégé, äh-greh-sheh, *m* qualified teacher.

agrément, äh-greh-mah*ng*, *m* consent; favour; pleasure; *pl* charms.

agrès, äh-gray, *m pl* rigging, tackle.

agresseur, äh-grayss-er, *m* aggressor.

agreste, äh-gresst, *a* rustic.

agricole, äh-gre-kol, *a* agricultural.   [farmer.

agriculteur, äh-gree-KEEL-ter, *m* agriculturist;

agripper, äh-gre-peh, *v* to clutch.

aguerrir, äh-ghay-reer, *v* to inure to war; to harden; to accustom; **s'—,** to become inured to war, hardened, accustomed.

aguets, äh-ghay, *mpl*; **aux —,** -oh z'—, on the watch.

ahurir, äh-E-reer, *v* to astound; to confuse.

ahurissement, äh-E-riss-mah*ng*, *m* flurry; bewilder-   [ment.

aide, ayd, *m* helper, assistant.

aide, ayd, *f* help, assistance; **à l'—!** äh l—! help!

aider, ay-deh, *v* to assist, to help.

aïe, äh-e, *int* oh dear! oh! (pain).

aïeul, äh-ye*r*l, *m* grandfather; *f* **aïeule,** äh-ye*r*l, grandmother.

aïeux, äh-ye*r*, *mpl* ancestors, forefathers.

aigle, ay-gl, *m* eagle; lectern; *f* standard.

aiglon, ay-glong, *m* eaglet.

aigre,* ay-gr, *a* sour, acid, tart.

aigrefin, ay-grer-fang, *m* sharper; haddock.

aigrelet, te, ay-grer-lay, *a* sourish.

aigrette, ay-grett, *f* egret; tuft.

aigreur, ay-grer, *f* sourness; acrimony; ill-feeling. [spite.

aigrir, ay-greer, *v* to sour; to irritate; to envenom; **s'—,** to become sour, to become embittered.

aigu, ë, ay-ghE, *a* sharp; pointed; acute; shrill.

aiguille, ay-gwee-ye, *f* needle; hand (of clock, watch); index; spire; switch; point (rail).

aiguillette, ay-gwee-yet, *f* tag-lace; slice of flesh.

aiguilleur, ay-gwee-ye*r*, *m* pointsman.

aiguillon, ay-gwee-yong, *m* goad, sting, prickle, thorn; spur.

aiguillonner, ay-gwee-yonn-eh, *v* to goad; to spur on.

aiguiser, ay-gwee-zeh, *v* to whet, to sharpen.

ail, äh-e, *m* garlic.

aile, ayl, *f* wing; sail; aisle; flank (of army or fleet).

ailé, e, ay-leh, *a* winged.

aileron, ayl-rong, *m* pinion; small wing; fin; floating board.

ailette, ay-lehtt, *f* winglet. [board.

ailleurs, äh-e-ye*r*, *adv* elsewhere; **d'—,** moreover.

aimable,* ay-mäh-bl, *a* amiable, lovable, kind, pleasing.

aimant, ay-mah*ng*, *m* loadstone, magnet.

aimant, e, ay-mah*ng*, *a* loving, affectionate.

aimanter, ay-mah*ng*-teh, *v* to magnetize.

aimer, ay-meh, *v* to love; to like; to be fond of; to enjoy; **s'—,** to love each other.

aine, ayn, *f* groin.

aîné, e, ay-neh, *a & n* elder; eldest.

aînesse, ayness, *f* primogeniture; **droit d'—,** dro'äh d—, birthright.

ainsi, ang-se, *adv & conj* so, thus; therefore, — **que,** — ker, as well as; — **de suite,** — der sweet, so on; — **soit-il,** — so'äh-till, amen!

air, air *m* air; wind; look, appearance; likeness; tune;
   avoir l'air de, äh-vo'ähr lair der, to look like;
   en l'—, ah*ng* l—, in the air; upward; at random.
airain, ay-ra*ng,* *m* brass; **d'—,** d—, pitiless, hard.
aire, air, *f* area; threshing-floor; barn-floor; eyrie.
ais, ay, *m* plank, board.
aisance, ay-zah*ng*ss, *f* ease; comfort; competency;
   être dans l'—, ay-tr dah*ng* l—, to be well off.
aise, ayz, *f* ease; comfort; enjoyment; **à l'—,** äh l—,
   comfortable.
aise, ayz, *a* glad, pleased (**de,** of, with).
aisé, e,* ay-zeh, *a* easy; well off.
aisselle, ayss-ell, *f* arm-pit.
ajonc, äh-**sho**ng, *m* furze, gorse.
ajourner, äh-shoohr-neh, *v* to postpone, to put off,
   to defer; to summon; **s'—,** to adjourn.
ajouter, äh-shoo-teh, *v* to add; **s'—,** to be added.
ajuster, äh-sh**EE**s-teh, *v* to adjust; to fit; to arrange;
   to reconcile; to aim at; **s'—,** to be adjusted, adapted;
   to adapt oneself; to fit.
alanguir, äh-lah*ng*-gheer, *v* to make languid, to
   enfeeble, to weaken.
alarme, äh-lährm, *f* alarm.
alarmer, äh-lähr-meh, *v* to alarm; **s'—,** to take
   fright.
albâtre, ähl-bah-tr, *m* alabaster; snowy whiteness.
albumine, ähl-bE-meen, *f* albumen.
alcali, ähl-käh-le, *m* alkali.
alcool, ähl-kohl, *m* alcohol; spirits.
alcoolisme, ähl-koh-lissm, *m* alcoholism.
alcôve, ähl-kohv, *f* alcove, recess.
alcyon, ähl-se-o*ng,* *m* kingfisher, halcyon.
aléa, äh-leh-äh, *m* risk, chance.
aléatoire, äh-leh-äh-to'ähr, *a* risky, hazardous.
alêne, äh-laynn, *f* awl.
alentour, äh-lah*ng*-toohr, *adv* around, about.
alentours, äh-lah*ng*-toohr, *mpl* neighbourhood, surroundings, outskirts.
alerte, äh-layrt, *f* alarm, alert.
alerte, äh-layrt, *a* alert; sharp; quick; nimble.
algue, ählgh, *f* alga, sea-weed.
aliénable, äh-le-eh-näh-bl, *a* transferable.

aliénation, äh-le-eh-näh-se-*ong*, *f* transfer; estrangement; madness.

aliéné, e, äh-le-eh-neh, *n* & *a* lunatic; mad(man).

aliéner, äh-le-eh-neh, *v* to transfer; to alienate; **to** estrange.

aligner, äh-leen-yeh, *v* to set in a line; **s'—,** to fall in.

aliment, äh-le-mah*ng*, *m* food.

alimentaire, äh-le-mah*ng*-tair, *a* dietary; nutritious, alimentary.

alinéa, äh-le-neh-äh, *m* paragraph.

alité, e, äh-le-teh, *pp* & *a* laid up; bed-ridden.

aliter, äh-le-teh, *v* to confine to bed; **s'—,** to take to one's bed.

allaiter, äh-lay-teh, *v* to suckle; to nurse.

allant, äh-lah*ng*, *pres part* & *a* going; active; stirring.

allécher, äh-leh-sheh, *v* to allure; to entice.

allée, äh-leh, *f* going; alley; passage; lane; path; **—s et venues,** —z'eh ver-NE, going and coming, running about.

allège, äh-laysh, *f* lighter (nav.); tender; sill (window).

alléger, äh-leh-sheh, *v* to lighten; to unload; to ease.

allègre,* äh-lay-gr, *a* lively; cheerful.

allégresse, ähl-leh-gress, *f* cheerfulness, glee.

alléguer, äh-leh-gheh, *v* to allege.

allemand, e, ähl-mah*ng*, *a* & *n* German.

aller, äh-leh, *v* to go; to go on; to become; to fit; to suit; **comment allez-vous ?** komm-ah*ng* t'äh-leh voo? how are you?; **cet habit vous va bien,** set äh-be voo väh be'a*ng*, this coat suits you (or fits you) well; **s'en —,** sah*ng* n'—, to go away.

aller, äh-leh, *m* **billet d'— et retour,** bee-yay d— eh rer-toor, return ticket.

allergie, äh-lair-shee, *f* allergy.

allergique, äh-lair-shick, *a* allergic.

alliage, äh-le-äh*sh*, *m* alloy. ⎡ring.

alliance, äh-le-ah*ng*ss, *f* alliance; match; wedding-

allier, äh-le-eh, *v* to ally; to match; to blend; to mix; to alloy; **s'—,** to combine; to unite **(à, with);** to intermarry; to harmonize with.

allocation, äh-lock-äh-se-*ong*, *f* allowance; grant.

allocution, äh-lock-E-se-*ong*, *f* short speech.

allonge, äh-long*sh*, *f* leaf (table); extension.

ALL 14 AMA

allonger, ăh-lon*g*-sheh, v to lengthen; to prolong; **s'—,** to grow longer; to lie down.
allouer, ăh-loo-eh, v to allow; to grant.
allumer, ăh-lɛ-meh, v to light; to kindle; **s'—,** to light up; to catch fire.
allumette, ăh-lɛ-mett, f match.
allumeur, ăh-lɛ-mer, m igniter; lamp-lighter.
allure, ăh-lɛɛr, f gait; pace; manner; aspect.
allusion, ăhl-lɛ-ze-on*g*, f allusion; **faire — à,** fayr ăh, to allude to.
aloi, ăh-lo'ăh, m standard; quality; condition.
alors, ăh-lor, adv then; at that time; in that case.
alouette, ăh-loo-ett, f lark.
alourdir, ăh-loor-deer, v to render heavy; **s'—,** to become heavy.
aloyau, ăh-lo'ăh-e-oh, m sirloin.
alpestre, ăhl-pess-tr, a Alpine.
altérable, ăhl-teh-răh-bl, a liable to change.
altérant, e, ăh-teh-rahng, a alterative; producing thirst.
altération, ăhl-teh-răh-se-ong, f change; deterioration; misrepresentation; falsification; faltering; thirst.
altercation, ăhl-tayr-kăh-se-ong, f wrangling.
altéré, e, ăhl-teh-reh, a altered; thirsty.
altérer, ăhl-teh-reh, v to alter; to impair; to debase; to misrepresent; to falsify; to make thirsty; **s'—,** to become worse.
alternati-f, -ive,* ăhl-tair-năh-tiff, a alternative; alternating; **-ive,** nf alternative.
alterner, ăhl-ter-neh, v to alternate; to take turns.
altesse, ăhl-tess, f Highness.
altitude, ăhl-tee-tɛɛd, f altitude.
alto, ăhl-to, m tenor violin.
alun, ăh-lung, m alum.
alvéole, ăhl-veh-ol, f cell; socket. [ness.
amabilité, ăh-măh-be-le-teh, f pleasantness; kind-
amadouer, ăh-măh-doo-eh, v to coax.
amaigrir, ăh-may-greer, v to make thin; to emaciate.
amande, ăh-mahngd, f almond.
amandier, ăh-mahng-de-eh, m almond-tree.
amant, e, ăh-mahng, mf lover; suitor; sweetheart.

amarrer, ăh-măh-reh, *v* to moor; to fasten; to lash.

amas, ăh-mah, *m* heap; pile; mass.

amasser, ăh-măhss-eh, *v* to amass; to heap up; **s'—,** to gather.

ama-teur, -trice, ăh-măh-ter, *mf* amateur; lover; admirer.

amazone, ăh-măh-zohn, *f* amazon; lady-rider; *m* riding-habit; the Amazon river.

ambassade, ahng-băhss-ăhd, *f* embassy.

ambassa-deur, -drice, ahng-băhss-ăh-der, *mf* ambassador, ambassadress.

ambiance, ahng-be-ahngss, *f* atmosphere (of surroundings, of environment etc.).

ambiant, e, ahng-be-ahng, *a* surrounding; ambient.

ambigu, ë, ahng-be-ghE, *a* ambiguous, obscure.

ambitieu-x, se,* ahng-be-se-er, *a* ambitious; pretentious; *n* ambitious person.

ambition, ahng-be-se-ong, *f* ambition.

ambre, ahng-br, *m* amber.   [hospital.

ambulance, ahng-bE-lahngss, *f* ambulance; field-

ambulancier, ahng-bE-lahngss-e-eh, *m* ambulance-man; orderly.

ambulant, e, ahng-bE-lahng, *a* itinerant, strolling; travelling (circus etc.).

âme, ahmm, *f* soul; mind; spirit; life; feeling; ghost; heart; essence; core; creature; bore (of gun); valve.

améliorer, ăh-meh-le-o-reh, *v* to improve; to make better; **s'—,** to get better.

aménagement, ăh-meh-năhsh-mahng, *m* fitting-up, disposition; *pl* fittings; accommodation.

aménager, ăh-meh-năh-sheh, *v* to arrange.

amende, ăh-mahngd, *f* fine; penalty; costs; **— honorable,** —onn-or-ăh-bl, apology.

amendement, ăh-mahngd-mahng, *m* amendment, improvement.

amender, ăh-mahng-deh, *v* to improve.

amener, ăhm-neh, *v* to bring; to introduce; to bring in, on or about; **mandat d'—,** mahng-dăh d—, warrant for arrest, capias.

am-er, ère,* ăh-mair, bitter.

américain, e, ăh-meh-re-kang, *a* & *mf* American.

amertume, ăh-mair-tEEm, *f* bitterness.

ameublement, ăh-mer-bler-mah*ng*, *m* furniture.

ameuter, ăh-mer-teh, *v* to train to hunt together; to excite; **s'—,** to rebel; to riot.

ami, e, ăh-me, *mf* friend; **chambre d'—,** shah*ng*-br d—, spare room; *a* friendly to, fond of.

amiable, ăh-me-ăh-bl, *a* amicable; **à l'—,** ăh l—, amicably; by private contract.

amical, e,* ăh-me-kăhl, *a* friendly; kind.

amidon, ăh-me-do*ng*, *m* starch.

amincir, ăh-ma*ng*-seer, *v* to make thinner; **s'—,** to become thinner.

amiral, ăh-me-răhl, *m* admiral; **contre- —,** ko*ng*-tr' —, rear admiral.

amirauté, ăh-me-roh-teh, *f* admiralty.

amitié, ăh-me-te-eh, *f* friendship; *pl* kind regards, compliments, love.

ammoniaque, ăh-monn-e-ăhck, *f* ammonia.

amnésie, ăhm-neh-zee, *f* loss of memory.

amnistie, ăhm-niss-tee, *f* amnesty.

amoindrir, ăh-mo'a*ng*-dreer, *v* to diminish.

amollir, ăh-moll-eer, *v* to soften; to mollify; to enervate.

amonceler, ăh-mo*ng*ss-leh, *v* to heap up. [enervate.

amont, ăh-mo*ng*, *m* up the river.

amorce, ăh-morss, *f* bait; allurement; priming; cap.

amortir, ăh-mor-teer, *v* to deaden; to pay off; to redeem; **s'—,** to grow weak or faint.

amortissable, ăh-mor-tiss-ăh-bl, *a* redeemable.

amortissement, ăh-mor-tiss-mah*ng*, *m* paying off; redemption; (wireless) damping.

amortisseur, ăh-mor-tiss-er, *m* shock-absorber.

amour, ăh-moohr, *m* love; passion; — **-propre,** — pro-pr, self-love, self-esteem.

amourette, ăh-moo-rett, *f* petty love affair.

amoureu-x, se,* ah-moo-rer, *a* in love, enamoured.

amovible, ăh-mov-ee-bl, *a* removable.

ampère, ah*ng*-pair, *m* ampère.

ampèremètre, ah*ng*-pair-met-tr, *m* ammeter.

amphibie, ah*ng*-fe-bee, *a* amphibious.

amphibologie, ah*ng*-feeb-oll-osh-ee, *f* equivocal meaning.

ample,* ah*ng*-pl, *a* ample; spacious; large; copious.

ampleur, ah*ng*-pler, *f* ampleness; largeness; fullness.

ampliation, ah*ng*-ple-äh-se-*ong*, *f* duplicate; true copy; **pour —,** poohr —, a true copy.

amplification, ah*ng*-ple-fe-käh-se-*ong*, *f* enlargement.

amplifier, ah*ng*-ple-fe-eh, *v* to enlarge upon.

amplitude, ah*ng*-ple-teed, *f* amplitude.

ampoule, ah*ng*-pool, *f* blister; phial; (electric light) bulb.

ampoulé, e, ah*ng*-pool-eh, *a* blistered; bombastic.

amputer, ah*ng*-pe-teh, *v* to amputate.

amuser, äh-me-zeh, *v* to amuse; to entertain; to deceive; **s'—,** 'to enjoy oneself.

amuse-gueule, äh-meez-gherl, *m* cocktail-snack.

amygdale, äh-meegh-dähl, *f* tonsil.

an, ah*ng*, *m* year; **jour de l'—,** shoohr der l—, new year's day.

analogue, äh-näh-log, *a* analogous.

analyser, äh-näh-le-zeh, *v* to analyze; to parse; to criticize.

ananas, äh-näh-näh, *m* pine-apple.

anarchie, äh-nähr-shee, *f* anarchy.

anathème, äh-näh-taym, *m* anathema.

ancêtre, ah*ng*-say-tr, *m* ancestor.

anchois, ah*ng*-sho'äh, *m* anchovy.

ancien, ah*ng*-se-*ang*, *m* elder, senior.

ancien, ne,* ah*ng*-se-*ang*, *a* ancient; old; past; former; retired.

ancienneté, ah*ng*-se-enn-teh, *f* antiquity; seniority; age.

ancre, ah*ng*-kr, *f* anchor; **lever l'—,** le*r*-veh l—, to weigh anchor; **— de salut,** — der säh-le, sheet anchor.

andouille, ah*ng*-doo'e-yer, *f* chitterlings; idiot (familiar).

âne, ahn, *m* donkey; dunce.

anéantir, äh-neh-ah*ng*-teer, *v* to annihilate; to destroy; to tire out.

anéantissement, äh-neh-ah*ng*-tiss-mah*ng*, *m* annihilation; utter exhaustion; self-humiliation.

anémie, äh-neh-mee, *f* anaemia.

ânerie, ahn-ree, *f* stupidity; gross ignorance; blunder.

ânesse, ah-ness, *f* she-ass.

anesthésie, äh-ness-teh-ze, *f* anaesthesia.

anesthésiste, äh-ness-teh-zist, *m* anaesthetist.

anévrisme, äh-neh-vrissm, *m* aneurism.

ange, ahng-sh, *m* angel; **être aux —s,** ay-tr oh z'—, to be overjoyed.

angine, ahng-**sheen,** *f* sore-throat; **— couenneuse,** —kwäh-**nerz,** diphtheria.

anglais, e, ahng-glay, *n* & *a* English.

angliciser, ahng-gle-se-zeh *v* to anglicize.

anglicisme, ahng-gle-sissm, *m* anglicism.

angoisse, ahng-gwähss, *f* anguish; pang.

anguille, ahng-ghee-yer, *f* eel; **— sous roche,** — soo rosh, a snake in the grass.

anicroche, äh-ne-krosh, *f* hitch.

animal, äh-ne-mähl, *n* & *a* animal; sensual; brutal.

animer, äh-ne-meh, *v* to animate; to enliven; to cheer; to excite; **s'—,** to become excited, warm, angry; to encourage each other.

anis, äh-ne, *m* aniseed.

ankylose, ahng-ke-lohz, *f* stiffness.

anneau, äh-noh, *m* ring.

année, äh-neh, *f* year; crop; vintage.

annelé, e, äh-ne-leh, *a* ringed.

annexe, äh-nex, *f* annex; rider; schedule.

annihilation, ähn-ne-ee-läh-se-ong, *f* annihilation.

anniversaire, äh-ne-vaïr-sair, *n* & *a* anniversary.

annonce, äh-nongss, *f* announcement, advertisement.

annoncer, äh-nong-seh, *v* to announce; to foretell; **s'— bien,** s— be-ang, to look promising.

annoter, ähn-no-teh, *v* to annotate.

annuaire, ähn-ne-air, *m* year-book; almanac; calendar; directory.

annulaire, ähn-ne-lair, *m* ring-finger, *a* annular.

annulation, ähn-ne-läh-se-ong, *f* cancelling.

annuler, ähn-ne-leh, *v* to annul, to cancel.

anoblir, äh-nob-leer, *v* to ennoble.

anodin, e, äh-nod-ang, *a* mild; unmeaning; pain [killer.

anomalie, äh-nomm-äh-lee, *f* anomaly.

ânon, äh-nong, *m* little donkey.

ânonner, ah-nonn-eh, *v* to falter, to stammer.

anonyme,* äh-nonn-eem, *a* anonymous; **société —,** soss-e-eh-teh —, joint-stock company.

anormal, e,* äh-nor-mähl, *a* abnormal.

anse, ahngss, *f* handle; creek.

antan, ahng-tahng, *m* yester year. ⌐previously.

antécédemment, ahng-teh-seh-dăh-mahng, *adv*

antenne, ahng-tenn, *f* antenna; feeler, horn; (wireless) aerial.

antérieur, e,* ahng-teh-re-er, *a* former, past; front.

antériorité, ahng-teh-re-o-re-teh, *f* priority.

anthère, ahng-tair, *f* anther, tip.

anthropophage, ahng-trop-of-ăh**sh**, *a & m* cannibal.

antibiotique, ahng-te-be-oh-tick, *a & m*, antibiotic.

antidérapant, ahng-te-deh-răh-pahng, *a* non-skid

antidote, ahng-te-dott, *m* antidote. ⌐(tyre).

antienne, ahng-te-enn, *f* anthem. ⌐quarian.

antiquaire, ahng-te-kair, *m* antique dealer; anti-

antiquité, ahng-te-ke-teh, *f* antiquity; *pl* antiques.

antiseptique, ahng-te-sayp-tick, *a & m* antiseptic.

antre, ahng-tr, *m* cave; den.

anxiété, ahngk-se-eh-teh, *f* anxiety.

anxieu-x, se, ahngk-se-er, *a* anxious, uneasy.

août, ăh'oo, or oo, *m* August.

apache, ăh-păhsh, *m* Apache; hooligan.

apaiser, ăh-pay-zeh, *v* to appease; **s'—**, to subside; to abate; to compose oneself.

apanage, ăh-păh-năh**sh**, *m* appanage; attribute; lot.

aparté, ăh-păhr-teh, *m* words spoken aside.

apercevoir, ăh-pair-ser-vo'ăhr, *v* to perceive; **s'— (de** or **que),** to notice.

aperçu, ăh-pair-se, *m* glance; summary view.

apéritif, ăh-peh-re-tiff, *m* appetiser; aperitif.

aphte, ăhft, *m* aphtha; ulcer.

apitoyer, ăh-pe-to'ăh-e-eh, *v* to move to compassion; **s'—**, to pity.

aplanir, ăh-plăh-neer, *v* to level; to smooth.

aplatir, ăh-plăh-teer, *v* to flatten.

aplomb, ăh-plong, *m* perpendicularity; self-possession; audacity; **d'—**, upright.

apogée, ăh-po-**sh**eh, *m* apogee; greatest height.

apologie, ăh-poll-o-**sh**ee, *f* apology; vindication.

apostat, ăh-poss-tăh, *m* apostate.

aposter, ăh-poss-teh, *v* to set on the watch.

apostolat, ăh-poss-toll-ăh, *m* apostleship.

apostrophe, ăh-poss-trof, *f* apostrophe; address; reproach.

apostropher, ăh-poss-trof-eh, *v* to address; to challenge.

apostume, ăh-poss-tEEm, *m* abscess.

apothicaire, ăh-po-te-kair, *m* apothecary; **compte d'—,** kongt d—, exorbitant bill.

apôtre, ăh-poh-tr, *m* apostle.

apparaître, ăh-păh-ray-tr, *v* to appear.

apparat, ăh-păh-rah, *m* pomp, state; **d'—,** formal.

appareil, ăh-păh-ray'e, *m* preparation; display; apparatus; appliance.

appareiller, ăh-păh-ray'e-eh, *v* to match; to set sail.

apparemment, ăh-păh-răh-mahng, *adv* apparently.

apparence, ăh-păh-rahngss, *f* appearance.

apparent, e, ăh-păh-rahng, *a* apparent.

apparenté, e, ăh-păh-rahng-teh, *a* related.

apparition, ăh-păh-re-se-ong, *f* appearance, publication; ghost.

appartement, ăh-păhr-ter-mahng, *m* suite of rooms; flat.

appartenir, ăh-păhr-ter-neer, *v* to belong to; to concern; to behove.

appas, ăh-pah, *mpl* attractions; charms.

appât, ăh-pah, *m* bait; allurement.

appauvrir, ăh-poh-vreer, *v* to impoverish.

appel, ăh-pell, *m* call; appeal; muster.

appeler, ăhp-leh, *v* to call; to appeal; to name; **s'—,** to be called.

appendice, ăh-pang-diss, *m* appendix; appendage.

appendicite, ăh-pang-de-sit, *f* appendicitis.

appesantir, ăh-per-zahng-teer, *v* to make heavy; **s'—,** to become heavy; to dwell (**sur,** upon).

appesantissement, ăh-per-zahng-tiss-mahng, *m* heaviness; dullness.

appétissant, e, ăh-peh-tiss-ahng, *a* appetising; tempting.

appétit, ăh-peh-te, *m* appetite; hunger; **l'— vient en mangeant,** l— ve-ang t'ahng mahng-shahng, the more one has, the more one wants.

applaudir, ăh-ploh-deer, *v* to applaud; to commend; **s'— (de, on),** to congratulate oneself.

applaudissement, ăh-ploh-diss-mahng, *m* applause; cheering.

application, ăh-ple-kăh-se-*ong, f* application; attention; diligence; appropriation.

applique, ăh-pleek, *f* bracket; inlaid work.

appliqué, e, ăh-ple-keh, *pp* & *a* applied; studious; diligent.

appliquer, ăh-ple-keh, *v* to apply; to lay on; to adapt; to devote; **s'—,** to be applied; to be applicable to; to apply oneself.

appoint, ăh-po'ang, *m* balance; odd money.

appointements, ăh-po'ang*t*-mah*ng, mpl* salary.

apport, ăh-por, *m* share of capital; *pl* vendor's shares.

apporter, ăh-por-teh, *v* to bring (something portable).

apposer, ăh-poh-zeh, *v* to affix; to append; to add.

apposition, ăh-poh-ze-se-ong, *f* affixing; apposition.

apprécier, ăh-preh-se-eh, *v* to appreciate; to value.

appréhender, ăh-preh-ahng-deh, *v* to apprehend; to arrest; to fear.　　　　　　　　　　　[fear.

appréhension, ăh-preh-ahng-se-ong, *f* apprehension;

apprendre, ăh-prahng-dr, *v* to learn; to hear; to teach; to inform.

apprenti, ăh-prahng-te, *m* apprentice; novice.　　　[ship.

apprentissage, ăh-prahng-tiss-ăhsh, *m* apprentice-

apprêt, ăh-pray, *m* preparation; dressing of food; affectation.

appris, e, ăh-pre, *pp* learnt; taught; **malappris,** măh-lăh-pre, ill-bred.

apprivoiser, ăh-pre-vo'ăh-zeh, *v* to tame.

approba-teur, trice, ăh-pro-băh-ter, *mf* approver. *a* approving, of approval.

approbati-f, ve,* ăh-pro-băh-tiff, *a* approbatory, of approval.

approbation, ăh-pro-băh-se-ong, *f* approval.

approchant, e, ăh-pro-shahng, *a* near; like; approximate; *adv* thereabouts.

approche, ăh-prosh, *f* approach, access.

approcher, ăh-pro-sheh, *v* to approach; to bring near **s'—,** to come near.

approfondi, e, ăh-pro-fong-de, *a* profound; thorough.

approfondir, ăh-pro-fong-deer, *v* to deepen; to sift.

approprier, ăh-pro-pre-eh, *v* to appropriate; to adapt; to clean; **s'—,** to appropriate to oneself.

approuver, äh-proo-veh, *v* to approve.

approvisionnement, äh-pro-ve-ze-onn-mah*n*g, *m* victualling; supply; stores.

approvisionner, äh-pro-ve-ze-onn-eh, *v* to provide; **s'—,** to provide oneself (**de,** with); to lay in store.

approximati-f, ve,* äh-prock-se-mäh-tiff, *a* approximate, rough. [mate, rough.

appui, äh-pwe, *m* support; sill.

appuyer, äh-pwe-yeh, *v* to support; to prop; to insist; **s'—,** to lean; to rely (**sur,** on).

âpre, äh-pr, *a* rough; harsh; severe.

après, äh-pray, *prep* after; *adv* afterwards; **d'—,** from, according to; **et— ?** eh—? what then?

après-demain, äh-prayd-ma*n*g, *adv* the day after to-morrow.

après-dîner, äh-pray-de-neh, *m* after-dinner.

après-midi, äh-pray-me-de, *m & f* afternoon.

âpreté, ah-prer-teh, *f* roughness; harshness; greediness. [ness.

apte, äh-pt, *a* fit, capable, qualified (**à,** of, for).

aptitude, ähp-te-tEED, *f* aptitude, fitness (**à,** to; **pour,** for).

apurer, äh-pE-reh, *v* to audit.

aquarelle, äh-ko'äh-rell, *f* water-colour.

aquarium, äh-ko'äh-re-omm, *m* aquarium.

aquatique, äh-ko'äh-tick, *a* aquatic.

aqueduc, ähck-dEEk, *m* aqueduct.

aquilin, äh-ke-la*n*g, *a* aquiline.

aquilon, äh-ke-long, *m* north wind; cold wind.

arable, äh-räh-bl, *a* arable, tillable.

arachide, äh-räh-sheed, *f* ground-nut.

araignée, äh-rayn-yeh, *f* spider.

aratoire, äh-räh-to'ähr, *a* agricultural.

arbalète, ähr-bäh-lett, *f* cross-bow.

arbitrage, ähr-be-trähsh, *m* arbitration.

arbitraire,* ähr-be-trayr, *a* arbitrary; despotic.

arbitre, ähr-bee-tr, *m* arbitrator; umpire; master; **libre —,** lee-br' —, free will.

arborer, ähr-bor-eh, *v* to set up; to hoist; to don.

arbre, ähr-br, *m* tree; shaft; axle.

arbrisseau, ähr-bre-soh, *m* small tree.

arbuste, ähr-bEEst, *m* shrub.

arc, ährk, *m* bow; arc; arch.

arcade, ähr-kähd, *f* row of arches; arcade.

arc-boutant, ăhrk-boo-tah*ng*, *m* buttress.

arceau, ăhr-soh, *m* arch, vault.

arc-en-ciel, ăhr-kah*ng*-se-ell, *m* rainbow.

archange, ăhr-kah*ng*sh, *m* archangel.

arche, ăhrsh, *f* arch; ark.

archéologue, ăhr-keh-o-log, *m* archeologist.

archer, ăhr-sheh, *m* bowman.

archet, ăhr-shay, *m* bow, fiddlestick.

archevêque, ăhr-sher-vayk, *m* archbishop.

archidiacre, ăhr-she-de-ăh-kr, *m* archdeacon.

archiduc, ăhr-she-dE*E*K, *m* archduke.

archiduchesse, ăhr-she-dE-shess, *f* archduchess.

archipel, ăhr-she-pell, *m* archipelago.

architecte, ăhr-she-teckt, *m* architect.

architecture, ăhr-she-teck-tE*E*R, *f* architecture.

archives, ăhr-sheev, *fpl* archives; records; recording [office.

arçon, ăhr-so*ng*, *m* saddlebow.

ardemment, ăhr-dăh-mah*ng*, *adv* ardently; eagerly; passionately.

ardent, e, ăhr-dah*ng*, *a* burning; glowing; eager.

ardeur, ăhr-der, *f* ardour; eagerness; heat; spirit.

ardoise, ăhr-do'ăhz, *f* slate.

ardoisière, ăhr-do'ăh-ze-air, *f* slate-quarry.

ardu, e, ăhr-dE, *a* arduous; difficult.

are, ăhr, *m* (unit of land measure in the French metrical system, equal to 100 square metres, or 119.60 square yards).

arène, ăh-rain, *f* arena; ring.

arête, ăh-rayt, *f* fish-bone; edge; ridge.

argent, ăhr-**sh**ah*ng*, *m* silver; money; cash; — comptant, — ko*ng*-tah*ng*, ready money; — **fou**, — foo, lots of money.

argenté, e, ăhr-**sh**ah*ng*-teh, *a* silvered; silver-white.

argenter, ăhr-**sh**ah*ng*-teh, *v* to plate.

argenterie, ăhr-**sh**ah*ng*-tree, *f* silver plate; plate.

argile, ăhr-**sh**eel, *f* clay.

argileu-x, se, ăhr-she-le*r*, *a* clayey.

argot, ăhr-gho, *m* slag. [spy.

argousin, ăhr-goo-za*ng*, *m* convict-warder; police

arguer, ăhr-ghE-eh, *v* to argue; to infer; to accuse.

argument, ăhr-ghE-mah*ng*, *m* argument; reasoning; plea; summary.

argumenter, ăhr-ghe-mahng-teh, *v* to argue; to infer (**de,** from).

argus, ăhr-ghEESS, *m* argus; clear-sighted person.

argutie, ăhr-ghe-see, *f* quibble.

aride, * ăh-reed, *a* arid; dry; barren.

aridité, ăh-re-de-teh, *f* aridity; dryness; barrenness.

aristocratie, ăh-riss-to-krăh-see, *f* aristocracy.

arithmétique, ăh-reet-meh-tick, *f* arithmetic.

arlequin, ăhr-ler-kang, *m* harlequin.

arlequinade, ăhr-ler-ke-năhd, *f* harlequinade; buffoonery.

armateur, ăhr-măh-ter, *m* ship-owner.   [fittings.

armature, ăhr-măh-teer, *f* iron-work; framework;

arme, ăhrm, *f* weapon, arm; **maître d'—,** may-tr d—, fencing master; **faire des —s,** fair day z'—, to

armée, ăhr-meh, *f* army; multitude.   Lfence.

armement, ăhr-mer-mahng, *m* armament.

armer, ăhr-meh, *v* to arm (**de,** with); to set against (**contre,** kong-tr) to cock; to equip; **s'—,** to arm oneself (**de,** with); to summon up.

armoire, ăhr-mo'ăhr, *f* cupboard; wardrobe.

armoiries, ăhr-mo'ăh-ree, *fpl* arms; coat of arms.

armorial, ăhr-mo-re-ăhl, *m* book of heraldry.

armure, ăhr-meer, *f* armour.

armurier, ăhr-ME-re-eh, *m* gunsmith; sword-cutler.

arnica, ăhr-ne-kăh, *m* arnica.

aromatiser, ăh-ro-măh-te-zeh, *v* to aromatise, to perfume.

arome, ăh-rohm, *m* aroma.   Lperfume.

aronde, ăh-rongd, *f* (obs.) swallow; **en queue d'—,** ahng ker d—, dovetailed.

arpége, ăhr-païsh, *m* arpeggio.

arpent, ăhr-pahng, *m* acre.

arpentage, ăhr-pahng-tăhsh, *m* land surveying.

arpenter, ăhr-pahng-teh, *v* to survey; to stride along.

arpenteur, ăhr-pahng-ter, *m* land surveyor.

arquer, ăhr-keh, *v* to arch, to bend; **s'—,** to become curved.

arrache-pied (d'), dăh-răhsh-pe-eh, *adv* at a stretch; without interruption.

arracher, ăh-răh-sheh, *v* to force out; to pull out; to pluck out; to snatch; to tear away; to wrest; **s'—,** to tear oneself, to break away (**à,** from).

arrangement, äh-rah*ng*sh-mah*ng*, *m* arrangement; preparation; adjustment; accommodation.

arranger, äh-rah*ng*-**sh**eh, *v* to arrange; to settle; to repair; to suit; to trim up; **s'—,** to make shift **(de,** with); to come to an arrangement **(avec,** with).

arrérages, äh-reh-räh**sh**, *mpl* arrears.

arrestation, äh-ress-täh-se-o*ng*, *f* arrest; custody.

arrêt, äh-ray, *m* decree; stop; catch.

arrêté, äh-ray-teh, *m* decision; order, decree.

arrêter, äh-ray-teh, *v* to stop; to detain; to restrain; to arrest; to fix; to resolve; to book; to engage; to conclude; **s'—,** to stop; to resolve **(à,** on).

arrhes, ähr, *fpl* deposit (of money).

arrière, äh-re-air, *m* back part; stern; *adv* behind; *interj* away!; **en —,** ah*ng* n'—, backward; **— -pensée** —pah*ng*-seh, *f* ulterior motive; **— -plan, —** plah*ng*, *m* background; **— -saison, —** say-zo*ng*, *f* end of autumn; closing season.

arriéré, äh-re-eh-reh, *m* arrears.

arriéré, e, äh-re-eh-reh, *a* in arrears; backward (mentally).

arrimer, äh-re-meh, *v* to stow.

arrimeur, äh-re-mer, *m* stevedore.

arrivage, äh-re-väh**sh**, *m* arrival (of cargo, goods).

arrivée, äh-re-veh, *f* arrival.

arriver, äh-re-veh, *v* to arrive **(à,** at); to come; to reach; to occur; to succeed; (with **de)** to become of. **arrive que pourra,** äh-reev ke*r* poo-räh, happen what may.

arriviste, äh-re-visst, *m & f* pushing person, climber (social).

arrogamment, äh-ro-gäh-mah*ng*, *adv* arrogantly.

arrogance, äh-ro-gah*ng*ss, *f* arrogance.

arrogant, e, äh-ro-gah*ng*, *a* arrogant; haughty.

arroger (s'), säh-ro-**sh**eh, *v* to arrogate to oneself; to assume.

arrondir, äh-ro*ng*-deer, *v* to round; **s'—,** to become round; to increase.

arrondissement, äh-ro*ng*-diss-mah*ng*, *m* rounding; administrative district.

arrosage, äh-ro-zäh**sh**, *m* watering. ⌐baste.

arroser, äh-ro-zeh, *v* to water; to sprinkle; to wet; to

arrosoir, ăh-ro-zo'ăhr, *m* watering-can; sprinkler.
arsenal, ăhr-ser-năhl, *m* arsenal, dockyard.
arsenic, ăhr-ser-nick, *m* arsenic.
art, ăhr, *m* art.
artère, ăhr-tair, *f* artery.
artériole, ăhr-teh-re-ol, *f* small artery.
artésien, ăhr-teh-ze-ang, *a* artesian.
arthrite, ăhr-treet, *f* arthritis.
artichaut, ăhr-te-shoh, *m* artichoke.
article, ăhr-tee-kl, *m* article; subject; thing; paragraph; item; goods; **—de fond,** —der *fong,* leading
article.
articulation, ăhr-te-kE-läh-se-ong, *f* articulation;
[joint.
articulé, e, ăhr-te-kE-leh, *a* articulated.
articuler, ăhr-te-kE-leh, *v* to utter; to pronounce; to
set forth.
artifice, ăhr-te-fiss, *m* contrivance, deceit; **feu d'—,**
fer d—, fireworks.
artificiel, le,* ăhr-te-fe-se-ell, *a* artificial.
artificieu-x, se,* ăhr-te-fe-se-er, *a* artful.
artillerie, ăhr-tee-yer-ree, *f* artillery.
artilleur, ăhr-tee-yer, *m* artilleryman.
artisan, ăhr-te-zahng, *m* artisan, craftsman.
artiste, ăhr-tisst, *m* artist; actor; performer.
as, ahss, *m* ace; (fig.) one who excels in some part.
asbeste, ăhz-best, *m* asbestos.
ascendance, ăhss-sahng-dahngss, *f* ascending line;
ascendency.
ascendant, ăhss-sahng-dahng, *m* ascendency, *pl* forefathers.
ascendant, e, ăhss-sahng-dahng, *a* ascending.
ascenseur, ăhss-sahng-ser, *m* lift; hoist.
ascension, ăhss-sahng-se-ong, *f* ascension; ascent;
Ascension day.
ascète, ăhss-sett, *m* ascetic; hermit.
ascétisme, ăhss-seh-tism, *m* asceticism.
asile, ăh-zeel, *m* asylum; shelter; refuge; sanctuary.
aspect, ăhss-pay, *m* aspect; view; appearance.
asperge, ăhss-pairsh, *f* asparagus.
asperger, ăhss-pair-sheh, *v* to sprinkle **(de,** with).
aspérité, ăhss-peh-re-teh, *f* roughness.
aspersion, ăhss-pair-se-ong, *f* aspersion; sprinkling.

asphalte, ăhss-făhlt, *m* asphalt.

asphyxier, ăhss-feek-se-eh, *v* to asphyxiate; to suffocate.

aspic, ăhss-pick, *m* asp; spike-lavender; cold meat in jelly.

aspirant, e, ăhss-pe-rah*ng*, *m* candidate.

aspirant, e, ăhss-pe-rah*ng*, *a* a suction (pump, etc.).

aspiration, ăhss-pe-răh-se-o*ng*, *f* inhalation; suction; (fig.) longing.

aspirer, ăhss-pe-reh, *v* to inhale; to exhaust; to suck up; (fig.) to long for.

aspirine, ăhss-pe-reen, *f* aspirin.

assaillant, e, ăhss-sah'e-ah*ng*, *n* & *a* assailant.

assaillir, ăhss-sah'eer, *v* to assail; to attack.

assainir, ăhss-ay-neer, *v* to make healthy.

assaisonnement, ăhss-ay-zonn-mah*ng*, *m* seasoning; salad dressing.

assaisonner, ăhss-ay-zonn-eh, *v* to season; to dress (salad).

assassin, ăhss-ăh-sa*ng*, *m* murderer.

assaut, ăhss-oh, *m* assault; attack; fencing match.

assemblage, ăhss-ah*ng*-blăh, *m* assemblage; gathering; medley; joining.

assemblée, ăhss-ah*ng*-bleh, *f* assembly; congregation; party; meeting.

assembler, ăhss-ah*ng*-bleh, *v* to collect; to convoke; to join together; **s'—,** to meet; **qui se ressemble s'assemble,** kee ser rerss-ah*ng*-bl săhss-ah*ng*-bl, birds of a feather flock together.

asséner, ăhss-eh-neh, *v* to strike, to deal (a blow).

assentiment, ăhss-ah*ng*-te-mah*ng*, *m* assent.

asseoir, ăhss-o'ăhr, *v* to seat; **s'—,** to sit down.

assermenter, ăhss-air-mah*ng*-teh, *v* to swear in.

assertion, ăhss-air-se-o*ng*, *f* assertion.

asservir, ăhss-air-veer, *v* to enslave; to subdue.

asservissement, ăhss-air-viss-mah*ng* *m* enslavement; slavery.

assesseur, ăhss-ess-er, *m* assessor; assistant; judge.

assez, ăhss-eh, *adv* enough; fairly; rather.

assidu, e, ăhss-e-dE, *a* assiduous; diligent; attentive.

assiduité, ăhss-e-dwe-teh, *f* assiduity; regular attendance; *pl* assiduous attentions.

assidûment, ăhss-e-dE-mah*ng*, *adv* assiduously; diligently.

assidûment, ăhss-e-dɛ-mahng, *adv* diligently.
assiégeant, e, ăhss-e-eh-shahng, *n & a* besieger.
assiéger, ăhss-e-eh-**sheh,** *v* to besiege; to dun **(de,** with).
assiette, ăhss-e-ett, *f* plate; situation; assessment.
assignable, ăhss-een-yăh-bl, *a* assignable.
assignation, ăhss-een-yăh-se-ong, *f* assignment; summons; writ; subpoena; appointment.
assigner, ăhss-een-yeh, *v* to assign; to allot; to summon; to appoint.
assimiler, ăhss-e-me-leh, *v* to assimilate **(to,** with).
assis, e, ăhss-e, *pp* seated.
assise, ăhss-eez, *f* course; layer; *pl* assizes.   [help.
assistance, ăhss-iss-tahngss, *f* attendance; audience;
assistant, ăhss-iss-tahng *n & a* person present; helper; *pl* those present.   [help.
assister, ăhss-iss-teh, *v* to attend; to be present; to
association, ăhss-o-se-ăh-se-ong, *f* association; partnership.
associé, e, ăhss-o-se-eh, *mf* associate; partner.
associer, ăhss-o-se-eh, *v* to associate; **s'—,** to join **(à, avec,** with), to enter into partnership; to share **(à,** in).
assombrir, ăhss-ong-breer, *v* to darken; **s'—,** to become gloomy.
assommant, e, ăhss-omm-ahng, *a* boring.
assommer, ăhss-omm-eh, *v* to knock down; to bore to death.
assommoir, ăhss-omm-o'ăhr, *m* bludgeon; (fig.) low drink shop.
assomption, ăhss-ongp-se-ong, *f* Assumption.
assortiment, ăhss-or-te-mahng, *m* assortment; set; stock; match.
assortir, ăhss-or-teer, *v* to assort; to stock; to match; **s'—,** to harmonize **(à, avec,** with).
assoupir, ăhss-oo-peer, *v* to make drowsy; to hush up **s'—,** to doze; to die away.
assoupissant, e, ăhss-oo-piss-ahng, *a* soporific.
assoupissement, ăhss-oo-piss-mahng, *m* drowsiness; indolence.
assouplir, ăhss-oo-pleer, *v* to make supple; **s'—,** to become supple.

assourdir, ăhss-oohr-deer, *v* to deafen; to muffle.

assourdissant, e, ăhss-oohr-diss-ahng, *a* deafening.

assouvir, ăhss-oo-veer, *v* to satiate; to glut.

assujettir, ăhss-E-shayt-eer, *v* to subdue; to bind; to fasten; s'—, to subject oneself.

assujettissement, ăhss-E-shayt-iss-mahng, *m* subjection.

assumer, ăhss-E-meh, *v* to assume.

assurance, ăhss-E-rahngss, *f* assurance; reliance; boldness; insurance.

assuré, e, ăhss-E-reh, *pp & a* assured; insured; secured; confident.

assurément, ăhss-E-reh-mahng, *adv* certainly; assuredly.

assurer, ăhss-E-reh, *v* to assure; to insure; to secure; to assert; s'—, to make sure (**de,** of; **que,** that).

assureur, ăhss-E-rer, *m* insurer; underwriter.

asthme, ăhssm, *m* asthma.

asticot, ăhss-te-ko, *m* maggot.

asticoter, ăhss-te-kot-eh, *v* (fam.), to worry; to tease.

astiquer, ăhss-te-keh, *v* to polish.

astral, e, ăhss-trăhl, *a* stellar; astral.

astre, ăhss-tr, *m* star.

astreindre, ăhss-trang-dr, *v* to subject; to compel.

astringent, e, ăhss-trang-shahng, *a* astringent.

astrologue, ăhss-troll-og, *m* astrologer.

astronome, ăhss-tronn-omm, *m* astronomer.

astuce, ăhss-tEESS, *f* cunning, astuteness; witticism.

astucieu-x, se, * ăhss-tE-se-er, *a* cunning, crafty; witty.

atelier, ăh-ter-le-eh, *m* workshop; office; studio; gang; **chef d'—,** shayf d'—, overseer.

atermoiement, ăh-tair-mo'ăh-mahng, *m* respite.

athée, ăh-teh, *m* atheist.

athlète, ăht-lett, *m* athlete; champion.

atlas, ăht-lăhss, *m* atlas.

atmosphère, ăht-moss-fair, *f* atmosphere.

atome, ăh-tom, *m* atom.

atomique, ăh-to-mick, *a* atomic.

atomiseur, ăh-to-me-zer, *m* atomiser, spray.

atours, ăh-toohr, *mpl* attire; finery.

atout, ăh-too, *m* trump-card.

âtre, ah-tr, *m* hearth.

atroce,* ăh-tross, *a* atrocious; heinous; excruciating.
atrocité, ăh-tross-e-teh, *f* atrocity; frightfulness.
atrophié, e, ăh-trof-e-eh, *a* wasted; withered.
attabler (s'), săh-tăh-bleh, *v* to sit down to table.
attachant, e, ăh-tăh-shahng, *a* attractive; engaging.
attache, ăh-tăhsh, *f* tie; bond; fastening; leash.
attaché, ăh-tăh-sheh, *m* attaché (of an Embassy).
attaché, e, ăh-tăh-sheh, *pp* & *a* attached.
attachement, ăh-tăhsh-mahng, *m* affection.
attacher, ăh-tăh-sheh, *v* to attach; to fasten; to bind; to interest; to endear; **s'—,** to cling.
attaque, ăh-tăhck, *f* attack; fit; stroke.
attaquer, ăh-tăh-keh, *v* to attack; to begin; to sue; **s'—à,** to attack.
atteindre, ăh-tang-dr, *v* to reach; to attain; to strike; to injure.
atteinte, ăh-tangt, *f* blow; injury; violation.
attelage, ăht-lăhsh, *m* team.
atteler, ăht-leh, *v* to put to; to yoke.
attenant, e, ăht-nahng, *a* adjoining. ⌈while.
attendant (en) ahng n'ăh-tahng-dahng, *adv* mean-
attendre, ăh-tahng-dr, *v* to wait for; to expect; to look forward to; **s'—à,** to expect, to rely upon.
attendrir, ăh-tahng-dreer, *v* to make tender; to move; **s'—,** to be moved.
attendrissement, ăh-tahng-driss-mahng, *m* emotion.
attendu, e, ăh-tahng-dɛ, *pp* expected; *prep* considering.
attentat, ăht-tahng-tăh, *m* criminal attempt; outrage.
attente, ăh-tahngt, *f* waiting; expectation.
attenter, ăh-tahng-teh, *v* to make a criminal attempt.
attenti-f, -ve,* ăh-tahng-tiff, *a* attentive.
attention, ăh-tahng-se-ong *f* attention; care; kindness.
atténuer, ăh-teh-nɛ-eh, *v* to weaken; to extenuate.
atterrer, ăh-tay-reh, *v* to thrown down; to astound.
atterrir, ăh-tay-reer, *v* to land.
atterrissage, ăh-tay-riss-ăhsh, *m* landing.
attestation, ăh-tess-tăh-se-ong, *f* certificate; testimonial.
attester, ăh-tess-teh, *v* to attest; to take to witness.
attiédir, ăh-te-eh-deer, to cool; **s'—,** to cool down.
attirail, ăh-te-rah'e, *m* apparatus; paraphernalia.

attirant, e, ăh-te-rahng, *a* attractive; alluring.

attirer, ăh-te-reh, *v* to attract; to draw; to bring on; **s'—,** to bring on oneself; to attract each other.

attiser, ăh-te-zeh, *v* to stir up; to poke; to store.

attitré, e, ăh-te-treh, *a* regular; appointed; official.

attitude, ăh-te-tEED, *f* attitude.

attouchement, ăh-toosh-mahng, *m* touch; feeling.

attraction, ăh-trăhck-se-ong, *f* attraction.

attrait, ăh-tray, *m* attraction; charm.

attrape, ăh-trăhp, *f* catch; trick; hoax; trap; — **-nigaud,** — ne-goh, booby-trap.

attraper, ăh-trăh-peh, *v* to entrap; to catch; to cheat; **attrayant, e,** ăh-tray'e-ahng, *a* attractive [to get.

attribuer, ăht-tre-bE-eh, *v* to attribute; to assign; to impute; **s'—,** to claim.

attribution, ăht-tre-bE-se-ong, *f* attribution; prerogative.

attrister, ăh-triss-teh, *v* to sadden; **s'—,** to grieve.

attroupement, ăh-troop-mahng, *m* gathering; mob.

attrouper, ăh-troo-peh, *v* to assemble; **s'—,** to crowd.

au (*sing*), **aux** (*pl*), oh, contraction of **à le, à les.**

aubaine, oh-bayn, *f* windfall; godsend.

aube, ohb, *f* dawn.

aubépine, oh-beh-peen, *f* hawthorn.

auberge, oh-bairsh, *f* inn; — **de la jeunesse,** der lah sher-ness, youth hostel.

aubergine, oh-bair-sheen, *f* aubergine, egg-plant.

aubergiste, oh-bair-shisst, *m* inn-keeper. [one.

aucun, e, oh-kung, *a* any; no; none; *pron* any one; no

aucunement, oh-kEEn-mahng, *adv* by no means; not at all.

audace, oh-dăhss, *f* audacity; insolence; daring.

audacieu-x, se*, oh-dăh-se-er, *a* audacious; impudent; bold.

au-dessous, oh-der-soo, *adv* below, underneath.

au-dessus, oh-der-sEE, *adv* above.

audience, oh-de-ahngss, *f* audience; hearing; court; sitting.

audiencier, oh-de-ahngss-e-eh, *m* usher, crier of a

audi-teur, trice, oh-de-ter, *mf* hearer. [court.

auditi-f, ve, oh-de-tiff, *a* auditory.

audition, oh-de-se-ong, f hearing; audition.
auditoire, oh-de-to'ähr, m audience; auditorium.
auge, ohsh, f trough; hod; spout.
augmentation, og-mahng-tăh-se-ong, f increase; rise.
augmenter, og-mahng-teh, v to increase; to raise; **s'**—, to increase.
augure, oh-ghEER, m augury; omen; augur.
augurer, oh-ghE-reh, v to augur; to surmise.
auguste, oh-ghEEST, a august.
aujourd'hui, oh-shoohr-dwe, adv to-day; nowadays.
aumône, oh-mohn, f alms; charity.
aumônier, oh-moh-ne-eh, m chaplain.
aune, ohn, m alder, f ell.
auparavant, oh-păh-răh-vahng, adv before; previously; once; first.
auprès, oh-pray, adv near, close, hard by.
auprès de, oh-pray der, prep near; close to; in comparison with.
auréole, oh-reh-ol, f halo; glory, crown, nimbus.
auriculaire, oh-re-kE-lair, m the little finger; a auricular.
aurifère, oh-re-fair, a auriferous.
aurifier, oh-re-fe-eh, v to stop teeth with gold.
aurore, oh-ror, f dawn.
ausculter, ohss-kEEl-teh, v to be examined by doctor.
auspice, oss-piss, m auspice.
aussi, ohss-e, adv too, also, likewise; so; as; as much. conj therefore; consequently; —...**que,**— ker, as...as.
aussitôt, ohss-e-toh, adv immediately; —**que**,— ker, as soon as.
austère,* ohss-tair, a stern; rigid.
autant, oh-tahng, adv as much; as many; so much; so many; **d'**— **mieux,** d— me-er, all the better; **d'**— **moins,** d— mo'ang, all the less; **d'**— **que,** d— ker, more especially as.
autel, oh-tell, m altar.
auteur, oh-ter, m author; **droit d'**—, dro'äh d—, copyright.
authenticité, oh-tahng-te-se-teh, f authenticity; genuineness.
autobiographe, oh-toh-be-oh-grähf, m autobiographer.

autobiographie, oh-toh-be-oh-gräh-fee, *f* autobiography.

autobus, oh-toh-bEES, *m* bus.

autocratie, oh-toh-krăh-see, *f* autocracy.

autographe, oh-toh-grăhf, *m* autograph.

automate, oh-toh-măht, *m* automation.

automatique,* oh-toh-măh-tick, *a* automatic.

automne, oh-tonn, *m* autumn.

automobile, oh-toh-mo-beel, *f* motor-car, *a* self-moving; **canot —,** kăh-no —, motor-boat.

automobilisme, oh-toh-mo-be-lissm, *m* motoring.

automobiliste, oh-toh-mo-be-lisst, *mf* motorist.

autopsie, oh-top-see, *f* post-mortem examination.

autorisation, oh-toh-re-zăh-se-ong, *f* authority; permission.

autoriser, oh-toh-re-zeh, *v* to authorize. ⌊mission.

autorité, oh-toh-re-teh, *f* authority; power; control.

autoroute, oh-toh-root, *f* motorway.

autour, oh-toohr, *adv* round about.

autour de, oh-toohr der, *prep* around; about.

autre, oh-tr, *pron* another; *a* other; different; **tout —,** too t'—, quite different; anybody else; **nous —s, vous —s,** noo z'—, voo z'—, we, you, ourselves, yourselves; **à d'—,** ăh d—, nonsense!

autrefois, oh-trer-fo'ăh, *adv* formerly.

autrement, oh-trer-mahng, *adv* otherwise.

autruche, oh-trEEsh, *f* ostrich.

autrui, oh-trwe, *pron & m* others.

aux, oh, to the, at the, (*m & fpl*).

auvent, oh-vahng, *m* pent-house; shed.

auxiliaire, ohk-se-le-air, *a & m* auxiliary.

aval, ăh-văhl, *m* guarantee; endorsement; lower part; **en —,** ahng n'—, down the river.

avaler, ăh-văh-leh, *v* to swallow; (fig.) to pocket.

avance, ăh-vahngss, *f* advance; money advanced; **d'—,** d—, beforehand.

avancement, ăh-vahngss-mahng, *m* progress; rise.

avancer, ăh-vahngss-eh, *v* to advance; to promote; to hasten; to hold forth; to proceed; to progress; (clock) to be fast; **s'—,** to come forward.

avanie, ăh-văh-nee, *f* outrage, affront.

avant, hă-vahng, *adv* far, deep, forward, *prep* before; *m* forepart; bow; **en —,** ahng n'—, in front; **— de** or

que, before; — **-dernier,** — dair-ne-eh, last but one; — **-hier,** — t'e-air, the day before yesterday; — **-propos,** — pro-poh, foreword; — **-veille,** — vay'e, two days before.

avantage, ăh-vahng-tăh**sh,** m advantage.

avantageu-x, se,* ăh-vahng-tăh**sh**-er, a advantage-ous.

avare, ăh-vằhr, m miser. a avaricious.

avarice, ăh-vằh-riss, f avarice.

avarie, ăh-vằh-ree, f damage; average.

avarier, ăh-vằh-re-eh, v to damage; to spoil; **s'—,** to get damaged.

avec, ăh-veck, prep with; by; among.

avenant, ăhv-nahng, m additional clause (to an insurance policy).

avenant, e, ăhv-nahng, a prepossessing; **à l'—,** ăh-l— in keeping with.

avènement, ăh-vane-mahng, m accession; coming.

avenir, ăhv-neer, m future; prospects; posterity; **à l'—,** ăh l—, in future.

avent, ăh-vahng, m advent.

aventure, ăh-vahng-TEER, f adventure; love affair; **à l'—,** ăh l—, at random.

aventuré, e, ăh-vahng-TE-reh, a hazardous.

aventurer, ăh-vahng-TE-reh, v to venture; **s'—,** to take a chance. ┌some.

aventureu-x, se,* ăh-vahng-TE-rer, a adventure-

aventuri-er, ère, ăh-vahng-TE-re-eh, mf adventurer. └adventuress.

avenue, ăhv-NE, f avenue.

avérer, ăh-veh-reh, v to aver; **s'—,** to be proved.

averse, ăh-vairss, f heavy shower.

aversion, ăh-vair-se-ong, f dislike (**pour,** of, for).

averti, e, ăh-vair-te, a experienced, wide-awake.

avertir, ăh-vair-teer, v to warn; to inform.

avertissement, ăh-vair-tiss-mahng, m warning; notice; preface.

aveu, ăh-ver, m admission; avowal; social position; **homme sans —,** omm sahng z'—, vagabond.

aveugle, ăh-ver-gl, a blind.

aveuglément, ăh-ver-gleh-mahng, adv blindly; implicitly.

aveugler, ăh-ver-gleh, v to blind; **s'—,** to be blind (**sur,** to).

aveuglette, (à l'), ăh-lăh-ver-glett, *adv* in the dark;
aviateur, ăh-ve-ăh-ter, *m* airman.   [blindly;
aviation, ăh-ve-ăh-se-ong, *f* flying; Air Force.
avide, * ăh-veed, *a* greedy, eager.
avilir, ăh-ve-leer, *v* to degrade; **s'—,** to degrade oneself; to depreciate.
avilissement, ăh-ve-liss-mahng, *m* degradation;
avion, ăh-ve-ong, *m* aeroplane.   [debasement.
aviron, ăh-ve-rong, *m* oar; **l'—,** rowing (sport).
avis, ăh-ve, *m* opinion; advice; caution; news.
avisé, e, ăh-ve-zeh, *a* advised; wary; circumspect.
aviser, ăh-ve-zeh, *v* to perceive; to advise; to see to it; **s'—,** to take it into one's head **(de,** to).
aviver, ăh-ve-veh, *v* to brighten; to quicken; to polish.
avocat, ăh-vo-kăh, *m* barrister; counsel; lawyer.
avocat, ăh-vo-kăh, *m* avocado.
avoine, ăh-vo'ăhn, *f* oats.
avoir, ăh-vo'ăhr, *v* to have; to get; to be; *m* property;
qu'avez-vous ? kăh-veh voo? what is the matter with you? **j'ai chaud,** shay shoh, I am warm; **il y a,** ill e ăh, there is, there are; ago.
avoisiner, ăh-vo'ăh-ze-neh, *v* to be near.
avortement, ăh-vor-ter-mahng, *m* abortion.
avorter, ăh-vor-teh, *v* to miscarry; **se faire —,** to have an abortion.
avorton, ăh-vor-tong, *m* abortive child or animal.
avoué, ăh-voo-eh, *m* solicitor, attorney.
avouer, ăh-voo-eh, *v* to confess; acknowledge.
avril, ăh-vreel, *m* April.
axe, ăhks, *m* axis; axle.
ayant-droit, ay-yahng-dro'ăh, *m* rightful owner;
azote, ăh-zot, *m* nitrogen.   [beneficiary.
azur, ăh-zEER, *m* azure, blue.
azyme, ăh-zeem, *a* unleavened.

baba, băh-băh, *m* baba, spongy plum-cake; **— au rhum,** — oh romm, sponge cake moistened with rum syrup.
babillage, băh-bee-yăsh, *m* prattling.
babillier, băh-bee-yeh, *v* to prattle; to gossip.
babine, băh-been, *f* lip of animal; chops (of animals).

babiole, băh-be-ol, *f* bauble; toy; knick-knack.
bâbord, bah-bor, *m* port side.
babouin, băh-boo-ang, *m* baboon.
bac, băhck, *m* ferry-boat. ⌈certificate.
baccalauréat, băh-kăh-loh-reh-ăh, *m* school leaving
bâche, bahsh, *f* awning; hot-bed frame; tank.
bachelier, băh-sher-le-eh, *m* one who has passed
    school leaving certificate.
bachot, băh-sho, *m* baccalauréat; punt.
bacille, băh-sill, *m* bacillus.
bâcler, bah-kleh, *v* to hurry over.
badaud, e, băh-doh, *a & mf* idler; saunterer.
badigeonner, băh-de-shonn-eh, *v* to colour-wash; to
badin, e, băh-dang, *a & mf* playful; joker. ⌊paint.
badinage, băh-de-năhsh, *m* sport; jest; humour.
badiner, băh-de-neh, *v* to joke.
bafouer, băh-foo-eh, *v* to scoff at.
bagage, băh-găhsh, *m* luggage; **plier —,** ple-eh —, to
    pack up; make off.
bagarre, băh-găhr, *f* fray.
bagatelle, băh-găh-tell, *f* trifle, trinket.
bagne, băhn-yer, *m* convicts' prison.
bague, băhg, *f* ring.
baguette, băh-ghett, *f* wand; rod; stick; long stick of
bah! băh, *int* nonsense! pooh! indeed! ⌊bread.
bahut, băh-E, *m* chest; cupboard.
bai, e, bay, *a* bay.
baie, bay, *f* bay; berry; opening.
baigner, bain-yeh, *v* to bathe; **se —,** to bathe.
baignoire, bain-yo'ăhr, *f* bath tub; (theatre) box.
bail, bah'e, *m* lease; *pl* **baux,** boh.
bâillement, bah'e-mahng, *m* yawning; gaping.
bâiller, bah'e-eh, *v* to yawn; to gape.
bailleur, bah'e-er, *m* lessor.
bailli, bah'e-yee, *m* bailiff.
bâillon, bah'e-yong, *m* gag.
bâillonner, bah'e-yonn-eh, *v* to gag. ⌈room.
bain, bang, *m* bath; **salle de —,** săhl-der —, *f* bath-
bain-marie, bang-măh-ree, *m* (cooking) double
baïonnette, bah'e-onn-ett, *f* bayonet. ⌊saucepan.
baiser, bay-zeh, *m* kiss.
baisse, bess, *f* fall; decline; drop.

baisser, bess-eh, v to lower; to let down; to decline;
bal, băhl, m ball. |**se —,** to stoop.
balade, băh-lăhd, f stroll, ramble.   [stroll.
balader (se), ser băh-lăh-deh, v (fam.) to take a
baladin, băh-lăh-dang, m mountebank; buffoon.
balafre, băh-lăh-fr, f gash; scar.
balai, băh-lay, m broom; brush; **rôtir le —,** roh-teer
ler —, to lead a wild life.
balance, băh-lahngss, f scale; pair of scales; Libra.
balancer, băh-lahng-seh, v to balance; to weigh; to
hesitate; to swing; (fam.) to turn out, to dismiss.
balancier, băh-lahng-se-eh, m pendulum; pole; beam.
balançoire, băh-lahng-so'ăhr, f see-saw; swing.
balayer, băh-lay-yeh, v to sweep.
balayures, băh-lay-yEER, fpl sweepings.
balbutier, băhl-bE-se-eh, v to stammer; to mumble.
balcon, băhl-kong, m balcony.
baldaquin, băhl-dăh-kang, m canopy.
baleine, băh-lain, f whale.
baleinier, băh-lay-ne-eh, m whaler; **— de sauvetage,**
— der sohv-tăhsh, m lifeboat.
balise, băh-leez, f beacon; buoy.
ballade, băh-lăhd, f ballad; ballade.
ballant, e, băh-lahng, a swinging; dangling.
balle, băhl, f ball, bullet; bale; **prendre la — au bond**
prahng-dr lăh — oh bong, to seize the opportunity.
ballet, băh-lay, m ballet.
ballon, băh-long, m balloon; football.
ballot, băh-loh, m bale.
ballottage, băh-lot-tăhsh, m second ballot; shaking.
ballotter, băh-lot-eh, v to toss; to ballot.
balnéaire, băhl-neh-air, a bathing; **station —,**
stăh-se-ong —, watering-place.
balourdise, băh-loohr-deez, f stupid thing; blunder.
balsamique, băhl-zăh-mick, a balmy.
balustre, băh-lEES-tr, m railing; balustrade.
bambin, e, bahng-bang, mf little child, tiny tot.
bambocheur, bahng-boh-sher, m debauchee.
bambou, bahng-boo, m bamboo.
ban, bahng, m proclamation; banishment.
banal, e,* băh-năhl, a commonplace; banal.
banane, băh-năhn, f banana.

banc, bahng, *m* bench.
bancal, e, bahng-kăhl, *a* & *n* bandy-legged.
bandage, bahng-dăhsh, *m* bandaging; truss; tyre.
bande, bahngd, *f* strip; wrapper; gang; lot; tyre.
bandeau, bahng-doh, *m* head-band; bandage.
bandelette, bahngd-lett, *f* narrow band; small bandage.
bander, bahng-deh, *v* to bandage; to bind up; to stretch.
banderole, bahngd-rol, *f* streamer.   [stretch.
bandit, bahng-de, *m* bandit.
bandoulière, bahng-doo-le-air, *f* shoulder-belt; **en —,** ahng —, slung over the shoulder.
banlieue, bahng-le-er, *f* suburbs.
bannière, băh-ne-air, *f* banner; flag.
bannir, băh-neer, *v* to banish.
banque, bahngk, *f* bank; banking.
banqueroute, bahngk-root, *f* bankruptcy.
banquet, bahng-kay, *m* feast, banquet.
banquette, bahng-kett, *f* bench; seat.
banquier, bahng-ke-eh, *m* banker.
banquise, bahng-keez, *f* ice-bank, -floe.
baptême, băh-taym, *m* baptism.
baptiser, băh-te-zeh, *v* to christen.
baquet, băh-kay, *m* tub; bucket.
baragouiner, băh-răh-gwee-neh, *v* to talk gibberish.
baraque, băh-răhck, *f* shed; hovel; hut.
baratter, băh-răh-teh, *v* to churn.
barbare, băhr-băhr, *a* & *mf* barbarian; barbarous.
barbe, băhrb, *f* beard.
barbelé, băhr-ber-leh, *a* barbed.
barbiche, băhr-beesh, *f* tuft of beard.
barbier, băhr-be-eh, *m* barber.   [mumble.
barboter, băhr-bot-eh, *v* to dabble; to paddle; to
barbouiller, băhr-boo'e-yeh, *v* to daub; to scribble.
barbu, e, băhr-be, *a* bearded.
barême, băh-raym, *m* ready-reckoner.
barguigner, băhr-gheen-yeh, *v* to hum and haw; to hesitate.
baril, băh-re, *m* barrel, cask, keg.   [hesitate.
bariolage, băh-re-o-lăhsh, *m* medley (of colours).
bariolé, băh-re-o-leh, *a* gaudy; of many colours.
baromètre, băh-roh-met-tr, *m* barometer.
baron, băh-rong, *m* baron; *f* **baronne,** băh-ronn.

baronnet, băh-ro-nay, *m* baronet.
baroque, băh-rock, *a* odd, quaint; baroque (style).
barque, băhrk, *f* boat.
barrage, băh-răhsh, *m* stoppage; dam; barrage.
barre, băhr, *f* bar; tiller; stroke.
barreau, băh-roh, *m* bar; profession of the law.
barrer, băh-reh, *v* to bar; to cross out.
barrette, băh-rehtt, *f* hair slide; small bar.
barrière, băh-re-air, *f* barrier; gate.
bas, bah, *adv* low down; *m* bottom; stocking.
bas, se,* bah, *a* low; mean; base.
basané, e, băh-zăh-neh, *a* sunburnt.
bas-côté, bah-koh-teh, *m* aisle (side).
bascule, băhss-KEEL, *f* see-saw; weighing-machine.
base, bahz, *f* basis; base.
baser, bah-zeh, *v* to base; to ground.
bas-fond, bah-fong, *m* low ground.
basque, băhsk, *f* flap (coat etc.); *a & mf* Basque.
basse, bahss, *f* bass; violoncello.
basse-cour, bahss-koohr, *f* poultry-yard.
bassesse, bahss-ess, *f* baseness; meanness.
bassin, băhss-ang, *m* basin; dock; pelvis.
bassiner, băhss-e-neh, *v* to warm (a bed); to bathe (wound etc.).
bassinoire, băhss-e-no'ăhr, *f* warming pan.
basson, bahss-ong, *m* bassoon.
baste! băhsst! *interj* pooh! bosh! nonsense!
bastingage, băhss-tang-găhsh, *m* netting.
bastringue, băhss-trang-gh, *m* low dancing place.
bas-ventre, bah-vahng-tr, *m* lower abdomen.
bât, bah, *m* pack-saddle.
bataille, băh-tah'e, *f* battle.
bataillon, băh-tah'e-ong, *m* battalion; host.
bâtard, e, bah-tăhr, *n & a* illegitimate, bastard; French loaf of bread.
bateau, băh-toh, *m* boat.
bateleur, băht-ler, *m* mountebank.
batelier, băh-ter-le-eh, *m* boatman.
bâti, bah-te, *m* tacking; frame.
batifoler, băh-te-foll-eh, *v* to play; to romp.
bâtiment, bah-te-mahng, *m* building; ship.
bâtir, bah-teer, *v* to build; to erect; to tack.

bâtisse, bah-tiss, *f* building; masonry.

batiste, băh-tisst, *f* cambric; lawn.

bâton, bah-tong, *m* stick; club; **à ——s rompus,** ăh ——rong-pE, by fits and starts; **mettre des —s dans les roues,** met-tr day — dahng lay roo, to put a spoke in one's wheel.

bâtonner, bah-tonn-eh, *v* to cudgel.

battage, bah-tăhsh, *m* beating; churning; threshing.

battant, băh-tahng, *m* (door) leaf; (bell) clapper.

battant, e, băh-tahng, *a* beating; pelting.

battement, băht-mahng, *m* beat(ing); throb(bing); clapping.

batterie, băht-ree, *f* fight; battery; set; **— de cuisine,** — de kwee-zeen, kitchen utensils; percussion.

battoir, băh-to'ăhr, *m* beater; paddle; bat.

battre, băh-tr, *v* to beat; to thrash; to coin; to churn; to thresh; to shuffle; **se—,** to fight.

baudet, boh-day, *m* donkey; dolt.

bauge, bohsh, *f* lair (of wild boar); dirty hovel; squirrel's nest.

baume, bohm, *m* balm; balsam.

bavard, e, băh-văhr, *mf* chatterbox; *a* talkative.

bavardage, băh-văhr-dăhsh, *m* chit-chat.

bavarder, băh-văhr-deh, *v* to chatter.

baver, băh-veh, *v* to dribble.

bavoir, băh-vo'ăhr, *m* bib.

bazar, băh-zăhr, *m* bazaar.

béant, e, beh-ahng, *a* gaping; ⌈ahngt, agape. **bouche —e,** boosh —

béat, e,* beh-ăh, *a* sanctimonious; blissful.

beau, boh, *m* beautiful; beauty; best; fine weather.

beau (before vowel or a mute *h*: **bel,** bell), boh, *m*; **belle,*** bell, *f, a* beautiful; handsome; fine fair; **avoir—,** ăh-vo'ăhr—, to...in vain; **de plus belle,** der plE bell, more (or worse) than ever.

beaucoup, boh-koo, *adv* much; many; a great deal.

beau-fils, boh-fiss, *m* stepson; son-in-law.

beau-frère, boh-frair, *m* brother-in-law.

beau-père, boh-păir, *m* father-in-law; stepfather.

beauté, boh-teh, *f* beauty.

beaux-parents, boh-păh-rahng, *mpl* parents-in-law.

bébé, beh-beh, *m* baby.

bec, beck, *m* beak; snout.

bécarre, beh-kähr, *m* (music) natural.

bécasse, beh-kähss, *f* woodcock.

bécassine, beh-kähss-een, *f* snipe; silly girl.

bec-de-lièvre, beck der le-ay-vr, *m* harelip.

béchamel, beh-shäh-mell, *f* cream-sauce.

bêche, baish, *f* spade.

bêcher, bay-sheh, *v* to dig.

becqueter, bayk-teh, *v* to peck; to kiss.

bedaine, ber-denn, *f* paunch, belly.

bedeau, ber-doh, *m* beadle.

bée, beh, *af* open, gaping; **bouche —**, boosh—, open-

beffroi, beh-fro'äh, *m* belfry.   [mouthed.

bégayer, beh-ghay-yeh, *v* to stammer; to stutter.

bègue, baygh, *n & a* stammerer; stammering.

bégueule, beh-gherl, *f* haughty prude.

beige, baish, *a* unbleached, natural; beige.

beignet, bayn-yay, *m* fritter.

bêler, bay-leh, *v* to bleat.

bélier, beh-le-eh, *m* ram, battering-ram.

belle-fille, bell fee-ye, *f* daughter-in-law; step-
daughter.

belle-mère, bell mair, *f* mother-in-law; stepmother.

belle-soeur, bell ser, *f* sister-in-law.

belliqueu-x, se, * bell-le-ker, *a* warlike.

bémol, beh-mol, *m* (music) flat.

bénédicité, beh-neh-de-se-teh, *m* grace before meals.

bénédiction, beh-neh-dick-se-ong, *f* blessing.

bénéfice, beh-neh-fiss, *m* benefit, profit; living.

benêt, ber-nay, *a & m* booby; simpleton; silly.

bénévole, * beh-neh-vol, *a* kind; gentle.

béni, e, beh-ne, *a* blessed.

béni-n, gne, beh-nang, *a* benign, kind.

bénir, beh-neer, *v,* to bless.

bénitier, beh-ne-te-eh, *m* holy-water basin.

benzine, bang-zeen, *f* benzine.

béquille, beh-kee-ye, *f* crutch.

bercail, bair-kah'e, *m* (sing. only) sheep-fold; fold.

berceau, bair-soh, *m* cradle; arbour; cradle vault.

bercer, bair-seh, *v* to rock; to lull; to delude.

berceuse, bair-serz, *f* rocking-chair; lullaby.

béret, beh-ray, *m* beret, cap.

berge, bairsh, *f* steep bank of a river.

berg-er, ère, bair-sheh, *mf* shepherd.

bergère, bair-**shair,** *f* easy chair.

bergerie, bair-sher-ree, *f* sheep-fold.

berlue, bair-**lE,** *f* dimness of sight; false vision.

berner, bair-neh, *v* to toss in a blanket; to fool.

besace, ber-**zähss,** *f* double-bag.

besogne, ber-zon-yer, *f* work; task; labour.

besogneu-x, se, ber-zon-yer, *a* needy; necessitous.

besoin, ber-zo-ang, *m* need; want; necessity; **au —,**
oh —, in case of need.

bestial, e,* bess-te-ähl, *a* beastly; brutish.

bestiaux, bess-te-oh, *mpl* cattle.

bétail, beh-tah'e, *m* cattle; live-stock.

bête, bayt, *f* beast; animal; *a** stupid; **— noire,**
—no'ähr, aversion.

bêtise, bay-teez, *f* stupidity; stupid thing.

béton, beh-tong, *m* concrete.

betterave, bett-rähv, *f* beet-root.

beugler, ber-gleh, *v* to bellow; to bawl.

beurre, ber, *m* butter.

beurrer, ber-reh, *v* to butter.

bévue, beh-**vE,** *f* blunder, mistake.

biais, be-ay, *m* slant; expedient; **en —,** ahng—, on the
[cross.

biaiser, be-ay-zeh, *v* to slope; to shuffle.

bibelot, beeb-lo, *m* trinket, nicknack.

biberon, beeb-rong, *m* feeding-bottle.

bible, bee-bl, *f* bible.

bibliophile, be-ble-off-eel, *m* lover of books.

bibliothécaire, be-ble-o-teh-kair, *m* librarian.

bibliothèque, be-ble-o-teck, *f* library; book-case.

biche, bish, *f* hind; doe.

bicoque, be-kock, *f* paltry town; hut; hovel.

bicyclette, be-se-klett, *f* bicycle.

bidon, be-dong, *m* can; **bidonville,** be-dong-veel, *m*
shanty town.

bielle, be-ell, *f* connecting-rod. [shanty town.

bien, be-ang, *adv* well; quite; very; *m* good; property;
welfare; **—que, —ke**r, although; **tout va —,** too
väh—, all is well.

bien-aimé, e, be-ang n'ay-meh, *a* beloved.

bien-être, be-ang n'ay-tr, *m* comfort; welfare.

bienfaisant, e, be-ang-fer-zahng, *a* kind; charitable.

bienfait, be-ang-fay, *m* kindness; favour; boon.

bienfai-teur, trice, be-ang-fay-**ter,** *mf* benefactor, benefactress.

bien-fonds, be-ang-fong, *m* landed property.

bienheureu-x, se, be-ang-ner-rer, *a* blessed, happy.

bienséance, be-ang-seh-ahngss, *f* decorum, propriety.

bientôt, be-ang-toh, *adv* soon, shortly. [goodwill.

bienveillance, be-ang-vay'e-yahngss, *f* kindness;

bienveillant, e, be-ang-vay'e-yahng, *a* kind, bene-

bienvenu, e, be-angv-NEE, *a & n* welcome. [volent.

bienvenue, be-angv-NEE, *f* welcome.

bière, be-air, *f* beer; coffin, bier.

biffer, be-feh, *v* to strike out; to cancel.

bifteck, beef-teck, *m* beefsteak.

bifurquer (se), ser be-FEER-keh, to fork.

bigarré, e, be-gäh-reh, *a* motley, streaked.

bigorneau, be-gor-noh, *m* winkle.

bigot, e, be-gho, *mf* bigot; *a* bigoted.

bigoudi, be-goo-de, *m* curler (hair).

bijou, be-shoo, *m* jewel, trinket; (fig.) darling.

bijouterie, be-shoot-ree, *f* jewellery.

bijoutier, be-shoo-te-eh, *m* jeweller.

bikini, be-ke-ne, *m* bikini.

bilan, be-lahng, *m* balance-sheet; schedule.

bile, beel, *f* bile; gall; anger.

bilieu-x, se, be-le-er, *a* bilious; irritable.

billard, bee-yähr, *m* billiards; billiard-room.

bille, bee-ye, *f* ball; marble; log.

billet, bee-yay, *m* bill; note; ticket; — **de banque,** — der bahngk, bank-note; — **simple,** — sang-pl, single ticket; — **d'aller et retour,** — dāh-leh-eh rer-toohr, return ticket.

billevesée, bill-ver-zeh, *f* nonsense.

billion, bill-e-ong, *m* thousand millions.

billot, bee-yo, *m* block.

bimensuel, -le, be-mähng-SE-ell, *a* fortnightly.

binette, be-nett, *f* hoe; (pop.) face.

binocle, be-nock-kl, *m* double eye-glass.

biographie, be-og-räh-fee, *f* biography.

bipède, be-payd, *a & m* biped; two-legged.

biplan, be-plahng, *m* biplane.

bique, bick, *f* she-goat.

bis, biss, *adv* twice; again; encore!

bis, e, be, *a* brown. [grandmother.
bisaïeul, e, be-zäh-yerl, *mf* great-grandfather; great-
biscornu, e, biss-kor-NE, *a* odd, queer.
biscotte, biss-kot, *f* rusk.
biscuit, biss-kwe, *m* biscuit.
bise, beez, *f* north wind; cold blast.
biseau, be-zoh, *m* bevel.
bisque, beesk, *f* shellfish soup; vexation.
bisquer, bees-keh, *v* (fam.) to be vexed.
bisser, biss-eh, *v* to encore.
bissextile, be-secks-teel, *af* used only in **Année**
—, Leap Year.
bistré, e, biss-treh, *a* tawny, swarthy.
bizarre,* be-zähr, *a* odd; whimsical; eccentric.
blafard, e, bläh-fähr, *a* dim; wan; pale.
blague, blähg, *f* tobacco-pouch; (fam.) joke.
blaguer, bläh-gheh, *v* (fam.) to joke; to hoax.
blaireau, blay-roh, *m* badger; shaving brush.
blâme, blahm, *m* blame; censure.
blâmer, blah-meh, *v* to blame; to find fault with.
blanc, blahng, *m* white; white man; blank.
blan-c, che, *a* white; clean; blank; pale; **nuit blanche**
nwe blahngsh, sleepless night.
blanchaille, blahng-shah'e, *f* whitebait.
blanchâtre, blahng-shah-tr, *a* whitish.
blancheur, blahng-sher, *f* whiteness. [white.
blanchir, blahng-sheer, *v* to whiten; to bleach; to grow
blanchissage, blahng-shiss-ähsh, *m* washing.
blanchisserie, blahng-shiss-re, *f* laundry, laundering.
blanquette, blahng-kett, *f* stew with white sauce.
blaser, blah-zeh, *v* to blunt; to pall; **se —, ser —,** to get
tired of **(de);** to become blasé.
blason, blah-zong, *m* heraldry; coat-of-arms.
blasphème, blähss-faym, *m* blasphemy.
blé, bleh, *m* corn; wheat; grain.
blême, blaym, *a* pallid; ghastly; wan.
blémir, bleh-meer, *v* to grow pale.
blessant, e, bless-ahng, *a* offensive **(pour,** to), hurtful.
blessé, bless-eh, *m* wounded man; *pp* & *a* wounded.
blesser, bless-eh, *v* to wound; to hurt; to injure; to
offend; **se —,** to hurt oneself; to be offended **(de,** at,
blessure, bless-EER, *f* wound; injury. [with).

blet, te, blay, *a* overripe.

bleu, e, bler, *a* blue; *m* bruise.

bleuâtre, bler-ah-tr, *a* bluish.

bleuet, bluet, bler-ay, bɪE-ay, *m* cornflower.

bleuir, bler-eer, *v* to make blue; to turn blue.

blindé, blang-deh, *a* steel-plated; iron-clad.

bloc, block, *m* block, lump, log; **en —,** ahng **—,** in the lump.

blocus, block-EESS, *m* blockade.

blond, e, blong, *a* fair; light; blond.

bloquer, block-eh, *v* to blockade; to block up.

blottir (se), ser blot-eer, *v* to crouch; to snuggle down.

blouse, blooz, *f* frock; smock-frock; pinafore; (billiards) pocket.

blouser, bloo-zeh, *v* to dupe; **se —,** ser **—,** (fam.) to blunder.

bluette, blɪE-ayt, *f* spark; literary trifle.

boa, bo'ăh, *m* boa; fur tippet.

bobard, bo-bahr, *m* (fam.) tall story.

bobine, bob-een, *f* bobbin; spool; reel; coil.

bobo, bob-o, *m* slight hurt.

bocage, bock-ăhsh, *m* grove; copse.

bocal, bock-ăhl, *m* glass bowl; wide-mouthed bottle.

bock, bock, *m* beer-glass; glass of beer.

bœuf, berf, *m* bullock; beef.

bohémien, ne, bo-eh-me-ang, *mf* Bohemian; gipsy.

boire, bo'ăhr, *v* to drink; to soak up (paper, etc.).

bois, bo'ăh, *m* wood; timber; (deer) horns.

boisé, e, bo'ăh-zeh, *a* wooded; wainscoted.

boiserie, bo'ăhz-ree, *f* wainscot.

boisseau, bo'ăhss-oh, *m* bushel.

boisson, bo'ăhss-ong, *f* drink; beverage; drinking.

boîte, bo'ăht, *f* box; case; tin; **—aux lettres, —oh** lay-tr, letter box.

boiter, bo'ăh-teh, *v* to limp.

boiteu-x, -se, bo'ăh-ter, *mf* cripple; *a* lame; limping.

bol, boll, *m* bowl; basin.

bombance, bong-bahngss, *f* feasting.

bombarder, bong-băhr-deh, *v* to bombard.

bombe, bongb, *f* bomb; shell.

bomber, bong-beh, *v* to make convex; to bulge out.

bon, bong, *m* good; good quality; bond; order; cheque; **— de vitesses, —** der ve-tess, gear box.

bon, ne, bong, *a* good; kind; advisable; right.

bonasse, bonn-*ähss, a* simple; silly; credulous.
bonbon, bong-bong, *m* sweet.
bonbonnière, bong-bonn-e-air, *f* sweet box.
bond, bong, *m* bound; leap; jump; **faire faux —, fair foh —, to fail.**
bonde, bongd, *f* bunghole; sluice.
bondir, bong-deer, *v* to bound; to spring; to skip.
bondon, bong-dong, *m* bung; Neufchâtel cheese.
bonheur, bonn-er, *m* happiness; delight; luck.
bonhomie, bonn-omm-ee, *f* good nature; simplicity.
bonhomme, bonn-omm, *m* good-natured man; old man; fellow.
bonification, bonn-e-fe-käh-se-ong, *f* improvement; allowance.
bonifier, bonn-e-fe-eh, *v* to improve.
boniment, bonn-e-mahng, *m* showman's speech; clap-trap.
bonjour, bong-shoor, *m* good morning. [trap.
bonne, bonn, *f* maid-servant; nursemaid.
bonnement, bonn-mahng, *adv* simply; plainly.
bonnet, bonn-ay, *m* cap; **gros —,** groh —, big wig;
bonneterie, bonn-tree, *f* hosiery. [magnate.
bonnetier, bonn-te-eh, *m* hosier.
bonsoir, bong-so'ähr, *m* good evening; good night.
bonté, bong-teh, *f* goodness; kindness (pour, to).
bord, bor, *m* border; edge; rim; side; bank; shore.
bordée, bor-deh, *f* volley; broadside. [up.
border, bor-deh, *v* to border; to edge; to hem; to tuck
bordereau, bor-der-roh, *m* schedule; detailed account; memorandum.
bordure, bor-deer, *f* border; edge; kerb.
boréal, e, bor-eh-ähl, *a* northern.
borgne, born-yer, *a* blind in one eye; (fig.) low.
borne, born, *f* boundary; milestone; terminal.
borné, e, bor-neh, *pp & a* limited; narrow; short-witted.
borner, bor-neh, *v* to bound; to limit; to confine.
bosquet, boss-kay, *m* grove; thicket.
bosse, boss, *f* hump; bump; embossment.
bosseler, boss-leh, *v* to emboss; to dent; to batter.
bossu, e, boss-E, *mf* hunchback; *a* hunchbacked.
bot, bo, *n & a* used only in **pied-bot,** pe-eh-bo, club-foot, club-footed.

botanique, bot-ăh-nick, *f* botany; botanical.
botte, bott, *f* boot; high boot; bundle; hank; thrust; **à propos de —s,** ăh pro-poh de —, without any reason.
botter, bott-eh, *v* to help one with his boots; (fam.) to suit; to boot; to kick.
bottier, bott-e-eh, *m* bootmaker.
bottin, bott-ang, *m* French Post-Office Directory.
bottine, bott-een, *f* half-boot; lady's boot; boot.
bouc, book, *m* he-goat; **—émissaire,** —eh-miss-air, scape-goat.
boucanier, boo-kăh-ne-eh, *m* buccaneer.
bouche, boosh, *f* mouth; opening.
bouchée, boo-sheh, *f* mouthful.
boucher, boo-sheh, *v* to stop; to obstruct; to cork.
bouch-er, ère, boo-sheh, *mf* butcher.
boucherie, boosh-ree, *f* butcher's shop or trade; shambles; slaughter.
bouchon, boo-shong, *m* cork; stopper; ale-house.
boucle, boo-kl, *f* buckle; ring; curl; **— d'oreille,** —doh-ray'e, ear-ring.
boucler, boo-kleh, *v* to buckle; to ring; to curl.
bouclier, boo-kle-eh, *m* shield; buckler.
bouder, boo-deh, *v* to pout; to sulk.
boudin, boo-dang, *m* black pudding.
boue, boo, *f* mud, mire, dirt.
bouée, boo-eh, *f* buoy.
boueur, or **boueux,** boo-er, *m* dustman.
boueu-x, se, boo-er, *a* muddy.
bouffant, e, boo-fahng, *a* puffed; baggy.
bouffée, boo-feh, *f* puff, whiff.
bouffer, boo-feh, *v* to puff out; (pop.) to eat greedily.
bouffi, e, boo-fe, *pp* & *a* puffed up, inflated; **(de,** —fe, puffed up, inflated; **[with).**
bouffon, boo-fong, *m* buffoon, jester.
bouffon, ne, boo-fong, *a* comical, droll.
bouge, boosh, *m* hovel, den; bulge.
bougeoir, boo-sho'ăhr, *m* flat candlestick.
bouger, boo-sheh, *v* to stir; to budge; to move.
bougie, boo-shee, *f* wax candle; sparking-plug.
bougonner, boo-ghonn-eh, *v* to grumble.
bougran, boo-grahng, *m* buckram. [soup.
bouillabaisse, boo'e-yăh-bess, *f* highly-seasoned fish

bouillant, e, boo'e-yah*ng*, *a* boiling; hot-tempered.

bouilli, boo'e-yee, *m* boiled beef.

bouille, boo'e-yee, *f* baby cereal, gruel.

bouillir, boo'e-yeer, *v* to boil.

bouilloire, boo'e-yo'ährr, *f* kettle.

bouillon, boo'e-yong, *m* broth; soup; stock; bubble; cheap restaurant.

bouillonner, boo'e-yonn-eh, *v* to bubble up; to boil.

bouillotte, boo'e-yot, *f* hot water bottle; (card-game) bouillotte.

boulangerie, boo-lah*ng*sh-ree, *f* baker's shop.

boule, bool, *f* ball; **jeu de —s,** sh*er*-der—, game of bowls.

bouleau, boo-loh, *m* birch-tree.

boulet, boo-lay, *m* cannon-ball; shot; small ovoid coal.

boulette, boo-lett, *f* meat ball; pellet; blunder.

boulevard, boo-vährr, *m* boulevard.

bouleversement, bool-vairr-ser-mah*ng*, *m* over-throw; confusion.

bouleverser, bool-vairr-seh, *v* to overthrow; to upset.

boulier, boo-lee-eh, *m* abacus; scoring board.

boulon, boo-long, *m* bolt; pin.

boulonner, boo-lonn-eh, *v* to bolt; (fam.) to work hard.

bouquet, boo-kay, *m* bunch; nosegay; aroma; crowning piece; prawn.

bouquin, boo-kang, *m* old he-goat; old hare; old book; (fam.) book.

bouquiner, boo-ke-neh, *v* to hunt after old books; (fam.) to read.

bouquiniste, boo-ke-nisst, *m* dealer in secondhand books.

bourbe, boohrb, *f* mud; mire; dirt.

bourbier, boohr-be-eh, *m* slough; mire.

bourde, boohrd, *f* fib, sham.

bourdon, boohr-dong, *m* bumble-bee; great bell; drone bass.

bourdonner, boohr-donn-eh, *v* to hum; to buzz.

bourg, boohr, *m* market town; borough.

bourgade, boohr-gähd, *f* small town or large village.

bourgeois, -e, boohr-sho'äh, *mf* citizen; middleclass man or woman; commoner; **les petits —,** lay p*er*-te —, the lower middle class; master; *a** citizen-like; middle class; common.

bourgeoisie, boohr-sho'äh-zee, *f* citizenship; citizens; middle-class.

bourgeon, boohr-**sho**ng, *m* bud; shoot; (fam.) pimple.

bourgeonné, e, boohr-**sho**nn-eh, *a* in bud; pimply.

bourgmestre, boohrg-mess-tr, *m* burgomaster.

bourgogne, boohr-gonn-yer, *m* Burgundy wine.

bourrade, boo-rähd, *f* cuff; hard blow.

bourrasque, boo-rähsk, *f* gust of wind; fit of anger.

bourre, boohr, *f* flock; wadding.

bourreau, boo-roh, *m* executioner; tormentor, tyrant.

bourreler, boohr-leh, *v* to prick; to sting; to torment.

bourrelet, boohr-lay, *m* pad; padding; cushion; (fam.) rolls of fat.

bourrelier, boohr-le-eh, *m* harness-maker.

bourrer, boo-reh, *v* to stuff; to cram; **(de,** with); to thrash.

bourriche, boo-reesh, *f* basket; hamper.

bourru, e, boo-re, *a* surly; rough.

bourse, boohrs, *f* purse; scholarship; Stock Exchange.

boursier, boohr-se-eh, *a* & *n* exhibitioner; speculator on the Stock Exchange.

boursoufler, boor-soo-fleh, *v* to bloat; to puff up.

bousculer, boos-ke-leh, *v* to jostle; to hustle.

bouse, booz, *f* cow-dung; dung.

boussole, boo-sol, *f* sea compass; compass.

bout, boo, *m* end; tip; **à —,** äh —, exhausted; **au — du compte,** oh — de ko*ng*t, after all.

boutade, boo-tähd, *f* whim; freak; sally.

boute-en-train, boot-ah*ng*-tra*ng*, *m* life and soul of a party.

bouteille, boo-tay'e, *f* bottle.

boutique, boo-teeck, *f* shop; boutique; stall; tools.

boutiqui-er, -ère, boo-te-ke-eh, *mf* shopkeeper.

bouton, boo-to*ng*, *m* bud; button; handle, knob; stud; pimple; **— de manchettes,** — de mah*ng*-shett, *m* cuff-links.

boutonner, boo-tonn-eh, *v* to button; to bud.

boutonnière, boo-tonn-e-air, *f* button-hole.

bouture, boo-teer, *f* slip; cutting (of plant).

bouvreuil, boo-vrer'e, *m* bullfinch.

boxe, box, *f* boxing.

boyau, bo'äh-yoh, *m* bowel, gut; hose; long narrow passage.

bracelet, brähss-lay, *m* bracelet.

braconnier, bräh-konn-e-eh, *m* poacher.

braguette, brah-ghett, *f* fly (of trousers).

brailler, brah'e-yeh, *v* to bawl; to squall.

braire, brair, *v* to bray.

braise, brayz, *f* embers; live coals.

braisé, e, bray-zeh, *a* stewed, braised.

brancard, brahng-kähr, *m* stretcher; shaft.

brancardier, brahng-kähr-de-eh, *m* stretcher-bearer.

branche, brahngsh, *f* branch, bough; division.

brancher, brahng-sheh, *v* to branch; to plug in, to connect, to put through; to roost, to perch.

branchies, brahng-shee, *fpl* gills.

brandir, brahng-deer, *v* to brandish.

branlant, e, brahng-lahng, *a* shaking; tottering; loose.

branle, brahngl, *m* swinging; impulse; motion; **donner le —,** donn-eh ler —, to set going.

branle-bas, brahngl-bah, *m* upset; clearing the decks for action.

branler, brahng-leh, *v* to swing; to totter; to be loose.

braquer, bräh-keh, *v* to aim (**sur,** at); to change direction (of car etc.).

bras, bräh, *m* arm; handle; bracket; power; labour; **— dessus — dessous,** der-SE — der-soo, arm in arm.

brasier, bräh-ze-eh, *m* red-hot coal-fire; brazier.

brassard, brahss-ähr, *m* armlet; arm-band.

brasse, brähss, *f* fathom; stroke; breast stroke.

brassée, brähss-eh, *f* armful; stroke.

brasser, brähss-eh, *v* to brew; to concoct.

brasserie, brähss-ree, *f* brewery; beer-saloon; restaurant.

brasseur, brähss-er, *m* brewer.

bravade, brah-vähd, *f* bravado; bluster.

brave,* brähv, *a* brave; honest; good; smart; **un homme —,** ung n'omm —, a brave man; **un — homme,** ung — omm, a worthy man.

braver, brah-veh, *v* to brave; to face; to dare.

bravoure, brah-voohr, *f* bravery, courage, gallantry.

brebis, brer-be, *f* sheep; ewe;—**galeuse,** —gäh-lerz, black sheep.

brèche, braysh, *f* breach; gap; notch.

bredouille, brer-doo'e-yer, *a* empty-handed; **être —,** to have failed.

bredouiller, brer-doo'e-yeh, *v* to mumble.

bref, brayf, *adv* briefly, in short.

br-ef, ève, *a* brief, short.

breloque, brer-lock, *f* trinket; charm.

brème, braym, *f* bream.

bretelle, brer-tell, *f* strap; *pl* braces.

breuvage, brer-vàhsh, *m* drink, draught; beverage.

brevet, brer-vay, *m* patent; licence; warrant; commission; diploma.

breveter, brerv-teh, *v* to patent; to grant a patent; to commission.

bréviaire, breh-ve-air, *m* breviary.

bribe, breeb, *f* scrap.

bric-à-brac, breeck-äh-bräck, *m* curios; odds and ends. trifles.

bricole, bree-kol, *f* breast harness; *fpl* odds and ends.

bricoler, bree-ko-leh, *v* to put breast harness on horse; to do odd jobs; to potter about.

bricoleur, bree-ko-ler, *a & n* handy; handy-man.

bride, breed, *f* bridle; reins; string (of bonnet etc.); treble (crochet); **tourner —**, toohr-neh —. to turn back.

brider, bre-deh, *v* to bridle; to restrain; to tie up.

brie, bree, *m* Brie cheese.

brièvement, brer-ayv-mahng, *adv* briefly.

brièveté, bre-ayv-teh, *f* briefness.

brigade, bre-gàhd, *f* brigade; gang; **— de sûreté,** —der seer-teh, detective force.

brigadier, bre-gàh-de-eh, *m* corporal; bombardier; sergeant; foreman.

brigand, bre-ghahng, *m* brigand, robber.

brigue, breegh, *f* intrigue; cabal.

briguer, bre-gheh, *v* to intrigue for; to solicit.

brillamment, bree-yàh-mahng, *adv* brilliantly.

brillant, e, bree-yahng, *a* bright; brilliant; shining. *n* brilliancy; shine; diamond.

briller, bree-yeh, *v* to shine; to be conspicuous.

brimborion, brang-bo-re-ong, *m* bauble; nick-nack.

brimer, bree-meh, *v* to rag; to persecute.

brin, brang, *m* bit; blade; sprig.

brioche, bre-osh, *f* bun; (fam.) blunder.
brique, brick, *f* brick.
briquet, bre-kay, *m* cigarette lighter; **pierre à —,** pe-ayr ah—, *f* lighter flint.
briqueterie, brick-tree, *f* brick-works.
bris, bre, *m* breaking loose; wreck.
brisant, bre-zahng, *m* breaker; reef.
brise, breez, *f* breeze.
briser, bre-zeh, *v* to break; **se —,** to break up.
broc, brock, *m* jug; jar.   [goods.
brocanter, brock-ahng-teh, *v* to deal in second-hand
brocant-eur, -euse, brock-ahng-ter, *mf* dealer in second-hand goods; broker.
brocard, brock-ăhr, *m* taunt; jeer; scoff.
brocart, brock-ăhr, *m* brocade.
broche, brosh, *f* spit; brooch.
broché, e, brosh-eh, *pp & a* (books) paper-covered.
brochet, brosh-ay, *m* pike.
brochette, bro-shett, *f* skewer, small spit.
brochure, brosh-EER, *f* pamphlet, brochure.
broder, brod-eh, *v* to embroider; (fig.) to embellish (a story).   [ment.
broderie, brod-ree, *f* embroidery; (fig.) embellish-
broiement, bro'ăh-mahng, *m* pounding; crushing.
broncher, brong-sheh, *v* to stumble; to trip; **sans —,** sahng—, without flinching.
bronches, brongsh, *fpl* bronchia.
bronchite, brong-sheet, *f* bronchitis.
bronze, brongz, *m* bronze.
bronzer, brong-zeh, *v* to bronze; to tan.
brosse, bross, *f* brush.
brosser, bross-eh, *v* to brush.
brou, broo, *m* husk, hull.
brouet, broo-ay, *m* thin broth.
brouette, broo-ett, *f* wheel-barrow; hand cart.
brouhaha, broo-ăh-ăh, *m* uproar, hubbub.
brouillamini, broo'e-yăh-me-ne, *m* (fam.) confusion.
brouillard, broo'e-yăhr, *m* fog; haze; rough book; blotting-paper.
brouille, broo'e-ye, *f* disagreement; quarrel.
brouiller, broo'e-yeh, *v* to mix up; to confuse; **se —,** to fall out, to quarrel.

brouillon, broo'e-yo*ng*, *m* rough draft, rough book.

brouillon, ne, broo'e-yo*ng*, *n* & *a* blundering; muddle-headed.

broussailes, broo-sah'e, *fpl* brushwood.

brouter, broo-teh, *v* to graze.

broyer, bro'äh-yeh, *v* to pound; to crush.

bru, brE, *f* daughter-in-law.

bruine, brween, *f* drizzling rain.

bruire, brweer, *v* to rustle; to murmur.

bruissement, brweess-mah*ng*, *m* rustling; rumbling.

bruit, brwee, *m* noise; din; rumour; sound.

brûlant, e, brE-lah*ng*, *a* burning; scorching; fervent; impassioned.

brûle-gueule, brEEl-gherl, *m* short-pipe.

brûle-pourpoint (à), äh brEEl poohr-po'a*ng*, *adv* point-blank.

brûler, brE-leh, *v* to burn; to blow; to pass without stopping.

brûlure, brE-lEEr, *f* burn; scald.   [stopping.

brume, brEEm, *f* mist, haze.

brun, e, bru*ng*, brfEn, *a* & *n* brown; dusky; dark.

brunâtre, brE-nah-tr, *a* brownish.

brune, brEEn, *f* dusk; dark complexioned woman.

brunir, brE-neer, *v* to brown; to burnish; to tan.

brusque,* brEEsk, *a* blunt; rough; abrupt; sudden.

brusquer, brEEss-keh, *v* to be blunt with; to hurry on (of events).

brusquerie, brEEss-ker-ree, *f* bluntness; abruptness.

brut, e, brEt, *a* raw; rough; abrupt; coarse; gross.

brutal, e,* brE-tähl, *a* brutal; brutish.   [bully.

brutaliser, brE-tähl-e-zeh, *v* to treat brutally; to bully.

brutalité, brE-tähl-e-teh, *f* roughness; brutishness.

brute, brEt, *f* brute.

bruyamment, brE-yäh-mah*ng*, *adv* noisily; loudly.

bruyant, e, brE-yah*ng*, *a* noisy; loud.

bruyère, brE-yair, *f* heath; heather.

buanderie, bE-ah*ng*d-ree, *f* wash-house.

bûche, bEEsh, *f* log; (fig.) blockhead; hard work; swiss roll.

bûcher, bEE-sheh, *m* wood-house; funeral pile; stake.

bûcheron, bEEsh-ro*ng*, *m* wood-cutter; logger.

bûch-eur, -euse, bEE-sher, *mf* (fam.) plodder; swotter.

budget, bEed-shay, *m* budget.   [swotter.

buée, be-eh, *f* steam; vapour; blur.

buffet, be-fay, *m* side-board; buffet; refreshment-room.

buffle, bee-fl, *m* buffalo; buff-leather.

buis, bwe, *m* box-wood; box tree.

buisson, bweess-ong, *m* bush, thicket; **faire l'école buissonnière**, fair leh-kol bweess-onn-e-air, to play truant.

bulle, beel, *f* bubble.

bulletin, beel-ta*ng*, *m* report; bulletin; ticket; voting paper.

buraliste, be-räh-lisst, *mf* office-keeper; tobacconist.

bureau, be-roh, *m* office; writing-desk; board.

bureaucrate, be-roh-kräht, *m* bureaucrat; (fam.) red-tapist.

bureaucratie, be-roh-krähss-ee, *f* bureaucracy; (fam.) red-tape.

burette, be-rayt, *f* cruet; can; flagon.

burlesque, beer-lessk, *a* burlesque, ludicrous.

burnous, beer-nooss, *m* burnous, Arab cloak.

busc, beesk, *m* busk; whalebone.

buse, beez, *f* buzzard; (fig). blockhead.

buste, beest, *m* bust.

but, be, *m* mark; aim; goal; end; purpose.

buter, be-teh, *v* to butt; to prop; to stumble; **se —,** ser **—,** to be bent (**à**, on).

buté, be-teh, *a* fixed; obstinate.

butin, be-ta*ng*, *m* plunder; booty.

butor, be-tor, *m* bittern; (fig.) dull fellow.

butte, beet, *f* mound, knoll; **en — à,** ah*ng* — äh, exposed to.

buvable, be-väh-bl, *a* drinkable.

buvard, be-vähr, *m* blotting-pad; **papier —,** päh-pe-eh **—,** blotting-paper.

buveu-r, -se, be-ver, *mf* drinker.

ça, säh, *pron* contraction of cela, ser-läh, that.

çà, säh, *adv* hither; **— et là, —** eh läh, here and there.

cabale, käh-bähl, *f* cabal.

cabane, käh-bähnn, *f* hut; cabin.

cabanon, käh-bäh-nong, *m* cell; padded cell.

cabaret, käh-bäh-ray, *m* cabaret.

cabas, käh-bah, *m* rush basket; work-bag.

cabestan, käh-bess-tah*ng*, *m* capstan, windlass.
cabillaud, käh-bee-yoh, *m* (fresh) codfish.
cabine, käh-been, *f* cabin; beach hut; call box.
cabinet, käh-be-ney, *m* small room; closet; office;
  practice; w.c.; chambers; cabinet (Pol.).
câble, kah-bl, *m* cable; rope.
câbler, kah-bleh, *v* to cable; to twist (strands).
câblogramme, kah-blo-grahmm, *m* cablegram.
caboche, käh-bosh, *f* (fam.) pate; nob.
cabosser, käh-bo-sseh, *v* to bump, to dent.
cabotage, käh-bot-ähsh, *m* coasting.
caboter, käh-bot-eh, *v* to coast.
cabotin, käh-bot-ang, *m* bad actor; strolling player.
cabrer (se), ser käh-breh, *v* to rear; to fire up.
cabriole, käh-bre-ol, *f* caper; leap; somersault.
cabriolet, käh-bre-oll-ay, *m* gig; cab.
cacahuète, käh-käh-wait, *f* peanut.
cacao, käh-käh-o, *m* cocoa.
cacatoes, käh-käh-to'es, *m* cockatoo.
cachalot, käh-shä-lo, *m* sperm-whale.   [and-seek.
cache, kähsh, *f* hiding-place; **cache-cache,** *m* hide-
cache-nez, kähsh-neh, *m* muffler; comforter.
cacher, käh-sheh, *v* to hide; to conceal.
cachet, käh-shay, *m* seal; style; ticket; lesson.
cacheter, kähsh-teh, *v* to seal (up).
cachette, käh-shett, *f* hiding-place; **en —,** ah*ng* —,
                                                           [secretly.
cachot, käh-sho, *m* cell; dungeon; prison.
cachotterie, käh-shot-ree, *f* affected secretiveness.
cadavre, käh-dah-vr, *m* corpse; dead body.
cadeau, käh-doh, *m* present; gift.
cadenas, kähd-nah, *m* padlock.
cadenasser, kähd-nähss-eh, *v* to padlock.
cadence, käh-dah*ng*ss, *f* cadence; rhythm.
cadet, te, käh-day, *a* & *n* younger; least; youngest.
cadran, käh-drah*ng*, *m* dial.
cadre, kah-dr, *m* frame; plan; managerial staff; staff.
cadrer, kah-dreh, *v* to agree; to tally.
cadu-c, que, käh-DEEK, *a* infirm; decayed; lapsed.
caducité, käh-DE-se-teh, *f* decrepitude.
cafard, käh-fähr, *m* cockroach; "the blues".
cafard, e, käh-fähr, *a* hypocrite.
cafarder, käh-fähr-deh, *v* to sneak.

café, käh-feh, *m* coffee; coffee-house; café; — **au lait,**
— oh lay, coffee with milk, — **noir,** — no'ähr, black
cafetière, käh-fe-air, *f* coffee-pot. [coffee.
cage, käh**sh,** *f* cage; coop; frame.
cagneu-x, se, kähn-yer, *a* knock-kneed.
cagot, e, käh-go, *n & a* hypocrite.
cahier, käh-yeh, *m* copy-book; exercise-book.
cahin-caha, käh-ang käh-äh, *adv* so so; middling.
cahot, käh-o, *m* jolt; road shock.
cahoter, käh-ot-eh, *v* to jolt; bump along.
cahute, käh-EET, *f* hut, hovel.
caille, kah'e, *f* quail.
cailler, kah'e-yeh, *v* to curdle; to clot.
caillot, kah'e-o, *m* clot.
caillou, kah'e-yoo, *m* pebble; flint; stone.
caisse, kess, *f* case; box; chest; cash-box; fund; cash-
desk; (carriage) body; drum; — **d'épargne,** — deh-
pährn'yer; savings bank.
caissi-er, ère, kess-e-eh, *mf* cashier.
cajoler, käh-**sh**oll-eh, *v* to wheedle; to coax.
calamité, käh-läh-me-teh, *f* calamity.
calandre, käh-lah*ng*-dr, *f* calender; mangle.
calcaire, kähl-kair, *m* limestone; *a* calcareous.
calciner, kähl-se-neh, *v* to calcine; to burn up.
calcul, kähl-KEEl, *m* calculation; arithmetic; calculus;
stone (in bladder, etc.).
calculer, kähl-KE-leh, *v* to calculate; to reckon; to
compute; to work out.
cale, kähl, *f* wedge; (ship) hold.
calé, e, käh-leh, *a* wedged up; stalled; (fam.) learned.
calèche, käh-laysh, *f* open carriage.
caleçon, kähl-so*ng*, *m* men's pants; bathing shorts.
calembour, käh-lah*ng*-boohr, *m* pun.
calembredaine, käh-lah*ng*-brer-dayn, *f* foolery, non-
calendrier, käh-lah*ng*-dre-eh, *m* calendar. [sense.
calepin, käh-pa*ng*, *m* memorandum-book; notebook.
caler, käh-leh, *v* to wedge up; to jam; to stall.
calfeutrer, kähl-fer-treh, *v* to stop up the chinks of;
to make draught-proof; **se** —, to shut oneself up
cosily.
calibre, käh-lee-br, *m* calibre; size; diameter.
calice, käh-liss, *m* chalice; calyx.

calicot, kăh-le-ko, *m* calico.
califourchon (à), ăh kăh-le-foohr-shong, *adv* astride.
câlin, e, kah-lang, *a* caressing; winning.
câliner, kah-le-neh, *v* to caress; to fondle; to wheedle.
calleu-x, se, kăh-ler, *a* callous, horny.
calmant, kăhl-mahng, *m* sedative.
calmant, e, kăhl-mahng, *a* soothing.
calme, kăhlm, *m* calm; stillness; *a* calm.
calmer, kăhl-meh, *v* to calm; to quiet; to still.
calomnie, kăh-lomm-nee, *f* calumny; slander.
calomnier, kăh-lomm-ne-yeh, *v* to calumniate; to slander.
calorie, kăh-lo-re, *f* calory. [slander.]
calorifère, kăh-lor-e-fair, *a* heat-conveying; *m* heating installation.
calorifuger, kăh-lo-re-fE-sheh, *v* to insulate; to lag.
calotte, kăh-lott, *f* skull-cap; cap; box on the ears (slang); priesthood.
calotter, kăh-lott-eh, *v* to box the ears of.
calque, kăhlk, *m* tracing; copy.
calquer, kăhl-keh, *v* to trace; to copy.
calvaire, kăhl-vair, *m* calvary; (fig.) martyrdom.
calvitie, kăhl-vee-see, *f* baldness.
camarade, kăh-măh-răhd, *m* comrade; pal; friend.
camaraderie, kăh-măh-răhd-ree, *f* close friendship; comradeship.
camard, e, kăh-măhr, *a* flat-nosed.
cambouis, kahng-boo-e, *m* dirty oil or grease.
cambrer, kahng-breh, *v* to bend; to arch; **se —, ser —,** to camber.
cambriolage, kahng-bre-ol-ăhsh, *m* burglary.
cambrioleur, kahng-bre-ol-er, *m* burglar.
came, kăhm, *f* cam; **arbre à —,** ahr-br ăh—, *m* camshaft.
camée, kăh-meh, *m* cameo. [shaft.]
camelote, kăhm-lot, *f* cheap goods; trash; stuff.
camera, kăh-meh-răh, *f* cine-camera; film, TV camera.
camion, kăh-me-ong, *m* lorry; wagon. [camera.]
camionnage, kăh-me-onn-ăhsh, *m* carting; carriage (of goods).
camionnette, kăh-me-onn-ett, *f* van.
camisole, kăh-me-zol, *f* short night dress; straight jacket.
camouflet, kăh-moo-flay, *m* affront, insult.

camoufler, käh-moo-fleh, *v* to disguise; to camou-
flage; **se —,** to hide.

camp, kah*ng*, *m* camp.

campagnard, e, kah*ng*-pähn-yähr, *n & a* country-
man, countrywoman; rustic.

campagne, kah*ng*-pähn-ye*r*, *f* country; campaign.

campement, kah*ng*p-mah*ng*, *m* encampment; camp-

camper, kah*ng*-peh, to camp.   [ing.

camphre, kah*ng*-fr, *m* camphor.

camping, kah*ng*-pee.

camus, e, käh-m*E*, *a* flat-nosed.

canaille, käh-nah'e, *f* blackguard; rabble; roughs.

canal, käh-nähl, *m* canal; channel; pipe; conduit.

canapé, käh-näh-peh, *m* sofa; open sandwich.

canard, käh-nähr, *m* duck; drake; false news; rag
(newspaper).

cancan, kah*ng*-kah*ng*, *m* tittle-tattle; cancan.

cancaner, kah*ng*-käh-neh, *v* to tittle-tattle.

cancer, kah*ng*-sair, *m* cancer.

cancéreu-x, se kah*ng*-seh-re*r*, *a* cancerous; *n* cancer
patient.

cancre, kah*ng*-kr, *m* crab-fish; (fig.) dunce.

candélabre, kah*ng*-deh-läh-br, *m* candelabrum;
street-lamp.

candeur, kah*ng*-der, *f* candour; frankness; purity.

candidat, kah*ng*-de-däh, *m* candidate.

candide,* kah*ng*-deed, *a* candid; open; frank.

cane, kähn, *f* (female) duck.

caneton, kähn-to*ng*, *m* duckling.

canevas, kähn-vah, *m* canvas; sketch.

caniche, käh-neesh, *m* poodle.

canif, käh-niff, *m* penknife.

canin, käh-na*ng*, *a* canine.

canine, käh-neen, *f* canine tooth.

caniveau, käh-ne-voh, *m* gutter; gutterstone.

canne, kähn, *f* cane; walking-stick; rod.

cannelle, käh-nell, *f* cinnamon.

cannelure, kähn-lEEr, *f* groove.

canon, käh-no*ng*, *m* cannon, gun.

canot, käh-no, *m* canoe; **— de sauvetage,** der sohv-
tahsh, lifeboat.

canotage, käh-not-ähsh, *m* boating.

canotier, käh-not-e-eh, *m* oarsman; boater hat.
cantaloup, kah*ng*-täh-loo, *m* cantaloup melon.
cantatrice, kah*ng*-täh-triss, *f* professional singer.
cantharide, kah*ng*-täh-reed, *f* Spanish fly.
cantine, kah*ng*-teen, *f* canteen.
cantique, kah*ng*-tick, *m* canticle; sacred song.
canton, kah*ng*-tong, *m* sub-district; canton.
cantonade, kah*ng*-tonn-ähd, *f* (theatre) wings; **à la —,** äh läh —, behind the scenes.
cantonnier, kah*ng*-tonn-e-eh, *m* road-mender.
canule, käh-nEEl, *f* injection-pipe.
caoutchouc, käh-oot-shoo, *m* india-rubber; mackin-cap, kähp, *m* cape.   [tosh.
capable, käh-päh-bl, *a* able; efficient; qualified.
capacité, käh-päh-se-teh, *f* capacity; capaciousness; qualification.
cape, kähp, *f* cape; cloak with a hood.
capitaine, käh-pe-tayn, *m* captain.
capital, e, käh-pe-tähl, *a* capital; principal; chief.
capital, käh-pe-tähl, *m* capital, stock.
capitale, käh-pe-tähl, *f* (city) capital.
capiteu-x, se, käh-pe-ter, *a* heady; strong (of wines).
capitonner, käh-pe-tonn-eh, *v* to stuff; to pad.
capituler, käh-pe-tE-leh, *v* to capitulate; to come to capon, käh-pong, *m* coward; sneak.   [terms.
caporal, käh-por-ähl, *m* corporal.
capote, käh-pot, *f* great coat; hooded cloak; hood (of câpre, käh-pr, *f* caper.   [car).
caprice, käh-priss, *m* caprice; whim; fancy.
capsule, kähp-sEEl, *f* capsule; cap.
capter, kähp-teh, *v* to gain insidiously.
captieu-x, se,ª kähp-se-er, *a* captious.
capti-f, ve, kähp-tiff, *a* captive; *n* prisoner.
capture, kähp-tEER, *f* capture; booty; arrest.
capturer, kähp-tE-reh, *v* to capture; to arrest.
capuchon, käh-pE-shong, *m* hood; cover.
capucin, käh-pE-sang, *m* capuchin; friar.
capucine, käh-pE-seen, *f* nasturtium.
caque, kähck, *f* keg; barrel.
caquet, käh-kay, *m* cackle.
caqueter, kähck-teh, *v* to cackle; to chatter.
car, kähr, *conj* for, because, as.

car, kähr, *m* coach (motor).
carabine, käh-räh-been, *f* rifle.
carabinier, käh-räh-be-ne-eh, *m* rifleman.
caracoler, käh-räh-koll-eh, *v* to wheel about; to prance.
caractère, käh-rähck-tair, *m* character; temper; type; print.
carafe, käh-rähf, *f* decanter; water-bottle; carafe.
carafon, käh-räh-fong, *m* small decanter.
caramel, käh-räh-mell, *m* burnt sugar; caramel; [toffee.
carapace, käh-räh-pähss, *f* carapace; shell.
carat, käh-räh, *m* carat.
caravane, käh-räh-vähn, *f* caravan.
carbonate, kähr-bonn-äht, *m* carbonate.
carbone, kähr-bonn, *m* carbon.
carboniser, kähr-bonn-e-zeh, *v* to carbonize; to char.
carburateur, kähr-be-rah-ter, *m* carburettor.
carbure, kähr-beer, *m* carbide.
carcasse, kähr-kähss, *f* carcass; framework.
cardiaque, kähr-de-ähck, *a & mf* cardiac.
cardinal, e, kähr-de-nähl, *a* cardinal, principal, chief.
carême, käh-raym, *m* Lent.
carence, käh-rahngss, *f* total absence of assets.
carène, käh-rain, *f* keel; bottom; careen.
caressant, e, käh-rayss-ahng, *a* caressing; tender.
caresser, käh-rayss-eh, *v* to caress; to stroke; to [cherish.
cargaison, kähr-gay-zong, *f* cargo; freight.
cari, käh-re *m* curry.
caricature, käh-re-käh-teer, *f* caricature.
carie, käh-ree, *f* decay; — **dentaire,** dahng-tair, dental decay.
carillon, käh-ree-ong, *m* chime; peal.
carmin, kähr-mang, *m* carmine.
carnage, kähr-nähsh, *m* slaughter.
carnassier, kähr-nähss-e-eh, *a* carnivorous.
carnaval, kähr-näh-vähl, *m* carnival.
carnet, kähr-nay, *m* note-book.
carnier, kähr-ne-eh, *m* game-bag.
carnivore, kähr-ne-vor, *a* carnivorous.
carotte, käh-rot, *f* carrot; (fam.) humbug.
carotter, käh-rot-eh, *v* (fam.) to dupe; to cheat.
carpe, kährp, *f* carp.

carpette, kähr-pett, *f* rug.

carré, käh-reh, *m* square; landing.

carré, e, käh-reh, *a* square, straight; peremptory.

carreau, käh-roh, *m* square; pane; tile; diamonds

carrefour, kähr-foohr, *m* cross-roads. ⌊(cards).

carreler, kähr-leh, *v* to pave with brick or tile.

carrément, käh-reh-mah*ng*, *adv* squarely; boldly; straightforwardly.

carrer, käh-reh, *v* to square; **se —** to strut.

carrière, kähr-re-air, *f* quarry; race-course; career.

carriole, käh-re-ol, *f* light covered cart.

carrosse, käh-ross, *m* coach (horse-drawn).

carrosserie, kähr-ross-re, *f* body of car.

carrure, kähr-REER, *f* breadth of shoulders.

cartable, kähr-tabl, *m* school satchel.

carte, kährt, *f* card; ticket; map; menu; **—blanche,** blah*ng*sh, full power.

cartilage, kähr-te-lähsh, *m* cartilage; (fam.) gristle.

carton, kähr-tong, *m* pasteboard; cardboard; cartoon; hat-box; band-box; cardboard box.

cartouche, kähr-toosh, *f* cartridge; carton (of cigarettes); refill.

cas, kah, *m* case; matter; event; **en cas de,** ah*ng* kah der, in case of.

casani-er, ère, käh-zäh-ne-eh, *a* home-loving.

casaque, käh-zähck, *f* great-coat.

cascadeur, kähss-käh-der, *m* stunt-man.

case, kahz, *f* hut; cabin; pigeon-hole; square (on game board).

caser, kah-zeh, *v* to place; to find a situation for.

caserne, käh-zairn, *f* barracks.

casier, kah-ze-eh, *m* set of pigeon-holes; **—judiciaire, — sh**E-de-se-air, police record

casque, kähssk, *m* helmet.

casquette, kähss-kett, *f* cap.

cassant, e, kähss-ah*ng*, *a* brittle; blunt; sharp.

cassation, kähss-ah-se-o*ng*, *f* annulment; quashing; **casse,** kahss, *f* breakage. ⌊appeal.

casse-cou, kahss-koo, *m* break-neck; dare-devil.

casse-noisettes, kahss-no'äh-zett, *m* nut-cracker.

casse-tête, kahss-tayt, *m* club; tomahawk; puzzle.

casser, kahss-eh, *v* to break; to crack; to quash; to discharge.

casserole, kähss-rol *f* saucepan, stewpan.

cassette, kähss-ett, *f* casket.

cassis, kahss-iss, *m* black currant.

cassure, kahss-EER, *f* broken place; crack; fracture.

caste, kähsst, *f* caste.

castor, kähss-tor, *m* beaver.

casuel, käh-ZE-ell, *m* perquisites.

casuel, le,* käh-ZE-ell, *a* casual, accidental.

catalogue, käh-täh-log *m* catalogue, list.

cataplasme, käh-täh-plähssm, *m* poultice.

catarrhe, käh-tähr, *m* catarrh.

catastrophe, käh-tähss-trof, *f* catastrophe.

catéchisme, käh-teh-shissm, *m* catechism.

catégorie, käh-teh-go-re, *f* category, order, class.

cathédrale, käh-teh-drähl, *f* cathedral.

catholique, käh-toll-eeck, *a & mf* catholic.

cauchemar, kohsh-mähr, *m* nightmare; bugbear.

cause, kohz, *f* cause; motive; case; trial; **à — de,** äh — der, on account of.

causer, koh-zeh, *v* to cause; to chat.

causerie, kohz-ree, *f* talk, chat, chattering.

causeuse, koh-zerz, *f* settee.

caustique, kohss-tick, *a* caustic.

cauteleu-x, se,* koht-ler, *a* cunning, crafty.

cautériser, koh-teh-re-zeh, *v* to cauterize; to burn.

caution, koh-se-on*g,* *f* bail; security; **sujet à —,** se-shay t'äh—, not to be trusted.

cautionnement, koh-se-onn-mah*ng,* *m* bail; surety; security.

cautionner, koh-se-onn-eh, *v* to stand surety for.

cavalerie, käh-vähl-ree, *f* cavalry.

cavali-er, ère, käh-väh-le-eh, *mf* horseman; horse-woman; rider; partner; *a* blunt, off-hand.

cavalièrement, käh-väh-le-air-mah*ng,* *adv* bluntly; unceremoniously.

cave, kähv, *f* cellar; vault; liqueur-case; *a* hollow.

caveau, käh-voh, *m* cellar; vault.

caverne, käh-vairn, *f* cavern; cave; den.

cavité, käh-ve-teh, *f* cavity; hollow.

ce, cet, *m;* **cette,** *f ser,* sett, *a* this, that.

ceci, ser-se, *pron* this; this thing.

cécité, seh-se-teh, *f* blindness.

céder, seh-deh, *v* to yield; to give up; to hand over.

cédille, seh-dee-ye, *f* cedilla.

cèdre, say-dr, *m* cedar.

ceindre, sang-dr, *v* to enclose; to surround; to gird; to wreathe (**de**, with).

ceinture, sang-TEER, *f* girdle; belt; waist; enclosure; zone; circle.

ceinturon, sang-TE-rong, *m* sword-belt.

cela, ser-läh, or släh, *pron* that.

célèbre, seh-lay-br, *a* celebrated; famous.

célébrer, seh-leh-breh, *v* to celebrate.

celer, ser-leh, *v* to hide; to conceal (**à**, from).

céleri, seh-ler-re, *m* celery.

célérite, seh-leh-re-teh, *f* speed, swiftness.

céleste, seh-laist, *a* celestial, heavenly.

célibat, seh-le-bäh, *m* celibacy. [married.

célibataire, seh-le-bäh-tair, *m* bachelor; *a* un-

cellier, say-le-ch, *m* cellar; (on ground floor) store-

cellulaire, say-lE-lair, *a* cellular. [room.

cellule, say-lEEl, *f* cell.

celui, *m* **celle**, *f* ser-lwe, sell, *pron* he; she; him; her; the one; that.

cendre, sahng-dr, *f* ash, ashes; cinder.

cendré, e, sahng-dreh, *a* ash-coloured.

cendrier, sahng-dre-eh, *m* ash-hole; ash-tray.

cendrillon, sahng-dree-yong, *f* Cinderella.

cène, sayn, *f* Lord's Supper.

censé, e, sahng-seh, *a* reputed; supposed.

censeur, sahng-ser, *m* censor; critic.

censure, sahng-SEER, *f* censorship; censure.

censurer, sahng-sE-reh, *v* to censure; to blame.

cent, sahng, *m & a* one hundred; hundred.

centaine, sahng-tain, *f* hundred; **une —**, EEN —, about a hundred. [tenarian.

centenaire, sahngt-nair, *m* centenary; *a & mf* cen-

centiare, sahng-te-ähr *m* centiare (a square metre).

centième, sahng-te-aym, *m* the hundredth part; *a* hundredth.

centigrade, sahng-te-grähd, *a* centigrade.

centigramme, sahng-te-grähm, *m* centigramme.

centime, sah*ng*-teem, *m* centime.

centimètre, sah*ng*-te-may-tr, *m* centimetre; (fam.) tape measure; (hundredth part of a metre).

central, e, sah*ng*-trähl, *a* central.

centralisation, sah*ng*-träh-le-zäh-se-o*ng*, *f* centralisation.

centre, sah*ng*-tr, *m* centre; middle.

centrifuge, sah*ng*-tre-fee**sh**, *a* centrifugal.

centupler, sah*ng*-te-pleh, *v* to increase a hundred-fold.

cep, sayp, *m* vine-stock.

cependant, ser-pah*ng*-dah*ng*, *adv* meanwhile; *conj* yet, however.

céramique, seh-räh-meek, *a* ceramic; *f* ceramics, pottery.

cerceau, sair-soh, *m* hoop.

cercle, sair-kl, *m* circle; ring; hoop; club.

cercueil, sair-ker-e, *m* coffin.

céréales, seh-reh-ähl, *fpl* cereals; corn crops.

cérébral, e, seh-reh-brähl, *a* cebebral.

cérémonial, seh-reh-monn-e-ähl, *m* ceremonial.

cérémonie, seh-reh-monn-ee, *f* ceremony.

cérémonieu-x, se,* seh-reh-monn-e-er, *a* ceremonious, formal.

cerf, sair, or sairf, *m* stag; deer; hart; **— volant,** — voll-ah*ng*, stag-beetle; kite.

cerfeuil, sair-fer'e, *m* chervil.

cerise, ser-reez, *f* cherry.

cerisier, ser-re-ze-eh, *m* cherry-tree.

cerneau, sair-noh, *m* green walnut.

cerné, e, sair-neh, *pp & a* surrounded; (eyes) black-ringed.

cerner, sair-neh, *v* to surround; to trap.

certain, e,*** sair-tang, *a* certain, sure; *pl* (before a noun) some.

certes, sairt, *adv* most certainly.

certificat, sair-te-fe-käh, *m* certificate; testimonial.

certifier, sair-te-fe-eh, *v* to certify; to testify.

certitude, sair-te-teed, *f* certitude, certainty; assurance.

cerveau, sair-voh, *m* brain; mind; intellect.

cervelas, sair-ver-lah, *m* savelory.

cervelle, sair-vell, *f* brains; head; intelligence.

ces, say (*pl* of **ce**), *mf a* these; those.

cessation, sess-äh-se-o*ng*, *f* discontinuance.

cesse, sayss, *f* ceasing; respite.

cesser, sayss-eh, *v* to cease; to come to an end.

cessible, sayss-ee-bl, *a* transferable (jur.).

cession, sayss-e-ong, *f* transfer (jur.).

c'est à dire, sayt-ah-deer, *conj* that is to say.

chacal, shăh-kăhl, *m* jackal.

chacun, e, shăh-kung, *pron* everyone; each; each one.

chafouin, e, shăh-foo-ang, *n & a* mean-looking; mean; sly-looking (person).

chagrin, shăh-grang, *m* grief, sorrow; trouble; (leather) shagreen.

chagrin e shăh-grang, *a* sorrowful; gloomy; peevish.

chagrinant, e, shăh-gre-nahng, *a* grievous; sad; vexing.

chagriner, shăh-gre-neh, *v* to grieve; to vex.

chahut, shăh-EE, *m* rag; rowdyism; noise; **faire du —,** fair de —, to make an uproar.

chaîne, shain, *f* chain; line; *pl* fetters.

chaînon, shay-nong, *m* link (of chain).

chair, shair, *f* flesh; meat; pulp; **— de poule, —** der pool, goose-flesh.

chaire, shair, *f* pulpit; desk; professorship.

chaise, shayz, *f* chair; seat.

chaise longue, shayz long-gh, *f* deck-chair; chaise-longue, couch.

chaland, shăh-lahng, *m* lighter; barge.

châle, shahl, *m* shawl.

chalet, shah-lay, *m* Swiss cottage; chalet.

chaleur, shăh-ler, *f* heat; warmth; zeal; heat (of animals).

chaleureu-x, se,* shăh-ler-rer, *a* warm; ardent.

chaloupe, shăh-loop, *f* long-boat; launch.

chalumeau, shăh-le-moh, *m* reed; blowpipe.

chalut, shăh-le, *m* trawl-net.

chalutier, shăh-le-te-eh, *m* trawler. ⌈to quarrel.

chamailler (se), ser shăh-mah'e-yeh, *v* to squabble;

chambellan, shahng-bel-lahng, *m* chamberlain.

chambranle, shahng-brahngl, *m* door frame.

chambre, shahng-br, *f* bedroom; chamber.

chambrée, shahng-breh, *f* roomful.

chameau, shăh-moh, *m* camel.

chamelier, shăh-mer-le-eh, *m* camel driver.

chamois, shăh-mo'ăh, *m* chamois, wild goat; chamois leather; *a* buff.

champ, shah*ng*, *m* field; ground; subject; scope; **sur le —,** SEER ler —, immediately; **à tout bout de —,** ăh-too-boo der —, every moment.

champagne, shah*ng*-păhn-yer, *m* (wine) champagne.

champêtre, shah*ng*-pay-tr, *a* rural; rustic.

champignon, shah*ng*-peen-yong, *m* mushroom.

champion, shah*ng*-pe-ong, *m* champion.

chance, shah*ng*ss, *f* chance; luck.

chancelant, e, shah*ng*ss-lah*ng*, *a* tottering.

chanceler, shah*ng*ss-leh, *v* to totter; to stagger.

chancelier, shah*ng*-ser-le-eh, *m* chancellor.

chancellerie, shah*ng*-sell-ree, *f* chancellery.

chanceu-x, se, shah*ng*-ser, *a* lucky; risky.

chancre, shah*ng*-kr, *m* canker.

chandeleur, shah*ng*d-ler, *f* Candlemas.

chandelier, shah*ng*-der-le'eh, *m* candlestick.

chandelle, shah*ng*-dell, *f* candle (tallow).

change, shah*ng*sh, *m* change; exchange; **agent de —,** ăh-shah*ng* der —, stockbroker; exchange broker.

changeant, e, shah*ng*-shah*ng*, *a* changeable; fickle.

changement shah*ng*sh-mah*ng*, *m* change; alteration. [exchange; to shift.

changer, shah*ng*-sheh, *v* to change; to alter; to

changeur, shah*ng*sh-er, *m* money-changer.

chanoine, shăh-no'ăhn, *m* canon.

chanson, shah*ng*-song, *f* song; ballad; *pl* nonsense.

chansonner, shah*ng*-sonn-eh, *v* to lampoon.

chansonnette, shah*ng*-sonn-ett, *f* little song; ditty.

chansonnier, shah*ng*-sonn-e-eh, *m* song-writer (esp. satirical); song-book.

chant, shah*ng*, *m* singing; song; strain; canto.

chantage, shah*ng*-tăhsh, *m* blackmail.

chantant, e, shah*ng*-tah*ng*, *a* singing; tuneful.

chanter, shah*ng*-teh, *v* to sing; to celebrate; (fam.) to say; **faire —,** fair —, to blackmail.

chanteu-r,r, se, shah*ng*-ter, *mf* singer.

chantier, shah*ng*-te-eh, *m* yard; timber-yard; dockyard; building site.

chantonner, shah*ng*-tonn-eh, *v* to hum a tune.

chanvre, shah*ng*-vr, *m* hemp.

chaos, käh-o, *m* chaos.

chape, shähp, *f* cope; cover.

chapeau, shäh-poh, *m* hat; bonnet; cowl (of chimney).

chapelain, shähp-lang, *m* chaplain.

chapelet, shähp-lay, *m* chaplet; rosary.

chapeli-er, ère, shäh-*per*-le-eh, *mf* hatter.

chapelle, shäh-pell, *f* chapel.

chapellerie, shäh-pell-ree, *f* hat-making; hat-shop.

chapelure, shähp-leef, *f* bread crumbs.

chaperon, shähp-rong, *m* hood; chaperon.

chaperonner, shähp-ronn-eh, *v* to chaperon; to put a hood on.

chapiteau, shäh-pe-toh, *m* top; capital; crest.

chapitre, shäh-pe-tr, *m* chapter; heading; chapter-house.

chapitrer, shäh-pe-treh, *v* to lecture; to reprimand.

chapon, shäh-pong, *m* capon.

chaque, shähck, *a* each; every.

char, shähr, *m* car; chariot; hearse.

charabia, shäh-rä-be-äh, *m* gibberish.

charbon, shähr-bong, *m* coal; charcoal; carbuncle.

charbonnage, shähr-bonn-ähsh, *m* colliery.

charbonner, shähr-bonn-eh, *v* to blacken; to char.

charbonneu-x, se, shähr-bonn-e*r*, *a* carbuncular; coaly.

charbonnier, shähr-bonn-e-eh, *m* coal-man; char-coal-burner.

charcuterie, shähr-keet-ree, *f* delicatessen shop.

chardon, shähr-dong, *m* thistle.

chardonneret, shähr-donn-ray, *m* goldfinch.

charge, shährsh, *f* load; burden; expense; office; charge.

chargement, shähr-she*r*-mahng, *m* loading; cargo.

chargé, e, shähr-sheh, *pp & a* full; laden; heavy (of weather); — **d'affaires,** — däh-fair, deputy ambassador.

charger, shähr-sheh, *v* to load; to charge; to entrust (de, with); se —, se*r* —, to take upon oneself.

chargeur, shähr-she*r*, *m* loader; shipper.

chariot, shäh-re-o, *m* waggon; cart; truck; carriage (of typewriter).

charitable,* shäh-re-täh-bl, *a* charitable.

charité, shăh-re-teh, *f* charity; alms; benevolence.
charivari, shăh-re-văh-re, *m* tin-kettle music; deafening noise.
charlatan, shăhr-lăh-tahng, *m* quack; charlatan.
charmant, e, shăhr-mahng, *a* charming; delightful.
charme, shăhrm, *m* charm; spell; attraction.
charmer, shăhr-meh, *v* to charm.
charmille, shăhr-mee-ye, *f* arbour.
charnel, le, shăhr-nell, *a* carnal; sensual.
charnière, shăhr-ne-air, *f* hinge; stamp hinge.
charnu, e, shăhr-ne, *a* fleshy.
charogne, shăh-ronn-yer, *f* carrion.
charpente, shăhr-pahngt, *f* frame-work.
charpentier, shăhr-pahng-te-eh, *m* carpenter.
charpie, shăhr-pee, *f* lint.
charretée, shăhr-teh, *f* cart-load.
charretier, shăhr-te-eh, *m* carter.
charrette, shăh-rett, *f* cart.
charrier, shăh-re-eh, *v* to cart; to drift; (fam.) to poke fun at; to exaggerate.
charroi, shăh-ro'ăh, *m* carting.
charron, shăh-rong, *m* wheelwright; cartwright.
charrue, shăh-re, *f* plough; **mettre la — devant les bœufs,** met-tr lăh—der-vahng lay ber, to put the cart before the horse.
charte, shăhrt, *f* charter.
chartreuse, shăhr-trerz, *f* Chartreuse (Carthusian monastery); chartreuse (liqueur).
chas, shah, *m* eye of a needle.
châsse, shahss, *f* shrine; frame.
chasse, shăhss, *f* chase; hunting; shooting; sport; pursuit.
chasse-neige, shăhss-naysh, *m* (*inv in pl*) snow-plough; (skiing) stem.
chasser, shăhss-eh, *v* to hunt; to drive away; to shoot; to discharge.
chasseur, shăhss-er, *m* hunter; sportsman; footman.
châssis, shahss-e, *m* frame; sash; chassis.
chaste,* shăhsst, *a* chaste; pure; modest.
chasteté, shăhss-ter-teh, *f* chastity; purity.
chat, te, shăh, *mf* cat; **— huant, —** E-ahng, *m* tawny owl; brown owl.
châtaigne, shah-tain-yer, *f* sweet chestnut.

châtain, e, shah-tang, *a* chestnut; — **clair,** — klair, auburn.

château, shah-toh, *m* castle; mansion; country-seat.

châteaubriant, shah-toh-bre-ahng, *m* thick grilled fillet-steak.   [castle.

châtelain, e, shaht-lang, *mf* owner of a manor or

châtier, shah-te-eh, *v* to chastise; to punish; to correct.   [ment.

châtiment, shah-te-mahng; *m* chastisement; punish-

chatoiement, shǎh-to'ǎh-mahng, *m* glistening; play of colours.

chaton, shǎh-tong, *m* kitten; setting of stone.

chatouiller, shǎh-too'e-yeh, *v* to tickle.   [touchy.

chatouilleu-x, se, shǎh-too'e-yer, *a* ticklish;

chatoyer, shǎh-to'ǎh-yeh, *v* to glisten; to shimmer.

châtrer, shah-treh, *v* to castrate; to prune.

chatterie, shǎht-ree, *f* usually *pl* coaxing way.

chaud, shoh, *m* heat; warmth; **avoir —,** ǎh-vo'ǎhr —, to be warm.

chaud, e,* *a* hot; warm; new (of news).

chaudière, shoh-de-air, *f* copper; boiler.   [piano.

chaudron, shoh-drong, *m* kettle; caldron; (fam.) bad

chaudronnier, shoh-dronn-e-eh, *m* boiler maker; brazier.

chauffage, shoh-fǎsh, *m* warming; heating; — **central,** — sahng-trǎhl, *m* central heating.

chauffe, shohf, *f* heating; furnace.

chauffe-eau, shohf-oh, *m* water; heater.

chauffer, shoh-feh, *v* to warm; to heat; to get hot.

chauffeur, shoh-fer, *m* stoker; driver; "chauffeur".

chaume, shohm, *m* stubble; thatch.

chaumière, shoh-me-air, *f* thatched house; cottage.

chausse-pied, shohss-pe-eh, *m* shoe-horn.

chaussée, shohss-eh, *f* causeway; carriageway; road.

chausser, shohss-eh, *v* to put shoes or boots on; to supply with shoes or boots.

chaussette, shohss-ett, *f* sock.

chausson, shohss-ong, *m* slipper; babies' bootees; — **de dance,** der dahngss, ballet shoes.

chaussure, shohss-EER, *f* shoes; foot-gear.

chauve, shohv, *a* bald.

chauve-souris, shohv-soo-re, *f* bat.

chauvin, e, shoh-vang, *mf* chauvinist.

chauvinisme, shoh-ve-nissm, *m* chauvinism.

chaux, shoh, *f* lime; **blanc de —,** blahng der —, white-wash.

chavirer, shǎh-ve-reh, *v* to capsize.

chef, sheff.; *m* chief; head-cook; boss; **de son —,** der song —, on one's responsibility.

chef-d'œuvre, shay-der-vr, *m* master-piece.

chef-lieu, sheff-le-er, *m* chief town (of county).

chemin, sher-mang, *m* way; road; path; **— de fer,** — der fair, railway; **en —,** ahng —, on the way.

chemineau, sher-me-no, *m* tramp.

cheminée, sher-me-neh, *f* chimney; fire-place; mantel-piece; funnel.

cheminer, sher-me-neh, *v* to walk; to jog on.

cheminot, sher-me-no, *m* railway-man.

chemise, sher-meez, *f* shirt; **— de nuit,** — der nwee, nightdress; case; folder.

chemisier, sher-me-ze-eh, *m* shirt-maker; woman's blouse or shirt.

chenal, sher-nǎhl, *m* channel.

chenapan, sher-nǎh-pahng, *m* scamp; wretch.

chêne, shain, *m* oak.

chéneau, sheh-noh, *m* eaves; gutter.

chenet, sher-nay, *m* fire-dog.

chenil, sher-ne, *m* kennel.

chenille, sher-nee-ye, *f* caterpillar.

chèque, sheck, *m* cheque; **— barré,** — bäh-reh, crossed cheque.

cher, shair, *adv* dear; at a high price.

ch-er, ère,* shair, *a* dear; beloved; costly.

chercher, shair-sheh, *v* to seek; to look for; **envoyer —,** ahng-vo'äh-yeh —, to send for.

chercheur, shair-sher, *m* seeker; inquirer.

chère, shair, *f* living; fare; cheer; **faire bonne —,** fair bonn —, to live well; to feast.

chéri, e, sheh-re, *a* darling; beloved; favourite; *m* dear one; dearest.

chérir, sheh-reer, *v* to cherish; to love.

cherté, shair-teh, *f* high price; dearness.

chérubin, sheh-re-bang, *m* cherub.

chéti-f, ve,* sheh-tiff, *a* puny; paltry; sorry; weak; wretched.

cheval, sher-vǎhl, *m* horse; **— vapeur, — vǎh-per,** horse-power.

chevaleresque, sher-văhl-resk, *a* chivalrous.
chevalerie, sher-văhl-ree, *f* chivalry; knighthood.
chevalet, sher-văh-lay, *m* support; stand.
chevalier, sher-văh-le-eh, *m* knight; — **d'industrie,**
—dang-DEES-tree, sharper.
chevaucher, sher-voh-sheh, *v* to ride; to overlap.
chevelu, e, sherv-lE, *a* hairy.
chevelure, sherv-lEER, *f* head of hair.
chevet, sher-vay, *m* bolster; bedside. ⎡hair.
cheveu, sher-ver, *m* hair (a single); **les — x, lay —,** the
cheville, sher-vee-ye, *f* ankle; peg; pin; bolt.
chèvre, shay-vr, *f* she-goat; **ménager la — et le**
chou, meh-năh-sheh lăh — eh ler shoo, to run with
the hare and hunt with the hounds.
chevreau, sher-vroh, *m* kid.
chèvrefeuille, shay-vrer-fer'e, *m* honeysuckle.
chevrette, sher-vrett, *f* doe; prawn.
chevreuil, sher-vrer'e, *m* roebuck.
chevrier, sher-vre-eh, *m* goat-herd.
chevron, sher-vrong, *m* rafter.
chevrotant, sher-vrot-ahng, *a* quivering; tremulous.
chevrotin, sher-vrot-ang, *m* kid-leather.
chez, sheh, *prep* at; to; with; among; in; at or to the
house of.
chic, sheeck, *m* stylishness; knack; *a* smart; stylish;
(fam.) fine!; a sport (of person).
chicane, she-kăhn, *f* chicanery; pettifogging; cavil.
chicaner, she-kăh-neh, *v* to quarrel with; to shuffle.
chicanerie, she-kăhn-ree, *f* chicanery.
chiche, * sheesh, *a* stingy; *interj* I dare you!
chicorée, she-kor-eh, *f* chicory; endive.
chicot, she-ko, *m* stump.
chien, she-ang, *m* dog; (gun) cock.
chienne, she-enn, *f* she-dog; bitch.
chiffe, sheef, *f* flimsy stuff; weak man.
chiffon, she-fong, *m* rag; scrap; duster; *pl* finery.
chiffonné, e, she-fonn-eh, *pp* & *a* rumpled; of
irregular but agreeable features.
chiffonner, she-fonn-eh, *v* to rumple; to vex.
chiffonnier, she-fonn-e-eh, *m* rag-picker; rag-and-
bone man; chiffonnier.
chiffre, shee-fr, *m* figure; number; total; cipher; **en — s**

connus, ahng — konn-E, in plain figures; — **d'-affaires,** — däh-fair, turnover.

chiffrer, she-freh, v to cipher; to reckon.

chignon, sheen-yong, m nape (of neck); coil of hair;

chimère, she-mair, f chimera; idle fancy. ⌊bun.

chimérique, she-meh-reeck, a chimerical.

chimie, she-mee, f chemistry.

chimique,* she-meeck, a chemical.

chimiste, she-meesst, m (scientific) chemist.

chimpanzé, shang-pahng-zeh.

chiper she-peh, v to pilfer.

chipie, she-pee, f disagreeable; sour-faced woman.

chipoter she-pot-eh, v to haggle; to dally.

chique, sheeck, f quid of tobacco.

chiquenaude, sheeck-nohd, f fillip; flick of finger.

chiquer she-keh, v to chew (tobacco).

chirurgie, she-REER-shee, f surgery.

chirurgien, she-REER-she-ang, m surgeon.

chlore, klor, m chlorine.

chlorure, klor-EER, m chloride.

choc, shock, m shock; collision; clash; knock.

chocolat, shock-oll-äh, m chocolate; a chocolate coloured.

chœur, ker, m choir; chorus; choristers; chancel.

choir, sho'ähr, v to fall.

choisi, sho'äh-ze, pp & a chosen; selected; choice.

choisir, sho'äh-zeer, v to choose; to select (**dans, entre, parmi,** from).

choix, sho'äh, m choice; selection; election.

choléra, koll-eh-räh, m cholera.

chômage, shoh-mähsh, m unemployment.

chômage, shoh-mähsh, m unemployment; dead season; time spent without work.

chômer, shoh-meh, v to stand idle; to be out of work; to keep as a holiday.

chômeur, shoh-mer, m unemployed.

chopper, shop-eh, v to stumble; to trip up.

choquant, e, shock-ahng, a offensive (**pour,** to); shocking; unpleasant.

choquer, shock-eh, v to shock; to strike; to touch; to displease; **se** —, to take offence (**de,** at); to be shocked.

chose, shohz, *f* thing; matter; affair; **bien des — s à,** be-*ang* deh — äh, my best regards to.

chou, shoo, *m* cabbage; chou; dear; pet; **— fleur, — fier** cauliflower.

choucroute, shoo-kroot, *f* sauerkraut.

chouette, shoo-ait, *f* owl; *a* (fam.) fantastic; great; **choyer,** sho'äh-yeh, *v* to fondle; to pet. [marvellous.

chrétien, ne,* kreh-te-ang, *a* & *mf* Christian.

chrétienté, kreh-te-ang-teh, *f* Christendom.

christ, krisst, *m* Christ; crucifix.

christianisme, krisst-e-äh-nissm, *m* Christianity.

chrome, krohm, *m* chromium; chrome.

chronique, kronn-eeck, *f* chronicle; *a* chronic.

chronomètre, kronn-omm-ay-tr, *m* chronometer.

chrysalide, kre-zäh-leed, *f* chrysalis.

chrysanthème, kre-zahng-taym, *m* chrysanthemum.

chuchoter, shE-shot-eh, *v* to whisper.

chut, shEET, *interj* hush!

chute, shEET, *f* fall; downfall; failure.

ci, se, *adv* here; this; **— -joint, —** sho'ang, enclosed; **comme — comme ça,** komm — komm säh, so, so, **cible,** see-bl, *f* target. [middling.

ciboulette, se-boo-lett, *f* chives.

cicatrice, se-käh-triss, *f* scar.

cidre, see-dr, *m* cider.

Cie (for **Compagnie**), kong-pähn-yee, *f* "Co.".

ciel, se-ell, *m* heaven; sky; climate.

cierge, se-airsh, *m* wax-taper.

cigale, se-gähl, *f* cicada.

cigare, se-gähr, *m* cigar.

cigarette, se-gäh-rett, *f* cigarette.

cigogne, se-gonn-yer, *f* stork.

ciguë, se-ghE, *f* hemlock.

cil, seel, *m* eyelash.

cime, seem, *f* summit, top, crest.

ciment, se-mahng, *m* cement.

cimenter, se-mahng-teh, *v* to cement.

cimetière, seem-te-air, *m* cemetery; churchyard.

cimier, se-me-eh, *m* crest; buttock of beef.

cinéaste, se-neh-ähsst, *m* scenario-writer.

cinéma, se-neh-mäh, *m* cinema; **faire du —,** fair dE **—,** to act in films.

cingler, sang-gleh, *v* to lash; to sail.

cinglé, sang-gleh, *a* (fam.) nuts, crackers.

cinq, sangk, *a* five.

cinquantaine, sang-kah*ng*-tain, *f* about fifty.

cinquante, sang-kah*ng*t, *a* fifty.   [versary.

cinquantenaire, sang-kah*ng*t-nair, *m* fiftieth anni-

cinquantième, sang-kah*ng*-te-aym, *a* fiftieth.

cinquième, sang-ke-aym, *m* & *a* fifth.

cintre, sang-tr, *m* semi-circle; arch; coat hanger.

cintré, e, sang-treh, *pp* & *a* arched; fitted (of coat

cirage, se-rähsh, *m* polishing; shoe polish.   [etc.).

circoncire, seer-kong-seer, *v* to circumcise.

circoncision, seer-kong-se-ze-ong, *f* circumcision.

circonférence, seer-kong-feh-rah*ng*ss, *f* circumfer-

circonflexe, seer-kong-flex, *a* circumflex.   [ence.

circonscription, seer-kongss-krip-se-ong, *f* district.

circonscrire, seer-kongss-kreer, *v* to circumscribe.

circonspect, e, seer-kongss-peckt, or seer-kongss-
pay, *a* circumspect; wary.   [ness.

circonspection, seer-kongss-peck-se-ong, *f* cautious-

circonstance, seer-kongss-tah*ng*ss, *f* circumstance;
occasion.   [fully.

circonstancier, seer-kongss-tah*ng*-se-eh, *v* to state

circonvenir, seer-kongv-neer, *v* to circumvent; to
deceive.   [neighbouring.

circonvoisin, seer-kong-vo'äh-zang, *a* circumjacent;

circuit, seer-kwe, *m* circuit; round-about way.

circulaire, seer-KE-lair, *f* circular; *a* circular.

circulation, seer-KE-läh-se-ong, *f* circulation; currency; traffic.

circuler, seer-KE-leh, *v* to circulate; to move.

cire, seer, *f* wax.

cirer, se-reh, *v* to wax; to polish (shoes, floors etc.);

cirque, seerk, *m* circus.   [to spread about.

ciseau, se-zoh, *m* chisel; *pl* scissors; shears.

ciseler, seez-leh, *v* to carve; to chisel.

citadelle, se-täh-dell, *f* citadel.

citadin, e, se-täh-dang, *mf* townsman; townswoman.

citation, se-täh-se-ong, *f* quotation; subpoena.

cité, se-teh, *f* city; town.   [subpoena.

citer, se-teh, *v* to quote; to mention; to summon; to

citérieur, e, se-teh-re-er, *a* hither; hithermost.

citerne, se-tairn, *f* cistern; tank; reservoir.

cithare, se-tăhr, *f* zither.

citoyen, ne, se-to'ăh-yang, *mf* & *a* citizen; freeman; inhabitant.

citrate, se-trăht, *m* citrate.

citron, se-trong, *m* lemon; citron; *a* lemon-coloured.

citronade, si-tro-năhd, *f* lemonade.

citrouille, see-troo'e-yer, *f* pumpkin; gourd.

cives, seev, *fpl* chives.

civet, se-vay, *m* game; stew; — **de lièvre,** — der le-ay-vr, jugged hare.

civière, se-ve-air, *f* stretcher.

civil, se-vill, *m* civilian; layman.

civil, e,* se-vill, *a* polite; civil.

civilisation, se-ve-le-zăh-se-ong, *f* civilization.

civiliser, se-ve-le-zeh, *v* to civilize.

civilité, se-ve-le-teh, *f* civility.

civique, se-veeck. *a* civic.

clabauder, klăh-boh-deh, *v* to brawl; to bark.

claie, klay, *f* hurdle; screen.

clair, klair, *m* light; light part.

clair, e,* klair, *a* clear; bright; light; evident.

claire-voie, klair-vo'ăh, *f* opening; lattice; skylight.

clairière, klai-re-air, *f* glade.

clairon, klai-rong, *m* clarion; bugle; bugler.

clairsemé, e, klair-ser-meh, *a* thinly sown; sparse; scattered.

clairvoyance, klair-vo'ăh-yahngss, *f* clairvoyance; clear-sightedness.

clairvoyant, e, klair-vo'ăh-yahng, *n* & *a* clear-seeing; judicious; clairvoyant.

clameur, klăh-mer, *f* clamour; outcry.

clan, klahng, *m* clan; clique.

clandestin, e,* klăhng-dess-tang, *a* clandestine.

clapet, klăh-pay, *m* clapper; valve.

clapier, klăh-pe-eh, *m* burrow; warren; hutch.

clapoter, klăh-pot-eh, *v* to chop; to ripple.

clapotis, klăh-pot-e, *m* ripple; splashing.

clapper, klăh-peh, *v* to smack; to clack.

claque, klăhck, *m* opera-hat; *f* slap; hired applauders.

claquemurer, klăhck-me-reh, *v* to shut up; to confine.

claquer, klăh-keh, *v* to clap; to smack.

claqueur, klăh-ker, *m* hired applauder.

clarifier, kläh-re-fe-eh, *v* to clarify; **se —**, to get clear.
clarinette, kläh-re-nett, *f* clarinet.
clarté, klähr-teh, *f* clearness; light; brightness.
classe, klahss, *f* class; order; rank; form; school; class-room.
classement, klahss-mah*ng*, classification; filing.
classeur, klähss-er, *m* files; filing cabinet.
classifier, klähss-e-fe-eh, *v* to classify.
classique, klähss-eeck, *m* classic; *a* classical.
clause, klohz, *f* clause, condition.
claustration, klohs-träh-se-o*ng*, *f* cloistering; con-
clavecin, kläh*v*-sa*ng*, *m* harpsichord.   [finement.
clavicule, kläh-ve-kEEl, *f* collar-bone.
clavier, kläh-ve-eh, *m* keyboard.
clef, or **clé**, kleh, *f* key; wrench; lever; key-stone;
fermer à —, fair-meh äh —, to lock.
clémence, kleh-mah*ng*ss, *f* clemency; mercy.
cierc, klair, *m* clerk; clerk in orders; scholar. **faire un
pas de —**, fair u*ng* pah de*r* —, to make a blunder.
clergé, klair-sheh, *m* clergy.
clérical, e, kleh-re-kähl, *a* clerical.
cliché, kle-sheh, *m* stereotype; block; negative;
stereotyped phrase.
client, e, kle-ah*ng*, *mf* client; patient; customer.
clientèle, kle-ah*ng*-tell, *f* clients; goodwill.
cligner, clignoter, kleen-yeh, kleen-yot-eh, *v* to
wink; to blink; to flicker.
clignotant, kleen-yot-ah*ng*, *m* winker, flash-light
indicator.
climat, kle-mäh, *m* climate; clime; atmosphere.
climatérique, kle-mäh-teh-reeck, *a* climatic.
climatisé, kle-mäh-te-zeh, *a* air-conditioned.
climatiseur, kle-mäh-te-zer, air conditioner.
clin d'œil, kla*ng*-de*r*'e, *m* wink; twinkling of an eye.
clinique, kle-neeck, *f* clinical hospital; nursing home;
surgery; *a* clinical.
clinquant, kla*ng*-kah*ng*, *m* tinsel; glitter.
clique, kleeck, *f* gang; set; clan.
cliquetis, kleeck-te, *m* clank; clashing; jingle.
clivage, kle-väh*sh*, *m* cleavage.
clochard, klo-shar, *m* tramp.
cloaque, klo'ähck, *m* sewer; cesspool.

cloche, klosh, *f* bell; bell-glass; cover; blister; (fam.) idiot; twit.

cloche-pied (à), äh klosh-pe-eh, *adv* hopping on one

clocher, klosh-eh, *v* to limp. [leg.

clocher, klosh-eh, *m* steeple; village.

clocheton, klosh-tong, *m* bell-turret.

clochette, klosh-ett, *f* hand-bell; bell-flower; blue

cloison, klo'ăh-zong, *f* partition. [bell.

cloître, klo'ăh-tr, *m* cloister; close; monastery.

clopin-clopant, klop-ang klop-ahng, *adv* hobbling

clos, e, klo, *pp & a* closed; finished. [along.

clos, klo, *m* close; enclosure; vineyard.

clôture, kloh-teer, *f* enclosure; seclusion; closing.

clôturer, kloh-te-reh, *v* to enclose; to close down.

clou, kloo, *m* nail; boil; chief attraction; **— de girofle,** — der she-rofl, clove.

clouer, kloo-eh, *v* to nail; to rivet; to clench.

clouter, kloo-teh, *v* to stud.

clown, kloon, *m* clown.

club, klEEb, *m* club.

clystère, kliss-tair, *m* enema.

coacquéreur, ko'ăh-keh-rer, *m* joint purchaser.

coadministrateur, ko'ăhd-me-niss-trăh-ter, *m* co-director. [curdle.

coaguler, ko'ăh-ghe-leh, *v* to coagulate; **se —,** to

coaliser (se), ser ko'ăh-le-zeh, *v* to league; to form a

coasser, ko'ăhss-eh, *v* to croak. [coalition.

coassocié, e, ko'ăh-soss-e-eh, *mf* co-partner.

cocagne (pays de), pay-yee der kock-ăhn-yer, land of plenty; **mât de —,** mah der —, greasy pole.

cocarde, kock-ăhrd, *f* cockade.

cocasse, kock-ăhss, *a* funny; droll.

coccinelle, kock-se-nell, *f* ladybird.

coche, kosh, *m* coach; barge; *f* notch; sow.

cocher, kosh-eh, *m* coachman; driver.

cochon, kosh-ong, *m* hog; pig; porker; swine; pork; **— de lait,** — der lay, sucking pig; **— d'Inde,** — dangd, guinea pig.

cochonnerie, kosh-onn-ree, *f* dirtiness; indecent action or language; (fam.) dirty trick.

coco, kock-o, *m* coconut; liquorice water; (fam.) pet.

cocon, kock-ong, *m* cocoon.

cocotier, kock-ot-e-eh, *m* coconut palm.

cocotte, kock-ot, *f* cast-iron stewpan; **— minute,** — me-neet, pressure cooker; ducky; darling; child's word for chicken.

code, kod, *m* code; law.

coefficient, ko-eh-fe-se-ahng, *m* coefficient.

coercition, ko-air-se-se-ong, *f* coercion.

cœur, ker, *m* heart; soul; love; courage; core; **avoir mal au —,** äh-vo'ähr mähl oh —, to feel sick.

coffre, kofr, *m* trunk; chest; box; **— fort,** — for, safe.

coffrer, kof-reh, *v* (fam.) to lock up.

coffret, kof-ray, *m* small chest; jewel-case.

cognac, kon-yähck, *m* Cognac brandy.

cognée, kon-yeh, *f* hatchet.

cogner, kon-yeh, *v* to knock; to strike; to drive in.

cohérent, e, ko-eh-rahng, *a* coherent.

cohéritier, ko-eh-re-te-eh, *m* joint-heir.

cohésion, ko-eh-ze-ong, *f* cohesion.

cohue, koe, *f* crowd; mob; rout; uproar.

coi, coite, *f* ko'äh, ko'äht, *a* quiet; still.

coiffe, ko'ähf, *f* head-dress.

coiffer, ko'ähf-eh, *v* to put on the head; to do the hair.

coiffeur, -euse, ko'ähf-er, *mf* hairdresser.

coiffeuse, ko'ähf-ferz, dressing table.

coiffure, ko'ähf-eer, *f* head-dress; hair style.

coin, ko-ang, *m* corner; angle; wedge.

coincer, ko-ang-seh, *v* to wedge up; to jam.

coïncider, ko-ang-se-deh, *v* to coincide.

coing, ko-ang, *m* quince.

col, kol, *m* collar; neck; pass.

colère, koll-air, *f* anger; passion; rage; wrath; ire.

colérique, koll-eh-reeck, *a* choleric; passionate; irascible.

colibri, koll-e-bre, *m* humming-bird. [irascible.

colifichet, koll-e-fe-shay, *m* trifle; gewgaw; bauble.

colimaçon, koll-e-mäh-song, *m* snail.

colin-maillard, koll-ang-mah'e-yähr, *m* blindman's buff.

colique, koll-eeck, *f* pain in the stomach. [buff.

colis, koll-e, *m* package; parcel.

collabora-teur, trice, kol-läh-bor-äh-ter, *mf* collaborator; assistant; contributor.

collaborer, kol-läh-bor-eh, *v* to work together.

collage, koll-ähsh, *m* sticking; pasting; gluing.

collant, e, koll-ah*ng, a* sticking; tight; *m* pair of tights.

collation, koll-äh-se-o*ng, f* collation; light repast.

collationner, koll-äh-se-onn-eh, *v* to collate; to compare; to lunch.

colle, kol, *f* paste, glue; size.

collecte, koll-leckt, *f* collection.

collecti-f, ve,* koll-leck-teeff, *a* collective.

collectionner, koll-leck-se-onn-eh, *v* to make a collection of.

collège, koll-aysh, *m* college; school.

collégien, koll-eh-she-a*ng, m* school-boy; collegian.

coller, koll-eh, *v* to stick; to glue; to adhere.

collet, koll-ay, *m* collar; snare; **— monté,** —mong-teh, strait-laced.

colleur, koll-er, *m* bill-sticker; paper-hanger.

collier, koll-e-eh, *m* collar; necklace; ring.

colline, koll-een, *f* hill; hillock.

colloque, koll-lock, *m* colloquy; conference.

collusoire, koll-IE-zo'ähr, *a* collusive.

colombe, koll-o*ngb, f* dove.

colombier, koll-o*ng*-be-eh, *m* dovecot; pigeon-hole.

colon, koll-o*ng, m* colonist; planter.

côlon, kohll-o*ng, m* colon.

colonel, koll-onn-ell, *m* colonel.

colonie, koll-onn-ee, *f* colony; settlement.

colonnade, koll-onn-ähd, *f* colonnade.

colonne, koll-onn, *f* column; pillar; **— vertébrale,** — vair-teh-brähl, spine; backbone.

coloquinte, koll-ock-a*ngt, f* bitter apple.

colorer, köll-or-eh, *v* to colour; to stain.

coloris, köll-or-e, *m* colouring; hue.

colosse, koll-oss, *m* colossus; giant.

colporter, koll-por-teh, *v* to hawk about; to spread (news).

colporteur, koll-por-ter, *m* pedlar; hawker.

combat, ko*ng*-bäh, *m* fight; battle; contest; **hors de —,** or de*r* —, disabled.

combattre, ko*ng*-bäh-tr, *v* to fight; to contest; to contend (**contre,** with).

combien, ko*ng*-be-a*ng, adv* how much; how many; how; **— de temps,** — der tah*ng*, how long?

combinaison, ko*ng*-be-nay-zo*ng, f* combination; petticoat; slip; contrivance.

combine, kong-been, *f* (fam.) scheme; arrangement; fiddle.

combiner, kong-be-neh, *v* to combine; to contrive.

comble, kong-bl, *m* (measure) heaping; summit; acme; *pl* roof-timbers; **de fond en** —, der fong t'ahng —, from top to bottom; **pour** — **de,** poohr — der, to crown; to complete.

comble, kong-bl, *a* crowded; full; heaped up.

combler, kong-bleh, *v* to fill; to heap; to cover; to overwhelm (**de,** with); to fulfil.

combustible, kong-BEES-tee-bl, *m* fuel; *a* combustible. [bustible.

comédie, kom-eh-dee, *f* comedy; play; theatre.

comédien, ne, kom-eh-de-ang, *mf* actor; actress.

comestibles, komm-ess-tee-bl, *mpl* provisions; food.

comète, komm-ett, *f* comet. [ing.

comice, komm-iss, *m* agricultural or electoral meet-

comique, komm-eeck, *m* comic actor; comic art; *a* comic; comical.

comité, komm-e-teh, *m* board; committee.

commandant, komm-ahng-dahng, *m* commander; major; commanding officer.

commande, komm-ahngd, *f* order.

commander, komm-ahng-deh, *v* to command; to order; to overlook.

commanditaire, komm-ahng-de-tair, *m* sleeping partner. [ship.

commandite, komm-ahng-deet, *f* limited partner-

comme, komm, *adv* as; like; as if; almost; how; *conj* as; since; because.

commençant, e, komm-ahng-sahng, *mf* beginner.

commencement, komm-ahngss-mahng, *m* begin-

commencer, komm-ahngss-eh, *v* to begin. [ning.

comment, komm-ahng, *adv* how; why! what! —**donc!** — dong! to be sure!

commentaire, komm-mahng-tair, *m* commentary; comment; remark.

commenter, komm-ahng-teh, *v* to comment; to criticise; to pass remarks.

commerçant, komm-air-sahng, *m* trader; tradesman; dealer; *a* commercial; business.

commerce, komm-airss, *m* trade; business.

commère, komm-air, *f* gossip; busybody.

commettre, komm-et-tr, *v* to commit; to entrust; to appoint.

commis, komm-e, *m* clerk; shop assistant; — **voya-geur,** —vo'àh-yàh-**sher,** commercial traveller.

commissaire, komm-iss-air, *m* commissioner; commissary; steward; (police) superintendent; — **priseur,** — pre-zer, auctioneer.

commissariat, komm-iss-sàh-re-àh, *m* (police) station.

commission, komm-iss-e-**ong,** *f* commission; message; errand; committee; commission agency; — **ner** *v* to commission.

commissionnaire, komm-iss-e-onn-air, *m* commissionnaire; porter; messenger; commission agent.

commode, komm-odd, *f* chest of drawers; *a* commodious; convenient; suitable; handy.

commodité, komm-odd-e-teh, *f* convenience.

commotion, komm-moss-e-**ong,** *f* disturbance; concussion.

commun, komm-ung, *m* generality; commonplace; lower class; menials; *pl* domestic offices.

commun, e, komm-ung, komm-EEN, *a* common; ordinary; trivial; vulgar.

communal, e, komm-E-nàhl, *a* communal.

communauté, komm-E-noh-teh, *f* community; convent; corporation.

commune, komm-EEN, *f* commune; parish.

communément, komm-E-neh-mahng, *adv* commonly. [cating.

communicant, e, komm-E-ne-kahng, *a* communi-

communication, komm-E-ne-kàh-se-**ong,** *f* communication; message; cognizance; telephone call.

communier, komm-E-ne-eh, *v* to receive the sacrament.

communion, komm-E-ne-**ong,** *f* communion; sacrament; fellowship.

communiqué, komm-E-ne-keh, *m* official statement.

communiquer, komm-E-ne-keh, *v* to communicate; to impart; to infuse.

compact, e, kong-pàhckt, *a* compact; dense.

compagne, kong-pàhn-yer, *f* female companion; partner; playmate.

compagnie, ko*ng*-păhn-yee, *f* company; society; companionship; **fausser —,** foh-seh —, to give the slip.

compagnon, ko*ng*-păhn-yo*ng*, *m* companion; partner; mate; playfellow.

comparable, ko*ng*-păh-răh-bl, *a* comparable.

comparaison, ko*ng*-păh-ray-zo*ng*, *f* comparison.

comparaître, ko*ng*-păh-ray-tr, *v* to appear (in court).

comparant, ko*ng*-păh-rah*ng*, *a* appearing (in court).

comparer, ko*ng*-păh-reh, *v* to compare.

compartiment, ko*ng*-păhr-te-mah*ng*, *m* compartment; division.

comparution, ko*ng*-păh-re-se-o*ng*, *f* appearance (in court).

compas, ko*ng*-pah, *m* compass; compasses.

compassé, e, ko*ng*-păhss-eh, *a* formal; stiff.

compasser, ko*ng*-păhss-eh, *v* to measure; to regulate; to lay out.

compassion, ko*ng*-păhss-e-o*ng*, *f* compassion; pity.

compatible, ko*ng*-păh-tee-bl, *a* compatible.

compatir, ko*ng*-pah-teer, *v* to sympathize (à, with).

compatissant, ko*ng*-păh-tiss-ah*ng*, *a* compassionate.

compatriote, ko*ng*-păh-tre-ot, *mf* fellow-countryman, fellow-countrywoman.

compenser, ko*ng*-pah*ng*-seh, *v* to compensate.

compère, ko*ng*-pair, *m* announcer (theatre); accomplice; chum.

compère-loriot, ko*ng*-pair lor-eo, *m* sty (on eye).

compétence, ko*ng*-peh-tah*ng*ss, *f* competence; jurisdiction; sphere; province.

compétent, e, ko*ng*-peh-tah*ng*; *a* competent; suitable.

compéti-teur, trice, ko*ng*-peh-te-ter, *mf* competitor.

compétition, ko*ng*-peh-te-se-o*ng*, *f* competition; rivalry; contest.

compilateur, ko*ng*-pe-lăh-ter, *m* compiler.

compiler, ko*ng*-pe-leh, to compile.

complainte, ko*ng*-pla*ng*t, *f* lament; ballad.

complaire (à), ko*ng*-plair ăh, *v* to please; to humour; **se —,** to delight (à, dans, in).

complaisamment, ko*ng*-play-zăh-mah*ng*, *adv* obligingly.

complaisance, ko*ng*-play-zah*ng*ss, *f* obligingness; kindness; complacency.

complaisant, ko*ng*-play-zah*ng*, *m* flatterer.

complaisant, e, kong-play-zah*ng*, *a* obliging; kind.

complément, kong-pleh-mah*ng*, *m* complement; (grammar) object; remainder.

complet, kong-play, *m* full number; suit of clothes.

compl-et, ète,* kong-play, *a* complete; full; utter.

compléter, kong-pleh-teh, *v* to complete; to make complete.

complexe, kong-plex, *a* complex; complicated.

complexion, kong-plex-e-ong, *f* constitution; disposition; humour.

complexité kong-plex-e-teh, *f* complexity.

complication, kong-ple-käh-se-ong, *f* complication.

complice, kong-pliss, *mf* & *a* accomplice; co-respondent.

compliment, kong-ple-mah*ng*, *m* compliment; *pl* congratulations.

complimenter, kong-ple-mah*ng*-teh, *v* to congratu-

compliqué, e, kong-ple-keh, *a* complicated. [late.

compliquer, kong-ple-keh, *v* to complicate.

complot, kong-plo, *m* plot; conspiracy; scheme.

comploter, kong-plot-eh, *v* to plot.

comporter, kong-por-teh, *v* to permit; to admit; to comprise; se —, to behave.

composé, kong-poz-eh, *m* compound.

composé, e, kong-poz-eh, *a* composed; compound.

composer, kong-poz-eh, *v* to compose; to compound; to settle.

composi-teur, trice, kong-poz-e-ter, *m* composer; compositor.

composition, kong-poz-e-se-ong, *f* composition; agreement; examination; essay; **de bonne—,** der bonn —, easy to deal with.

compote, kong-pot, *f* stewed fruit; **en —,** ah*ng*—stewed; (fig.) bruised.

compréhensible, kong-preh-ah*ng*-see-bl, *a* understandable.

compréhensi-f, ve, kong-preh-ah*ng*-siff, *a* comprehensive.

compréhension, kong-preh-ah*ng*-se-ong, *f* comprehension.

comprendre, kong-prah*ng*-dr, *v* to understand; to include.

compression, ko*ng*-press-e-o*ng*, *f* compression.
comprimé, ko*ng*-pre-meh, *m* tablet.
comprimé, e, ko*ng*-pre-meh, *pp* & *a* compressed.
comprimer, ko*ng*-pre-meh, *v* to compress; to condense; to restrain.
compris, e, ko*ng*-pre, *pp* & *a* understood; included; **y —, e —,** including; **non —,** no*ng* —, excluding.
compromettant, e, ko*ng*-promm-ett-ah*ng*, *a* compromising.
compromettre, ko*ng*-promm-et-tr, *v* to compromise; to imperil.
compromis, ko*ng*-promm-e, *m* compromise.
comptabilité, ko*ng*-tăh-be-le-teh, *f* accountancy; book-keeping; accounts; accountant's office.
comptable, ko*ng*-tăh-bl, *m* accountant; **expert —** ecks-pair —, *m* chartered accountant; *a* accountable; responsible.
comptant, ko*ng*-tah*ng*, *a* ready (money); cash; **au —** oh—, for cash.
compte, ko*ng*t, *m* account; reckoning; amount; right number; **en fin de —,** ah*ng* fa*ng*d —, after all; **se rendre — de,** ser rah*ng*-dr —, to realize.
compte-rendu, kŏ*ng*t rah*ng*-dᴇ, *m* account; report; minutes (of meeting).
compter, ko*ng*-teh, *v* to count; to reckon; to intend; to rely.
compteur, ko*ng*-ter, *m* reckoner; meter; recorder.
comptoir, ko*ng*-to'ăhr, *m* counter; counting-house; branch; bar.
compulser, ko*ng*-pᴇᴇl-seh, *v* to examine (documents [etc.).
comte, ko*ng*t, *m* count; earl.
comté, ko*ng*-teh, *m* county; earldom.
concasser, ko*ng*-kăhss-seh, *v* to pound; to crush.
concave, ko*ng*-kăhv, *a* concave. [allow.
concéder, ko*ng*-seh-deh, *v* to concede; to grant; to
concentration, ko*ng*-sah*ng*-trăh-se-o*ng*, *f* concentration. [tion.
concentré, ko*ng*-sah*ng*-treh, *m* extract, concentra-
concentrer, ko*ng*-sah*ng*-treh, *v* to concentrate; to hold back (feelings).
conception, ko*ng*-sep-se-o*ng*, *f* conception; thought.
concernant, ko*ng*-sair-nah*ng*, *prep* relating to.

concerner, kong-sair-neh, *v* to concern; to belong to.

concert, kong-sair, *m* concert; concord; **de** —, der —. in concert; jointly.

concerter, kong-sair-teh, *v* to concert; to contrive; **se** —, to plan together.

concession, kong-sess-e-ong, *f* concession; grant; claim.

concessionnaire, kong-sess-e-onn-air, *m* concessionnaire; contractor; grantee.

concevable, kongss-väh-bl, *a* conceivable.

concevoir, kongss-vo'ăhr, *v* to conceive; to understand; to imagine.

concierge, kong-se-airsh, *mf* hall-porter; lodge-keeper; caretaker.

conciergerie, kong-se-air-sher-ree, porter's lodge.

conciliable, kong-se-le-ăh-bl, *a* reconcilable.

conciliabule, kong-se-le-ăh-beel, *m* conventicle; secret meeting; (fam.) confabulation.

conciliant, e, kong-se-le-ah*ng*, *a* conciliatory.

concilia-teur, trice, kong-se-le-ăh-ter, *mf & a* peace-maker, conciliator; conciliatory.

concilier, kong-se-le-eh, *v* to reconcile; **se** —, to win lover.

concis, e, kong-se, *a* concise; brief.

concision, kong-se-ze-ong, *f* conciseness.

concitoyen, ne, kong-se-to'ăh-yang, *mf* fellow-citizen.

conclave, kong-klăhv, *m* conclave.

concluant, e, kong-klE-ah*ng*, *a* conclusive.

conclure, kong-klEEr, *v* to conclude; to close; to infer; to prove; to move.

conclusi-f, ve,* kong-klE-zeeff, *a* conclusive.

conclusion, kong-klE-ze-ong, *f* conclusion; inference; motion; verdict.

concombre, kong-kong-br, *m* cucumber.

concordance, kong-kor-dah*ng*ss, *f* agreement; concord; (Bible) concordance.

concorder, kong-kor-deh, *v* to live in concord; to agree; to compound.

concourir, kong-koo-reer, *v* to concur; to converge; to compete; to co-operate.

concours, kong-koohr, *m* co-operation; concourse; competition; meeting.

cóncre-t, ète, kong-kray, *a* concrete.

concubine, kong-KE-been, *f* concubine. [cence, lust.

concupiscence, kong-KE-piss-ahngss, *f* concupis-

concurremment, kong-KEEr-räh-mahng, *adv* concurrently; in competition.

concurrence, kong-KEEr-rahngss, *f* competition; concurrence; **jusqu'à — de,** sHEES-käh — der, to the amount of.

concurrent, e, kong-KEEr-rahng, *mf* competitor.

condamnable, kong-däh-näh-bl, *a* reprehensible; condemnable.

condamnation, kong-däh-näh-se-ong, *f* condemnation; sentence; conviction. [convict.

condamné, e, kong-däh-neh, *pp & mf* condemned;

condamner, kong-däh-neh, *v* to condemn; to convict; to sentence; to block up.

condenser, kong-dahng-seh, *v* to condense.

condescendance, kong-dess-sahng-dahngss, *f* condescension.

condescendre, kong-dess-sahng-dr, *v* to condescend; to yield; to comply.

condiment, kong-de-mahng, *m* condiment.

condisciple, kong-de-see-pl, *m* school-fellow. [term.

condition, kong-de-se-ong, *f* condition; position;

conditionnel, le, * kong-de-se-onn-ell, *a* conditional.

conditionner, kong-de-se-onn-eh, *v* to condition; **air conditionné,** air kong-de-se-onn-eh, air conditioned.

condoléance, kong-doll-eh-ahngss; *f* condolence.

conduc-teur, trice, kong-dEEK-ter, *mf* conductor; leader; guide; *a* conducting; leading.

conduire, kong-dweer, *v* to conduct; to lead; to guide; to drive; to steer; to carry; to manage; **se —,** to behave.

conduit, kong-dwe, *m* pipe; tube; way.

conduite, kong-dweet, *f* conduct; behaviour; management; care; driving; channel; **changer de —,** shahng-sheh der —, to turn a new leaf.

cône, kohn, *m* cone.

confection, kong-feck-se-ong, *f* making; manufacture; ready-made clothes; **—neur,** *m* ready-made clothier; maker. [racy.

confédération, kong-feh-deh-räh-se-ong, *f* confede-

confédéré, e, kong-feh-deh-reh, *a* confederate.

confédérer, kong-feh-deh-reh, v to league together.

conférence, kong-feh-rahngss, f lecture; conference; **maître de —s,** may-tr der —, lecturer.

conférencier, kong-feh-rahng-se-eh, m lecturer.

conférer, kong-feh-reh, v to confer (**à,** upon); to grant; to compare; to consult together.

confesser, kong-fayss-eh, v to confess; to acknowledge; to own.

confession, kong-fayss-e-ong, f confession. ⌐ance.

confiance, kong-fe-ahngss, f confidence; trust; reli⌐

confiant, e, kong-fe-ahng, a confident; confiding; assured. ⌐fidence.

confidemment, kong-fe-däh-mahng, adv in con⌐

confidence, kong-fe-dahngss, f confidence; secret.

confidentiel, le,* kong-fe-dahng-se-ell, a confidential.

confier, kong-fe-eh; v to confide; to entrust; **se —,** (**à,** in), to confide.

confiner, kong-fe-neh, v to confine; to border upon.

confins, kong-fang, mpl confines; borders.

confire, kong-feer, v to preserve; to pickle. ⌐tory.

confirmati-f, ve, kong-feer-mäh-teeff, a confirma⌐

confirmer, kong-feer-meh, v to confirm; **se —,** ser —, to be confirmed.

confiscation, kong-fiss-käh-se-ong, f confiscation; forfeiture.

confiserie, kong-feez-ree, f confectionery; preserving;

confiseur, kong-fe-zer, m confectioner. ⌐sweetshop.

confisquer, kong-fiss-keh, v to confiscate.

confit, kong-fe, a preserved; candied.

confiture, kong-fe-TEER, f preserve; jam.

conflagration, kong-fläh-gräh-se-ong, f conflagra⌐

conflit, kong-fle, m conflict; clash. ⌐tion.

confluent, kong-fle-ahng, m confluence.

confondre, kong-fong-dr, v to confound; to confuse; to overwhelm; **se —,** ser —, to become indistinct; to be mistaken.

conformation, kong-for-mäh-se-ong, f conformation.

conforme, kong-form, a in accordance; conformable; consistent (**à,** with); **pour copie—,** poohr kop-e —, certified copy.

conformément, kong-for-meh-mahng, adv in accordance (**à,** with).

conformer, kong-for-meh, *v* to conform; **se —, ser —,** to comply (à, with).

conformité, kong-for-me-teh, *f* conformity.

confort, kong-for, *m* comfort, ease.

confortable,* kong-for-täh-bl, *a* comfortable; easy.

conforter, kong-for-teh, *v* to comfort; to strengthen.

confraternité, kong-fräh-tair-ne-teh, *f* brotherhood.

confrère, kong-frair, *m* colleague; fellow-member; brother; (newspapers) contemporary.

confronter, kong-frong-teh, *v* to confront; to compare.⌐whelmed.

confus, e, kong-fE, *a* confused; embarrassed; over-

confusion, kong-fE-ze-ong, *f* confusion; disorder; trouble; shame.⌐holiday.

congé, kong-sheh, *m* leave; notice to quit; dismissal;

congédier, kong-sheh-de-eh, *v* to discharge; to dismiss; to pay off.

congélateur, kong-sheh-läh-ter, *m* deep-freeze.

congélation, kong-sheh-läh-se-ong, *f* freezing.

congeler, kongsh-leh, *v* to congeal; to freeze.

congestion, kong-shess-te-ong, *f* congestion.

congre, kong-gr, *m* conger-eel.

congrégation, kong-greh-gäh-se-ong, *f* congregation.

congrès, kong-gray, *m* congress.

conique, koh-neeck, *a* conic, conical.

conjecturer, kong-sheck-tE-reh, *v* to conjecture; to surmise; to guess.

conjoindre, kong-sho'ang-dr, *v* to join; to unite.

conjoint, e,* kong-sho'ang, *pp* & *a* joined, united; **— s,** *mpl* husband and wife.⌐union.

conjonction, kong-shongk-se-ong, *f* conjunction;

conjugaison, kong-shE-gay-zong, *f* conjugation.

conjugal, e,* kong-shE-gähl, *a* conjugal.

conjuguer, kong-shE-gheh, *v* to conjugate.

conjuration, kong-shE-räh-se-ong, *f* conspiracy; entreaty (in *pl*).

conjuré, kong-shE-reh, *m* conspirator, plotter.

conjurer, kong-shE-reh, *v* to conspire; to implore; to ward off.

connaissance, konn-ayss-ahngss, *f* knowledge; acquaintance; senses; learning; **sans —,** sahng —, unconscious.

connaisseur, konn-ess-**er,** *m* connoisseur.

connaître, konn-ay-tr, *v* to know, to be acquainted with; to be aware of; **se** — **(à** or **en),** to be a good judge (of); **chiffres connus,** shee-fr konn-E, plain figures.

connexe, konn-ecks, *a* connected (**à,** with).

connexion, konn-eck-se-ong, *f* connection.

connivence, konn-ne-vahngss, *f* connivance.

conniver, konn-ne-veh, *v* to connive.

conquérant, kong-keh-rahng, *m* conqueror.

conquérant, e, kong-keh-rahng, *a* conquering.

conquérir, kong-keh-reer, *v* to conquer; to gain.

conquête, kong-kayt, *f* conquest.

consacrer, kong-säh-kreh, *v* to consecrate; to devote.

conscience, kong-se-ahngss, *f* conscience; conscientiousness; consciousness; awareness; sentiment.

conscription, kongs-krip-se-ong, *f* conscription.

conscrit, kongs-kre, *m* conscript.

consécration, kong-seh-kräh-se-ong, *f* consecration; dedication.

consécuti-f, ve,* kong-seh-kE-teeff, *a* consecutive.

conseil, kong-say'e, *m* advice; council; deliberation; counsel; adviser; — **d'administration,** — dähd-meniss-träh-se-ong, board of directors; — **de guerre,** — der ghair, court-martial.

conseiller, kong-say'e-eh, *m* councillor; adviser.

conseiller, kong-say'e-eh, *v* to advise; to counsel.

consentement, kong-sahngt-mahng, *m* consent; assent.

consentir, kong-sahng-teer, *v* to consent; to agree.

conséquemment, kong-seh-käh-mahng, *adv* consequently; accordingly.

conséquence, kong-seh-kahngss, *f* consequence; inference; importance; **en** —, ahng —, consequently; **sans** —, sahng —, immaterial.

conséquent, e, kong-seh-kahng, *a* consequent; consistent; **par** —, pähr —, in consequence.

conserva-teur, trice, kong-sair-väh-**ter,** *mf* & *a* guardian; keeper; commissioner; preservative; conservative.

conservation, kong-sair-väh-se-ong, *f* preservation; guardianship; (mortgages) registration.

conservatoire, kong-sair-väh-to'ähr, *m* conservatory; museum; academy of music and elocution.

conserve, kong-sairv, *f* preserve; pickled food, tinned food.

conserver, kong-sair-veh, *v* to preserve, to conserve (food); to take care of; to retain.

considérable,* kong-se-deh-rǎh-bl, *a* considerable.

considération, kong-se-deh-rǎh-se-ong, *f* consideration; regard; esteem; **en — de,** ahng — der, out of regard for.

considérer, kong-se-deh-reh, *v* to consider; to examine; to value; to regard.

consignataire, kong-seen-yǎh-tair, *m* consignee; trustee. ⌠signor.

consigna-teur, trice, kong-seen-yǎh-ter, *mf* con- ⌠

consignation, kong-seen-yǎh-se-ong, *f* consignment; deposit.

consigne, kong-seen-yer, *f* orders; cloak-room; left luggage office. ⌠confine.

consigner, kong-seen-yeh, *v* to deposit; to record; to ⌠

consistance, kong-siss-tahngss, *f* firmness; consistency; stability; credit.

consister, kong-siss-teh, *v* to consist (**à, dans,** in).

consolation, kong-soll-ǎh-se-ong, *f* consolation, comfort.

console, kong-soi, *f* bracket; console. ⌊fort.

consoler, kong-soll-eh, *v* to console; to comfort.

consomma-teur, trice, kong-somm-ǎh-ter, *mf* consumer, customer.

consommation, kong-somm-ǎh-se-ong, *f* consummation; consumption; a drink (in café etc).

consommé, kong-somm-eh, *m* stock, clear soup.

consommer, kong-somm-eh, *v* to consume; to complete.

consomption, kong-songp-se-ong, *f* consumption.

consonne, kong-sonn, *f* consonant.

conspirateur, kongs-pe-rǎh-ter, *m* conspirator.

conspiration, kongs-pe-rǎh-se-ong, *f* conspiracy;

conspirer, kongs-pe-reh, *v* to conspire. ⌊plot.

conspuer, kongs-pᴇ-eh, *v* to hoot, to hiss.

constamment, kongs-tǎh-mahng, *adv* constantly.

constance, kongs-tangss, *f* constancy; persistence.

constant, e, kongs-tahng, *a* constant, steadfast.

constatation, kongs-tǎh-tǎh-se-ong, *f* establishment of fact; certified statement.

constater, kongs-tăh-teh, *v* to ascertain; to prove; to state; to report.

constellation, kongs-tell-läh-se-ong, *f* constellation.

consternation, kongs-tair-năh-se-ong, *f* consterna- [tion.

consterné, e, kongs-tair-neh, *a* dismayed.

consterner, kongs-tair-neh, *v* to dismay.

constipation, kongs-te-păh-se-ong, *f* constipation.

constipé, e, kongs-te-peh, *a* constipated.

constituant, e, kongs-te-te-ahng, *a* constituent.

constituer, kongs-te-te-eh, *v* to constitute; to appoint; to assign; **se— prisonnier,** ser — pre-zonn-e-eh, to give oneself up.

constitution, kongs-te-te-se-ong, *f* constitution; settlement; temperament; complexion.

constitutionnel, le, kongs-te-te-se-onn-ell, *a* constitutional.

constricteur, kongs-trick-ter, *m* constrictor.

constructeur, kongs-treek-ter, *m* constructor; builder; **—mécanicien, --** meh-käh-ne-se-ang, engineer.

construction, kongs-treek-se-ong, *f* construction; building; structure.

construire, kongs-tre-eer, *v* to construct; to build; to construe.

consul, kong-seel, *m* consul. [construe.

consulaire, kong-se-lair, *a* consular.

consulat, kong-se-läh, *m* consulate.

consultant, kong-seel-tahng, *a* consulting; **avocat —,** äh-vock-äh —, Chamber counsel; **médecin —,** mehd-sang —, consulting physician.

consultation, kong-seel-täh-se-ong, *f* consultation.

consulter, kong-seel-teh, *v* to consult; to refer to; to give consultations; **se—,** to consider.

consumer, kong-se-meh, *v* to consume; to destroy; to squander.

contact, kong-tăhckt, *m* contact, touch, connection.

contagieu-x, **se,** kong-täh-she-er, *a* contagious, infectious, catching.

contagion, kong-täh-she-ong, *f* contagion, infection.

contaminer, kong-täh-me-neh, *v* to contaminate.

conte, kongt, *m* tale; story; yard; **— à dormir debout,** äh-dor-meer der-boo, cock and bull story **— de fées,** — der feh, fairy tale.

contemplation, kong-tahng-pläh-se-ong, *f* contemplation; meditation. ⌐meditate.

contempler, kong-tahng pleh, *v* to contemplate; to

contemporain, e, kong-tahng-por-ang, *a* contemporary.

contemp-teur, trice, kong-tahngp-ter, *mf* despiser; *a* contemptuous.

contenance, kongt-nahngss, *f* countenance; look; capacity. ⌐restrain.

contenir, kongt-neer, *v* to hold; to contain; to

content, kong-tahng, *a* contented; satisfied; pleased.

contentement, kong-tahngt-mahng, *m* satisfaction.

contenter, kong-tahng-teh, *v* to satisfy; to please.

contentieux, kong-tahng-se-er, *m* disputed claims; legal business; *a* in dispute, litigious.

contention, kong-tahng-se-ong, *f* intenseness of thought. ⌐thought.

contenu, kongt-nE, *m* contents; subject.

conter, kong-teh, *v* to tell; to relate; **en — (à),** to tell a tall story.

contestable, kong-tess-täh-bl, *a* open to dispute; questionable. ⌐pute.

contestation, kong-tess-täh-se-ong, *f* contest; dis-

contester, kong-tess-teh, *v* to contest; to dispute.

conteu-r, se, kong-ter, *mf* story-teller.

contexte, kong-text, *m* context.

contexture, kong-tex-tEER, *f* contexture; structure.

contigu, ë, kong-te-ghe, *a* adjoining; contiguous.

contiguïté, kong-te-gwe-teh, *f* contiguity; proximity.

continent, kong-te-nahng, *m* continent.

continental, e, kong-te-nahng-tähl, *a* continental.

contingent, kong-tang-shahng, *m* share; proportion; quota. ⌐casual.

contingent, e, kong-tang-shahng, *a* contingent;

continu,* e, kong-te-nE, *a* continued; continuous.

continuel, le,* kong-te-nE-ell, *a* continual.

continuer, kong-te-nE-eh, *v* to continue.

continuité, kong-te-nwe-teh, *f* continuity.

contondant, e, kong-tong-dahng, *a* blunt.

contorsion, kong-tor-se-ong, *f* contortion.

contour, kong-toohr, *m* outline; circuit.

contourner, kong-toohr-neh, *v* to outline; to distort; to twist; to go round.

contractant, e, kong-träck-tahng, *mf* & *a* contracting party; contracting.

contracter, kong-träck-teh, *v* to contract; to acquire; to catch; **se —,** to shrink; to be contracted.

contradictoire, kong-träh-dick-to'ähr, *a* contradictory.

contraindre, kong-trang-dr, *v* to constrain; to compel; **— en justice,** —ahng **sh**EES-teess, to sue.

contrainte, kong-trang, *a* constrained; unnatural.

contrainte, kong-trangt, *f* compulsion; restraint.

contraire, kong-trair, *a* & *m* contrary; reverse; **au —,** oh —, on the contrary; on the other hand.

contraire,* kong-trair, *a* adverse; opposed; injurious.

contrariant, e, kong-träh-re-ahng, *a* vexing; provoking. ⌜annoyance.

contrariété, kong-träh-re-eh-teh, *f* contrariness;

contraste, kong-trähst, *m* contrast; opposition.

contrat, kong-träh, *m* contract; deed; agreement; indenture; covenant.

contravention, kong-träh-vahng-se-ong, *f* offence; breach of regulations; fine (*fam*).

contre, kong-tr, *prep* against; versus; near; *adv* **par —,** pähr —, on the other hand; *m* opposite side.

contre-amiral, kong-träh-me-rähl, *m* rear-admiral.

contrebalancer, kong-trer-bäh-lahng-seh, *v* to counterbalance. ⌜gled goods.

contrebande, kong-trer-bahngd, *f* smuggling; smug-

contrebandier, kong-trer-bahng-de-eh, *m* smuggler.

contrebas (en) ahng kong-trer-bah, *adv* downwards; at lower level.

contrebasse, kong-trer-bahss, *f* double bass.

contrecarrer, kong-trer-käh-reh, *v* to thwart.

contrecœur (à), äh kong-trer-ker, *adv* reluctantly.

contrecoup, kong-trer-koo, *m* rebound; consequence.

contredire, kong-trer-deer, *v* to contradict.

contredit (sans), sahng kong-trer-de, *adv* unquestionably.

contrée, kong-treh, *f* country; region; district; land.

contre-épreuve, kongtr-eh-prerv, *f* counter-proof.

contrefaçon, kong-trer-fäh-song, *f* forgery; counterfeit; piracy; infringement. ⌜erfeiter.

contrefacteur, kong-trer-fähck-ter, *m* forger; count-

contrefaire, kong-trer-fair, v to counterfeit; to imitate; to mimic; to disguise; to infringe.

contrefait, kong-trer-fay, pp & a counterfeited; deformed.

contrefort, kong-trer-for, m buttress; spur; stiffener.

contre-jour (à), äh kong-trer-shoohr, adv in a false light. ⌠seer.

contremaître, kong-trer-may-tr, m foreman; over-

contremander, kong-trer-mahng-deh, v to counter-

contremarque, kong-trer-mährk, f check. ⌊mand.

contrepartie, kong-trer-pähr-tee, f counterpart; opposite view.

contre-pied, kong-trer-pe-eh, m contrary; reverse.

contrepoids, kong-trer-po'äh, m counterpoise.

contrepoil (à), äh kong-trer-po'ähl, adv against the grain; the wrong way.

contrepoint, kong-trer-po'ang, m counterpoint.

contrepoison, kong-trer-po'äh-zong, m antidote.

contresens, kong-trer-sahngss, m misinterpretation; wrong way.

contresigner, kong-trer-seen-yeh, v to countersign.

contretemps, kong-trer-tahng, m mishap; disappointment; out of time; **à —,** äh —, inopportunely.

contre-torpilleur, kong-trer-tor-pee-yer, m destroyer.

contrevenant, kong-trerv-nahng, m offender.

contrevenir, kong-trerv-neer, v to infringe; to transgress.

contrevent, kong-trer-vahng, m shutter. ⌊gress.

contre-vérité, kong-trer-veh-re-teh, f statement contrary to the truth; irony; satire.

contribuable, kong-tre-be-äh-bl, m tax-payer; rate-payer; a tax-paying.

contribuer, kong-tre-be-eh, v to contribute; to be conducive.

contribution, kong-tre-be-se-ong, f contribution; tax; rate; part.

contrister, kong-triss-teh, v to grieve; to sadden.

contrit, e, kong-tre, a contrite; penitent.

contrôle, kong-trohl, m register; list; hall-mark stamp; checking; censure; control.

contrôler, kong-troh-leh, v to inspect; to hall-mark; to verify; to monitor; **se —,** to control oneself.

contrôleu-r, se, kong-troh-ler, *mf* inspector; ticket collector.

controuvé, e, kong-troo-veh, *pp & a* invented; false.

controverse, kong-trov-airs, *f* controversy.

contumace, kong-te-mähss, *f* contumacy; default; *m* defaulter; *a* contumacious.

contusion, kong-te-ze-ong, *f* bruise.

convaincant, e, kong-vang-kahng, *a* convincing.

convaincre, kong-vang-kr, *v* to convince; to convict.

convaincu, e, kong-vang-ke, *pp & a* convinced; convicted.

convalescence, kong-väh-layss-ahngss, *f* convalescence.

convenable, * kongv-näh-bl, *a* proper; fit; suitable.

convenance, kongv-nahngss, *f* fitness; convenience, *pl* good manners, propriety.

convenir, kongv-neer, *v* to agree (**avec,** with; **de,** on); to acknowledge; to suit; to be expedient.

convention, kong-vahng-se-ong, *f* convention; agreement; condition.

conventionnel, le, * kong-vahng-se-onn-ell, *a* conventional.

convenu, kongv-ne, *pp* agreed.

converger, kong-vair-sheh, *v* to converge.

conversation, kong-vair-säh-se-ong, *f* conversation.

converser, kong-vair-seh, *v* to converse; to talk; to wheel.

conversion, kong-vair-se-ong, *f* conversion; wheeling.

converti, e, kong-vair-te, *mf & a* convert; converted.

convertir, kong-vair-teer, *v* to convert; to turn; **se —,** to become converted (**à,** to).

convexe, kong-vex, *a* convex.

conviction, kong-vick-se-ong, *f* conviction; convincing proof.

convier, kong-ve-eh, *v* to invite; to prompt.

convive, kong-veev, *m* guest; table-companion.

convocation, kong-vock-äh-se-ong, *f* convocation; requisition; summons.

convoi, kong-vo'äh, *m* funeral procession; train; convoy.

convoiter, kong-vo'äh-teh, *v* to covet.

convoitise, kong-vo'äh-teez, *f* covetousness.

convoquer, kong-vock-eh, *v* to convoke; to call; to summon; to assemble.

convulsion, kong-veel-se-ong, *f* convulsion.

convulsi-f, ve, * kong-veel-seef, *a* convulsive.

---

coopéra-teur, trice, ko-op-eh-rǎh-ter, *mf* co-operator.

coopérer, ko-op-eh-reh, *v* to co-operate.

coordonner, ko-or-donn-eh, *v* to arrange; to co-ordinate.

copain, kop-a*ng*, *m* chum.

copeau, kop-oh, *m* chip; shaving.

copie, kopee, *f* copy; manuscript; reproduction; imitation.

copier, kop-e-eh, *v* to copy; to imitate; to mimic.

copieu-x, se, kop-e-er, *a* copious, plentiful.

copropriétaire, kop-rop-re-eh-tair, *m* joint-owner.

coq, kock, *m* cock; cockerel; weather-cock; **— à l'âne,** — ǎh lahn, cock and bull story.

coque, kock, *f* shell; cockle; hull.

coquelicot, kock-le-ko, *m* corn-poppy.

coqueluche, kock-lᴇᴇsh, *f* whooping-cough; (person) favourite; reigning fancy.

coquerico, kock-re-ko, *m* cock-a-doodle-doo.

coquet, te, kock-ay, *a* coquettish; elegant.

coquetier, kock-te-eh, *m* egg-cup; egg-dealer.

coquetterie, kock-ett-ree, *f* coquetry; flirtation; love of dress.

coquillage, kock-ee-yǎhsh, *m* empty shell; shell-fish.

coquille, kock-ee-ye, *f* shell.

coquin, e, kock-a*ng*, *a* rogue; rascal; (*fam*) naughty.

coquinerie, kock-een-ree, *f* knavery; roguery.

cor, kor, *m* horn; (on the foot) corn.

corail, kor-ah'e, *m* coral.

coran, kor-ah*ng*, *m* Koran.

corbeau, kor-boh, *m* raven; crow.

corbeille, kor-bay'e, *f* basket; wedding presents; flower-bed; **— à papier,** — ǎh pah-pe-eh —, waste paper basket.

corbillard, kor-bee-yǎhr, *m* hearse.

cordage, kor-dǎhsh, *m* rope.

corde, kord, *f* string; cord; rope; **la — sensible,** lǎh sahng-see-bl, the tender spot; **tenir la—,** ter-neer lǎh —, to have the best chance.

cordeau, kor-doh, *m* line; cord.

corder, kor-deh, *v* to cord; to twist.

cordial, e, kor-de-ǎhl, *a* hearty.

cordon, kor-do*ng*, *m* twist; string; cord; **— bleu,** —bler, first-rate cook. [shop.

cordonnerie, kor-donn-ree, *f* shoe-making; cobbler's

cordonnet, kor-donn-ay, *m* twist; string; braid.

cordonnier, kor-donn-e-eh, *m* cobbler.

coriace, kor-e-ăhss, *a* tough (of meat etc);(*fam*) hard (of person).

cormoran, kor-mor-ah*ng*, *m* cormorant.

cornaline, kor-năh-leen, *f* cornelian stone.

corne, korn, *f* horn; feeler (of snail); shoe-horn; (books) dog's ear.

corneille, kor-nay'e, *f* crow.

cornemuse, kor-ner-mEEz, *f* bagpipe.   [trumpet.

cornet, kor-nay, *m* horn; cornet; ice cream cone; ear-

corniche, kor-neesh, *f* cornice; coast road.

cornichon, kor-ne-sho*ng*, *m* gherkin; (person) ninny.

cornu, e, kor-ne, *a* horned.

corollaire, kor-oll-lair, *m* corollary.

corps, kor, *m* body; frame; corps; corpse; substance.

corpulent, e, kor-pE-lah*ng*, *a* stout; corpulent.

correct, e,* kor-reckt, *a* correct; proper.

correcteur, kor-reck-ter, *m* proof reader.

correction, kor-reck-se-o*ng*, *f* correction; accuracy; correctness; reading; punishment.

corrélati-f, ve,* kor-reh-lăh-teeff, *a* correlative.

correspondance, kor-ress-pong-dah*ng*ss, *f* correspondence; connection (between trains); **petite —,** per-teet —, personal column.

correspondant, e, kor-ress-pong-dah*ng*, *mf* & *a* correspondent; pen friend; guardian; corresponding.

corridor, kor-e-dor, *m* corridor; passage.

corrigé, kor-e-sheh, *m* corrected copy; key to a book.

corriger, kor-e-sheh, *v* to correct; to mark (exercise etc.); to chastise.

corroboration, kor-rob-or-ăh-se-ong, *f* strengthening.

corroder, kor-rod-eh, *v* to corrode.

corrompre, kor-ong-pr, *v* to corrupt; to bribe.

corrompu, e, kor-ong-pE, *pp* & *a* corrupted; bribed; putrid.

corroyer, kor-o'ăh-yeh, *v* to curry.   [putrid.

corrup-teur, trice, kor-EEp-ter, *mf* & *a* corrupter; corrupting.

corruptible, kor-EEp-tee-bl, *a* corruptible.

corruption, kor-EEp-se-ong, *f* corruption.

corsage, kor-săsh, *m* bodice.

corsé, e, kor-seh, *a* full-bodied.

corser, kor-seh, *v* to give body to; (*fig*) to thicken.

corset, kor-say, *m* corset.

cortège, kor-taysh, *m* procession; retinue.

corvée, kor-veh, *f* fatigue-duty; drudgery; unpleasant

coryphée, kor-e-feh, *m* leader; chief.   [job.

cosaque, koz-ăhck, *m* Cossack; brutal man.

cosmétique, koss-meh-teeck, *m* & *a* cosmetic.

cosmique, koss-meeck, *a* cosmic.

cosmopolite, koss-mop-oll-eet, *mf* & *a* cosmopolitan.

cosse, koss, *f* shell, husk, pod.

cossu, e, koss-E, *a* podded; well off.

costume, koss-tEEM, *m* costume; suit (man's); **grand**
—, grah*ng*, full dress.

costumier, koss-tE-me-eh, *m* costumier; wardrobe-
cote, kot, *f* mark; share; quota.   [keeper.

côte, koht, *f* rib; hill; coast; shore; —à—, —ăh—, side
by side.

côté, koht-eh, *m* side; way; part; direction; à —, ăh —,
near; **de ce** —, der ser —, this way; **mauvais** —,
moh-vay —, wrong side.

coteau, kot-oh, *m* hill-side; slope.

côtelette, koht-lett, *f* cutlet; chop.

coter, kot-eh, *v* to assess; to quote; to number.

coterie, kot-ree, *f* set; circle; clique.   [coastal.

côtier, koh-te-eh, *m* coasting vessel; *a* coasting;

cotillon, kot-ee-yo*ng*, *m* petticoat of peasant; cotillon.

cotisation, kot-e-zăh-se-o*ng*, *f* contribution; subscription.

cotiser, kot-e-zeh, *v* to rate; **se—,** to club together;
to open a subscription.

coton, kot-o*ng*, *m* cotton; down; cotton wool.

cotonnade, kot-onn-ăhd, *f* cotton stuff; cotton goods.

côtoyer, koh-to'ăh-yeh, *v* to skirt; to border on.

cottage, kot-ăh**sh,** *m* cottage.

cou, koo, *m* neck.

couard, koo-ăhr, *mf* & *a* coward; cowardly.

couchant, koo-shah*ng*, *m* setting sun; west; decline;
a setting.

couche, koosh, *f* couch; bed; layer; confinement;
nappy.

couché, koo-sheh, *pp* & *a* lying down; in bed.

coucher, koo-sheh, *m* bedtime; setting of sun.

coucher, koo-sheh, *v* to lay down; to put to bed; **se —** to go to bed.

couchette, koo-shett, *f* crib; berth; sleeper (on trains

couci-couci, koo-se koo-se, *adv (fam)* so so. |etc.).

coucou, koo-koo, *m* cuckoo; cuckoo clock; cowslip.

coude, kood, *m* elbow; bend; angle.

coudée, kood-eh, *f* — **s franches,** — frahngsh, elbow

cou-de-pied, kood-pe-eh, *m* instep. |room.

coudoyer, koo-do'ăh-yeh, *v* to elbow; to jostle.

coudre, koo-dr, *v* to sew; to stitch; to tack.

couenne, koo-ăhn, *f* rind (of bacon); pig-skin.

coulage, koo-lăhsh, *m* leakage; pouring; casting.

coulant, e, koo-lahng, *a* flowing; running; fluent; (person) accommodating.

coulée, koo-leh, *f* flow; casting.

couler, koo-leh, *v* to flow; to glide; to run (of liquid); to cast; to sink.

couleur, koo-ler, *f* colour, paint; (cards) suit.

couleuvre, koo-ler-vr, *f* grass snake; (*fig*) bitter pill.

coulis, koo-le, *m* jelly; meat or vegetable juice; *a* vent —, vahng —, thin draught.

coulisse, koo-leess, *f* groove; slide; wing of theatre; (Stock Exchange) outside brokers.

couloir, koo-lo'ăhr, *m* passage; corridor; lobby.

coup, koo, *m* blow; stroke; hit; kick; knock; rap; thrust; cast; cut; stab; lash; wound; shot; report; toll; beat; clap; peal; throw; haul; event; deed; out-burst; trick.

coupable, koo-păh-bl, *mf & a* culprit; guilty.

coupage, koo-păhsh, *m* mixing; diluting; cutting.

coupant, e, koo-pahng, *a* cutting; sharp.

coupe, koop, *f* cut; cup; section.

couper, koo-peh, *v* to cut; to mix; to dilute; to cut off.

couperet, koop-ray, *m* chopper; knife (for meat).

couperose, koop-rohz, *f* copperas; blotchiness (of red veins on face).

coupeur, koo-per, *m* cutter.

couplage, koo-plăhsh, *m* coupling; connecting.

couple, koo-pl, *m* pair; couple; *f* brace; couple.

coupler, koo-pleh, *v* to couple.

couplet, koo-play, *m* verse; stanza.

coupole, koo-pol, *f* cupola.

coupon, koo-pong, *m* remnant; short length; coupon; dividend-warrant; ticket.

coupure, koo-PEER, *f* cut; suppression; small bank note; cutting.

cour, koohr, *f* yard; court; courtship.

courage, koo-rähsh, *m* courage; spit; pluck.

courageu-x, se,* koo-rähsh-er, *a* courageous; spirited; brave. [ally.

couramment, koo-räh-mahng, *adv* fluently; gener-

courant, koo-rahng, *m* current; stream; course; **au de,** oh — der, conversant with; **mettre au —,** met-tr oh—, to inform; *a* current; running; ordinary; present.

courbature, koohr-bäh-teer, *f* stiffness in the joints; ache.

courbaturé, koohr-bäh-te-reh, *a* stiff; aching.

courbe, koohrb, *f* curve, bend, curb.

courbé, koohr-beh, *pp* & *a* curved; bent; crooked.

courbette, koohr-bett, *f* servile bow; cringing.

courbure, koohr-beer, *f* curvature; bend.

coureur, koo-rer, *m* runner; racer; (*fam*) womanizer; *a* running.

courge, koohrsh, *f* marrow.

courgette, koohrsh-ett, *f* small marrow.

courir, koo-reer, *v* to run; to go about; to pursue; to hunt; to flow.

courlis, koohr-le, *m* curlew.

couronne, koo-ronn, *f* crown; coronet; wreath.

couronné, koo-ronn-eh, *pp* & *a* crowned; rewarded with a prize.

couronnement, koo-ronn-mahng, *m* coronation; crowning.

courrier, koo-re-eh, *m* courier; mail; post; messenger.

courroie, koo-ro'äh, *f* strap; belt.

courroucer, koo-roo-seh, *v* to irritate; to incense.

courroux, koo-roo, *m* wrath.

cours, koohr, *m* course; flow; vent; currency; market price; course of lessons; lesson studies.

course, koohrs, *f* running; run; race; drive; ramble; errand; *pl* shopping.

coursier, koohr-se-eh, *m* steed.

court, e, koohr, *a* short; limited; *m* court.

courtage, koohr-tähsh, *m* brokerage.

courtaud, e, koohr-toh, *a* thick-set.

court-circuit, koohr-seer-kwe, *m* short circuit.

courtepointe, koohr-ter-po'a*ng*t, *f* counterpane.

courtier, koohr-te-eh, *m* broker.

courtisan, koohr-te-zah*ng*, *m* courtier.

courtisane, koohr-te-zähn, *f* courtesan.

courtiser, koohr-te-zeh, *v* to court.

courtois, e,* koohr-to'äh, *a* courteous.

courtoisie, koohr-to'äh-zee, *f* courtesy.

couru, e, koo-re, *pp* & *a* run; sought after; popular; (*fam*) dead certainty.

cousin, koo-za*ng*, *m* gnat.

cousin, e, koo-za*ng*, *mf* cousin.

coussin, kooss-a*ng*, *m* cushion; bolster.

coussinet, kooss-e-nay, *a* pad; small cushion; bear- [ing.

cousu, e, koo-ze, *pp* sewed; sewn; covered.

coût, koo, *m* cost; expense; charge.

coûtant, koo-tah*ng*, *a* used only in **à prix —,** äh pre [—, cost price.

couteau, koo-toh, *m* knife.

coutelas, koot-lah, *m* cutlass.

coutellerie, koo-tell-ree, *f* cutlery (trade).

coûter, koo-teh, *v* to cost.

coûteu-x, se,* koo-ter, *a* expensive.

coutil, koo-te, *m* ticking.

coutume, koo-teem, *f* custom, practice.

coutumier, koo-tee-me-eh, *a* customary; usual.

couture, koo-teer, *f* seam; needlework.

couturi-er, ère, koo-te-re-eh, *mf* dressmaker.

couvée, koo-veh, *f* covey; brood.

couvent, koo-vah*ng*, *m* convent.

couver, koo-veh, *v* to brood; to sit on; to hatch out; to smoulder; **— des yeux, —** day z'e-er, to look fondly on.

couvercle, koo-vair-kl, *m* cover; lid; cap.

couvert, koo-vair, *m* place at table; cover charge (in restaurant); cover; shelter; **mettre le —,** met-tr ler **—,** to lay the table.

couvert, koo-vair, *a* covered; overcast (weather); clad.

couverture, koo-vair-teer, *f* cover; blanket; rug; security.

couvre-chef, koo-vrer-sheff, *m* hat, cap (*fam*).
couvre-feu, koo-vrer-fer, *m* curfew; damper-lid.
couvre-lit, koo-vrer-le, *m* bed spread.
couvreur, koo-vrer, *m* slater.
couvrir, koo-vreer, *v* to cover **(de,** with); to conceal; to screen; **se —,** to put one's hat on; to clothe
crabe, krahb, *m* crab.   ⌊oneself.
crachat, krăh-shăh, *m* spittle; sputum.
craché, krăh-sheh, *pp* & *a*; **tout —,** too —, the very image of, the dead spit of.
cracher, krăh-sheh, *v* to spit; (*fam*) to fork out.
crachoir, krăh-sho'ăhr, *m* spittoon.
craie, kray, *f* chalk.
craindre, krang-dr, *v* to fear; to dread.
crainte, krangt, *f* fear; dread.
crainti-f, ve, * krang-teeff, *a* timorous; fearful.
cramoisi, e, krăh-mo'ăh-ze, *a* crimson.
crampe, krahngp, *f* cramp.
crampon, krahng-pong, *m* clamp; stud; crampon; (*fam*) bore.
cramponner, krahng-ponn-eh, *v* to cramp; **se — à,** to cling to.
cran, krahng, *m* notch; cog; peg; (*fam*) pluck.
crâne, krahn, *m* skull; *a* plucky; swaggering.
crânerie, krahn-ree, *f* pluck; swagger.
crapaud, krăh-poh, *m* toad.
crapule, krăh-peel, *f* debauchery; (*fam*) foul person.
crapuleu-x, se, krăh-pe-ler, *a* grossly debauched.
craque, krăhck, *f* (*fam*) humbug; fib.
craquelin, krăhck-lang, *m* cracknel.
craquement, krăhck-mahng, *m* cracking; crackling.
craquer, krăh-keh, *v* to crack; to crackle.
crasse, krăhss, *f* dirt; filth; stinginess; *a* gross, crass.
crasseu-x, se, krăhss-er, *a* filthy; nasty; sordid.
cratère, krăh-tair, *m* crater.
cravache, krăh-văhsh, *f* horsewhip.
cravate, krăh-văht, *f* neck-tie; scarf.
crayeu-x, se, kray-e-er, *a* chalky.
crayon, kray-yong, *m* pencil.
crayonner, kray-yonn-eh, *v* to sketch; to pencil.
créance, kreh-ahngss, *f* credit; trust; debt; credence.
créancier, kreh-ahngss-e-eh, *m* creditor.

créateur, kreh-ăh-ter, *m* creator, maker; *a* creative.

création, kreh-ăh-se-ong, *f* creation; production.

créature, kreh-ăh-tEEr, *f* creature.

crécelle, kreh-sell, *f* rattle.

crèche, kraysh, *f* crib; manger; day-nursery.

crédence, kreh-dahngss, *f* side-board.

crédit, kreh-de, *m* credit; trust; loan; influence; esteem.

créditer, kreh-de-teh, *v* to credit (**de,** with).

credo, kreh-do, *m* creed, belief.

crédule, kreh-dEEl, *a* credulous.

crédulité, kreh-dE-le-teh, *f* credulity.

créer, kreh-eh, *v* to create; to invent; to establish.

crémaillère, kreh-mah'e-air, *f* pot-hanger; rack; (*fam*) **pendre la —,** pahng-dr lăh —, to have a house warming.

crémation, kreh-măh-se-ong, *f* cremation.

crème, kraym, *f* cream; custard; best.

crémerie, krehm-ree, *f* milk-shop; dairy.

crémi-er, ère, kreh-me-eh, *mf* dairyman; dairy-woman.

créneau, kreh-noh, *m* battlement.

crénelé, e, krehn-leh, *a* notched; battlemented.

créneler, krehn-leh, *v* to cog; to mill.

crénelure, krehn-lEEr, *f* indentation.

crêpe, krayp, *m* crape; mourning band; *f* pancake.

crêper, kray-peh, *v* to frizz; to crisp.

crépi, kreh-pe, *m* rough-cast.

crépir, kreh-peer, *v* to rough-cast; to crimp.

crépine, kreh-peen, *f* fringe (on upholstery).

crépiter, kreh-pe-teh, *v* to crackle.

crépu, e, kreh-pE, *a* woolly, fuzzy.

crépuscule, kreh-pEEss-kEEl, *m* twilight; decline.

cresson, krehss-ong, *m* cress; water-cress.

crétacé, e, kreh-tăhss-eh, *a* cretaceous.

crête, krayt, *f* crest; top; ridge; comb (of a cock).

crétin, kreh-tang, *m* idiot.

crétinisme, kreh-te-nissm, *m* idiocy.

cretonne, krer-tonn, *f* long-cloth; cretonne.

creuser, krer-zeh, *v* to dig; to hollow; to scoop out; to fathom.

creuset, krer-zay, *m* crucible; (*fam*) test.

creux, krer, *m* hollow cavity; cast; bass voice.

creu-x, se, kre*r*, *a* hollow; empty; unsubstantial.
crevaison, kre*r*-veh-*zong*, *f* puncture; bursting.
crevasse, kre*r*-vǎhss, *f* crevice; chink; crack.
crève-cœur, krayv-ker, *m* heart-breaking thing.
crever, kre*r*-veh, *v* to burst; to pierce; to puncture; **se —,** to burst.
crevette, kre*r*-vett, *f* shrimp; prawn.
cri, kre, *m* cry; shout; shriek; scream; clamour; **le dernier —,** le*r* dair-ne-eh —, the latest fashion.
criailler, kree-ah'e-yeh, *v* to bawl.
criant, e, kree-ah*ng*, *a* crying; shameful.
criard, e, kree-ǎhr, *a* clamorous; shrill; loud; gaudy.
crible, kree-bl, *m* sieve; riddle.
cribler, kree-bleh, *v* to sift; to riddle; to pierce with holes.
cric, kre, *m* lifting-jack.
cricket, kre-kay, *m* (game) cricket.
cri-cri, kre-kre, *m* (insect) cricket.
criée, kree-eh, *f* auction. ⌈claim.
crier, kree-eh, *v* to cry; to shout; to shriek; to pro-
crieur, kree-er, *m* crier; auctioneer; town-crier.
crime, kreem, *m* crime.
criminalité, kre-me-näh-le-teh, *f* criminality.
criminel, le, kre-me-nell, *mf* & *a** criminal; culprit.
crin, kra*ng*, *m* horsehair; **les —s,** lay —, mane and tail.
crinière, kre-ne-air, *f* mane; (*fam*) thick head of air.
crique, kreeck, *f* creek.
criquet, kre-kay, *m* locust; (*fam*) cricket.
crise, kreez, *f* crisis; fit; attack.
crisper, kriss-peh, *v* to shrivel; to clench; **se —,** to
crisser, kriss-eh, *v* to grate; to grind. ⌊contract.
cristal, kriss-tǎhl, *m* crystal; cut-glass.
cristallin, kriss-tǎh-la*ng*, *a* crystalline.
cristalliser, kriss-tǎh-le-zeh, *v* to crystallise.
critérium, kre-teh-re-omm, *m* criterion.
critique, kre-teeck, *m* critic; *f* criticism; censure; *a** critical.
critiquer, kre-te-keh, *v* to criticise.
croasser, kro'ǎhss-eh, *v* to croak; to caw.
croc, kro, *m* hook; canine tooth; tusk; fang.
croche, krosh, *f* quaver.

crochet, krosh-ay, *m* hook; picklock; clasp; bend;

crocheter, krosh-teh, *v* to pick (a lock). [crochet,

crochu, e, krosh-E, *a* hooked; crooked.

crocodile, krock-odd-eell, *m* crocodile.

crocus, krock-EESS, *m* crocus, saffron.

croire, kro'ăhr, *v* to believe; to think; to trust to.

croisade, kro'ăh-zăhd, *f* crusade.

croisé, kro'ăh-zeh, *m* crusader; twill; *pp* & *a* crossed; double-breasted.

croisée, kro'ăh-zeh, *f* crossing; casement window; transept.

croisement, kro'ăhz-mahng, *m* crossing.

croiser, kro'ăh-zeh, *v* to cross; to thwart; to cruise.

croiseur, kro'ăh-zer, *m* cruiser.

croisière, kro'ăh-ze-air, *f* cruise.

croissance, krwăhss-ahngss, *f* growth; increase.

croissant, krwăhss-ahng, *m* crescent; French crescent roll.

croissant, e, krwăhss-ahng, *a* growing.

croître, kro'ăh-tr, *v* to grow; to increase; to lengthen.

croix, kro'ăh, *f* cross.

croquant, krock-ahng, *m (fam)* peasant; poor wretch; *a* crisp.

croque-mitaine, krock-me-tain, *m (fam)* bugbear, old bogey.

croque-mort, krock-mor, *m* undertaker's man.

croquer, krock-eh, *v* to crunch; to munch; to sketch.

croquette, krock-ett, *f* croquette; rissole.

croquignole, krock-een-yol, *f* cracknel; fillip.

croquis, krock-e, *m* sketch; outline.

crosse, kross, *f* crozier; butt-end; hockey stick.

crotte, krot, *f* dung; dropping of animal dirt.

crotté, e, krot-eh, *a* dirty; muddy.

crotter, krot-eh, *v* to dirty.

crottin, krot-ang, *m* horse or sheep dung.   [down.

croulant, e, kroo-lahng, *a* sinking; tottering; tumble-

crouler, kroo-leh, *v* to fall; to sink; to crumble.

croup, kroop, *m* croup.

croupe, kroop, *f* rump; buttocks.

croupier, kroo-pe-eh, *m* croupier.

croupière, kroo-pe-air, *f* crupper.   [parson's nose.

croupion, kroo-pe-ong, *m* rump; tail base; *(fam)*

croupir, kroo-peer, *v* to stagnate; to wallow.

croupissant, e, kroo-piss-ah*ng*, *a* stagnating; putrescent.

croustillant, e, krooss-tee-yah*ng*, *a* crisp.

croûte, kroot, *f* crust; scab; (*fam*) daub; old fogy; **casser une —,** kähss-eh EEN —, to take a snack.

croûton, kroo-to*ng*, *m* crust-end; crouton.

croyable, kro'äh-yäh-bl, *a* credible; likely.

croyance, kro'äh-yah*ng*ss, *f* belief; creed, faith.

croyant, e, kro'äh-yah*ng*, *mf* believer; *pl* the faithful.

cru, kre, *m* vineyards; vintage.

cru, e, kre, *a* raw; crude; coarse.

cruauté, kre-oh-teh, *f* cruelty.

cruche, kreesh, *f* pitcher; blockhead.

cruchon, kre-sho*ng*, *m* jug; stone bottle.

crucial, e, kre-se-ähl, *a* cross-shaped.

crucifier, kre-se-fe-eh, *v* to crucify.

crucifix, kre-se-fe, *m* crucifix.

crudité, kre-de-teh, *f* crudity; crudeness; rawness; coarseness.

crue, kree, *f* rise; swelling; flood.

cruel, le,* kre-ell, *a* cruel; sore; annoying.

crûment, kree-mah*ng*, *adv* bluntly.

crustacé, kreess-tähss-eh, *m* & *a* crustacean; crustaceous.

crypte, kree-pt, *f* crypt.

cubage, ke-bähsh, *m* cubic measurement; cubature.

cube, keeb, *m* cube; toy building block; *a* cubic.

cueillette, ker'e-yett, *f* picking; gathering; mixed cargo.

cueillir, ker'e-yeer, *v* to gather; to pick; to pluck.

cuiller or **cuillère,** kwee-yair, *f* spoon.

cuillerée, kwee-yer-reh, *f* spoonful.

cuir, kweer, *m* skin; hide; leather; strop.

cuirasse, kwee-rähss, *f* cuirass; armour-plating.

cuirassé, kwee-rähss-eh, *m* battleship.

cuirassé, e, kwee-rähss-eh, *a* armoured.

cuirassier, kwee-rähss-e-eh, *m* cuirassier.

cuire, kweer, *v* to cook; to bake; to boil; to roast; to stew; to smart.

cuisant, e, kwee-zah*ng*, *a* sharp; acute; burning.

cuisine, kwee-zeen, *f* kitchen; cooking; cookery.

cuisiner, kwee-ze-neh, *v* to cook; (*fam*) to concoct (scheme etc).

cuisini-er, ère, kwee-ze-ne-eh, *mf* cook; *f* cooker.

cuisse, kweess, *f* thigh; leg of bird.

cuisson, kweess-o*ng*, *f* cooking; baking; firing (of bricks etc); smarting.

cuissot, kweess-o, *m* haunch.

cuit, e, kwee, *pp* & *a* cooked; done; drunk; done for.

cuivre, kwee-vr, *m* copper; — **jaune,** — shohn, brass.

cuivreu-x, se, kwee-vre*r*, *a* coppery.

cul, KE, *m* (vulgar, except in compounds), bottom; back; rump.

culbute, KEEl-BEET, *f* somersault; fall; tumble; failure; ruin.

culbuter, KEEl-be-teh, *v* to topple over; to tumble down.

culinaire, KE-le-nair, *a* culinary.

culminant, e, KEEl-me-nah*ng*, *a* highest; prominent.

culot, KE-lo, *m* bottom; plug; (*fam*) cheek.

culotte, KE-lot, *f* buttock (of beef); knickers; short trousers; breeches.

culotter, KE-lot-eh, *v* to breech.

culpabilité, KEEl-păh-be-le-teh, *f* guilt.

culte, KEElt, *m* worship; creed; cult; veneration.

cultivateur, KEEl-te-văh-ter, *m* grower; agriculturist.

cultiver, KEEl-te-veh, *v* to cultivate.

culture, KEEl-teer, *f* cultivation; culture.

cumuler, KE-me-leh, *v* to hold several offices; to cumulate.

cupide, KE-peed, *a* covetous, greedy.

curage, KE-răhsh, *m* picking (of teeth); clearing; cleaning.

curatelle, KE-răh-tell, *f* guardianship; trusteeship.

cura-teur, trice, KE-răh-ter, *mf* guardian; curator; trustee.

cure, KEEr, *f* cure; treatment; living; vicarage; parish.

curé, KE-reh, *m* parish priest.

cure-dent, KEEr-dah*ng*, *m* tooth-pick.

curer, KE-reh, *v* to pick (teeth etc); to clean out.

curieux, KE-re-e*r*, *m* inquisitive person; looker-on; curious thing or fact.

curieu-x, se,* KE-re-e*r*, *a* curious; inquisitive; singular. [ness; curio.

curiosité, KE-re-ohz-e-teh, *f* curiosity; inquisitive-

cutané, e, KE-tăh-neh, *a* cutaneous.

cuve, KEEV, *f* vat; tub; copper.
cuvée, KE-veh, *f* vatful; quality.
cuver, KE-veh, *v* to ferment; to settle; — **son vin,** — song vang, to sleep oneself sober.
cuvette, KE-vett, *f* basin; washing-up bowl.
cuvier, KE-ve-eh, *m* wash-tub.
cyanure, se-äh-NEER, *m* cyanide.
cycle, see-kl, *m* cycle.
cycliste, see-kleest, *mf* cyclist.
cygne, seen-yer, *m* swan.
cylindre, se-lang-dr, *m* cylinder; roller.
cymbale, sang-bähl, *f* cymbal.
cynique, se-neeck, *m* cynic; *a** cynical.
cynisme, se-nissm, *m* cynicism.
cyprès, se-pray, *m* cypress.
cytise, se-teez, *m* cytisus; laburnum.

dactylographe, dähck-te-log-rähf, *mf & a* typist.
dactylographie, dähck-te-log-räh-fee, *f* type-writing.
dada, däh-däh, *m* hobby-horse; hobby; pet subject.
dadais, däh-day, *m* booby; simpleton.
dague, dähg, *f* dagger.
daigner, dayn-yeh, *v* to deign.
daim, dang, *m* deer; buck; suede.
dais, day, *m* canopy.
dalle, dähl, *f* flag-stone; slab.
daltonisme, dähl-tonn-issm, *m* colour-blindness.
damas, däh-mah, *m* damask.
dame, dähm, *f* lady; queen (cards); a king at draughts; *pl* game of draughts.
dame! dähm! *interj* why! well! indeed!
damer, däh-meh, *v* to crown (at draughts); (*fam*) — **le pion à,** — ler pe-ong äh, to outdo.
damier, däh-me-eh, *m* draught-board.
damner, dah-neh, *v* to damn.
damoiselle, däh-mo'äh-zell, *f* (*obs*) damsel.
dandin, dahng-dang, *m* ninny.
dandiner (se), ser dahng-de-neh, *v* to waddle; to strut.
danger, dahng-sheh, *m* danger.
dangereu-x, se,* dahng-sher-rer, *a* dangerous.
dans, dahng, *prep* in, into; within; according to.

danse, dah*ng*ss, *f* dance; dancing.

danseu-r, se, dah*ng*-ser, *mf* dancer.

dard, dähr, *m* dart; sting; dace.

darder, dähr-deh, *v* to dart; to shoot; to beam.

darne, dährn, *f* slice of fish.

dartre, dähr-tr, *f* skin trouble (scurf etc).

date, däht, *f* date.

dater, däh-teh, *v* to date.

datif, däh-tiff, *m* dative.

datte, däht, *f* (fruit) date.

dattier, däh-te-eh, *m* date-tree.

daube, dohb, *f* stew.

dauber, doh-beh, *v* to cuff; to jeer; to stew.

dauphin, doh-fa*ng*, *m* dolphin; dauphin.

davantage, däh-vah*ng*-tähsh, *adv* more.

de, der, *prep* of; from; out of; by; with; as; than; to; upon; since; some; any.

dé, deh, *m* thimble; die.

débâcle, deh-bah-kl, *f* breaking-up; downfall.

déballage, deh-bäh-lähsh, *m* unpacking; (*fam*) show-down.

déballer, deh-bäh-leh, *v* to unpack.

débandade, deh-bah*ng*-dähd, *f* stampede; **à la —,** äh läh —, helter-skelter.

débander, deh-bah*ng*-deh, *v* to unbend; to uncover. to disband; **se—,** to disband; to disperse; to run away; to relax.

débaptiser, deh-bäh-te-zeh, *v* to change the name of.

débarbouiller, deh-bähr-boo'e-yeh, *v* to wash the face of; to clean; **se —,** to wash one's face; to extricate oneself.

débarcadère, deh-bähr-käh-dair, *m* landing-place.

débarder, deh-bähr-deh, *v* to unload.

débardeur, deh-bähr-der, *m* docker.

débarquement, deh-bähr-ker-mah*ng*, *m* landing; arrival; unloading.

débarquer, deh-bähr-keh, *v* to land; to disembark; to unload.

débarras, deh-bäh-räh, *m* riddance; **chambre de —,** shah*ng*-br der —, lumber-room.

débarrasser, deh-bäh-rähss-eh, *v* to clear; to **rid**; **se —,** to get rid (**de**, of).

débat, deh-bäh, *m* debate; *pl* pleadings; trial; case.

débattre, deh-băh-tr, *v* to debate; to discuss; **se —,** to struggle.

débauche, deh-bohsh, *f* debauch; debauchery.

débaucher, deh-boh-sheh, *v* to debauch; to entice away; **se —,** to go astray.

débet, deh-bay, *m* debit; balance due.

débile,* deh-beell, *a* weak; feeble.

débilité, deh-be-le-teh, *f* debility; weakness.

débiliter, deh-be-le-teh, *v* to weaken.

débine, deh-been, *f* (*fam*) distress; destitution; straits.

débiner, deh-be-neh, *v* (*fam*) to disparage; to run down; **se —,** to make off; to run away.

débit, deh-be, *m* sale; market; retail shop; flow; utterance; output; delivery.

débite, deh-be, *m* debit.

débitant, deh-be-tah*ng*, *m* dealer.

débiter, deh-be-teh, *v* to retail; to sell; to cut up; to recite; to debit (**de**, with).

débiteu-r, se, deh-be-ter, *mf* (*fam*) **—de calomnies,** scandalmonger.

débi-teur, trice, deh-be-ter, *mf* & *a* debtor; debit.

déblai, deh-blay, *m* excavation; clearing; *pl* rubble.

déblatérer, deh-blăh-teh-reh, *v* to break out into abuse; to rail at.

déblayer, deh-blay-yeh, *v* to clear away.

débloquer, deh-block-eh, *v* to raise the blockade of; to unclamp; to free.

déboire, deh-bo'ăhr, *m* vexation; disappointment.

déboiser, deh-bo'ăh-zeh, *v* to clear of trees.

déboîter, deh-bo'ăh-teh, *v* to dislocate; to disconnect.

débonnaire, deh-bonn-air, *a* good-natured; meek; gentle.

débordement, deh-bor-der-mah*ng*, *m* overflowing; (*fam*) dissoluteness.

déborder, deh-bor-deh, *v* to overflow; to project; to untuck.

débotter, deh-bot-eh, *v* to pull boots off; **au —,** **oh —,** immediately on arrival.

débouché, deh-boo-sheh, *m* outlet; market; issue.

déboucher, deh-boo-sheh, *v* to open; to uncork; to unblock; to emerge; to run into.

déboucler, deh-boo-kleh, *v* to unbuckle; to uncurl.

débourber, deh-boohr-beh, *v* to clean; to extricate from the mud.

déboursés, débours, deh-boohr-seh, deh-boohr, *mpl* expenses; disbursements.

débourser, deh-boohr-seh, *v* to disburse; to lay out.

debout, der-boo, *adv* upright; standing.

débouter, deh-boo-teh, *v* to nonsuit; to dismiss.

déboutonner, deh-boo-tonn-eh, *v* to unbutton.

débraillé, e, deh-brah'e-yeh, *a* untidy; disarrayed.

débrayage, deh-bre-yash, *m* disengaging; declutching.

débrayer, deh-bray-yeh, to declutch; to disengage.

débrider, deh-bre-deh, *v* to unbridle; to stop; **sans —,** without stopping.

débris, deh-bre, *m* remains; debris; rubbish.

débrouillard, e, deh-broo'e-yăhr, *mf & a (fam)* resourceful; capable.

débrouiller, deh-broo'e-yeh, *v* to disentangle; to unravel; **se —,** to cope.

début, deh-bE, *m* beginning; first appearance; lead.

débutant, e, deh-bE-tah*ng*, *mf & a* beginner; performer appearing for the first time.

débuter, deh-bE-teh, *v* to begin; to make one's first appearance.

deçà, der-săh, *adv* on this side.

décacheter, deh-kăhsh-teh, *v* to unseal.

décadence, deh-kăh-dah*ng*ss, *f* decay; decline.

décaisser, deh-kayss-eh, *v* to unpack; to disburse.

décaler, deh-cah-leh, *v* to unwedge; to alter (time); to displace.

décalquer, deh-kăhl-keh, *v* to transfer a tracing; to [trace.

décamper, deh-kah*ng*-peh, *v* to move off; to bolt.

décanter, deh-kah*ng*-teh, *v* to decant.

décapiter, deh-kăh-pe-teh, *v* to behead.

décéder, deh-seh-deh, *v* to die; to decease.

déceler, dehss-leh, *v* to disclose; to reveal.

décembre, deh-sah*ng*-br, *m* December.

décemment, deh-săh-mah*ng*, *adv* decently.

décence, deh-sah*ng*ss, *f* decency; propriety.

décent, e, deh-sah*ng*, *a* decent; becoming; proper.

déception, deh-sep-se-ong, *f* disappointment; setback.

décerner, deh-sair-neh, *v* to award; to issue (writ [etc].
décès, deh-say, *m* death; decease.
décevant, deh-ser-vah*n*g, *a* misleading; disappoint- [ing.
décevoir, deh-ser-vo'ăhr, *v* to disappoint.
déchaîné, deh-shay-neh, *pp & a* unchained; furious; [mad.
déchaîner, deh-shay-neh, *v* to unchain; to let loose.
déchanter, deh-shah*n*g-teh, *v* to lower one's key.
décharge, deh-shăhrsh, *f* discharge; discharging; un-loading; acquittal; **à —,** ăh —, for the defence.
décharger deh-shăhr-sheh, *v* to unload; to relieve; to clear.
déchargeur, deh-shăhr-sher, *m* docker.
décharné, e, deh-shăhr-neh, *a* emaciated.
déchaussé, e, deh-shohss-eh, *pp & a* barefooted; shrinking (of gums).
dèche, daysh, *f* (*pop*) destitution.
déchéance, deh-sheh-ah*n*gss, *f* forfeiture; downfall.
déchet, deh-shay, *m* waste; loss.
décheveler, deh-sherv-leh, *v* to dishevel; to tousle.
déchiffrer, deh-she-freh, *v* to decipher; to sight-read (music).
déchiqueter, deh-shick-teh, *v* to cut up; to slash; to tear. [rending.
déchirant, e, deh-she-rah*n*g, *a* piercing; heart-
déchirement, deh-sheer-mah*n*g, *m* tearing; anguish; excruciating pain.
déchirer, deh-she-reh, *v* to tear; to rend; to break.
déchirure, deh-she-REER, *f* tear; rent.
déchoir, deh-sho'ăhr, *v* to fall; to decline; to decay.
décidé, e, deh-se-deh, *pp & a* decided; determined.
décidément, deh-se-deh-mah*n*g, *adv* decidedly.
décider, deh-se-deh, *v* to decide; to determine; to persuade; **se —,** to make up one's mind.
decimal, deh-se-mahl, *a* decimal.
décimale, deh-se-mahl, *f* decimal (fraction).
décisi-f, ve, * deh-se-zeeff, *a* decisive.
décision, deh-se-ze-o*n*g, *f* decision; resolution.
déclamer, deh-klăh-meh, *v* to declaim; to recite; to inveigh.
déclaration, deh-klăh-răh-se-o*n*g, *f* declaration; affidavit; verdict.

déclarer, deh-klâh-reh, *v* to declare; to proclaim; to certify.

déclassé, e, deh-klâhss-eh, *mf* & *a* one who has lost social position.

déclencher, deh-klahng-sheh, *v* to unlock; to loosen; to disconnect; *(fam)* to launch; to set in motion.

déclinaison, deh-kle-nay-zong, *f* declination (of compass, star, etc); declension.

décliner, deh-kle-neh, *v* to decline; to deviate.

déclivité, deh-kle-ve-teh, *f* declivity.

déclouer, deh-kloo-eh, *v* to unnail.

décocher, deh-kosh-eh, *v* to shoot; to let fly.

décoiffer, deh-ko'âh-feh, *v* to take off hat; to disarrange hair.

décollage, deh-ko-lash, *m* unsticking; take-off (of plane).

décoller, deh-koll-eh, *v* to unstick; to take off (of plane).

décolleté, deh-koll-teh, *a* low-cut; low-necked; *m* neck-line.

décolorer, deh-koll-or-eh, *v* to discolour; to bleach.

décombres, deh-kong-br, *mpl* rubbish.

décommander, deh-komm-ahng-deh, *v* to countermand; to cancel.

décomposer, deh-kong-poz-eh, *v* to decompose.

décomposition, deh-kong-poz-e-se-ong, *f* decomposition; discomposure; analyzing.

décompte, deh-kongt, *m* deduction; disappointment.

décompter, deh-kong-teh, *v* to deduct; to be disappointed.

déconcerter, deh-kong-sair-teh, *v* to disconcert; to confuse; to baffle.

décongeler, deh-kong-sher-leh, *v* to thaw; to de-freeze (food).

déconseiller, deh-kong-say'e-yeh, *v* to advise against; to discredit.

déconsidérer, deh-kong-se-deh-reh, *v* to bring into discredit.

décontenancer, deh-kongt-nahngss-eh, *v* to put out of countenance.

décontracté, deh-kong-trahck-teh, *a* relaxed.

décontracter (se), ser deh-kong-trahck-teh, *v* to relax; to appointment.

déconvenue, deh-kongv-ne, *f* mishap; ill luck; dis-

décor, deh-kor, *m* decoration; *pl* stage-scenery.

décorateur, deh-kor-ăh-**ter**, *m* decorator; stage-painter.

décoration, deh-kor-ăh-se-o*ng*, *f* decoration; medal.

décoré, e, deh-kor-eh, *a* decorated; wearing a decoration.

décorer, deh-kor-eh, *v* to embellish; to confer a decoration on.

découcher, deh-koo-sheh, *v* to sleep out; to stay out all night.

découdre, deh-koo-dr, *v* to unstitch.

découler, deh-koo-leh, *v* to drop; to trickle; to follow (**de,** from).

découper, deh-koo-peh, *v* to cut up; to cut out; to carve.

découplé, deh-koo-pleh, *pp* & *a* uncoupled; **bien —,** be-a*ng* —, strapping.

découpure, deh-koo-**peer**, *f* cutting out.

décourageant, deh-koo-rah-**shah**n*g*, *a* discouraging; disheartening.

découragement, deh-koo-răh**sh**-mah*ng*, *m* discouragement; despondency.

décourager, deh-koo-răh-sheh, *v* to discourage; to deter; **se —,** to lose heart.

décousu, e, deh-koo-**ze**, *pp* & *a* unsewed; unconnected; desultory.

découvert, deh-koo-vair, *m* deficit; overdraft.

découvert, e, deh-koo-vair, *pp* & *a* uncovered; open; **à —,** ăh —, openly; unsecured; exposed.

découverte, deh-koo-**vair**t, *f* discovery.

découvrir, deh-koo-vreer, *v* to uncover; to discover; to unmask; to find out; **se —,** to take off one's hat; to come to light; (weather) to clear up.

décrasser, deh-krăhss-eh, *v* to clean; to get dirt off.

décréditer, deh-kreh-de-teh, *v* to bring into discredit.

décrépit, e, deh-kreh-pe, *a* decrepit; senile.   [credit.

décret, deh-kray, *m* decree; order.

décréter, deh-kreh-teh, *v* to decree.

décrier, deh-kre-eh, *v* to run down; to decry.

décrire, deh-kreer, *v* to describe.

décrocher, deh-krosh-eh, *v* to unhook; to take off.

décroissance, deh-kro'ăhss-ah*ng*ss, *f* decrease.

décroître, deh-kro'ăh-tr, *v* to decrease; to diminish.

décrotter, deh-krot-eh, *v* to clean mud off (boots etc);

décrottoir, deh-krot-o'ăhr, *m* scraper. ⌊to brush.

déçu, e, deh-se, *pp & a* disappointed.

décupler, deh-kE-pleh, *v* to increase tenfold.

dédaigner, deh-dayn-yeh, *v* to disdain.

dédaigneu-x, se,* deh-dayn-yer, *a* disdainful.

dédain, deh-dahng, *m* disdain; scorn. ⌊scornful.

dedans, der-dahng, *adv* inside; in; in it; in them;
  m inside; interior.

dédicace, deh-de-kăhss, *f* dedication.

dédier, deh-de-eh, *v* to dedicate.

dédire, deh-deer, *v* to retract a statement.

dédit, deh-de, *m* forfeit.

dédommagement, deh-domm-ăhsh-mahng, *m* compensation; indemnification.

dédommager deh-domm-ăh-sheh, *v* to compensate;
  (de, for).

dédouaner, deh-doo-ah-neh, *v* to clear goods; to clear
  luggage through Customs.

dédoubler, deh-doo-bleh, *v* to take the lining out of;
  to diminish by half; to divide in two.

déduction, deh-DEEk-se-ong, *f* deduction; inference;
  — faite de, — fayt der, after deducting.

déduire, deh-dweer, *v* to deduct; to deduce; to infer.

déesse, deh-ess, *f* goddess.

défaillance, deh-fah'e-yahngss, *f* swoon; faltering;
  failing.

défaillir, deh-fah'e-yeer, *v* to faint; to falter; to fail.

défaire, deh-fair, *v* to undo; to break; to defeat; **se —
  de,** to get rid of.

défait, e, deh-fay, *pp & a* undone; dishevelled;
  defeated.

défaite, deh-fayt, *f* defeat; pretext.

défalcation, deh-făhl-kăh-se-ong, *f* deduction.

défaut, deh-foh, *m* defect; fault; default; **à — de,**
  ăh — der, for want of; **faire —,** fair —, to fail.

défaveur, deh-făh-ver, *f* disgrace; disfavour.

défavorable,* deh-făh-vor-ăh-bl, *a* unfavourable.

défecti-f, ve, deh-feck-teeff, *a* defective.

défection, deh-feck-se-ong, *f* desertion; disloyalty.

défectueu-x, se,* deh-feck-tE-er, *a* defective; faulty.

défectuosité, deh-feck-TE-oz-e-teh, *f* defect; blemish; faultiness.

défend-eur, eresse, deh-fahng-der, *mf* defendant.

défendre, deh-fahng-dr, *v* to defend; to forbid.

défense, deh-fahngss, *f* defence; prohibition; *pl* tusks.

défenseur, deh-fahng-ser, *m* defender.

défensi-f, ve,* deh-fahng-seeff, *a* defensive.

déférence, deh-feh-rahngss, *f* deference.

déférer, deh-feh-reh, *v* to bestow; to bring before; to comply (**à,** with); to defer; (oath) to tender.

déferler, deh-fair-leh, *v* to unfurl; to break.

défi, deh-fe, *m* defiance; challenge.

défiance, deh-fe-ahngss, *f* distrust; diffidence.

défiant, e, deh-fe-ahng, *a* distrustful; suspicious.

déficeler, deh-fiss-leh, *v* to untie.

défier, deh-fe-eh, *v* to challenge; to defy; **se — (de),** to mistrust.

défigurer, deh-fe-ghr-reh, *v* to disfigure. ⌊mistrust.

défilé, deh-fe-leh, *m* straight; march past.

défini, e, deh-fe-ne, *pp & a* defined; definite; precise; **passé —,** păh-seh —, Past Definite Tense.

définir, deh-fe-neer, *v* to define.

définissable, deh-fe-niss-äh-bl, *a* definable.

définiti-f, ve,* deh-fe-ne-teeff, *a* definitive; positive; **en — ve,** ahng —, finally.

définition, deh-fe-ne-se-ong, *f* definition; clue (of crossword).

défoncer, deh-fongss-eh, *v* to stave in; to break up.

déformer, deh-for-meh, *v* to put out of shape; to distort.

défraîchi, e, deh-fray-she, *a* no longer fresh; tatty.

défrayer, deh-fray-yeh, *v* to defray the expense of.

défricher, deh-fre-sheh, *v* to clear; to reclaim (of land).

défroque, deh-frock, *f* cast-off clothes (usu in *pl*; of monk etc).

défroqué, deh-frock-eh, *a & m* unfrocked (priest etc); **défunt, e,** deh-fung, *a* deceased. ⌊ex-priest.

dégagé, e, deh-gäh-sheh, *pp & a* redeemed; free; easy; off hand; private. ⌈release.

dégager, deh-gäh-sheh, *v* to redeem; to clear; to

dégaine, deh-gain, *f* ungainliness; awkward gait.

dégainer, deh-gay-neh, *v* to unsheathe.

dégarnir, deh-găhr-neer, *v* to strip; to dismantle;
se — de, to part with; to get short of.

dégât, deh-gah, *m* damage; havoc; waste.

dégel, deh-shell, *m* thaw.

dégénérer, deh-sheh-neh-reh, *v* to degenerate.

dégingandé, e, deh-shang-gahng-deh, *a* & *mf* ungainly.

dégivrer, deh-she-vreh, *v* to de-ice; to de-frost.

dégivreur, deh-she-vrer, *m* de-icer.

dégommer, deh-gomm-eh, *v* to ungum; (*fam*) to give
the sack to.

dégonfler, deh-gong-fleh, *v* to reduce; to bring down;
to deflate; **se —,** to collapse (tyre, balloon, etc);
(*fam*) to get into a funk.

dégorger, deh-gor-sheh, *v* to disgorge; to clear; to
scour.

dégourdi, e, deh-goohr-de, *a* sharp; acute (of person).

dégourdir, deh-goohr-deer, *v* to revive; to stretch; to
sharpen; **se —,** to get sharp.

dégoût, deh-goo, *m* dislike; disgust; loathing.

dégoûtant, e, deh-goo-tahng, *a* sickening; disgusting.

dégoûté, e, deh-goo-teh, *pp* & *a* disgusted; fastidious;
squeamish.

dégoutter, deh-goot-eh, *v* to drip; to trickle.

dégrader, deh-grăh-deh, *v* to degrade; to debase; to
damage.

dégrafer, deh-grăh-feh, *v* to unhook; to unclasp.

dégraisser, deh-grayss-eh, *v* to scour; to clean; to
remove the grease from; to skim fat off.

degré, der-greh, *m* degree; step; stage.

dégringoler, deh-grang-goll-eh, *v* to tumble down.

dégriser, deh-gre-zeh, *v* to sober.

dégrossir, deh-gross-eer, *v* to rough down.

déguenillé, e, deh-gher-nee-yeh, *a* ragged.

déguerpir, deh-gair-peer, *v* to pack off; to clear out.

déguisement, deh-gheez-mahng, *m* disguise.

déguiser, deh-ghee-zeh, *v* to disguise; to conceal.

déguster, deh-ghEEs-teh, *v* to taste; to sample; to eat
or drink with relish.

déhanché, e, deh-ahng-sheh, *a* hipped; ungainly.

dehors, der-or, *adv* without; outside; *m* outside;
exterior; appearances.

déjà, deh-shǎh, *adv* already; yet; then; before; as far back as; to begin with.

déjeuner, deh-sher-neh, *m* lunch; **petit —,** per-te —, breakfast.

déjeuner, deh-sher-neh, *v* to breakfast; to lunch.

déjouer, deh-shoo-eh, *v* to baffle; to thwart.

déjuger (se), ser deh-shE-sheh, *v* to change one's opinion.

delà der-lǎh, *prep* beyond; on the other side of; farther than; **au — de** oh — der beyond.

délabré, e, deh-lǎh-breh, *a* tattered; dilapidated; in ruins.

délabrement, deh-lǎh-brer-mahng, *m* ruin; decay; dilapidation.

délai, deh-lay, *m* interval; delay; **dans un — de,** dahng z'ung — der, within.

délaissement, deh-layss-mahng, *m* abandonment; relinquishment.

délaisser, deh-layss-eh, *v* to forsake; to abandon.

délassement, deh-lǎhss-mahng, *m* relaxation; rest.

déla-teur, trice, deh-lǎh-ter, *mf* informer; denouncer.

délation, deh-lǎh-se-ong, *f* information; denunciation.

délayer, deh-lay-yeh, *v* to mix with water; to thin out; to spin out.

délecter (se), ser deh-leck-teh, *v* to delight (à, in).

délégation, deh-leh-gǎh-se-ong, *f* delegation; assignment; proxy.

délégué, deh-leh-gheh, *m* delegate; deputy; shop steward.

déléguer, deh-leh-gheh, *v* to delegate; to assign.

délétère, deh-leh-tair, *a* deleterious.

délibérément, deh-le-beh-reh-mahng, *adv* deliber-ately.

délibérer, deh-le-beh-reh, *v* to deliberate; to resolve.

délicat, e,* deh-le-kǎh, *a* delicate; dainty; scrupulous; tricky; difficult.

délicatesse, deh-le-kǎh-tess, *f* delicacy; nicety; scrupulousness.

délicieu-x, se,* deh-le-se-er, *a* delicious; delightful.

délictueu-x, se, deh-lick-tE-er, *a* unlawful; offensive; felonious. [sharp.

délié, deh-le-eh, *pp* & *a* untied; loose; easy; slender;

délier, deh-le-eh, *v* to untie; to unbind; to release; **to** absolve.

délimiter, deh-le-me-teh, *v* to fix the limits of.

délinquant, deh-la*n*g-kah*n*g, *m* offender; delinquent.

délirant, e, deh-le-rah*n*g, *a* delirious; frenzied; rapturous.

délire, deh-leer, *m* delirium; frenzy.

délit, deh-le, *m* misdemeanour; offence; **en flagrant —,** ah*n*g flâh-grah*n*g —, in the very act; **le corps du —,** le*r* kor *D*E —, the charge.

délivrance, deh-le-vrah*n*gss, *f* deliverance; release; rescue; confinement.

délivrer, deh-le-vreh, *v* to deliver; to rid; to release; to set free.

déloger, deh-losh-eh, *v* to dislodge; to turn out; to clear out (*fam*); **— sans tambour ni trompette, —** sah*n*g tah*n*g-boohr ne tro*n*g-payt, to steal away.

déloyal, e, * deh-lo'ăh-yăhl, *a* disloyal; dishonest; unfair.

déloyauté, deh-lo'ăh-yoh-teh, *f* dishonesty.

déluge, deh-lEEsh, *m* flood.

déluré, e, deh-lE-reh, *a* sharp; wide-awake.

demain, der-ma*n*g, *adv* to-morrow; **après —,** ăh-pray —, the day after to-morrow.

démancher, deh-mah*n*g-sheh, *v* to take the handle off; to dislocate.

demande, der-mah*n*gd, *f* question; request; prayer; *pl* enquiries; orders.

demander, der-mah*n*g-deh, *v* to ask; to beg; to claim; to want; to demand; to require; **se —,** to wonder.

demand-eur, eresse, der-mah*n*g-der, *mf* plaintiff; applicant.

démangeaison, deh-mah*n*g-shay-zo*n*g, *f* itching; longing.

démanger, deh-mah*n*g-sheh, *v* to itch; to long.

démantibuler, deh-mah*n*g-te-bE-leh, *v* to put out of order.

démaquillant, deh-măh-kee-yah*n*g, *m* cleansing cream. [up.

démaquiller, deh-măh-kee-yeh, *v* to remove make-

démarche, deh-mahrsh, *f* gait; walk; step; measure; attempt; application.

démarquer, deh-măhr-keh, *v* to unmark; to mark down (goods).

démarrage, deh-măh-răhsh, *m* unmooring; start.

démarrer, deh-măh-reh, *v* to start up; to cast off.

démarreur, deh-măh-rer, *m* starter (in car).

démasquer, deh-măhss-keh, *v* to unmask; to show up.

démêlé, deh-may-leh, *m* (usu *pl*) dispute; differences.

démêler, deh-may-leh, *v* to disentangle.

démêloir, deh-may-lo'ăhr, *m* large-tooth comb.

démembrer, deh-mahng-breh, *v* to dismember.

déménagement, deh-meh-năhsh-mahng, *m* removal.

déménager, deh-meh-năh-sheh, *v* to remove; to move house.

démence, deh-mahngss, *f* madness; insanity.

démener (se), ser deh-mer-neh, *v* to struggle; to bestir oneself.

démenti, deh-mahng-te, *m* flat denial.

démentir, deh-mahng-teer, *v* to give the lie to; to contradict.

démérite, deh-meh-reet, *m* demerit.

démériter, deh-meh-re-teh, *v* to deserve censure; — **auprès de,** to forfeit the esteem of.

démesuré, e, deh-mer-zEE-reh, *a* immoderate; excessive.

démettre, deh-met-tr, *v* to dislocate; to dismiss; **se** —, to resign.

démeubler, deh-mer-bleh, *v* to unfurnish.

demeurant, der-mer-rahng, *pp* residing; **au** —, oh —, after all.

demeure, der-mer, *f* residence; **à** —, ăh —, fixed; **mettre en** —, met-tr'ahng —, to call upon; **péril en la** —, peh-reel ahng lăh —, danger in delay.

demeurer, der-mer-reh, *v* to reside; to live; to stay; to stand; **en** — **là,** ahng —lăh, to go no farther.

demi, der-me, *m* & *a* half; (*fam*) a glass of beer.

démission, deh-niss-e-ong, *f* resignation; **donner sa démission,** donn-eh săh —, to give one's resignation.

démobiliser, deh-mob-e-le-zeh, *v* to demobilise.

démocratie, deh-mock-răh-see, *f* democracy.

démodé, e, deh-mod-eh, *a* out of fashion.

demoiselle, der-mo'ăh-zell, *f* young lady; miss; single; — **d'honneur,** — donn-**er,** bridesmaid.
démolir, deh-moll-eer, *v* to pull down.
démon, deh-mong, *m* demon; devil; an imp (of child).
démonétiser, deh-monn-eh-te-zeh, *v* to demonetize.
démoniaque, deh-monn-e-ăhck, *a* demoniacal.
démonstration, deh-mongss-trăh-se-ong, *f* demonstration. [to pieces.
démontable, deh-mong-tăh-bl, *a* that can be taken
démonter, deh-mong-teh, *v* to dismount; to take to pieces; to put out; se —, to lose countenance.
démontrer, deh-mong-treh, *v* to demonstrate; to prove.
démoraliser, deh-mor-ăh-le-zeh, *v* to demoralise.
démordre, deh-mor-dr, *v* to let go; to desist.
démouler, deh-moo-leh, *v* to withdraw from mould.
démunir (se), ser deh-me-neer, *v* to part (**de,** with).
dénaturé, e, deh-năh-tE-reh, *pp & a* altered; distorted; unnatural; depraved.
dénégation, deh-neh-găh-se-ong, *f* denial.
dénicher, deh-ne-sheh, *v* to take out of its nest; to **dénier,** deh-ne-eh, *v* to deny. [find out.
dénigrer, deh-ne-greh, *v* to disparage.
dénombrement, deh-nong-brer-mahng, *m* numbering; enumeration; census.
dénommer, deh-nomm-eh, *v* to name.
dénoncer, deh-nongss-eh, *v* to denounce.
dénonciateur, deh-nongss-e-ăh-ter, *m* informer.
dénoter, deh-not-eh, *v* to denote; to show.
dénouement, deh-noo-mahng, *m* outcome; issue; end; ending.
dénouer, deh-noo-eh, *v* to untie; to undo; to unravel; to loose; to solve.
denrée, dahng-reh, *f* ware; provision; *pl* produce; commodities; **—s alimentaires,** — ăh-le-mahngt-air, food products.
dense, dahngss, *a* dense.
densité, dahng-se-teh, *f* thickness; density.
dent, dahng, *f* tooth; notch; cog; prong.
dentaire, dahng-tair, *a* dental.
dentelé, e, dahng-teh-leh, *a* indented; notched; jagged.
dentelle, dahng-tell, *f* lace; lace-work.

dentier, dah*n*g-te-eh, *m* denture.
dentifrice, dah*n*g-te-freess, *m* toothpaste.
dentiste, dah*n*g-teesst, *m* dentist.
dentition, dah*n*g-te-se-o*n*g, *f* teething; arrangement of the teeth.
dénuder, deh-nE-deh, *v* to denude; to strip.
dénué, e, deh-nE-eh, *pp & a* destitute; devoid of.
dénûment, deh-nEE-mah*n*g, *m* destitution; penury.
déodorant, deh-oh-doh-rah*n*g, *m* deodorant.
dépannage, deh-pah-nash, *m* break-down service.
dépanner, deh-pah-neh, *v* to repair (broken down cars); (*fam*) to help out.
dépaqueter, deh-påck-teh, *v* to unpack.
dépareillé, e, deh-påh-ray'e-yeh, *pp & a* unmatched; odd; incomplete.
déparer, deh-påh-reh, *v* to strip; to disfigure; to spoil the look of.
départ, deh-påhr, *m* departure. ⎡county.
département, deh-påhr-ter-mah*n*g, *m* department;
départir, deh-påhr-teer, *v* to allot; to bestow; **se —— de,** to give up.
dépasser, deh-påhss-eh, *v* to pass; to go beyond; to exceed; to outrun; to rise above.
dépayser, deh-pay-yee-zeh, *v* to send from home.
dépaysé, deh-pay-yee-zeh, *a* out of one's element; **se sentir ——,** not to feel at home.
dépêche, deh-paysh, *f* despatch; telegram.
dépêcher, deh-pay-sheh, *v* to dispatch; **se ——,** to make ⎣haste.
dépeindre, deh-pa*n*g-dr, *v* to depict.
dépendance, deh-pah*n*g-dah*n*gss, *f* dependence; dependency; *pl* out-buildings.
dépendre, deh-pah*n*g-dr, *v* to depend; to result; to belong to; to unhang.
dépens, deh-pah*n*g, *mpl* (legal) expenses, costs; **au —— de,** at the expense of.
dépense, deh-pah*n*gss, *f* expense; expenditure.
dépenser, deh-pah*n*gss-eh, *v* to spend (money or time).
dépensi-er, ère, deh-pah*n*gss-e-eh, *mf* spendthrift; *a* extravagant; prodigal.
déperdition, deh-pair-de-se-o*n*g, *f* loss; waste.
dépérir, deh-peh-reer, *v* to pine away.

dépêtrer, deh-pay-treh, *v* to disentangle; to extricate.

dépeupler, deh-per-pleh, *v* to depopulate.

dépister, deh-piss-teh, *v* to track; to throw off the scent.

dépit, deh-pe, *m* spite; despite; vexation; **en — de,** ah*ng* — der, in spite of.

dépiter, deh-pe-teh, *v* to vex; to spite.

déplacé, e, deh-plâhss-eh, *pp* & *a* in the wrong place; improper; uncalled for; displaced (of person).

déplacement, deh-plâhss-mah*ng*, *m* removal; change of place; **frais de —,** fray der **—,** travelling expenses.

déplacer, deh-plâhss-eh, *v* to displace; **se —,** to move; to travel.

déplaire, deh-plair, *v* to displease; to offend; **se — à,** to dislike (a place, etc).

déplaisant, e, deh-play-zah*ng*, *a* disagreeable; unpleasant.

déplier, deh-ple-eh, *v* to unfold.

déplisser, deh-pliss-eh, *v* to unpleat.

déploiement, deh-plo'âh-mah*ng*, *m* unfolding; display.

déplorer, deh-plor-eh, *v* to deplore.

déployer, deh-plo'âh-yeh, *v* to unfold; to display; to exert; to deploy.

déplumer, deh-plɛ-meh, *v* to pluck; to pick.

déporté, deh-por-teh, *m* & *a* deported; transported convict.

déportements, deh-por-ter-mah*ng*, *mpl* misconduct.

déporter, deh-por-teh, *v* to depart; to transport.

déposant, deh-poh-zah*ng*, *m* depositor; witness.

déposer, deh-poh-zeh, *v* to deposit; to put down; to lodge; to give evidence; to depose; to leave; **marque —ée,** mahrk **—,** registered trade mark.

dépositaire, deh-poh-ze-tair, *m* depositary; trustee.

déposition, deh-poh-ze-se-o*ng*, *f* evidence.

déposséder, deh-poss-eh-deh, *v* to dispossess.

dépôt, deh-poh, *m* deposit; depositing; trust; store; warehouse; lock-up house; sediment; abscess.

dépouille, deh-poo'e-ye, *f* spoil; skin; remains.

dépouillement, deh-poo'e-ye*r*-mah*ng*, *m* spoliation; stripping; abstract; perusal; counting. [skin.

dépouiller, deh-poo'e-yeh, *v* to deprive; to strip; to

dépourvoir, deh-poohr-vo'âhr, *v* to leave unprovided; to strip.

dépourvu, e, deh-poohr-ve, *pp* & *a* destitute; unprovided; **au —,** oh —, unprepared; unawares.

dépraver, deh-prah-veh, *v* to deprave. [value.

déprécier, deh-preh-se-eh, *v* to depreciate; to under-

dépression, deh-preh-se-*ong*, *f* depression; dejection; **— nerveuse,** — nair-ve*rz*, nervous breakdown.

déprimer, deh-pre-meh, *v* to depress; to disparage.

depuis, der-pwe, *adv* & *prep* since; ever since; from; **— peu,** — pe*r*, lately; **—quand?** — kah*ng*, how long?

député, deh-pe-teh, *m* representative; member of the French Parliament.

députer, deh-pe-teh, *v* to depute; to send a deputa-

déraciner, deh-räh-se-neh, *v* to uproot. [tion.

déraillement, deh-rah'e-mah*ng*, derailment.

dérailler, deh-rah'e-yeh, *v* to derail.

déraisonnable, deh-ray-zonn-äh-bl, *a* unreasonable.

déraisonner, deh-ray-zonn-eh, *v* to rave; to talk nonsense.

dérangement, deh-rah*ng*sh-mah*ng*, *m* derangement; disturbance; trouble; disorder; upset.

déranger, deh-rah*ng*-sh**e**h, *v* to displace; to put out of order; to disturb; to upset; to lead astray; **se —,** to get out of order; to get into bad ways; to put oneself out.

déraper, deh-räh-peh, *v* to trip; to skid.

déréglé, e, deh-reh-gleh, *pp* & *a* put out of order; irregular; disorderly; dissolute.

dérèglement, deh-ray-gler-mah*ng*, *m* disorder; irregularity; dissoluteness.

dérégler, deh-reh-gleh, *v* to unsettle; to put out of order; **se —,** to get out of order; to lead a disorderly life.

dérider, deh-re-deh, *v* to unwrinkle; to cheer; **se —** to brighten up.

dérision, deh-re-ze-ong, *f* derision; mockery.

dérisoire,* deh-re-zo'är, *a* derisive. [adrift.

dérive, deh-reev, *f* drift; lee-way; **à la —,** äh läh —,

dériver, deh-re-veh, *v* to drift; to be derived; **to** derive.

derni-er, ère, dair-ne-eh, *a* last; latter; utmost; final; youngest; latest.

dernièrement, dair-ne-air-mah*ng*, *adv* lately.

dérobé, e, deh-rob-eh, *pp* & *a* stolen; concealed; **à la dérobée,** ăh lăh—, stealthily.

dérober, deh-rob-eh, *v* to steal; to rob; to hide; to shield; **se —,** to steal away; to hide.

dérouiller, deh-roo'e-yeh, *v* to rub the rust off; **se —,** to polish up (a subject).

dérouler, deh-roo-leh, *v* to unroll.

déroute, deh-root, *f* rout; disorder.

dérouter, deh-root-eh, *v* to lead astray; to baffle; to divert.

derrière, dayr-e-air, *adv* & *prep* behind; at the back.

derrière, dayr-e-air, *m* back; hinder-part; (*fam*) bottom; rear.

dès, *prep* from; since; on; even; in; **— que, — ker,** as soon as.

désabuser, deh-zăh-bɛ-zeh, *v* to undeceive.

désaccord, deh-zăh-kor, *m* disagreement; discord.

désaccorder, deh-zăh-kor-deh, *v* to put out of tune; to set at variance.

désaccoutumer, deh-zăh-koo-tɛ-meh, *v* to disaccustom.

désaffection, deh-zăh-feck-se-ong, *f* disaffection.

désagréable,* deh-zah-greh-ăhbl, *a* disagreeable; unpleasant.

désagréger, deh-zăh-greh-sheh, *v* to disintegrate.

désagrément, deh-zăh-greh-mahng, *m* unpleasantness; inconvenience; defect; nuisance.

désaltérer, deh-zăhl-teh-reh, *v* to quench the thirst of.

désapproba-teur, trice, deh-zăh-prob-ăh-ter, *a* disapproving.

désapprouver, deh-zăh-proo-veh, *v* to disapprove of.

désarmer, deh-zăhr-meh, *v* to disarm; to appease; to pay off.

désarroi, deh-zăh-ro'ăh, *m* disarray; confusion.

désastre, deh-zăhss-tr, *m* disaster.

désavantage, deh-zăh-vahng-tăhsh, *m* disadvantage.

désaveu, deh-zăh-ver, *m* disavowal.

désaveugler, deh-zăh-ver-gleh, *v* to disabuse.

désavouer, deh-zăh-voo-eh, *v* to disavow; to disown.

desceller, deh-sell-eh, *v* to unseal.

descendance, deh-sahng-dahngss, *f* descent; lineage.

descendre, deh-sahng-dr, *v* to descend; to come or go

down; to dismount; to alight; to stop or stay; to put up (at hotel etc); to make a search; to take down.

descente, deh-sah*ng*t, *f* descent; taking down; rupture; run (skiing).

description, dehss-kreep-se-o*ng*, *f* description.

désembarquer, deh-zah*ng*-bǎhr-keh, *v* to disembark; to land.

désemparer, deh-zah*ng*-pǎh-reh, *v* to quit; to disable; **sans —,** sah*ng* —, without stopping.

désenchanter, deh-zah*ng*-shah*ng*-teh, *v* to disenchant; to disillusion.

désenfler, deh-zah*ng*-fleh, *v* to let the gas out; to subside.

désennuyer, deh-zah*ng*-nwe-yeh, *v* to amuse; to enliven.

déséquilibré, deh-zeh-ke-le-breh, *a* mentally unbalanced; out of balance.

désert, deh-zair, *m* wilderness; desert.

déserter, deh-zair-teh, *v* to desert; to forsake.

désespéré, e, deh-zess-peh-reh, *mf* & *a* desperate; desperado.

désespérer, deh-zess-peh-reh, *v* to despair.

désespoir, deh-zess-po'ǎhr, *m* despair.

déshabiller, deh-zǎh-bee-yeh, *v* to undress.

déshabituer, deh-zǎh-be-tɛ-eh, *v* to disaccustom.

déshériter, deh-zeh-re-teh, *v* to disinherit.

déshonnête, deh-zonn-ayt, *a* indecent.

déshonneur, deh-zonn-er, *m* dishonour; disgrace.

déshonorer, deh-zonn-or-eh, *v* to dishonour; to disgrace.

désignation, deh-zeen-yǎh-se-o*ng*, *f* designation; indication; nomination.

désigner, deh-zeen-yeh, *v* to point out; to denote; to appoint.

désillusion, deh-zill-lɛ-ze-o*ng*, *f* loss of illusions.

désinfecter, deh-za*ng*-feck-teh, *v* to disinfect.

désintéressement, deh-za*ng*-teh-ress-mah*ng*, *m* disinterestedness.

désintéresser, deh-za*ng*-teh-ress-eh, *v* to indemnify; **se —,** to lose interest.

désintéressé, deh-za*ng*-teh-ress-eh, *a* not involved; unbiased; unselfish.

désinvolte, deh-za*ng*-vollt, *a* casual; free and easy.

désinvolture, deh-za*ng*-voll-tᴇᴇʀ, *f* easy manners.

désir, deh-ze*er, m* desire, wish.

désirer, deh-ze-reh, *v* to desire; to wish.

désister (se), ser deh-ziss-teh, *v* to desist; to waive.

désobéir, deh-zob-eh-eer, *v* to disobey.

désobéissance, deh-zob-eh-iss-ah*ng*ss, *f* disobedience.

désobligeance, deh-zob-le-shah*ng*ss, *f* unkindness.

désobliger, deh-zob-le-sheh, *v* to disoblige.

désœuvré, e, deh-ze*r*-vreh, *a* idle.

désolant, e, deh-zoll-ah*ng*, *a* distressing; grievous; annoying.

désolation, deh-zoll-äh-se-o*ng*, *f* grief; vexation; desolateness.

désoler, deh-zoll-eh, *v* to lay waste; to distress; **se —,** to lament; to grieve.

désopilant, e, deh-zop-e-lah*ng*, *a* funny; laughable.

désopiler (se — la rate), ser deh-zop-ee-lᴇh läh räht, (*fam*) to laugh immoderately.

désordonné, e, deh-zor-donn-eh, *pp & a* disorderly; untidy.

désordre, deh-zor-dr, *m* disorder; disturbance; licentiousness.

désorienter, deh-zor-e-ah*ng*-teh, *v* to put out; to bewilder.

désormais, deh-zor-may, *adv* henceforth.

désosser, deh-zohss-eh, *v* to bone.

dessaisir, deh-say-zeer, *v* to dispossess; **se —,** to part (**de,** with).

dessaler, deh-säh-leh, *v* to remove salt; to soak.

dessécher, deh-seh-sheh, *v* to dry up.

dessein, deh-sa*ng, m* design; plan.

desserrer, deh-say-reh, *v* to loosen.

dessert, deh-sair, *m* dessert.

desservant, deh-sair-vah*ng, m* officiating priest or clergyman.

desservir, deh-sair-veer, *v* to clear table; to play a dirty trick on; to officiate; to serve (of trains etc.).

dessiller (les yeux), deh-see-yeh lay ze*er, v* to open s.o.'s eyes.

dessin, deh-sa*ng, m* drawing; design; pattern.

dessinateur, deh-se-näh-ter, *m* draughtsman; sketcher.

dessiner, deh-se-neh, *v* to draw; to sketch; to outline;
  se —, to become perceptible.

dessous, der-soo, *m* under part; disadvantage; worst.

dessous, der-soo, *adv & prep* under; underneath.

dessus, der-SE, *adv & prep* on; above; uppermost;
  upon; over.

dessus, der-SE, *m* upper part; top; right side;
  advantage.

destin, dess-tang, *m* destiny; fate; lot.

destinataire, dess-te-näh-tair, *m* receiver; consignee;
  addressee.

destination, dess-te-näh-se-ong, *f* destination; object;
destinée, dess-te-neh, *f* destiny; fate.   [end.

destiner, dess-te-neh, *v* to destine; to intend; to fate.

destitué, e, dess-te-TE-eh, *pp & a* dismissed; destitute;
  devoid.

destituer, dess-te-TE-eh, *v* to dismiss.

destitution, dess-te-TE-se-ong, *f* dismissal; removal.

destruction, dess-TREEK-se-ong, *f* destruction.

désuétude, deh-SE-eh-TEEd, *f* disuse.

désunion, deh-ZE-ne-ong, *f* separation; disunion.

désunir, deh-ze-neer, *v* to separate; to disunite.

détaché, e, deh-tăh-sheh, *pp & a* detached; unconnected; indifferent; disinterested.

détachement, deh-tähsh-mahng, *m* detachment; unconcern.

détacher, deh-täh-sheh, *v* to untie; to detach; to
  undo; to separate; **se —,** to break away **(de,** from).

détail, deh-tah'e, *m* detail; particular; trifle; retail.

détailler, deh-tah'e-yeh, *v* to cut up; to retail; to
  relate in detail.

déteindre, deh-tang-dr, *v* to take the colour out of; to
  discolour; to fade; to run (of colour).

détendre, deh-tahng-dr, *v* to unbend; to relax; to
  slacken.

détendu, deh-tahng-DEE, *a* slack; relaxed.

détenir, deh-ter-neer, *v* to detain; to keep back.

détente, deh-tahng, *f* relaxation; slackening;
  expansion; trigger.

déten-teur, trice, deh-tahng-ter, *mf* holder.

détention, deh-tahng-se-ong, *f* detention; imprison-
détenu, deh-ter-NE, *m* prisoner.   [ment.

détériorer, deh-teh-re-or-eh, *v.* to damage; to impair; to deface.

déterminé, e, deh-tair-me-neh, *pp & a* determined; resolute.

déterminer, deh-tair-me-neh, *v* to determine; to decide; to bring on; **se —,** to resolve.

déterrer, deh-tay-reh, *v* to dig up; to unearth; to discover.

détester, deh-tess-teh, *v* to detest; to hate; to abhor.

détirer, deh-te-reh, *v* to stretch.

détoner, deh-tonn-eh, *v* to detonate; to explode.

détonner, deh-tonn-eh, *v* to be out of tune.

détordre, deh-tor-dr, *v* to untwist.

détour, deh-toohr, *m* turn; bend; winding; wile; roundabout way; subterfuge; **sans —,** sah*ng* —, straightforward.

détourné, e, deh-toohr-neh, *pp & a* out of the way; embezzled.

détournement, deh-toohr-ner-mah*ng*, *m* turning aside; embezzlement; abduction.

détourner, deh-toohr-neh, *v* to lead astray; to turn away; to avert; to divert; to deter; to embezzle; to abduct.

détracteur, deh-trähck-ter, *m* slanderer.

détraction, deh-trähck-se-o*ng*, *f* slander; calumny.

détraquer, deh-träh-keh, *v* to put out of order.

détrempe, deh-trah*ng*p, *f* distemper.

détremper, deh-trah*ng*-peh, *v* to water; to dilute; to soften.

détresse, deh-trayss, *f* distress.

détriment, deh-tre-mah*ng*, *m* detriment; prejudice.

détritus, deh-tré-tEEss, *m* detritus; remains.

détroit, deh-tro'äh, *m* strait; straits; pass.

détromper, deh-tro*ng*-peh, *v* to undeceive; to correct s.o.'s mistake.

détrôner, deh-troh-neh, *v* to dethrone.

détrousser, deh-trooss-eh, *v* to rob; to untuck.

détruire, deh-trwee*r*, *v* to destroy.

dette, dett, *f* debt.

deuil, der'e, *m* mourning; sorrow; grief; mourners.

deux, der, *m & a* two; both; second (the).

deuxième,* der-ze-aym, *a & m* second.

dévaler, deh-väh-leh, *v* to descend; to rush down.

dévaliser, deh-väh-le-zeh, *v* to rob; to plunder.

devancer, der-vah*ng*-seh, *v* to get ahead of; to outrun; to precede; to anticipate.

devanci-er, ère, der-vah*ng*-se-eh, *mf* predecessor.

devant, der-vah*ng*, *prep* & *adv* before; opposite; in front; ahead; *m* front; forepart; **aller au — de,** äh-leh oh — der, to go to meet.

devanture, der-vah*ng*-tEEr, *f* front; shop-front.

dévaster, deh-vähss-teh, *v* to devastate.

déveine, deh-vain, *f* run of ill-luck.

développement, deh-ver-lop-mah*ng*, *m* unfolding; development; growth; extent.

développer, deh-ver-lop-eh, *v* to unfold; to develop; to expand; to explain; **se —,** to spread out.

devenir, derv-neer, *v* to become.

dévergondage, deh-vair-gong-däh**sh**, *m* shameless profligacy.

dévergondé, e, deh-vair-gong-deh, *a* open profligate.

dévergonder (se), ser deh-vair-gong-deh, *v* to lose all sense of shame.

déverser, deh-vair-seh, *v* to incline; to pour; to throw.

dévêtir, deh-vay-teer, *v* to undress.

déviation, deh-ve-a-se-ong, deviation; diversion.

dévider, deh-ve-deh, *v* to wind; to wind off.

dévier, deh-ve-eh, *v* to deviate.

deviner, der-ve-neh, *v* to guess.

devinette, der-ve-nett, *f* puzzle; riddle.

devis, der-ve, *m* estimate.

dévisager, deh-ve-zäh-sheh, *v* to stare at.

devise, der-veez, *f* device; motto; currency.

deviser, der-ve-zeh, *v* to chat.

dévisser, deh-viss-eh, *v* to unscrew.

dévoiler, deh-vo'äh-leh, *v* to unveil; to reveal.

devoir, der-vo'ähr, *v* to owe; to be bound to; to have to; **je crois —,** sher kro'äh —, I think it my duty to.

devoir, der-vo'ähr, *m* duty; task; exercise; *pl* homework; **se mettre en — de,** ser met-tr'ah*ng* — der, to set about.

dévorant, e, deh-vor-ah*ng*, *a* devouring; ravenous; burning.

dévorer, deh-vor-eh, *v* to devour.

dévot, e,* deh-vo, *a* & *mf* devout; pious person.

dévotion, deh-vos-e-ong, *f* devotion; piety.

dévoué, e, deh-voo-eh, *pp* & *a* devoted; loving; **votre tout —,** vot-rer too —, yours faithfully.

dévouement, deh-voo-mah*n*g, *m* devotedness; self-**dévouer,** deh-voo-eh, *v* to devote. [sacrifice.

dévoyé, e, deh-vo'äh-yeh, *pp* & *a* misled; erring.

dextérité, decks-teh-re-teh, *f* dexterity; skill.

diabète, de-äh-bett, *m* diabetes.

diable, de-äh-bl, *m* devil; mischievous child; **tirer le — par la queue,** te-reh ler — päh*r* läh ke*r*, to struggle hard for a living; **un bon —,** u*n*g bong —, not a bad fellow; **un pauvre —,** u*n*g poh-vr —, a poor wretch.

diablement, de-äh-bler-mah*n*g, *adv* (*fam*) deucedly; devilishly.

diabolique,* de-äh-boll-eeck, *a* diabolical.

diacre, de-äh-kr, *m* deacon.

diagnostic, de-ähg-noss-teeck, *m* diagnosis.

diagonal, e,* de-äh-gonn-ähl, *a* digaonal.

dialecte, de-äh-leckt, *m* dialect.

dialogue, de-äh-log, *m* dialogue.

diamant, de-äh-mah*n*g, *m* diamond.

diamètre, de-äh-met-tr, *m* diameter.

diane, de-äh*n*, *f* reveille. [fork.

diapason, de-äh-päh-zo*n*g, *m* diapason; pitch; tuning-**diaphane,** de-äh-fäh*n*, *a* transparent.

diapositive, de-ah-poh-ze-teev, *f* (photo) trans-**diarrhée,** de-äh-reh, *f* diarrhœa. [parency.

dictateur, dick-täh-ter, *m* dictator.

dictature, dick-täh-tEER, *f* dictatorship.

dictée, dick-teh, *f* dictation.

dicter, dick-teh, *v* to dictate.

dictionnaire, dicks-e-onn-air, *m* dictionary.

dicton, dick-tong, *m* saying.

dièse, de-ayz, *m* (music) sharp.

diète, de-ett, *f* diet.

dieu, de-er, *m* God.

diffamatoire, de-fäh-mah*n*g, *a* defamatory.

diffamation, de-fäh-mäh-se-o*n*g, *f* libel; slander.

diffamer, de-fäh-meh, *v* to defame; to slander.

différence, de-feh-rah*n*gss, *f* difference.

différencier, de-feh-rah*n*g-se-eh, *v* to distinguish.

différend, de-feh-rah*n*g, *m* difference; dispute; quarrel.

différent, de-feh-rah*ng*, *a* different; unlike; various.

différentiel, le, de-feh-rah*ng*-se-ell, *mf* & *a* differential.

différer, de-feh-reh, *v* to defer; to postpone; to differ (de, from). ⎡choosy.

difficile,* de-fe-seell, *a* difficult; particular (*fam*)

difficulté, de-fe-KEEL-teh, *f* difficulty; obstacle; objection; rub.

difforme, de-form, *a* deformed; ugly.

difformité, de-for-me-teh, *f* deformity.

diffus, e, de-fE, *a* diffuse; prolix.

diffuser, de-fE-zeh, *v* to diffuse; to broadcast.

diffusion, de-fE-ze-ong, *f* diffusion; diffuseness; **radio —,** rǎh-de-o —, broadcasting.

digérer, de-sheh-reh, *v* to assimilate; to digest.

digestion, de-shess-te-ong, *f* digestion.

digital, e, de-she-tǎhl, *a* digital.

digitale, de-she-tǎhl, *f* foxglove.

digne,* deen-yer, *a* worthy; deserving; dignified.

dignité, deen-yee-teh, *f* dignity; title; stateliness.

digue, deeg, *f* dike; dam; embankment.

dilapider, de-lǎh-pe-deh, *v* to dilapidate; to squander.

dilater, de-lǎh-teh, *v* to dilate; to enlarge.

dilatoire, de-lǎh-to'ǎhr, *a* dilatory.

dilemme, de-lemm, *m* dilemma. ⎡coach.

diligence, de-le-shah*ng*ss, *f* diligence; speed; stage-

diluer, de-lE-eh, *v* to dilute; to water down.

dimanche, de-mah*ng*sh, *m* Sunday.

dimension, de-mah*ng*-se-ong, *f* dimension; size; measurement.

diminuer, de-me-nE-eh, *v* to diminish; to lessen; to abate.

diminution, de-me-nE-se-ong, *f* decrease; abatement.

dinde, dang*d*, *f* turkey-hen.

dindon, dang-dong, *m* turkey-cock; (*fig*) goose.

dindonneau, dang-donn-o, *m* young turkey.

dîner, de-neh, *v* to dine.

dîner, de-neh, *m* dinner.

dînette, de-nett, *f* play dinner; doll's dinner.

diocèse, de-oss-ayz, *m* diocese.

diplomate, de-plomm-ǎht, *m* diplomat.

diplomatie, de-plomm-ǎh-see, *f* diplomacy.

diplômé, de-ploh-meh, *mf* & *a* graduate.

dire, deer, *v* to say; to tell; to speak; to mean; **dites donc!** deet dong, I say!

dire, deer, *m* saying; statement.

direct, e,* de-reckt, *a* direct; straight; through express (of train); live (of television).

direc-teur, trice, de-reck-ter, *mf* director; manager; headmaster; headmistress; manageress.

direction, de-reck-se-ong, *f* management; manager's office; steering; direction.

dirigeable, de-re-shäh-bl, *m* airship; *a* manageable.

diriger, de-re-sheh, *v* to direct; to manage; to run; to guide; **se —,** to go (**vers, sur,** towards).

discerner, diss-air-neh, *v* to discern; to distinguish.

disciple, diss-ee-pl, *m* disciple; follower.

discipline, diss-e-pleen, *f* discipline.

discontinuer, diss-kong-te-ne-eh, *v* to discontinue.

disconvenance, diss-kongv-nahngss, *f* unsuitableness; incongruity; disproportion.

discorde, diss-kord, *f* discord; disagreement.

discourir, diss-koo-reer, *v* to discourse. [talk.

discours, diss-koohr, *m* discourse; speech; lecture;

discourtois, e,* diss-koohr-to'äh, *a* discourteous.

discrédit, diss-kreh-de, *m* discredit; disrepute.

discréditer, diss-kreh-de-teh, *v* to discredit.

discr-et, ète,* diss-kray, *a* discreet; quiet.

discrétion, diss-kreh-se-ong, *f* discretion.

disculper, diss-keel-peh, *v* to exonerate.

discussion, diss-keess-e-ong, *f* discussion; debate; dispute.

discuter, diss-ke-teh, *v* to discuss; to debate.

disert, e, de-zair, *a* fluent; eloquent.

disette, de-zett, *f* dearth; scarcity.

disgrâce, diss-grahss, *f* disgrace; misfortune.

disgracié, e, diss-grähss-e-eh, *pp* & *a* unfortunate; out of favour.

disgracier, diss-grähss-e-eh, *v* to put out of favour.

disgracieu-x, se,* diss-grähss-e-er, *a* ungraceful.

disjoindre, diss-sho-àng-dr, *v* to disjoin.

disloquer, diss-lock-eh, *v* to put out of joint.

dispacheur, diss-päh-sher, *m* average stater.

disparaître, diss-päh-ray-tr, *v* to disappear.

DIS 134 **DIS**

disparate, diss-păh-răht, *f* incongruity; *a* incongruous; ill-assorted.

disparition, diss-păh-re-se-*ong*, *f* disappearance.

disparu, e, diss-păh-re, *pp* disappeared; missing.

dispensaire, diss-pahng-sair, *m* dispensary; surgery; out-patients' department.

dispense, diss-pah*ng*ss, *f* dispensation; exemption; license.

disperser, diss-pair-seh, *v* to scatter; to disperse.

disponibilité, diss-ponn-e-be-le-teh, *f* availability; *pl* funds available.

disponible, diss-ponn-ee-bl, *a* disposable; available; unengaged.

dispos, diss-poh, *a* active; nimble; lively. [willing.

disposé, e, diss-poz-eh, *pp* & *a* disposed; inclined;

disposer, diss-poz-eh, *v* to dispose; to have at command; to induce.

dispositif, diss-poz-e-tiff, *m* (law) purview; (technology) contrivance; apparatus.

disposition, diss-poz-e-se-*ong*, *f* arrangement; frame of mind; tendency; aptitude.

disproportionné, e, diss-prop-or-se-onn-eh, *a* disproportionate.

dispute, diss-PEET, *f* dispute; quarrel.

disputer, diss-pE-teh, *v* to dispute; **se —,** to quarrel;

disque, deesk, *m* disc; record. [to vie.

dissemblable, diss-sah*ng*-blăh-bl, *a* dissimilar.

dissension, diss-sah*ng*-se-*ong*, *f* dissension.

dissentiment, diss-sah*ng*-te-mah*ng*, *m* dissent.

disséquer, diss-seh-keh, *v* to dissect.

dissertation, de-sair-tăh-se-*ong*, *f* dissertation; essay.

dissident, diss-se-dah*ng*, *m* dissenter.

dissimulé, e, diss-se-mE-leh, *pp* & *a* dissembled; dissembling; deceptive.

dissimuler, diss-se-mE-leh, *v* to dissimulate; to conceal; to affect ignorance of.

dissiper, diss-se-peh, *v* to dissipate; to waste; to dispel; **se —,** to vanish; to be naughty (at school).

dissolu, e, diss-soll-E, *a* dissolute.

dissoluble, diss-soll-EE-bl, *a* dissolvable; soluble.

dissolvant, diss-soll-vah*ng*, *m* & *a* solvent; nail-varnish remover.

dissoudre, diss-soo-dr, *v* to dissolve.

dissuader, diss-sᴇ-äh-deh, *v* to dissuade.

distance, diss-tah*ng*ss, *f* distance.

distancer, diss-tah*ng*ss-eh, *v* to distance.

distant, e, diss-tah*ng*, *a* distant; remote.

distendre, diss-tah*ng*-dr, *v* to distend.

distillerie, diss-till-ree, *f* distillery.

distinct, e,* diss-ta*ng*-kt, *a* distinct. ⌐ment.

distinction, diss-ta*ng*k-se-o*ng*, *f* distinction; refine-

distingué, e, diss-ta*ng*-gheh, *a* distinguished; refined.

distinguer, diss-tang-gheh, *v* to distinguish; to perceive.

distraction, diss-trähck-se-o*ng*, inattention; absence of mind; separation; amusement.

distraire, diss-trayr, *v* to distract; to separate; to
amuse; to abstract.

distrait, e,* diss-tray, *a* inattentive; absent-minded.

distribuer, diss-tre-ʙᴇ-eh, *v* to distribute.

distributeur, diss-tre-ʙᴇ-ter, *m* deliverer; distributor; **automatique —,** oh-tomm-äh-teeck —,
automatic machine.

distribution, diss-tre-ʙᴇ-se-o*ng*, *f* distribution;
delivery; handling.

dit, dee, *m* saying.

dit, e, dee, *pp & a* told; agreed; alias; **autrement —,**
oh-trer-mah*ng* —, in other words.

dito, de-to, *adv* ditto.

divaguer, de-väh-gheh, *v* to wander; to ramble.

divan, de-vah*ng*, *m* divan; sofa.

diverger, de-vair-sheh, *v* to diverge.

divers, de-vair, *mpl* sundries. ⌐varied.

divers, e, de-vair, *a* different; various; several;

divertir, de-vair-teer, *v* to amuse; to divert.

divertissant, e, de-vair-tiss-ah*ng*, *a* entertaining.

divertissement, de-vair-tiss-mah*ng*, *m* amusement;
entertainment.

dividende, de-ve-dah*ng*d, *m* dividend.

divin, e,* de-va*ng*, *a* divine; heavenly; exquisite.

diviniser, de-ve-ne-zeh, *v* to deify.

diviser, de-ve-zeh, *v* to divide. ⌐division.

divisionnaire, de-ve-ze-onn-air, *a* divisional; of a

divorce, de-vorss, *m* divorce; separation.

divulguer, de-VEEl-gheh, *v* to divulge.

dix, deess, (before a consonant, dee), *m & a* ten; tenth.

dixième, de-ze-aym, *m & a* tenth.

dizaine, de-zain, *f* half-score; about ten.

do, do, the note C.

docile,* doss-eell, *a* docile; tractable.

docteur, dock-ter, *m* doctor.

doctorat, dock-tor-ăh, *m* doctor's degree.

doctrine, dock-treen, *f* doctrine.

document, dock-E-mahng, *m* document. [mentary.

documentaire, dock-E-mahng-tair, *m & a* docu-

documenter, dock-E-mahng-teh, *v* to document.

dodo, do-d-o, *m* (baby talk) sleep; **aller faire —,** ăh-leh fair—, to go to bye bye.

dodu, e, dod-E, *a* plump.

dogmatiser, dog-măh-te-zeh, *v* to dogmatize.

dogme, dogm, *m* dogma.

dogue, dog, *m* mastiff.

doigt, do'ăh, *m* finger; **à deux —s de,** ăh de*r* — de*r*, within an inch of.

doigter, doigté, do'ăh-teh, *m* fingering.

doit, do'ăh, *m* debit.

doléance, doll-eh-ahngss, *f* complaint; grievance.

dolent, e, doll-ahng, *a* doleful; painful.

dolmen, doll-menn, *m* dolmen.

domaine, domm-ain, *m* domain; estate; property; (*fam*) province; department; sphere.

dôme, dohm, *m* dome; canopy.

domesticité, domm-ess-te-se-teh, *f* servants; domesticated state.

domestique, domm-ess-teeck, *mf & a* servant; domestic; private; tame.

domicile, domm-e-seell, *m* domicile; residence; abode.

domicilié, e, domm-e-se-le-eh, *a* domiciled; resident.

dominant, e, domm-e-nahng, *a* dominant; ruling; prevailing. [govern; to overlook.

dominer, domm-e-neh, *v* to rule; to domineer; to

dominicain, e, domm-e-ne-kang, *mf & a* Dominican.

dominical, e, domm-e-ne-kăhl, *a* dominical; **oraison —e,** or-ay-zong—, Lord's Prayer.

dommage, domm-ăhsh, *m* damage; loss; **c'est —,** say —, it is a pity.

dompter, dong-teh, *v* to tame; to subdue.

dompteu-r, se, dong-ter, *mf* tamer.

don, dong, *m* gift; present; talent.

dona-teur, trice, donn-ăh-ter, *mf* donor.

donc, dong (and dongk at the beginning of a sentence and before a vowel), *conj* then; therefore.

donjon, dong-shong, *m* dungeon; keep; turret.

donne, donn, *f* (cards) deal.

donnée, donn-eh, *f* notion; *pl* data.

donner, donn-eh, *v* to give; to strike; to look; to shine; to produce (of trees etc); to deal; to charge; **s'en —,** sahng —, to enjoy oneself.

dont, dong, *pron* whose; of whom; from whom; by whom; of which; with whom or which.

doré, e, dor-eh, *pp* & *a* gilded; gilt; golden.

dorénavant, dor-eh-năh-vahng, *adv* henceforth.

dorer, dor-eh, *v* to gild; to glaze (pastry).

dorloter, dor-lot-eh, *v* to coddle.

dormant, e, dor-mahng, *a* sleeping; dormant; dull.

dormeur, dor-mer, *m* sleeper.

dormir, dor-meer, *v* to sleep; to be dormant.

dorsal, dor-săhl, *a* dorsal.

dortoir, dor-to'ăhr, *m* dormitory.

dorure, dor-EER, *f* gilding; glazing (of pastry).

dos, doh, *m* back.

dosage, doh-zăhsh, *m* dosage.

dose, dohz, *f* dose.

doser, doh-zeh, *v* to dose.

dossier, doh-se-eh, *m* back (of chair etc); brief; file of [notes.

dot, dott, *f* dowry; marriage portion.

dotal, e, dot-ăhl, *a* of the dowry.

doter, dot-eh, *v* to endow (**de,** with).

douairière, doo-ay-re-air, *f* & *a* dowager.

douane, doo-ăhn, *f* custom-house; customs.

douanier, doo-ăh-ne-eh, *m* customs officer.

doublage, doo-blăhsh, *m* doubling; dubbing (film).

double,* doo-bl, *a* double; *m* duplicate; replica; double.

doubler, doo-bleh, *v* to double; to line (**de,** with); to dub (film); to understudy; to overtake (on road).

doublure, doo-blEER, *f* lining; substitute.

douceâtre, dooss-ăh-tr, *a* sweetish.

douceur, dooss-**er**, sweetness; softness; charm; gentleness; *pl* sweets; pleasant things.

douche, doosh, *f* shower; douche.

doué, doo-eh, *a* gifted.

douer, doo-eh, *v* to endow (with qualities).

douille, doo-ye, *f* socket (electricity).

douillet, te,* doo'e-yay, *a* delicate; tender.

douleur, doo-ler, *f* pain; grief; sorrow.

douloureu-x, se,* doo-loo-re**r**, *a* painful; mournful; grievous.

doute, doot, *m* doubt.

douter, doo-teh, *v* to doubt; **se —,** to suspect; to have some notion (**de** or **que,** of or that).

douteu-x, se,* doo-te**r**, *a* doubtful; questionable.

douve, doov, *f* stave; moat; open ditch.

dou-x, ce,* doo, dooss, *a* sweet; soft; kind; gentle; smooth; mild.

douzaine, doo-zain, *f* dozen.

douze, dooz, *a* twelve; twelfth (the).

douzième, doo-ze-aym, *mf* & *a* twelfth.

doyen, do'ah-yang, *m* dean; senior; elder.

dragée, drăh-sheh, *f* sugared almond; sugar-coated pill.

dragon, drăh-gong, *m* dragon; termagant; dragoon.

draguer, drăh-gheh, *v* to dredge.

drainer, dray-neh, *v* to drain.

dramatiste, drăh-măh-tisst, *mf* dramatist; playwright.

drame, drăhm, *m* drama; play; (*fam*) catastrophe.

drap, drăh, *m* cloth; sheet.

drapeau, drăh-poh, *m* flag; colours; **sous les —x,** soo lay —, in the army.

draper, drăh-peh, *v* to cover with cloth; **se—,** to drape; to wrap oneself up.

draperie, drăhp-ree, *f* drapery; cloth-trade.

drapier, drăh-pe-eh, *m* draper; clothier.

dressage, dress-ăh**sh**, *m* training; dressing; erection.

dresser, dress-eh, *v* to erect; to pitch; to lay out; to train; **se —,** to stand up.

dressoir, dress-o'ăhr, *m* side-board; dresser.

drogue, drog, *f* drug; (*fam*) rubbish.

droguer, drogh-eh, *v* to drug; **se —,** to take drugs.

droguiste, drogh-eesst, *m* druggist; pharmacist.

droit, dro'ăh, *m* right; authority; law; title; duty; tax; franchise; **faire son —,** fair **song —,** to read law; **qui de —,** ke de**r** —, those whom it may concern.

droit, e, dro-ăh, *adv* straight; directly; **tout —,** too —, straight on; *a* straight; right; erect; straightforward; righteous.

droite, dro-ăht, *f* right hand; right side.

droiture, dro-ăh-teer, *f* straightforwardness.

drôle, drohl, *m* rogue; scamp; *a** funny; queer.

dru, e, drE, *adv* thick; hard; *a* fledged; dense; close; thick.

du, dE, contraction of **de le.**

dû, dE, *pp & a* owed; been obliged; owing.

duc, dEEK, *m* duke.

duché, dE-sheh, *m* dukedom; duchy.

duchesse, dE-shess, *f* duchess.

dudit, dE-de, *a* of or from the said.

duel, dE-ell, *m* duel.

dûment, dE-mahng, *adv* duly.

dune, dEEn, *f* dune.

duo, dE-o, *m* duet.

dupe, dEEp, *f* dupe; (*fam*) gull.

duper, dE-peh, *v* to dupe.

duperie, dEp-ree, *f* trickery.

duplicata, dE-ple-kăh-tăh, *m* duplicate.

duplicité, dE-ple-se-teh, *f* duplicity; double-dealing.

duquel, dE-kell, *pron* contraction of **de lequel,** whose; from whom; of which; from which.

dur, dEER, *m* hardness; (*fam*) tough guy.

dur, e,* dEER, *a* hard; harsh; rough; stiff.

durable, dE-răh-bl, *a* lasting.

durant, dE-rahng, *prep* during.

durcir, dEER-seer, *v* to harden; to set.

durcissement, dEER-siss-mahng, *m* hardening.

durée, dE-reh, *f* duration.

durer, dEE-reh, *v* to last; to hold out.

dureté, dEER-teh, *f* hardness; harshness.

duvet, dE-vay, *m* down.

dynamite, de-năh-meet, *f* dynamite.

eau, oh, *f* water; rain; **— de vie, —**der vee, spirit; brandy.

ébahir (s'), seh-băh-eer, *v* to be amazed (**de,** at).

ébats, eh-băh, *mpl* gambols; frolics.

ébattre (s'), seh-băh-tr, *v* to disport oneself.

ébauche, eh-bohsh, *f* sketch; outline.

ébaucher, eh-boh-sheh, *v* to sketch; to rough-cast.

ébène, eh-bain, *f* ebony.

ébéniste, eh-beh-neesst, *m* cabinet-maker.

éblouir, eh-bloo-eer, *v* to dazzle.

éblouissement, eh-bloo-iss-mah*ng*, *m* dazzling; dizziness.

éboulement, eh-bool-mah*ng*, *m* landslip; crumbling.

ébouriffé, e, eh-boo-re-feh, *a* dishevelled; with one's hair in disorder; flurried.

ébranlement, eh-brah*ng*l-mah*ng*, *m* shaking; commotion.

ébranler, eh-brah*ng*-leh, *v* to shake; to disturb; to put in motion; **s'**—, to totter; to begin to move.

ébrécher, eh-breh-sheh, *v* to notch; to indent; to chip.

ébruiter, eh-brwe-teh, *v* to divulge; **s'**—, to become known.

ébullition, eh-bɛ-le-se-ong, *f* boiling.

écaille, eh-kah'e, *f* scale; tortoiseshell.

écailler, eh-kah'e-eh, *v* to scale; to open (of shell fish.

écarlate, eh-kǎhr-lǎht, *a & f* scarlet.

écarquiller, eh-kǎhr-kee-yeh, *v* to open wide (eyes); to straddle.

écart, eh-kǎhr, *m* step aside; separation; digression; discrepancy; error; *adv phr* **à l'**—, **ah l'**—, aside.

écarté, eh-kǎhr-teh, *a* remote; lonely.

écartement, eh-kǎhr-ter-mah*ng*, spacing; putting aside.

écarter, eh-kǎhr-teh, *v* to separate; to keep off; **s'**—, to deviate; to move aside.

ecclésiastique, eh-kleh-ze-ǎhss-teeck, *m* clergyman; *a* ecclesiastical.

écervelé, e, eh-sair-ver-leh, *a* hare-brained; crazy.

échafaud, eh-shǎh-foh, *m* scaffolding; stage; scaffold.

échafaudage, eh-shǎh-foh-dǎhsh, *m* scaffolding; building up.

échafauder, eh-shǎh-foh-deh, *v* to erect scaffolding; to pile up.

échalote, eh-shǎh-lot, *f* shallot. [out.

échancrer, eh-shah*ng*-kreh, *v* to indent; to hollow

échange, eh-shah*ng*sh, *m* exchange; barter; **libre** — lee-br —, free trade.

échanger, eh-sah*ng*-sheh, *v* to exchange.

échantillon, eh-shah*ng*-tee-yong, *m* sample; pattern.

échappatoire, eh-shăh-pah-to'ăhr, *f* evasion; loop-hole.

échappée, eh-shăh-peh, *f* escapade; vista.

échappement, eh-shăhp-mah*ng*, *m* escape; leakage; exhaust.

échapper, eh-shăh-peh, *v* to escape; to avoid; to slip; **s'** —, to steal away.

écharde, eh-shah**r**d, *f* splinter.

écharpe, eh-shăh**r**p, *f* scarf; sling; sash; **en** — ah*ng* n'—, slanting.

écharper, eh-shăh**r**-peh, *v* to cut to pieces.

échasse, eh-shăhss, *f* stilt.

échassier, eh-shăhss-e-eh, *m* wading-bird.

échauder, eh-shoh-deh, *v* to scald.

échauffement, eh-shohf-mah*ng*, *m* heating; over-heating; over-excitement.

échauffer, eh-shoh-feh, *v* to heat; to over-heat; to excite; to provoke.

échauffourée, eh-shoh-foo-reh, *f* skirmish; affray.

échéance, eh-sheh-ah*ng*ss, *f* falling due; expiration; maturity.

échéant, eh-sheh-ah*ng*, *pp* falling due; occurring; **le cas** —, ler kah z'—, should it so happen.

échec, eh-shayk, *m* check; failure; blow; *pl* chess, chessmen.

échelle, eh-shell, *f* ladder; steps; scale.

échelon, ehsh-long, *m* rung; step; degree.

échelonner, ehsh-lonn-eh, *v* to place in echelons; to arrange by degrees; to space out.

écheveau, ehsh-voh, *m* hank; skein.

échevelé, e, eh-sherv-leh, *a* dishevelled.

échine, eh-sheen, *f* spine; backbone; chine; loin (of pork).

échiner, eh-she-neh, *v* to work to death.

échiquier, eh-she-ke-eh, *m* exchequer; chess-board.

écho, eh-ko, *m* echo.

échoir, eh-sho'ăhr, *v* to fall due; to fall to the lot of.

échoppe, eh-shop, *f* stall.

échouer, eh-shoo-eh, *v* to run aground; to fail.

échu, e, eh-shE, *pp* fallen due; outstanding.

éclabousser, eh-klăh-booss-eh, *v* to splash.

éclair, eh-klay**r**, *m* lightning; flash; éclair.

éclairage, eh-klay-răhsh, *m* lighting; illumination.

éclaircie, eh-klayr-see, *f* clearing; glade; opening.

éclaircir, eh-klayr-seer, *v* to clear up; to elucidate.

éclairer, eh-klay-reh, *v* to light; to enlighten.

éclaireur, eh-klay-rer, *m* scout.

éclat, eh-klăh, *m* splinter; explosion; clap; splendour; uproar; scandal.

éclatant, e, eh-klăh-tahng, *a* bright; brilliant; resounding; flagrant; loud.

éclater, eh-klăh-teh, *v* to burst; to explode; to shine.

éclisse, eh-kleess, *f* wedge; splint.

éclopé, e, eh-klop-eh, *a* lame; cripple.

éclore, eh-klor, *v* to hatch; to dawn; to open.

éclosion, eh-kloh-ze-ong, *f* hatching; opening.

écluse, eh-klEEz, *f* lock; dam.

écœurer, eh-ker-reh, *v* to sicken.

école, eh-kol, *f* school.

écoli-er, ère, eh-koll-e-eh, *mf* school-boy; school-girl.

éconduire, eh-kong-dweer, *v* to show out; to deny.

économat, eh-konn-omm-ăh, *m* stewardship; steward's office; bursar's office.

économe, eh-konn-omm, *m* steward; bursar; *a* economical; saving.

économie, eh-konn-omm-ee, *f* economy; saving; *pl* savings.

économique,* eh-konn-omm-eeck, *a* economic(al).

économiser, eh-konn-omm-e-zeh, *v* to economize; to save; to husband.

économiste, eh-konn-omm-eesst, *m* economist.

écorce, eh-korss, *f* bark; rind; peel; skin; outside.

écorcher, eh-kor-sheh, *v* to skin; to graze; to fleece.

écorchure, eh-kor-shEEr, *f* graze.

écosser, eh-koss-eh, *v* to shell; to hull.

écot, eh-ko, *m* share; quota; reckoning.

écoulement, eh-kool-mahng, *m* flow; drainage; turn-over.

écouler, eh-koo-leh, *v* to flow out; to elapse; to sell off.

écoute, eh-koot, *f* listening place; (wireless) listening.

écouter, eh-koo-teh, *v* to listen; to pay attention to.

écouteu-r, se, eh-koo-ter, *mf* listener; *m* receiver (telephone), ear-phone.

écran, eh-krahng, *m* screen; fire-screen.

écrasant, e, eh-krăh-zahng, *a* crushing; overwhelming; humiliating.

écraser, eh-kräh-zeh, v to crush; to overwhelm; to run over.

écrémer, eh-kreh-meh, v to skim.

écrevisse, eh-kre*r*-veess, f cray-fish.

écrier (s'), seh-kre-eh, v to exclaim.

écrin, eh-krang, m jewel-case; casket.

écrire, eh-kreer, v to write.

écriteau, eh-kre-toh, m bill; board.

écriture, eh-kre-teer, f writing; hand-writing; Scripture; pl accounts.

écrivain, eh-kre-vang, m writer; author.

écrou, eh-kroo, m screw-nut; jail-entry.

écroulement, eh-krool-mahng, m falling down; collapse; ruin.

écrouler (s'), seh-kroo-leh, v to fall down; to collapse.

écru, e, eh-krE, a unbleached; raw.

écueil, eh-ker'e, m rock; reef; stumbling-block.

écuelle, eh-kE-ell, f bowl.

écume, eh-kEEM, f foam; froth; scum.

écumer, eh-kE-meh, v to skim; to foam.

écurer, eh-kE-reh, v to scour.

écureuil, eh-kE-rer'e, m squirrel.

écurie, eh-kE-ree, f stable; stud.

écusson, eh-kEEss-ong, m escutcheon; coat of arms.

écuyer, eh-kwee-yeh, m squire; riding-master; rider.

édenté, e, eh-dahng-teh, a toothless.

édicter, eh-dick-teh, v to decree; to exact.

édification, eh-de-fe-käh-se-ong, f edification; building.

édifice, eh-de-feess, m building; structure.

édifier, eh-de-fe-eh, v to edify; to erect; to enlighten.

édit, eh-de, m edict; decree.

éditer, eh-de-teh, v to publish; to edit.

éditeur, eh-de-ter, m publisher.

édition, eh-de-se-ong, f edition; publishing.

édredon, eh-dre*r*-dong, m eider-down. [training.

éducation, eh-dE-käh-se-ong, f education; breeding;

éduquer, eh-dE-keh, v to educate; to bring up.

effacer, eh-fähss-eh, v to efface; to rub out; to wipe out; to eclipse.

effaré, e, eh-fäh-reh, a scared.

effaroucher, eh-fäh-roo-sheh, v to scare away; **s'—,** to take fright.

effectif, eh-fehck-teeff, m effective strength.

effecti-f, ve, eh-fehck-teeff, *a* effective; actual.

effectivement, eh-fehck-teev-mah*ng*, *adv* effectively; actually; that is so.

effectuer, eh-fehck-tᴇ-eh, *v* to effect; to carry out.

efféminé, e, eh-feh-me-neh, *a* effeminate.

effervescence, eh-fair-vayss-ah*ng*ss, *f* effervescence; excitement.

effet, eh-fay, *m* effect; impression; bill; *pl* goods; effects; bills.

effeuiller, eh-fer'e-yeh, *v* to strip off leaves or petals.

efficace,* eh-fe-kähss, *a* efficacious; effective.

effilé, e, eh-fe-leh, *a* slender; slim; sharp; frayed.

efflanqué, e, eh-flah*ng*-keh, *a* lean; thin; lank.

effleurer, eh-fler-reh, *v* to skim; to touch slightly; to glance over.

effluve, eh-flᴇev, *m* effluvium.

effondrement, eh-fong-drer'-mah*ng*, *m* falling in; subsidence.

effondrer (s'), seh-fong-dreh, *v* to fall in; to collapse.

efforcer (s'), seh-for-seh, *v* to strive; to endeavour.

effort, eh-for, *m* effort; endeavour; strain; exertion.

effrayant, e, eh-fray-yah*ng*, *a* dreadful; frightful; (*fam*) awful.

effrayer, eh-fray-yeh, *v* to frighten.

effréné, e, eh-freh-neh, *a* unbridled; unrestrained.

effriter (s'), seh-fre-teh, *v* to crumble away.

effroi, eh-fro'äh, *m* fright; terror.

effronté, e, eh-frong-teh, *a* impudent.

effrontément, eh-frong-teh-mah*ng*, *adv* impudently.

effronterie, eh-frong*t*-ree, *f* impudence; insolence.

effroyable,* eh-fro'äh-yäh-bl, *a* frightful; (*fam*) tremendous.

effusion, eh-fᴇ-ze-ong, *f* effusion; overflowing; shedding.

égal, e, eh-gähl, *a* equal; even; like; same; level; **cela m'est —,** släh may t'—, it is all the same to me.

également, eh-gähl-mah*ng*, *adv* equally; alike; both; likewise; also.

égaler, eh-gäh-leh, *v* to equal; to match.

égaliser, eh-gäh-le-zeh, *v* to equalise; to level; to smooth.

égalitaire, eh-gäh-le-tair, *a* levelling.

égalité, eh-gäh-le-teh, *f* evenness; equality; uniformity; deuce (in tennis).

égard, eh-gähr, *m* regard; respect; consideration.

égaré, e, eh-gäh-reh, *a* stray; bewildered; out of the way; erring.

égarement, eh-gähr-mah*ng*, *m* error; wandering; ill-conduct.

égarer, eh-gäh-reh, *v* to mislead; to mislay; to bewilder; **s'—,** to lose one's way.

égayer, eh-gay-yeh, *v* to enliven; to cheer up.

églantine, eh-glah*ng*-teen, *f* sweet-briar; dog rose.

église, eh-gleez, *f* church.

égoïsme, eh-go-issm, *m* selfishness.

égoïste, eh-go-isst, *m* selfish person; *a* selfish.

égorger, eh-gor-sheh, *v* to cut the throat of; to kill.

égosiller (s'), seh-goz-ee-yeh, *v* to make oneself hoarse.

égout, eh-ghoo, *m* drain; sewer; drip.

égoutter, eh-ghoot-eh, *v* to drain; to drip.

égratigner, eh-gräh-teen-yeh, *v* to scratch.

égrener, eh-grer-neh, *v* to shell; to pick.

éjaculer, eh-shah-kee-leh, *v* to ejaculate.

éjecter, eh-sheck-teh, *v* to eject.

élaborer, eh-läh-bor-eh, *v* to elaborate; to work out.

élaguer, eh-läh-gheh, *v* to lop; to prune.

élan, eh-lah*ng*, *m* spring; start; dash; impetus; to dash.

élancé, e, eh-lah*ng*ss-eh, *a* slender; slim; graceful.

élancer, eh-lah*ng*ss-eh, *v* to dart; **s'—,** to rush.

élargir, eh-lähr-sheer, *v* to widen; to extend; to release.

élastique, eh-lähss-teeck, *a & m* elastic; springy.

électeur, eh-leck-ter, *m* elector.

élection, eh-leck-se-o*ng*, *f* election; polling.

électricien, eh-leck-tre-se-a*ng*, *m* electrician.

électricité, eh-leck-tre-se-teh, *f* electricity.

électriser, eh-leck-tre-zeh, *v* to electrify.

électrophone, eh-leck-tro-fon, *m* record player.

élégamment, eh-leh-gäh-mah*ng*, *adv* elegantly.

élégance, eh-leh-gah*ng*ss, *f* elegance.

élégie, eh-leh-shee, *f* elegy.

élément, eh-leh-mah*ng*, *m* element; unit (of furniture).

élémentaire, êh-leh-mah*ng*-tair, *a* elementary; rudimentary.

éléphant, h-leh-fah*ng*, *m* elephant.

élevage, ehl-vähsh, *m* breeding; stock farming.

élévation, eh-leh-väh-se-*ong*, *f* elevation; raising; rise.

élève, eh-layv, *mf* pupil; scholar; student; *f* breeding (of cattle).

élevé, e, ehl-veh, *pp* & *a* raised; lofty; brought up. [bred.

élever, ehl-veh, *v* to raise; to build; to extol; to bring up; **s'—,** to rise; to amount.

élider, eh-le-deh, *v* to elide; to cut off.

éliminer, eh-le-me-neh, *v* to eliminate; to get rid of.

élire, eh-leer, *v* to elect; to choose.

élision, eh-le-ze-*ong*, *f* ellision.

élite, eh-leet, *f* pick; "élite".

elle, ell, *pron* she; her; it; **elles,** they; them.

ellipse, eh-lips, *f* ellipsis.

éloge, eh-losh, *m* praise; commendation.

élogieu-x, se,* eh-losh-e-er, *a* eulogistic.

éloigné, e, eh-lo'ähn-yeh, *a* removed; distant; out of the way; disinclined.

éloignement, eh-lo'ähn-yer-mah*ng*, *m* distance; absence; aversion.

éloigner, eh-lo'ähn-yeh, *v* to remove; to keep away; to delay; to estrange.

éloquemment, en-lock-äh-mah*ng*, *adv* eloquently.

éloquence, eh-lock-ah*ng*ss, *f* eloquence.

élu, e, eh-le, *pp* & *a* elected.

éluder, eh IE deh, *v* to elude; to evade. [moh.

émail, eh-mah'e, *m* enamel; glaze; *pl* **émaux,** eh-

émaner, eh-mäh-neh, *v* to emanate.

émarger, eh-mähr-sheh, *v* to write in the margin of; to draw a salary.

emballage, ah*ng*-bäh-lähsh, *m* packing; wrapping.

emballer, ah*ng*-bäh-leh, *v* to pack; to pack up; to wrap; **s'—,** to bolt; to turn away; (*fam*) to get carried away (excitement, anger etc).

embarcadère, ah*ng*-bähr-käh-dair, *m* landing-place; departure platform.

embarcation, ah*ng*-bähr-käh se-*ong*, *f* small boat; craft.

embarquer, ah*ng*-bähr-keh, *v* to embark; to ship; to board (a plane).

embarras, ah*ng*-bäh-räh, *m* encumbrance; stoppage; difficulty; perplexity; embarrassment; fuss.

embarrassant, e, ah*ng*-băh-răhss-ah*ng*, *a* cumbersome; awkward; embarrassing.

embarrasser, ah*ng*-băh-răhss-eh, *v* to encumber; to perplex; to embarrass.

embaucher, ah*ng*-boh-sheh, *v* to hire; to engage; to enlist; to entice away.

embaumer, ah*ng*-boh-meh, *v* to perfume; to embalm.

embellir, ah*ng*-bay-leer, *v* to embellish; to improve (in looks).

embêtant, e, ah*ng*-bay-tah*ng* *a* (*fam*) annoying; bothering.

embêter, ah*ng*-bay-teh, *v* (*fam*) to bother; to bore; **s'—,** to be bored.

embêtement, ah*ng*-bayt-mah*ng*, *m* bother; trouble.

emblée (d'), dah*ng*-bleh, *adv* at the first attempt.

emblème, ah*ng*-blaym, *m* emblem; badge.

emboîter, ah*ng*-bo'ah-teh, *v* to encase; to interlock.

embolie, ah*ng*-bo-le, *f* embolism; clot of blood.

embonpoint, ah*ng*-bong-po'ang, *m* plumpness.

embouchure, ah*ng*-boo-sheer, *f* mouth; mouthpiece.

embourber (s'), sah*ng*-boohr-beh, *v* to get stuck in the mire; (*fam*) to become involved in.

embouteillage, ah*ng*-boo-tay-yåhsh, *m* bottling; (*fam*) traffic jam; bottle neck.

embranchement, ah*ng*-brah*ng*sh-mah*ng*, *m* branching-off; branch-line.

embrancher (s'), sah*ng*-brah*ng*-sheh, *v* to branch off.

embrasé, e, ah*ng*-brăh-zeh, *pp* & *a* in flames; burning.

embraser, ah*ng*-brăh-zeh, *v* to set on fire; to kindle.

embrasser, ah*ng*-brăhss-eh, *v* to embrace; to kiss.

embrasure, ah*ng*-brăh-zeer, *f* window-recess; opening.

embrayage, ah*ng*-bray-yash, *m* engaging of clutch; clutch pedal.

embrayer, ah*ng*-bray-yeh, *v* to engage the clutch.

embrouillé, e, ah*ng*-broo'e-yeh, *pp* & *a* entangled; intricate.

embrouiller, ah*ng*-broo'e-yeh, *v* to tangle; to confuse.

embrumé, e, ah*ng*-bre-meh *a* foggy; misty. [fuse.

embryon, ah*ng*-bree-yong, *m* embryo.

embûche, ah*ng*-beesh, *f* snare; trap.

embuscade, ahng-BESS-kăhd, *f* ambush.

émeraude, ehm-rohd, *f* emerald.

émeri, ehm-re, *m* emery.

émerveiller, eh-mair-vay'e-yeh, *v* to astonish; to fill

émétique, eh-meh-teeck, *m* emetic. ⌊with wonder.

émet-teur, trice, eh-meh-ter, *m* transmitter, *a* transmitting;
broadcasting. ⌈cast.

émettre, eh-met-tr, *v* to issue; to express; to broad-

émeute, eh-mert, *f* riot; disturbance; outbreak.

émietter, eh-me-ayt-eh, *v* to crumble.

émigrer, eh-me-greh, *v* to emigrate.

émincé, eh-mang-seh, *m* thin slices of meat.

éminemment, eh-me-năh-mahng, *adv* eminently.

éminence, eh-me-nahngss, *f* eminence.

émissaire, eh-miss-air, *m* emissary.

émission, eh-miss-e-ong, *f* issue; uttering; trans-
mission; programme (radio).

emmagasiner, ahng-măh-găh-ze-neh, *v* to store.

emmancher, ahng-mahng-sheh, *v* to put a handle
on; to haft; to begin; **s'—,** to fit together.

emmêler, ahng-may-leh, *v* to entangle.

emménager, ahng-meh-năh-sheh, *v* to move in.

emmener, ahngm-neh, *v* to take away; to lead away.

emmitoufler, ahng-me-too-fleh, *v* to muffle up.

émoi, eh-mo'ăh, *m* agitation; anxiety; flurry; emotion.

émolument, eh-moll-E-mahng, *m* emolument; gain;
profit; *pl* salary; fees.

émotion, eh-mohss-e-ong, *f* emotion.

émousser, eh-mooss-eh, *v* to blunt; to dull.

émouvant, e, eh-moo-vahng, *a* touching; stirring.

émouvoir, eh-moo-vo'ăhr, *v* to move; to stir up; to
rouse; to affect.

empailler, ahng-pah'e-yeh, *v* to pack in straw; to
stuff (animals).

empaqueter, ahng-păhck-teh, *v* to pack up.

emparer (s'), sahng-păh-reh, *v* to take possession.

empêché, e, ahng-pay-sheh, *pp* & *a* prevented;
embarrassed; in a difficulty.

empêchement, ahng-paysh-mahng, *m* impediment;
hindrance; obstacle.

empêcher, ahng-pay-sheh, *v* to prevent; to hinder; to

empereur, ahngp-rer, *m* emperor. ⌊keep from.

empeser, ah*ng*-per-zeh, *v* to starch.

empester, ah*ng*-pess-teh, *v* to infect; to stink.

empêtrer, ah*ng*-pay-treh, *v* to entangle. [posity.

emphase, ah*ng*-fahz, *f* emphasis; bombast; pom-

emphatique,* ah*ng*-fåh-teeck, *a* emphatic; bombastic.

empierrer, ah*ng*-pe-ay-reh, *v* to metal; to pave.

empiéter, ah*ng*-pe-eh-teh, *v* to encroach; to trespass.

empiler, ah*ng*-pe-leh, *v* to pile up; to stack.

empire, ah*ng*-peer, *m* empire; rule; control.

empirer, ah*ng*-pe-reh, *v* to make worse; to get worse.

emplacement, ah*ng*-plåhss-mah*ng*, *m* site; place.

emplâtre, ah*ng*-plah-tr, *m* plaster; helpless person.

emplette, ah*ng*-plett, *f* purchase.

emplir, ah*ng*-pleer, *v* to fill up (**de**, with).

emploi, ah*ng*-plo'åh, *m* employment; use; occupation;
situation.

employé, ah*ng*-plo'åh-yeh, *m* employee; clerk; person employed.

employer, ah*ng*-plo'åh-yeh, *v* to employ; to use.

employeur, ah*ng*-plo'åh-yer, *m* employer.

empocher, ah*ng*-posh-eh, *v* to pocket.

empoigner, ah*ng*-po'åh*ng*-yeh, *v* to grasp; to arrest.

empois, ah*ng*-po'åh, *m* starch.

empoisonner, ah*ng*-po'åh-zonn-eh, *v* to poison; to
infect; (*fam*) to annoy; to irritate. [tempered.

emporté, e, ah*ng*-por-teh, *a* passionate; quick-

emportement, ah*ng*-por-ter-mah*ng*, *m* transport;
outburst; fit.

emporter, ah*ng*-por-teh, *v* to carry away; **s'—,** to
fly into a passion.

empourprer (s'), sah*ng*-poohr-preh, *v* to flush; to
turn crimson.

empreinte, ah*ng*-pra*ng*t, *f* impress; mark; stamp;
— digitale, — de-she-tåhl, fingerprint.

empressé, e, ah*ng*-press-eh, *a* eager; assiduous;
obliging.

empressement, ah*ng*-press-mah*ng*, *m* earnestness;
assiduous attention.

empresser (s'), sah*ng*-press-eh, *v* to hasten (**de, to**).

emprisonner, ah*ng*-pre-zonn-eh, *v* to imprison.

emprunt, ah*ng*-pru*ng*, *m* loan; borrowing.

emprunté, e, ahng-prung-teh, *pp* & *a* borrowed; self-conscious.

emprunter, ahng-prung-teh, *v* to borrow.

ému, e, eh-ME, *pp* & *a* moved (by emotion).

émule, eh-MEEL, *m* rival; competitor.

en, ahng, *pron* some; any; of it; of them; of, from or about him, her, it; there; *prep* in; into; within; at; in the; like a; by; whilst.

encadrer, ahng-kāh-dreh, *v* to frame; to encircle.

encaisse, ahng-kayss, *f* cash in hand.

encaissé, ahng-kayss-eh, *a* embanked; with high banks; hollow.

encaissement, ahng-kayss-mahng, *m* packing; payment; encashment; embankment.

encaisser, ahng-kayss-eh, *v* to pack; to collect; to receive; to embank.

en-cas, ahng-kah, *m* something ready in case of need; sun-shade.

encastrer, ahng-kāhss-treh, *v* to fit in; to embed.

encaustique, ahng-kohss-teeck, *f* wax polish; furniture polish.

encaver, ahng-kāh-veh, *v* to store in a cellar.   [nant.

enceinte, ahng-sangt, *f* enclosure; precincts; *a* pregencens, ahng-sahng, *m* incense; (*fam*) praise; flattery.

enchaînement, ahng-shain-mahng, *m* chaining up; train (of events).

enchaîner, ahng-shay-neh, *v* to chain up; to fetter; to connect.

enchanté, ahng-shahng-teh, *pp* & *a* enchanted; spellbound; delighted.

enchantement, ahng-shahngt-mahng, *m* enchantment; spell; delight.   [to charm.

enchanter, ahng-shahng-teh, *v* to enchant; to delight;

enchant-eur, eresse, ahng-shahng-ter, *mf* enchanter; *a* bewitching; enchanting.

enchâsser, ahng-shahss-eh, *v* to enshrine; to set.

enchère, ahng-shair, *f* bidding; auction.

enchérir, ahng-sheh-reer, *v* to outbid; to get dear.

enchevêtrer, ahngsh-vay-treh, *v* to entangle.

enclaver, ahng-klāh-veh, *v* to enclose; to wedge in.

enclin, e, ahng-klang, *a* inclined; prone.

enclore, ahng-klor, *v* to enclose; to fence in.

enclos, ahng-kloh, *m* enclosure; close; paddock.
enclume, ahng-klɛɛm, *f* anvil.
encoche, ahng-kosh, *f* notch.
encoignure, ahng-konn-yeer, *f* corner; corner-cupboard.
encolure, ahng-koll-eer, *f* neck-line.
encombrement, ahng-kong-brer-mahng, *m* obstruction; traffic jam.
encombrer, ahng-kong-breh, *v* to encumber; to obstruct; to crowd.
encontre (à l'— de), äh lahng-kong-trer der, *prep* against; contrary to.
encore, ahng-kor, *adv* still; again; yet; **pas —,** päh z' —, not yet.
encourager, ahng-koo-räh-sheh, *v* to encourage.
encourir, ahng-koo-reer, *v* to incur.
encre, ahng-kr, *f* ink.
encrier, ahng-kre-eh, *m* inkstand.
encroûté, ahng-kroo-teh, *a* crusted; full of prejudices; rusty.
encyclopédie, ahng-se-klop-eh-dee, *f* encyclopaedia.
endetter, ahng-day-teh, *v* to throw into debt; **s'—,** to run into debt.
endiablé, ahng-de-äh-bleh, *pp* & *a* furious; wicked; reckless.
endiguer, ahng-de-gheh, *v* to dam in; to bank up.
endimancher (s'), sahng-de-mahng-sheh, *v* to put on one's Sunday best.
endoctriner, ahng-dock-tre-neh, *v* to instruct; to gain over.
endolori, e, ahng-doll-or-e, *a* aching; tender.
endommager, ahng-domm-äh-sheh, *v* to damage.
endormi, e, ahng-dor-me, *pp* & *a* gone to sleep; sleeping; sleepy; sluggish; numb.
endormir, ahng-dor-meer, *v* to send to sleep; to lull; (*fam*) to deceive; **s'—,** to fall asleep; to lie idle.
endos, endossement, ahng-doh, ahng-dohss-mahng, *m* endorsement.
endosser, ahng-dohss-eh, *v* to put on; to endorse.
endroit, ahng-dro'äh, *m* place; spot; part; right side.
enduire, ahng-dweer, *v* to coat.
enduit, ahng-dwe, *m* coat; layer.
endurant, e, ahng-de-rahng, *a* enduring; patient; tolerant.

endurcir, ah*ng*-DEER-seer, *v* to harden; to inure.

endurcissement, ah*ng*-DEER-siss-mah*ng*, *m* hardening; obduracy.

énergie, eh-nair-shee, *f* energy; force.

énergique,* eh-nair-sheeck; *a* energetic.   ⎡person.

énergumène, eh-nair-ghE-main, *m* fanatic; frantic

énervant, eh-nair-vah*ng*, *a* (*fam*) aggravating; irritating.   ⎡nerves.

énerver, eh-nair-veh, *v* to weaken; to get on one's

enfance, ah*ng*-fah*ng*ss, *f* childhood; infancy; dotage.

enfant, ah*ng*-fah*ng*, *mf* child; infant.

enfanter, ah*ng*-fah*ng*-teh, *v* to give birth to.

enfantillage, ah*ng*-fah*ng*-tee-yähsh, *m* childishness.

enfantin, e, ah*ng*-fah*ng*-tang, *a* childish.

enfariner, ah*ng*-fäh-re-neh, *v* to cover with flour.

enfer, ah*ng*-fair, *m* hell.

enfermer, ah*ng*-fair-meh, *v* to shut in; to lock up; to enclose.

enfilade, ah*ng*-fe-lähd, *f* row; line; long string.

enfiler, ah*ng*-fe-leh, *v* to thread; to string; to run through.

enfin, ah*ng*-fang, *adv* at last; finally; in short; on the whole; after all.

enflammer, ah*ng*-fläh-meh, *v* to set on fire; to rouse.

enfler, ah*ng*-fleh, *v* to swell; to inflate; to puff up.

enfoncé, ah*ng*-fong-seh, *pp* & *a* smashed in; sunk; done for.

enfoncer, ah*ng*-fong-seh, *v* to sink into; to drive in; to smash; to surpass.   ⎡ground.

enfouir, ah*ng*-foo-eer, *v* to bury; to hide in the

enfourcher, ah*ng*-foohr-sheh, *v* to bestride; to mount; to fork.

enfreindre, ah*ng*-frang-dr, *v* to infringe.

enfuir (s'), sah*ng*-fweer, *v* to run away; to vanish; to leak.

enfumer, a*ng*-FE-meh, *v* to smoke out.

engagement, ah*ng*-gahsh-mah*ng* *m* engagement; contract; agreement.

engager, ah*ng*-gäh-sheh, *v* to engage; to pawn; to invite; to advise; **s'—,** to enlist; to undertake.

engelure, ah*ng*gsh-LEER, *f* chilblain.   ⎡gender.

engendrer, ah*ng*-shah*ng*-dreh, *v* to beget; to en-

engin, ahng-**shang,** *m* engine; machine; tackle; missile.
englober, ahng-glob-eh, *v* to lump together; to unite.
engloutir, ahng-gloo-teer, *v* to swallow up; to engulf.
engloutissement, ahng-gloo-tiss-mahng, *m* swallowing up; sinking.
engorger, ahng-gor-sheh, *v* to obstruct; to block up.
engouement, ahng-goo-mahng, *m* infatuation.
engouffrer, ahng-goo-freh, *v* to engulf; to swallow up.
engourdi, e, ahng-goohr-de, *pp & a* numbed; dull; torpid.
engrais, ahng-gray, *m* manure.
engraisser, ahng-grayss-eh, *v* to fatten; to manure.
engrener, ahng-grer-neh, *v* to throw into gear.
engueuler, ahng-gher-leh, *v* (*fam*) to scold; to blow up; to abuse.
enhardir, ahng-ăhr-deer, *v* to embolden.
énigme, eh-neegm, *f* enigma; riddle.
enivrer, ahng-ne-vreh, *v* to intoxicate; to enrapture; **s'—,** to get drunk.
enjamber, ahng-shahng-beh, *v* to stride over.
enjeu, ahng-sher, *m* stake.
enjoindre, ahng-sho'ang-dr, *v* to enjoin; to order.
enjôler, ahng-shoh-leh, *v* to wheedle.
enjoliver, ahng-sholl-e-veh, *v* to embellish.
enjoué, e, ahng-shoo-eh, *a* playful; lively; sprightly.
enlacer, ahng-lähss-eh, *v* to lace; to entwine; to interweave; to clasp.
enlaidir, ahng-lay-deer, *v* to disfigure; to grow ugly.
enlèvement, ahng-layv-mahng, *m* carrying away; removal; kidnapping.
enlever, ahngl-veh, *v* to lift; to take away; to run away with; to collect; to kidnap; **s'—,** to rise; to come off; to be sold.
ennemi, ain-me, *m* enemy.
ennemi, e, ain-me, *a* hostile; adverse.
ennoblir, ahng-nob-leer, *v* to ennoble.
ennui, ahng-nwe, *m* tediousness; boredom; annoyance; worry; anxiety.
ennuyer, ahng-nwee-yeh, *v* to weary; to tire; to annoy; to bore; **s'—,** to feel bored.
ennuyeu-x, se,* ahng-nwee-yer, *a* tiresome; annoying; vexing; bothering.

énoncer, eh-no*n*g-seh, *v* to state; to articulate.

enorgueillir (s'), sah*n*g-nor-gh*er*-yeer, *v* to get proud.

énorme, eh-norm, *a* enormous; huge.

énormément, eh-nor-meh-mah*n*g, *adv* enormously; (*fam*) tremendously.

enquérir (s'), sah*n*g-keh-reer, *v* to enquire.

enquête, ah*n*g-kayt, *f* inquiry; inquest.

enraciner, ah*n*g-rähss-e-neh, *v* to root.

enragé, e, ah*n*g-räh-sheh, *a* mad; enraged; furious; desperate.

enrager, ah*n*g-räh-**sheh,** *v* to be mad; to be in a rage; **faire —,** fair —, *v* to drive mad.

enrayer, ah*n*g-ray-yeh, *v* to spoke; to skid; to check.

enregistrement, ah*n*g-rer-shiss-trer-mah*n*g, *m* registration; entry; recording (record etc).

enregistrer, ah*n*g-rer-shiss-treh, *v* to register: to record.

enrhumer (s'), sah*n*g-RE-meh, to catch a cold.

enrichi, e, ah*n*g-re-she, *a* & *mf* upstart.

enrichir, ah*n*g-re-sheer, *v* to enrich; to embellish.

enrôler (s'), ah*n*g-roh-leh, *v* to enrol; to enlist.

enroué, e, ah*n*g-roo-eh, *a* hoarse.

enrouler, ah*n*g-roo-leh, *v* to roll up.

ensanglanter, ah*n*g-sah*n*g-glah*n*g-teh, *v* to stain with blood.

enseigne, ah*n*g-sayn-y*er*, *m* ensign; midshipman; sub-lieutenant; *f* sign-board; *pl* colours.

enseignement, ah*n*g-sayn-y*er*-mah*n*g, *m* teaching; instruction; tuition; education.

enseigner, ah*n*g-sayn-yeh, *v* to teach; to inform; to direct.

ensemble, ah*n*g-sah*n*g-bl, *m* whole; ensemble; mass; general appearance; harmony; *adv* together; at the same time.

ensevelir, ah*n*g-serv-leer, *v* to shroud; to bury.

ensoleillé, e, ah*n*g-soll-ay-yeh, *a* sunny; sunkissed.

ensorceler, ah*n*g-sor-s*er*-leh, *v* to bewitch.

ensuite, ah*n*g-sweet, *adv* afterwards; after; then; next.

ensuivre (s'), sah*n*g-swee-vr, *v* to follow; to ensue.

entailler, ah*n*g-tah'e-yeh, *v* to notch.

entamer, ah*n*g-täh-meh, *v* to make the first cut in; to begin.

entasser, ah*n*g-tähss-eh, *v* to heap up; to stack.

entendement, ah*ng*-tah*ng*d-mah*ng*, *m* understanding; sense; judgment.

entendre, ah*ng*-tah*ng*-dr, *v* to hear; to understand; to mean; **bien entendu,** be-a*ng* n'ah*ng*-tah*ng*-dE, of course. ⌈ing.

entente, ah*ng*-tah*ng*t, *f* understanding; sense; mean-

enterrement, ah*ng*-tair-mah*ng*, *m* burial; funeral.

enterrer, ah*ng*-tay-reh, *v* to bury; (*fam*) to outlive.

en-tête, ah*ng*-tayt, *m* heading.

entêté, e, ah*ng*-tay-teh, *a* obstinate; stubborn.

entêter, ah*ng*-tay-teh, *v* to make giddy; **s'—,** to be obstinate.

enthousiasme, ah*ng*-too-ze-ähssm, *m* enthusiasm.

entier, ah*ng*-te-eh, *m* entirety; whole.

enti-er, ère,* ah*ng*-te-eh, *a* whole; perfect; full.

entonner, ah*ng*-tonn-eh, *v* to strike up.

entonnoir, ah*ng*-tonn-o'ähr, *m* funnel.

entorse, ah*ng*-torss, *f* sprain; strain; twist.

entortiller, ah*ng*-tor-tee-yeh, *v* to twist; to wind; to entangle; to get round.

entourage, ah*ng*-too-räh**sh**, *m* environment; setting; circle.

entourer, ah*ng*-too-reh, *v* to surround (**de,** with).

entracte, ah*ng*-trähckt, *m* interval between the acts.

entraider (s'), sah*ng*-tray-deh, *v* to help one another.

entrailles, ah*ng*-trah'e, *fpl* entrails; bowels; feelings.

entr'aimer (s'), sah*ng*-tray-meh, *v* to love one another.

entrain, ah*ng*-tra*ng*, *m* spirits; life; animation.

entraînant, e, ah*ng*-tray-nah*ng*, *a* captivating; winning.

entraînement, ah*ng*-train-mah*ng*, *m* force; impulse; sway; training; coaching.

entraîner, ah*ng*-tray-neh, *v* to carry away; to allure; to involve; to bring about; to train.

entraîneur, ah*ng*-tray-ner, *m* trainer; coach; *f* hostess (in night club).

entrant, ah*ng*-trah*ng*, *m* incomer; *a* coming in; enter-

entrave, ah*ng*-trähv, *f* impediment; *pl* fetters. ⌈ing.

entre, ah*ng*-tr, *prep* between; among; into; in.

entrebâiller, ah*ng*-trer-bah'e-yeh, to half-open; to set ajar.

entrechoquer (s'), sah*ng*-trer-shock-eh, *v* to clash.

entrecôte, ah*ng*-trer-koht, *f* steak (from ribs).

entrecouper, ah*ng*-trer-koo-peh, *v* to intercept; to interrupt.

entrecroiser (s'), sah*ng*-trer-kro'äh-zeh, *v* to cross each other.

entre-deux, ah*ng*-trer-der, *m* intermediate space; insertion.

entrée, ah*ng*-treh, *f* entrance; admission; beginning; entry; entrée.

entrefaites, ah*ng*-trer-fayt, *fpl* **sur ces —,** seer say z' —, meanwhile. ⎰twining.

entrelacement, ah*ng*-trer-lähss-mah*ng*, *m* inter-

entrelardé, e, ah*ng*-trer-lähr-deh, *pp* & *a* interlarded; streaky.

entremêler, ah*ng*-trer-may-leh, *v* to intermingle; **s' —,** to interpose.

entremets, ah*ng*-trer-may, *m* sweet; dessert.

entremetteur, ah*ng*-trer-met-er, *m* go-between.

entremettre (s'), sah*ng*-trer-met-tr, *v* to intervene.

entrepont, ah*ng*-trer-pong, *m* between decks.

entreposer, ah*ng*-trer-poh-zeh, *v* to store; to put in bond.

entrepositaire, ah*ng*-trer-poh-ze-tair, *m* bonder.

entrepôt, ah*ng*-trer-poh, *m* warehouse; bonded store.

entreprenant, e, ah*ng*-trer-prer-nah*ng*, *a* enterprising; pushing; bold; venturous.

entreprendre, ah*ng*-trer-prah*ng*-dr, *v* to undertake; to contract for; to attempt.

entrepreneur, ah*ng*-trer-prer-ner, *m* contractor; manufacturer; builder; **— de pompes funèbres,** — der po*ng*p fe-nay-br, undertaker.

entreprise, ah*ng*-trer-preez, *f* enterprise; undertaking; contract; attempt.

entrer, ah*ng*-treh, *v* to enter (**dans, en,** into); to begin; to bring in; **faire —,** fair —, to show in.

entresol, ah*ng*-trer-sol, *m* mezzanine; apartment between the ground floor and the first floor.

entretenir, ah*ng*-trer-neer, *v* to keep up; to maintain; to cherish; **s'—,** to converse; to keep fit.

entretien, ah*ng*-trer-te-a*ng*, *m* upkeep; maintenance; conversation.

entrevoir, ahng-trer-vo'ǎhr, v to have a glimpse of; to foresee.

entrevue, ahng-trer-ve, f interview.

entrouvert, e, ahng-troo-vair, a ajar; half open.

entrouvrir, ahng-troo-vreer, v to half open.

énumérer, eh-ne-meh-reh, v to enumerate.

envahir, ahng-vǎh-eer, v to invade; to encroach on; to overrun.

enveloppe, ahngv-lop, f wrapper; cover; envelope.

envelopper, ahngv-lop-eh, v to envelop; to wrap up; to cover.

envenimer, ahngv-ne-meh, v to envenom; **s'—**, to fester.

envergure, ahng-vair-gheer, f span; width ⌊fester.

envers, ahng-vair, prep towards; to; m wrong side; à l'—, ǎh l'—, inside out.

envi (à l'), ǎh lahng-ve, adv in emulation (**de**, of).

envie, ahng-vee, f envy; inclination; wish; fancy.

envier, ahng-ve-eh, v to envy; to long for.

environ, ahng-ve-rong, adv about; pl environs; surroundings; outskirts; vicinity.

environner, ahng-ve-ronn-eh, v to surround.

envisager, ahng-ve-zǎh-sheh, v to look at; to face; to consider.

envoi, ahng-vo'ǎh, m sending; dispatch; consignment; goods; parcel; remittance.

envoler (s'), sahng-voll-eh, v to fly away.

envoyé, ahng-vo'ǎh-yeh, m messenger; envoy.

envoyer, ahng-vo'ǎh-yeh, v to send; to forward; to dispatch.

épagneul, eh-pǎhn-yerl, m spaniel. ⌊dispatch.

épais, se, eh-pay, a thick.

épaisseur, eh-payss-er, f thickness.

épaissir, eh-payss-eer, v to thicken. ⌊charge.

épanchement, eh-pahngsh-mahng, m effusion; dis-

épancher, eh-pahng-sheh, v to pour out; to vent; **s'—**, to overflow; to open one's heart.

épandre, eh-pahng-dr, v to spread; to scatter.

épanouir (s'), seh-pǎh-noo-eer, v to blossom; to open out; to beam.

épargne, eh-pǎhrn-yer, f economy; saving.

épargner, eh-pǎhrn-yeh, v to save; to spare; to have mercy on.

éparpiller, eh-pǎhr-pee-yeh, v to scatter.

épars, e, eh-pǎhr, *a* scattered; dishevelled.   [great.

épatant, e, eh-pǎh-tah*ng*, *a* (*fam*) wonderful; super;

épater, eh-pǎh-teh, *v* to flatten; (*fam*) to amaze.

épaule, eh-pohl, *f* shoulder.

épave, eh-pǎhv, *f* wreck; waif; remnant; down and out.

épée, eh-peh, *f* sword.

épeler, eh-pleh, *v* to spell (word).

éperdu, e,* eh-pair-dE, *a* distracted; aghast;

éperlan, eh-pair-lah*ng*, *m* smelt.   [desperate.

éperon, eh-pro*ng*, *m* spur; buttress.

épervier, eh-pair-ve-eh, *m* hawk; sweep-net.

épi, eh-pe, *m* ear; spike; cluster.   [bread.

épice, eh-peess, *f* space; **pain d'—,** pang d —, ginger-

épicerie, eh-peess-ree, *f* grocery; grocer's shop.

épici-er, ère, eh-peess-e-eh, *mf* grocer.

épidémie, eh-pe-deh-mee, *f* epidemic.

épiderme, eh-pe-dairm, *m* epidermis.

épier, eh-pe-eh, *v* to spy; to watch.

épiler, eh-pe-leh, *v* to remove superfluous hair; to pluck (eyebrows).

épiloguer, eh-pe-logh-eh, *v* to criticise.

épinards, eh-pe-nǎhr, *mpl* spinach.

épine, eh-peen, *f* thorn; spine.

épineu-x, se, eh-pe-ner, *a* thorny; prickly; ticklish.

épingle, eh-pang-gl, *f* pin; scarf-pin; **— de sûreté,** — der sEEr-teh, safety pin.

épingler, eh-pang-gleh, *v* to pin; to fasten with a pin.

épinière, eh-pe-ne-air, *af* spinal.

épisode, eh-pe-zod, *m* episode.

épître, eh-pee-tr, *f* epistle.

éploré, e, eh-plor-eh, *a* in tears; weeping.

éployé, e, eh-plo'ǎh-yeh, *a* displayed; spread.

éplucher, eh-plE-sheh, *v* to pick; to peel; (*fam*) to

épointer, eh-po'ang-teh, *v* to blunt.   [examine.

éponge, eh-po*ng*sh, *f* sponge.

éponger, eh-po*ng*-sheh, *v* to sponge up; to mop.

épopée, eh-pop-eh, *f* epic poem.

époque, eh-pock, *f* epoch; time; date; period.

épouse, eh-pooz, *f* wife.

épouser, eh-poo-zeh, *v* to marry; to take up.

épousseter, eh-pooss-teh, *v* to dust.   [terrible.

épouvantable,* eh-poo-vahng-tǎh-bl, *a* frightful;

épouvantail, eh-poo-vahng-tah'e, *m* scarecrow; (*fam*) bogy.

épouvante, eh-poo-vahngt, *f* fright; terror. ⌈terrify.

epouvanter, eh-poo-vahng-teh, *v* to frighten; to

époux, eh-poo, *m* husband; *pl* married couple.

éprendre (s'), seh-prahng-dr, *v* to fall in love **(de,** with).

épreuve, eh-prerv, *f* trial; test; proof; print (photo).

épris, e, eh-pre, *pp & a* taken; smitten. ⌈feel.

éprouver, eh-proo-veh, *v* to try; to experience; to

épuisement, eh-pweez-mahng, *m* draining; exhaustion.

épuisé, eh-pwee-zeh, *a* exhausted; tired out.

épuiser, eh-pwee-zeh, *v* to drain; to exhaust; to use

épurer, eh-pe-reh, *v* to purify; to refine. ⌊up.

équateur, eh-kwâh-**ter,** *m* equator.

équerre, eh-kair, *f* set-square.

équestre, eh-kess-tr, *a* equestrian.

équilibre, eh-ke-lee-br, *m* equilibrium; poise; balance.

équipage, eh-ke-pâhsh, *m* equipage; equipment; carriage; crew.

équipe, eh-keep, *f* gang; team; set; crew.

équipée, eh-ke-peh, *f* prank; lark.

équiper, eh-ke-peh, *v* to equip; to fit out.

équipement, eh-keep-mahng, *m* equipment; fitting out; outfit.

équitable,* eh-ke-tăh-bl, *a* equitable; fair.

équitation, eh-ke-tăh-se-ong, *f* riding.

équité, eh-ke-teh, *f* equity.

équivalent, e, eh-ke-văh-lahng, *a & m* equivalent.

équivoque, eh-ke-vock, *f* ambiguity; *a* equivocal;

érable, eh-răh-bl, *m* maple. ⌊dubious.

éraflure, eh-răh-fLEER, *f* slight scratch. ⌈hoarse.

éraillé, eh-rah'e-eh, *pp & a* frayed; bloodshot;

ère, air, *f* era; epoch.

érection, eh-reck-se-ong, *f* foundation; raising; erection.

éreinté, e, eh-rang-teh, *a* tired out; harassed.

éreinter, eh-rang-teh, *v* to break the back of (horse); to exhaust; to criticise; **s'—,** to tire oneself out.

ergot, air-go, *m* spur (of cock, etc.).

ermite, air-meet, *m* hermit.

errant, e, air-rah*n*g, *a* a wandering; roaming.

errer, air-reh, *v* to wander; to stray; to err.

erreur, air-rer, *f* error; mistake.

erroné, e,* air-ron-eh, *a* erroneous.

escabeau, ess-käh-boh, *m* stool; steps.

escadre, ess-käh-dr, *f* squadron; fleet.

escadron, ess-käh-dro*n*g, *m* squadron; **chef d'—,** shaif d—, major.

escalade, ess-käh-lähd, *f* scaling; climb.

escale, ess-kähl, *f* place of call; stop; touch down.

escalier, ess-käh-le-eh, *m* stairs; staircase; steps.

escalope, ess-käh-lop, *f* thin slice of meat (usually veal); escalope.

escamoter, ess-käh-mot-eh, *v* to juggle; to filch.

escapade, ess-käh-pähd, *f* prank; escapade.

escargot, ess-kähr-go, *m* snail.

escarpé, e, ess-kähr-peh, *a* steep; abrupt.

esclaffer (s'), sess-cläh-feh, *v* **— de rire, —** de rire, to burst out laughing; to shake with laughter.

esclandre, ess-klah*n*g-dr, *m* scandal; scene.

esclavage, ess-kläh-väh**sh**, *m* slavery.

esclave, ess-klähv, *mf* slave; *a* slavish.

escompte, ess-ko*n*gt, *m* discount; rebate.

escompter, ess-kong-teh, *v* to discount; (*fam*) to expect.

escorter, ess-kor-teh, *v* to escort; to convoy; to accompany.

escouade, ess-koo-ähd, *f* squad; gang. ⌊accompany.

escrime, ess-kreem, *f* fencing.

escrimer (s'), sess-kree-meh, *v* to endeavour; to try hard.

escroc, ess-kro, *m* swindler; crook. ⌊hard.

escroquer, ess-krock-eh, *v* to swindle.

espace, ess-pähss, *m* space; room; infinity; vacancy.

espacer, ess-pähss-eh, *v* to space; to leave space between. ⌊sole.

espadrille, ess-päh-dree-ye, *f* canvas shoe with rope sole.

espagnol, e, ess-pähn-yol, *a & mf* Spanish; Spaniard; *m* Spanish.

espalier, ess-päh-le-eh, *m* tree-wall.

espèce, ess-payss, *f* species; kind; sort; case; *pl* specie.

espérance, ess-peh-rah*n*gss, *f* hope; expectation.

espérer, ess-peh-reh, *v* to hope; to expect; to trust.

espiègle, ess-pe-ay-gl, *a* frolicsome; mischievous.

espion, ess-pe-ong, *m* spy.

espoir, ess-po'ahr, *m* hope; expectation.

esprit, ess-pre, *m* spirit; soul; ghost; mind; intellect; wit; talent; feeling.

esquif, ess-keeff, *m* skiff.

esquimau, ess-ke-moh, *mf & a* eskimo; choc-ice.

esquinter, ess-kang-teh, *v* (*fam*) to exhaust; to smash; to ruin; to spoil.

esquisse, ess-keess, *f* sketch; outline.　　　　［away.

esquiver, ess-ke-veh, *v* to avoid; elude; **s'—**, to slip

essai, eh-say, *m* trial; attempt; essay; try; **coup d'—**, koo d—, first attempt.

essaim, eh-sang, *m* swarm; host.

essayer, eh-say-yeh, *v* to try; to try on; to attempt; **s'—**, to try one's skill (**à, dans**, at).

essence, eh-sahngss, *f* essence; petrol; attar.

essentiel, eh-sahng-se-ell, *m* main thing.

essentiel, le,* eh-sahng-se-ell, *a* essential.

essieu, eh-se-er, *m* axle-tree; axle.

essor, eh-sor, *m* flight; scope; play; impulse.

essorer, eh-sor-eh, *v* to wring (clothes); to squeeze; to soar; to take flight.

essoreuse, eh-sor-erz, *f* spin-dryer.

essouffler, eh-soo-fleh, *v* to put out of breath.

essuie-glace, eh-swee-glàhss, *m* windscreen wiper.

essuie-mains, eh-swee-mang, *m* hand towel.

essuyer, eh-swee-yeh, *v* to wipe; to dry; to sustain; to go through.

est, esst, *m* east.

estampe, ess-tahngp, *f* print; engraving.　　　　［mark.

estampille, ess-tahng-pee-ye, *f* stamp; mark; trade-

estimation, ess-tee-mäh-se-ong, *f* estimate; valua-

estime, ess-teem, *f* esteem; regard.　　　　　　　［tion.

estimer, ess-tee-meh, *v* to estimate; to consider.

estomac, ess-tomm-äh, *m* stomach.

estrade, ess-trähd, *f* platform.

estragon, ess-träh-gong, *m* tarragon.

estropier, ess-trop-e-eh, *v* to cripple; to maim.

esturgeon, ess-tɛɛr-shŏng, *m* sturgeon.

et, eh, *conj* and.

étable, eh-täh-bl, *f* stable; cattle-shed.

établi, e, eh-tăh-ble, *pp* & *a* established.

établir, eh-tăh-bleer, *v* to establish; to set; to institute; to prove.

établissement, eh-tăh-bliss-mahng, *m* establishment; institution; setting up.

étage, eh-tăhsh, *m* story; floor; step; layer.

étagère, eh-tăh-**sh**air, *f* set of shelves; shelf.

étai, eh-tay, *m* stay; prop.

étain, eh-tang, *m* tin; pewter.

étalage, eh-tăh-lăh**sh**, *m* display of goods for sale; shop-window.

étaler, eh-tăh-leh, *v* to display; to spread out; to lay out; **s'—,** to sprawl; to show off; to fall at full length. [etc.]

étalon, eh-tăh-long, *m* stallion; standard (of weights

étamine, eh-tăh-meen, *f* bolting cloth; sieve; stamen.

étanche, eh-tahngsh, *a* water-tight.

étancher, eh-tahng-sheh, *v* to staunch; to make water-tight; to stop; to quench.

étang, eh-tahng, *m* pond; pool.

étape, eh-tăhp, *f* halting-place; stage.

état, eh-tăh, *m* state; plight; profession; trade; list; statement; nation.

état-major, eh-tăh măh-**sh**or, *m* staff; headquarters.

étau, eh-toh, *m* vice.

étayer, eh-tay-yeh, *v* to prop up.

été, eh-teh, *m* summer.

éteindre, eh-tang-dr, *v* to extinguish; to turn off (light etc); to fade.; **s'—,** to die out.

éteint, e, eh-tang, *pp* & *a* put out; extinct; faint.

étendard, eh-tahng-dăhr, *m* standard; flag.

étendre, eh-tahng-dr, *v* to extend; to spread; to stretch; to expand; to lay down; **s'—,** to reach; to expatiate.

étendu, e, eh-tahng-dE, *pp* & *a* extended; spread;

étendue, eh-tahng-dEE, *f* extent. [extensive.

éternel, le,* eh-tair-nell, *a* eternal; unending.

éternuer, eh-tair-nE-eh, *v* to sneeze.

éther, eh-tair, *m* ether.

étinceler, eh-tangss-leh, *v* to sparkle; to gleam.

étincelle, eh-tang-sell, *f* spark.

étioler (s'), seh-te-oll-eh, to grow emaciated.

étique, eh-teeck, *a* lean; hectic; consumptive.

étiquette, eh-te-kett, *f* label; tag; etiquette; ceremony.

étirer, eh-te-reh, *v* to stretch; to draw.

étoffe, eh-tof, *f* stuff; cloth; material.

étoile, eh-to'ǎhl, *f* star; decoration; asterisk.

étole, eh-tol, *f* stole.

étonnant, eh-tonn-ahng, *a* astonishing; wonderful; surprising. ⌠surprise.

étonner, eh-tonn-eh, *v* to astonish; to astound; to

étouffer, eh-too-feh, *v* to suffocate; to stifle; to smother; to choke; to hush up. ⌠blunder.

étourderie, eh-toohr-der-ree, *f* thoughtlessness;

étourdi, e, eh-toohr-de, *pp & a* stunned; heedless; scatter-brained; giddy.

étourdir, eh-toohr-deer, *v* to stun; to deafen; **s'—,** to escape from oneself. ⌠dazzling.

étourdissant, e, eh-toohr-diss-ahng, *a* deafening;

étourdissement, eh-toohr-diss-mahng, *m* giddiness; stupefaction.

étourneau, eh-toohr-noh, *m* starling; scatter-brain.

étrange,* eh-trahngsh, *a* strange; odd; queer.

étranger, eh-trahng-sheh, *m* stranger; foreigner; foreign countries; **à l'—,** ǎh l'—, abroad.

étrang-er, ère, eh-trahng-sheh, *a* strange; foreign.

étranglé, eh-trahng-gleh, *pp & a* strangled; narrow; tight.

étrangler, eh-trahng-gleh, *v* to strangle; to compress.

être, ay-tr, *v* to be; to exist; to belong; *m* being; existence; individual.

étreindre, eh-trang-dr, *v* to bind; to clasp; to grasp.

étreinte, eh-trangt, *f* fastening; grasp; embrace.

étrenne, eh-trenn, *f* (usually *pl*) New Year's gifts.

étrier, eh-tre-yeh, *m* stirrup; **le coup de l'—,** ler koo der l'—, stirrup cup.

étrille, eh-tree-ye, *f* curry-comb.

étriqué, e, eh-tre-keh, *a* tight; skimpy.

étroit, e,* eh-tro'ǎh, *a* narrow; tight; close; strict; **à l'—,** ǎh l'—, cramped. ⌠closeness.

étroitesse, eh-tro'ǎh-tess, *f* narrowness; tightness;

étude, eh-tEEd, *f* study; chambers; practice; survey; **faire ses —s à,** fair seh zeh-tEEd-ǎh, to be educated

étudiant, eh-tE-de-ahng, *m* student. ⌊at

étudier, eh-tE-de-eh, *v* to study; to observe; **s'**—, to endeavour (**à,** to).

étui, eh-twee, *m* case; box; needle-case; sheath.

étuvée, eh-tE-veh, *f* cooking by steam; **à l'**—, äh l —, steamed.

eucharistie, er-käh-riss-tee, *f* Eucharist.

euphonie, er-fon-ee, *f* euphony.

euh! er, *interj* hum! well!

eux, er, *pron* them; they.

évacuer, eh-väh-kE-eh, *v* to evacuate; to vacate.

évader (s'), seh-väh-deh, *v* to escape; to get away.

évaluer, eh-väh-lE-eh, *v* to value; to estimate.

évangile, eh-vahng-sheel, *m* Gospel.

évanouir (s'), seh-väh-noo-eer, *v* to faint; to vanish.

évanouissement, eh-väh-noo-iss-mahng, *m* fainting; swoon.

évaporer (s'), seh-väh-por-eh, *v* to evaporate.

évasé, e, eh-vah-zeh, *pp* & *a* widened; flared.

évasi-f, ve,* eh-vah-zeeff, *a* evasive.

évasion, eh-vah-se-ong, *f* escape; flight.

éveil, eh-vay'e, awakening; *m* warning; **en** —, ahng n'—, on the alert.

éveillé, e, eh-vay'e-yeh, *pp* & *a* awakened; wide awake; vigilant; alert.

éveiller, eh-vay'e-yeh, *v* to awaken; to call.

événement, eh-venn-mahng, *m* event; occurrence;

éventail, eh-vahng-tah'e, *m* fan.   [issue.

éventer, eh-vahng-teh, *v* to fan; to air; to make flat; **s'**—, to spoil; to go flat.

éventrer, eh-vahng-treh, *v* to rip up; to disembowel.

éventualité, eh-vahng-tE-äh-le-teh, *f* contingency; possibility.

éventuel, le,* eh-vahng-tE-ell, *a* contingent; possible;

évêque, eh-vayk, *m* bishop.   [eventual.

évertuer (s'), seh-vair-tE-eh, *v* to exert oneself; to do one's upmost.

évidemment, eh-ve-däh-mahng, *adv* evidently; obviously.

évidence, eh-ve-dahngss, *f* evidence.

évident, e, eh-ve-dahng, *a* evident; clear.

évider, eh-ve-deh, *v* to scoop out.

évier, eh-ve-eh, *m* sink.

évincer, eh-va**ng**-seh, *v* to turn out; to oust.

éviter, eh-ve-teh, *v* to avoid; to dodge.

évolué, eh-voll-E-eh, *a* advanced; developed.

évolution, eh-voll-E-se-ong, *f* evolution.

évoquer, eh-vock-eh, *v* to conjure up; to call up.

exact, e,* egg-zähckt, *a* exact; accurate; true; punctual.

exaction, egg-zähck-se-ong, *f* extortion.

exactitude, egg-zähck-te-tEEd, *f* exactness; accuracy; punctuality. [too far.

exagérer, egg-zäh-**sh**eh-reh, *v* to exaggerate; to go

exalté, e, egg-zähl-teh, *pp* & *a* exalted; elated; enthusiastic; fanatic.

exalter, egg-zähl-teh, *v* to extol; to excite.

examen, egg-zäh-ma**ng**, *m* examination; scrutiny.

examinateur, egg-zäh-me-näh-**ter**, *m* examiner.

examiner, egg-zäh-me-neh, *v* to examine; to inquire into.

exaspérer, egg-zähss-peh-reh, *v* to exasperate; to provoke.

exaucer, egg-zoh-seh, *v* to hear; to grant.

excédent, eck-seh-dah**ng**, *m* surplus; excess.

excéder, eck-seh-deh, *v* to exceed; to weary.

excellemment, eck-say-läh-mah**ng**, *adv* excellently.

excellence, eck-say-lah**ng**ss, *f* excellence.

excellent, e, eck-say-lah**ng**, *a* excellent.

exceller, eck-say-leh, *v* to excel.

excentrique,* eck-sah**ng**-treeck, *a* eccentric.

excepté, eck-sayp-teh, *prep* except.

excepter, eck-sayp-teh, *v* to except.

exception, eck-sayp-se-ong, *f* exception.

excès, eck-say, *m* excess.

excessi-f, ve,* eck-sayss-eeff,*a* excessive; exorbitant.

excitant, e, eck-se-tah**ng**, *a* exciting; stimulating.

excitation, eck-se-täh-se-ong, *f* excitement.

exciter, eck-se-teh, *v* to excite; to rouse.

exclamer (s'), secks-kläh-meh, *v* to exclaim.

exclure, ecks-klEEr, *v* to exclude.

exclusi-f, ve,* ecks-klE-zeeff, *a* exclusive. [rights.

exclusivité, ecks-klE-ze-ve-teh, *f* exclusiveness; sole

excommunier, ecks-komm-E-ne-eh, *v* to excommunicate.

excroissance, ecks-kro'ǎh-sah*ng*ss, *f* excrescence.

excursion, ecks-kEEr-se-o*ng*, *f* excursion; tour;

excuse, ecks-kEEz, *f* excuse; *pl* apology. [outing.

excuser, ecks-kE-zeh, *v* to excuse; **s'—,** to apologise; to decline (offer, etc.).

exécrer, ecks-eh-kreh, *v* to execrate.

exécutant, egg-zeh-kE-tah*ng*, *m* performer.

exécuter, egg-zeh-kE-teh, *v* to execute; to perform; to carry out; to distrain; **s'—,** to make an effort; to yield.

exécution, egg-zeh-kE-se-o*ng*, *f* execution; performance; distraint.

exemplaire, egg-zah*ng*-plair, *m* copy; *a* exemplary.

exemple, egg-zah*ng*-pl, *m* example; instance; copy; **par —,** for instance; *interj* fancy! well now!

exempt, e, egg-zah*ng*, *a* exempt; exempted; free.

exempter, egg-zah*ng*-teh, *v* to exempt; to dispense.

exercer, egg-zair-seh, *v* to exercise; to train up; to practise; to follow (a profession).

exercice, egg-zair-seess, *m* exercise; practice; financial year; drill.

exhaler, egg-zǎh-leh, *v* to exhale; to vent.

exhausser, egg-zohss-eh, *v* to raise.

exhiber, egg-ze-beh, *v* to exhibit; to show.

exhorter, egg-zor-teh, *v* to exhort.

exhumer, egg-zE-meh, *v* to exhume; to bring to light.

exigeant, e, egg-ze-shah*ng*, *pp* & *a* exacting; hard to please.

exigence, egg-ze-shah*ng*ss, *f* exigency; demand.

exiger, egg-ze-sheh, *v* to exact; to demand; to insist

exigu, ë, egg-ze-ghE, *a* scanty; small; slender. [upon.

exiguïté, egg-ze-ghE-e-teh, *f* scantiness.

exil, egg-zeel, *m* exile.

exiler, egg-ze-leh, *v* to exile; to banish.

existence, egg-ziss-tah*ng*ss, *f* existence; life; stock in

exister, egg-ziss-teh, *v* to exist; to live. [hand.

exode, egg-zod, *m* exodus.

exonérer, egg-zonn-eh-reh, *v* to exonerate.

exorbitant, e, egg-zor-be-tah*ng*, *a* exorbitant.

exorciser, egg-zor-se-zeh, *v* to exorcise.

expansi-f, ve, ecks-pǎh*ng*-seeff, *a* expansive; exuberant; effusive.

expédient, ecks-peh-de-ahng, *m* resource; *a* expedient; advisable.

expédier, ecks-peh-de-eh, *v* to post; to expedite; to despatch; to draw up.

expéditeur, ecks-peh-de-ter, *m* sender; shipper; forwarding agent.

expéditi-f, ve, ecks-peh-de-teeff, *a* expeditious.

expédition, ecks-peh-de-se-ong, *f* expedition; forwarding; consignment; copy.

expérience, ecks-peh-re-ahngss, *f* experience; experiment.

expérimenter, ecks-peh-re-mahng-teh, *v* to experiment; to try; to test.

expert, ecks-pair, *m* expert; valuer; surveyor; *a* skilled; — -comptable, — kong-tăh-bl, *m* chartered accountant.

expertise, ecks-pair-teez, *f* valuation; survey.

expier, ecks-pe-eh, *v* to atone for.

expirer, ecks-pe-reh, *v* to expire; to breath out; to die.

explicati-f, ve, ecks-ple-kăh-teeff, *a* explanatory.

explication, ecks-ple-kăh-se-ong, *f* explanation.

expliquer, ecks-ple-keh, *v* to explain; to construe; to account for.

exploit, ecks-plo'ăh, *m* deed, feat; writ.

exploitation, ecks-plo'ăh-tăh-se-ong, *f* working; cultivation; exploitation.

exploiter, ecks-plo'ăh-teh, *v* to work; to cultivate; to turn to account; to take advantage of.

exploiteur, ecks-plo'ăh-ter, *m* jobber; exploiter; (*fam*) swindler.

explorer, ecks-plor-eh, *v* to explore.

exploser, ecks-plo-zeh, *v* to explode; to blow up.

explosion, ecks-plo-ze-ong, *f* explosion; outbreak.

exportation, ecks-por-tăh-se-ong, *f* export.

exporter, ecks-por-teh, *v* to export.

exposant, ecks-po-zahng, *m* exhibitor; petitioner.

exposé, ecks-po-zeh, *m* statement; account.

exposer, ecks-po-zeh, *v* to expose; to exhibit; to explain.

exposition, ecks-po-ze-se-ong, *f* exposure; exhibition; express, ecks-pray, *adv* on purpose.   ⌊statement.

exprès, ecks-pray, *a* & *m* express (of letter).

expr-ès, esse, ecks-pray, *a* express; explicit.

express, ecks-press, *m* express train; *a* express.

expression, ecks-prayss-e-ong, *f* expression; utterance; expressiveness.

exprimer, ecks-pre-meh, *v* to squeeze out; to express; **s'—.** to express oneself.

expulser, ecks-peel-seh, *v* to expel; to turn out.

exquis, e,* ecks-ke, *a* exquisite.

extase, ecks-tahz, *f* ecstasy.

extasier (s'), secks-tah-ze-eh, *v* to be enraptured.

exténuer, ecks-teh-ne-eh, *v* to extenuate; to exhaust.

extérieur, ecks-teh-re-er, *m* exterior; outside.

extérieur, e,* ecks-teh-re-er, *a* external; outward; foreign.

exterminer, ecks-tair-me-neh, *v* to destroy.

externe, ecks-tairn, *m* day-pupil; resident medical student; *a* external.

externe, ecks-tairn, *m* day-pupil; resident medical student; *a* external.

extincteur, ecks-tangk-ter, *m* fire-extinguisher.

extinction, ecks-tangk-se-ong, *f* extinction; suppression; paying-off.

extirper, ecks-teer-peh, *v* to root out.

extorquer, ecks-tor-keh, *v* to extort.

extra, ecks-trâh, *m* extra; *a inv* extra special; first class.

extrader, ecks-trâh-deh, *v* to extradite.   [class.

extraire, ecks-trair, *v* to extract.

extrait, ecks-tray, *m* extract; abstract; certificate.

extraordinaire,* ecks-trâh-or-de-nair, *a* unusual; extraordinary.

extravagant, ecks-trâh-văh-gahng, *a* extravagant; eccentric.   [limit.

extrême,* ecks-traym, *a* extreme; utmost; *m* extreme

extrêmité, ecks-treh-me-teh, *f* extremity; end; last moments.

fable, făh-bl, *f* fable; story; byword.

fabricant, făh bre-kahng, *m* manufacturer.

fabrication, făh-bre-kăh-se-ong, *f* manufacture.

fabrique, făh-breeck, *f* making; works.

fabriquer, făh-bre-keh, *v* to manufacture; to make;

fabuleu-x, se,* făh-bE-ler, *a* fabulous. [to forge.

façade, făhss-ăhd, *f* frontage.

face, făhss, *f* face (of sth); front; aspect; side; **en —,** ahng —, opposite.

facétie, făh-seh-see, *f* facetiousness; jest.

facétieu-x, se,* făh-seh-se-er, *a* jocular.

fâché, făh-sheh, *a* sorry (**de,** for); angry (**contre,** with); on bad terms (**avec,** with).

fâcher, făh-sheh, *v* to offend; to grieve; to anger; **se —,** to take offence; to get angry.

fâcheu-x, se,* făh-sher, *a* grievous; troublesome; annoying; unfortunate.

facile,* făh-seell, *a* easy; fluent; ready.

facilité, făh-se-le-teh, *f* ease; fluency; readiness; *pl* easy terms.

faciliter, făh-se-le-teh, *v* to facilitate.

façon, făh-song, *f* making; make; shape; manner; *pl* affectation.

façonner, făh-sonn-eh, *v* to shape; to form; to turn (on lathe).

factage, făhck-tăhsh, *m* porterage; carriage.

facteur, făhck-ter, *m* maker (of musical instruments); postman; agent; factor.

factice, făhck-teess, *a* factitious.

factieu-x, se,* făhck-se-er, *a* factious.

factionnaire, făhck-se-onn-air, *m* sentry.

facture, făhck-teer, *f* invoice; bill.

facultati-f, ve,* făh-kEEl-tah-teeff, *a* optional.

faculté, făh-kEEl-teh, *f* faculty; power; right.

fadaise, făh-dayz, *f* rubbish; nonsense.

fade, făhd, *a* insipid; flat; dull.

fagot, făh-go, *m* faggot; bundle.

fagoter, făh-got-eh, *v* to bundle up; to rig out; **se —,** to dress like a fright.

faible, fay-bl, *m* weak side; partiality; *a** weak; feeble; poor.

faiblesse, fay-bless, *f* weakness; deficiency; indulgence; swoon.

faiblir, fay-bleer, *v* to weaken; to relax.

faïence, făh-yahngss, *f* earthenware; crockery.

failli, fah'e-yee, *pp* & *a* fallen; bankrupt.

faillir, fah'e-yeer, *v* to err; to fail; nearly to. . . .
faillite, fah'e-yeet, *f* failure; bankruptcy; **faire —**
fair — to go bankrupt.
faim, fang, *f* hunger.
fainéant, e, fay-ney-ahng, *mf* & *a* idler; idle; slothful
faire, fair, *v* to make; to do; to be; to matter; to form;
to arrange.
faire-part, fair-par, *m* notification card (for a death);
wedding invitation card.
faisable, fer-zàh-bl, *a* feasible.
faisan, fer-zahng, *m* pheasant.
faisandé, e, fer-zahng-deh, *a* (flavour) high; gamy.
faisceau, fayss-oh, *m* bundle; pile.
faiseur, fer-zer, *m* maker; doer; jobber; fussy person.
fait, fay, *pp* & *a* made; done; full grown; accustomed;
dressed up; **c'est bien —,** say be-ang —, serve (him,
her, them, you, us etc) right.
fait, fay, *m* fact; act; deed; doing; making; feat; **—s
divers, —** de-vair, miscellaneous news.
faîte, fayt, *m* summit; ridge.
faix, fay, *m* burden.
falaise, fàh-layz, *f* cliff.
fallacieu-x, se,* fàhl-làh-se-er, *a* fallacious.
falloir, fàh-lo'àhr, *v* to be necessary; must; to be
obliged; should; ought; to want; **il faut que je . . . ,**
ill foh ker sher . . . , I must; **il me faut,** ill mer foh, I
falot, fàh-lo, *m* lantern.   ⌊want.
falot, e, fàh-lo, *a* funny; curious.
falsifier, fàhl-se-fe-eh, *v* to counterfeit; to adulterate.
famé, e, fàh-meh, *a* famed; **bien —,** be-ang —, of good
repute.
famélique, fàh-meh-leeck, *m* starveling; *a* starving.
fameu-x, se,* fàh-mer, *a* famous; first-rate.
familiariser, fàh-me-le-àh-re-zeh, *v* to familiarize.
familier, fàh-me-le-eh, *m* intimate; conversant (with,
famili-er, ère,* fàh-me-le-eh, *a* familiar.   ⌊avec).
famille, fàh-mee-ye, *f* family; kindred; race.
famine, fàh-meen, *f* famine.
fanal, fàh-nàhl, *m* lantern; beacon.
fanatisme, fàh-nàh-tissm, *m* fanaticism.
faner, fàh-neh, *v* to make hay; to wither; **se —,** to fade
faneur, fàh-ner, *m* hay-maker.   ⌊away.

fanfare, fah*ng*-fǎhr, *f* flourish (of trumpets); brass band.

fanfaron, fah*ng*-fǎh-ro*ng*, *m* boaster; blusterer.

fange, fah*ng*sh, *f* mire; mud; dirt.

fanion, fah-ne-o*ng*, flag.

fantaisie, fah*ng*-tay-zee, *f* fancy; whim.

fantasmagorie, fah*ng*-tǎhss-mǎh-gor-ee, *f* phantasmagoria.

fantasque, fah*ng*-tǎhsk, *a* odd; whimsical.

fantassin, fah*ng*-tǎhss-a*ng*, *m* foot-soldier.

fantastique,* fah*ng*-tǎss-teeck, *a* fantastic.

fantôme, fah*ng*-tohm, *m* phantom; spectre; ghost.

faon, fah*ng*, *m* fawn.

farce, fǎhrss, *f* stuffing; farce; practical joke.

farcir, fǎhr-seer, *v* to stuff; to cram.

fard, fǎhr, *m* paint; rouge.

fardeau, fǎhr-doh, *m* burden; load.

farder, fǎhr-deh, *v* to paint; to make-up.

farfouiller, fǎhr-foo-yeh, *v* to rummage.

farine, fǎh-reen, *f* flour; meal.

farineu-x, se, fǎh-re-ne*r*, *a* farinaceous.

farouche, fǎh-roosh, *a* wild; fierce; sullen; shy.

fascicule, fǎhss-se-KEEl, *m* part; instalment; bundle.

fasciner, fǎhss-se-neh, *v* to fascinate.

fastidieu-x, se,* fǎhss-te-de-e*r*, *a* tedious.

fastueu-x, se,* fǎhss-tE-e*r*, *a* pompous; ostentatious.

fatal, e,* fǎh-tǎhl, *a* fatal; inevitable.

fatalisme, fǎh-tǎh-lissm, *m* fatalism.

fatigant, e, fǎh-te-ghah*ng*, *a* tiring; tedious.

fatigue, fǎh-teegh, *f* fatigue; stress; wear and tear.

fatiguer, fǎh-te-gheh, *v* to fatigue; to tire.

fatras, fǎh-trah, *m* jumble; rubbish.

fatuité, fǎh-tE-e-teh, *f* conceit.

faubourg, foh-boohr, *m* outskirt; suburb; quarter.

fauché, foh-sheh, *a* stony broke.

faucher, foh-sheh, *v* to mow; to cut; to reap (field, corn etc); to mow down.

faucille, foh-see-ye, *f* sickle.

faucon, foh-ko*ng*, *m* falcon.

faufiler, foh-fe-leh, *v* to tack; to baste; to insert; **se —,** to creep in.

faune, fohn, *f* fauna.

faussaire, fohss-air, *m* forger.

fausser, fohss-eh, *v* to bend; to strain; to pervert; to falsify; to be out of tune.

fausset, fohss-ay, *m* spigot; falsetto.

fausseté, fohss-teh, *f* falseness; falsehood; insincerity.

faute, foht, *f* fault; error, mistake; lack; — **de,** — der, for want of.

fauteuil, foh-ter'e, *m* arm-chair; stall; academical [chair.

fauti-f, ve,* foh-teeff, *a* faulty; guilty.

fauve, fohv, *m* fawn colour; wild beast; *a* tawny; buff.

fauvette, foh-vett, *f* warbler.

faux, foh, *adv* falsely; *m* falsehood; imitation; forgery.

fau-x, sse,* foh, *a* false; sham; base; bad; imitated.

faux, foh, *f* scythe.

faux-fuyant, foh-fwee-yahng, *m* evasion; subterfuge.

faveur, făh-ver, *f* favour; interest.

favorable,* făh-vor-ăh-bl, *a* favourable.

favori, te, făh-vor-e, *a* & *mf* favourite.

favoris, făh-vor-e, *mpl* side-whiskers.

favoriser, făh-vor-e-zeh, *v* to favour; to befriend; to [aid.

fébrile, feh-breell, *a* feverish.

fécond, e, feh-kong, *a* fecund; fruitful; productive; teeming.

féconder, feh-kong-deh, *v* to fecundate; to fertilize.

fédéré, feh-deh-reh, *a* federate.

fée, feh, *f* fairy.

féerie, feh-ree, *f* fairy-scene; enchantment; panto- [mime.

féerique, feh-reeck, *a* fairy-like; enchanting.

feindre, fang-dr, *v* to feign; to sham; to pretend.

feint, e, fang, *pp* & *a* feigned; pretended; mock.

feinte, fangt, *f* pretence; feint; dodge.

fêler, fay-leh, *v* to crack (glass etc).

félicitation, feh-le-se-tăh-se-ong, *f* congratulation.

félicité, feh-le-se-teh, *f* happiness.

féliciter, feh-le-se-teh, *v* to congratulate; se —, to be pleased (**de,** with).

félin, e, feh-lang, *a* feline.

félon, feh-long, *m* traitor; *a* felonious; traitorous.

félonie, feh-lonn-ee, *f* treason.

fêlure, fay-LEER, *f* crack; split.

femelle, fer-mell, *f* & *a* female.

féminin, feh-me-nang, *m* feminine gender.

féminin, e, feh-me-na*ng*, *a* feminine; womanly.

femme, fåhmm, *f* woman; wife; **— de chambre,**
— de*r* shah*ng*-br, chambermaid; **— de charge,** — de*r*
shåhrsh, house-keeper; **— de ménage,** — de*r*
meh-nåhsh, charwoman.

fémur, feh-MEE*r*, *m* thigh-bone.

fenaison, fe*r*-nay-zo*ng*, *f* hay-making.

fendre, fah*ng*-dr, *v* to cleave; to split; to crack; to
break through; **se —,** to split; to lunge; to "fork out".

fendu, e, fah*ng*-DE, *pp* & *a* cleft; cloven.

fenêtre, fe*r*-nay-tr, *f* window.

fente, fah*ng*t, *f* split, crack; slot.

fer, fair, *m* iron; horseshoe; sword; *pl* fetters.

fer-blanc, fair-blah*ng*, *m* tin plate.

ferblanterie, fair-blah*ng*t-ree, *f* tin-trade; tin wares.

férié, e, feh-re-eh, *a*: **jour —, shoor —,** holiday
(general); bank holiday.

fermage, fair-måhsh, *m* rent (farm).

ferme, fai*r*m, *f* farm; farm-house; farming.

ferme, fai*r*m, *adv* firmly; hard; *a** firm; steady;
strong; stiff.

ferment, fair-mah*ng*, *m* leaven; ferment.

fermenter, fair-mah*ng*-teh, *v* to ferment; to rise.

fermer, fair-meh, *v* to shut; to close; **— à cief, — åh**
kleh, to lock.

fermeté, fair-mer-teh, *f* firmness; steadfastness;
strength.

fermeture, fair-mer-TEE*r*, *f* closing; shutting.

fermeture éclair, fair-mer-TEE*r* eh-klay*r*, *f* zip
fastener.

fermi-er, ère, fair-me-eh, *mf* farmer.

fermoir, fair-mo'åhr, *m* clasp.

féroce, feh-ross, *a* ferocious; wild; very strict.

ferraille, fay-rah'e *f* scrap-iron; old iron.

ferrailleur, fay-rah'e-yer, *m* scrap merchant.

ferré, e, fay-reh, *pp* & *a* iron-shod; versed; skilled.

ferrer, fay-reh, *v* to bind with iron; to shoe; to metal.

ferrure, fay-REE*r*, *f* iron-work; shoeing.

fertile, fayr-teel, *a* fertile.

fervent, e, fair-vah*ng*, *a* fervent.

ferveur, fair-ver, *f* fervour.

fesse, fayss, *f* buttock; bottom.

fessée, fayss-eh, *f* spanking; smack-bottom.

fesser, fayss-eh, *v* to spank.

festin, fayss-ta*ng, m* feast; banquet.

feston, fayss-tong, *m* festoon.

fête, fayt, *f* feast; festivity; festival; saint's day; name-day; public holiday.

fêter, fay-teh, *v* to celebrate; to keep as a holiday; to welcome.

fétide, feh-teed, *a* fetid.

feu, fer, *m* fire; fireplace; passion; dash; — **d'artifice,** — dåhr-te-fiss, fireworks.

feu, e, fer, *a* late; deceased.

feuillage, fer'e-yåhsh, *m* foliage.

feuille, fer'e, *f* leaf; sheet; paper.

feuilleter, fer'e-yer-teh, *v* to turn the leaves of; to run through; to make puff pastry.

feuilleton, fer'e-yer-tong, *m* serial story; literary or scientific article; instalment.

feutre, fer-tr, *m* felt; felt hat.

fève, fayv, *f* bean.

février, feh-vre-eh, *m* February.

fiacre, fe-åh-kr, *m* hackney-coach.

fiançailles, fe-ahng-sah'e, *fpl* betrothal; engagement.

fiancé, e, fe-ahng-seh, *mf* fiancé; fiancée.

fiancer (se), ser fe-ahng-seh, *v* to become engaged.

fibre, fee-br, *f* fibre; feeling; constitution.

ficeler, fis-leh, *v* to tie up; to do up.

ficelle, fe-sell, *f* string; twine; (*fam*) dodge; trick; long thin loaf of bread.

fiche, feesh, *f* label; slip; index card; peg.

ficher, fee-sheh, *v* to drive in; to fix; to put; to give; **se** —, (*fam*) not to care less (**de,** about).

fichu, fee-shE, *m* small shawl; scarf.

fichu, e, fee-shE, *a* (*pop*) wretched; got up; done for; off-colour.

ficti-f, ve,* fick-teeff, *a* fictitious.

fiction, fick-se-ong, *f* invention; fiction.

fidèle,* fe-dell, *a* faithful; true; exact; *m* believer.

fidélité, fe-deh-le-teh, *f* fidelity; loyalty.

fiel, fe-ell, *m* gall; bitterness; hatred.

fiente, fe-ahngt, *f* dung.

fier (se), ser fe-eh, *v* to trust; to count on.

fi-er, ère,* fe-air, *a* proud; haughty; (*fam*) rare.

fierté, fe-air-teh, *f* pride; dignity.

fièvre, fe-ay-vr, *f* fever; restlessness; excitement; **avoir de la —,** äh-vo'ähr der läh —, to have a temperature.

fifre, fee-fr, *m* fife; fifer.

figer, fe-sheh, *v* to congeal; to curdle; to fix.

figue, feeg, *f* fig.

figuier, fe-ghe-eh, *m* fig-tree.

figurant, fe-ghe-rah*ng*, *m* walker-on; extra.

figure, fe-ghEEr, *f* figure; form; face; countenance.

figuré, e, fe-ghe-reh, *a* figurative.

figurer, fe-ghe-reh, *v* to figure; to represent; **se —,** to fancy.

fil, feel, *m* thread; yarn; wire; edge; grain; current.

filament, fe-läh-mah*ng*, *m* filament; thread; string.

filandreu-x, se, fe-lah*ng*-drer, *a* stringy; tough; long-drawn.

filant, fe-lah*ng*, *a* ropy; (stars) shooting.

file, feel, *f* file; row; rank; line.

filer, fe-leh, *v* to spin; to draw; to shadow; to run; to slip away; to ladder (stocking); **— à l'anglaise,** äh lah*ng*-glayz, to take French leave.

filet, fe-lay, *m* thread; net; snare; fillet; trickle.

filial, e,* fe-le-ähl, *a* filial.

filiale, fe-le-ähl, *f* subsidiary company.

filigrane, fe-le-grähn, *m* filigree; water-mark.

fille, fee-ye, *f* girl; maid; daughter; servant; **petite —,** per-teet —, grand-daughter.

filleul, e fee-yerl, *mf* godson; god-daughter.

film, feelm, *m* film.

filon, fe-lo*ng*, *m* lode; vein.

filou, fe-loo, *m* pickpocket; sharper; cheat.

filouter, fe-loo-teh, *v* to cheat.

fils, feess, *m* son; boy; **petit —,** per-te —, grandson.

filtre, feel-tr, *m* filter; percolator; **bout —,** boo —, filter-tip.

filtrer, feel-treh, *v* to filter; to strain.

fin, fa*ng*, *f* end; close; aim; purpose.

fin, e,* fa*ng*, *a* fine; thin; refined; sly; sharp (financier).

final, e,* fe-nähl, *a* final.

finance, fe-nah*ng*ss, *f* finance.

financer, fe-nah*ng*ss-eh, *v* to lay out money.

financier, fe-nah*ng*ss-e-eh, *m* financier.

financi-er, ère,* fe-nah*ng*ss-e-eh, *a* financial.

finaud, e, fe-noh, *a* cunning.

finesse, fe-ness, *f* fineness; nicety; delicacy; acute-
[ness.

fini, fe-ne, *m* finish.

fini, e, fe-ne, *pp & a* finished; consummate; finite.

finir, fe-neer, *v* to finish; to put an end to.

fiole, fe-ol, *f* phial.

firmament, feer-mah-mah*ng*, *m* firmament.

fisc, feessk, *m* treasury; revenue; officials.

fissure, feess-EER, *f* fissure; crack; rent.

fixation, feek-säh-se-ong, *f* fixing.

fixe, * feeks, *a* steady; firm; regular.

fixer, feek-seh, *v* to fix; to determine; to set.

fixité, feek-se-teh, *f* fixedness; stability. [bottle.

flacon, fläh-kong, *m* flagon; small bottle; scent-

flageoler, fläh-sholl-eh, *v* to shake; to tremble.

flageolet, fläh-sholl-ay, *m* flageolet; small kidney
bean.

flagrant, e, fläh-grah*ng*, *a* flagrant; **en — délit,** ah*ng*
— deh-le, in the very act.

flair, flayr, *m* scent; keenness; flair.

flamant, fläh-mah*ng*, *m* flamingo.

flambeau, flah*ng*-boh, *m* torch; light.

flamber, flah*ng*-beh, *v* to flame; to singe; to blaze.

flamboyer, flah*ng*-bo'äh-e-eh, *v* to blaze; to glow.

flamme, flähmm, *f* flame.

flammèche, fläh-maish, *f* spark; flake.

flan, flah*ng*, *m* custard tart.

flanc, flah*ng*, *m* flank; side; loins.

flancher, flah*ng*-sheh, *v* to flinch; to give in.

flâner, flah-neh, *v* to lounge; to hang about.

flanquer, flah*ng*-keh, *v* to flank; to throw; to hit.

flaque, flähck, *f* puddle.

flasque, flähssk, *a* flabby; weak.

flatter, fläh-teh, *v* to flatter; to pat; to fawn upon.

flatteu-r, se, * fläh-ter, *mf* flatterer; *a* flattering.

flatuosité, flah-tE-o-ze-teh, *f* flatulency.

fléau, fleh-oh, *m* scourge; curse; beam; bar.

flèche, flaish, *f* arrow; beam; spire.

fléchir, fleh-sheer, *v* to bend; to give way; to bow; to
appease; to fall.

fléchissement, fleh-shiss-mah*ng*, *m* bending; giving
[way.

flegme, flegm, *m* phlegm; impassivity.

fièmme, flem, *f* laziness.

flétrir, fleh-treer, *v* to wither; to fade; to brand; to disgrace; **se —,** to fade.

flétrissure, fleh-triss-EER, *f* withering; stigma.

fleur, fler, *f* flower; blossom; prime; **à — de,** åh — der on the surface of.

fleurette, fler-rett, *f* floweret; sweet nonsense.

fleurir, fler-reer, *v* to flower; to bloom; to thrive; to adorn with flowers.

fleuve, flerv, *m* river.

flexion, fleck-se-ong, *f* bending.

flirter, fleer-teh, *v* to flirt.

flocon, flock-ong, *m* flake; flock.

floraison, flor-ay-zong, *f* flowering; blooming.

florissant, e, flor-iss-ahng, *a* flourishing.

flot, flo, *m* wave; stream; crowd; floating.

flottant, e, flot-ahng, *a* floating; wavering.

flotte, flot, *f* fleet; float; (*fam*) water; rain.

flotter, flot-eh, *v* to float; to waft; to waver; (*fam*) to float. [rain.

flou, e, floo, *a* soft; hazy.

fluctuer, fleek-TE-eh, *v* to fluctuate.

fluet, te, flu-ay, *a* slender; thin.

fluide, flE-eed, *m & a* fluid. [glass.

flûte, flEET, *f* flute; long roll of bread; tall champagne

flux, flE, *m* flux; flow.

fluxion, flEEK-se-ong, *f* inflammation; swelling.

foi, fo'åh, *f* faith; trust; belief.

foie, fo'åh, *m* liver.

foin, fo'ang, *m* hay.

foire, fo'åhr, *f* fair.

fois, fo'åh, *f* time; occasion; **une —,** EEN —, once; **à la —,** åh låh —, at once; both.

foison, fo'åh-zong, *f* plenty; **à —,** åh —, abundantly.

foisonner, fo'åh-zonn-eh, *v* to abound.

fol, fol, *a* (see **fou**).

folâtre, foll-ah-tr, *a* playful; frolicsome.

folâtrer, foll-ah-treh, *v* to frolic.

folichon, ne, foll-e'shong, *a* (*fam* see **folâtre**).

folie, foll-ee, *f* madness; extravagance; mania.

folio, foll-e-o, *m* folio.

folle, fol, *f* mad woman.

follet, foll-ay, *a* merry; **feu —,** fer —, will o' the wisp.

foncé, e, fong-seh, *a* (colour) dark.

foncer, fong-seh, *v* to deepen; to sink; to dash; to rush (**sur,** at).

fonci-er, ère, fong-se-eh, *a* landed; thorough; fundamental; **crédit —,** kreh-de —, mortgage loan society.

foncièrement, fong-se-air-mahng, *adv* thoroughly; fundamentally.

fonction, fongk-se-ong, *f* function; *pl* office; duties.

fonctionnaire, fongk-se-onn-air, *m* official; civil servant.

fonctionner, fongk-se-onn-eh, *v* to work; to be going; to function.

fond, fong, *m* bottom; foundation; depth; ground; substance; amount; **à —,** ăh —, thoroughly.

fondamental, e,* fong-dăh-mahng-tăhl, *a* fundamental.

fondant, fong-dahng, *m* fondant sweet.

fondant, e, fong-dahng, *a* melting.

fonda-teur, trice, fong-dăh-ter, *mf* & *a* founder.

fondé, e, fong-deh, *pp* & *a* founded; justified; **— de pouvoir,** — der poo-vo'ăhr, proxy.

fondement, fongd-mahng, *m* foundation; ground.

fonder, fong-deh, *v* to found; to build; to establish; **se —,** to be based; to rely.

fonderie, fongd-ree, *f* foundry.

fondeur, fong-der, *m* founder.

fondre, fong-dr, *v* to melt; to cast; to disappear; to pounce.

fondrière, fong-dree-air, *f* quagmire; bog.

fonds, fong, *m* land; property; fund; funds; cash; *pl* securities; **— de commerce,** — der komm-airss, business.

fontaine, fong-tain, *f* fountain; spring; cistern.

fonte, fongt, *f* melting; casting; cast-iron; holster.

fonts, fong, *mpl* font; **— baptismaux,** — băh-tiss-moh, christening font.

for, for, *m* **— intérieur,** — ang-teh-re-er, conscience.

forain, e, for-ang, *a* foreign; travelling (of theatre, fair etc).

forban, for-bahng, *m* pirate.

forçat, for-săh, *m* convict.

force, forss, *a* plenty of; *f* strength; power; ability.

forcé, e, for-seh, *pp* & *a* forced; affected; **travaux — s,** trăh-voh —, penal servitude.

forcément, for-seh-mah*ng*, *adv* forcibly; necessarily.

forcené, e, for-ser-neh, *mf & a* mad man or woman; mad; furious.

forcer, for-seh, *v* to force; to break open; to compel.

forer, for-eh, *v* to bore; to drill.

forestier, for-ayss-te-eh, *m* forester.

forêt, for-ay, *m* drill; borer.

forêt, for-ay, *f* forest.

forfait, for-fay, *m* crime; fine; forfeit; contract; **à —,** äh —, by contract.

forfanterie, for-fah*ng*t-ree, *f* bragging.

forge, forsh, *f* forge; iron-works.

forger, for-sheh, *v* to forge; to hammer; to make up; **se —,** to fancy.

forgeron, for-sher-rong, *m* blacksmith.

formaliser (se), ser for-mäh-le-zeh, to take offence (**de,** at).

formalité, for-mäh-le-teh, *f* formality; ceremony.

format, for-mäh, *m* size.

formation, fo-mäh-se-ong, *f* formation; structure.

forme, form, *f* form; shape; method; mould; structure; *pl* manners.

formel, le,* for-mell, *a* formal; express.

former, for-meh, *v* to form; to create; to train; **se —,** to take form.

formidable, for-me-dähbl, *a* fearsome; (*fam*) tremendous; super.

formulaire, for-me-lair, *m* formulary; form.

formule, for-MEEl, *f* formula; prescription; form.

formuler, for-me-leh, *v* to draw up; to express; to prescribe.

fort, for, *adv* very; extremely; *m* strongest part; thickest; height; fort; forte.

fort, e,* for, *a* strong; stout; great; clever; thick; loud; severe; hard.

forteresse, for-rayss, *f* fortress.

fortifiant, e, for-te-fe-ah*ng*, *a* strengthening; tonic.

fortifier, for-te-fe-eh, *v* to strengthen; to fortify.

fortuit, e,* for-twee, *a* accidental; fortuitous.

fortune, for-TEEn, *f* fortune; chance; luck.

fortuné, e, for-te-neh, *a* fortunate; well-off.

fosse, fohss, *f* pit; hole; grave.

fossé, fohss-eh, *m* ditch; moat.

fossette, fohss-ett, *f* dimple.

fossile, foss-eell, *m* & *a* fossil.

fossoyeur, fohss-o'äh-yer, *m* grave-digger.

fou, folle, foo, fol, *mf* lunatic; fool; (chess) bishop; *a** mad; foolish; in love. (Before a masculine noun beginning with a vowel or **h** mute, the masculine is **fol,** fol, instead of **fou**).

fouailler, foo'ah'e-yeh, *v* to whip.

foudre, foo-dr, *f* lightning; thunderbolt; thunder; **coup de —,** coo der —, love at first sight.

foudroyant, e, foo-dro'äh-yah*ng,* *a* crushing; startling; terrifying.

foudroyé, foo-dro'äh-yeh, *pp* thunderstruck.

foudroyer, foo-dro'äh-yeh, *v* to strike by lightning; to thunder.

fouet, foo-ay, *m* whip; flogging.

fouetter, foo-ay-teh, *v* to whip; to flog; to lash; to whisk.

fougère, foo-shair, *f* fern.

fougue, foogh, *f* fire; impetuosity; spirit.

fouille, foo'e-ye, *f* excavation; digging.

fouiller, foo'e-yeh, *v* to excavate; to dig; to search; to rummage.

fouillis, foo'e-yee, *m* confusion; jumble.

fouine, foo-een, *f* marten.

foulant, e, foo-lah*ng,* *a* pressing; crushing.

foulard, foo-lähr, *m* silk handkerchief; scarf.

foule, fool, *f* crowd; throng; mob.

fouler, foo-leh, *v* to press; to tread; to trample; to sprain.

foulure, foo-leer, *f* sprain.

four, foohr, *m* oven; kiln; furnace; (*fig*) failure.

fourbe, foohrb, *m* cheat; *a* tricky; deceitful.

fourberie, foohr-ber-ree, *f* cheat; trickery.

fourbir, foohr-beer, *v* to furbish.

fourbu, e, foohr-be, *a* foundered; tired out.

fourche, foohrsh, *f* fork; pitch-fork.

fourcher, foohr-sheh, *v* to branch off; to dig with pitch fork.

fourchette, foohr-shett, *f* (table) fork; wish-bone.

fourchon, foohr-shong, *m* prong.

fourchu, e, foohr-she, *a* forked; split.

fourgon, foohr-gong, *m* waggon; good's van; poker.

fourgonner, foohr-gonn-eh, *v* to poke; to rake.

fourmi, foohr-me, *f* ant; **avoir des —s,** ah-vo'ähr deh—, to have pins and needles.

fourmilière, foohr-me-le-air, *f* ant-hill.

fourmiller, foohr-mee-yeh, *v* to teem; to swarm (de, with).

fourneau, foohr-noh, *m* stove; furnace; boiler.

fournée, foohr-neh, *f* ovenful; batch; lot.

fourni, e, foohr-ne, *pp* & *a* furnished; thick.

fournir, foohr-neer, *v* to supply; to provide; to stock; to draw (a bill).

fournisseur, foohr-niss-er, *m* supplier; tradesman.

fourniture, foohr-ne-TEER, *f* supply; *pl* fittings; supplies.

fourrage, foo-rähsh, *m* fodder.

fourré, foo-reh, *m* thicket.　　　　　　　　　　　[etc.]

fourré, foo-reh, *a* lined; fur-lined; filled (of chocolates

fourreau, foo-roh, *m* sheath; scabbard; cover.

fourrer, foo-reh, *v* to stuff; to cram; to line with fur.

fourreur, foo-rer, *m* furrier.

fourrière, foo-re-air, *f* pound.

fourrure, foo-REER, *f* fur.

fourvoyer, foohr-vo'äh-yeh, *v* to lead astray.

foyer, fo'äh-yeh, *m* hearth; home; centre; theatre entrance hall.

frac, fråhck, *m* dress-coat.

fracas, fråh-kah, *m* noise; din; crash; roar; fuss.

fracasser, fråh-kähss-eh, *v* to shatter; to smash.

fraction, fråhck-se-*ong*, *f* fraction.

fractionner, fråhck-se-onn-eh, *v* to divide into fractions.

fracture, fråhck-TEER, *f* fracture; breaking.

fracturer, fråhck-TE-reh, *v* to fracture; to break.

fragile,* fråh-sheel, *a* fragile; brittle; frail.

fragilité, fråh-she-le-teh, *f* brittleness; frailty.

fragment, fråhg-mah*ng*, *m* fragment; piece; scrap.

frai, fray, *m* spawn; spawning.

fraîcheur, fray-sher, *f* freshness.

fraîchir, fray-sheer, *v* to freshen.

frais, fray, *mpl* expenses; charges; efforts.

frais, fraîche,* fray; fraysh, *a* fresh; cool; new.

fraise, frayz, *f* strawberry.

framboise, frahng-bo'ăhz, *f* raspberry.

franc, frahng, *m* franc.

franc, franche,* frahng, frahngsh, *a* free; open; frank; genuine.

français, e, frahng-sseh, *a* French; *mf* Frenchman; Frenchwoman; *m* French language.

franchir, frahng-sheer, *v* to clear; to leap over; to overstep; to overcome.

franchise, frahng-sheez, *f* freedom; openness; exemption.

franciser, frahng-se-zeh, *v* to gallicize; to frenchify.

franco, frahng-ko, *adv* free of charge; paid.

frange, frahngsh, *f* fringe.

franglais, frahng-gleh, *m* mixture of French and English.

franquette, frahng-kett, *f*; **à la bonne —,** ăh lăh bonn —, without ceremony.

frappant, e, frăh-pahng, *a* striking.

frapper, frăh-peh, *v* to strike; to knock; to rap; to ice; **se —,** to get flustered.

fraternel, le,* frăh-tair-nell, *a* brotherly.

fraterniser, frăh-tair-ne-zeh, *v* to fraternize.

fraternité, frăh-tair-ne-teh, *f* brotherhood.

fraude, frohd, *f* fraud; deceit; smuggling.

frauder, froh-deh, *v* to defraud; to smuggle.

frauduleu-x, se,* froh-dɛ-le*r*, *a* fraudulent.

frayer, fray-yeh, *v* to open up; to clear a path; to [spawn.

frayeur, fray-yer, *f* fright; dread; terror. [spawn.

fredaine, frer-dayn, *f* prank; frolic.

fredonner, frer-donn-eh, *v* to hum.

frégate, freh-găht, *f* frigate; frigate-bird.

frein, frang, *m* bit; bridle; brake; check.

freiner, freh-neh, *v* to brake; to put on the brakes.

frelater, frer-lăh-teh, *v* to adulterate.

frêle, frail, *a* weak; frail.

frelon, frer-long, *m* hornet; drone. [to simmer.

frémir, freh-meer, *v* to shudder; to tremble; to rustle;

frémissement, freh-miss-mahng, *m* shuddering; quivering; rustling.

frêne, frain, *m* ash-tree.

frénésie, freh-neh-zee, *f* frenzy.

frénétique,* freh-neh-teeck, *a* frantic.

fréquemment, freh-kăh-mahng, *adv* frequently.

fréquence, freh-kahngss, *f* frequency; quickness.

fréquent, e, freh-kahng, *a* frequent.

fréquenter, freh-kahng-teh, *v* to frequent; to associ- ate with.

frère, frair, *m* brother; friar.

fresque, fressk, *f* fresco.

fret, fray, *m* freight; chartering.

fréter, freh-teh, *v* to charter; to freight.

frétiller, freh-tee-yeh, *v* to frisk; to wriggle; to quiver.

freux, frer, *m* rook.

friable, fre-ăh-bl, *a* friable.

friand, e, fre-ahng, *a* fond of delicacies.

friandise, fre-ahng-deez, *f* delicacy; tit-bit.

fricandeau, fre-kahng-doh, *m* larded veal.

fricassée, fre-kăhss-eh, *f* fricassée.

fricasser, fre-kăhss-eh, *v* to fricassée; (*pop*) to fritter away.

friche, freesh, *f* waste land.

fricot, fre-ko, *m* (*pop*) stew, ragout.

fricoter fre-kot-eh, *v* (*pop*) to cook; to feast.

friction, frick-se-ong, *f* friction; rub-down.

frictionner, frick-se-onn-eh, *v* to rub.

frigidaire, fre-she-dair, *m* refrigerator.

frigide, fre-sheed, *a* frigid.

frigorifier, fre-gor-fe-fe-eh, *v* to chill; to refrigerate.

frileu-x, se,* fre-ler, *a* chilly; sensitive to cold.

frime, freem, *f* sham.

frimousse, fre-mooss, *f* (*fam*) face.

fringale, frang-găhl, *f* sudden hunger.

fringant, e, frang-ghang, *a* frisky; smart; lively.

fripé, e, fre-peh, *pp & a* rumpled.

friper, fre-peh, *v* to rumple; to crease.

fripi-er, ère, fre-pe-eh, *mf* dealer in old clothes.

fripon, ne, fre-pong, *mf & a* rogue; rascal; hussy; knavish; roguish.

frire, freer, *v* to fry.

frise, freez, *f* frieze.

friser, free-zeh, *v* to curl; to touch; to skim.

frisson, friss-ong, *m* shiver; shudder; thrill.

frissonner, friss-onn-eh, *v* to shiver; to quiver; to shudder.

frit, e, free, *pp & a* fried; (*pop*) done for; squandered.

friture, free-teer, *f* frying; dripping; fried fish; crackling noises (telephone etc).

frivole, free-vol, *a* frivolous.

froc, frock, *m* frock (of monk etc).

froid, fro'äh, *m* cold; coldness.

froid, e,* fro'äh, *a* cold; cool; indifferent.   [fence.

froideur, fro'äh-der, *f* coldness; coolness; indiffer-

froissement, fro'ähss-mahng, *m* bruising; rumpling;
offence.

froisser, fro'ähss-eh, *v* to rumple; to offend; **se
—,** to take offence **(de,** at).

frôlement, frohl-mahng, *m* light rubbing or touching.

frôler, froh-leh, *v* to touch slightly; to graze.

fromage, from-ähsh, *m* cheese.

froment, fro-mahng, *m* wheat.

froncer, frongss-eh, *v* to pucker; to frown; to gather

fronde, frongd, *f* sling; catapult.   [(sewing).

front, frong, *m* forehead; brow; impudence; front;
faire —, fair —, to face it.

frontière, frong-te-air, *f* frontier; border.

fronton, frong-tong, *m* pediment.

frottement, frot-mahng, *m* rubbing; friction.

frotter, frot-eh, *v* to rub; to polish.

frottoir, frot-o'ähr, *m* rubbing cloth; scrubbing

frou-frou, froo-froo, *m* rustling.   [brush.

frousse, froos, *f (fam)* fear; **avoir la —,** äh-vo'ähr-läh
—, to be scared.

  ructifier, frEEk-te-fe-eh, *v* to bear fruit.

fructueu-x, se,* frEEk-tE-er, *a* fruitful; profitable.

frugal, e,* frE-ghäl, *a* frugal.

frugal, e,* frE-ghäl, *a* frugal.

fruit, frwee, *m* fruit; offspring; profit.

fruiti-er, ère, frwee-te-eh, *mf* greengrocer; *a* fruit-
bearing.

frusques, frEEsk, *fpl (fam)* clothes; effects; togs.

fruste, frEEst, *a* worn; defaced.

frustrer, frEEs-treh, *v* to frustrate; to defraud.

fugiti-f, ve, fE-zhe-teeff, *a* fugitive; transient.

fugue, fEEgh, *f* fugue; spree.

fuir, fweer, *v* to flee; to shun; to leak; to escape.

fuite, fweet, *f* flight; escape; evasion; leakage.

fulgurant, e, fEEl-ghE-rahng, *a* flashing.

fumée, fE-meh, *f* smoke; fume; dream.

fumer, fE-meh, *v* to smoke; to steam; to manure.

fumet, fɛ-may, *m* pleasant smell of cooking; scent; bouquet.

fumier, fɛ-me-eh, *m* manure; dung-hill.

fumiger, fɛ-me-**sh**eh, *v* to fumigate.

fumiste, fɛ-meesst, *m* chimney-mender; practical joker.

fumivore, fɛ-me-vor, *a* smoke-consuming.

fumoir, fɛ-mo'ähr, *m* smoking-room.

funambule, fɛ-nah*ng*-BEEL, *m* tightrope walker.

funèbre, fɛ-nay-br, *a* funeral; mournful; dismal.

funérailles, fɛ-neh-rah'e, *fpl* funeral.

funeste, fɛ-naysst *a* fatal; disastrous.

funiculaire, fɛ-ne-kɛ-lair, *m* & *a* funicular.

fur, fɛɛr, *m;* **au — et à mesure,** oh — eh äh mer-zɛɛr, in proportion; gradually as.

furet, fɛ-ray, *m* ferret.

fureter, fɛɛr-teh, *v* to ferret out; to rummage.

fureur, fɛ-rer, *f* fury; rage; mania; **faire —,** fair — to be all the rage.

furibond, e, fɛ-re-bong, *a* furious.

furie, fɛ-ree, *f* fury; rage.

furieu-x, se,* fɛ-re-er, *a* furious; mad; raging.

furoncle, fɛ-rong-kl, *m* boil.

furti-f, ve,* fɛɛr-teeff, *a* furtive; stealthy.

fusain, fɛ-zang, *m* spindlewood; charcoal pencil.

fuseau, fɛ-zoh, *m* spindle; taper; *pl* skiing trousers.

fusée, fɛ-zeh, *f* fuse; rocket; barrel; spindleful.

fuselage, fɛɛz-lähsh, *m* fuselage; body.

fuselé, e, fɛɛz-leh, *a* tapering.

fusible, fɛ-zee-bl, *a* fusible.

fusil, fɛ-ze, *m* rifle; gun.

fusillade, fɛ-zee-yähd, *f* rifle fire; shooting; execu-tion.

fusiller, fɛ-zee-yeh, *v* to shoot.

fusion, fɛ-ze-ong, *f* fusion; melting; amalgamation.

fusionner, fɛ-ze-onn-eh, *v* to amalgamate.

fût, fɛ, *m* cask; stock; shaft.

futaille, fɛ-tah'e, *f* cask; barrel.

futé, e, fɛ-teh, *a* sly; cunning; crafty.

futile,* fɛ-teel, *a* futile; frivolous.

futilité, fɛ-te-le-teh, *f* futility; frivolousness.

futur, e, fɛ-tɛɛr, *m* future; future tense; (*fam*) *mf* intended (husband, wife); *a* future; to come.

fuyant, e, fwee-yahng, *a* fleeting; fleeing; receding.
fuyard, e, fwee-yähr *mf* runaway; *a* runaway; fugitive; shy.

gabarit, gäh-bäh-re, *m* template; gauge.
gâcher, gah-sheh, *v* to mix; to make a mess of; to spoil.
gâchis, gah-she, *m* slush; mess; confusion; waste.
gaffe, gähf, *f* boat-hook; (*fam*) blunder; **faire une —** fair EEN —, to drop a brick; (*fam*) **faire —,** to take care.
gage, gähsh, *m* pledge; pawn; forfeit; *pl* wages.
gager, gäh-sheh, to hire; to bet.
gageure, gäh-sheer, *f* wager.
gagne-pain, gähn-yer-pang, *m* livelihood; bread winner.
gagner, gähn-yeh, *v* to earn; to win; to persuade; **se —,** to be catching.
gai, e, gheh, *a* gay; lively; cheerful.
gaiement, gheh-mahng, *adv* gaily.
gaieté, gheh-teh, *f* gaiety; cheerfulness.
gaillard, e, gah'e-yähr, *a* merry; strong; free; *m* gain, ghang, *m* gain; profit; advantage. [chap.
gaine, ghain, *f* sheath; case; corset; girdle.
galamment, gäh-läh-mahng, *adv* courteously.
galant, gäh-lahng, *m* lover; ladies' man.
galant, e, gäh-lahng, *a* courteous; polite; worthy.
galanterie, gäh-lahngt-ree, *f* love affair; politeness.
galbe, gählb, *m* curve; contour.
gale, gähl, *f* mange; scabies.
galère, gäh-lair, *f* gallery; *pl* penal servitude.
galerie, gähl-ree, *f* gallery; spectators.
galet, gäh-lay, *m* pebble; shingle.
galetas, gähl-tah, *m* garret.
galette, gäh-lett, *f* flat cake; biscuit; (*slang*) cash.
galeu-x, se, gäh-ler, *a* scabby; mangy.
gallicisme, gähl-le-sissm, *m* French idiom.
galoche, gäh-losh, *f* golosh; clog.
galon, gäh-long, *m* braid; *pl* stripes.
galop, gäh-lo, *m* gallop; great haste; scolding.
galoper, gäh-lop-eh, *v* to gallop; to run on.

galopin, găh-lop-an*g*, *m* urchin; scamp.

gambader, gah*ng*-băh-deh, *v* to gambol.

gamelle, găh-mell, *f* mess-tin.

gamin, e, găh-ma*ng*, *mf* urchin; youngster.

gamme, găhm, *f* gamut; scale.

ganglion, gah*ng*-gle-o*ng*, *m* ganglion; glands.

ganse, ghah*ng*ss, *f* cord; braid.

gant, ghah*ng*, *m* glove; — **de toilette**, — der to'äh-
lett, face-flannel.

garage, găh-räh**sh**, *m* garage.

garant, e, găh-rah*ng*, *mf* guarantor; surety; bail.

garantie, găh-rah*ng*-tee, *f* guarantee; warranty;
safeguard.

garantir, găh-rah*ng*-teer, *v* to guarantee; to secure;
to protect.

garce, găhrss, *f* (*vulg*) bitch.

garçon, găhr-so*ng*, *m* boy; lad; bachelor; waiter.

garçonnière, găhr-sonn-e-air, *f* bachelor's flat.

garde, găhrd, *m* keeper; watchman; warder.

garde, găhrd, *f* guard; care; keeping; watch; protection; nurse.

garder, găhr-deh, *v* to guard; to watch; to look after;
to keep.

gardien, ne, găhr-de-a*ng*, *mf* guardian; keeper;
                              ⌊trustee.

gare, găhr, *f* station; terminus.

gare! găhr, *interj* look out!

garenne, găh-rain, *f* warren.

garer, găh-reh, *v* to park (car); to shunt; **se** —, to get
out of the way.

gargarisme, găhr-găh-reessm, *m* gargle.

garnement, găhr-ner-mah*ng*, *m* scamp; rogue.

garnir, găhr-neer, *v* to furnish (**de**, with); to adorn;
to line; to decorate; to garnish.

garnison, găhr-ne-zo*ng*, *f* garrison.

garniture, găhr-ne-tɛɛr, *f* set; trimming; ornaments;
garnishing.

garrot, găh-roh, *f* tourniquet.

garrotter, găh-rott-eh, *v* to tie down; to garotte.

gars, gâss, găh, *m* lad.

gasconnade, găhss-konn-åhd, *f* bragging; tall story.

gaspiller, găhss-pee-yeh, *v* to squander; to waste.

gastronome, găhss-tronn-omm, *m* gastronomer.

gâteau, gah-toh, *m* cake.

gâter, gah-teh, *v* to spoil; to damage; to spoil (person).

gauche, gohsh, *f* left side; *a* left; clumsy.

gauchement, gohsh-mah*ng*, *adv* awkwardly.

gauch-er, ère, goh-sheh, *a* left-handed.

gaucherie, gohsh-ree, *f* awkwardness.

gaufre, ghoh-fr, *f* wafer; waffle.

gaule, gohl, *f* long pole; switch.

gave, gãhv, *m* stream; torrent; (*fam*) crop of birds.

gaver, gahv'-eh, *v* to cram (with food).

gavroche, gãh-vrosh, *m* street urchin.

gaz, gahz, *m* gas; gas-light.

gaze, gahz, *f* gauze.

gazeu-x, se, gah-zer, *a* sparkling; fizzy.

gazomètre, gah-zo-met-tr, *m* gasometer.

gazon, gah-zong, *m* grass; turf; green.

gazouiller, gãh-zoo'e-yeh, *v* to warble; to chirp.

geai, shay, *m* jay; jackdaw.

géant, e, sheh-ahng, *mf* & *a* giant; giantess; gigantic.

geindre, shang-dr, *v* to whimper; to whine.

gel, shehl, *m* frost; freezing.

gelée, sher-leh, *f* frost; jelly.

geler, sher-leh, *v* to freeze.

gémir, sheh-meer, *v* to groan; to lament; to grieve.

gémissement, sheh-miss-mahng, *m* groan; lamentation.

gemme, shaym, *f* gem; *a* sel —, sell —, rock salt.

gênant, e, shay-nahng, *a* troublesome; awkward; embarrassing.

gencive, shahng-seev, *f* gum.

gendarme, shahng-dãhrm, *m* policeman.

gendre, shahng-dr, *m* son-in-law.

gêne, shayn, *f* hindrance; embarrassment; want.

gêner, shay-neh, *v* to hinder; to inconvenience; **se** —, to put oneself out.

général, e,* sheh-neh-rãhl, *a* & *mf* general.

générale, sheh-neh-rãhl, *f* alarm; firedrum.

génereu-x, se,* sheh-neh-rer, *a* generous.

générosité, sheh-neh-roz-e-teh, *f* generosity.

genèse, sher-nayz, *f* Genesis; birth; origin.

genêt, sher-nay, *m* broom; furze.

génial, e,* sheh-ne-ãhl, *a* inspired; full of genius.

génie, sheh-nee, *m* genius; spirit; engineers.

genièvre, sher-ne-ay-vr, *m* juniper; gin.

génisse, sheh-neess, *f* heifer.

génitif, sheh-ne-teeff, *m* genitive case.

genou, sher-noo, *m* knee.

genre, shah*n***gr,** *m* kind; species; gender; manner;

gens, shah*n***g,** *mf pl* people; men; servants. [form.

gent, shah*n***g,** *f* race; tribe.

gentil, le, shah*n***g-tee,** *a* nice; kind; good.

gentilhomme, shah*n***g-tee-yomm,** *m* nobleman; gentleman.

gentillesse, shah*n***g-tee-yess,** *f* kindness.

gentiment, shah*n***g-te-mah***n***g,** *adv* nicely.

géographie, sheh-ogh-räh-fee, *f* geography.

geôli-er, ère, sho*h***-le-eh,** *mf* jailer.

géologue, sheh-oll-ogh, *m* geologist.

géométrie, sheh-omm-eh-tree, *f* geometry.

gérance, sheh-rah*n***gss,** *f* management.

gérant, e, sheh-rah*n***g,** *mf* manager; manageress.

gerbe, shairb**,** *f* sheaf; bundle; bunch; spray.

gercé, shair-seh, *a* chapped.

gerçure, shair-SEER**,** *f* crack; chap (of hands).

gérer, sheh-reh, *v* to manage; to run.

germain, e, shair-ma*n***g,** *a* german; first (of cousin).

germe, shairm**,** *m* germ; shoot; seed.

gérondif, sheh-ro*n***g-deeff,** *m* gerund.

gésier, sheh-ze-eh, *m* gizzard.

geste, shesst, *m* gesture; motion; sign.

gesticuler, shess-te-KE**-leh,** *v* to gesticulate.

gestion, shess-te-o*n***g,** *f* management; administration.

gibecière, sheeb-se-air, *f* game-bag; pouch.

gibelotte, sheeb-lot, *f* rabbit stewed in wine.

gibet, shee-bay, *m* gallows.

gibier, shee-be-eh, *m* game (birds, animals).

giboulée, she-boo-leh, *f* spring-shower.

giboyeu-x, se, she-bo'ah-yer, *a* well stocked with

gicler, she-kleh, *v* to spurt out. [game.

gifle, shee-fl, *f* slap in the face.

gigantesque, she-gah*n***g-tayssk,** *a* gigantic.

gigot, she-go, *m* leg of mutton.

gigoter, she-got-eh, *v* to kick about.

gilet, she-lay, *m* waistcoat.

gingembre, sha*ng*-shah*ng*-br, *m* ginger.

girafe, she-rähf, *f* giraffe.

girofle, she-rofl, *m* clove.

giroflée, she-rof-leh, *f* gillie; flower; wall-flower.

girouette, she-roo-ayt, *f* vane; weathercock.

gisant, she-zah*ng*, *a* lying.

gisement, sheez-mah*ng*, *m* layer; deposit; stratum.

gît, she, v lies; **ci —,** se —, here lies.

gîte, sheet, *m* shelter; lair; deposit; leg of beef.

givre, shee-vr, *m* hoar-frost; rime.

glabre, glah-br, *a* clean-shaven.

glace, glähss, *f* ice; ice-cream; looking-glass; car window.

glacé, e, glähss-eh, *pp* & *a* frozen; icy; glazed; crystallized.

glacial, e, glähss-e-ähl, *a* icy; freezing.

glacière, glähss-e-air, *f* ice-house; refrigerator.

glaçon, glähss-*ong*, *m* icicle; ice cube.

glaïeul, gläh-ye*r*l, *m* gladiolus; iris.

glaise, glayz, *f* clay.

glaive, glayv, *m* sword.

gland, glah*ng*, *m* acorn; earth-nut; tassel.

glaner, gläh-neh, *v* to glean.

glapir, gläh-peer, *v* to yelp; to yap.

glas, glah, *m* knell; passing bell.

glissant, e, gliss-ah*ng*, *a* slippery; sliding.

glisser, gliss-eh, *v* to slip; to slide; to glide; to touch lightly; se —, to creep.

globe, glob, *m* globe; ball; orb.

gloire, glo'ähr, *f* glory; pride; halo.

glorieu-x, se,* glor-e-e*r*, *a* glorious; proud; vainglorious.

glorifier, glor-e-fe-eh, *v* to glorify; se —, to glory (**de,** in).

gloser, glohz-eh, *v* to gloss; to criticise. [in).

glousser, glooss-eh, *v* to cluck.

glouton, ne, gloo-to*ng*, *mf* glutton; *a* gluttonous.

glu, gl*E*, *f* birdlime.

gluant, e, gl*E*-ah*ng*, *a* sticky.

glycine, glee-seen, *f* wistaria.

gober, gob-eh, *v* to gulp down; to swallow; (*fam*) to believe anything; to adore (someone).

gobeu-r, se, gob-er, *mf* simpleton; credulous person.

godet, god-ay, *m* saucer (for painters); bowl.

godiche, godichon, ne, god-eesh, god-e-shong, *mf* &
a ninny; awkward.

goéland, gweh-lah*ng*, *m* sea-gull.

goélette, gweh-lett, *f* schooner.

gogo, gogh-o, *adv phr fam:* à —, äh —, in abundance.

goguenard, e, gog-năhr, *mf* & *a* jeering; chaffer.

goinfre, gwang-fr, *m* (*fam*) greedy-guts.

golf, golf, *m* golf; golf-links; jersey.

golfe, golf, *m* gulf.

gomme, gomm, *f* gum; rubber.

gond, gong, *m* hinge.

gondole, gong-dol, *f* gondola.

gondoler, gong-do-leh, *v* to warp; to buckle.

gonfler, gong-fleh, *v* to swell; to inflate.

gorge, gorsh, *f* throat; breast; pass; groove.

gorgée, gor-sheh, *f* mouthful; gulp; sip.

gorger, gor-sheh, *v* to gorge; to cram.

gosier, goz-e-eh, *m* throat; gullet.

gosse, goss, *m* (*fam*) kid; youngster.

goudron, goo-drong, *m* tar.

gouffre, goo-fr, *m* gulf; abyss.

goujat, goo-**sh**äh, *m* cad.

goulot, goo-lo, *m* neck (of a bottle).

goulu, e, goo-lE, *mf* & *a* glutton; greedy.

goulûment, goo-lEE-mah*ng*, *adv* greedily.

gourd, e, goohr, *a* benumbed.

gourde, goohrd, *f* gourd; flask; (*fam*) fool.

gourdin, goohr-da*ng*, *m* cudgel.

gourer (se), ser goohr-eh, *v* to be mistaken.

gourmand, e, goohr-mah*ng*, *mf* & *a* greedy; glutton;
gormandizer.

gourmandise, goohr-mah*ng*-deez, *f* greediness; *pl*
sweets.

gourmé, e, goohr-meh, *pp* & *a* stiff; formal.

gourmet, goohr-may, *m* epicure; gourmet.

gousse, gooss, *f* pod; husk; shell; clove.

goût, goo, *m* taste; flavour; liking; style.

goûter, goo-teh, *v* to taste; to relish; to try; *m* afternoon tea.

goutte, goot, *f* drop; dram; gout.

gouttière, goo-te-air, *f* gutter; rain-pipe; *pl* eaves.

gouvernail, goo-vair-nah'e, *m* rudder; helm.

gouvernant, goo-vair-nah*n*g, *m* ruler.

gouvernante, goo-vair-nah*n*gt, *f* governess; house-keeper; nanny.

gouverne, goo-vairn, *f* guidance; rule of conduct.

gouvernement, goo-vair-ner-mah*n*g, *m* government; management; steering.

gouverneur, goo-vair-ner, *m* governor; tutor.

grabat, grăh-băh, *m* pallet.

grâce, grahss, *f* grace; mercy; thanks; charm.

gracier, grăh-se-eh, *v* to pardon.

gracieu-x, se, * grăh-se-er, *a* gracious; kind; courteous; pleasant; grateful.

grade, grăhd, *m* grade; rank; degree.

gradé, grăh-deh, *m* non-commissioned officer.

gradin, grăh-da*n*g, *m* tier; step.

gradué, grăh-dE-eh, *m* graduate.

graduel, le, * grăh-dE-ell, *a* gradual.

grain, gra*n*g, *m* grain; seed; corn; squall.

graine, grayn, *f* seed; berry; grain.

graissage, grayss-ăsh, *m* greasing; lubrication.

graisse, grayss, *f* grease; fat; dripping; suet.

graisser, grayss-eh, *v* to grease.

graisseu-x, se, grayss-er, *a* greasy.

grammaire, grăh-mair, *f* grammar.

grammatical, e, * grăh-măh-te-kăhl, *a* grammatical.

gramme, grăhm, *m* gram.

grand, grah*n*g, *m* greatness; grandee; grown-up.

grand, e, * grah*n*g, *a* great; big; tall; grown up; much.

grandeur, grah*n*g-der, *f* greatness; size; magnitude; dignity.

grandiose, grah*n*g-de-ohz, *m* grandeur; *a* grand.

grandir, grah*n*g-deer, *v* to grow; to increase; to exaggerate.

grandmère, grah*n*g-mair, *f* grandmother.

grand-oncle, grah*n*g-t'o*n*g-kl, *m* great-uncle.

grand-père, grah*n*g-pair, *m* grandfather.

grandroute, grah*n*g-root, *f* high road; main road.

grandtante, grah*n*g-tah*n*gt, *f* great-aunt.

grange, grah*n*gsh, *f* barn.

granit, grăh-neet, or grăh-nee, *m* granite.

granule, grăh-nEEl, *m* granule.

graphique, gräh-feeck, *m* graph; diagram; *a** graphi-
graphite, gräh-feet, *m* black-lead.   [cal.
grappe, grähp, *f* bunch; cluster.
grappin, gräh-pang, *m* grapnel.
gras, grah, *m* fat part; (legs) calf; fat (on meat).
gras, se, grah, *a* fat; plump; greasy; rich.
grassement, grahss-mahng, *adv* plentifully.
grasseyer, grähss-ay-yeh, *v* to roll one's r's.
grassouillet, te, grähss-oo'e-yay, *a* plump; chubby.
gratification, gräh-te-fe-käh-se-ong, *f* gratuity.
gratifier, gräh-te-fe-eh, *v* to favour; to confer; to
bestow.
gratin, gräh-tang, *m* burnt part; **au —,** oh —,
(cooked) with breadcrumbs.
gratis, gräh-tiss, *adv* gratis.
gratitude, gräh-te-tEED, *f* gratitude.
gratte-ciel, gräht-se-ell, *m* sky-scraper.
gratter, gräh-teh, *v* to scratch; to scrape.
grattoir, gräh-to'ähr, *m* scraper.
gratuit, e, * gräh-twee, *a* gratuitous; free.
gratuité, gräh-twee-teh, *f* gratuitousness.
grave, * grähv, *a* grave; serious; deep.
gravelle, gräh-vell, *f* stones (in bladder etc).
gravelure, grähv-lEEr, *f* obscenity; smut.
graver, gräh-veh, *v* to engrave.
graveur, gräh-ver, *m* engraver; etcher.
gravier, gräh-ve-eh, *m* gravel; grit.
gravir, gräh-veer, *v* to climb.
gravité, gräh-ve-teh, *f* gravity; weight; sedateness;
seriousness.
graviter, gräh-ve-teh, *v* to gravitate.
gravure, gräh-vEEr, *f* engraving; print.
gré, greh, *m* will; liking; thankfulness.
gredin, e, grer-dang, *mf* villain; rascal.
gréer, greh-eh, *v* to rig.
greffe, grayf, *m* record-office; registrar's office.
greffe, grayf, *f* graft; grafting.
greffier, gray-fe-eh, *m* registrar.
grêle, grayl, *f* hail; *a* slender; slim.
grêlon, gray-long, *m* hailstone.
grelot, grer-lo, *m* small round bell.
grelotter, grer-lot-eh, *v* to shiver.

grenade, grer-nähd, *f* grenade; pomegranate.   [tree.

grenadier, grer-näh-de-eh, *m* grenadier; grenade

grenadine, grer-näh-deen, *f* pomegranate syrup.

grenat, grer-näh, *m* garnet; *a* garnet; red.

grenier, grer-ne-eh, *m* garret; granary; lumber-room.

grenouille, grer-noo'e-ye, *f* frog.

grenu, e, grer-ne, *a* grainy; (oil) clotted.

grès, gray, *m* sandstone; stoneware.

grève, grayv, *f* strand; beach; strike.

grever, grer-veh, *v* to burden.

gréviste, greh-veesst, *m* striker.

gribouiller, gre-boo'e-yeh, *v* to scrawl; to scribble.

grief, gree-eff, *m* grievance; cause of complaint.

grièvement, gree-ayv-mahng, *adv* severely; grievously.

griffe, greeff, *f* claw; clutch; signature; stamp.

griffer, greeff-eh, *v* to scratch.

griffonner, greeff-onn-eh, *v* to scribble.

grignoter, green-yot-eh, *v* to nibble.

grigou, gre-goo, *m* sordid miser.

gril, gree, *m* grid; grill.

grillade, gree-yähd, *f* grilling; grilled meat.

grillage, gree-yähsh, *m* grilling; wire-work; iron-railing; grate.

grille, gree-ye, *f* iron bar; iron gate; railing.

griller, gree-yeh, *v* to grill; to toast; to rail in.

grillon, gree-yong, *m* cricket.

grimace, gree-mähss, *f* grimace; wry face.

grimper, grang-peh, *v* to climb; to creep up.

grincement, grangss-mahng, *m* gnashing; grating; grinding (of teeth).

grincer, grang-seh, *v* to grate; to gnash; to creak.

grincheu-x, se,* grang-sher, *a* grumpy; crabbed.

gringalet, grang-gäh-lay, *m* thin fellow.

grippe, greep, *f* influenza; dislike.

gripper, greep-eh, *v* to gripe; to clutch; to snatch up.

grippe-sou, greep-soo, *m* skinflint; miser.

gris, gre, *m* grey.

gris, e, gre, *a* grey; dull.

grisâtre, gre-zah-tr, *a* greyish.

griser, gre-zeh, *v* (*fam*) to make tipsy; to excite.

grisonner, gre-zonn-eh, *v* to go grey.

grive, greev, *f* thrush.

grogner, gronn-yeh, *v* to grunt; to growl; to grumble.

grognon, gronn-yong, *a* & *mf* (*f inv*) grumbling; cross-patch.

groin, grwang, *m* snout.

grommeler, gromm-leh, *v* to grumble; to mutter.

grondement, grongd-mahng, *m* growling; snarl; rumbling.

gronder, grong-deh, *v* to growl; to roar; to rumble; to scold.

gros, groh, *m* main part; bulk; wholesale.

gros, groh, *adv* much; a great deal; **en —**, wholesale.

gros, se,* groh, *a* big; large; fat; coarse; pregnant.

groseille, groh-zay'e, *f* currant; **— à maquereau**, — äh mähck-roh; gooseberry.

grossesse, gross-ayss, *f* pregnancy.

grosseur, gross-er, *f* size; tumour.

grossi-er, ère,* gross-e-eh, *a* coarse; rough; vulgar.

grossièreté, gross-e-air-teh, *f* coarseness; rudeness; rude thing.

grossir, gross-eer, *v* to enlarge; to put on weight.

grossissant, e, gross-iss-ahng, *a* magnifying.

grotesque, grot-essk, *m* grotesque; *a** grotesque; absurd.

grotte, grot, *f* grotto.

grouiller, groo'e-yeh, *v* to stir; to swarm; to rumble.

groupe, groop, *m* group; clump; cluster.

groupement, groop-mahng, *m* group.

grouper, groo-peh, *v* to group.

gruau, gre-oh, *m* wheat flour; oatmeal; gruel.

grue, gre, *f* crane.

grumeau, gre-moh, *m* clot; lump; curd.

gruyère, gre-yair, *m* Gruyère cheese.

guenille, gher-nee-ye, *f* rag; tattered garment.

guenon, gher-nong, *f* she-monkey; ugly woman.

guêpe, ghayp, *f* wasp.

guêpier, ghay-pe-eh, *m* wasps' nest.

guère (ne...), ne'... ghair, *adv* hardly; not much.

guéret, gheh-ray, *m* fallow land.

guéridon, gheh-re-dong, *m* pedestal table.

guérir, gheh-reer, *v* to cure; to heal; to recover.

guérison, gheh-re-zong, *f* cure; recovery.

guerre, ghair, *f* war; strife; (*fam*) war-office.

guerri-er, ère, ghair-e-eh, *mf* warrior; warlike; martial.

guerroyer, ghair-o'ǎh-yeh, *v* to wage war.

guet, gay, *m* watch; **au —,** oh **—,** on the watch.

guet-apens, gay t'ǎh-pahng, *m* ambush; trap.

guêtre, gay-tr, *f* gaiter; legging.

guetter, ghay-teh, *v* to watch for; to look for.

gueule, gherl, *f* mouth (of animal); jaws; (*pop*) mug; **avoir la — de bois,** ǎh-vo'ǎhr lah — der bo'ǎh, to have a hang-over.

gueuler, gher-leh, *v* (*fam*) to bawl.

gueu-x, se, gher, *a* beggarly; wretched; *mf* beggar; **gui,** ghe, *m* mistletoe.   ⌊tramp.

guichet, ghe-shay, *m* wicket; booking office; pay desk; turnstile.

guide, gheed, *m* guide; guide-book; *f* rein.

guider, ghe-deh, *v* to guide; to actuate.

guidon, ghe-dong, *m* flag; broad-pennant; handle-bar.

guigne, gheen-yer, *f* black cherry; bad luck.

guignol, gheen-yol, *m* puppet show; Punch.

guillemet, gheel-may, *m* inverted comma.

guilleret, te, ghee-yer-ray, *a* merry; lively.

guillotine, ghee-yot-een, *f* guillotine.

guimauve, ghe-mohv, *f* marsh-mallow.

guindé, e, ghang-deh, *pp & a* hoisted; strained; stiff.

guinée, ghe-neh, *f* guinea.

guinguette, ghang-gayt, *f* suburban public-house.

guirlande, gheer-lahngd, *f* garland; wreath.

guise, gheez, *f* way; humour; fancy.

guitare, ghe-tǎhr, *f* guitar.

gymnase, sheem-nahz, *m* gymnasium.

gynécologue, shee-nehck-o-log, gynaecologist.

There is no liaison with or elision before words marked thus: §

§ha! ǎh, *interj* ha! ah!

habile, * ǎh-beell, *a* clever; qualified.

habileté, ǎh-beell-teh, *f* ability; cleverness.

habillement, ǎh-bee-yer-mahng, *m* clothing; dress; suit of clothes.

habiller, ăh-bee-yeh, *v* to dress.

habit, ăh-be, *m* coat; dress-coat; *pl* clothes.

habitant, e, ăh-be-tah*ng*, *mf* inhabitant; resident; inmate.

habitation, ăh-be-tăh-se-ong, *f* dwelling; abode.

habiter, ăh-be-teh, *v* to inhabit; to live in; to reside.

habitude, ăh-be-tEED, *f* habit; use; practice.

habitué, e, ăh-be-tE-eh, *mf* regular customer.

habituel, le,* ăh-be-tE-ell, *a* customary.

habituer, ăh-be-tE-eh, *v* to accustom; to inure.

§hâbler, ah-bleh, *v* to brag; to boast.

§hâbleu-r, se, ah-bler, *mf* bragger.

§hache, ăhsh, *f* axe; hatchet.

§hacher, ăh-sheh, *v* to chop; to cut to pieces; to mince (meat etc).

§hachette, ăh-shett, *f* hatchet.

§hachis, ăh-she, *m* hash; minced meat.

§hagard, e, ăh-găhr, *a* haggard.

§haie, ay, *f* hedge; fence; line; row.

§haillon, ah'e-yong, *m* rag; tatter.

§haine, ain, *f* hatred; hate; spite.

§haineu-x, se,* ay-ner, *a* hateful; spiteful.

§haïr, ăh'e-eer, *v* to hate.

§haïssable, ăh-eess-ăh-bl, *a* odious; hateful.

§halage, ah-lăhsh, *m* towing.

§hâlé, e, ah-leh, *a* sunburnt.

haleine, ăh-lain, *f* breath; wind.

§haler, ah-leh, *v* to tow; to brown; to tan.

§haleter, ăhl-teh, *v* to pant.

§halle, ăhl, *f* market; market-place.

§hallebarde, ăhl-băhrd, *f* halberd; **il pleut des —,** ill pler day —, it rains cats and dogs.

§hallier, ăh-le-eh, *m* thicket.

hallucination, ăhl-lE-se-năh-se-ong, *f* hallucination.

§halte, ăhlt, *f* halt; stop; halting-place; **— là!** — lăh, ⌊stop!

§haltère, ăhl-tair, *f* dumb-bell.

§hamac, ăh-măhck, *m* hammock.

hameau, ăh-moh, *m* hamlet.

hameçon, ăhm-song, *m* fish-hook; (*fig*) bait.

§hampe, ah*ng*p, *f* staff; handle.

§hanche, ah*ng*sh, *f* hip; haunch.

§hangar, ahng-găhr, *m* shed; outhouse; hangar.

§hanneton, ăhn-tong, *m* cockchafer; may-bug.

§hanter, ahng-teh, *v* to frequent; to haunt.

§happer, ăh-peh, *v* to snap up; to snatch; to catch.

§harangue, ăh-rahng-gh, *f* harangue; address;

§haras, ăh-rah, *m* breeding-stud. [speech.

§harasser, ăh-răhss-eh, *v* to tire out.

§harceler, ăhr-ser-leh, *v* to harass; to plague.

§harde, ăhrd, *f* leash; *pl* wearing-apparel.

§hardi, e, ăhr-de, *a* bold; impudent.

§hardiment, ăhr-de-mahng, *adv* boldly.

§hardiesse, ăhr-de-ess, *f* boldness; assurance; im-

§hareng, ăh-rahng, *m* herring. [pudence.

§hargneu-x, se, ăhrn-yer, *a* surly; peevish.

§haricot, ăh-re-ko, *m* kidney-bean; — vert, — vair, French bean.

harmonie, ăhr-monn-ee, *f* harmony; harmonics; agreement.

harmonieu-x, se,* ăhr-monn-e-er, *a* harmonious.

§harnachement, ăhr-năhsh-mahng, *m* harnessing;

§harnais, ăhr-nay, *m* harness. [harness.

§haro, ăh-ro, *m* hue and cry.

harpagon, ăhr-păh-gong, *m* (*fam*) miser.

§harpe, ăhrp, *f* harp.

§harpon, ăhr-pong, *m* harpoon.

§hasard, ăh-zăhr, *m* luck; chance; risk.

§hasardeu-x, se,* ăh-zăhr-der, *a* hazardous; unsafe.

§hâte, aht, *f* haste; hurry.

§hâter, ah-teh, *v* to hasten; to urge on; to expedite.

§hâti-f, ve,* ah-teeff, *a* forward; early; hasty.

§hausse, ohss, *f* block; rise.

§hausser, ohss-eh, *v* to arise; to lift; to increase; to advance; — les épaules, — leh zeh-pohl, to shrug one's shoulders.

§haussier, ohss-e-eh, *m* (Stock Exchange) bull.

§haut, oh, *m* height; summit; rap.

§haut, oh, *adv* high up; far back; loudly.

§haut, e,* oh, *a* high; lofty; tall; erect; great.

§hautain, e,* oh-tang, *a* haughty.

§hautbois, oh-bo'ăh, *m* oboe.

§hauteur, oh-ter, *f* height; eminence; haughtiness.

§haut-parleur, oh-pahr-ler, *m* loudspeaker; ampli-

§havane, ăh-văhn, *m* Havana cigar. [fier.

§hâve, ahv, *a* wan; emaciated.

§havre, ah-vr, *m* harbour.

§havresac, ah-vrer-săhck, *m* knapsack.

§hé! eh, *interj* hoy! ho! hullo! I say!

hebdomadaire, ehb-domm-ăh-dair, *a* weekly; (*fam*) weekly paper.

héberger, eh-bair-sheh, *v* to lodge; to offer a home [to.

hébété, e, eh-beh-teh, *a* dazed; vacant.

hébreu, eh-brer, *m & a* Hebrew.

hectare, eck-tăhr, *m* hectare (100 ares, 2.47 English [acres).

§hein! ang, *interj* eh! what!

hélas! eh-lăhss, *interj* alas!

§héler, eh-leh, *v* to hail.

hélice, eh-leess, *f* propeller, screw.

hélicoptère, eh-li-cop-tair, *m* helicopter.

hémisphère, eh-miss-fair, *m* hemisphere.

hémorragie, eh-mor-ăh-shee, *f* haemorrhage.

hémorroïdes, eh-mor-o-eed, *fpl* piles.

§hennir, ăh-neer or eh-neer, *v* to neigh.

herbage, air-băhsh, *m* grass; pasture.

herbe, airb, *f* grass; herb; weed.

herboriste, air-bor-eest, *m* herbalist.

§hère, air, *m* wretch; poor devil.

héréditaire, eh-reh de-tair, *a* hereditary.

hérédité, eh-reh-de-teh, *f* heredity.

hérésie, eh-reh-zee, *f* heresy.

§hérisser, eh-riss-eh, *v* to bristle up; se —, to stand on end (of hair).

§hérisson, eh-riss-ong, *m* hedgehog.

héritage, eh-re-tăhsh, *m* inheritance; heritage.

hériter, eh-re-teh, *v* to inherit; (*fam*) to get.

hériti-er, ère, eh-re-te-eh, *mf* heir; heiress.

hermétique,* air-meh-teeck, *a* hermetic.

hermine, air-meen, *f* ermine.

§hernie, air-nee, *f* hernia; rupture.

héroïne, eh-ro-een, *f* heroine; heroin.

héroïque,* eh-ro-eeck, *a* heroic.

§héron, eh-rong, *m* heron.

§héros, eh-ro, *m* hero.

§herse, airss, *f* harrow.

hésiter, eh-ze-teh, *v* to hesitate. [anomalous.

hétéroclite, eh-teh-rock-leett, *a* irregular; queer;

§hêtre, ay-tr, *m* beech-tree.

heure, er, *f* hour; time; moment; o'clock.

heureu-x, se,* er-rer, *a* happy; lucky; successful; favourable; blessed.

§heurt, er, *m* shock; blow.

§heurter, er-teh, *v* to knock; to jostle; to offend.

hiberner, e-bair-neh, *v* to hibernate.

§hibou, e-boo, *m* owl.

§hic, eeck, *m* (*fam*) rub; difficulty.

§hideu-x, se,* e-der, *a* hideous.

hier, e-air, *adv* yesterday.

hilarité, e-läh-re-teh, *f* hilarity; mirth.

hippique, ip-peeck, *a* of horses; racing.

hippocampe, ip-pock-ah*ng*p, *m* sea horse.

hippodrome, ip-pod-romm, *m* hippodrome; circus; [race-ground.

hirondelle, e-ro*ng*-dell, *f* swallow.

§hisser, iss-eh, *v* to hoist.

histoire, iss-to'ähr, *f* history; story; tale; fib; trifle; important matter; **faire des —s,** fair deh-z —, to make a fuss.

historien, iss-tor-e-a*ng*, *m* historian.

historique,* iss-tor-eeck, *a* historical.

hiver, e-vair, *m* winter.   [quarters.

hiverner, e-vair-neh, *v* to winter; to go into winter

§hocher, osh-eh, *v* to shake; to toss; to nod.

§hochet, osh-eh, *m* child's rattle.

§holà! oll-äh, *interj* hullo!

§homard, omm-ähr, *m* lobster.

homicide, omm-ee-seed, *m* murder; *mf* murderer; *a* murderous.

hommage, omm-ähsh, *m* homage; token; *pl* respects.

homme, omm, *m* man; (*fam*) husband.

homosexuel, le, ommo-secks-eel, *a* & *m* homo-§hongre, ong-gr, *m* gelded; *a* gelded.   [sexual.

honnête, onn-ayt, *m* honesty; *a** honest; decent; respectable.

honnêteté, onn-ayt-teh, *f* honesty; decency.

honneur, onn-er, *m* honour; credit; respect.

honorable,* onn-or-äh-bl, *a* honourable; respectable; proper; creditable.

honoraire, onn-or-air, *a* honorary.

honoraires, onn-or-air, *mpl* fee; fees.

honorer, onn-or-eh, *v* to honour (**de,** with).

honorifique, onn-or-e-feeck, *a* honorary.

§**honte,** ongt, *f* shame; disgrace; scandal.

§**honteu-x, se,*** ong-ter, *a* shameful; ashamed; bashful.

hôpital, op-e-tăhl, *m* hospital.

§**hoquet,** ock-ay, *m* hiccup; gasp.

§**horde,** ord, *f* horde.

horaire, or-air, *m* time-table (rail etc).

horizon, or-e-zong, *m* horizon.

horizontal, e,* or-e-zong-tăhl, *a* horizontal.

horloge, or-losh, *f* clock.

horloger, or-losh-eh, *m* watchmaker, clock-maker.

horlogerie, or-losh-ree, *f* watchmaking; **mouvement d'—,** moov-mahng d —, clockwork.

§**hormis,** or-me, *adv* but; except.

horreur, or-rer, *f* horror; frightful thing; dread; awe;
abhorrence.

horrible,* or-ree-bl, *a* horrible; awful; shocking.

horripilant, or-ree-pee-lahng, *a* hair-raising; (*fam*)
exasperating.

§**hors,** or, *prep* out; beyond; past; except; **— de
combat,** — der kong-băh, disabled.

§**hors-d'œuvre,** or der-vr,* *m* hors d'œuvre; starter.

horticulteur, or-te-keel-ter, *m* horticulturist.

hospice, oss-peess, *m* asylum, alms-house.

hospitali-er, ère,* oss-pe-tăh-le-eh, *a* hospitable.

hostie, oss-tee, *f* victim; host (holy bread).

hostile,* oss-teel, *a* hostile; adverse.

hôte, oht, *m* host; guest.

hôtel, oh-tell, *m* hotel; mansion; town house.

hôteli-er, ère, oh-ter-le-eh, *m f* hotelier; landlord.

hôtellerie, oh-tell-ree, *f* inn; hostelry.

hôtesse, oh-tess, *f* hostess; landlady; guest; **— de
l'air,** — der lair, air hostess.

§**hotte,** ott, *f* back-basket; hood (fireplace etc).

§**houblon,** oo-blong, *m* hop; hops.

§**houille,** oo-e-ye, *f* pit-coal.

§**houillère,** oo-e-yair, *f* coal-mine; colliery; *a* coal-
bearing.

§**houle,** ool, *f* surge; swell (of sea).

§**houleu-x, se,** oo-ler, *a* swelling; rough.

houppe, oop, *f* tuft; powder-puff.

§**hourra!** oo-răh, *interj* hurrah!.

§**houspillier,** oos-pee-yeh, *v* to mob; to handle roughly; to abuse.

§**housse,** ooss, *f* dust-sheet; loose cover; horse-cloth.

§**houx,** oo, *m* holly.

§**hublot,** E-bloh, *m* port-hole.

§**huer,** E-eh, *v* to hoot; to boo.

huile, weel, *f* oil.

huis, wee, *m*: **à — clos,** äh — kloh, behind closed doors; in camera.

huissier, weess-e-yeh, *m* usher; bailiff.

§**huit,** weet, *a* eight; eighth.

§**huitaine,** weet-ain, *f* about eight; a week.

§**huitième,** weet-e-aym, *m & a* eighth.

huître, wee-tr, *f* oyster.

humain, e,* E-mang, *a* human; humane.

humains, E-mang, *mpl* mankind.

humanité, E-mäh-ne-teh, *f* humanity; human nature; *pl* humanities.

humble,* ung-bl, *a* humble; lowly.

humecter, E-meck-teh, *v* to moisten.

humer, E-meh, *v* to inhale; to sip up.

humeur, E-mer, *f* humour; temper; mood; fancy.

humide * E-meed, *a* humid; damp; moist.

humiliant, e, E-me-le-ahng, *a* humiliating.

humilier, E-me-le-eh, *v* to humble.

humoriste, E-mor-isst, *m* humorist.

§**huppé, e,** E-peh, *a* crested; (*fam*) tiptop; best; well off.

§**hurler,** EEr-leh, *v* to howl; to yell. [off.

§**hutte,** EEt, *f* hut; shed.

hybride, e-breed, *a* hybrid.

hydravion, e-dräh-ve-ong, *m* sea-plane.

hydrogène, e-drosh-ain, *m* hydrogen.

hyène, e-ain, *f* hyena.

hygiène, e-she-ain, *f* hygiene.

hymne, eemn, *m* hymn; anthem.

hypertension, e-pair-tahng-se-ong, *f* hypertension; high blood pressure.

hypnotiser, ep-not-e-zeh, *v* to hypnotize.

hypocrisie, e-pock-re-zee, *f* hypocrisy.

hypocrite, e-pock-reet, *m* hypocrite; *a** hypocritical.

hypothécaire, e-pot-eh-kair, *a* on mortgage; of mortgage.

hypothèque, e-pot-eck, *f* mortgage.
hypothèse, e-pot-ayz, *f* hypothesis.
hystérique, ees-teh-reeck, *a* hysterical.

ici, e-se, *adv* here; par —, păhr —, this way.
idéal, e-deh-ăhl, *m* ideal; *a** ideal.
idée, e-deh, *f* idea; notion; plan; outline; conceit;
   opinion; taste.
identifier, e-dahng-te-fe-eh, *v* to identify.
identique,* e-dahng-teeck, *a* identical.
identité, e-dahng-te-teh, *f* identity.
idiome, e-de-omm, *m* dialect; language.
idiot, e, e-de-o, *mf* idiot; *a* idiotic.
idiotie, e-de-oss-ee, *f* idiocy.
idiotisme, e-de-o-tissm, *m* idiom; idiocy.
idolâtre, e-doll-ah-tr, *mf* idolater; *a* idolatrous.
idolâtrer, e-doll-ah-treh, *v* to idolize.
idole, e-dol, *f* idol.
idylle, e-deel, *f* idyl.
if, eef, *m* yew.
ignare, een-yăhr, *a* ignoramus, ignorant; dunce.
ignoble, een-yob-l, *a* ignoble; base.
ignominie, een-yomm-e-nee, *f* ignominy.   ⎡ous.
ignominieu-x, se,* een-yomm-een-e-er, ignomini-
ignorant, e, een-yor-ahng, *mf* ignorant person; *a*
   ignorant.
ignoré, e, een-yor-eh, *a* unknown; hidden; secret.
ignorer, een-yor-eh, *v* to be ignorant of; not to know.
il, ill, *pron* he; it; there; *pl* they; — y a, — ĕ ăh, there is;
   there are.
île, eel, *f* island; isle.
illégal, e,* ill-leh-găhl, *a* illegal.
illégitime,* ill-leh-she-teem, *a* illegitimate; unlaw-
illettré, e, ill-lay-treh, *a* illiterate.   ⎫ful.
illicite,* ill-le-seet, *a* unlawful; illegal.
illimité, ill-le-me-teh, *a* unlimited.
illisible,* ill-le-zee-bl, *a* illegible.
illogique,* ill-losh-eeck, *a* illogical.
illumination, Ill-lu-me-năh-se-ong, *f* illumination.
illuminé, e, ill-lE-me-neh, *mf* visionary; *a* illumi-
   nated; enlightened.

!llusion, ill-lE-ze-*ong*, *f* illusion: delusion.

illusoire, ill-lE-zo'ăhr, *a* illusive; fallacious.   ⌈brity.

illustration, ill-lEs-trăh-se-*ong*, *f* illustration; cele-

illustre, ill-lEES-tr, *m* illustrious man; *a* illustrious.

illustré, ill-lEES-treh, *a* illustrated; *m* magazine (with pictures).

illustrer, ill-lEs-treh, *v* to illustrate.

îlot, ee-lo, *m* islet; plot; beat; block (of houses).

image, e-măhsh, *f* image; picture; likeness.

imagination, e-măh-she-năh-se-*ong*, *f* imagination; fancy.

imaginer, e-măh-she-neh, *v* to imagine; to conceive; to contrive; **s'—,** to fancy.

imbécile, ang-beh-seell, *mf* idiot; fool; *a* * imbecile.

imberbe, ang-bairb, *a* beardless.   ⌊silly.

imbiber, ang-be-beh, *v* to soak; to imbibe.

imbroglio, ang-bro'e-lee-o, *m* confusion.

imbu, e, ang-bE, *a* imbued (**de,** with).

imbuvable, ang-bE-văh-bl, *a* undrinkable.

imiter, e-me-teh, *v* to imitate; to mimic.

immaculé, e, im-măh-kE-leh, *a* immaculate.

immanquable, * ang-mahng-kăh-bl, *a* infallible.

immatériel, le, im-măh-teh-re-ell, *a* immaterial; incorporeal.

immatriculer, im-măh-tre-kE-leh, *v* to register (car etc); to enrol.

immédiat, e, * im-meh-de-ăh, *a* immediate.

immensément, im-mahng-seh-mahng, *adv* immensely.

immensité, im-mahng-se-teh, *f* immensity.

immeuble, in-mer-bl, *m* real estate; fixture; building; block of flats.

immiscer (s'), sim-miss-eh, *v* to meddle (**dans,** with,   ⌈in).

immobile, im-mob-eell, *a* motionless; unmovable.

immobili-er, ère, im-mob-e-le-eh, *a* of real estate; landed; **agence —ère,** ăh-shahng*s* —, estate agency.

immobiliser, im-mob-e-le-zeh, *v* to realize; to fix.

immodéré, e, im-mod-eh-reh, *a* immoderate.

immodérément, im-mod-eh-reh-mahng, *adv* immoderately.

immodeste, im-mod-esst, *a* immodest.

immonde, im-mong*d*, *a* unclean; foul.

immoral, e,* im-mor-ăhl, *a* immoral.
immortel, le,* im-mor-tell, *a* immortal.
immuable,* im-mE-äh-bl, *a* immutable.
immuniser, im-mE-ne-zeh, *v* to immunize.
immunité, im-mE-ne-teh, *f* immunity; exemption.
immutabilité, im-mE-täh-be-le-teh, *f* immutability.
impair, e, ang-pair, *a* odd; uneven.
impardonnable, ang-păhr-donn-äh-bl, *a* unforgiv[able.
imparfait, ang-păhr-fay, *m* imperfect tense; *a** imperfect.
impartial, e,* ang-păhr-se-ăhl, *a* impartial.
impasse, ang-pahss, *f* blind-alley; "no through road"; dilemma; fix.
impassible,* ang-păhss-ee-bl, *a* impassive; unmoved.
impatiemment, ang-păhss-e-ăh-mahng, *a* impatiently; eagerly. [fidgety.
impatient, ang-păhss-e-ahng, *a* impatient; eager;
impatienter, ang-păhss-e-ăhng-teh, *v* to make impatient; to provoke; **s'—,** to fret.
impayable, ang-pay-yäh-bl, *a* invaluable; (*fam*) very funny.
impénétrable,* ang-peh-neh-trăh-bl, *a* inscrutable; impenetrable.
impératif, ang-peh-răh-teeff, *m* imperative mood.
impérati-f, ve,* ang-peh-răh-teeff, *a* imperative.
impératrice, ang-peh-răh-treess, *f* empress.
imperceptible,* ang-pair-sep-tee-bl, *a* imperceptible.
imperfection, ang-pair-feck-se-ong, *f* imperfection.
impérial, e,* ang-peh-re-ăhl, *a* imperial.
impériale, ang-peh-re-ăhl, *f* outside; top (of a bus); *a* imperial.
impérieu-x, se,* ang-peh-re-er, *a* imperious; urgent.
impérissable,* ang-peh-riss-äh-bl, *a* imperishable.
impéritie, ang-peh-re-see, *f* incapacity.
imperméable, ang-pair-meh-äh-bl, *m* mackintosh; *a** impervious; waterproof.
impersonnel, le,* ang-pair-sonn-ell, *a* impersonal.
impertinemment, ang-pair-te-năh-mahng, *adv* impertinently.
impertinence, ang-pair-te-nahngss, *f* impertinence; insolence; rudeness.

impertinent, e, ang-pair-te-nahng, *mf* impertinent person; *a* impertinent.

imperturbable,* ang-pair-TEER-băh-bl, *a* imperturbable.

impétueu-x, se,* ang-peh-te-er, *a* impetuous.

impétuosité, ang-peh-TE-oz-e-teh, *f* impetuosity; vehemence.

impie, ang-pee, *mf* impious person; *a* impious; ungodly.

impiété, ang-pe-eh-teh, *f* impiety.

impitoyable,* ang-pe-to'ăh-yăh-bl, *a* pitiless.

implacable,* ang-plăh-kăh-bl, *a* implacable.

implanter, ang-plahng-teh, *v* to implant.

implicite,* ang-ple-seett, *a* implicit.

impliquer, ang-ple-keh, *v* to implicate; to involve; to imply.

implorer, ang-plor-eh, *v* to implore.

impoli,* e, ang-poll-e, *a* uncivil; rude; impolite.

impolitesse, ang-poll-e-tayss, *f* impoliteness; rudeness; incivility.

impopulaire, ang-pop-E-lair, *a* unpopular.

importance, ang-por-tahngss, *f* importance; consequence.

important, ang-por-tahng, *m* main point.

important, e, ang-por-tahng, *a* important; material.

importa-teur, trice, ang-por-täh-ter, *mf* importer.

importer, ang-por-teh, *v* to import.

importer, ang-por-teh, *v* to matter (only used in 3rd person, infinitive and participles).

importun, e, ang-por-tung, *mf* intruder; bore; *a* importunate.

importuner, ang-por-TE-neh, *v* to importune; to pester; to dun.

imposable, ang-pohz-ăh-bl, *a* taxable.

imposant, e, ang-pohz-ahng, *a* imposing.

imposer, ang-pohz-eh, *v* to impose; to tax; to overawe.

imposition, ang-pohz-e-se-ong, *f* imposition; tax; assessment.

impossible, ang-poss-ee-bl, *m* impossibility; *a* impossible.

imposteur, ang-poss-ter, *m* impostor; *a* deceitful.

impôt, ang-poh, *m* tax; taxation; duty.

impotent, e, ang-pot-ahng, *mf* cripple; *a* infirm.

imprégner, ang-prehn-yeh, *v* to impregnate.

imprenable, ang-prer-nähl-bl, *a* impregnable.

impression, ang-press-e-ong, *f* impression; printing.

impressionner, ang-press-e-onn-eh, *v* to impress; to move.

imprévoyance, ang-preh-vo'äh-yahngss, *f* improvi-
imprévu, ang-preh-ve, *m* the unexpected.   [dence.

imprévu, e, ang-preh-ve, *a* unforeseen.

imprimé, ang-pre-meh, *m* printed paper; *pl* printed matter.

imprimer, ang-pre-meh, *v* to impress; to print; to stamp.

imprimerie, ang-preem-ree, *f* printing; printing-
imprimeur, ang-pre-mer, *m* printer.   [house.

improbable, ang-prob-äh-bl, *a* unlikely.

improbe, ang-prob, *a* dishonest.

improducti-f, ve,* ang-prod-ᴇᴇк-teeff, *a* unproductive.

impromptu, ang-prongp-ᴛᴇ, *m* & *adv* impromptu.

impropriété, ang-prop-re-e-teh, *f* impropriety (of language).

improvisa-teur, trice, ang-prov-e-zäh-**ter**, *mf* & *a* improviser.

improvisé, e, ang-prov-e-zeh, *pp* & *a* improvised; unprepared.

improviser, ang-prov-e-zeh, *v* to improvise.

improviste (à l'), äh lang-prov-isst, *adv* unawares; suddenly.

imprudemment, ang-ᴘʀᴇ-däh-mahng, *adv* im-
prudently.

imprudence, ang-ᴘʀᴇ-dahngss, *f* imprudence.

imprudent, e, ang-ᴘʀᴇ-dahng, *a* imprudent.

impudemment, ang-ᴘᴇ-däh-mahng, *adv* impudently.

impudence, ang-ᴘᴇ-dahngss, *f* impudence.

impudent, e, ang-ᴘᴇ-dahng, *a* impudent.

impudique, ang-ᴘᴇ-deeck, *a* lewd; indecent.

impuissance, ang-pweess-ahngss, *f* impotence; powerlessness.

impuissant, e, ang-pweess-ahng, *a* impotent; in-
effectual.

impulsi-f, ve,* ang-ᴘᴇᴇʟ-seeff, *a* impulsive.

impulsion, ang-pEEl-se-ong, f impulse; impetus.
impunément, ang-pE-neh-mahng, adv with impun-
impuni, e, ang-pE-ne, a unpunished. [ity.
impur, e, ang-pEEr, a impure.
impureté, ang-pEEr-teh, f impurity.
imputer, ang-pE-teh, v to impute; to ascribe; to
charge.
inabordable, e-näh-bor-däh-bl, a inaccessible.
inacceptable, e-nähck-sep-täh-bl, a unacceptable.
inaccessible, e-nähck-sess-ee-bl, a unapproachable.
inaccoutumé, e, e-näh-koo-tE-meh, a unaccustomed;
unusual.
inachevé, e, e-nähsh-veh, a unfinished.
inacti-f, ve,* e-nähck-teeff, a inactive.
inadéquat, e,* e-näh-deh-kwäh, a inadequate.
inadmissible, e-nähd-me-se-bl, a inadmissible; un-
thinkable.
inadvertance, e-nähd-vair-tahngss, f inadvertence;
oversight.
inaltérable,* e-nähl-teh-räh-bl, a unalterable.
inamovible, e-näh-mov-ee-bl, a irremovable.
inanité, e-näh-ne-teh, f inanity; futility.
inaperçu, e, e-näh-pair-sE, a unseen; unnoticed.
inappliqué, e, e-näh-ple-keh, a inattentive.
inappréciable, e-näh-preh-se-äh-bl, a invaluable.
inattaquable, e-näh-täh-käh-bl, a unassailable.
inattendu, e, e-näh-tahng-dE, a unexpected.
inauguration, e-noh-ghE-räh-se-ong, f opening; un-
veiling.
incandescent, e, ang-kahng-dayss-sahng, a incandescent.
incapable, ang-käh-päh-bl, a incapable; unfit; incompetent. [competence.
incapacité, ang-käh-päh-se-teh, f incapacity; in-
incarcérer, ang-kähr-seh-reh, v to imprison.
incarnat, e, ang-kähr-näh, a flesh-coloured; rosy.
incarné, e, ang-kähr-neh, a incarnate.
incendie, ang-sahng-dee, m fire; conflagration.
incendier, ang-sahng-de-eh, v to set on fire.
incertain, e, ang-sair-tang, a uncertain; undecided;
wavering. [bility.
incertitude, ang-sair-te-tEEd, f uncertainty; insta-

incessamment, ang-sayss-săh-mahng, *adv* immediately; directly.

incessant, e, ang-sayss-ahng, *a* incessant.

incidemment, ang-se-dăh-mahng, *adv* incidentally.

incident, ang-se-dahng, *m* incident; occurrence.

incident, e, ang-se-dahng, *a* incidental.

incinérer, ang-se-neh-reh, *v* to incinerate; to cremate.

incision, ang-se-ze-ong, *f* incision; lancing.

incitation, ang-se-tăh-se-ong, *f* incitement; instigation.

inciter, ang-se-teh, *v* to incite; to urge.

incivil, e, ang-se-veell, *a* uncivil; rude.

inclinaison, ang-kle-nay-zong, *f* tilting; incline.

inclination, ang-kle-năh-se-ong, *f* inclination; propensity; attachment.

incliner, ang-kle-neh, *v* to incline; to bend; s'—, to bow.

inclus, e, ang-klE, *a* enclosed; included; ci- —, se —, enclosed; herewith.

inclusi-f, ve,* ang-klE-zeeff, *a* inclusive.

incognito, ang-konn-yee-to, *m* & *adv* incognito.

incolore, ang-koll-or, *a* colourless.

incomber, ang-kong-beh, *v* to be incumbent (**à,** on).

incombustible, ang-kong-bEs-tee-bl, *a* incombustible; fire proof.

incommode, ang-komm-od, *a* inconvenient; troublesome.

incommoder, ang-komm-odd-eh, *v* to inconvenience; to annoy; to disturb.

incommodité, ang-komm-odd-e-teh, *f* inconvenience; discomfort.

incomparable,* ang-kong-păh-răh-bl, *a* matchless.

incompatible,* ang-kong-păh-tee-bl, *a* incompatible; inconsistent.

incompétent, ang-kong-peh-tahng, *a* incompetent.

incompl-et, ète,* ang-kong-play, *a* incomplete.

incompréhensible, ang-kong-preh-ahng-see-bl, incomprehensible.

incompris, e, ang-kong-pre, *pp* & *a* not understood; unappreciated.

inconcevable, ang-kongss-văh-bl, *a* inconceivable.

inconciliable, ang-kong-se-le-ăh-bl, *a* irreconcilable.

inconduite, ang-kong-dweet, *f* misconduct.

incongru, e, ang-kong-grE, *a* incongruous; improper; rude.

inconnu, e, a*ng*-konn-E, *mf* unknown; stranger; *a* unknown.

inconsciemment, a*ng*-ko*ng*-se-ăh-mah*ng*, *adv* unconsciously.

inconscience, a*ng*-ko*ng*-se-ah*ng*ss, *f* unconsciousness.

inconscient, e, a*ng*-ko*ng*-se-ah*ng*, *a* unconscious.

inconséquence, a*ng*-ko*ng*-seh-kah*ng*ss, *f* inconsistency.

inconséquent, e, a*ng*-ko*ng*-seh-kah*ng*, *a* inconsistent.

inconsidéré, e, a*ng*-ko*ng*-se-deh-reh, *a* inconsiderate; thoughtless.

inconstance, a*ng*-ko*ng*ss-tah*ng*ss, *f* inconstancy; fickleness.

inconstant, e, a*ng*-ko*ng*ss-tah*ng*, *a* inconstant; unsteady; variable.

incontestable,* a*ng*-ko*ng*-tess-tăh-bl, *a* unquestionable.

incontesté, e, a*ng*-ko*ng*-tess-teh, *a* undisputed.

incontinent, e, a*ng*-ko*ng*-te-nah*ng*, *a* incontinent.

inconvenance, a*ng*-ko*ng*v-nah*ng*ss, *f* impropriety.

inconvenant, e, a*ng*-ko*ng*v-nah*ng*, *a* improper; unbecoming.

inconvénient, a*ng*-ko*ng*v-veh-ne-ah*ng*, *m* inconvenience; disadvantage.

incorporer, a*ng*-kor-poh-reh, *v* incorporate.

incorrect, e,* a*ng*-kor-reckt, *a* incorrect.

incrédule, a*ng*-KEEl, *a* incredulous.

incroyable,* a*ng*-kro'ăh-yăh-bl, *a* incredible.

incruster, a*ng*-kKEES-teh, *v* to incrust (**de,** with); to inlay.

inculper, a*ng*-KEEl-peh, *v* to charge; to accuse (**de,** with; of).

inculquer, a*ng*-KEEl-keh, *v* to inculcate.

inculte, a*ng*-KEElt, *a* uncultivated; uneducated; rough.

incurable, a*ng*-KE-răh-bl, *mf & a* incurable.

indécemment, a*ng*-deh-săh-mah*ng*, *adv* indecently.

indécent, e, a*ng*-deh-sah*ng*, *a* indecent.

indéchiffrable, a*ng*-deh-she-fräh-bl, *a* undecipherable; incomprehensible.

indécis, e, a*ng*-deh-se, *a* undecided; wavering.

indéfendable, a*ng*-deh-fah*ng*-dăh-bl, *a* indefensible.

indéfini, e, a*ng*-deh-fe-ne, *a* indefinite.

indéfiniment, a*ng*-deh-fe-ne-mah*ng*, *adv* indefinitely.

indéfinissable, ang-deh-fe-niss-äh-bl, *a* indefinable.

indélébile, ang-deh-leh-beell, *a* indelible.

indélicat, e,* ang-deh-le-käh, *a* indelicate; unscrupulous.

indélicatesse, ang-deh-le-käh-tayss, *f* indelicacy.

indemne, ang-daymn, *a* unhurt; without loss.

indemniser, ang-daym-ne-zeh, *v* to indemnify (**de,** for); to compensate.

indemnité, ang-daym-ne-teh, *f* indemnity; allowance.

indépendamment, ang-deh-pahng-däh-mahng, *adv* independently.

indépendant, e, ang-deh-pahng-dahng, *a* independent.

indescriptible, ang-dess-kreep-tee-bl, *a* indescribable.

indéterminé, e, ang-deh-tair-me-neh, *a* indeterminate; unlimited; irresolute.

index, ang-dex, *m* index; forefinger.

indicateur, ang-de-käh-ter, *m* indicator; timetable.

indica-teur, trice, ang-de-käh-ter, *a* indicating; indicatory.

indicatif, ang-de-käh-teeff, *m* indicative mood.

indicati-f, ve, ang-de-käh-teeff, *a* indicative.

indice, ang-deess, *m* indication; sign; clue.

indicible, ang-deess-ee-bl, *a* inexpressible.

indifféremment, ang-de-feh-räh-mahng, *adv* indifferently; indiscriminately.

indifférent, e, ang-de-feh-rahng, *a* indifferent; immaterial.

indigène, ang-de-shain, *mf & a* native; indigenous.

indigent, ang-de-shahng, *m* pauper.

indigent, e, ang-de-shahng, *a* indigent; needy.

indigeste, ang-de-shaysst, *a* indigestible.

indigne,* ang-deen-yer, *a* unworthy; undeserving.

indigné, e, ang-deen-yeh, *a* indignant.

indigner, ang-deen-yeh, *v* to make indignant.

indignité, ang-deen-yee-teh, *f* unworthiness; in-

indiquer, ang-de-keh, *v* to indicate. [dignity.

indirect, e,* ang-de-reckt, *a* indirect.

indisciplinable, ang-diss-e-ple-näh-bl, *a* unruly.

indiscipliné, ang-diss-e-plee-neh, *a* unruly.

indiscr-et, ète,* an*g*-diss-kray, *a* indiscreet; tactless.

indispensable,* an*g*-diss-pah*ng*-säh-bl, *a* indispensable.

indisponible, an*g*-diss-ponn-ee-bl, *a* unavailable.

indisposé, e, an*g*-diss-poz-eh, *a* indisposed; poorly.

indistinct, e,* *an*g-diss-ta*ng*kt, *a* indistinct.

individu, an*g*-de-ve-d*E*, *m* individual, person.

individuel, le,* an*g*-de-ve-d*E*-ell, *a* individual.

indocile, an*g*-doss-eell, *a* untractable; disobedient.

indolemment, an*g*-doll-äh-mah*ng*, *adv* indolently.

indolent, e, an*g*-doll-ah*ng*, *a* indolent; sluggish; lazy.

indolence, an*g*-doll-ah*ng*ss, *f* indolence.

indolore, an*g*-doll-or, painless.

indomptable,* ang-dong-täh-bl, *a* indomitable; ungovernable.

indompté, e, ang-dong-teh, *a* untamed; unsubdued.

indubitable,* an*g*-de-be-täh-bl, *a* indubitable.

induire, an*g*-dweer, *v* to induce; to lead; to infer.

indulgence, an*g*-d*EE*l-**sh**ah*ng*ss, *f* leniency.

indûment, an*g*-d*EE*-mah*ng*, *adv* unduly.

industrie, an*g*-d*EE*s-tree, *f* industry; skill; trade.

industriel, an*g*-d*EE*s-tre-ell, *m* industrialist.

industriel, le,* an*g*-d*EE*s-tre-ell, *a* industrial.

industrieu-x, se,* an*g*-d*EE*s-tre-e*r*, *a* industrious; skilful.

inébranlable,* e-neh-brah*ng*-läh-bl, *a* immovable; resolute.

inédit, e, e-neh-dee, *a* unpublished; new.

ineffable,* e-neh-fäh-bl, *a* unspeakable.

ineffaçable, e-neh-fah-säh-bl, *a* indelible.

inefficace,* e-neh-fe-kähss, *a* inefficient.

inégal, e,* e-neh-gähl, *a* unequal; irregular; uneven.

inélégant, e, e-neh-leh-gah*ng*, *a* inelegant.

inénarrable, e-neh-näh*r*-räh-bl, *a* indescribable.

inepte,* e-nehpt, *a* inept; silly.

ineptie, e-nehp-see, *f* ineptitude; absurdity.

inépuisable,* e-neh-pwee-zäh-bl, *a* inexhaustible.

inerte, e-nai*r*t, *a* inert; sluggish; dull.

inertie, e-nair-see, *f* inertia; dullness.

inespéré, e, e-ness-peh-reh, *a* unhoped for.

inestimable,* e-ness-te-mäh-bl, *a* invaluable.

inévitable,* e-neh-ve-täh-bl, *a* unavoidable.

inexact, e,* e-negg-zäckt, *a* inaccurate; unpunctual.

inexcusable,* e-necks-KE-zäh-bl, *a* inexcusable.

inexécutable, e-negg-zeh-ke-täh-bl, *a* impracticable.

inexercé, e, e-negg-zair-seh, *a* unpractised; untrained.

inexigible, e-negg-ze-shee-bl, *a* not demandable.

inexorable,* e-negg-zor-äh-bl, *a* inexorable.

inexpérimenté, e, e-necks-peh-re-mahng-teh, *a* inexperienced; untried.

inexprimable,* e-necks-pre-mäh-bl, *a* inexpressible.

inextinguible, e-necks-tang-gwee-bl, *a* inextinguishable; uncontrollable.

infaillible,* ang-fah'e-ee-bl, *a* infallible.

Infaisable, aug-fer-zäh-bl, *a* infeasible.

infamant, e, ang-fäh-mahng, *a* ignominious.

infame, ang-fahm, *mf* infamous person; *a* infamous; vile; filthy.

infamie, ang-fäh-mee, *f* infamy; infamous thing.

infanterie, ang-fahngt-ree, *f* infantry.

infatigable, ang-fäh-te-gäh-bl, *a* indefatigable.

infatuer (s'), sang-fäh-te-eh, *v* to become infatuated (de, with).

infécond, e, ang-feh-kong, *a* infertile; barren.

infect, e, ang-feckt, *a* stinking; foul.

infecter, ang-feck-teh, *v* to infect; to taint; to stink.

infection, ang-feck-se-ong, *f* infection.

inférer, ang-feh-reh, *v* to infer.

inférieur, e,* ang-feh-re-er, *a* inferior; lower.

infernal, e,* ang-fair-nähl, *a* hellish.

infertile, ang-fair-teell, *a* unfruitful.

infester, ang-fess-teh, *v* to infest.

infidèle, ang-fe-dell, *mf* infidel; unbeliever.

infidèle, ang-fe-dell, *a* unfaithful; untrue; dishonest; unbelieving.

infiltrer (s'), sang-fill-treh, *v* to infiltrate.

infime, ang-feem, *a* lowest; (*fam*) tiny.

infini, e, ang-fe-ne, *a* infinite; endless; boundless.

infiniment, ang-fe-ne-mahng, *adv* infinitely; extremely.

infirme, ang-feerm, *a* infirm; crippled.

infirmerie, ang-feerm-re, *f* infirmary; sick room; sick

infirmi-er, ère, ang-feer-me-eh, *mf* nurse.   [bay.

inflammable, ang-flăh-măh-bl, *a* inflammable.

inflammation, ang-flăh-măh-se-ong, *f* inflammation.

inflexible,* ang-fleck-see-bl, *a* inflexible.

infliger, ang-fle-sheh, *v* to inflict (**à,** on).

influent, e, ang-flü-ahng, *a* influential.

influer, ang-flü-eh, *v* to exert an influence.

information, ang-for-măh-se-ong, *f* information; inquiry; *pl* news bulletin.

informe, ang-form, *a* shapeless.

informer, ang-for-meh, *v* to inform; to acquaint; **s'—,** to inquire.

infortune, ang-for-TEEN, *f* misfortune; adversity.

infortuné, e, ang-for-TE-neh, *mf* unfortunate person; *a* unfortunate.

infraction, ang-frăhck-se-ong, *f* infraction; breach.

infranchissable, ang-frahng-shiss-ăh-bl, *a* impassable; insuperable,.

infructueu-x, se,* ang-frEEk-TE-er, *a* unfruitful.

infus, e, ang-fE, *a* innate.

infuser, ang-fE-zeh, *v* to infuse; to steep.

ingambe, ang-gahngb, *a* nimble.

ingénier (s'), sang-sheh-ne-eh, *v* to strive.

ingénieur, ang-sheh-ne-er, *m* engineer.

ingénieu-x, se,* ang-sheh-ne-er, *a* ingenious.

ingénu, e, ang-sheh-nE, *mf* & *a* ingenuous person; ingenuous; candid.

ingénument, ang-sheh-nE-mahng, *adv* ingenuously; artlessly.

ingérer (s'), sang-sheh-reh, *v* to meddle (**dans,** with).

ingrat, e, ang-grăh, *mf* & *a* ungrateful person; ungrateful; unprofitable; unpleasant.

ingrédient, ang-greh-de-ahng, *m* ingredient.

inguérissable, ang-gheh-riss-ăh-bl, *a* incurable.

inhabile,* e-năh-beell, *a* unskilful; unfit.

inhabitable, e-năh-be-tăh-bl, *a* uninhabitable.

inhabité, e, e-năh-be-teh, *a* uninhabited.

inhaler, e-năh-leh, *v* to inhale.

inhérent, e, e-neh-rahng, *a* inherent.

inhumain, e,* e-nE-mang, *a* inhuman; cruel.

inhumation, e-nE-măh-se-ong, *f* interment; burial.

inhumer, e-nE-meh, *v* to bury; to inter.

inimitié, e-ne-me-te-eh, *f* enmity; antipathy.

inique,* e-neeck, *a* iniquitous.

iniquité, e-ne-ke-teh, *f* iniquity.

initial, e, e-ne-se-ähl, *a* initial.

initiale, e-ne-se-ähl, *f* initial.

initiative, e-ne-se-äh-teev, *f* initiative.

initier, e-ne-se-eh, *v* to initiate; to instruct; to admit.

injecter, ang-shayk-teh, *v* to inject.

injure, ang-shEEr, *f* injury; wrong; insult.

injurieu-x, se,* ang-shE-re-e-r, *a* injurious; offensive.

injurier, ang-shE-re-eh, *v* to abuse.

injuste,* ang-shEEst, *a* unjust; unfair; wrong.

inné, e, een-neh, *a* innate, inborn.

innocemment, e-noss-äh-mahng, *adv* innocently.

innocent, e, e-noss-ahng, *mf* innocent person; simpleton; innocent; not guilty; harmless.

innombrable,* e-nong-bräh-bl, *a* innumerable.

inoccupé, e, e-nock-E-peh, *a* unoccupied.

inoculer, e-nock-E-leh, *v* to inoculate.

inoffensi-f, ve,* e-noff-ahng-seeff, *a* inoffensive.

inondation, e-nong-däh-se-ong, *f* flood.

inonder, e-nong-deh, *v* to overflow; to flood.

inopiné, e, e-nop-e-neh, *a* unforeseen.

inopinément, e-nop-e-neh-mahng, *adv* unexpectedly.

inouï, e, e-noo-e, *a* unheard of; unprecedented.

inqui-et, ète, ang-ke-ay, *a* anxious; uneasy; worried.

inquiétant, e, ang-ke-eh-tahng, *a* alarming; worrying.

inquiéter, ang-ke-eh-teh, *v* to make uneasy; to alarm; to worry.

inquiétude, ang-ke-eh-tEEd, *f* anxiety; worry.

insalubre,* ang-säh-lEE-br, *a* unwholesome; unhealthy.

insatiable,* ang-säh-se-äh-bl, *a* insatiable.   [tion.

inscription, angss-krip-se-ong, *f* inscription; registra-

inscrire, angss-kreer, *v* to inscribe; to enter; to register.

insecte, ang-say-kt, *m* insect.   [register.

insensé, e, ang-sahng-seh, *mf & a* madman; mad woman; insane; senseless.

insensible,* ang-sahng-see-bl, *a* insensitive; unconscious; callous; imperceptible.

insérer, ang-seh-reh, *v* to insert; to put in.

insigne, ang-seen-yer, *a* notable.

insigne, ang-seen-yer, *m* badge; emblem; *pl* insignia.

insignifiant, e, ang-seen-yee-fe-ahng, *a* insignificant.
insinuant, e, ang-se-nE-ahng, *a* insinuating.
insinuer, ang-se-nE-eh, *v* to insinuate; to hint.
insipide, ang-se-peed, *a* insipid.
insistance, ang-siss-tahngss, *f* insistence.
insociable, ang-soss-e-āh-bl, *a* unsociable.
insolation, ang-sol-āh-se-ong, *f* sun-stroke.
insolemment, ang-soll-āh-mahng, *adv* insolently.
insolence, ang-soll-ahngss, *f* insolence.
insolent, e, ang-soll-ahng, *mf & a* insolent person; insolent; cheeky.
insoluble, ang-soll-EE-bl, *a* insoluble.
insolvable, ang-soll-văh-bl, *a* insolvent.
insomnie, ang-somm-nee, *f* sleeplessness.
insondable, ang-song-dāh-bl, *a* unfathomable.
insouciance, ang-soo-se-ahngss, *f* insouciance.
insouciant, e, ang-soo-se-ahng, *a* insouciant.
insoucieu-x, se, ang-soo-se-er, *a* heedless.
insoutenable, ang-soot-năh-bl, *a* indefensible; unbearable.
inspecter, angss-peck-teh, *v* to inspect; to examine.
inspec-teur, trice, angss-peck-ter, *mf* inspector; inspectress; surveyor.
inspiration, angss-pe-rah-se-ong, *f* inspiration.
inspirer, angss-pe-reh, *v* to inspire.
instable, angss-tăh-bl, *a* unstable.
installation, angss-tăh-lăh-se-ong, *f* installation; fitting up; plant.
instamment, angss-tăh-mahng, *adv* ⌐urgently; earnestly;
instance, angss-tahngss, *f* entreaty; immediacy; degree of jurisdiction; suit.
instant, angss-tahng, *m* instant; **à l'—,** ăh l—, immediately; a moment ago.
instinct, angss-tang, *m* instinct.
instincti-f, ve,* angss-tangk-teeff, *a* instinctive.
instituer, angss-te-tE-eh, *v* to institute; to establish; to appoint.
institut, angss-te-tE, *m* institute; institution; school.
institu-teur, trice, angss-te-tE-ter, *mf* elementary school teacher; *f* governess.
institution, angss-te-tE-se-ong, *f* institution; establishment; school.

instruction, ang*ss*-tre*e*k-se-o*ng*, ƒ instruction; judicial investigation.

instruire, ang*ss*-trwee*r*, *v* to instruct; to investigate; to teach.

instruit, e, ang*ss*-trwee, *pp* & *a* instructed; learned.

instrument, ang*ss*-tre-mah*ng*, *m* instrument; tool.

instrumenter, ang*ss*-tre-mah*ng*-teh, *v* to draw deeds, writs, etc. [mentalist.

instrumentiste, ang*ss*-tre-mah*ng*-teesst, *m* instru-

insu (à l' — de), äh la*ng*-se-der, *prep* unknown to.

insuffisamment, ang-se-fe-zäh-mah*ng*, *adv* insufficiently.

insuffisant, e, ang-se-fe-zah*ng*, *a* insufficient.

insulaire, ang-se-lair, *mf* & *a* islander; insular.

insulte, ang-se*e*lt, ƒ insult; abuse.

insulter, ang-se*e*l-teh, *v* to insult; to abuse.

insupportable,* ang-se-por-täh-bl, *a* unbearable; badly behaved.

insurgé, e, ang-se*e*r-sheh, *mf* & *a* insurgent.

insurger (s'), sang-se*e*r-sheh, *v* to revolt; to rebel.

insurmontable, ang-se*e*r-mong-täh-bl, *a* insurmountable.

insurrection, ang-se*e*r-rayk-se-o*ng*, ƒ rising.

intact, e, ang-täh*ck*t, *a* intact; whole; undamaged.

intarissable,* ang-täh-riss-äh-bl, *a* inexhaustible.

intègre,* ang-tay-gr, *a* upright; just; honest.

intellectuel, le,* ang-tell-leck-te-ell, *a* intellectual.

intelligemment, ang-tell-le-shäh-mah*ng*, *adv* intelligently.

intelligence, ang-tell-le-*sh*ahng*ss*, ƒ intelligence; knowledge; skill; harmony.

intelligent, e, ang-tell-le *sh*ah*ng*, *a* intelligent; clever.

intempérant, e, ang-tah*ng*-peh-rah*ng*, *a* intemperate.

intempérie, ang-tah*ng*-peh-ree, ƒ inclemency.

intempesti-f, ve,* ang-tah*ng*-pess-teeff, *a* untimely.

intendant, ang-tah*ng*-dah*ng*, *m* steward; comptroller.

intense, ang-tah*ng*ss, *a* intense.

intensi-f, ve, ang-tah*ng*-seeff, *a* intensive.

intenter, ang-tah*ng*-teh, *v* to institute (proceedings).

intention, ang-tah*ng*-se-o*ng*, ƒ intention; purpose.

intentionné, e, ang-tah*ng*-se-onn-eh, *a*; **bien** or **mal** —, be-ang, mähl —, well-, ill-disposed.

intercaler, ang-tair-kăh-leh, *v* to insert; to wedge in.

intercéder, ang-tair-seh-deh, *v* to intercede (**auprès de,** with).

intercepter, ang-tair-sep-teh, *v* to intercept.

interdire, ang-tair-deer, *v* to prohibit; to suspend; (*fam*) to bewilder.

interdit, ang-tair-de, *m* interdict; person interdicted.

interdit, e, ang-tair-de, *a* speechless.

intéressant, e, ang-teh-rayss-ahng, *a* interesting.

intéressé, e, ang-teh-rayss-eh, *pp* & *a* interested; selfish.

intéresser, ang-teh-rayss-eh, *v* to interest; to con- ⌐cern. ⌐cern.

intérêt, ang-teh-ray, *m* interest; profit; share; con-

intérieur, ang-teh-re-er, *m* inside; home.

intérieur, e,* ang-teh-re-er, *a* interior; inner.

intérimaire, ang-teh-re-mair, *a* temporary.

interjeter, ang-tair-sher-teh, *v* to lodge an appeal.

interlocu-teur, trice, ang-tair-lock-E-ter, *mf* interlocutor.

interloquer, ang-tair-lock-eh, *v* to disconcert.

intermède, ang-tair-mayd, *m* interlude.

intermédiaire, ang-tair-meh-de-air, *m* & *a* medium; middleman; intermediate.

intermittence, ang-tair-mit-tahngss, *f* intermission.

internat, ang-tair-năh, *m* boarding-school.

international, e, ang-tair-năh-se-on-ăhl, *a* international

interne, ang-tairn, *mf* & *a* boarder; house-surgeon; internal.

interner, ang-tair-neh, *v* to intern.

interpeller, ang-tair-pel-leh, *v* to put a question to; to call upon; to heckle.

interposer, ang-tair-poz-eh, *v* to interpose.

interprète, ang-tair-prayt, *m* interpreter.

interroga-teur, trice, ang-tair-rogh-ăh-ter, *mf* & *a* examiner; enquiring.

interrogation, ang-tair-rogh-ăh-se-ong, *f* interrogation; question.

interrogatoire, ang-tair-rogh-ăh-to'ăhr, *m* examination; cross examination. ⌐examine.

interroger, ang-tair-rosh-eh, *v* to question; to

interrompre, ang-tair-rong-pr, v to interrupt; to stop; **s'—,** to break off.

interrupteur, ang-tair-REEP-ter, m switch.

intervalle, ang-tair-văhl, m interval.

intervenir, ang-tair-ver-neer, v to intervene; to interfere; to occur.

intervention, ang-tair-vahng-se-ong, f intervention.

intervertir, ang-tair-vair-teer, v to invert.

intestin, ang-tayss-tang, m intestine; bowel.

intimation, ang-te-măh-se-ong, f notification.

intime,* ang-teem, mf & a intimate friend; intimate; close; cosy.

intimer, ang-te-meh, v to notify.

intimider, ang-te-me-deh, v to intimidate.

intimité, ang-te-me-teh, f intimacy.

intitulé, e, ang-te-te-leh, pp & a entitled.

intolérable,* ang-toll-eh-răh-bl, a insufferable.

intolérant, e,* ang-toll-eh-rahng, a intolerant.

intoxiquer, ang-tox-ick-eh, v to poison (food etc).

intraduisible, ang-trăh-dwe-zee-bl, a untranslatable.

intraitable, ang-tray-tăh-bl, a intractable.

intransigeant, e, ang-trahng-ze-shahng, a intransigeant.

intrépide,* ang-treh-peed, a undaunted; fearless.

intrigant, e, ang-tre-gahng, mf & a intriguer; intriguing. [intrigue.

intriguer, ang-tre-gheh, v to perplex; to plot; to

intrinsèque,* ang-trang-sayk, a intrinsic.

introduc-teur, trice, ang-trod-EEK-ter, mf introducer.

introduire, ang-trod-weer, v to introduce; **s'—,** to get into.

introuvable, ang-troo-văhl-bl, a not to be found.

intrus, e, ang-trE, mf intruder.

intuiti-f, ve,* ang-tE-e-teeff, a intuitive.

inusable, e-nE-zăh-bl, a everlasting.

inutile,* e-nE-teel, a useless; unnecessary.

inutilité, e-nE-te-le-teh, f uselessness; pl useless things.

invalide, ang-văh-leed, a & mf invalid; infirm; army veteran; pensioner.

invalider, ang-văh-le-deh, v to invalidate.

invariable,* ang-väh-re-äh-bl, *a* invariable.

invasion, ang-väh-se-o*ng*, *f* invasion; irruption.

invectiver, ang-vayk-te-veh, *v* to inveigh.

invendable, ang-vahng-däh-bl, *a* unsaleable.

invendu, e, ang-vahng-dE, *a* unsold.

inventaire, ang-vahng-tair, *m* stock-taking; inventory.

inventer, ang-vahng-teh, *v* to invent.

inven-teur, trice, ang-vahng-ter, *mf* inventor; discoverer; *a* inventive.

inventi-f, ve, ang-vahng-teeff, *a* inventive.

inventorier, ang-vahng-tor-e-eh, *v* to make an inventory of; to take stock.

inverse,* ang-vairss, *a* inverse; inverted.

investigation, ang-vayss-te-gah-se-o*ng*, *f* investigation; inquiry.

investir, ang-vayss-teer, *v* to invest.

invétéré, e, ang-veh-teh-reh, *a* inveterate.

invisible,* ang-vee-zee-bl, *a* invisible.

invité, e, ang-ve-teh, *mf* guest.

inviter, ang-ve-teh, *v* to invite; to urge; to request.

involontaire,* ang-voll-o*ng*-tair, *a* involuntary.

invoquer, ang-vock-eh, *v* to invoke; to plead.

invraisemblable,* ang-vrayss-ahng-bläh-bl, *a* unlikely; unbelievable.

invraisemblance, ang-vrayss-ahng-blahngss, *f* unlikelihood.

invulnérable,* ang-vEEl-neh-räh-bl, *a* invulnerable.

iode, e-od, *m* iodine.

irascible, e-rähss-ee-bl, *a* irritable.

irisé, e, e-re-zeh, *a* iridescent.

irlandais, e, eer-lahng-deh, *a* Irish; *mf* Irishman; Irishwoman; Irish.

ironie, e-ronn-ee, *f* irony.

ironique,* e-ronn-eeck, *a* ironical.

irréalisable, eer-reh-äh-le-zäh-bl, *a* unrealisable.

irréductible, eer-reh-dEEk-tee-bl, *a* irreducible.

irréfléchi, e, eer-reh-fleh-she, *a* thoughtless.

irréflexion, eer-reh-fleck-se-o*ng*, *f* thoughtlessness.

irréguli-er, ère,* eer-reh-ghE-le-eh, *a* irregular.

irrémissible,* eer-reh-miss-ee-bl, *a* unpardonable.

irrésolu, e,* eer-reh-zoll-E, *a* irresolute.

irrespectueu-x, se,* eer-ress-peck-tE-e*r*, *a* disrespectful.

irresponsable, * eer-ress-pon*g*-säh-bl, *a* irresponsible·
irrévocable, * eer-eh-vock-*äh*-bl, *a* irrevocable.
irrigateur, eer-re-gäh-ter, *m* water-cart.
irriguer, eer-re-gheh, *v* to irrigate.
irriter, eer-re-teh, *v* to irritate; to provoke.
isolé, e, e-zoll-eh, *a* isolated; lonely; detached.
isolement, e-zoll-mah*ng*, *m* loneliness; seclusion.
issu, e, iss-E, *a* born; sprung from.
issue, iss-E, *f* issue; outlet; end.
isthme, issm, *m* isthmus.
itinéraire, e-te-neh-rair, *m* itinerary; route; guide-
ivoire, e-vo'ähr, *m* ivory; whiteness. [book.
ivre, e-vr, *a* drunk; intoxicated.
ivresse, e-vress, *f* drunkenness; rapture.
ivrogne, e-vronn-yer, *m* drunkard.

jabot, shäh-bo, *m* shirt-frill; crop (of a bird).
jacasser, shäh-kähss-eh, *v* to chatter; to prattle.
jacinthe, shäh-sang*t*, *f* hyacinth.
jadis, shäh-deess, *adv* formerly; of old. [forth.
jaillir, shah'e-eer, *v* to spout; to gush out; to spring
jalon, shäh-long, *m* stake; pole; landmark.
jalouser, shäh-loo-zeh, *v* to envy.
jalousie, shäh-loo-zee, *f* jealousy; Venetian blind.
jaloux-x, se, * shäh-loo, *a* jealous; anxious.
jamais, shäh-may, *adv* ever; never.
jambe, shah*ng*b, *f* leg; shank.
jambière, shah*ng*-be-air, *f* legging; elastic stocking;
jambon, shah*ng*-bong, *m* ham. [leg-guard.
jante, shah*ng*t, *f* rim; felly.
janvier, shah*ng*-ve-eh, *m* January.
japonais, e, shah-po-neh, *a* Japanese; *mf* Japanese
man, woman; Japanese.
japper, shäh-peh, *v* to yelp.
jaquette, shäh-kayt, *f* jacket.
jardin, shähr-dang, *m* garden.
jardini-er, ère, shähr-de-ne-eh, *mf* gardener.
jargon, shähr-gong, *m* gibberish; jargon.
jarre, shähr, *f* jar.
jarret, shäh-ray, *m* hamstring; hock; knuckle (veal);
shin (beef).

jarretelle, shähr-tell, *f* suspender.
jarretière, shähr-te-air, *f* garter.
jaser, shah-zeh, *v* to chatter; to gossip.
jasmin, shähss-mang, *m* jasmin.
jatte, shäht, *f* bowl.
jauge, shohsh, *f* gauge; tonnage.
jaunâtre, shoh-nah-tr, *a* yellowish.
jaune, shohn, *a* yellow.
jaunir, shoh-neer, *v* to make yellow; to turn yellow.
jaunisse, shoh-neess, *f* jaundice.
Javel (eau de), oh der shäh-vell, bleach.
javelle, shäh-vell, *f* sheaf; bundle.
javelot, shähv-lo, *m* javelin.
je (j' before a vowel), sher, *pron* I.
jésuite, sheh-zweet, *m* Jesuit.
Jésus, sheh-ze, *m* Jesus.
jet, shay, *m* throw; jet; ray.
jetée, sher-teh, *f* pier; jetty; mole.
jeter, sher-teh, *v* to throw; to fling.
jeton, sher-tong, *m* counter; token.
jeu, sher, *m* play; sport; gambling; set; acting.
jeudi, sher-de, *m* Thursday.
jeun (à), äh-shung, *adv* fasting; on an empty stomach.
jeûne, shern, *m* fast; fasting.
jeune, shern, *a* young; junior; youthful.
jeûner, sher-neh, *v* to fast.
jeunesse, sher-ness, *f* youth; young people.
joaillerie, sho'ah'e-ree, *f* jewellery; jeweller's trade.
joie, sho'äh, *f* joy; delight; gladness.
joignant, sho'ähn-yahng, *pres part* & *a* adjoining; near to.
joindre, sho'ang-dr, *v* to join; to adjoin; to clasp; to get in touch.
joint, e, sho'ang, *a* joined; united; **ci-joint,** se-sho'ang, herewith; annexed.
joli, e, sholl-e, *a* pretty.
joliment, sholl-e-mahng, *adv* nicely; (*fam*) very; terribly.
jonc, shong, *m* rush; cane.
joncher, shong-sheh, *v* to strew; to scatter.
jonction, shongk-se-ong, *f* junction.
jongler, shong-gleh, *v* to juggle.
joue, shoo, *f* cheek.

jouer, shoo-eh, *v* to play; to gamble; to stake; to act;
jouet, shoo-ay, *m* toy. [to deceive.
joueu-r, se, shoo-er, *mf* player; gambler.
joug, shoog, *m* yoke.
jouir, shoo-eer, *v* to enjoy; to possess; to use.
jouissance, shoo-iss-ahngss, *f* enjoyment; possession;
joujou, shoo-shoo, *m* plaything; toy. [use.
jour, shoohr, *m* day; daylight; gap.
journal, shoohr-nähl, *m* newspaper; journal; diary;
day-book.
journali-er, ère, shoohr-näh-le-eh, *a* daily. [pay.
journée, shoohr-neh, *f* daytime; day's work; day's
journellement, shoohr-nell-mahng, *adv* daily.
jovial, e, shov-e-ähl, *a* jovial.
joyau, sho'äh-yoh, *m* jewel.
joyeu-x, se, sho'äh-yer, *a* cheerful; merry; joyful.
jubilation, shE-be-läh-se-ong, *f* rejoicing; jollification.
jucher (se), ser shE-sheh, *v* to roost; to perch.
judiciaire, shE-de-se-air, *a* judicial; legal.
judicieu-x, se, shE-de-se-er, *a* judicious.
juge, shEEsh, *m* judge; magistrate.
jugement, shEEsh-mahng, *m* judgment; trial; sentence; opinion.
juger, shEE-sheh, *v* to judge; to try; to sentence; to
believe.
jui-f, ve, shweef, *mf & a* Jew, Jewess; Jewish.
juillet, shwe-yay, *m* July.
juin, shwang, *m* June.
jumeau, jumelle, shE-moh, shE-mell, *mf & a* twin.
jumelles, shE-mell, *fpl* binoculars.
jument, shE-mahng, *f* mare.
jupe, shEEP, *f* skirt.
jupon, shE-pong, *m* petticoat.
juré, shE-reh, *m* juror; juryman.
jurement, shEEr-mahng, *m* oath; swearing.
jurer, shE-reh, *v* to swear; to assure; to clash (colours
juridique, shE-re-deeck, *a* judicial [etc).
juron, shE-rong, *m* swear word.
jury, shE-re, *m* jury.
jus, shE, *m* juice; gravy.
jusque, shEEs-ker, *prep* to; as far as; until; up to;
down to; even.

juste, sh**EE**st, *m* upright man; *a* just; correct; fair;
juste, sh**EE**st, *adv* just; right; exactly. ⌊tight.
justement, sh**EE**s-ter-mah*ng*, *adv* just so; exactly.
justesse, sh**EE**s-tess, *f* accuracy; precision.
justice, sh**EE**s-teess, *f* justice; fairness; law.
justifier, sh**EE**s-te-fe-eh, *v* to justify; to prove.
jute, sh**EE**t, *m* jute.
juteu-x, se, sh**EE**-ter, *a* juicy.
juvénile, sh**E**-veh-neel, *a* youthful.
juxtaposer, sh**EE**x-täh-po-zeh, *v* to place side by
  side.

kaolin, käh-oll-a*ng*, *m* china-clay; kaolin.
képi, keh-pe, *m* military cap.
kermesse, kair-mess, *f* parish fair; charity fête.
kilo(gramme), ke-loh-grähm; *m* kilo(gram).
kilomètre, ke-loh-met-tr, *m* kilometre.
kiosque, ke-osk, *m* kiosk; news stand.
klaxon, klacks-o*ng*, *m* hooter.
klaxonner, klacks-on-eh, *v* to hoot.
krach, krähck, *m* financial disaster.
kyste, kee-st, *m* cyst.

la, läh, *f art*; the; *pron* her; it; *m* (music) A.
là, läh, *adv* there; thither; then.
labeur, läh-ber, *m* labour; toil; work.
laborieu-x, se, läh-bor-e-er, *a* industrious; labori-
labourer, läh-boo-reh, *v* to till; to plough. ⌊ous.
laboureur, läh-boo-rer, *m* ploughman; agricultural
lac, lähck, *m* lake. ⌊labourer.
lacer, läh-seh, *v* to lace.
lacet, läh-say, *m* lace; braid; snare.
lâche, lahsh, *m* coward; *a** loose; cowardly.
lâcher, lah-sheh, *v* to slacken; to loosen; to fork out;
  to release.
lâcheté, lahsh-teh, *f* cowardice; meanness.
laconique,* läh-konn-eeck, *a* laconic.
lacs, lah, *m* snares.
lacté, e, lähck-teh, *a* milky; **voie — e,** vo'äh —, Milky
lacune, läh-k**EE**n, *f* gap; blank. ⌊Way.

lagune, läh-gheen, *f* lagoon.
laid, e,* lay, *a* ugly; plain; unbecoming.
laideron, layd-rong, *mf* ugly creature.
laideur, lay-der, *f* ugliness.
lainage, lay-nähsh, *m* woollen goods; woolly garment.
laine, layn, *f* wool.
laisse, layss, *f* leash.
laisser, layss-eh, *v* to leave; to bequeath; to allow;
to give up.
laissez-passer, layss-eh pähss-eh, *m* pass.
lait, lay, *m* milk.
laitage, lay-tähsh, *m* milk; food; dairy produce.
laitance, lay-tahngss, *f* soft roe.
laiterie, lay-tree, *f* dairy.
laiteu-x, se, lay-ter, *a* milky.
laiti-er, ère, lay-te-eh, *mf* milkman; milkwoman;
produits —s, prod-wee —, dairy produce.
laiton, lay-tong, *m* brass.
laitue, lay-te, *f* lettuce.
lambeau, lahng-boh, *m* rag; shred; scrap; tattering.
lambin, e, lahng-bang, *mf & a* slow coach.
lambris, lahng-bre, *m* wainscot; panelling; ceiling.
lame, lähm, *f* plate; sheet; blade; wave.
lamentable,* läh-mahng-täh-bl, *a* woeful; mournful;
deplorable.
lamentation, läh-mahng-täh-se-ong, *f* lament; be-
wailing.
lampadaire, lahng-päh-dair, *m* standard lamp.
lampe, lahngp, *f* lamp.
lampion, lahng-pe-ong, *m* illumination lamps; fairy
lance, lahngss, *f* lance; spear; staff.   [light.
lancer, lahng-seh, *v* to throw; to fling; to issue; to
launch; to set someone on his feet.
lancinant, e, lahng-se-nahng, *a* (pain) shooting.
landau, aus, lahng-do, *m* pram.
lande, lahngd, *f* heath; moor; waste land.
langage, lahng-gähsh, *m* language; speech; expres-
lange, lahngsh, *f* nappy; swaddling cloth.   [sion.
langoureu-x, se,* lahng-ghoo-rer, *a* pining; melan-
langouste, lahng-ghoost, *f* crayfish.   [choly.
langue, lahng-gh, *f* tongue; language; (land) narrow
strip.

languette, lah*ng*-ghett, *f* small tongue; tab.
langueur, lah*ng*-gher, *f* langour; weakness.
languir, lah*ng*-gheer, *v* to languish; to pine away.
languissamment, lah*ng*-ghiss-äh-mah*ng*, *adv* lan-
  guishingly.
lanière, läh-ne-air, *f* thong; lash; leather lace.
lanterne, lah*ng*-tairn, *f* lantern; lamp.
lapider, läh-pe-deh, *v* to stone to death.
lapin, läh-pa*ng*, *m* rabbit.
laps, lähps, *m* lapse (of time).
laquais, läh-kay, *m* lackey; footman; flunkey.
laque, lähck, *m* lacquer.
laquelle, läh-kell, *pron f* who; whom; which; that.
larcin, lähr-sa*ng*, *m* larceny.
lard, lähr, *m* bacon; pig's fat.
larder, lähr-deh, *v* to lard.
lardon, lähr-dong, *m* slip of bacon; (*fig*) jibe.
large, lährsh, *m* breadth; width; open sea; *a* broad;
  generous.
largeur, lähr-sher, *f* breadth; width.
larme, lährm, *f* tear: drop.
larmoyer, lähr-mo'äh-yeh, *v* to weep; to whine.
larron, läh-rong, *m* thief.
larve, lährv, *f* larva; grub.
laryngite, läh-ra*ng*-sheet, *f* laryngitis.
la-s, sse, lah, *a* tired; weary.
lasci-f, ve,* lähss-eef, *a* lascivious; lewd.
lasser, lahss-eh, *v* to tire; to weary; to fatigue.
latent, e, läh-tah*ng*, *a* latent; concealed.
latte, läht, *f* lath; slat.
lauréat, lor-eh-äh, *m* laureate.
laurier, lor-e-eh, *m* laurel; bay.
lavabo, läh-väh-bo, *m* wash-basin; lavatory.
lavage, läh-väh**sh**, *m* washing; wash.
lavande, läh-vah*ng*d, *f* lavender.
lavement, lähv-mah*ng*, *m* enema.
laver, läh-veh, *v* to wash.
lavoir, läh-vo'ähr, *m* washing-place.
layette, lay-yett, *f* baby clothes.
le, ler, *m art* the; *m pron* him; it.
lécher, leh-sheh, *v* to lick; to polish.
leçon, ler-song, *f* lesson; lecture.

lec-teur, trice, leck-ter, *mf* reader.

lecture, leck-tEEr, *f* reading.

ledit, ler-de, *a* the said; *f* **ladite,** lăh-deet.

légal, e,* leh-găhl, *a* legal; lawful.

légaliser, leh-găh-le-zeh, *v* to authenticate; to legalize. [legalize.

légataire, leh-găh-tair, *mf* legatee.

légation, leh-găh-se-ong, *f* legateship; legation.

légende, leh-shahngd, *f* legend; references; caption.

lég-er, ère,* leh-sheh, *a* light; faint; fickle; fast.

légèreté, leh-shair-teh, *f* lightness; weakness; fickleness; thoughtlessness.

légion, leh-she-ong, *f* legion.

législation, leh-shees-lăh-se-ong, *f* legislation; set of laws. [laws.

légiste, leh-sheesst, *m* lawyer.

légitime,* leh-she-teem, *a* legitimate; lawful.

legs, leh, *m* legacy.

léguer, leh-gheh, *v* to bequeath.

légume, leh-ghEEM, *m* vegetable.

lendemain, lahngd-mang, *m* next day; morrow.

lent, e,* lahng, *a* slow; sluggish.

lenteur, lahng-ter, *f* slowness; delay; dullness.

lentille, lahng-tee-ye, *f* lentil; lens; *pl* freckles.

léopard, leh-op-ăhr, *m* leopard.

lèpre, laypr, *f* leprosy.

lépreu-x, se, leh-prer, *mf & a* leper; leprous.

lequel, ler-kell, *m pron* who; whom; which; that.

lesdits, lay-de, *a mpl* the said; *f* **lesdites,** lay-deet.

léser, leh-zeh, *v* to wrong; to injure.

lésine, leh-zeen, *f* stinginess.

lésion, leh-ze-ong, *f* lesion; injury; wrong.

lesquels, lay-kell, *pl* of **lequel**; *f* **lesquelles,** lay-kell.

lessive, layss-eev, *f* (of clothes) washing; wash; detergent. [detergent.

lest, lesst, *m* ballast.

leste,* lesst, *a* nimble; smart; (speech) free.

lettre, lay-tr, *f* letter; note; *pl* literature; letters.

lettré, e, lay-treh, *a* learned; literary.

leur, ler, *pers pron* to them.

leur, leurs, ler, *poss a* their.

leurrer, ler-reh, *v* to lure; to decoy.

levain, ler-vang, *m* leaven; yeast.

levant, ler-vahng, *m* East; *a* rising. [letters.

levée, ler-veh, *f* raising; removal; levy; collection of

lever, le*r*-veh, *v* to raise; to collect; **se—,** to stand up; to get up; *m* rising.

levier, le*r*-ve-eh, *m* lever; crowbar.

lèvre, lay-vr, *f* lip.

lévrier, leh-vre-eh, *m* greyhound.

levure, le*r*-VEE*r*, *f* yeast.

lézard, leh-zähr, *m* lizard.

lézarde, leh-zährd, *f* crevice; crack.

liaison, lee-ay-zong, *f* joining; junction; intimacy; ⌐liaison.

liant, e, lee-ah*ng*, *a* pliant; affable; sociable.

liasse, lee-ähss, *f* bundle; wad; file (of papers).

libellé, lee-bel-leh, *m* wording.

libellule, lee-bel-LEEl, *f* dragon-fly.

libérer, lee-beh-reh, *v* to liberate; to discharge.

liberté, lee-bair-teh, *f* liberty; freedom; ease.

libraire, lee-brair, *m* bookseller.

librairie, lee-bray-ree, *f* bookshop; booktrade.

libre,* lee-br, *a* free; bold; disengaged.

libre-échange, leebr-eh-shah*ng*sh, *m* free-trade.

licence, lee-sah*ng*ss, *f* licence; degree; licentiousness.

licencier, lee-sah*ng*-se-eh, *v* to disband.

licencieu-x, se,* lee-sah*ng*-se-e*r*, *a* licentious.

licite,* lee-seett, *a* lawful; licit.

lie, lee, *f* lees; dregs; (*fig*) scum.

liège, lee-aysh, *m* cork; cork-tree.

lien, lee-a*ng*, *m* bond; tie; band.

lier, lee-eh, *v* to bind; to tie; to join; to thicken.

lierre, lee-air, *m* ivy.

lieu, lee-e*r*, *m* place; spot; cause.

lieutenant, lee-e*r*t-nah*ng*, *m* lieutenant.

lièvre, lee-ay-vr, *m* hare.

ligne, leen-yer, *f* line; row; rank.

ligoter, lee-got-eh, *v* to bind; to tie up.

ligue, leegh, *f* league.

lilas, lee-läh, *m* lilac; *a* lilac-coloured.

limace, lee-mähss, *f* slug.

limaçon, lee-mäh-song, *m* snail.

limande, lee-mah*ng*d, *f* lemon-sole.

lime, leem, *f* file.

limer, lee-meh, *v* to file; to polish.

limier, lee-me-eh, *m* bloodhound; detective.

limite, lee-meet, *f* limit; boundary; landmark.

limitrophe, lee-me-trof, *a* bordering; adjacent.

limon, lee-mong, *m* slime; mud; shaft (vehicle).

limonade, lee-monn-ähd, *f* lemonade.

lin, lang, *m* flax; linen.

linceul, lang-serl, *m* shroud.

linge, langsh, *m* household linen; cloth; rag.

lingerie, langsh-ree, *f* underwear; lingerie; linen.

lingot, lang-go, *m* ingot.   [room.

linon, lee-nong, *m* lawn (fine linen).

linotte, lee-nott, *f* linnet; **tête de —,** tayt de *r* —, feather-brained person.

lion, ne, lee-ong, *mf* lion; lioness.

liqueur, lee-ker, *f* liqueur.

liquidation, lee-ke-däh-se-ong, *f* liquidation; clear-

liquide, lee-keed, *a & m* liquid.   [ance.

lire, leer, *v* to read.

lis, leess, *m* lily.

lis-eur, euse, lee-zer, *mf* reader; *f* bed jacket.

lisible,* lee-zee-bl, *a* legible.

lisière, lee-ze-air, *f* list; selvedge; border.

lisse, leess, *a* smooth; sleek; glossy.

liste, leest, *f* list; roll; schedule; catalogue.

lit, lee, *m* bed; layer; channel.

litanie, lee-täh-nee, *f* long story; *pl* litany.

literie, leet-ree, *f* bedding.

litière, lee-te-air, *f* litter (stable).

litige, lee-teesh, *m* litigation.

littéraire, lee-teh-rair, *a* literary.

littéral, e,* lee-teh-rähl, *a* literal.

littérateur, lee-teh-räh-ter, *m* literary man.

littérature, lee-teh-räh-teer, *f* literature.

littoral, lee-tor-ähl, *m* coast-line; *a* of the sea-coast.

livide, lee-veed, *a* livid.

livraison, lee-vray-zong, *f* delivery.

livre, lee-vr, *f* pound; *m* book; pound sterling.

livrée, lee-vreh, *f* livery; servants.

livrer, lee-vreh, *v* to deliver; to betray.

livret, lee-vray, *m* booklet; certificate-book; bank

livreur, lee-vrer, *m* deliverer of goods.   [book.

local, lock-ähl, *m* place; premises.

local, e,* lock-ähl, *a* local.

locataire, lock-äh-tair, *m* tenant; lodger.

location, lock-äh-se-*ong*, *f* letting; hiring; renting.

locomo-teur, trice, lock-omm-ot-er, *a* locomotive.

locomotive, lock-omm-ot-eev, *f* locomotive; engine.

locution, lock-E-se-*ong*, *f* locution; expression; idiom.

loge, losh, *f* lodge; hut; box.   ⌈quarters.

logement, losh-mah*ng*, *m* lodging; accommodation.

loger, losh-eh, *v* to lodge; to house; to dwell.

logique, losh-eeck, *f* logic; *a** logical.

logis, losh-e, *m* dwelling; house; lodging-house.

loi, lo'äh, *f* law; authority; act.

loin, lo'ang, *adv* far; distant.

lointain, e, lo'ang-tang, *a* remote; far off.

loisible, lo'äh-zee-bl, *a* allowable.

loisir, lo'äh-zeer, *m* leisure; time.

long, ue,* long, *a* long.   ⌈coast.

longer, long-sheh, *v* to pass along; to walk along; to

longtemps, long-tah*ng*, *adv* long; a long while.

longueur, long-gher, *f* length.

longue-vue, long-gh-VE, *f* spy-glass; telescope.

lopin, lop-ang, *m* patch of ground.

loque, lock, *f* rag; tatter.

loquet, lock-ay, *m* latch.

lorgner, lorn-yeh, *v* to ogle; to have an eye on.

lorgnette, lorn-yett, *f* opera-glass.

lorgnon, lorn-yong, *m* eye-glass; pince-nez.

lors, lor, *adv* then; at the time; **dès —,** day —, ever

lorsque, lors-ker, *conj* when.   ⌊since.

losange, loz-ah*ng*sh, *m* lozenge.

lot, lo, *m* portion; share; prize.

loterie, lot-ree, *f* raffle; lottery.

lotir, lot-eer, *v* to allot; to portion.

louable,* loo-äh-bl, *a* laudable; praiseworthy.

louage, loo-äh**sh,** *m* hire; letting out; renting.

louange, loo-ah*ng***sh,** *f* praise.

louche, loosh, *f* soup-ladle; *a* squint-eyed; suspicious.

louer, loo-eh, *v* to let; to rent; to hire; to praise.

loup, loo, *m* wolf.

loup-garou, loo-gäh-roo, *m* bugbear.

loupe, loop, *f* magnifying-glass.

lourd, e,* loor, *a* heavy dull; clumsy.

lourdaud, loor-doh, *m* blockhead; *a* clumsy; lumpish.

lourdeur, loor-der, *f* heaviness; dullness.

louve, loov, *f* she-wolf.

loyal, e,* lo'äh-yähl, *a* honest; true; faithful.

loyauté, lo'äh-yoh-teh, *f* honesty; fairness.

loyer, lo'äh-yeh, *m* hire; rent.

lubie, lᴇ-bee, *f* whim; fad.

lubrifiant, lᴇ-bre-fe-ah*ng*, *m* lubricant; *a* lubricating.

lubrifier, lᴇ-bre-fe-eh, *v* to lubricate.

lucarne, lᴇ-kährn, *f* former-window.

lucide,* lᴇ-seedd, *a* lucid; clear.

lucrati-f, ve,* lᴇ-krăh-teeff, *a* lucrative.

lueur, lᴇ-er, *f* glimmer; gleam.

lugubre,* lᴇ-gʜᴇ-br, *a* lugubrious.

lui, lwe, *pers pron* he; him; to him; her; to her; it; to it. [to it.

luire, lweer, *v* to shine; to glitter.

luisant, e, lwe-zah*ng*, *a* shining; glossy.

lumière, lᴇ-me-air, *f* light; *pl* knowledge.

lumineu-x, se,* lᴇ-me-ne*r*, *a* luminous.

lunaire, lᴇ-nair, *a* lunar.

lundi, lu*ng*-de, *m* Monday.

lune, lᴇn, *f* moon; — **de miel,** — der me-ell, honey-moon.

lunette, lᴇ-nayt, *f* telescope; *pl* spectacles.

luron, lᴇ-rong, *m* jolly fellow; merry dog.

lustre, lees-tr, *m* lustre; gloss; chandelier.

luth, lᴇᴇt, *m* lute.

lutin, lᴇ-ta*ng*, *m* goblin; imp (of child); *a* roguish.

lutiner, lᴇ-te-neh, *v* to tease.

lutte, lᴇᴇt, *f* wrestling; struggle; contest; strife.

lutter, lᴇ-teh, *v* to wrestle; to struggle.

luxe, leeks, *m* luxury.

luxer, leek-seh, *v* to dislocate.

luxueu-x, se,* leek-se-*r*, *a* luxurious.

luxure, leek-SEER, *f* lust.

lycée, lee-seh, *m* secondary school.

lyre, leer, *f* lyre.

lyrique, lee-reeck, *a* lyrical.

lyrisme, lee-reessm, *m* lyricism.

ma, măh, *poss af* my.

macabre, măh-kah-br, *a* macabre.

macédoine, măh-seh-do'ăhn, *f* mixed dish (of vegetables or fruit).

mâcher, mah-sheh, *v* to chew.

machinal, e,* măh-she-năhl, *a* mechanical.

machine, măh-sheen, *f* machine; engine; implement.

machiner, măh-she-neh, *v* to plot; to contrive.

mâchoire, mah-sho'ăhr, *f* jaw; jawbone.

mâchonner, mah-shonn-eh, *v* to mumble.

maçon, măh-song, *m* mason; bricklayer; freemason.

madame, măh-dăhm, *f* madam; Mrs.

mademoiselle, măhd-mo'ăh-zell, *f* Miss; the young [lady.

madone, măh-donn, *f* madonna.

madré, e, măh-dreh, *a* speckled; cunning.

magasin, măh-găh-zang, *m* shop; warehouse; stock.

magasinage, măh-găh-ze-năhsh, *m* warehousing.

magazine, măh-găh-zeen, *m* illustrated magazine.

magie, măh-shee, *f* magic.

magique,* măh-sheeck, *a* magic. [tative.

magistral, e,* măh-shees-trăhl, *a* masterly; authori-

magistrat, măh-shees-trăh, *m* magistrate.

magistrature, măh-shees-trăh-teer, *f* magistracy;
magistrates.

magnanime,* măhn-yăh-neem, *a* magnanimous.

magnétique, măhn-yeh-teeck, *a* magnetic.

magnétophone, măhn-yeh-toh-fonn, *m* tape recorder.

magnifique,* măhn-yee-feeck, *a* magnificent.

magot, mah-go, *m* baboon; grotesque figure; hoard.

mai, may, *m* May; maypole.

maigre,* may-gr, *a* lean; thin; scanty; barren.

maigrir, may-greer, *v* to become thin; to slim.

maille, mah'e, *f* mesh; stitch; (chain) mail.

maillot, mah'e-yo, *m* (sports) shirt; swimsuit.

main, mang, *f* hand; handwriting; quire; deal.

main-d'œuvre, mang-de*r*-vr, *f* workmanship;
labour.

main-forte, mang-fort, *f* assistance; help.

maint, e, mang, *a* many; several.

maintenant, mangt-nǎhng, *adv* now.

maintenir, mangt-neer, *v* to maintain; to secure; to
keep up.

maintien, mang-te-ang, *m* maintenance; deportment;
[countenance.

maire, mair, *m* mayor.

mairie, may-ree, *f* town-hall.

mais, may, *conj* but; — **oui,** — we, "why, yes".

maïs, măh-eess, *m* maize.

maison, may-zong, *f* house; home; firm.

maisonnette, may-zonn-ett, *f* cottage; small house.

maître, may-tr, *m* master; owner; teacher.

maîtresse, may-tress, *f* school-mistress; mistress.

maîtrise, may-treez, *f* mastery, self-control.

maîtriser, may-tre-zeh, *v* to master; to keep under [control.

majesté, măh-shess-teh, *f* majesty.

majestueu-x, se,* măh-shess-te-er, *a* majestic.

majeur, e, măh-sher, *a* greater; major; **force —e,** fors —, of necessity.

major, măh-shor, *m* major.

majorité, măh-shor-e-teh, *f* majority; coming of age.

majuscule, măh-shEES-keel, *f* capital (letter).

mal, măhl, *adv* ill; badly; amiss; on bad terms; *m* evil; mischief; misfortune; ache; sickness.

malade, măh-lăhd, *mf* sick person; patient; *a* ill; sick.

maladie, măh-lăh-dee, *f* illness.

maladi-f, ve,* măh-lăh-deeff, *a* sickly.

maladresse, măh-lăh-dress, *f* awkwardness; blunder.

maladroit, e,* măh-lăh-dro'ăh, *a* clumsy.

malaise, măh-layz, *m* uneasiness; discomfort; fainting fit.

malaisé, e, măh-lay-zeh, *a* difficult; incommodious.

malappris, e, măhl-ăh-pree, *mf* vulgar person; *a* ill-

malavisé, e, măhl-ăh-ve-zeh, *a* ill-advised. [bred.

malaxer, măhl-acks-seh, *v* to knead; to mix; to massage.

mâle, mahl, *m* male; *a* male; manly; virile.

malchance, măhl-shahngss, *f* ill-luck.

maléfice, măh-leh-feess, *m* witchcraft.

malencontreu-x, se,* măh-lahng-kong-tre*r* *a* unlucky; unfortunate.

malentendu, măh-lahng-tahng-dE, *m* misunderstanding.

malfaisant, e, măhl-fer-zahng, *a* mischievous; noxious.

malfai-teur, trice, măhl-fay-ter, *mf* malefactor.

malgré, măhl-greh, *prep* in spite of.

malhabile,* măhl-ăh-beel, *a* unskilful. [luck.

malheur, măh-ler, *m* unhappiness; misfortune; ill-

malheureu-x, se, * măhl-er-rer, *mf* & *a* unhappy; wretched.

malhonnête, * măhl-onn-ayt, *a* dishonest; rude.

malice, măh-leess, *f* malice; spite; roguishness.

malicieu-x, se, * măh-le-se-er, *a* spiteful; mischievous.

malin, maligne, * măh-lang, măh-leen-yer, *a* malignant; malicious; mischievous; sly; cunning.

malle, măhl, *f* trunk.

mallette, măh-lett, *f* small suitcase. [abuse.

malmener, măhl-mer-neh, *v* to handle roughly; to

malotru, e, măhl-ot-rE, *mf* ill-bred person: lout.

malpropre, * măhl-propr, *a* slovenly; dirty.

malsain, e, măhl-sang, *a* (things) unwholesome; (persons) unhealthy.

malséant, e, măhl-seh-ahng, *a* unbecoming.

malsonnant, e, măhl-sonn-ahng, *a* ill-sounding; offensive.

maltraiter, măhl-tray-teh, *v* to ill-treat; to injure.

malveillant, e, măhl-vay'e-ahng, *a* a malevolent.

maman, măh-mahng, *f* mammy.

mamelle, măh-mell, *f* breast; udder.

mamelon, măh-mer-long, *m* nipple; teat.

mammifère, măh-me-fair, *m* mammal.

manche, mahngsh, *m* handle; *f* sleeve.

manchette, mahng-shett, *f* cuff.

manchon, mahng-shong, *m* muff.

manchot, e, mahng-sho, *a* & *mf* one-armed.

mandat, mahng-dăh, *m* mandate; money order; warrant.

mandataire, mahng-dăh-tair, *m* proxy; agent. [for.

mander, mahng-deh, *v* to send word; to order; to send

manège, măh-naish, *m* riding-school; round-about;

manette, măh-nett, *f* small handle. L(*fam*) trick.

mangeable, mahng-shăh-bl, *a* edible.

mangeaille, mahng-shăht'e, *f* feed; (*fam*) grub.

manger, mahng-sheh, *v* to eat; to squander; *m* food.

maniable, măh-ne-ăh-bl, *a* easy to handle.

maniaque, măh-ne-ăhck, *m* maniac; *a* eccentric.

manie, măh-nee, *f* mania; craze.

maniement, măh-ne-mahng, *m* handling; management.

manier, măh-ne-eh, v to handle; to manage; to govern.

manière, e, măh-ne-air, f manner; kind; style. pl manners; airs.

maniéré, e, măh-ne-eh-reh, a affected.

manifestation, măh-ne-fes-tah-se-ong, f manifestation; political demonstration.

manifeste, măh-ne-fest, m manifesto; manifest; a* manifest; evident.

manifester, măh-ne-fess-teh, v to manifest; to demonstrate.

manipuler, măh-ne-pE-leh, v to manipulate; to

manivelle, măh-ne-vell, f handle; crank.   [handle.

mannequin, măhn-kang, m dummy; fashion model.

manoeuvre, măh-ner-vr, m labourer; f move; drill.

manoeuvrer, măh-ner-vreh, v to handle; to work; to manoeuvre.

manoir, măh-no'ăhr, m manor; mansion.

manque, mahngk, m lack; deficiency; failure.

manqué, é, mahng-keh, a missed; defective; failed.

manquement, mahngk-mahng, m omission; failure; oversight.

manquer, mahng-keh, v to fail; to want; to err; to miss; to be very near to (doing something).

mansarde, mahng-săhrd, f garret; attic.

manteau, mahng-toh, m cloak; mantle.

manuel, măh-nE-ell, m hand-book; text-book.

manuel, le,* măh-nE-ell, a manual.

manufacture, măh-nE-făhck-tEEr, f factory; making.

manuscrit, măh-nEES-kree, m manuscript.

maquereau, măhck-roh, m mackerel.

maquette, măhck-ett, f model; dummy (book); mock-up.

maquillage, măh-kee-yăhsh, m make-up.   [disguise.

maquiller, măh-kee-yeh, v to make up (face); to

maraîch-er, ère, măh-ray-sheh, a of market gardens.

marais, măh-ray, m marsh; swamp; bog.

marâtre, măh-rah-tr, f cruel stepmother.

marauder, măh-roh-deh, v maraud; to plunder.

marbre, măhr-br, m marble; marble slab.

marchand, e, măhr-shahng, mf tradesman; tradeswoman; dealer; a saleable; merchant.

marchandage, mǎhr-shahng-dǎhsh, *m* bargaining.

marchandise, mǎhr-shahng-deez, *f* goods; wares.

marche, mǎhrsh, *f* stair; walking; march; progress; running (trains etc).

marché, mǎhr-sheh, *m* market; bargain; purchase; contract; **bon** —, bong —, cheap; **meilleur** —, may-yer —, cheaper.

marchepied, mǎhr-sher-pe-eh, *m* foot-board; step.

marcher, mǎhr-sheh, *v* to walk; to tread; to work; to move.

mardi, mǎhr-de, *m* Tuesday.

mare, mǎhr, *f* pool; pond.

marécage, mǎh-reh-kǎhsh, *m* marsh; bog; swamp.

maréchal, mǎh-reh-shǎhl, *m* marshal; — **ferrant,** —feh-rahng, blacksmith.

marée, mǎh-reh, *f* tide; sea-fish.

margarine, mǎhr-ghǎh-reen, *f* margarine.

marge, mǎhrsh, *f* margin; border; time.

marguerite, mǎhr-gher-reet, *f* daisy; marguerite.

mari, mǎh-re, *m* husband.

mariage, mǎh-re-ǎhsh, *m* marriage; wedding; union.

marié, e, mǎh-re-eh, *mf* bridegroom; bride.

marier, mǎh-re-eh, *v* to marry; to unite; **se** —, to get married.

marin, mǎh-rang, *m* sailor; seaman.

marin, e, mǎh-rang, *a* marine; seagoing.

marinade, mǎh-re-nǎhd, *f* pickle; marinade.

marine, mǎh-reen, *f* navy; navigation; **bleu** —, bler —, navy blue.

marionnette, mǎh-re-onn-ett, *f* *pl* puppet puppet show.

marmaille, mǎhr-mah'e, *f* crowd of kids.

marmite, mǎhr-meet, *f* stock-pot.

marmot, mǎhr-mo, *m* brat; child.

marmotter, mǎhr-mot-eh, *v* to mutter.

maronner, mǎh-ronn-eh, *v* (*fam*) to grumble.

maroquin, mǎh-rock-ang, *m* morocco leather.

marquant, e, mǎhr-kahng, *a* prominent; striking.

marque, mǎhrk, *f* mark; stamp; brand; token.

marquer, mǎhr-keh, *v* to mark; to be conspicuous.

marqueterie, mǎhr-kert-ree, *f* inlaid work.

marquis, e, mǎhr-ke, *mf* marquis; marchioness; marquee.

marraine, mǎh-rain, *f* godmother.

marrant, mǎh-rahng, *a* (*fam*) funny; amusing; odd.

marron, măh-ro*ng, m* conker; chestnut; *a* chestnut coloured; brown.

marronnier, măh-ronn-e-eh, *m* chestnut tree.

mars, măhrs, *m* March; Mars.

marseillaise, măhr-say'e-ayz, *f* Marseillaise.

marsouin, măhr-soo-a*ng, m* porpoise.

marteau, măhr-toh, *m* hammer; knocker.

marteler, măhr-ter-leh, *v* to hammer; to torment.

martial, e,* măhr-se-ăhl, *a* martial.

martinet, măhr-te-nay, *m* swift; cat o' nine tails.

martre, măhr-tr, *f* marten; sable.

martyre, măhr-teer, *m* martyrdom.

masculin, e, măhss-ke-la*ng, a & m* masculine; male.

masque, măhsk, *m* mask; pretence.

masquer, măhss-keh, *v* to mask; to disguise; to hide.

massacrer, măhss-ăh-kreh, *v* to slaughter; to spoil; to bungle.

masse, măhss, *f* mass; heap; bulk; lot; pool.

massif, măhss-eef, *m* thicket; clump of shrubs; chain of mountains.

massi-f, ve,* măhss-eef, *a* massive; heavy; solid.

massue, măhss-E, *f* club.

mastic, măhss-teeck, *m* putty.

mastiquer, măhss-te-keh, *v* to cement; to masticate.

mat, măht, *m* (chess) mate.

mat, e, măht, *a* mat; unpolished; dull; heavy.

mât, mah, *m* mast; pole.

matelas, măht-lăh, *m* mattress.

matelot, măht-lo, *m* sailor; seaman.

mater, măh-teh, *v* to checkmate; to mat; (*fam*) to curb; to subdue.

matériaux, măh-te-re-oh, *mpl* materials.

matériel, măh-teh-re-ell, *m* stock; plant.

matériel, le,* măh-teh-re-ell, *a* material.

maternel, le,* măh-tair-nell, *a* motherly; maternal; *f* infant school.

maternité, măh-tair-ne-teh, *f* maternity; maternity hospital.   ⌈matics.

mathématiques, măh-teh-măh-teeck, *fpl* mathe-

matière, măh-te-air, *f* matter; material; subject; ⌊cause.

matin, măh-ta*ng, m* morning.

matinal, e, măh-te-năhl, *a* early.

matinée, măh-te-neh, *f* forenoon; matinee.

matois, e, măh-to'ăh, *mf* sly person; *a* cunning; [artful.

matrice, măh-treess, *f* matrix; womb.

matricule, măh-tre-KEEL, *f* registration; roll.

maturité, măh-TE-re-teh, *f* maturity; ripeness.

maudire, moh-deer, *v* to curse.

maudit, e, moh-de, *mf* reprobate; *a* cursed.

maugréer, moh-greh-eh, *v* to curse; to fume.

maussade,* moh-săhd, *a* cross; sulky; dull.

mauvais, e, moh-vay, *a* evil; bad; ill; wrong.

mauve, mohv, *a* & *m* mauve.

me, mer, *pron* me; to me; at me. [driver.

mécanicien, meh-kăh-ne-se-a*ng*, *m* mechanic; engine-

mécanique, meh-kăh-neeck, *f* mechanics; machinery; *a** mechanical. [chinery.

mécanisme, meh-kăh-nissm, *m* mechanism; ma-

méchamment, meh-shăh-mah*ng*, *adv* wickedly; un-kindly. [kindness.

méchanceté, meh-shah*ng*ss-teh, *f* wickedness; un-

méchant, e, meh-shah*ng*, *mf* wicked person; naughty child; *a* wicked; ill-natured; naughty.

mèche, maysh, *f* wick; match; lock (of hair).

mécompte, meh-ko*ng*t, *m* miscalculation; dis-appointment.

méconnaissable, meh-konn-ess-ăh-bl, *a* unrecogniz-able.

méconnaître, meh-konn-ay-tr, *v* not to recognize; not to appreciate. [unappreciated.

méconnu, e, meh-konn-E, *pp* & *a* unacknowledged.

mécontent, e, meh-ko*ng*-tah*ng*, *a* discontented.

mécréant, meh-kreh-ah*ng*, *m* unbeliever.

médaille, meh-dah'e, *f* medal; badge.

médaillon, meh-dah'e-yo*ng*, *m* medallion; locket.

médecin, mehd-sa*ng*, *m* physician; doctor.

médecine, mehd-seen, *f* medicine (art of).

médiat, e, meh-de-ăh, *a* mediate.

média-teur, trice, meh-de-ăh-ter, *mf* mediator.

médicament, meh-de-kăh-mah*ng*, *m* medicine.

médiocre,* meh-de-ockr, *a* mediocre.

médire, meh-deer, *v* to slander.

médisance, meh-de-zah*ng*ss, *f* slander.

méditer, meh-de-teh, *v* to meditate; to plan.

méduse, meh-DEEZ, *f* jelly-fish.

méfait, meh-fay, *m* misdeed.

méfiance, meh-fe-ah*ng*ss, *f* mistrust; caution.

méfiant, e, meh-fe-ah*ng*, *a* mistrustful; suspicious.

méfier (se), ser meh-fe-eh, *v* to mistrust **(de)**; to beware of.

mégarde (par), păhr meh-gährd, *adv* inadvertently.

mégère, meh-**shair**, *f* shrew (of woman).

meilleur, e, may'e-er, *a* better; best. [gloomy.

mélancolique, * meh-lah*ng*-koll-eeck, *a* melancholy;

mélange, meh-lah*ng*sh, *m* mixture; blending; medley.

mélanger, meh-lah*ng*-sheh, *v* to mix; to blend.

mélée, may-leh, *f* fray; scuffle; conflict; scrum.

mêler, may-leh, *v* to mix; to blend; to entangle.

mélodieu-x, se, * meh-lod-e-er, *a* melodious.

melon mer-lo*ng*, *m* melon; (*fam*) bowler hat.

membrane, mah*ng*-brähn, *f* membrane; film.

membre, mah*ng*-br, *f* member; limb.

même, maym, *a* same; even; very; self.

mémoire, meh-mo'ähr, *m* memorandum; bill; *pl* memoirs; *f* memory; fame.

menaçant, e, mer-näh-sah*ng*, *a* threatening.

menace, mer-**näh**ss, *f* menace; threat.

menacer, mer-nähss-eh, *v* to threaten.

ménage, meh-nähsh, *m* housekeeping; household; married couple.

ménagement, meh-nähsh-mah*ng*, *m* regard; caution; tact.

ménager, meh-näh-sheh, *v* to manage; to save; to treat with caution; to arrange.

ménag-er, ère, meh-näh-sheh, *a* domestic; of the

ménagère, meh-näh-shair, *f* housewife. [household.

mendiant, e, mah*ng*-de-ah*ng*, *mf* & *a* beggar; begging.

mendicité, mah*ng*-de-se-teh, *f* begging.

mendier, mah*ng*-de-eh, *v* to beg.

menée, mer-neh, *f* intrigue; underhand dealing.

mener, mer-neh, *v* to lead; to head; to convey.

meneur, mer-ner, *m* leader; ringleader.

méningite, meh-na*ng*-sheet, *f* meningitis.

menotte, mer-not, *f* little hand; *pl* handcuffs.

mensonge, mah*ng*ss-o*ng*sh, *m* lie; untruth.

mensuel, le, * mah*ng*-se-ell, *a* monthly.

mental, e,* mah*n*g-tähl, *a* mental. ⌠mentality;
mentalité, mah*n*g-täh-le-teh, *f* frame of mind;
menteu-r, se, mah*n*g-ter, *mf* liar; *a* lying.
menthe, mah*n*gt, *f* mint.
mentionner, mah*n*g-se-onn-eh, *v* to mention.
mentir, mah*n*g-teer, *v* to lie; to fib.
menton, mah*n*g-tong, *m* chin.
menu, me*r*-ne, *m* menu; particulars.
menu e, me*r*-ne, *a* thin; slender; fine; petty.
menuisier, me*r*-nwee-ze-eh, *m* joiner; carpenter.
méprendre (se), se*r* meh-prah*n*g-dr, *v* to be mis-
mépris, meh-pree, *m* contempt; scorn. ⌊taken.
méprisable, meh-pre-zäh-bl, *a* contemptible; des-
pi:able.
méprise, meh-preez, *f* mistake; misapprehension.
mépriser, meh-pre-zeh, *v* to despise; to scorn.
mer, mair, *f* sea; **mal de —,** mähl de*r* —, sea-sickness.
mercenaire, mair-se*r*-nair, *m* & *a* mercenary; hire-
mercerie, mair-ser-ree, *f* haberdashery. ⌊ling.
merci, mair-se, *m* thanks; thank you; no, thank you;
f mercy.
merci-er, ère, mair-se-eh, *mf* haberdasher.
mercredi, mair-kre*r*-de, *m* Wednesday.
mère, mair, *f* mother; *a* principal.
méridien, ne, meh-re-de-a*n*g, *a* meridian.
méridienne, meh-re-de-ain, *f* meridian line; siesta.
méridional, e, meh-re-de-onn-ähl, *a* & *mf* southern;
southerner.
mérite, meh-reet, *m* merit; worth; talent.
mériter, meh-re-teh, *v* to deserve; to be worth; to
méritoire,* meh-re-to'ähr, *a* meritorious. ⌊require.
merlan, mair-lah*n*g, *m* whiting.
merle, mairl, *m* blackbird.
merveille, mair-vay'e, *f* marvel; wonder; *adv phr*
à —, äh —, excellently.
merveilleu-x, se,* mair-vay'e-e*r*, *a* wonderful.
mes, may, *poss a pl* my.
mésallier (se), se*r* meh-zäh-le-eh, *v* to marry below
mésange, meh-zah*n*gsh, *f* tomtit. ⌊one's station.
mésaventure, meh-zäh-vah*n*g-tee*r*, *f* mischance;
mishap.
mésestimer, meh-zess-te-meh, *v* to undervalue.

mésintelligence, meh-zang-tell-le-**shah**ngss, *f* misunderstanding.

mesquin, e,* mess-kang, *a* mean; niggardly; stingy.

mesquinerie, mess-keen-ree, *f* meanness; pettiness.

message, mess-ăhsh, *m* message; errand.

messag-er, ère, mess-ăh-**sh**eh, *mf* messenger.

messagerie, mess-ăhsh-ree, *f* carrying trade; transmesse, mayss, *f* mass. ⌐port service.

messe, mayss, *f* mass. ⌐port service.

mesure, mer-ZEER, *f* measure; measurement; proportion; step; propriety; (music) bar; time.

mesuré, e, mer-ze-reh, *a* regular; guarded.

mesurer, mer-ze-reh, *v* to measure; to consider; to

mésuser, meh-ze-zeh, *v* to misuse. ⌐proportion.

métal, meh-tăhl, *m* metal.

métamorphose, meh-tăh-mor-fohz, *f* metamorphosis; transformation.

météore, meh-teh-or, *m* meteor. ⌐rological.

météorologique, meh-teh-o-ro-lo-**sh**eeck, *a* meteo-

méthode, meh-tod, *f* method; way; system.

méthodique,* meh-tod-eeck, *a* methodical.

méticuleu-x, se,* meh-te-ke-ler, *a* meticulous; particular.

métier, meh-te-eh, *m* trade; profession; handicraft;

métis, se, meh-tee, *mf* & *a* half-breed; hybrid. ⌐loom]

métrage, meh-trăhsh, *m* measuring; metric length.

mètre, met-tr, *m* metre; rule. ⌐length of film.

métrique, meh-treeck, *a* metric. ⌐country.

métropole, meh-trop-ol, *f* metropolis; mother

métropolitain, meh-trop-oll-e-tang, *a* metropolitan; **le Métro,** underground railway (Paris).

mets, may, *m* food; dish.

mettre, met-tr, *v* to put; to set; to wear.

meuble, mer-bl, *m* piece of furniture; *pl* furniture; *a* movable.

meubler, mer-bleh, *v* to furnish; to stock.

meule, merl, *f* grindstone; millstone.

meuni-er, ère, mer-ne-eh, *mf* miller.

meurtre, mer-tr, *m* murder.

meurtri-er, ère, mer-tre-eh, *mf* murderer; murderess; *a* deadly.

meurtrir, mer-treer, *v* to bruise.

meurtrissure, mer-triss-EER, *f* bruise.

neute, mert, *f* pack of hounds; (*fam*) mob.
mi, me, *m* (music) Mi; E.
mi, me, half; mid; semi-.
miasme, me-ähssm, *m* miasma.
miauler, me-ohl-eh, *v* to mew.
microbe, me-krob, *m* microbe; (*fam*) germ.
microfilm, me-kroh-feelm, microfilm.
microphone, me-krof-onn, *m* microphone.
microsillon, me-croh-se-yong, *m* long playing record.
midi, me-de, *m* midday; noon; South (of France).
mie, me, *f* crumb (inside of a loaf).
miel, me-ell, *m* honey.
mielleu-x, se,* me-ell-*er*, *a* honeyed; bland; soft-   ⌐spoken.
mien, ne, me-ang, *poss pron* mine.   ⌐spoken.
miette, me-ett, *f* crumb; bit.   ⌐a better.
mieux, me-*er*, *adv* better; best; more; *m* best thing.
mignardise, meen-yähr-deez, *f* mincing manners.
mignon, ne, meen-yong, *a* delicate; tiny; sweet.
migraine, me-grain, *f* migraine.
mijaurée, me-shohr-eh, *f* affected woman.
mijoter, me-shot-eh, *v* to simmer.
milieu, me-le-*er*, *m* middle; circle; environment;
   social class; (*fig*) to plot.
militaire, me-le-tair, *a* soldier; *a* military.
mille, mill, *m* one thousand; mile; *a* thousand.
milliard, mill-e-ähr, *m* one thousand millions.
millième, mill-e-aim, *m* & *a* thousandth.
million, mill-e-ong, *m* million.
millionième, mill-e-onn-e-emm, *m* & *a* millionth.
mime, meem, *m* mime.
minable, me-näh-bll, *a* shabby; pitiable.
minauder, me-nohd-eh, *v* to simper; to mince.
mince, mangss, *a* slender; slim; scanty.
mine, meen, *f* appearance; look; mine; lead (of pencil).
miner, me-neh, *v* to undermine; to wear away.
minerai, meen-ray, *m* ore.
minéral, e, me-neh-rähl, *a* mineral.
mineur, me-ner, *m* miner; *a* (music) minor; minor.
mineur, e, me-ner, *a* minor; under age.
miniature, me-ne-äh-TEER, *f* miniature.
mini-er, ère, me-ne-eh, *a* mining.
minime, me-neem, *a* very small; trifling.

ministère, me-niss-tair, *m* ministry; services.
ministre, me-neestr, *m* minister; Secretary of State; clergyman.
minois, me-no'äh, *m* (*fam*) pretty face.
minuit, me-nwe, *m* midnight.
minuscule, me-nuss-keel, *f* small letter; *a* minute.
minute, me-NEET, *f* minute; instant.
minutieu-x, se,* me-nEE-se-er, *a* particular; detailed.
miracle, me-räh-kl, *m* miracle; wonder.
miraculeu-x, se,* me-räh-kE-ler, *a* miraculous; wonderful.
mirage, me-rähsh, *m* mirage; delusion.
mirer, me-reh, *v* to aim at; se —, to look at (oneself).
miroir, me-ro'ähr, *m* mirror; looking-glass.
miroiter, me-ro'äh-teh, *v* to flash; to glisten.
mise, meez, *f* placing; dress; stake.
misérable, me-zeh-räh-bl, *mf* wretch.
misère, me-zair, *f* misery; poverty; trifle.
miséricorde, me-zeh re-kord, *f* mercy.
mission, miss-e-ong, *f* mission.
missionnaire, miss-e-onn-air, *n* missionary.
mitaine, me-tain, *f* mitten.
mite, meet, *f* clothes moth; mite.
mi-temps, me-tahng, *f* half-time; interval; part-time.
mitiger, me-te-sheh, *v* to mitigate.
mitraille, me-trah'e, *f* grape-shot.
mitrailleuse, me-trah'e-erz, *f* machine-gun.
mixte, meekst, *a* mixed; **école** —, eh-kol —, co-ed school.
mixtion, meeks-te-ong, *f* mixture; compounding.
mobile, mob-eel, *m* moving body; motive power; mobile; *a* movable; changing.
mobilier, mob-e-le-eh, *m* furniture.
mobili-er, ère, mob-e-le-eh, *a* movable; personal.
mobiliser, mob-e-le-zeh, *v* to mobilize.
mobilité, mob-e-le-teh, *f* mobility; instability.
mode, mod, *m* mood; mode; method.
mode, mod, *f* fashion; way; *pl* millinery.
modèle, mod-ell, *m* model; pattern; size.
modeler, mod-leh, *v* to model; to shape; to mould.
modération, mod-eh-räh-se-ong, *f* moderation.
modérer, mod-eh-reh, *v* to moderate; to quiet.
moderne, mod-airn, *mf* & *a* modern style; modern.

modeste,* mod-est, *a* modest; unassuming.
modestie, mod-ess-tee, *f* modesty.
modifier, mod-e-fe-eh, *v* to modify.
modique,* mod-eeck, *a* moderate; small.
modiste, mod-eest, *f* milliner.
moelle, mwähl, *f* marrow (bone); pith.
moelleu-x, se,* mwäh-ler, *a* marrowy; soft; mellow.
mœurs, mers, *fpl* manners; customs; morals.
moi, mwäh, *pers pron* I; me; to me; *m* self; ego.
moindre,* mwang-dr, *a* less; **le** —, ler —, the least.
moine, mwähn, *m* monk; bed-warmer.
moineau, mwäh-noh, *m* sparrow.
moins, mwang, *adv* less; fewer; least; under; *prep*
mois, mwäh, *m* month. [minus.
moisir, mwäh-zeer, *v* to go mouldy; (*fam*) to vegetate.
moisson, mwähss-ong, *f* harvest; crop.
moite, mwäht, *a* moist; damp; clammy.
moiteur, mwäh-ter, *f* moistness; dampness.
moitié, mwäh-te-eh, *f* half; *adv* half; partly.
mol, le,* see **mou.**
molaire, moll-air, *f* molar tooth.
môle, mohl, *m* mole; pier.
molester, moll-ess-teh, *v* to molest; to vex.
mollasse, moll-ähss, *a* flabby; spineless.
mollesse, moll-ess, *f* softness; indolence.
mollet, moll-ay, *m* calf (of the leg).
mollet, te, moll-ay, *a* soft; tender.
molletonné, moll-tonn-eh, *a* lined with swansdown;
with raised nap.
mollir, moll-eer, *v* to soften; to slacken; to give way.
moment, mom-ahng, *m* moment; time; occasion.
momentané,* **e,** mom-ahng-täh-neh, *a* momentary.
momie, mom-ee, *f* mummy.
mon, mong, *poss a m* my; *f* **ma,** mäh, *pl* **mes,** may.
monarchie, monn-ähr-shee, *f* monarchy.
monarque, monn-ährk, *m* monarch.
monastère, monn-ähss-tair, *m* monastery.
monceau, mong-soh, *m* heap.
mondain, e,* mong-dang, *a* worldly; mundane;
fashionable.
monde, mongd, *m* world; mankind; people; society.
mondial, e, mong-de-ähl, *a* world-wide.

monétaire, monn-eh-tair, *a* monetary. ⎡gazette.

moniteur, monn-e-ter, *m* monitor; instructor;

monnaie, monn-ay, *f* money; coin; change; Mint.

monocle, monn-ockl, *m* eye-glass.

monomane, monn-omm-ähn, *mf* & *a* monomaniac.

monopole, monn-op-ol, *m* monopoly.

monotone, monn-ot-onn, *a* monotonous.

monseigneur, mong-sehn-yer, *m* my lord; your lordship; jemmy.

monsieur, mer-se-er, *m* gentleman; Mr; master; Sir.

monstre, mongss-tr, *m* monster.

monstrueu-x, se,* mongss-tre-er, *a* monstrous;

mont, mong, *m* mount; mountain. ⎣shocking.

montage, mong-tähsh, *m* raising; putting up.

montagnard, e, mong-tähn-yähr, *mf* mountaineer.

montagne, mong-tähn-yer, *f* mountain.

montant, mong-tahng, *m* upright; rise; amount; tang.

montant, e, mong-tahng, *a* rising; uphill; high-

montée, mong-teh, *f* rise; ascent; step. ⎣necked.

monter, mong-teh, *v* to ascend; to rise; to ride; to set up; to mount (jewel); **se —,** to amount.

monticule, mong-te-keel, *m* hillock.

montre, mong-tr, *f* watch; show; show-window.

montrer, mong-treh, *v* to show; to teach.

montueu-x, se, mong-te-er, *a* hilly.

monture, mong-teer, *f* mount; frame; setting.

monument, monn-e-mahng, *m* monument.

moquer (se), ser mock-eh, *v* to mock; to make fun of.

moquerie, mock-ree, *f* mockery; derision.

moquette, mock-ett, *f* fitted carpet.

moqueu-r, se, mock-er, *mf* sneerer; *a* mocking.

moral, mor-ähl, *m* state of mind; morale; spirits.

moral, e,* mor-ähl, *a* moral; mental. ⎡story.

morale, mor-ähl, *f* morals; reprimand; moral (of

morceau, mor-soh, *m* piece; bit; morsel; extract.

morceler, mor-ser-leh, *v* to cut up into small pieces; to parcel out.

mordant, e, mor-dahng, *a* biting; sarcastic.

mordicus, mor-de-keess, *adv* stubbornly; doggedly.

mordre, mor-dr, *v* to bite; to gnaw; to eat away.

morfondre (se), ser mor-fong-dr, *v* to be chilled; to be bored stiff waiting.

morgue, morgh, *f* mortuary; arrogance.

moribond, e, mor-e-bong, *mf* & *a* dying person;

morne, morn, *a* gloomy; sad; dull.   [dying.

morose, mor-ohz, *a* morose.

morphine, mor-feen, *f* morphia.

mors, mor, *m* bit; **prendre le — aux dents,** prahng-dr le͡r — oh dahng, to bolt.

morsure, mor-SEER, *f* bite; sting.

mort, mor, *f* death.

mort, e, mor, *mf* dead person; *a* dead; stagnant; spent.

mortalité, mor-tăh-le-teh, *f* mortality; death-rate.

mortel, le,* mor-tell, *a* mortal; deadly; tedious.

mortier, mor-te-eh, *m* mortar.

mortifier, mor-te-fe-eh, *v* to mortify; to hang (game).

morue, mor-EE, *f* codfish.

morveu-x, se, mor-ver, *mf* dirty child; brat; *a* glandered; snotty-nosed.

mot, moh, *m* word; saying; meaning; hint.

moteur, mot-er, *m* motor; moving power; engine.

mo-teur, trice, mot-er, *a* motive; moving.

motif, mot-eeff, *m* motive; reason.

motion, mo-se-ong, *f* motion; proposal.

motiver, mot-e-veh, *v* to state reason for; to motivate.

motocyclette, mot-oss-e-klett, *f* motor-cycle.

motocycliste, mot-oss-e-kleesst, *m* motor-cyclist.

motte, mot, *f* clod; peat; roll (of butter).

mou (mol before a word beginning with a vowel or **'h'** mute); *f* **molle,** moo, mol, *a* soft; indolent; (weather) muggy.

mouchard, moo-shähr, *m* (*fam*) sneak; informer.

mouche, moosh, *f* fly; beauty-spot; bull's eye.

moucher, moo-sheh, *v* to wipe the nose of; **se —,** to blow one's nose.

moucheron, moosh-rong, *m* gnat; snuff (candle).

mouchoir, moo-sho'ähr, *m* handkerchief.

moudre, moodr, *v* to grind.

moue, moo, *f* pout.

mouette, moo-ett, *f* sea-gull.

mouillé, e, moo'e-yeh, *a* wet; soaked; anchored.

mouiller, moo'e-yeh, *v* to wet; to soak; to anchor.

moule, mool, *m* mould; cast; form; *f* mussel.

mouler, moo-leh, *v* to mould; to cast; to shape.

moulin, moo-la*n*g, *m* mill; windmill; — **à paroles,** — äh päh-rol, chatterbox.

moulu, e, moo-lE, *pp* & *a* ground.

mourant, e, moo-rah*n*g, *mf* & *a* dying person; dying.

mourir, moo-reer, *v* to die; to die away; (fire, light) to go out.

mousquetaire, mooss-ker-tair, *m* musketeer.

mousse, mooss, *m* ship's-boy; *f* moss; froth; lather.

mousseline, mooss-leen, *f* muslin; chiffon.

mousser, mooss-eh, *v* to foam; to lather; to sparkle.

mousseu-x, se, mooss-er, *a* frothy; sparkling.

moustache, mooss-tähsh, *f* moustache; (animals) whiskers.

moustiquaire, mooss-te-kair, *m* mosquito-net.

moustique, mooss-teeck, *m* mosquito.

moutarde, moo-tährd, *f* mustard.

mouton, moo-to*n*g, *m* sheep; mutton; rammer.

mouvant, e, moo-vah*n*g, *a* moving; shifting.

mouvement, moov-mah*n*g, *m* movement; motion; disturbance; traffic.

mouvementé, e, moov-mah*n*g-teh, *a* agitated; lively; eventful; fluctuating.

mouvoir, moo-vo'ähr, *v* to move; to stir; to start.

moyen, mo'äh-ya*n*g, *m* means; medium; power.

moyen, ne, mo'äh-ya*n*g, *a* middle; mean; average.

moyennant mo'äh-yay-nah*n*g *prep* on condition; for a consideration.

moyenne, mo'äh-yain, *f* average; mean.

muer, mE-eh, *v* to moult; (voice) to break.

muet, te, mE-ay, *mf* dumb person; *a* dumb; taciturn.

mufle, mEE-fl, *m* muzzle; (*fam*) face; rotter.

mugir, mE-sheer, *v* to low; to bellow; to roar.

mugissement, mE-shiss-mah*n*g, *m* lowing; bellowing; roaring.

muguet, mE-ghay, *m* lily of the valley.

mule, mEEl, *f* she-mule; slipper.

mulet, mE-lay, *m* mule; mullet.

multiplier, mEEl-te-ple-eh, *v* to multiply.

multitude, mEEl-te-tEEd, *f* multitude.

municipalité, mE-ne-se-päh-le-teh, *f* municipality; town-hall.

munificence, mE-ne-fe-sah*n*gss, *f* munificence.

munir, me-neer, *v* to provide; to supply; to arm (**de,** with).

munitions, me-ne-se-ong, *fpl* ammunition; stores.

mur, meer, *m* wall; **au pied du —,** oh pe-eh de —, in a corner.

mûr, e,* meer, *a* ripe; mature; mellow.

muraille, me-rah'e, *f* wall; rampart.

mûre, meer, *f* mulberry; blackberry.

mûrir, mee-reer, *v* to ripen; to mature.

murmure, meer-meer, *m* murmur; babbling; whisper.

murmurer, meer-me-reh, *v* to murmur; to grumble; to whisper.

muscade, meess-kähd, *f* nutmeg.

muscat, meess-käh, *m* muscatel.

muscle, meess-kl, *m* muscle.

musculeu-x, se, meess-ke-ler, *a* muscular.

museau, me-zoh, *m* snout; muzzle; (*fam*) face.

musée, me-zeh, *m* museum.

museler, meez-leh, *v* to muzzle.

muser, me-zeh, *v* to loiter; to trifle.

musicien, ne, me-ze-se-ang, *mf* musician; *a* musical.

musique, me-zeeck, *f* music; band.

mutation, me-täh-se-ong, *f* change; transfer.

mutiler, me-te-leh, *v* to mutilate; to maim; to deface.

mutin, e, me-tang, *mf & a* mutinous; unruly.

mutinerie, me-teen-ree, *f* mutiny.

mutisme, me-tissm, *m* dumbness.

mutuel, le,* me-te-ell, *a* mutual.

myope, me-op, *a* myopic.

myosotis, me-oz-ot-iss, *m* forget-me-not.

myrte, meert, *m* myrtle.

mystère, miss-tair, *m* mystery.

mystérieu-x, se,* miss-teh-re-er, *a* mysterious.

mystifier, miss-te-fe-eh, *v* to mystify; to hoax.

mystique,* miss-teeck, *mf & a* mystic; mystical.

nacelle, näh-sell, *f* small boat; cockpit; basket (of balloon).

nacre, näh-kr, *f* mother-of-pearl.

nage, nähsh, *f* swimming.

nageoire, näh-sho'ähr, *f* fin.

nager, näh-sheh, *v* to swim; to float.

nageu-r, se, näh-**sher,** *mf* swimmer.
naguère, näh-ghair, *adv* not long since.
na-if, ïve,* näh-eeff, *a* artless; naïve; unaffected.
nain, e, nang, *mf* & *a* dwarf.
naissance, ness-ah*ng*ss, *f* birth; descent; rise.
naissant, e, ness-ah*ng,* *a* new-born; rising; budding.
naître, nay-tr, *v* to be born; to spring; to dawn.
naïveté, näh-eev-teh, *f* artlessness; simplicity.
nantir, nah*ng*-teer, *v* to provide; to secure.
nantissement, nah*ng*-tiss-mah*ng,* *m* security; pledge.
nappe, nähpp, *f* table-cloth; sheet (of water).
narcisse, näh**r**-seess, *m* narcissus; daffodil.
narcotique, näh**r**-ko-teeck, *a* narcotic.
narguer, näh**r**-gheh, *v* to set at defiance.
narine, näh-reen, *f* nostril.
narration, näh-räh-se-o*ng,* *f* narrative.
nasal, e,* näh-zähl, *a* nasal.
nasiller, näh-zec-yeh, *v* to speak through the nose.
natal, e, näh-tähl, *a* natal; native.
natalité, näh-täh-le-teh, *f* birth-rate.
natation, näh-täh-se-o*ng,* *f* swimming.
nati-f, ve, näh-teeff, *a* native.
nation, näh-se-o*ng,* *f* nation.
national, e, näh-se-onn-ähl, *a* national.
nationalité, näh-se-onn-äh-le-teh, *f* nationality.
nationaux, näh-se-onn-oh, *mpl* nationals.
natte, näht, *f* mat; matting; plait.
naturaliser, näh-tɛ-räh-le-zeh, *v* to naturalize.
naturaliste, näh-tɛ-räh-leesst, *m* naturalist; taxidermist.
nature, näh-tɛɛr, *f* nature; kind; constitution; *a* plain (of cooking).
naturel, näh-tɛ-rell, *m* nature; character; native.
naturel, le,* näh-tɛ-rell, *a* natural; unaffected; illegitimate.
naufrage, noh-frähsh, *m* shipwreck.
nauséabond, e, noh-zeh-äh-bo*ng,* *a* nauseous.
nausée, noh-zeh, *f* nausea; disgust.
nautique, noh-teeck, *a* nautical; aquatic.
naval, e, näh-vähl, *a* naval.
navet, näh-vay, *m* turnip; (*fam*) bad film.
navette, näh-vett, *f* shuttle; **faire la —,** fair läh —, to go to and fro.

navigable, năh-ve-ghăh-bl, *a* navigable; seaworthy.

naviguer, năh-ve-gheh, *v* to navigate; to sail.

navire, năh-veer, *m* ship; vessel.

navrant, e, năh-vrah*ng*, *a* heart-rending; distressing.

navrer, năh-vreh, *v* to break the heart of; to distress.

ne (n'), ner, *adv* not.

né, e, neh, *pp & a* born.

néanmoins, neh-ahng-mo'ang, *adv* nevertheless; for all that; however.

néant, neh-ah*ng*, *m* naught; nothingness; worthlessness.

nébuleuse, neh-bĕ-lerz, *f* nebula. [ness.

nébuleu-x, se, neh-bĕ-ler, *a* nebulous; cloudy; obscure.

nécessaire, neh-sess-air, *m* the needful; necessaries; outfit; *a** necessary; needful. [saries.

nécessité, neh-sess-e-teh, *f* necessity; need; *pl* necessité.

nécessiter, neh-sess-e-teh, *v* to necessitate; to compel.

nécessiteu-x, se, neh-sess-e-ter, *a* needy. [compel.

nef, neff, *f* nave; aisle.

néfaste, neh-făhsst, *a* ill-omened; unlucky; disastrous.

négati-f, ve,* neh-ghăh-teeff, *a* negative; *m* negative

négligé, neh-gle-sheh, *m* négligé. [(photo).

négligé, e, neh-gle-sheh, *pp & a* neglected; careless; slovenly.

négligeable, neh-gle-**shăh**-bl *a* negligible.

négligemment, neh-gle-**shăh**-mah*ng*, *adv* carelessly.

négligence, neh-gle-**shahng**ss, *f* neglect; needlessness; oversight.

négligent, e, neh-gle-**shah**ng, *a* negligent; careless.

négliger, neh-gle-sheh, *v* to neglect; to omit; to overlook; to disregard.

négoce, neh-goss, *m* trade; business; traffic.

négociable, neh-goss-e-ăh-bl, *a* negotiable.

négociant, neh-goss-e-ah*ng*, *m* merchant.

négocier, neh-goss-e-eh, *v* to negotiate; to deal.

nègre, négresse, nay-gr, neh-gress, *mf* negro; negress.

négrillon, ne, neh-gree-yong, *mf* negro-boy, -girl.

neige, naysh, *f* snow.

neiger, nay-sheh, *v* to snow.

neigeu-x, se, nay-sher, *a* snowy.

nénufar, nénuphar, neh-nĕ-făhr, *m* water-lily.

nerf, nair, *m* nerve; sinew; energy.   [strung.

nerveu-x, se,* nair-ver, *a* nervous; vigorous; highly-

nervure, nair-VEER, *f* nerve; cording; rib.

net, nett, *m* fair copy; *adv* plainly; entirely; at once; flatly.

net, te,* nett, *a* neat; clean; clear; net; sharp.

netteté, nett-teh, *f* cleanness; clearness; distinctness.

nettoiement, nettoyage, nay-to'ăh-mahng, nay-to'ăh-yăhsh, *m* cleaning; clearing.

nettoyer, nay-to'ăh-yeh, *v* to clean; to wipe; to rid of.

neuf, nerf, *a* nine; ninth.

neu-f, ve, nerf, *a* new; fresh; raw; inexperienced.

neutre, ner-tr, *a* & *a* neuter; neutral.

neuvième, ner-ve-aym, *m* & *a* ninth.

neveu, ner-ver, *m* nephew.

névralgie, neh-vrăhl-**shee**, *f* neuralgia.

névrose, neh-vrohz, *f* neurosis.

névrosé, neh-vro zeh, *a* neurotic.

nez, neh, *m* nose; face; scent; — **à** —, — ăh —, face to [face.

ni, ne, *conj* neither; nor; either; or.

niable, ne-ăh-bl, *a* deniable.

niais, e,* ne-ay, *mf* & *a* silly person; simpleton; stupid.

niaiser, ne-ay-zeh, *v* to play the fool; to trifle.

niaiserie, ne-ayz-ree, *f* silliness; foolery.

niche, neesh, *f* nook; kennel; trick.

nichée, ne-sheh, *f* nestful; brood; lot.   [nestle.

nicher, ne-sheh, *v* to build a nest; to lodge; **se** —, to

nickelé, e, neek-leh, *pp* & *a* nickelled; nickel-plated.

nid, ne, *m* nest.

nièce, ne-ess, *f* niece.

nier, ne-eh, *v* to deny.

nigaud, e, ne-ghoh, *mf* & *a* simpleton; silly; foolish.

nimbe, nangb, *m* nimbus; halo.

nipper, ne-peh, *v (fam)* to rig out.

nitouche (sainte), sangt ne-toosh, *f (fam)* little [hypocrite.

niveau, ne-voh, *m* level; standard.

niveler, neev-leh, *v* to level.

nivellement, ne-vell-mahng, *m* levelling.

noble, nobl, *mf* & *a* nobleman; noble; high.

noblesse, nob-less, *f* nobility.

noce, noss, *f* wedding; wedding-party; *pl* usually:

voyage de — s, vo'äh-yähsh der —, honeymoon.
noci-f, ve, noss-ceff, *a* harmful.
nocturne, nock-tɛɛrn, *m* (music) nocturne; *a* nocturnal; nightly.
Noël, no-ell, *m* Christmas.
nœud, ne, nœ, *m* knot; bow.
noir, no'ähr, *m* black; negro.
noir, e, no'ähr, *a* black; swarthy; dark; gloomy; ⌐wicked.
noirâtre, no'äh-rah-tr, *a* blackish.
noiraud, e, no'äh-roh, *mf* & *a* swarthy-looking person; swarthy.
noirceur, no'ähr-ser, *f* blackness; smudge.
noircir, no'ähr-seer, *v* to blacken.
noisette, no'äh-zett, *f* hazel-nut; *a inv* nut-brown.
noix, no'äh, *f* walnut; nut; kernel.
nom, nong, *m* name; fame; noun; **— de famille,** — der fäh-mee-ye, surname.
nomade, nomm-ähd, *mf* & *a* nomad; nomadic.
nombre, nong-br, *m* number; quantity.
nombreu-x, se, nong-brer, *a* numerous; many.
nombril, nong-bre, *m* navel. ⌐clature.
nomenclature, nomm-ahng-kläh-tɛɛr, *f* nomen-
nominal, e,* nomm-e-nähl, *a* nominal.
nominatif, nomm-e-näh-teeff, *m* nominative case.
nominati-f, ve, nomm-e-näh-teeff, *a* nominative; registered; personal.
nomination, nomm-e-näh-se-ong, *f* nomination; appointment. ⌐ticularly.
nommément, nomm-eh-mahng, *adv* by name; par-
nommer, nomm-eh, *v* to call; to mention; to appoint; **se —,** to give one's name; to be called.
non, nong, *adv* no; not.
nonchalamment, nong-shäh-läh-mahng, *adv* nonchalantly.
nonchalance, nong-shäh-lahngss, *f* nonchalance.
nonne, nonn, *f* nun. ⌐less.
nonpareil, le, nong-päh-ray'e, *a* nonpareil; match-
non-sens, nong-sahngss, *m* meaningless sentence.
nord, nor, *m* north; north wind; *a* north.
nord-est, nor-desst, *m* north-east.
nord-ouest, nor-dwesst, *m* north-west.
normal, e,* nor-mähl, *a* normal; standard.

nos, noh, *poss a mfpl* our.

nostalgie, noss-tahl-**shee**, *f* nostalgia; homesickness.

notable,* not-äh-bl, *a* notable; considerable; eminent.

notaire, not-air, *m* notary.

notamment, not-äh-mah*ng*, *adv* particularly.

note, not, *f* note; mark; bill; memorandum.

noter, not-eh, *v* to note; to notice; to bear in mind.

notice, not-eess, *f* notice; list; account.

notifier, not-e-fe-eh, *v* to notify.

notion, noss-e-ong, *f* notion; idea.

notoire,* not-o'ähr, *a* well known; notorious.

notoriété, not-or-e-eh-teh, *f* notoriety.

notre, notr, *poss a m & f* our.

nôtre, noh-tr, *poss pron* ours.

nouer, noo-eh, *v* to tie; to knot; to engage in.

noueu-x, se, noo-er, *a* knotty; knotted.

nougat, noo-gäh, *m* nougat.

nourri, e, noo-re, *pp & a* fed; full; rich.

nourrice, noo-reess, *f* nurse; wet-nurse.

nourrir, noo-reer, *v* to feed; to nurse; to entertain (**de,** on; with).

nourrissant, e, noo-riss-ahng, *a* nourishing; nutritious.

nourrisson, noo-riss-ong, *m* baby.   [tious.

nourriture, noo-re-teer, *f* food; diet; sustenance.

nous, noo, *pers pron* we; us; to us; at us; ourselves; each other.

nouveau, noo-voh, *m* new thing; new person; *adv* newly.

nouveau (nouvel before a word beginning with a vowel or **h** mute), *f* **nouvelle,*** noo-voh, noo-vell, *a* new; novel; recent; fresh; additional; another.

nouveau-né, e, noo-voh-neh, *a* a new-born.

nouveauté, noo-voh-teh, *f* newness; novelty; *pl* fancy articles.

nouvelle, noov-ell, *f* news; tidings; short story.

nova-teur, trice, nov-äh-ter, *a* innovator.

novembre, nov-ahng-br, *m* November.

novice, nov-eess, *mf* novice; *a* inexperienced.

noyade, no'äh-yähd, *f* drowning.

noyau, no'äh-yoh, *m* stone; kernel; nucleus; core.

noyer, no'äh-yeh, *v* to drown; to swamp; to inundate; *m* walnut-tree.

nu, ne, *m* bare part; nude; **à —,** äh **—,** bare.
nu, e, ne, *a* naked; bare; plain.
nuage, ne-ähsh, *m* cloud; mist; gloom.
nuageu-x, se, ne-äh-**sher,** *a* cloudy.
nuance, ne-ah*n*gss, *f* shade; tint; very small differ-
nuancer, ne-ah*n*gss-eh, *v* to shade; to vary. [ence.
nubile, ne-beel, *a* marriageable.
nucléaire, ne-cleh-air, *a* nuclear.
nudité, ne-de-teh, *f* nakedness; *pl* naked figures.
nuée, ne-eh, *f* cloud; swarm; shower. [hinder.
nuire (à), nweer äh, *v* to hurt; to prejudice; to
nuisible,* nwee-zee-bl, *a* harmful; detrimental.
nuit, nwee, *f* night; darkness; **— blanche, —** blah*n*gsh,
sleepless night.
nul, le, neel, *a* no; not any; of no force; void; worthless; *pron* nobody; no one.
nullement, neel-mah*n*g, *adv* by no means.
nullité, neel-le-teh, *f* nullity; incapacity; nonentity.
numérateur, ne-meh-räh-ter, *m* numerator.
numérique,* ne-meh-reeck, *a* numerical.
numéro, ne-meh-ro, *m* number; size; ticket; item (on
programme); issue (of magazines etc).
numéroter, ne-meh-rot-eh, *v* to number.
nuptial, e, neep-se-ähl, *a* nuptial.
nuque, neek, *f* nape of the neck.
nutriti-f, ve, ne-tre-teeff, *a* nourishing.
nylon, nee-long, *m* nylon.
nymphe, na*n*gf, *f* nymph.

ô! o, *interj* oh!
obéir, ob-eh-eer, *v* to obey; to submit.
obéissance, ob-eh-iss-ah*n*gss, *f* obedience; allegiance.
obéissant, e, ob-eh-iss-ah*n*g, *a* obedient; dutiful.
obérer, ob-eh-reh, *v* to involve in debt.
obèse, ob-ayz, *a* obese; corpulent.
obésité, ob-eh-ze-teh, *f* obesity; corpulence.
objecter, ob-sheck-teh, *v* to object; to allege against.
objectif, ob-**s**heck-teeff, *m* object-glass; lens; aim;
target.
objecti-f, ive,* ob-**s**heck-teeff, *a* objective.
objection, ob-**s**heck-se-ong, *f* objection.

objet, ob-shay, *m* object; subject; matter; thing.

oblation, ob-läh-se-ong, *f* offering.

obligataire, ob-le-gäh-tair, *m* debenture-holder.

obligation, ob-le-gäh-se-ong, *f* obligation; duty; debenture.

obligatoire,* ob-le-gäh-to'ähr, *a* obligatory; compulsory.

obligeamment, ob-le-shäh-mahng, *adv* obligingly.

obligeance, ob-le-shahngss, *f* obligingness; kindness.

obligeant, e, ob-le-shahng, *a* obliging; kind.

obliger, ob-le-sheh, *v* to oblige; to compel; to bind.

oblique,* ob-leeck, *a* oblique; slanting; underhand.

obliquité, ob-le-kwee-teh, *f* obliquity; insincerity.

oblitérer, ob-le-teh-reh, *v* to obliterate; to cancel.

obscène, ob-sain, *a* obscene.

obscur, e, ob-skeer, *a* dark; obscure; hidden.

obscurcir, ob-skeer-seer, *v* to obscure; to cloud.

obscurément, ob-skE-reh-mahng, *adv* obscurely.

obscurité, ob-skE-re-teh, *f* darkness; obscurity.

obséder, ob-seh-deh, *v* to obsess.

obsèques, ob-sayk, *fpl* obsequies; funeral.

obséquieu-x, se,* ob-seh-kwee-er, *a* obsequious.

observa-teur, trice, ob-sair-väh-ter, *mf* & *a* observer; observant.

observation, ob-sair-väh-se-ong, *f* observation; observance; remark; reprimand.

observatoire, ob-sair-väh-to'ähr, *m* observatory.

observer, ob-sair-veh, *v* to observe; to comply with.

obsession, ob-seh-se-ong, *f* obsession.

obstacle, obs-täh-kl, *m* obstacle, hindrance.

obstination, obs-te-näh-se-ong, *f* obstinacy; stubbornness.

obstiné, e, obs-te-neh, *mf* & *a* obstinate person; obstinate; stubborn.

obstinément, obs-te-neh-mahng, *adv* obstinately.

obstiner (s'), sobs-te-neh, *v* to be obstinate; to persist (à, in).

obstruer, obs-trE-eh, *v* to obstruct.

obtempérer (à), ob-tahng-peh-reh, *v* to obey (a summons etc); to comply with.

obtenir, ob-ter-neer, *v* to obtain; to get; to procure.

obtus, e, ob-tE, *a* obtuse; dull.

obus, ob-EEZ, or ob-E, *m* shell (artillery).

obvier (à), ob-ve-eh, *v* to obviate.

occasion, ock-äh-ze-ong, *f* occasion; opportunity; bargain; **d'—,** second-hand.

occasionnel, le,* ock-äh-ze-onn-ell, *a* occasional.

occasionner, ock-äh-ze-onn-eh, *v* to occasion; to [cause.

occident, ock-se-dahng, *m* West.

occidental, e,* ock-se-dahng-tähl, *a* western.

occulte, ock-EElt, *a* occult; secret. [ing.

occupant, e, ock-E-pahng, *mf* & *a* occupier; occupy-

occupation, ock-E-päh-se-ong, *f* occupation; work; profession.

occupé, e, ock-E-peh, *pp* & *a* occupied; engaged; busy.

occuper, ock-E-peh, *v* to occupy; to employ; to

occurrence, ock-E-rahngss, *f* occurrence. [inhabit.

océan, oss-eh-ahng, *m* ocean; sea.

océanique, oss-eh-äh-neeck, *a* oceanic.

ocre, ockr, *f* ochre.

octobre, ock-tobr, *m* October.

octogénaire, ock-tosh-eh-nair, *mf* & *a* octogenarian.

octogone, ock-to-gonn, *m* octagon.

octroyer, ock-tro'äh-yeh, *v* to grant.

oculaire,* ock-E-lair, *a* ocular.

oculiste, ock-E-lisst, *m* oculist.

odeur, od-er, *f* odour; smell; fragrance; repute.

odieu-x, se,* od-e-er, *a* odious; hateful; obnoxious.

odorant, e, od-or-ahng, *a* odorous; fragrant.

odorat, od-or-äh, *m* sense of smell.

œil, er-ye, *m* eye; look; bud; *pl* yeux, yer.

œillade, er'e-yähd, *f* glance; ogle; leer.

œillet, er'e-yay, *m* eyelet; pink; carnation.

œuf, erf, *m* egg; *pl* œufs, er.

œuvre, er-vr, *f* work; society; works.

offensant, e, off-ahng-sahng, *a* offensive.

offense, off-ahngss, *f* offence; trespass; contempt.

offensé, e, off-ahng-seh, *mf* offended party.

offenser, off-ahng-seh, *v* to offend; to injure; to shock.

offenseur, off-ahng-ser, *m* offender.

offensi-f, ve,* off-ahngss-eef, *a* offensive.

office, off-eess, *m* office; duty; worship; service;

officiel, le,* off-eess-e-ell, *a* official. [*f* pantry.

officier, off-eess-e-eh, *v* to officiate; *m* officer.

officieu-x, se,* off-eess-e-er, *a* officious; semi-official.

offrande, off-rahng*d,* f offering.

offre, ofr, f offer; tender; bidding.

offrir, off-reer, *v* to propose; to present; to bid.

offusquer, off-eess-keh, *v* to obscure; to offend.

oh! o, *interj* oh!

oie, wäh, *f* goose.

oignon, onn-yong, *m* onion; bulb.

oindre, wang-dr, *v* to anoint.

oiseau, wäh-zoh, *m* bird.

oiseu-x, se,* wäh-zer, *a* idle; trifling; useless.

oisi-f, ve,* wäh-zeeff, *a* idle; unoccupied.

oisiveté, wäh-zeev-teh, *f* idleness.

oison, wäh-zong, *m* gosling; *(fig & fam)* goose.

olive, oll-eev, *f* olive; *(a inv* olive-green.

olivier, oll-e-ve-eh, *m* olive-tree.

olympique, oll-ang-peeck, *a* Olympic.

ombrage, ong-brähsh, *m* shade; umbrage.

ombrageu-x, se,* ong-bräh-sher, *a* shy; touchy.

ombre, ong-br, *f* shade; shadow; ghost.

ombrelle, ong-brell, *f* parasol.

ombreu-x, se, ong-brer, *a* shady.

omelette, omm-lett, *f* omelet.

omettre, omm-et-tr, *v* to omit; to leave out.

omission, omm-iss-e-ong, *f* omission.

omnibus, omm-ne-beess, *m* omnibus.

omoplate, omm-op-läht, *f* shoulder-blade.

on, ong *indefinite pron m sing* one; someone; anyone; people; we, you; they.

once, ongss, *f* ounce; grain; bit.

oncle, ong-kl, *m* uncle.

onction, ongk-se-ong, *f* unction.

onctueu-x, se,* ongk-te-er, *a* unctuous; oily.

onde, ongd, *f* wave; surge; water; sea.

ondée, ong-deh, *f* shower.

ondoyant, e, ong-do'äh-yahng, *a* undulating; changing; inconstant.

ondoyer, ong-do'äh-yeh, *v* to undulate; to baptize privately.

onduler, ong-de-leh, *v* to undulate; to wave (hair).

onéreu-x, se,* onn-eh-rer, *a* onerous.

ongle, ong-gl, *m* nail; claw.

onglée, ong-gleh, *f* numbness in the finger-ends (caused by cold).

onguent, ong-ghahng, *m* ointment; salve.

onze, ongz, *m* & *a* eleven; eleventh.

onzième, ong-ze-aym, *m* & *a* eleventh.

opacité, op-ăh-se-teh, *f* opacity.

opaque, op-ăhck, *a* opaque.

opéra-teur, trice, op-eh-răh-ter, *mf* operator.

opération, op-eh-răh-se-ong, *f* operation; trans-
opératoire (s'), op-eh-răh-to'ăhr, *a* operative. [action.

opérer, op-eh-reh, *v* to operate; to operate on; to
opiner, op-e-neh, *v* to give one's opinion. [work.

opiniâtre, op-e-ne-ăh-tr, *a* stubborn. [bornly.

opiniâtrément, op-e-ne-ah-treh-mahng, *adv* stub-
opiniâtrer (s'), sop-e-ne-ăh-treh, *v* to be obstinate.

opinion, op-e-ne-ong, *f* opinion. [able.

opportun, e, op-or-tung, *a* opportune; timely; season-
opportunité, op-or-tE-ne-teh, *f* opportuneness; sea-
sonableness; opportunity.

opposant, e, op-o-zahng, *mf* opponent; *a* adverse.

opposé, op-oz-eh, *m* opposite; reverse.

opposé, e, op-oz-eh, *a* opposite; contrary.

opposer, op-oz-eh, *v* to oppose; **s'—,** to be opposed;
to object (à, to).

opposition, op-oz-e-se-ong, *f* opposition; contrast.

oppresser, op-ress-eh, *v* to oppress.

oppression, op-ress-e-ong, *f* oppression.

opprimer, op-re-meh, *v* to oppress; to crush.

opprobre, op-robr, *m* disgrace; shame; opprobrium.

opter, op-teh, *v* to choose; to decide.

opticien, op-tiss-e-ang, *m* optician.

optimisme, op-te-mism, *m* optimism.

option, op-se-ong, *f* option.

optique, op-teeck, *f* optics; *a* optical; optic.

opulence, op-E-lahngss, *f* opulence; wealth.

opulent, e, op-E-lahng, *a* opulent; wealthy.

or, or, *conj* now; well.

or, or, *m* gold.

oracle, or-ăh-kl, *m* oracle.

orage, or-ăhsh, *m* storm.

orageu-x, se,* or-ăh-sher, *a* stormy.

oraison, or-ay-zong, *f* oration; orison.

oral, e,* or-ăhl, *a* oral; verbal.

orange, or-ahn**sh,** *f* orange; *a inv* orange-coloured.

orangeade, or-ahn**g**-shăhd, *f* orangeade.

oranger, or-ahn**g**-**sheh,** *m* orange-tree.

orateur, or-ăh-**ter,** *m* speaker; orator.

oratoire, or-ăh-to'ăhr, *m* oratory; *a* oratorial.

orbite, or-beet, *f* orbit; socket.

orchestre, or-kestr, *m* orchestra; band; stalls.

orchidées, or-ke-deh, *fpl* orchids.

ordinaire, or-de-nair, *m* the ordinary; custom; *a** ordinary; common.

ordinateur, or-de-năh-ter, *m* computer.

ordonnance, or-donn-ahn**g**ss, *f* prescription.

ordonna-teur, trice, or-donn-ăh-ter, *mf* organizer; manager; *a* directing.

ordonné, or-donn-eh, *a* orderly; tidy. ⌐ordain.

ordonner, or-donn-eh, *v* to order; to prescribe; to ordre, or-dr, *m* order; discipline; warrant; decoration.

ordure, or-deer, *f* filth; filthy thing; *pl* rubbish.

orée, or-eh, *f* border; edge (of a wood etc).

oreille, or-ay'e, *f* ear.

oreiller, or-ay'e-yeh, *m* pillow.

oreillons, or-ay'e-yong, *mpl* mumps.

orfèvre, or-fay-vr, *m* goldsmith; silversmith.

organe, or-găhn, *m* organ; voice; agent; spokesman.

organique,* or-găh-neeck, *a* organic.

organisa-teur, trice, or-găh-ne-zăh-ter, *mf* organizer.

organisation, or-găh-ne-zah-se-on**g**, *f* organizing; organization.

organiser, or-găh-ne-zeh, *v* to organize; to get up.

organisme, or-găh-nism, *m* organism; structure.

organiste, or-găh-neesst, *mf* organist.

orge, orsh, *f* barley.

orgie, or-shee, *f* revel; drinking-bout; orgy.

orgue, orgh, *m* organ.

orgueil, or-gher'e, *m* pride; haughtiness.

orgueilleu-x, se,* or-gher'e-yer, *a* proud; haughty.

orient, or-e-ahng, *m* Orient; East.

oriental, e, or-e-ahng-tăhl, *a* Eastern; oriental.

orienter, or-e-ahng-teh, *v* to orientate; to guide.

orifice, or-e-feess, *m* orifice; aperture.

originaire,* or-e-she-nair, *a* native; originating.

original, e, or-e-she-nãhl, *mf* eccentric person; original; *a** original; novel; odd.   ⌐tricity.

originalité, or-e-she-nãh-le-teh, *f* originality; eccen-

origine, or-e-sheen, *f* origin; beginning; source; extraction.

oripeau, or-e-poh, *m* tinsel; *pl* tawdry ornaments.

orme, orm, *m* elm.

ornement, or-ner-mahng, *m* ornament.

orner, or-neh, *v* to adorn; to decorate; to deck.

ornière, or-ne-air, *f* rut; beaten track; groove.

orphelin, e, or-fer-lang, *mf* orphan.

orphelinat, or-fer-le-nãh, *m* orphanage.

orteil, or-tay'e, *m* toe; **gros —,** grohz —, big toe.

orthographe, or-tog-rãhf, *f* spelling.

ortie, or-tee, *f* nettle.

os, oss, *m* bone; *pl* **os,** oh.

osciller, oss-sil-leh, *v* to oscillate; to waver.

osé, e, o-zeh, *a* daring; bold; cheeky.

oseille, oz-ay'e, *f* sorrel.

oser, o-zeh, *v* to dare; to venture.

osier, o-ze-eh, *m* wicker; osier.

osselet, oss-lay, *m* small bone.

osseu-x, se, oss-er, *a* bony.

ostensible,* oss-tahng-see-bl, *a* ostensible.

otage, ot-ãhsh, *m* hostage.

ôter, oht-eh, *v* to take away; to relieve; to pull off.

ou, oo, *conj* or; either; else.

où, oo, *adv* where; whither; when; which; wherever.

ouate, oo-ãht, *f* cotton-wool; wadding; padding.

oubli, oo-ble, *m* forgetting; forgetting; oblivion.

oublier, oo-blee-yeh, *v* to forget; to overlook; to neglect.

ouest, west, *m* West; *a inv* westerly; western.

oui, wee, *adv* yes.

ouï-dire, oo-e-deer, *m inv* hearsay.

ouïe, oo-ee, *f* hearing; *pl* gills.

ouïr, oo-eer, *v* to hear (not used very often).

ouragan, oo-rãh-ghahng, *m* hurricane.

ourdir, oor-deer, *v* to warp; (*fam*) to plot.

ourlet, oor-lay, *m* hem.

ours, oors, *m* bear.

ourse, oors, *f* she-bear.

outil, oo-te, *m* tool; implement.

outillage, oo-tee-yäh**sh**, *m* tools; implements; plant.

outrage, oo-träh**sh**, *m* outrage; insult.

outrager, oo-träh-**sh**eh, *v* to insult; to outrage.

outrageu-x, se,* oo-träh-**sh**er, *a* outrageous.

outrance, oo-trah**ng**ss, *f* excess; **à —,** äh —, to the [utmost.

outre, oo-tr, *f* leather-bottle.

outre, oo-tr, *prep* beyond; besides; *adv* beyond.

outré, e, oo-treh, *pp & a* exaggerated; extravagant; indignant.

outremer, oo-trer-mair, *m* ultramarine. [exceed.

outrepasser, oo-trer-pähss-eh, *v* to go beyond; to

outrer, oo-treh, *v* to overdo; to exasperate.

ouvert, e,* oo-vair, *pp & a* opened; open; bare; frank.

ouverture, oo-vair-teer, *f* opening; overture; inauguration; *pl* proposals.

ouvrable, oo-vräh-bl, *a* workable; **jour —, shoor —,** working-day. [work.

ouvrage, oo-vräh**sh**, *m* work; workmanship; piece of

ouvré, e, oo-vreh, *a* diapered; wrought; worked.

ouvre-boîtes, oo-vr-bo'äht, *m inv* tin opener.

ouvri-er, ère, oo-vre-yeh, *mf* workman; workwoman; labourer.

ouvrir, oo-vreer, *v* to open; to begin; to sharpen

ovale, o-vähl, *a* oval; oviform; *m* oval. [(appetite).

ovation, o-väh-se-o**ng**, *f* ovation.

ovipare, o-ve-pähr, *a* oviparous.

ovulation, o-vee-läh-se-o**ng**, *f* ovulation.

oxyde, ox-eed, *m* oxide.

oxygène, ox-e-**sh**enn, *m* oxygen.

ozone, oz-onn, *m* ozone.

pacifique,* päh-se-feeck, *a* peaceful; pacific.

pacte, päckt, *m* pact; compact; covenant.

pagaie, päh-gay, *f* paddle.

page, päh**sh**, *m* (boy) page; *f* (book) page.

paie, pay, *f* pay; wages.

paiement, pay-mah**ng**, *m* payment.

païen, ne, päh-e-a**ng**, *mf & a* pagan; heathen.

paillasse, pah'e-yähss, *f* straw-mattress.

pailiasson, pah'e-yähss-*ong*, *m* door mat.
paille, pah'e, *f* straw; chaff; flaw; mote; *a* straw-coloured.
pain, pa*ng*, *m* bread; loaf; livelihood; **petit —,** per-te
pair, e, pair, *a* even; equal.　　　　　　 [—, roll.
paire, pair, *f* pair; couple; brace.
pairie, pay-ree, *f* peerage.
paisible,* pay-zee-bl, *a* peaceful; quiet; still.
paître, pay-tr, *v* to graze; to feed on; to pasture.
paix, pay, *f* peace; quiet; rest.
palais, pah-lay, *m* palace; palate.
pâle, pahl, *a* pale; wan; white.
palefrenier, pähl-frer-ne-eh, *m* groom; stable boy.
paletot, pähl-toh, *m* coat.
pâleur, pah-ler, *f* paleness.
palier, päh-le-eh, *m* landing (of stairs); (*fam*) floor.
pâlir, pah-leer, *v* to turn pale; to wane.
palissade, päh-liss-ähd, *f* paling; fence.
pallier, pähl-le-eh, *v* to palliate.
palme, pählm, *f* palm; triumph.
palmier, pähl-me-eh, *m* palm-tree.
pâlot, te, pah-loh, *a* palish; peaky.
palper, pähl-peh, *v* to feel; to finger.
palpiter, pähl-pe-teh, *v* to throb; to pant.
paludisme, päh-LEE-dism, *m* malaria.
pâmer (se), ser pah-meh, *v* to swoon; nearly to die
(**de,** with).
pamplemousse, pa*ng*-pl-mooss, *m* grapefruit.
pan, pa*ng*, *m* part of a wall; face; side; lappet; flap.
panache, päh-nähsh, *m* plume; tuft; (*fam*) flourish.
panaché, e, päh-näh-sheh, *a* variegated; mixed.
panais, päh-nay, *m* parsnip.
panaris, päh-näh-re, *m* whitlow.
pancarte, pa*ng*-kährt, *f* placard; bill.
pané, e, päh-neh, *a* covered with bread-crumbs.
panier, päh-ne-eh, *m* basket; hamper.
panique, päh-neeck, *f* panic.
panne, pähn, *f* breakdown; plush; lard.
panneau, päh-noh, *m* panel; board; trap; snare.
panse, pa*ng*ss, *f* paunch; belly.
panser, pa*ng*ss-eh, *v* to dress (wound); to groom.
pantalon, pa*ng*-täh-lo*ng*, *m* trousers.

pantin, pahng-tang, *m* puppet.
pantoufle, pahng-too-fl, *f* slipper.
paon, ne, pahng, *mf* peacock; pea-hen.
papa, pǎh-pǎh, *m* daddy; dad.
papauté, pǎh-poh-teh, *f* papacy.
pape, pǎhp, *m* Pope.
paperasse, pǎhp-rǎhss, *f* old paper; waste paper.
papeterie, pǎhp-tree, *f* paper-mill; paper-trade; stationery; stationer's shop.
papetier, pǎhp-te-eh, *m* stationer.
papier, pǎh-pe-eh, *m* paper; — à lettres, — ǎh let-tr, note-paper.
papillon, pǎh-pee-yong, *m* butterfly; — de nuit, — der nwee, moth.
papillote, pǎh-pee-yot, *f* curl-paper.
pâques, pahk, *m* Easter.
paquebot, pǎhck-boh, *m* liner; steamer; ship.
pâquerette, pahck-rett, *f* daisy.
paquet, pǎh-kay, *m* parcel; packet.
par, pǎhr, *prep* by; through; out of; per; a; about; for; with; at; in; into.
parachute, pǎh-rǎh-sheet, *m* parachute.
parade, pǎh-rǎhd, *f* parade; display; show; (fencing) parrying.
parader, pǎh-rǎh-deh, *v* to parade; to show off.
paradis, pǎh-rǎh-de, *m* Paradise; heaven; (theatre) the gods.
parafe, paraphe, pǎh-rǎhf, *m* flourish; initials.
parage, pǎh-rǎhsh, *m* extraction; birth; *pl* regions; latitudes.
paragraphe, pǎh-rǎh-grǎf, *m* paragraph.
paraître, pǎh-ray-tr, *v* to appear; to look; to come out; to show; **vient de —,** ve-ang der —, just out.
paralyser, pǎh-rǎh-le-zeh, *v* to paralyze.
paralysie, pǎh-rǎh-le-zee, *f* paralysis.
parapet, pǎh-rǎh-pay, *m* parapet.
parapluie, pǎh-rǎh-plwee, *m* umbrella.
parasite, pǎh-rǎh-zeet, *m* parasite; *a* parasitic.
paratonnerre, pǎh-rǎh-tonn-air, *m* lightning-conductor.
paravent, pǎh-rǎh-vahng, *m* screen; folding-screen.
parc, pǎhrk, *m* park; enclosure; play-pen.

parcelle, păhr-sell, *f* small part; particle; plot.

parce que, păhr-ser ker, *conj* because.

parchemin, păhr-sher-mang, *m* parchment; *pl* titles; diplomas.   [monious.

parcimonieu-x, se,* păhr-se-monn-e-er, *a* parsi-

parcourir, păhr-koo-reer, *v* to travel over; to go through; to glance at.

parcours, păhr-koohr, *m* distance; line; journey; [route.

pardessus, păhr-der-SE, *m* overcoat.

pardon, păhr-dong, *m* forgiveness; pardon.

pardonner, păhr-donn-eh, *v* to forgive; to excuse.

pare-brise, păhr-breez, *m inv in pl* wind-screen.

pare-chocs, păhr-shock, *m inv in pl* bumper.

pareil, le,* păhr-ray'e, *a* like; similar; such; to match.

pareille, păh-ray'e, *f* the like; the same.

parement, păhr-mahng, *m* ornament; facing; cuff.

parent, e, păh-rahng, *mf* relative; kinsman; kins-woman; parents (father and mother); relatives.

parenté, păh-rahng-teh, *f* relationship; consanguinity; kith and kin; family.

parer, păh-reh, *v* to adorn; to dress; to ward off; to provide for.

paresse, păh-ress, *f* idleness; sluggishness; indolence.

paresseu-x, se, păh-ress-er, *mf* idler; *a** idle; lazy; slothful.

parfaire, păhr-fair, *v* to perfect; to complete.

parfait, e,* păhr-fay, *a* perfect; faultless.

parfois, păhr-fo'ăh, *adv* sometimes; now and then.

parfum, păhr-fung, *m* perfume; scent.

parfumer, păhr-fɛ-meh, *v* to perfume; to scent.

pari, păh-ree, *m* bet; wager; stake.

parier, păh-re-eh, *v* to bet; to wager; to stake.

parité, păh-re-teh, *f* parity; equality.

parjure, păhr-shEEr, *m* perjury; perjurer.

parjurer (se), ser păhr-shE-reh, *v* to perjure oneself.

parlant, e, păhr-lahng, *a* speaking; talking.

parlement, păhr-ler-mahng, *m* Parliament.

parlementer, păhr-ler-mahng-teh, *v* to parley.

parler, păhr-leh, *v* to speak; *m* way of speaking.

parleu-r, se, păhr-ler, *mf* talker.

parmi, păhr-me, *prep* among; amongst; amid; amidst.

parodie, păh-rod-ee, *f* parody.

paroi, păh-ro'ăh, *f* wall; side; partition; coat.

paroisse, păh-ro'ăhss, *f* parish; parishioners.

paroissien, păh-ro'ăhss-e-ang, *m* prayer-book.

paroissien, ne, păh-ro'ăhss-e-ang, *mf* parishioner.

parole, păh-rol, *f* word; speech; saying; right to speak; promise.

parquer, păhr-keh, *v* to pen up.

parquet, păhr-kay, *m* inlaid floor; flooring.

parrain, păh-rang, *m* godfather; sponsor.

parricide, păh-re-seed, *mf* parricide.

parsemer, păhr-ser-meh, *v* to strew (**de,** with).

part, păhr, *f* share; portion; participation.

partage, păhr-tăhsh, *m* sharing.

partance, păhr-tahngss, *f* departure; **en —,** ahng —, about to sail; bound (for); starting.

partant, păhr-tah*ng*, *adv* consequently.

partenaire, păhr-ter-nair, *mf* (at cards or dancing) partner.

parterre, păhr-tair, *m* flower-bed; (theatre) pit.

parti, păhr-tee, *m* party; side; decision; profit.

partial, e,* păhr-se-ăhl, *a* partial; biased.

participation, păhr-te-se-păh-se-*ong*, *f* participa-

participe, păhr-te-seep, *m* participle.   [tion; share.

participer, păhr-te-se-peh, *v* to share (**à,** in).

particularité, păhr-te-kE-läh-re-teh, *f* peculiarity; characteristic.

particule, păhr-te-kEEl, *f* particle.

particuli-er, ère, păhr-te-kE-le-eh, *mf* private person; individual; *a** particular; peculiar; odd.

partie, păhr-tee, *f* part; party; match; excursion; business; parcel; client; adversary.

partiel, le,* păhr-se-ell, *a* partial.

partir, păhr-teer, *v* to set out; to leave; to go off.

partition, păhr-te-se-*ong*, *f* partition; score (music).

partout, păhr-too, *adv* everywhere.

parure, păh-rEER, *f* ornament; dress.

parvenir, păhr-ver-neer, *v* to reach; to succeed.

parvenu, e, păhr-ver-nE, *mf* upstart; self-made

parvis, păhr-ve, *m* parvis.   [person.

pas, pah, *m* step; gait; threshold; precedence; straits.

pas, pah, *adv* not; not any; **— du tout, — dE** too, not at all.

passable,* păhss-ăh-bl, *a* passable; tolerable.

passag-er, ère, păhss-ăh-sheh, *mf* passenger; *a** transitory.

passant, e, păhss-ahng, *mf* passer-by. ⎡permit.

passavant, păhss-ăh-vahng, *m* gangway; (Customs)

passe, păhss, *f* pass; spell; situation; channel.

passé, păhss-eh, *prep* after; *m* the past.

passé, e, păhss-eh, *pp & a* past; last; faded.

passer, păhss-eh, *v* to pass; to exceed; to gratify; to omit; to allow; to pass away; to fade; to cease; to spend (time).

passereau, păhss-roh, *m* sparrow.

passerelle, păhss-rell, *f* foot-bridge.

passible, păhss-ee-bl, *a* liable (de, to).

passif, păhss-eeff, *m* liabilities; passive voice.

passi-f, ve* păhss-eeff, *a* passive.

passion, păhss-e-ong, *f* passion. ⎡ing.

passionnant, păhss-e-onn-ahng, *a* thrilling; fascinat-

passionné, e, păhss-e-onn-eh, *a* passionate; passionately fond (de, pour, of). ⎡sionately.

passionnément, păhss-e-onn-eh-mahng, *adv* pas-

passoire, păhss-o'ăhr, *f* strainer; colander.

pastèque, păhss-teck, *f* water-melon.

pastille, păhss-tee-ye, *f* pastille; lozenge.

patauger, păh-toh-sheh, *v* to dabble; to flounder; to make a mess of.

pâte, paht, *f* paste; dough; *pl* pasta. ⎡houses.

pâté, pah-teh, *m* pie; pâté; blot of ink; block (of

patelin, e, păht-lang, *a* smooth-tongued; artful.

patelin, păht-lang, *m* (*fam*) native village; small

patente, păh-tahngt, *f* licence; patent. ⎡village.

patère, păh-tair, *f* peg; curtain-hook. ⎡side.

paternel, le,* păh-tair-nell, *a* fatherly; on the father's

pâteu-x, se, pah-ter, *a* pasty; sticky; (style, voice) heavy; dull.

patiemment, păh-se-ăh-mahng, *adv* patiently.

patience, păh-se-ahngss, *f* patience; puzzle; patient.

patient, e, păh-se-ahng, *mf* sufferer; culprit; *a* patient.

patienter, păh-se-ahng-teh, *v* to have patience.

patinage, păh-te-năhsh, *m* skating.

patiner, păh-te-neh, *v* to skate.

pâtisserie, pah-tiss-ree, *f* pastry; pastry-shop.

patois, păh-to'äh, *m* dialect; gibberish.

pâtre, pah-tr, *m* herdsman; shepherd.

patrie, păh-tree, *f* native country; fatherland; home.

patrimoine, păh-tre-mo'ähn, *m* patrimony.

patriote, păh-tre-ot, *m* patriot; *a* patriotic.

patron, ne, păh-trong, *mf* employer; patroness; boss; skipper; pattern.

patronner, păh-tronn-eh, *v* to patronise; to stencil.

patrouille, păh-troo'ye, *f* patrol.

patte, păht, *f* paw; foot; leg; strap; flap.

pâturage, pah-tɛ-rähsh, *m* pasture; grazing.

paume, pohm, *f* palm (of the hands); real tennis.

paupière, poh-pe-air, *f* eyelid.

pause, pohz, *f* pause; stop; rest.

pauvre, poh-vr, *m* poor man; *a** poor; wretched.

pauvresse, poh-vress, *f* beggar woman.

pauvreté, poh-vrer-teh, *f* poverty; wretchedness.

pavaner (se), ser păh-väh-neh, *v* to strut.

pavé, păh-veh, *m* paving stone; pavement.

pavillon, păh-vee-yong, *m* pavilion; flag.

pavoiser, păh-vo'äh-zeh, *v* to deck with flags.

pavot, păh-voh, *m* poppy.

payant, e, pay-yahng, *mf* payer; *a* paying; charged [for.

paye, see **paie.**

payement, see **paiement.**

payer, pay-yeh, *v* to pay; to stand; to treat.

pays, pay-ee, *m* country; home; nation; place.

paysage, pay-ee-zähsh, *m* landscape; scenery.

paysan, ne, pay-ee-zahng, *mf* peasant; *a* rustic.

péage, peh-ähsh, *m* toll.

peau, poh, *f* skin; hide; peel; life.

pêche, paysh, *f* fishing; fishery; angling; peach.

péché, peh-sheh, *m* sin.

pécher, peh-sheh, *v* to sin; to err.

pêcher, pay-sheh, *v* to fish; to angle; *m* peach-tree.

pêcheu-r, se, pay-sher, *mf* fisherman; fisherwoman.

péch-eur, eresse, peh-sher, pehsh-ress, *mf* sinner.

pécuniaire,* peh-kɛ-ne-air, *a* pecuniary.

pédaler, peh-däh-leh, *v* to pedal; to cycle.

pédant, e, peh-dahng, *mf* pedant; *a* pedantic.

pédestre,* peh-dess-tr, *a* pedestrian.

pédicure,* peh-de-kEER, *mf* chiropodist; pedicure.

pedigree, peh-de-greh, *m* pedigree.

peigne, payn-yer, *m* comb.

peigner, payn-yeh, *v* to comb; **se —,** to comb one's ⌐hair.

peignoir, payn-yo'àhr, *m* dressing-gown; bathrobe.

peindre, pa*n*g-dr, *v* to paint; to depict; to represent.

peine, payn, *f* pain; punishment; difficulty; sorrow.

peiner, pay-neh, *v* to grieve; to labour; to toil.

peintre, pa*n*g-tr, *m* painter; decorator.

peinture, pa*n*g-teer, *f* painting; picture; description; paint.

pêle-mêle, payl-mayl, *adv* pell-mell; *m* jumble.

peler, per-leh, *v* to peel; to pare.

pèlerin, payl-ra*n*g, *m* pilgrim.

pèlerinage, payl-re-nähsh, *m* pilgrimage.

pèlerine, payl-reen, *f* cape.

pelle, payl, *f* shovel; spade.

pelleterie, payl-tree, *f* fur-trade; *pl* furs.

pellicule, payl-le-keel, *f* dandruff; film; roll (film).

pelote, plot, *f* pin-cushion; ball (of wool etc).

pelouse, plooz, *f* lawn; grass plot.

pelu, e, per-le, *a* hairy.

peluche, pleesh, *f* plush.

pelure, pleer, *f* paring; peel; rind.

pénalité, peh-näh-le-teh, *f* penal system; penalty.

penaud, e, per-noh, *a* abashed; shamefaced.

penchant, pa*n*g-shah*n*g, *m* declivity; inclination; partiality.

pencher, pa*n*g-sheh, *v* to incline; to lean.

pendaison, pa*n*g-day-zo*n*g, *f* hanging.

pendant, pa*n*g-dah*n*g, *prep* during; *m* counterpart;

pendre, pa*n*g-dr, *v* to hang; to hang up. ⌐ear-ring.

pendule, pa*n*g-deel, *m* pendulum; *f* clock.

pêne, payn, *m* bolt (of a lock). ⌐keen.

pénétrant, e, peh-neh-trah*n*g, *a* penetrating; piercing;

pénétrer, peh-neh-treh, *v* to penetrate; to enter.

pénible,* peh-nee-bl, *a* painful; difficult; laborious.

péniche, peh-neesh, *f* barge.

pénitence, peh-ne-tah*n*gss, *f* penance; penitence; repentance; disgrace.

pénitent, e, peh-ne-tah*n*g, *mf* penitent; *a* penitent.

pénombre, peh-no*n*g-br, *f* semi-darkness; dim light.

pensant, e, pa*n*g-sah*n*g, *a* thinking.

pensée, pahng-seh, *f* thought; opinion; pansy.

penser, pahng-seh, *v* to think; to deem.

penseu-r, se, pahng-ser, *mf* thinker.

pensi-f, ve,* pahng-seeff, *a* pensive; thoughtful.

pension, pahng-se-ong, *f* pension; boarding-house; boarding school.

pensionnaire, pahng-se-onn-air, *mf* boarder; pensioner.

pente, pahngt, *f* slope; gradient; bent.

pentecôte, pahngt-koht, *f* Whitsuntide.

pénurie, peh-nee-ree, *f* scarcity; dearth; poverty.

pépier, peh-pe-eh, *v* to chirp.

pépin, peh-pang, *m* pip; kernel; (*pop*) brolly; hitch.

pépinière, peh-pe-ne-air, *f* nursery; seed bed.

percale, pair-kăhl, *f* cotton cambric.

perçant, e, pair-sahng, *a* piercing; sharp; shrill.

percé, e, pair-seh, *pp & a* pierced; in holes.

percepteur, pair-sep-ter, *m* tax-collector.

percer, pair-seh, *v* to pierce; to bore.

percevoir, pair-ser-vo'ăhr, *v* to collect (taxes etc); to perceive.

perche, pairsh, *f* pole; perch.

percher (se), pair-sheh, *v* to roost; to perch.

perdant, e, pair-dahng, *mf* loser; *a* losing.

perdre, pair-dr, *v* to lose; to waste; to ruin; to corrupt.

perdrix, pair-dree, *f* partridge.

perdu, e, pair-dE, *pp & a* lost; ruined; done for; spoilt.

père, pair, *m* father.

perfectionnement, pair-feck-se-onn-mahng, *m* improvement; perfecting.

perfectionner, pair-feck-se-onn-eh, *v* to improve; to perfect.

perfide, pair-feed, *mf* perfidious person; *a** perfidious.

perforer, pair-for-eh, *v* to bore; to punch.

péricliter, peh-re-kle-teh, *v* to be in jeopardy.

péril, peh-reel, *m* peril; danger.

périlleu-x, se,* peh-ree-yer, *a* perilous.

périmé, e, peh-re-meh, *a* out of date; lapsed.

période, peh-re-od, *m* degree; point; *f* period.

périodique, peh-re-od-eeck, *a* periodical; *m* periodical (publication).

péripétie, peh-re-peh-see, *f* ups and downs; vicissitudes.

périr, peh-reer, *v* to perish; to die; to be lost.

périssable, peh-riss-ăh-bl, *a* perishable.

perie, pairl, *f* pearl; bead.

permanent, e, pair-măh-nah*ng*, *a* permanent; standing; *f* permanent wave.

permettre, pair-met-tr, *v* to allow; to enable.

permis, pair-mee, *m* permit; licence; pass.

permis, e, pair-mee, *pp* & allowed; allowable.

permission, pair-miss-e-on*g*, *f* permission; leave.

pernicieu-x, se,* pair-ne-se-e*r*, *a* pernicious; hurt- [ful.

perpétuel, le,* pair-peh-tɛ-ell, *a* perpetual.

perpétuer, pair-peh-tɛ-eh, *v* to perpetuate.

perpétuité, pair-peh-twe-teh, *f* endlessness; **à —,** äh [—, for life.

perplexe, pair-plex, *a* perplexed.

perron, pay-ron*g*, *m* flight of steps to house-door.

perroquet, payr-ock-ay, *m* parrot.

perruche, pay-rɛɛsh, *f* hen-parrot; budgerigar.

perruque, pay-rɛɛk, *f* wig. [importune.

persécuter, pair-seh-kɛ-teh, *v* to persecute; to

persévérance, pair-seh-veh-rahn*g*ss, *f* perseverance.

persévérer, pair-seh-veh-reh, *v* to persevere; to

persienne, pair-se-ain, *f* Venetian shutter. [persist.

persil, pair-see, *m* parsley.

persistant, e, pair-siss-tah*ng*, *a* persistent.

persister, pair-siss-teh, *v* to persist (**à, dans,** in).

personnage, pair-sonn-ähsh, *m* personage; some- body; character. [son.

personnalité, pair-sonn-äh-le-teh, *f* personality; per-

personne, pair-sonn, *pron* anybody; (with a nega- tion) nobody; *f* person; individual.

personnel, pair-sonn-ell, *m* staff.

personnel, le,* pair-sonn-ell, *a* personal.

personnifier, pair-sonn-e-fe-eh, *v* to personify; to impersonate.

perspective, pairs-peck-teev, *f* perspective; prospect.

perspicace, pairs-pe-kähss, *a* perspicacious.

persuader, pair-sɛ-äh-deh, *v* to persuade; to con- vince; to prevail on.

persuasion, pair-sɛ-äh-ze-on*g*, *f* persuasion.

perte, pairt, *f* loss; waste; ruin; discharge; death.

pertinemment, pair-te-näh-mah*ng*, *adv* pertinently.

perturba-teur, trice, pair-tɛɛr-băh-te*r*, *mf* dis- turber; *a* disturbing.

perturbation, pair-tɛɛr-băh-se-on*g*, *f* disturbance.

pervers, e, pair-vair, *mf* evil-doer; pervert; *a* per-
perversion, pair-vair-se-*ong*, *f* perversion.   [verse.
pervertir, pair-vair-teer, *v* to pervert; to corrupt.
pesamment, per-zăh-mahng, *adv* heavily.
pesant, e, per-zahng, *a* weighty; ponderous.
pesanteur, per-zahng-ter, *f* weight; gravity; dullness.
peser, per-zeh, *v* to weigh; to ponder; to be a burden.
peste, pesst, *f* plague; (*fam*) pest; bore; person.
pester, pess-teh, *v* to rave (**contre,** at).
pétillant, e, peh-tee-yahng, *a* sparkling; crackling.
pétiller, peh-tee-yeh, *v* to crackle; to sparkle.
petit, e, per-te, *mf* young child; young animal; *a** little;
    small.
petite-fille, per-teet-fee-ye, *f* grand-daughter.
petit-fils, per-te-feess, *m* grandson.
pétition, peh-te-se-*ong*, *f* petition.
pétitionnaire, peh-te-se-onn-air, *mf* petitioner.
petits-enfants, per-te-zahng-fahng, *mpl* grand-
    children.
pétri, e, peh-tre, *pp* & *a* kneaded; made up.
pétrin, peh-trang, *m* kneading-trough; (*fam*) **dans le**
    —, dahng ler —, in a mess.
pétrir, peh-treer, *v* to knead; to mould.
pétulant, e, peh-t*ü*-lahng, *a* lively; full of spirits.
peu, per, *adv* little; not much; *m* little; few; bit.
peuplade, per-plähd, *f* colony; tribe.
peuple, per-pl, *m* people; nation; race; the masses.
peupler, per-pleh, *v* to populate (**de,** with); to throng.
peuplier, per-ple-eh, *m* poplar.
peur, per, *f* fear; fright; dread.
peureu-x, se,* per-rer, *a* timid; fearful.
peut-être, per-t'ay-tr, *adv* perhaps.
phare, făhr, *m* lighthouse; beacon; head-light.
pharmacie, făhr-măh-see, *f* pharmacy; chemist's
pharmacien, făhr-măh-se-ang, *m* chemist.   [shop.
phase, fahz, *f* phase; phasis; stage; turn.
phénol, feh-nol, *m* carbolic acid.   [freak.
phénomène, feh-nomm-ain, *m* phenomenon; (*fam*)
philatéliste, fe-läh-teh-leesst, *m* stamp-collector.
philosophe, fe-loz-off, *m* philosopher; *a* philosophical.
philosophie, fe-loz-off-ee, *f* philosophy.
philtre, feel-tr, *m* philter.

phonographe, fonn-og-răhf, *m* phonograph.

phoque, fock, *m* seal.

phosphore, foss-for, *m* phosphorous.

photocopie, fot-o-ko-pee, *f* photocopy.

photographe, fot-og-răhf, *m* photographer.

photographie, fot-og-răh-fee, *f* photograph; photo-

photostat, fot-oss-tăh, photostat.   ⌊graphy.

phrase, frahz, *f* sentence.

phtisie, ftee-zee, *f* phthisis; consumption.

physicien, fe-ze-se-ang, *m* physicist.

physiologie, fe-ze-oll-osh-ee, *f* physiology.

physionomie, fe-ze-onn-omm-ee, *f* physiognomy; look; expression.

physique, fe-zeeck, *m* constitution; *f* physics; *a** piaffer, pe-ăh-feh, *v* to paw the ground.   ⌊physical.

piailler, pe-ah'e-yeh, *v* to squall.

piano, pe-ăh-no, *adv* softly; *m* pianoforte.

pic, peek, *m* pickaxe; peak; woodpecker; **à —,** ăh —, perpendicularly.

picoter, pe-kot-eh, *v* to prick; to tease; to peck.

pie, pee, *f* magpie.

pièce, pe-ess, *f* piece; length; bit; play; room; docu-

pied, pe-eh, *m* foot; footing; leg; stalk.   ⌊ment.

piédestal, pe-eh-dess-tăhl, *m* pedestal.

piège, pe-aysh, *m* snare; trap.

pierre, pe-ayr, *f* stone; flint; gem.

pierreries, pe-ay-rer-ree, *fpl* gems; precious stones.

pierreu-x, se, pe-ay-rer, *a* stony.

piété, pe-eh-teh, *f* piety.

piétiner, pe-eh-te-neh, *v* to trample; to mark time.

piéton, pe-eh-tong, *m* pedestrian.

piètre,* pe-ay-tr, *a* paltry; wretched; worthless.

pieu, pe-er, *m* stake.

pieu-x, se,* pe-er, *a* pious; godly.

pigeon, pe-shong, *m* pigeon; dove.

pigeonnier, pe-shonn-e-eh, *m* pigeon-house; dove-

pigment, peeg-mahng, *m* pigment.   ⌊cot.

pignon, peen-yong, *m* gable.

pile, peel, *f* heap; pier; battery; reverse (of coin); (*fam*)

piler, pe-leh, *v* to pound; to crush.   ⌊thrashing.

pilier, pe-le-eh, *m* pillar; post.

pillage, pee-yăhsh, *m* plundering; pillage.

piller, pee-yeh, *v* to plunder; to pillage; to ransack;
pilon, pe-lo*n*g, *m* pestle; pounder.   [to pilfer.
pilori, pe-lor-e, *m* pillory.
pilote, pe-lot, *m* pilot.
pilule, pe-LEEL, *f* pill.
pimbêche, pa*n*g-baish, *f* minx.
piment, pe-mah*n*g, *m* pimento.
pimpant, e, pa*n*g-pah*n*g, *a* spruce; smart.
pin, pa*n*g, *m* pine; pine-tree.
pince, pa*n*gss, *f* pincers; pliers; crowbar; tongs.
pincé, e, pa*n*g-seh, *a* affected; stiff-necked.
pinceau, pa*n*g-soh, *m* brush.
pincée, pa*n*g-seh, *f* pinch (of salt etc).
pince-nez, pa*n*gss-neh, *m* pince-nez.
pincer, pa*n*g-seh, *v* to pluck (harp, guitar etc); to
   play; to catch in the act.
pince-sans-rire, pa*n*gss-sah*n*g-reer, *m* person of dry
pincettes, pa*n*g-sett, *f pl* tongs; tweezers.   [humour.
pintade, pa*n*g-tâhd, *f* guinea-fowl.
piocher, pe-osh-eh, *v* to dig; to work hard; to pick
pion, pe-o*n*g, *m* pawn.   [out.
pioncer, pe-o*n*g-seh, *v (pop)* to snooze.
pionnier, pe-onn-e-eh, *m* pioneer.
pipe, peep, *f* tobacco-pipe; pipe.
piquant, e, pe-kah*n*g, *a* pricking; pungent; stinging;
pique, peek, *m* (cards) spade.   [sharp.
picque-nique, peek-neek, *m* picnic.
piquer, pe-keh, *v* to prick; to sting; to bite; to goad;
   to spur; to rouse; to offend; to be pungent; — **à la**
   machine, — âh lâh mâh-sheen, to machine sew.
piquet, pe-kay, *m* stake; peg.
piqûre, pe-KEER, *f* sting; bite; injection.
pirate, pe-râht, *m* pirate.
pire, peer, *a* worse; *m* **le —,** *ler* **—,** the worst.
pirouetter, pe-roo-ett-eh, *v* to whirl round.
pis, pee, *adv* worse; *m* udder.
pis-aller, pe-z'âh-leh, *m* makeshift.
piscine, peess-seen, *f* swimming pool.
pissenlit, peess-ah*n*g-lee, *m* dandelion.
piste, peesst, *f* track; trail; trace; scent.
pistolet, peesst-toll-ay, *m* pistol.
piston, peess-to*n*g, *m* piston; sucker; *(fam)* influence.

piteu-x, se,* pe-te*r*, *a* piteous; pitiful; pitiable.

pitié, pe-te-eh, *f* pity; compassion.　⌈wretched.

pitoyable,* pe-to'ăh-yăh-bl, *a* pitiful; pitiable.

pittoresque,* pit-tor-esk, *a* picturesque; graphic.

pivot, pe-voh, *m* pivot; (*fig*) basis; support.

placard, plăh-kăhr, *m* cupboard; poster; bill.

place, plăhss, *f* place; spot; square; space; seat; situation; fortress.

placement, plăhss-mah*ng*, *m* placing; sale; invest-

placer, plăhss-eh, *v* to place; to sell; to invest. ⌊ment.

placide,* plăhss-eed, *a* placid.

placi-er, ère, plăhss-e-eh, *mf* canvasser; agent.

plafond, plăh-fo*ng*, *m* ceiling.

plage, plăh**sh**, *f* beach; shore; region.

plagiaire, plăh-**sh**e-air, *m* plagiarist.

plaider, play-deh, *v* to plead; to argue; to intercede.

plaideu-r, se, play-der, *mf* litigant.

plaidoirie, play-do'ăh-ree, *f* pleading; address.

plaie, play, *f* wound; sore; plague.

plaignant, e, playn-yah*ng*, *mf* plaintiff.

plaindre, pla*ng*-dr, *v* to pity; **se** —, to complain.

plaine, plain, *f* plain; flat open country.

plainte, pla*ng*t, *f* lamentation; complaint; charge.

plainti-f, ve,* pla*ng*-teeff, *a* plaintive; mournful.

plaire, plair, *v* to please; to be agreeable; to suit; **s'il vous plaît,** sill voo play, (if you) please.

plaisamment, play-zăh-mah*ng*, *adv* pleasantly; humourously.

plaisant, e, play-zah*ng*, *a* pleasing; funny; droll.

plaisanter, play-zah*ng*-teh, *v* to joke; to jest; to trifle **(avec),** with).　⌈humour; mockery.

plaisanterie, play-zah*ng*t-ree, *f* joke; jest; fun;

plaisir, play-zeer, *m* pleasure; recreation.

plan, plah*ng*, *m* plan; model; map; scheme.

plan, e, plah*ng*, *a* level; even; flat.

planche, plah*ng*sh, *f* plank; board; shelf; plate;

plancher, plah*ng*-sheh, floor.　⌊garden bed.

planer, plăh-neh, *v* to soar; to hover; to smooth.

planeur, plăh-ner, *m* glider.

plante, plah*ng*t, *f* plant; sole of the foot.

planté, e, plah*ng*-teh, *pp & a* plan*t*ed; situated; **bien** —, be-a*ng* —, firmly set.

planter, plah*ng*-teh, *v* to plant; to set; to fix.

planton, plah*ng*-tong, *m* orderly.

plaque, plähck, *f* plate; slab; badge; (number) plate.

plastique, plähss-teeck, *m* plastic.

plastron, plähss-trong, *m* breast-plate; shirt front; butt.

plat, e, *** pläh, *a* flat; level; dull; straight (hair); *m* dish;

platane, plah-tähn, *m* plane-tree.   [course.

plateau, plah-toh, *m* tray; disc; plate; plateau.

plâtrage, plah-trähsh, *m* plastering; plaster-work.

plâtras, plah-träh, *m* rubbish (plaster).

plâtre, plah-tr, *m* plaster; plaster cast.

plâtrer, plah-treh, *v* to plaster; to patch up.

plausible,_* ploh-zee-bl, *a* plausible.

plèbe, playb, *f* mob.

plein, e,_* plan*g*, *a* full; whole; broad; (animal) with

plénière, pleh-ne-air, *af* plenary; full.   [young.

plénitude, pleh-ne-tⅎⅇⅆ, *f* plenitude; fullness.

pleurard, e, pler-rähr, *mf* whimperer.

pleurer, pler-reh, *v* to weep; to cry; to mourn.

pleureu-r, se, pler-rer, *a* weeping; *mf* mourner.

pleurnicher, pler-ne-sheh, *v* to whimper; to snivel.

pleurs, pler, *mpl* tears; weeping; lament.

pleuvoir, pler-vo'ähr, *v* to rain.

pli, ple, *m* fold; pleat; wrinkle; crease; bend; letter.

pliable, ple-ah-bl, *a* flexible; docile.

pliant, ple-ah*ng*, *m* folding chair; *a* flexible; folding.

plier, plee-eh, *v* to fold; to bend; to give way.

plissé, e, pliss-eh, *pp* & *a* pleated; tucked.

plisser, pliss-eh, *v* to pleat; to crease; to corrugate.

plomb, plong, *m* lead; shot; sinker; plumb-line; seal; fuse.

plombage, plong-bähsh, *m* lead-work; plumbing; sealing; (teeth) filling.

plomber, plong-beh, *v* to lead; to stop; to seal; to

plombier, plong-be-eh, *m* plumber.   [plumb.

plonger, plong-sheh, *v* to dive.

pluie, plwee, *f* rain.

plume, plⅇⅇm, *f* feather; nib; quill.

plupart (la), läh plⅇ-pähr, *f* most; the greatest part; most people.

pluriel, le, plⅇ-re-ell, *m* & *a* plural.

plus, plE, *adv* more; **le —,** le*r* —, the most.
plusieurs, plE-ze-e*r*, *pron & a* several.
plus-que-parfait, plEES-ke*r*-pähr-fay, *m* pluperfect.
plutôt, plE-toh, *adv* rather; sooner.
pluvieu-x, se, plE-ve-e*r*, *a* rainy.
pneu, pne*r*, *m* tyre.
pneumatique, pne*r*-mäh-teeck, *m* express letter sent by a tube (in Paris).
poche, posh, *f* pocket; bag; pouch; net.
pocher, posh-eh, *v* to poach (egg); to bruise (eye).
pochette, posh-ett, *f* small pocket; kit.
poêle, po'ähl,*m* stove; pall; *f* frying-pan.
poème, po-emm, *m* poem.
poésie, po-eh-zee, *f* poetry; poems.
poète, po-ett, *m* poet.
poétique, po-eh-teeck, *f* poetics; *a** poetical.
poids, po'äh, *m* weight; burden..
poignant, e, po'ähn-yah*ng*, *a* poignant.
poignard, po'ähn-yähr, *m* dagger.
poigne, po'ähn-ye*r*, *f* grip; will; energy.
poignée, po'ähn-yeh, *f* handful; handle.
poignet, po'ähn-yay, *m* wrist; wristband; cuff.
poil, po'ähl, *m* hair (animal); hair (on human body); bristle; (*fam*) mood; **au —,** super.
poilu, e, po'äh-lE, *a* hairy; shaggy.
poincon, po'ang-song, *m* bodkin; awl; punch; stamp; ⎡die.
poinçonner, po'ang-sonn-eh, *v* to punch (ticket etc); ⎣to stamp.
poindre, po'ang-dr, *v* to dawn.
poing, po'ang, *m* fist; hand.
point, po'ang, *adv* no; not; none; never.
point, po'ang, *m* point; stop; stitch; dot; mark; full stop; degree.
pointe, po'ang-te, *f* point; tip; touch; dawn. ⎡soar.
pointer, po'ang-teh, *v* to point; to prick; to aim; to ⎣
pointillé, po'ang-tee-yeh, *m* stippling; dotted line.
pointilleu-x, se, po'ang-tee-ye*r*, *a* captious; cavilling. ⎡touchy.
pointu, e, po'ang-tE, *a* pointed; sharp; irritable; ⎣
pointure, po'ang-tEER, *f* size (shoes, gloves etc).
poire, po'ähr, *f* pear; (*slang*) gullible person.
poireau, po'äh-roh, *m* leek; wart.
poirier, po'äh-re-eh, *m* pear-tree.

pois, po'äh, *m* pea; **petits —**, per-te —, green peas.

poison, po'äh-zong, *m* poison.

poisseu-x, se, po'ähss-er, *a* sticky.

poisson, po'ähss-ong, *m* fish.

poissonnerie, po'ähss-onn-ree, *f* fish-market or shop.

poitrine, po'äh-treen, *f* chest; breast; lungs; bosom; [brisket.

poivre, po'äh-vr, *m* pepper.

poivrier, po'äh-vree-eh, *f* pepper-pot.

poivron, po'äh-vrong, *m* green or red sweet pepper.

poix, po'äh, *f* pitch; shoemaker's wax.

pôle, pohl, *m* pole.   [*a* polemical.

polémique, poll-eh-meeck, *f* polemics; controversy;

poli, e, poll-ee, *a* polished; polite; civil; refined.

police, poll-eess, *f* police; **agent de —**, äh-shahng der —, policeman.

polichinelle, poll-e-she-nell, *m* Punch; buffoon.

polici-er, ère, poll-iss-e-eh, *a* of the police; *m* police-poliment, poll-e-mahng, *adv* politely.   [man.

polir, poll-eer, *v* to polish; to brighten; to improve.

polisson, ne, poll-iss-ong, *mf* mischievous child; scamp.

politesse, poll-e-tess, *f* politeness; civility; good breeding.

politique, poll-e-teeck, *f* policy; politics; *a** political;

polluer, poll-LE-eh, *v* to pollute.   [prudent; politic.

poltron, ne, poll-trong, *mf* coward; *a* cowardly.

pommade, pomm-ähd, *f* lip-salve: ointment.

pomme, pomm, *f* apple; **— de terre, —** der **tair**, potato.

pommé, e, pomm-eh, *a* rounded; (*fam*) downright.

pommelé, e, pomm-leh, *a* dappled; mottled.

pommette, pomm-ett, *f* cheek-bone.

pommier, pomm-e-eh, *m* apple-tree.

pompe, pongp, *f* pomp; pump.

pomper, pong-peh, *v* to pump up; to imbibe.

pompeu-x, se,* pong-per, *a* pompous; stately.

pompier, pong-pe-eh, *m* fireman.

pomponner, pong-ponn-eh, *v* to adorn; **se —**, to smarten oneself.

ponce (pierre), pe-ayr pongss, *f* pumice stone.

ponctuation, pongk-TE-ah-se-ong, *f* punctuation.

ponctuel, le,* pongk-TE-ell, *a* punctual.

pondre, poɴgdr, *v* to lay eggs.
pont, poɴg, *m* bridge; deck.
ponté, e, poɴg-teh, *a* decked.
populace, pop-ɛ-lähss, *f* the masses.
populaire,* pop-ɛ-lair, *a* popular.
population, pop-ɛ-läh-se-oɴg, *f* population.
populeu-x, se, pop-ɛ-le*r*, *a* populous.
porc, por, *m* pig; swine; hog; pork.
porcelaine, por-ser-lain, *f* porcelain; chinaware.
porc-épic, por-keh-peeck, *m* porcupine.
porche, porsh, *m* porch.
pore, por, *m* pore.
poreu-x, se, por-e*r*, *a* porous.
pornographie, por-nog-rähf-ee, *f* pornography.
port, por, *m* port; harbour; carriage; postage; deport-
portable, por-täh-bl, *a* wearable.   [ment.
portail, por-tah'e, *m* portal.
portant, e, por-tah*ɴg*, *a* bearing; **bien —,** be-a*ɴg* —,
  in good health; **mal —,** mähl —, in bad health.
portati-f, ve, por-täh-teeff, *a* portable.
porte, port, *f* door; gate; doorway; threshold; pass.
porte-bagages, por-te*r*-bäh-gähsh, *m* luggage rack.
porte-clefs, por-te*r*-kleh, *m inv* key-ring.
portefeuille, por-te*r*-fe*r*'e, *m* portfolio; wallet.
porte-monnaie, por-te*r*-monn-ay, *m* purse.
porte-parapluies, por-te*r*-päh-räh-plwee, *m* um-
  brella-stand.
porte-plume, por-te*r*-plɛɛm, *m* penholder.
porter, por-teh, *v* to bear; to carry; to wear; to
  induce; to tell; **comment vous portez-vous ?**
  komm-ah*ɴg* voo por-teh voo? how are you?
porteu-r, se, por-te*r*, *mf* porter; carrier; holder.
porti-er, ère, por-te-eh, *mf* door-keeper.
portière, por-te-air, *f* door (of car, train etc).
portion, por-se-oɴg, *f* portion: allowance.
portrait, por-tray, *m* portrait; likeness.
pose, pohz, *f* putting; pose; affectation.
posé, e, poh-zeh, *pp* & *a* placed; sedate.
posément, poh-zeh-mah*ɴg*, *adv* sedately; slowly.
poser, poh-zeh, *v* to place; to place.
poseu-r, se, poh-ze*r*, *mf* affected person.
positi-f, ve,* poh-ze-teeff, *a* positive; matter-of-fact.

position, poh-ze-se-on*g*, *f* position; status; posture.
possédé, e, poss-eh-deh, *mf* mad; *a* possessed.
posséder, poss-eh-deh, *v* to possess; to enjoy.
possesseur, poss-ess-**er**, *m* owner.   [session.
possession, poss-ess-e-on*g*, *f* ownership; right; pos-
possibilité, poss-e-be-le-teh, *f* possibility.
possible, poss-ee-bl, *m* utmost; *a* possible.
postal, e, poss-tăhl, *a* postal.
poste, post, *m* post; station; position; *f* post-office.
poster, poss-teh, *v* to post; to station.
postérieur, e,* poss-teh-re-**er**, *a* subsequent; later;
postérité, poss-teh-re-teh, *f* posterity; issue.   [hind.
post-scriptum, post-skrip-tom, *m* postscript.
postuler, poss-tE-leh, *v* to apply for.
posture, poss-tEEr, *f* posture; position.
pot, po, *m* pot; jug; tankard; jar; crock.
potable, pot-ăh-bl, *a* drinkable.
potage, pot-ăh**sh**, *m* soup; **pour tout —,** poohr too
    —, (*fam*) in all.
potager, pot-ăh-**sh**eh, *m* kitchen-garden.
potasse, pot-ăhss, *f* potash.
poteau, pot-oh, *m* post; stake.
potelé, e, pot-leh, *a* plump; fat.
potence, pot-ahn*g*ss, *f* gallows; gibbet.
poterie, pot-ree, *f* earthenware; pottery.
potier, pot-e-eh, *m* potter.
potin, pot-an*g*, *m* pewter; (*fam*) gossip; clatter.
pou, poo, *m* louse.
poubelle, poo-bell, *f* dust-bin.
pouce, pooss, *m* thumb; big toe; inch.
poudre, poo-dr, *f* powder; dust; gunpowder.
poudrier, poo-dre-eh, *m* powder compact.
pouffer, poo-feh, *v* — **de rire,** der reer, to burst out
    laughing.
poulailler, poo-lah'e-yeh, *m* poultry-house; (theatre)
poulain, poo-lan*g*, *m* foal; colt.   [the gods.
poularde, poo-lăhrd, *f* fat pullet.
poule, pool, *f* hen.
poulet, poo-lay, *m* chicken; (*fam*) detective.
poulie, poo-lee, *f* pulley; block.
pouls, poo, *m* pulse.
poumon, poo-mon*g*, *m* lung.

poupe, poop, *f* stern.

poupée, poo-peh, *f* doll; puppet.

pour, poohr, *prep* for; towards; to; in order to; as to.

pourboire, poohr-bo'ăhr, *m* gratuity; tip.

pourceau, poohr-soh, *m* hog; pig; swine.

pourcentage, poohr-sah*n*g-tăh**sh**, *m* percentage.

pourparler, poohr-păhr-leh, *m* usually *pl* parley; conference; negotiation.

pourpre, poohr-pr, *m* & *a* crimson; *f* purple dye.

pourquoi, poohr-kwăh, *adv* & *conj* why; wherefore; what . . . for.

pourrir, poo-reer, *v* to rot.

pourriture, poo-re-TEER, *f* decay; rot.

poursuite, poohr-sweet, *f* pursuit; *pl* proceedings.

poursuivre, poohr-swee-vr, *v* to pursue; to proceed against.

pourtant, poohr-tah*n*g, *adv* yet; still; however.

pourtour, poohr-toohr, *m* circumference.

pourvoi, poohr-vo'ăh, *m* appeal.

pourvoir, poohr-vo'ăhr, *v* to provide; to supply; to endow (**à,** for; **de,** with).

pourvoyeu-r, se, poohr-vo'ăh-yer, *mf* purveyor.

pourvu que, poohr-VE, ker, *conj* provided that.

pousser, pooss-eh, *v* to push; to thrust; to urge on; to utter; to grow.

poussette, pooss-ett, *f* push-chair.

poussière, pooss-e-air, *f* dust; powder; spray.

poussin, pooss-a*n*g, *m* chick.

poutre, pootr, *f* beam; rafter; girder.

pouvoir, poo-vo'ăhr, *v* to be able; to be allowed.

pouvoir, poo-vo'ăhr, *m* power; authority; power of

prairie, pray-ree, *f* meadow; prairie.   ⌊attorney.

praline, prăh-leen, *f* sugar-almond.

praticable, prăh-te-kăh-bl, *a* practicable; feasible.

praticien, ne, prăh-te-se-a*n*g, *mf* practitioner.

pratique, prăh-teek, *f* practice; experience; *a** practical; useful.

pratiquer, prăh-te-keh, *v* to practise; to use; to make; to associate with.

pré, preh, *m* meadow.

préalable,* preh-ăh-lăh-bl, *a* previous; *adv phr* **au —,** first of all.

préavis, preh-ah-ve, *m* previous notice.

précaire,* preh-kair, *a* precarious.

précaution, preh-koh-se-ong, *f* precaution; caution.

précédemment, preh-seh-däh-mahng, *adv* previously.

précédent, e, preh-seh-dahng, *a* preceding; *m* precedent.

précéder, preh-seh-deh, *v* to precede.

précepteur, preh-sep-ter, *m* tutor.

prêcher, pray-sheh, *v* to preach; to lecture.

précieu-x, se,* preh-se-er, *a* precious; valuable; affected.

précipice, preh-se-peess, *m* precipice.

précipitamment, preh-se-pe-täh-mahng, *adv* hurriedly; headlong.

précipiter, preh-se-pe-teh, *v* to precipitate; to hurl headlong; to hasten.

précis, preh-se, *m* summary; précis.

précis, e, preh-se, *a* precise; exact.

précisément, preh-se-zeh-mahng, *adv* precisely; just so.

préciser, preh-se-zeh, *v* to state precisely; to specify.

précité, e, preh-se-teh, *a* aforesaid.

précoce, preh-koss, *a* precocious; early.

préconiser, preh-konn-e-zeh, *v* to extol; to advocate.

prédicateur, preh-de-käh-ter, *m* preacher.

prédire, preh-deer, *v* to predict; to foretell.

préface, preh-fähss, *f* preface.

préférable,* preh-feh-räh-bl, *a* preferable; advisable.

préférer, preh-feh-reh, *v* to prefer; to like better.

préfet, preh-fay, *m* prefect; administrator (of French county).

préjudice, preh-shE-deess, *m* prejudice; wrong.

préjudiciable, preh-shE-de-se-äh-bl, *a* prejudicial.

préjugé, preh-shE-sheh, *m* prejudice; preconception.

prélasser (se), ser preh-lähss-eh, *v* to strut; to take one's ease.

prélever, prehl-veh, *v* to deduct beforehand; to levy.

préliminaire, preh-le-me-nair, *a* preliminary.

prélude, preh-lEEd, *m* prelude.

prématuré,* e, preh-mäh-tE-reh, *a* premature.

premier, prer-me-eh, *m* chief; leader; first.

premi-er, ère,* prer-me-eh, *a* first; former; early; next; leading.

prémunir, preh-mE-neer, *v* to forewarn; to caution.

prendre, prah*n*gdr, *v* to take; to seize; to assume; to congeal; to set; to catch on.

preneu-r, se, prer-ner, *mf* taker; buyer.

prénom, preh-non*g*, *m* Christian name.

préoccuper, preh-ock-E-peh, *v* to preoccupy; to engross the mind; to disturb.

préparatif, preh-päh-rãh-teeff, *m* preparation (used almost exclusively in the plural).

préparer, preh-päh-reh, *v* to prepare; to get ready.

prépondérance, preh-pon*g*-deh-rah*n*gss, *f* preponderance; sway.

préposé, preh-poh-zeh, *m* official in charge.

près, pray, *adv* & *prep* near; close by; — **de,** about to.

présage, preh-zãhss, *m* presage; omen.

présager, preh-zãh-**sh**eh, *v* to forebode.

pré-salé, preh-sãh-leh, *m* salt-meadow mutton.

presbyte, prez-beet, *mf* & *a* long-sighted.

presbytère, prez-be-tair, *m* vicarage.

prescience, preh-se-ah*n*gss, *f* prescience.

prescrire, press-kreer, *v* to order; to prescribe.

préséance, preh-seh-ah*n*gss, *f* precedence.

présence, preh-zah*n*gss, *f* presence.

présent, e, preh-zah*n*g, *a* present.　　　　　[introduce.

présenter, preh-zah*n*g-teh, *v* to present; to offer; to

préservati-f, ve, preh-zair-vãh-teeff, *a* preservative.

préserver, preh-zair-veh, *v* to preserve (**de,** from).

président, preh-ze-dah*n*g, *m* president; chairman.

présider, preh-ze-deh, *v* to preside.

présomption, preh-zon*g*p-se-on*g*, *f* presumption; self-assurance.

présomptueu-x, se,* preh-zon*g*p-te-e*r*, *a* presumptuous.　　　　　　　　　　　　　　　　　[tuous.

presque, press-ker, *adv* almost; nearly.

presqu'île, press-keel, *f* peninsula.

pressant, e, press-ah*n*g, *a* pressing; urgent.

presse, press, *f* press; crowd; urgency; squeezer.

pressé, e, press-eh, *a* in a hurry; urgent; crowded.

pressentiment, press-ah*n*g-te-mah*n*g, *m* presentiment.　　　　　　　　　　　　　　　　　[ment of.

pressentir, press-ah*n*g-teer, *v* to have a presenti-

presser, press-eh, *v* to press; to crowd; to urge.

pression, press-e-on*g*, *f* pressure.

prestance, press-tah*n*gss, *f* fine presence.

preste,* presst, *a* quick; nimble.

prestidigitateur, press-te-de-**sh**e-tăh-ter, *m* con-
prestige, press-teesh, *m* prestige. ⌊juror.

présumer, preh-ze-meh, *v* to presume.

prêt, pray, *m* loan.

prêt, e, pray, *a* ready; prepared; willing.

prétendant, e, preh-tahng-dahng, *mf* claimant; pre-
tender; suitor.

prétendre, preh-tahng-dr, *v* to claim; to intend; to
maintain.

prétendu, e, preh-tahng-DE ,*mf* intended (husband or
wife); *a* so-called.

prête-nom, prayt-nong, *m* figurehead.

prétentieu-x, se,* preh-tahng-se-er, *a* pretentious;
conceited.

prétention, preh-tahng-se-ong, *f* pretension; affectation.

prêter, pray-teh, *v* to lend; to ascribe; to give rise.

prêteu-r, se, pray-**ter**, *mf* lender.

prétexte, preh-text, *m* pretext; pretence.

prêtre, pray-tr, *m* priest.

preuve, prerv, *f* proof; evidence; token.

prévaloir, preh-văh-lo'ăhr, *v* to prevail.

prévenance, prehv-nahngss, *f* kind attention.

prévenant, prehv-nahng, *a* obliging; prepossessing.

prévenir, prehv-neer, *v* to advise; to inform.

prévention, preh-vahng-se-ong, *f* imprisonment on
suspicion; prevention.

prévenu, e, prehv-ne, *mf* accused; *a* prejudiced.

prévision, preh-ve-ze-ong, *f* forecast; anticipation.

prévoir, preh-vo'ăhr, *v* to foresee; to provide for or
against.

prévoyance, preh-vo'ăh-yahngss, *f* foresight; fore-
thought.

prier, pre-eh, *v* to pray; to entreat; to invite.

prière, pre-air, *f* prayer; entreaty; request.

primaire, pre-mair, *a* primary; elementary.

prime, preem, *f* premium; bonus; option; *a* prime.

primer, pre-meh, *v* to surpass; to take the lead; to
award a prize to.

primeur, pre-mer, *f* early fruit or vegetable; fresh-

primevère, preem-vair, *f* primrose. ⌊ness.

primiti-f, ve,* pre-me-teeff, *a* primitive.

prince, sse, prangss, *mf* prince; princess.
princi-er, ère,* prang-se-eh, *a* princely.
principal, prang-se-pähl, *m* chief; main point; *a* principal; main.
principauté, prang-se-poh-te, *f* principality.
principe, prang-seep, *m* principle.
printani-er, ère, prang-täh-ne-eh, *a* spring.
printemps, prang-tahng, *m* spring; springtime.
priorité, pre-or-e-teh, *f* priority; right of way.
pris, e, pre, *pp* & *a* taken; occupied; busy.
prise, preez, *f* taking; hold; quarrel; catch.
priser, pre-zeh, *v* to value; to take snuff.
priseu-r, se, pre-zer, *mf* snuff-taker; appraiser.
prison, pre-zong, *f* prison.
prisonni-er, ère, pre-zonn-e-eh, *mf* & *a* prisoner.
privation, pre-väh-se-ong, *f* privation; loss.
privauté, pre-voh-teh, *f* familiarity.
privé, e, pre-veh, *a* private.
priver, pre-veh, *v* to deprive.
privilège, pre-ve-laysh, *m* privilege.
prix, pre, *m* price; value; reward; prize.
probabilité, prob-äh-be-le-teh, *f* probability.
probable,* prob-äh-bl, *a* probable; likely.
probant, e, prob-ahng, *a* conclusive; convincing.
probe, prob, *a* honest; upright.
probité, prob-e-teh, *f* honesty; uprightness.
problème, prob-laym, *m* problem. ⌈method.
procédé, pross-eh-deh, *m* proceeding; behaviour;
procéder, pross-eh-deh, *v* to proceed; to behave; to prosecute **(contre).**
procédure, pross-eh-DEER, *f* proceedings; practice.
procès, pross-ay, *m* lawsuit; trial; litigation.
procès-verbal, pross-ay-vair-bähl, *m* report; minutes; record.
prochain, prosh-ang, *m* neighbour; fellow-creature.
prochain, e, prosh-ang, *a* next; nearest; early.
prochainement, prosh-ain-mahng, *adv* shortly.
proche, prosh, *a* close; *mpl* relations; *adv* near.
proclamer, prock-läh-meh, *v* to proclaim.
procuration, prock-E-räh-se-ong, *f* proxy.
procurer, prock-E-reh, *v* to procure.
procureur, prock-E-rer, *m* proxy; attorney.

prodigalité, prod-e-gäh-le-teh, *f* prodigality; extravagance.

prodige, prod-eesh, *m* prodigy; wonder. ⌐wonderful.

prodigieu-x, se, prod-e-she-er, *a* prodigious;

prodigue, prod-eeg, *m* spendthrift; *a* prodigal.

prodiguer, prod-e-gheh, *v* to lavish; to squander.

produc-teur, trice, prod-EEK-ter, *mf* producer; *a* productive.

production, prod-EEK-se-ong, *f* production; product; output.

produire, prod-weer, *v* to produce; to yield; to show.

produit, prod-wee, *m* produce; product; proceeds.

profane, prof-ähn, *mf & a* outsider; profane; lay.

profaner, prof-äh-neh, *v* to profane.

proférer, prof-eh-reh, *v* to utter.

professer, prof-ess-eh, *v* to profess; to teach.

professeur, prof-ess-er, *m* professor; teacher.

profession, prof-ess-e-ong, *f* profession; business.

profil, prof-eel, *m* profile; section.

profit, prof-e, *m* profit; gain; utility.

profiter, prof-e-teh, *v* to profit **(de,** by); to take advantage **(de,** of).

profond, e, prof-ong, *a* deep; profound; sound.

profondément, prof-ong-deh-mah*ng*, *adv* deeply.

profondeur, prof-ong-der, *f* depth; profoundness.

programme, prog-rähm, *m* programme; bill; platform.

progrès, prog-ray, *m* progress; improvement. ⌐form.

prohiber, pro-e-beh, *v* to prohibit.

proie, prwäh, *f* prey.

projec-teur, pro-sheck-ter, *m* projector; headlight.

projection, prosh-eck-se-ong, *f* projection.

projectile, pro-sheck-teel, *m & a* missile.

projet, prosh-ay, *m* project; scheme; rough draft.

projeter, prosh-teh, *v* to project; to plan.

prolétaire, proll-eh-tair, *m & a* proletarian.

prolonger, proll-ong-sheh, *v* to prolong; to protract; to lengthen. ⌐sion.

promenade, promm-nähd, *f* walk; drive; ride; excursion.

promener, promm-neh, *v* to take about; to walk; **se** —, to take a walk.

promeneu-r, se, promm-ner, *mf* walker.

promesse, promm-ayss, *f* promise.

promettre, promm-ay-tr, *v* to promise; to look promising.

promontoire, promm-ong-to'ăhr, *m* promontory.

promouvoir, promm-oo-vo'ăhr, *v* to promote.

prompt, e,* prong, *a* prompt; sudden; hasty.

promptitude, prong-te-teed, *f* quickness.

promulguer, promm-eel-gheh, *v* to promulgate.

prône, prohn, *m* sermon; (*fig*) lecture.

pronom, pron-ong, *m* pronoun. 　　　　　[decided.

prononcé, e, pron-ong-seh, *pp* & *a* pronounced;

prononcer, pron-ong-seh, *v* to pronounce; to utter.

propagande, prop-ăh-gahngd, *f* propaganda.

propager, prop-ăh-sheh, *v* to propagate; **se —,** to spread.

propension, prop-ahng-se-ong, *f* propensity.

prophétie, prof-eh-see, *f* prophecy.

propice, prop-eess, *a* propitious; favourable.

proportionnel, le,* prop-or-se-onn-ell, *a* proportional; commensurate.

propos, prop-oh, *m* purpose; talk.

proposer, prop-oh-zeh, *v* to propose; to move; **se —,** to intend; to mean.

proposition, prop-oh-ze-se-ong, proposal; proposition; clause. 　　　　　　　　　　　　[clean.

propre, propr, *m* own characteristic; *a** own; proper;

propreté, prop-rer-teh, *f* neatness; cleanliness.

propriétaire, prop-re-eh-tair, *mf* proprietor; landlord. 　　　　　　　　　　　　　　[propriety.

propriété, prop-re-eh-teh, *f* property; ownership;

propulsion, prop-eel-se-ong, *f* propelling.

prorata, pro-răh-tăh, *m* proportion. 　　　　　[journment.

prorogation, pror-ogh-ăh-se-ong, *f* prorogation; ad-

proroger, pror-osh-eh, *v* to extend; to adjourn.

prosaïque, pro-zăh-eek, *a* prosaic.

prosateur, pro-zăh-ter, *m* prose-writer.

proscrire, pross-kreer, *v* to proscribe; to banish.

proscrit, e, pross-kre, *mf* exile; outlaw.

prose, prohz, *f* prose.

prospère, pross-pair, *a* prosperous.

prospérer, pross-peh-reh, *v* to prosper; to thrive.

prosterner (se), ser pross-tair-neh, *v* to prostrate [oneself.

prostituée, pross-te-te-eh, *f* prostitute. 　　　　[oneself.

protec-teur, trice, prot-eck-ter, *mf* & *a* protector; protective.

protectorat, prot-eck-tor-ăh, *m* protectorate.

protégé, e, prot-eh-**sheh**, *mf* protégé; dependant.

protéger, prot-eh-**sheh**, *v* to protect; to shield.

protestant, e, prot-ess-tah*ng*, *mf* & *a* Protestant.

protester, prot-ess-teh, *v* to protest.

prouesse, proo-ess, *f* prowess; exploit.

prouver, proo-veh, *v* to prove; to show.

provenance, prov-nah*ng*ss, *f* origin; source.

provenir, prov-neer, *v* to proceed; to originate.

proverbe, prov-airb, *m* proverb.

proverbial, e,* prov-air-be-ăhl, *a* proverbial.

providence, prov-e-dah*ng*ss, *f* Providence.

province, prov-a*ng*ss, *f* province; the country.

provincial, e, prov-a*ng*-se-ăhl, *mf* & *a* provincial.

proviseur, prov-e-zer, *m* headmaster. [tainer.

provision, prov-e-ze-o*ng*, *f* provision; supply; re-

provisoire,* prov-e-zo'ăhr, *a* provisional.

provocant, e, prov-ock-ah*ng*, *a* provoking; alluring.

provoca-teur, trice, prov-ock-ăh-ter, *mf* aggressor; provoking.

provoquer, prov-ock-eh, *v* to provoke; to challenge; to cause.

prudemment, prE-dăh-mah*ng*, *adv* prudently.

prudence, prE-dah*ng*ss, *f* prudence.

pruderie, prEed-ree, *f* prudishness.

prune, prEen, *f* plum.

pruneau, prE-noh, *m* prune.

prunelle, prE-nell, *f* sloe; pupil (eye).

prunier, prE-ne-eh, *m* plum-tree.

psaume, psohm, *m* psalm.

pseudonyme, pser-donn-eem, *m* pseudonym.

psychiatre, pse-ke-ah-tr, *m* psychiatrist.

psychologue, pse-koll-og, *m* psychologist.

puant, e, pE-ah*ng*, *a* stinking.

puanteur, pE-ah*ng*-ter, *f* stench.

pubère, pE-bair, *a* pubescent.

public, pE-bleeck, *m* public.

publi-c, que,* pE-bleeck, *a* public; common. [lishing.

publication, pE-bli-cah-se-o*ng*, *f* publication; pub-

publicité, pE-ble-se-teh, *f* publicity; advertising.

publier, pe-ble-eh, v to publish.
puce, peess, f flea.
pucelle, pe-sell, f virgin.
pudeur, pe-der, f bashfulness; modesty; reserve.
pudicité, pe-de-se-teh, f chastity.
pudique,* pe-deeck, a chaste; modest.
puer, pe-eh, v to stink; to smell strongly of.
puéril, e,* pe-eh-reel, a childish.
pugilat, pe-she-läh, m boxing.
puis, pwee, adv then; afterwards; next; besides.
puiser, pwee-zeh, v to draw (water); to derive.
puisque, pweess-ker, conj since.   [mightily.
puissamment, pweess-äh-mahng, adv powerfully;
puissance, pweess-ahngss, f power; force; influence.
puissant, e, pweess-ahng, a powerful; mighty;
puits, pwee, m well; shaft; pit.   L(fam) stout.
pulluler, peel-le-leh, v to swarm.
pulsation, peel-säh-se-ong, f beating; throbbing.
pulvériser, peel-veh-re-zeh, v to pulverize.
punaise, pe-nayz, f bed-bug; drawing-pin.
punir, pe-neer, v to punish.
punition, pe-niss-e-ong, f punishment.
pupille, pe-peell, mf ward; f pupil (of eye).
pupitre, pe-pee-tr, m desk; music-stand.
pur, e,* peer, a pure; genuine; clean; mere.
purée, pe-reh, f mash; purée; mashed potato.
pureté, peer-teh, f purity; chastity.
purgati-f, ve, peer-gäh-teeff, a purgative.
purgatoire, peer-gäh-to'ähr, m Purgatory.
purge, peersh, f purge; clearing.
purger, peer-sheh, v to purge; to cleanse.
purifier, pe-re-fe-eh, v to purify.
pus, pe, m pus; matter.
pusillanime, pe-zill-läh-neem, a faint-hearted.
pustule, pees-teel, f pimple.
putréfier, pe-treh-fe-eh, v to putrefy; to rot.
pyramide, pe-räh-meedd, f pyramid.

quadragénaire, kwäh-dräh-sheh-nair, mf & a
   quadragenarian.
quadrillé, e, käh-dree-yeh, a checkered.

quadruple, kwäh-drEE-pl, *m* & *a* fourfold.
quai, kay, *m* quay; wharf; platform.
qualification, käh-le-fe-käh-se-ong, *f* title; name.
qualifier, käh-le-fe-eh, *v* to qualify; to call.
qualité, käh-le-teh, *f* quality; property; rank; qualification.
quand, kahng, *adv* when (at what moment); *conj* when (at the time).
quant à, kahng t'äh, *prep* as to; as for.
quantième, kahng-te-aym, *m* day of the month.
quantité, kahng-te-teh, *f* quantity.
quarantaine, käh-rahng-tain, *f* about forty; quarantine.
quarante, käh-rahngt, *m* & *a* forty.
quarantième, käh-rahng-te-aym, *m* & *a* fortieth.
quart, kähr, *m* quarter; (*nau*) watch; point (of compass).
quartier, kähr-te-eh, *m* quarter; piece; neighbourhood; district.
quasi, käh-ze, *adv* quasi; all but; almost.
quatorze, käh-torz, *m* & *a* fourteen.
quatorzième, käh-tor-ze-aym, *m* & *a* fourteenth.
quatre, käh-tr, *m* & *a* four.
quatre-vingt-dix, käh-trer-vang-deess, *m* & *a* ninety.
quatre-vingts, käh-trer-vang, *a* eighty.
quatrième, käh-tre-aym, *m* & *a* fourth.
quatuor, kwäh-te-or, *m* quartet.
que, ker, *pron* whom; that; which; what.
que, ker, *adv* how; how much; how many.
que, ker, *conj* that; if; when; as; until; while; whether; lest; ne...—, ner...—, only.
quel, le, kell, *a* what; what a; which.
quelconque, kell-kongk, *a* whatever; any; (*fam*) commonplace.
quelque, kell-ker, *adv* some; about; *a* some; any; a few.
quelquefois, kell-ker-fo'äh, *adv* sometimes.
quelqu'un, e, kell-kung, *pron* somebody; one; *pl* quelques-uns, unes, kell-ker-z'ung, some; a few; any.
querelle, ker-rell, *f* quarrel; row.
question, kess-te-ong, *f* question; matter.
questionnaire, kess-te-onn-air, *m* set of questions; questionnaire.
quête, kayt, *f* quest; collection.

quêter, kay-teh, *v* to search; to make a collection.

queue, ker, *f* tail; tail-piece; train; cue; queue.

qui, ke, *pron* who; whom; which; that; whoever; what.

quiconque, ke-kongk, *pron* whoever.

quille, kee-ye, *f* keel; skittle.   ⌜ware shop.

quincaillerie, kang-kah'e-ree, *f* ironmongery; hard-

quinquagénaire, kwang-kwäh-**sheh**-nair, *mf* & *a*
quinquagenarian.

quinte, kangt, *f* fit of coughing; fifth.

quintuple, kwang-tEE-pl, *m* & *a* fivefold.

quinzaine, kang-zain, *f* about fifteen; fortnight.

quinze, kangz, *m* & *a* fifteen; fifteenth.

quinzième, kang-ze-aym, *m* & *a* fifteenth.

quittance, ke-tahngss, *f* receipt; discharge.

quitte, keet, *a* clear; quit; — **à,** — äh, at the risk of.

quitter, ke-teh, *v* to leave; to forsake; to depart.

qui-vive, ke-veev, *m* challenge word; alert.

quoi, kwäh, *pron* what; which; that; (exclamation)
what! how!

quoique, kwäh-ker, *conj* although.

quolibet, koll-e-bay, *m* gibe.

quote-part, kot-pähr, *f* quota.

quotidien, ne, kot-e-de-ang, *a* daily.

rabâcher, räh-bah-sheh, *v* to repeat over and over

rabais, räh-bay, *m* abatement; rebate.   ⌞again.

rabaisser, räh-bess-eh, *v* to lower; to humble.

rabattre, räh-bäh-tr, *v* to lower; to bring down; to

rabbin, räh-bang, *m* rabbi.   ⌞deduct.

râblé, e, rah-bleh, *a* strong-backed.

raboter, räh-bot-eh, *v* to plane; to polish.

raboteu-x, se, räh-bot-er, *a* rugged; harsh; jagged.

rabougri, e, räh-boo-gre, *a* stunted.

raccommoder, räh-komm-od-eh, *v* to mend; to
patch; to darn; to reconcile.

raccorder, räh-kor-deh, *v* to join; to unite.

raccourcir, räh-koohr-seer, *v* to shorten; to curtail.

raccroc, räh-kro, *m* fluke.

raccrocher, räh-krosh-eh, *v* to hang up; **se —.** to

race, rähss, *f* face; breed; family.   ⌞clutch.

rachat, räh-shäh, *m* repurchase.

racheter, rahsh-teh, *v* to buy back; to atone for.

rachitique, räh-she-teeck, *a* rickety.

racine, räh-seen, *f* root; origin.

raclée, rah-kleh, *f (pop)* thrashing; licking.

racler, rah-kleh, *v* to scrape.

racoler, räh-koll-eh, *v* to recruit; to pick up.

racontar, räh-kong-tähr, *m* gossip.

raconter, räh-kong-teh, *v* to relate; to tell.

rade, rähd, *f* roadstead; roads.

radeau, räh-doh, *m* raft.

radiateur, räh-de-äh-ter, *m* radiator.

radieu-x, se,* räh-de-er, *a* radiant.

radio, räh-de-o, *f* radio; wireless.

radiodiffusion, räh-de-o-diff-e-ze-ong, *f* broadcasting.

radiographie, räh-de-o-gräh-fe, *f* X-ray photography; X-ray.

radis, räh-de, *m* radish.

radoter, räh-dot-eh, *v* to rave; to drivel.

radoucir, räh-doo-seer, *v* to soften; to calm.

rafale, räh-fähl, *f* squall.

raffermir, räh-fair-meer, *v* to strengthen; to make firm.

raffiné, e, räh-fe-neh, *a* refined; delicate.

raffinerie, räh-feen-ree, *f* sugar refinery.

raffoler, räh-foll-eh, *v* to dote (**de,** on); (*fam*) to be mad on.

rafler, rah-fleh, *v* to sweep off.

rafraîchir, räh-fray-sheer, *v* to cool; to do up.

rafraîchissement, räh-fray-shiss-mahng, *m* cooling; refreshing; *pl* refreshments.

rage, rähsh, *f* rabies; rage; violent pain.

rager, räh-sheh, *v* to fume; to be in a rage.

ragoût, räh-goo, *m* stew; relish.

raide, rayd, *adv* quickly; sharply; outright; *a* stiff; tight; steep; stubborn.

raideur, ray-der, *f* stiffness; tightness; sternness.

raidir, ray-deer, *v* to stiffen; to tighten.

raie, ray, *f* streak; stroke; parting (hair); skate (fish).

rail, rah'e, *m* (railways) rail.

railler, rah'e-yeh, *v* to scoff at; to mock.

raillerie, rah'e-ree, *f* raillery; banter; jeer.

rainure, ray-neer, *f* groove.

raisin, ray-zang, *m* grapes.

raison, ray-zong, *f* reason; cause; satisfaction; right; ratio.

raisonnable,* ray-zonn-äh-bl, *a* reasonable; sensible.

raisonnement, ray-zonn-mah*ng, m* reasoning; argu-
raisonner, ray-zonn-eh, *v* to reason.   ⌊ment.
rajeunir, räh-sher-neer, *v* to rejuvenate.
rajouter, räh-shoo-teh, *v* to add.
rajuster, räh-sʜᴇs-teh, *v* to readjust; to repair.
râle, rahl, *m* rattle; death rattle; (bird) rail.
ralentir, räh-lah*ng*-teer, *v* to slacken; to slow down.
râler, rah-leh, *v* to rattle (in one's throat); (*fam*) to
rallier, räh-le-eh, *v* to rally; to rejoin.   ⌊fume.
rallonger, räh-long-sheh, *v* to lengthen; to let down.
ramage, räh-mähsh, *m* warbling; floral design.
ramas, räh-mah, *m* heap; set.
ramasser, räh-mähss-eh, *v* to gather; to pick up.
rame, rähm, *f* oar; (paper) ream; prop.
rameau, räh-moh, *m* bough; branch.
ramener, rähm-neh, *v* to bring back; to restore.
ramer, räh-meh, *v* to row; to stick (peas).
ramifier (se), ser räh-me-fe-eh, *v* to branch out.
ramollir, räh-moll-eer, *v* to soften; to weaken.
ramoner, räh-monn-eh, *v* to sweep (chimneys).
ramoneur, räh-monn-er, *m* chimney-sweep.
rampant, e, rah*ng*-pah*ng, a* creeping; servile.
rampe, rah*ng*p, *f* hand-rail; slope; footlights.
ramper, rah*ng*-peh, *v* to crawl; to cringe.
rance, rah*ng*ss, *a* rancid.
rançon, rah*ng*-so*ng, f* ransom.   ⌈fleece.
rançonner, rah*ng*-sonn-eh, *v* to ransom; (*fam*) to
rancune, rah*ng*-kᴇɴ, *f* rancour; grudge.
rang, rah*ng, m* row; line; rank; range; rate.
rangée, rah*ng*-sheh, *f* row; line; tier.
ranger, rah*ng*-sheh, *v* to arrange; to tidy.
ranimer, räh-ne-meh, *v* to revive.
rapace, räh-pähss, *a* rapacious.
rapatrier, räh-päh-tre-eh, *v* to repatriate.
râpé, e, rah-peh, *pp & a* grated; threadbare.
râper, rah-peh, *v* to grate.
rapetisser, rähp-tiss-eh, *v* to shorten; to shrink.
rapide, räh-peed, *m* fast train; *a** fast.
rapidité, räh-pe-de-teh, *f* swiftness; speed.
rappel, räh-pell, *m* recall; call to arms; repeal.
rappeler, rähp-leh, *v* to call again; to remind; **se —,**
to remember.

rapport, räh-por, *m* report; tale; relation; bearing.

rapporter, räh-por-teh, *v* to bring back; to report; to yield; to tell tales; **se — à,** to relate to.

rapporteur, räh-por-ter, *m* sneak; reporter.

rapprocher, räh-prosh-eh, *v* to bring near; to recon- [cile; to compare.

raquette, räh-kett, *f* racket.

rare,* rähr, *a* rare; scarce; uncommon.

rareté, rähr-teh, *f* scarcity; rare object.

ras, e, rah, *a* shorn; flat; smooth.

rasade, rah-zähd, *f* bumper; full glass.

raser, rah-zeh, *v* to shave; to graze; to skim; (*fam*) to bore.

rasoir, rah-zo'ähr, *m* razor. [bore.

rassasier, rähss-äh-ze-eh, *v* to satiate; to satisfy (hunger etc).

rassemblement, rähss-ahng-bler-mahng, *m* gather- ing; crowd.

rassembler, rähss-ahng-bleh, *v* to reassemble; to gather; **se —,** to meet.

rasseoir, rähss-o'ähr, *v* to reseat; to settle.

rasséréner, rähss-eh-reh-neh, *v* to clear up; to calm.

rassis, e, rähss-e, *a* stale; sedate.

rassurer, rähss-E-reh, *v* to reassure.

rat, räh, *m* rat.

ratatiné, e, räh-täh-te-neh, *pp & a* shrivelled up.

rate, räht, *f* spleen.

râteau, rah-toh, *m* rake.

râtelier, rah-ter-le-eh, *m* rack; (*fam*) denture.

rater, räh-teh, *v* to missfire; to fail.

ratifier, räh-te-fe-eh, *v* to ratify.

ration, räh-se-ong, *f* ration; allowance.

rationnel, le,* räh-se-onn-ell, *a* rational.

ratisser, räh-tiss-eh, *v* to scrape; to rake.

rattacher, räh-täh-sheh, *v* to fasten; **se —,** to be connected (**à,** with).

rattraper, räh-träh-peh, *v* to catch up; to recover; **se —,** to recoup oneself.

rature, räh-teer, *f* erasure.

rauque, rohk, *a* hoarse.

ravage, räh-vähsh, *m* ravage; devastation; havoc.

ravaler, räh-väh-leh, *v* to swallow again; to disparage.

ravi, räh-vee, *a* entranced; delighted.

ravin, räh-vang, *m* ravine.

ravir, răh-veer, *v* to rob; to carry off; to enrapture.
raviser (se), ser răh-ve-zeh, *v* to change one's mind.
ravissant, e, răh-viss-ah*ng*, *a* ravishing; charming.
ravissement, răh-viss-mah*ng*, *m* ravishment; rap-
ravoir, răh-vo'ăhr, *v* to get back (only in *inf*). ⌊ture.
rayer, ray-yeh, *v* to erase; to scratch; to stripe.
rayon, ray-yong, *m* ray; book-shelf; radius; spoke;
department.
rayonner, ray-yonn-eh, *v* to radiate.
rayure, ray-YEER, *f* stripe; striking out.
réaction, reh-ăhck-se-ong, *f* reaction.
réagir, reh-ăh-sheer, *v* to react.
réaliser, reh-ăh-le-zeh, *v* to realize.
réalité, reh-ăh-le-teh, *f* reality.
rébarbati-f, ve, reh-băhr-băh-teeff, *a* gruff; repul-
rebattu, e, rer-băh-tE, *a* trite; hackneyed. ⌊sive.
rebelle, rer-bell, *mf* rebel; *a* rebellious.
rebondi, e, rer-bong-de, *a* plump; chubby.
rebondir, rer-bong-deer, *v* to rebound; to bounce.
rebord, rer-bor, *m* edge; brim.
rebours, rer-boohr, *m* wrong way; reverse.
rebrousse-poil (à), ăh rer-brooss-po'ăhl, *adv* the
wrong way.
rebrousser, rer-brooss-eh, *v* to brush up; — **chemin,**
— sher-ma*ng*, to retrace one's steps.
rebut, rer-bE, *m* rejection; scum; outcast.
rebuter, rer-bE-teh, *v* to repulse; to dishearten.
récalcitrant, e, reh-kăhl-se-trah*ng*, *a* refractory.
recaler, rer-kăhl-eh, *v* to fail an exam.
recéler, rer-seh-leh, *v* to receive (stolen goods); to
harbour.
récemment, reh-săh-mah*ng*, *adv* recently.
recensement, rer-sah*ng*ss-mah*ng*, *m* census.
récent, e, reh-sah*ng*, *a* recent. ⌈receipt.
récépissé, reh-seh-piss-eh, *m* acknowledgment of
réception, reh-sep-se-ong, *f* reception; receipt.
recette, rer-sett, *f* receipt; returns; recipe.
receveu-r, se, rer-ser-ver, *mf* receiver; collector;
conductor (bus etc).
recevoir, rer-ser-vo'ăhr, *v* to receive; to admit.
rechange, rer-shah*ng*-sh, *m* replacement; **de —,**
spare.

réchaud, reh-shoh, *m* chafing-dish; small stove.

réchauffer, reh-shoh-feh, *v* to reheat; to stir up.

recherche, rer-shair**s**h, *f* search; refinement; research.

recherché, e, rer-shair-sheh, *a* in great request; far-fetched; choice.

rechercher, rer-shair-sheh, *v* to search; to seek.

rechute, rer-s**H**EET, *f* relapse.

récidive, reh-se-deev, *f* second offence.

récif, reh-seeff, *m* reef.

récipient, reh-se-pe-ah*ng*, *m* container.

réciproque,* reh-se-prock, *a* reciprocal.

récit, reh-se, *m* account; narration.

réciter, reh-se-teh, *v* to recite; to relate.

réclamation, reh-klâh-mâh-se-o*ng*, *f* claim; complaint.

réclame, reh-klâhm, *f* advertisement. [plaint.

réclamer, reh-klâh-meh, *v* to claim; to protest; to implore; to need.

reclus, e, rer-kl**E**, *mf* recluse.

recoin, rer-ko'a*ng*, *m* corner; nook.

récolte, reh-kollt, *f* harvest; crop.

recommandable, rer-komm-ah*ng*-dâh-bl, *a* commendable; advisable.

recommandation, rer-komm-ah*ng*-dâh-se-o*ng*, *f* recommendation; advice.

recommander, rer-komm-ah*ng*-deh, *v* to recommend; to advise; (letter) to register.

recommencer, rer-komm-ah*ng*ss-eh, *v* to begin again; to do it again.

récompense, reh-ko*ng*-pah*ng*ss, *f* reward.

récompenser, reh-ko*ng*-pah*ng*ss-eh, *v* to reward.

réconcilier, reh-ko*ng*-se-le-eh, *v* to reconcile.

reconduire, rer-ko*ng*-dweer, *v* to lead back; to see home.

réconforter, rer-ko*ng*-for-teh, *v* to strengthen; to cheer up.

reconnaissance, rer-konn-ess-ah*ng*ss, *f* recognition; gratitude.

reconnaissant, e, rer-konn-ess-ah*ng*, *a* grateful.

reconnaître, rer-konn-ay-tr, *v* to recognize; to acknowledge.

recourir, rer-koo-reer, *v* to have recourse.

recours, rer-koohr, *m* recourse; resource; appeal.

recouvrement, rer-koo-vrer-mah*ng*, *m* recovery; (debts) collection; covering.

recouvrer, rer-koo-vreh, *v* to regain; to collect.

recouvrir, rer-koo-vreer, *v* to recover; to cover.

récréation, reh-kreh-äh-se-*ong*, *f* recreation; play-time. ⌊

recréer, rer-kreh-eh, *v* to create again.

récrier (se), ser reh-kre-eh, *v* to exclaim; to protest.

recrue, rer-krE, *f* recruit.

recruter, rer-krE-teh, *v* to recruit; to adjust.

recteur, reck-ter, *m* rector.

rectifier, reck-te-fe-eh, *v* to rectify.

recto, reck-to, *m* right-hand page.

reçu, rer-sE, *m* receipt.

recueil, rer-ker'e, *m* collection.

recueillement, rer-ker'e-mah*ng*, *m* meditation; composure; quietude.

recueillir, rer-ker'e-eer, *v* to gather; to collect; **se —,** to collect one's thoughts.

recul, rer-kEEl, *m* retreat; retirement; room to move back. ⌊

reculé, e, rer-kE-leh, *a* distant; remote.

reculer, rer-kE-leh, *v* to move back; to defer.

reculons (à), äh rer-kE-long, *adv* backwards.

récupérer, reh-kE-peh-reh, *v* to retrieve; to recover.

récurer, reh-kE-reh, *v* to scour; clean.

récuser, reh-kE-seh, *v* to challenge; to object; **se —,** to decline.

rédac-teur, trice, reh-dähck-ter, *mf* editor; editress.

rédaction, reh-dähck-se-*ong*, *f* wording; editing; editorial staff; editors' rooms. ⌊deeming.

rédemption, reh-dah*ng*p-se-*ong*, *f* redemption; re-

redescendre, rer-deh-sah*ng*-dr, *v* to come down again; to take down again.

redevable, rerd-väh-bl, *a* indebted.

redevance, rerd-vah*ng*ss, *f* rent; royalty; due.

rédiger, reh-de-sheh, *v* to draw up; to edit.

redire, rer-deer, *v* to say again; to find fault **(à,** with).

redite, rer-deet, *f* repetition.

redoubler, rer-doo-bleh, *v* to redouble; to increase; to stay down (in school).

redoutable, rer-doo-täh-bl, *a* formidable.

redouter, rer-doo-teh, *v* to dread.

redresser, rer-dress-eh, *v* to straighten; to correct.

réduction, reh-DEEK-se-ong, *f* reduction; discount.
réduire, reh-dweer, *v* to reduce; to subdue; to compel.
réduit, reh-dwe, *m* nook; small lodging.
réel, le,* reh-ayl, *a* real.
réfaction, reh-fǎhck-se-ong, *f* rebate.
réfectoire, reh-fehck-to'ǎhr, *m* refectory.
référer, reh-feh-reh, *v* to refer.
réfléchir, reh-fleh-sheer, *v* to reflect; to ponder.
reflet, rer-flay, *m* reflection.
refléter, rer-fleh-teh, *v* to reflect.
réflexion, reh-fleck-se-ong, *f* reflexion; (*fam*) remark.
refluer, rer-flE-eh, *v* to flow back.
reflux, rer-flE, *m* ebbing; ebb.
réforme, reh-form, *f* reform; reformation.
réformer, reh-for-meh, *v* to reform; to discharge.
refouler, rer-foo-leh, *v* to drive back; to repress (instinct etc).
réfractaire, reh-frǎhck-tair, *a* refractory.
refrain, rer-frang, *m* (song) refrain; chorus.
refréner, rer-freh-neh, *v* to restrain.
réfrigérateur, reh-fre-sheh-rǎh-ter, *m* refrigerator.
refroidir, rer-fro'ǎh-deer, *v* to cool; to chill.
refuge, rer-fEEsh, *m* refuge; shelter.
réfugié, e, reh-fE-she-eh, *a* refugee.
réfugier (se), ser reh-fE-she-eh, *v* to take shelter.
refus, rer-fE, *m* refusal; denial.
refuser, rer-fE-zeh, *v* to refuse; to decline.
réfuter, reh-fE-teh, *v* to refute; to disprove.
régal, reh-gǎhl, *m* feast; relish; pleasure.
régaler, reh-gǎh-leh, *v* to entertain; **se —,** to enjoy oneself.
regard, rer-gǎhr, *m* look; glance.
regarder, rer-gǎhr-deh, *v* to look at; to concern.
régate, reh-gǎht, *f* boat-race; regatta.
régénérer, reh-sheh-neh-reh, *v* to regenerate.
régie, reh-shee, *f* administration; excise.
régime, reh-sheem, *m* rule; diet.
région, reh-she-ong, *f* region.
régir, reh-sheer, *v* to govern; to rule.
régisseur, reh-shiss-er, *m* manager; steward.
registre, rer-shees-tr, *m* register; account.
règle, ray-gl, *f* ruler; rule; discipline; *pl* (menstrual) periods.

réglé, e, reh-gleh, *a* regular; steady.

règlement, ray-gler-mah*n*g, *m* regulation; regula- [tions.

régler, reh-gleh, *v* to regulate; to rule; to adjust.

réglisse, reh-gleess, *f* liquorice.

règne, rayn-yer, *m* reign; prevalence.

régner, rehn-yeh, *v* to reign; to rule; to prevail.

regorger, rer-gor-sheh, *v* to overflow; to abound.

regret, rer-gray, *m* regret; sorrow.

regretter, rer-gray-teh, *v* to regret; to be sorry.

régularité, reh-ghE-läh-re-teh, *f* regularity.

régula-teur, trice, reh-ghE-läh-ter, *a* regulating; standard.

réguli-er, ère,* reh-ghE-le-eh, *a* regular.

réhabituer (se), ser reh-äh-be-tE-eh, *v* to become reaccustomed (à, to).

rehausser, rer-ohss-eh, *v* to raise; to enhance.

réimpression, reh-a*n*g-press-e-o*n*g, *f* reprint.

rein, ra*n*g, *m* kidney; *pl* loins; back.

reine, rayn, *f* queen; **— claude,** — klohd, greengage.

réinstaller, reh-a*n*gs-täh-leh, *v* to reinstall; **se —,** to settle down again.

réintégrer, reh-a*n*g-teh-greh, *v* to reinstate.

réitérer, reh-e-teh-reh, *v* to reiterate.

rejet, rer-shay, *m* rejection.

rejeter, rersh-teh, *v* to throw back; to reject.

rejeton, rersh-to*n*g, *m* shoot; offspring.

rejoindre, rer-sho'a*n*g-dr, *v* to rejoin; to join; to overtake; **se —,** to meet.

réjoui, e, reh-shoo'e, *pp* & *a* delighted; jolly.

réjouir, reh-shoo-eer, *v* to rejoice; to delight; **se —,** to be delighted (**de,** at, with).

réjouissance, reh-shoo-iss-ah*n*gss, *f* rejoicing.

relâche, rer-lahsh, *f* respite; (theatre) no performance; putting into port.

relâché, e, rer-lah-sheh, *a* slack; lax.

relâcher, rer-lah-sheh, *v* to loosen; to abate; to release.

relais, rer-lay, *m* relay; stage. [release.

relater, rer-läh-teh, *v* to relate: to state.

relati-f, ve,* rer-läh-teeff, *a* relative.

relation, rer-läh-se-o*n*g, *f* relation; connection; *pl* intercourse; dealings.

relayer, rer-lay-yeh, *v* to relieve; to relay.

relevé, rerl-veh, *m* statement; abstract. [seasoned.
relevé, e, rerl-veh, *a* raised; high; noble; highly
relever, rerl-veh, *v* to raise up again; to relieve; to
notice; to dismiss.
relief, rer-le-eff, *m* relief; raised.
relier, rer-le-eh, *v* to bind again; to connect; (books)
relieur, rer-le-er, *m* book-binder. [to bind.
religieu-x, se, rer-le-she-er, *mf* monk; nun; *a** re-
religion, rer-le-she-ong, *f* religion. [ligious.
reliquaire, rer-le-kair, *m* reliquary; shrine.
relire, rer-leer, *v* to read again.
reliure, rer-le-er, *f* bookbinding; binding.
reluire, rer-lweer, *v* to shine; to glitter.
remanier, rer-mǎh-ne-eh, *v* to handle again; to alter.
remarquable,* rer-mǎhr-kǎh-bl, *a* remarkable.
remarque, rer-mǎhrk, *f* remark; observation.
remarquer, rer-mǎhr-keh, *v* to remark; to observe.
remblai, rahng-blay, *m* embankment.
rembourrer, rahng-boo-reh, *v* to stuff; to upholster.
rembourser, rahng-boohr-seh, *v* to reimburse; to
refund.
rembrunir, rahng-brE-neer, *v* to darken; to make
remède, rer-mayd, *m* remedy. [sad.
remédier, rer-meh-de-eh, *v* to remedy **(à).**
remerciement, rer-mair-se-mahng, *m* thanks.
remercier, rer-mair-se-eh, *v* to thank **(de,** for).
remettre, rer-met-tr, *v* to put back again; to put off;
to deliver; to restore; to hand; to recollect.
remise, rer-meez, *f* putting back; delivery; remittance; discount; putting off; shed; outhouse.
rémission, reh-miss-e-ong, *f* forgiveness; remission.
remonter, rer-mong-teh, *v* to go up again; to go back
to; to wind up; to re-stock.
remontoir, rer-mong-to'ǎhr, *m* winder (of watch).
remontrer, rer-mong-treh, *v* to show again; to
remonstrate.
remords, rer-mor, *m* remorse.
remorque, rer-mork, *f* trailer.
remorquer, rer-mor-keh, *v* to tow.
rémouleur, reh-moo-ler, *m* grinder.
remous, rer-moo, *m* eddy. [with straw.
rempailler, rahng-pah-yeh, *v* to recover; to restuff

rempart, rah*ng*-păhr, *m* rampart.

remplaçant, e, rah*ng*-plăhss-ah*ng*, *mf* substitute.

remplacer, rah*ng*-plăhss-eh, *v* to replace; to succeed.

remplir, rah*ng*-pleer, *v* to fill up; to fulfil.

remporter, rah*ng*-por-teh, *v* to take back; to carry away; to win. [fusion.

remue-ménage, rer-ME-meh-năhsh, *m* bustle; con-

remuer, rer-ME-eh, *v* to move; to stir; to wag.

rémunéra-teur, trice, reh-ME-neh-răh-ter, *mf* re-munerator; *a* remunerative.

rémunérer, reh-ME-neh-reh, *v* to reward; to pay.

renaissance, rer-ness-ah*ng*ss, *f* rebirth; revival.

renaître, rer-nay-tr, *v* to be born again; to revive.

renard, rer-năhr, *m* fox.

renchérir, rah*ng*-sheh-reer, *v* to raise the price of; to get dearer.

rencontre, rah*ng*-kong-tr, *f* meeting; encounter.

rencontrer, rah*ng*-kong-treh, *v* to meet; to come across; to hit upon.

rendement, rah*ng*d-mah*ng*, *m* yield; output.

rendez-vous, rah*ng*-deh-voo, *m* appointment; meet-ing place.

rendre, rah*ng*-dr, *v* to give back; to render; to yield; to surrender; to make; to express.

rêne, rayn, *f* usually *pl* rein.

renégat, rer-neh-găh, *m* renegade.

renfermé, rah*ng*-fair-meh, *m* musty smell; with-drawn person.

renfermer, rah*ng*-fair-meh, *v* to shut up; to contain.

renflement, rah*ng*-fler-mah*ng*, *m* swelling.

renfoncement, rah*ng*-fongss-mah*ng*, *m* hollow; recess.

renforcer, rah*ng*-for-seh, *v* to strengthen; to rein-

renfort, rah*ng*-for, *m* reinforcement; help. [force.

renfrogné, e, rah*ng*-fronn-yeh, *a* sullen; frowning.

rengaine, rah*ng*-gain, *f* old story (*fam*).

rengorger (se), ser rah*ng*-gor-sheh, *v* to swagger.

reniement, rer-ne-mah*ng*, *m* denial; disowning.

renier, rer-ne-eh, *v* to deny; to disown.

renifler, rer-ne-fleh, *v* to sniff; to snivel.

renne, renn, *m* reindeer.

renom, rer-nong, *m* renown.

renommé, e, rer-nomm-eh, *a* renowned.

renommée, rer-nomm-eh, *f* fame.

renoncer, rer-no*ng*ss-eh, *v* to renounce; to give up.

renouer, rer-noo-eh, *v* to tie again; to renew.

renouveler, rer-noov-leh, *v* to renew; to revive.

renouvellement, rer-noo-vell-mah*ng*, *m* renewal; renovation; increase.

renseignement, rah*ng*-sain-yer-mah*ng*, *m* information; enquiry.   ⌈enquire.

renseigner, rah*ng*-sain-yeh, *v* to inform; **se —,** to

rente, rah*ng*t, *f* yearly income; annuity; funds.

renti-er, ère, rah*ng*-te-eh, *mf* person of independent means.

rentrée, rah*ng*-treh, *f* return; re-opening; payment.

rentrer, rah*ng*-treh, *v* to enter again; to return; to gather in; to go home; to be included in.

renversant, e, rah*ng*-vair-sah*ng*, *a* stunning.

renverser, rah*ng*-vair-seh, *v* to upset; to reverse.

renvoi, rah*ng*-vo'äh, *m* **s**ending back; dismissal; adjournment; reference.

renvoyer, rah*ng*-vo'äh-yeh, *v* to send back; to dismiss; to postpone.

repaire, rer-pair, *m* den; lair.

répandre, reh-pah*ng*-dr, *v* to spill; to spread; **se —,** to spread about.   ⌈known.

répandu, reh-pah*ng*-dᴇ, *a* widespread; widely-

reparaître, rer-päh-ray-tr, *v* to re-appear.

répara-teur, trice, reh-päh-räh-ter, *a* refreshing; restorative.

réparation, reh-päh-räh-se-o*ng*, *f* repair; atonement.

réparer, reh-päh-reh, *v* to repair; to atone for.

repartie, rer-pähr-tee, *f* retort; repartee.

repartir, rer-pähr-teer, *v* to set out again; to retort.

répartir, reh-pähr-teer, *v* to deal out; to distribute.

repas, rer-pah, *m* meal; repast.

repasser, rer-pahss-eh, *v* to pass again; to iron; to grind; to think over.

repêcher, rer-pay-sheh, *v* to fish up; (*fam*) to help out.

repentir (se), ser rer-pah*ng*-teer, *v* to repent.

repentir, rer-pah*ng*-teer, *m* repentance.

répercuter, reh-pair-kᴇ-teh, *v* to reverberate.

repère, rer-pair, *m* reference; **point de —,** po'a*ng* der —, landmark.

repérer, rer-peh-reh, *v* to mark; to locate; **se —,** to take one's bearings.

répertoire, reh-pair-to'ăhr, *m* repertoire; repertory.

répéter, reh-peh-teh, *v* to repeat; to rehearse.

répétition, reh-peh-te-se-*ong*, *f* repetition; rehearsal.

répit, reh-pe, *m* respite.

repl-et, ète, rer-play, *a* fat; plump.

repli, rer-ple, *m* fold; winding; coil; retreat.

replier, rer-ple-eh, *v* to fold again; to coil.

réplique, reh-pleek, *f* rejoinder; cue; replica.

répliquer, reh-ple-keh, *v* to reply; to rejoin.

répondant, reh-pong-dah*ng*, *m* surety; bail.

répondre, reh-pong-dr, *v* to answer; to reply; to come up to; to be security for.

réponse, reh-pongss, *f* answer; reply.

report, rer-por, *m* amount brought forward.

reportage, rer-por-tăhsh, *m* report (newspaper); running commentary; scoop.

reporter, rer-por-teh, *v* to carry over; **se —,** to refer.

repos, rer-poh, *m* rest.

reposer, rer-poh-zeh, *v* to put back; to rest; **se —,** to rest; to rely.

repoussant, e, rer-pooss-ah*ng*, *a* repulsive.

repousser, rer-pooss-eh, *v* to push back; to repel; to shoot out again.

reprendre, rer-prah*ng*-dr, *v* to take back; to return; to resume.

représaille, rer-preh-zah'e, *fpl* reprisals; retaliation.

représentant, rer-preh-zah*ng*-tah*ng*, *m* representative.

représentation, rer-preh-zah*ng*-tăh-se-o*ng*, *f* representation; performance.

représenter, rer-preh-zah*ng*-teh, *v* to represent; to point out; to perform; to show well.

réprimande, reh-pre-mah*ng*d, *f* reproof.

réprimer, reh-pre-meh, *v* to repress; to curb.

reprise, rer-preez, *f* resumption; repetition; darning.

repriser, rer-pree-zeh, *v* to mend; to darn.

reproche, rer-prosh, *m* reproach.

reprocher, rer-prosh-eh, *v* to reproach.

reproduire, rer-prod-weer, *v* to reproduce; **se —,** to happen again.

réprouver, reh-proo-veh, *v* to reprobate; to disallow.

reptile, rehp-teel, *m* reptile.

repu, e, rer-PE, *a* satiated.

république, reh-PE-bleeck, *f* republic.

répudier, reh-pE-de-eh, *v* to repudiate.

répugnant, e, reh-PEEn-yahng, *a* repugnant.

répulsi-f, ve, reh-pEEl-siff, *a* repulsive.

réputation, reh-pE-täh-se-ong, *f* reputation; char-
réputer, reh-pE-teh, *v* to repute; to deem.   [acter.

requérant, e, rer-keh-rahng, *a* applicant; plaintiff.

requérir, rer-keh-reer, *v* to require; to demand.

requête, rer-kayt, *f* request; petition.

requin, rer-kang, *m* shark.

requis, e rer-ke, *a* necessary; requisite.

réseau, reh-zoh, *m* net; network; system.

réserve, reh-zairv, *f* reservation; reserve; store.

réserver, reh-zair-veh, *v* to reserve.

réservoir, reh-zair-vo'ähr, *m* reservoir; tank; pond.

résidence, reh-ze-dahngss, *f* residence; abode.

résider, reh-ze-deh, *v* to reside.

résidu, reh-ze-dE, *m* residue.

résignation, reh-zeen-yäh-se-ong, *f* resignation.

résigner, reh-zeen-yeh, *v* to resign.

résine, reh-zeen, *f* resin; rosin.

résistant, e, reh-ziss-tahng, *a* resistant; tough.

résister, reh-ziss-teh, *v* to resist.

résolu,* e, reh-zoll-E, *a* resolute.

résolution, reh-zoll-E-se-ong, *f* resolution.

résonner, reh-zonn-eh, *v* to resound.

résoudre, reh-zoo-dr, *v* to resolve; to dissolve.

respect, ress-pay, *m* respect; regard.

respectueu-x, se,* ress-payk-te-er, *a* respectful.

respirer, ress-pe-reh, *v* to breathe; to inhale.

resplendir, ress-plahng-deer *v* to be resplendent.

resplendissant, e, ress-plahng-diss-ahng, *a* resplendent.

responsable, ress-pongss-äh-bl, *a* responsible;
answerable.   [bility.

responsabilité, ress-pong-säh-be-le-teh, *f* responsi-

ressaisir, rer-say-zeer, *v* to seize again; **se —,** to
recover oneself.

ressembler, rer-sahng-bleh, *v* to resemble.

ressemeler, rer-serm-leh, *v* to re-sole.

ressentiment, rer-sahng-te-mahng, *m* resentment.

ressentir, rer-sahng-teer, *v* to feel; to resent.

resserrer, rer-say-reh, *v* to tighten.

ressort, rer-sor, *m* spring; jurisdiction; department.

ressortir, rer-sor-teer, *v* to get out again; to stand out; to result from (de); to be in the jurisdiction of.

ressource, rer-soohrss, *f* resource.

ressusciter, reh-se-se-teh, *v* to resuscitate.

restant, ress-tahng, *m* remainder.

restaurant, ress-toh-rahng, *m* restaurant.

restaurer, ress-toh-reh, *v* to restore; to refresh.

reste, resst, *m* remainder; *pl* remnants; scraps; **du —, de —,** besides.

rester, ress-teh, *v* to remain; to be left; to stay.

restituer, ress-te-tu-eh, *v* to refund; to restore.

restreindre, ress-trang-dr, *v* to restrict.

résultat, reh-ZEEL-täh, *m* result.

résulter, reh-ZEEL-teh, *v* to result.

résumé, reh-ze-meh, *m* summary; résumé.

résumer, reh-ze-meh, *v* to sum up; to summarize.

rétablir, reh-täh-bleer, *v* to restore; to re-establish; **se —,** to recover.   [recovery.

rétablissement, reh-täh-bliss-mahng, *m* restoration.

retard, rer-tähr, *m* delay; **en —, ahng —,** late.

retardataire, rer-tähr-däh-tair, *mf & a* straggler; in arrears.

retarder, rer-tähr-deh, *v* to delay; to postpone; to be too slow.

retenir, rert-neer, *v* to detain; to withhold; to book.

retentir, rer-tahng-teer, *v* to resound.

retentissant, e, rer-tahng-tiss-ahng, *a* resounding; noisy.   [ing.

retentissement, rer-tahng-tiss-mahng, *m* resound-

retenue, rert-ne, *f* modesty; reserve; stoppage; detention.

réticule, reh-te-KEEl, *m* hand-bag.   [detention.

réti-f, ve, reh-teeff, *a* restive.

retiré, e, rer-te-reh, *pp & a* withdrawn; secluded; retired.

retirer, rer-te-reh, *v* to draw again; to withdraw; to retract; to reap.

retombée, rer-tong-beh, *f* fall-out (radioactive).

retomber, re*r*-*tong*-beh, *v* to fall again; to fall back; to hang down.

rétorquer, reh-tor-keh, *v* to retort.

retoucher, re*r*-too-sheh, *v* to touch up.

retour, re*r*-toohr, *m* return; recurrence; reciprocity.

retourner, re*r*-toohr-neh, *v* to turn; to return.

retracer, re*r*-trähss-eh, *v* to retrace; to recall.

rétracter, reh-träck-teh, *v* to retract; to recant.

retrait, re*r*-tray, *m* withdrawal; shrinkage.

retraite, re*r*-trayt, *f* retreat; retirement; shelter.

retraiter, re*r*-tray-teh, *v* to pension off.

rétrécir, reh-treh-seer, *v* to narrow; to shrink.

rétribuer, reh-tre-*b*E-eh, *v* to remunerate.

rétribution, reh-tre-*b*E-se-*ong*, *f* reward; salary.

rétrograder, reh-trog-räh-deh, *v* to move back.

retrousser, re*r*-trooss-eh, *v* to tuck up; to turn up.

retrouver, re*r*-troo-veh, *v* to find again.

rétroviseur, reh-tro-ve-*zer*, *m* driving mirror.

réunion, reh-E-ne-*ong*, *f* reunion; meeting; gathering.

réunir, reh-E-neer, *v* to reunite; to gather; **se —,** to meet.

réussir, reh-EESS-eer, *v* to succeed; to thrive. ⌊meet.

réussite, reh-EESS-eet, *f* success.

revanche, re*r*-vah*ng*sh, *f* retaliation; revenge; return (games); **en —,** ah*ng* —, in return.

rêve, rayv, *m* dream.

revêche, re*r*-vaysh, *a* peevish, cantankerous.

réveil, reh-vay'e, *m* awakening; alarm-clock.

réveiller, reh-vay'e-yeh, *v* to awake; to rouse; to revive; **se —,** to wake up.

réveillon, reh-vay'e-yo*ng*, *m* midnight supper (New Year and Christmas).

révéler, reh-veh-leh, *v* to reveal; to disclose.

revenant, re*r*v-nah*ng*, *m* ghost.

revendeu-r, se, re*r*-vah*ng*-der, *mf* retail dealer.

revendication, re*r*-vah*ng*-de-käh-se-o*ng*, *f* claim.

revendiquer, re*r*-vah*ng*-de-keh, *v* to claim.

revendre, re*r*-vah*ng*-dr, *v* to sell again.

revenir, re*r*v-neer, *v* to come back; to recur; to grow again; to amount; to please; to cost.

revenu, re*r*v-n*E*, *m* income; revenue.

rêver, ray-veh, *v* to dream; to muse. ⌈berator.

réverbère, reh-vair-bair, *m* street-lamp; rever-

révérence, reh-veh-rah*ng*ss, *f* reverence; curtsey.

révérer, reh-veh-reh, *v* to revere.

rêverie, rayv-ree, *f* musing; dreaming.

revers, rer-vair, *m* back; reverse; (coat) facing; turn-
revêtir, rer-vay-teer, *v* to clothe. [up.

rêveu-r, se, ray-ver, *mf* dreamer; *a** dreaming;
revient, rer-ve-ang, *m* cost. [pensive.

revirement, rer-veer-mah*ng*, *m* sudden change;
transfer.

reviser, réviser, rer-ve-zeh, reh-ve-zeh, *v* to revise.

revivre, rer-vee-vr, *v* to live again.

révocation, reh-vock-ah-se-ong, *f* repeal; dismissal.

revoir, rer-vo'ăhr, *v* to see again; **au —,** oh —, good-
révolte, reh-vollt, *f* revolt. [bye.

révolter, reh-voll-teh, *v* to rouse; to shock.

révolu, e, reh-voll-E, *a* completed (of time).

révolution, reh-voll-E-se-ong, *f* revolution.

revue, rer-vE, *f* review; survey; magazine.

rez-de-chaussée, reh-der-shohss-eh, *m* ground floor.

rhabiller (se), ser răh-bee-yeh, *v* to get dressed again.

rhum, romm, *m* rum.

rhumatisme, rE-măh-tissm, *m* rheumatism.

rhume, rEEM, *m* cold.

riant, e, re-ahng, *a* smiling; pleasant.

ricaner, re-kăh-neh, *v* to sneer; to laugh unpleasantly.

riche, reesh, *a** rich; copious; fertile; *mf* wealthy
richesse, re-shess, *f* riches; wealth; fertility. [person.

ricin, re-sang, *m* castor-oil plant.

ricochet, re-kosh-ay, *m* rebound.

ride, reed, *f* wrinkle; ripple.

rideau, re-doh, *m* curtain; veil; screen.

rider, re-deh, *v* to wrinkle; to ripple.

ridicule, re-de-kEEl, *a* ridiculous; *a** ridiculous.

ridiculiser, re-de-kE-le-zeh, *v* to ridicule.

rien, re-ang, *m* nothing; anything; trifle; **— que, —** ker
only; **cela ne fait —,** slăh n'fay —, that does not
matter.

rieu-r, se, re-er, *n & a* laugher; laughing.

rigide,* re-sheed, *a* rigid; stern; strict.

rigole, re-gol, *f* trench; drain; gutter.

rigoler, re-goll-eh, *v* (*pop*) to make merry; to giggle.

rigolo,-ote, re-goll-o, *a* (*pop*) jolly; funny.

rigoureu-x, se,* re-goo-re*r*, *a* rigorous.

rigueur, re-ghe*r*, *f* rigour; **de —,** de*r* —, indispensable.

rime, reem, *f* rhyme.

rincer, rang-seh, *v* to rinse.

ripaille, re-pah'e, *f* (*fam*) feasting.

riposte, re-post, *f* parry and thrust; repartee.

rire, reer, *v* to laugh; to scoff at; to joke; *m* laughter.

ris, re, *m* sweetbread.

risée, re-zeh, *f* laughing-stock.

risible,* re-zee-bl, *a* laughable; ludicrous.

risqué, e, riss-keh, *a* hazardous; improper.

risquer, riss-keh, *v* to risk; to venture.

rivage, re-vähsh, *m* shore; bank.

rival, e, re-vähl, *a* rival.

rivaliser, re-väh-le-zeh, *v* to rival; to vie; to compete.

rive, reev, *f* bank; shore; border.

river, re-veh, *v* to rivet.

rivière, re-ve-air, *f* river; stream.

riz, re, *m* rice.

robe, rob, *f* robe; gown; dress; **— de chambre, —** de*r* shahng-br, dressing gown.

robinet, rob-e-nay, *m* tap; stopcock.

robuste, rob-EEST, *a* robust; sturdy; stalwart.

roc, rock, *m* rock.

rocailleu-x, se, rock-ah'e-e*r*, *a* stony; rugged.

roche, rosh, *f* rock; boulder.

rocher, rosh-eh, *m* rock (mass of).

rôder, rohd-eh, *v* to prowl; to roam.

rogner, ronn-yeh, *v* to cut; to pare; to clip.

rognon, ronn-yong, *m* kidney (of edible animals).

rogue, rogh, *a* haughty; arrogant.

roi, ro'äh, *m* king.

rôle, rohl, *m* roll; list; part; character.

roman, romm-ahng, *m* novel.

romance, romm-ahngss, *f* sentimental song.

romanci-er, ère, romm-ahngss-e-eh, *mf* novelist.

romanesque, romm-ähn-esk, *a* romantic.

romarin, romm-äh-rang, *m* rosemary.

rompre, rong-pr, *v* to break; to snap; to break in.

ronce, rongss, *f* bramble.

rond, e,* rong, *a* round; plump; full; (*fam*) drunk.

rond, rong, *m* round; circle.

ronde, rongd, *f* patrol; (music) semibreve.
rondelle, rong-dell, *f* washer; disc; slice.
rondeur, rong-der, *f* roundness; plumpness; frankness.
ronflant, e, rong-flah*n*g, *a* snoring; bombastic.
ronfler, rong-fleh, *v* to snore; to roar.
ronger, rong-sheh, *v* to nibble; to corrode.
ronron, rong-rong, *m* purr.
rosaire, roz-air, *m* rosary.
rosbif, ross-beeff, *m* roast beef.
rose, rohz, *f* rose; *a* rose; rosy; pink; *m* (colour) pink.
roseau, roz-oh, *m* reed.
rosée, roh-zeh, *f* dew.
rosier, roh-ze-eh, *m* rose-tree.
rosser, ross-eh, *v*(*fam*) to thrash.
rossignol, ross-een-yol, *m* nightingale;(*fam*) picklock; unsaleable article.
rot, roh, *m*(*fam*) belch.
rôti, roh-te, *m* roast meat; joint.
rôtir, roh-teer, *v* to roast.
rotule, rot-EEl, *f* knee-cap.
rouage, roo-ăhsh, *m* wheel-work; machinery.
roucouler, roo-koo-leh, *v* to coo.
roue, roo, *f* wheel; **faire la —,** fair lăh —, to strut; to turn cart-wheels.
roué, e, roo-eh, *mf* rake; *a* sly; artful.
rouerie, roo-ree, *f* trick; sharp practice.
rouet, roo-ay, *m* spinning wheel.
rouge, roosh, *m* red colour; red paint; *a* red.
rougeaud, e, roo-shoh, *a* red-faced.
rouge-gorge, roosh-gorsh, *m* robin redbreast.
rougeole, roo-shol, *f* measles.
rougeur, roo-sher, *f* redness.
rougir, roo-sheer, *v* to redden; to blush.
rouille, roo'e-ye, *f* rust; blight.
rouillé, roo'e-yeh, *a* rusty; rusted.
rouleau, roo-loh, *m* roll; roller.   [tion.
roulement, rool-mah*n*g, *m* rolling; rumbling; rota-
rouler, roo-leh, *v* to roll; to wheel; to revolve.
roulette, roo-lett, *f* castor; roulette.
roulis, roo-le, *m* rolling.
roulotte, roo-lot, *f* caravan.

rouspéter, rooss-peh-teh, v (pop) to protest; to complain.   [plain.

roussâtre, rooss-ah-tr, a reddish.

rousseur, rooss-er, f redness; **tache de —,** tähsh der —, freckle.

roussir, rooss-eer, v to redden; to singe; to scorch.

route, root, f road; route; course; journey.

routine, roo-teen, f routine; rote.

rou-x, sse, roo, a reddish; red-haired; russet.

royal, e,* ro'äh-yähl, a royal; regal.

royaume, ro'äh-yohm, m kingdom.

royauté, ro'äh-yoh-teh, f kingship; royalty; sovereignty.

ruade, rE-ähd, f (horses) kick.

ruban, rE-bahng, m ribbon.

rubéole, rE-beh-oll, f German measles.

rubis, rE-be, m ruby.

ruche, rEEsh, f bee-hive.

rude,* rEED, a harsh; severe; uneven; rough.

rudesse, rE-dess, f harshness; roughness; severity.

rudoyer, rE-do'äh-yeh, v to treat roughly; to bully.

rue, rE, f street; road; thoroughfare.

ruelle, rE-ell, f lane; alley.

ruer, rE-eh, v (horses) to kick; **se —,** to rush.

rugir, rE-sheer, v to roar.

rugissement, rE-shiss-mahng, m roaring; howling.

rugueu-x, se, rE-gher, a rough; rugged; wrinkled.

ruine, rween, f ruin; decay; downfall.

ruineu-x, se,* rwee-ner, a ruinous.

ruisseau, rweess-oh, m stream; brook; gutter.

ruisseler, rweess-leh, v to stream; to trickle down.

rumeur, rE-mer, f rumour; noise; report.

ruminant, e, rE-me-nahng, m & a ruminant; ruminating.

rupture, rEEp-teer, f rupture; breaking.   [ing.

rural, e, rE-rähl, a rural.

ruse, rEEz, f cunning; artfulness; dodge.

rusé, e, rEE-zeh, a cunning; sly; wily; artful.

ruser, rEE-zeh, v to use cunning; to dodge.

rustaud, e, rEEss-toh, a boorish.

rustique, rEEss-teeck, a rural; rough.

rustre, rEEss-tr, m & a boor; boorish.

rut, rEEt, m rut.

rythme, reetm, m rhythm.

sa, săh, *poss af* his; her; its.
sabbat, săh-bäh, *m* Sabbath.
sable, săh-bl, *m* sand; gravel.
sablonneu-x, se, săh-blonn-er, *a* sandy.
sabot, săh-bo, *m* wooden clog; hoof.
sabotage, săh-bot-ăhsh, *m* sabotage.
saboter, săh-bot-eh, *v* to bungle.
sabre, săh-br, *m* sabre; broadsword.
sac, săhck, *m* sack; bag; knapsack.
saccade, săh-kăhd, *f* jerk.
saccager, săh-kăh-sheh, *v* to ransack; to upset.
sacerdoce, săh-sair-doss, *m* priesthood.
sachet, săh-shay, *m* small bag; sachet; packet.
sacoche, săh-kosh, *f* money-bag; saddle-bag.
sacre, săh-kr, *m* consecration; coronation.
sacré, e, săh-kreh, *pp & a* sacred; holy; (*vulg*) confounded.
sacrement, săh-krer-mahng, *m* sacrament.
sacrer, săh-kreh, *v* to consecrate; to crown; to curse.
sacrifier, săh-kre-fe-eh, *v* to sacrifice.
sacrilège, săh-kre-laysh, *m & a* sacrilege; sacrilegious.
sacristain, săh-kriss-tang, *m* sexton.
sacristie, săh-kriss-tee, *f* vestry.
sagace,* săh-găhss, *a* sagacious; shrewd.
sage, săhsh, *a** wise; discreet; well-behaved.
sage-femme, săhsh-făhm, *f* midwife.
sagesse, săh-shess, *f* wisdom; prudence; good behaviour.
saignant, e, sayn-yahng, *a* bleeding; (meat) underdone; rare.
saigner, sayn-yeh, *v* to bleed.
saillie, sah'e-yee, *f* projection; spurt; (*fam*) outburst.
saillir, sah'e-yeer, *v* to jut out; to stand out.
sain, e,* sang, *a* sound; healthy; wholesome.
saindoux, sang-doo, *m* lard.
saint, e, sang, *mf & a** saint; holy; sacred.
sainteté, sang-ter-teh, *f* saintliness; holiness; sanctity.
saisie, say-zee, *f* seizure; distraint.
saisir, say-zeer, *v* to seize; to startle; to understand; to distrain.
saisissant, e, say-ziss-ahng, *a* startling; thrilling.
saisissement, say-ziss-mahng, *m* shock; chill.
saison, say-zong, *f* season; time.

salade, säh-lähd, *f* salad.
saladier, säh-läh-de-eh, *m* salad-bowl.
salaire, säh-lair, *m* wages; salary; (*fig*) reward.
salarié, e, säh-läh-re-eh, *pp* & *a* paid.
sale,* sähl, *a* dirty.
salé, e, säh-leh, *pp* & *a* salted; salt; spicy (story).
saler, säh-leh, *v* to salt; (*fig*) to fleece.
saleté, sähl-teh, *f* dirtiness; nastiness; obscenity; dirty trick.
salière, säh-le-air, *f* salt-cellar.
salir, säh-leer, *v* to soil; to dirty; to taint.
salissant, säh-le-sahng, *a* soiling; messy; easily soiled.
salive, säh-leev, *f* saliva; spittle.
salle, sähl, *f* hall; room; **— à manger, —** äh mahng-sheh, dining room; **— d'attente, —** däh-tahngt, waiting-room.
salon, säh-long, *m* sitting-room; exhibition.
salopette, säh-lo-pet, *f* overalls; dungarees.
salubre, sähl-EE-br, *a* healthy; salubrious.
saluer, säh-lE-eh, *v* to salute; to bow; to greet.
salut, säh-lE, *m* salute; greeting; safety; salvation.
salutaire,* säh-lE-tair, *a* salutary; beneficial.
salutation, säh-lE-täh-se-ong, *f* salutation; greetings.
samedi, sähm-de, *m* Saturday.
sanction, sahngk-se-ong, *f* sanction; approbation; penalty.
sanctuaire, sahngk-tE-air, *m* sanctuary.
sandale, sahng-dähl, *f* sandal.
sang, sahng, *m* blood; race; parentage.
sang-froid, sahng-fro'äh, *m* coolness.
sanglant, e, sahng-glahng, *a* bloody; outrageous.
sangler, sahng-gleh, *v* to strap; to gird.
sanglier, sahng-gle-eh, *m* wild boar.
sangloter, sahng-glot-eh, *v* to sob.
sangsue, sahng-sE, *f* leech; (*fig*) extortioner.
sanguinaire, sahng-ghe-nair, *a* blood-thirsty.
sanitaire, säh-ne-tair, *a* sanitary.
sans, sahng, *prep* without; but for; ...less.
sans-façon, sahng-fäh-song, *m* straightforwardness.
sans-gêne, sahng-shayn, *m* over-familiarity.
santé, sahng-teh, *f* health.
saper, säh-peh, *v* to undermine.

sapeur, săh-**per,** *m* sapper; — **pompier,** — pong-pe-eh, fireman.

sapin, săh-pang, *m* fir; fir-tree.

sarcasme, săhr-kähssm, *m* sarcasm.

sarcler, săhr-kleh, *v* to weed.

sardine, săhr-deen, *f* sardine.

sarrau, săh-roh, *m* smock-frock.

satané, e, săh-tăh-neh, *a* confounded.

satellite, săh-teh-leet, *m* satellite; sputnik.

satiné, e, săh-tee-neh, *a* satin-like; glazed; smooth.

satire, săh-teer, *f* satire.

satisfaction, săh-tiss-făhck-se-ong, *f* satisfaction.

satisfaire, săh-tiss-fair, *v* to satisfy; to meet.

satisfaisant, e, săh-tiss-fer-zahng, *a* satisfactory.

satisfait, e, săh-tiss-fay, *a* satisfied.

saturer, săh-tE-reh, *v* to saturate (**de,** with).

sauce, sohss, *f* sauce; gravy.

saucer, sohss-eh, *v* to sop; to drench; (*fam*) to reprimand.

saucière, sohss-e-air, *f* gravy-boat.

saucisse, sohss-eess, *f* sausage.

saucisson, sohss-iss-ong, *m* big sausage.

sauf, sohff, *prep* save; except; but; subject to.

sau-f, ve, sohff, *a* safe; secure.

sauf-conduit, sohf-kong-dwee, *m* safe-conduct.

sauge, sohsh, *f* sage.

saugrenu, e, soh-grer-nE, *a* absurd; preposterous.

saule, sohl, *m* willow; — **pleureur,** — pler-rer, weeping willow.

saumâtre, soh-mah-tr, *a* brackish; briny.

saumon, soh-mong, *m* salmon.

saupoudrer, soh-poo-dreh, *v* to sprinkle (**de,** with).

saur, sor, *a* salt and smoked.

saut, soh, *m* leap; jump.

sauter, soh-teh, *v* to leap; to jump; to blow up; to skip; to fry briskly.

sauterelle, soht-rell, *f* grasshopper.

sauteu-r, se, soh-ter, *mf* & *a* leaper; leaping.

sautiller, soh-tee-yeh, *v* to hop; to skip.

sauvage, soh-văhsh, *m* savage; *a** wild; untamed; shy; unsociable.

sauvagerie, soh-văhsh-ree, *f* savagery; unsociability.

sauvegarde, sohv-gährd, *f* safeguard.

sauve-qui-peut, sohv-ke-per, *m* stampede.

sauver, soh-veh, *v* to save; to rescue; **se —,** to escape; to run away.

sauvetage, sohv-tähsh, *m* life-saving; rescue; salvage.

sauveur, soh-ver, *m* saver; deliverer; Saviour.

savamment, säh-väh-mah*ng*, *adv* skilfully; knowingly.

savant, e, säh-vah*ng*, *n* scientist; scholar; *a* learned; [skilful.

savate, säh-väht, *f* old shoe.

saveur, säh-ver, *f* taste; savour; relish; flavour.

savoir, säh-vo'ähr, *v* to know; to understand; to be able to; *m* learning.

savoir-faire, säh-vo'ähr-fair, *m* skill; ability.

savoir-vivre, säh-vo'ähr-vee-vr, *m* good breeding.

savon, säh-vo*ng*, *m* soap.

savonner, säh-vonn-eh, *v* to soap; to lather.

savonnette, säh-vonn-ett, *f* soap-cake.

savourer, säh-voo-reh, *v* to relish. [ticklish.

scabreu-x, se, skäh-brer, *a* rugged; dangerous;

scandaleu-x, se,* skah*ng*-däh-ler, *a* scandalous.

scarlatine, skähr-läh-teen, *f* scarlet fever.

sceau, soh, *m* seal.

scélérat, e, seh-leh-räh, *mf* & *a* scoundrel; villainous.

sceller, sell-eh, *v* to seal.

scénario, seh-näh-re-o, *m* scenario; filmscript.

scène, sayn, *f* scene; stage; row.

scepticisme, sehp-tiss-eessm, *m* scepticism.

sceptre, sayp-tr, *m* sceptre.

schéma, sheh-mäh, *m* diagram; sketch-plan.

scie, se, sih, *f* saw.

sciemment, se-äh-mah*ng*, *adv* knowingly.

science, se-ahng*ss*, *f* science; learning.

scientifique,* se-ahng-te-feeck, *a* scientific.

scier, se-eh, *v* to saw.

scierie, se-ree, *f* saw-mill.

scintiller, sa*ng*-tee-yeh, *v* to twinkle; to sparkle.

scission, siss-e-o*ng*, *f* division; secession.

sciure, se-EER, *f* saw-dust.

scolaire, skoll-air, *a* scholastic; school.

scorbut, skor-BE, *m* scurvy.

scrupule, skrE-pEEl, *m* scruple; scrupulousness.

scrupuleu-x, se,* skrE-pE-le*r*, *a* scrupulous; precise.
scruter, skrE-teh, *v* to scrutinize.
scrutin, skrE-ta*ng*, *m* ballot; poll.
sculpter, skEEl-teh, *v* to sculpture; to carve.
se, se*r*, *pers pron* oneself; himself; herself; itself; themselves; each other; one another.
séance, seh-ah*ng*ss, *f* sitting; meeting; performance.
seau, soh, *m* bucket; pail.
sec, sayk, **sèche,*** saysh, *a* dry; harsh; barren.
sécher, seh-sheh, *v* to dry.
sécheresse, sehsh-ress, *f* dryness; drought; barren-ness.
second, se*r*-go*ng*, *m* assistant; second floor.
second, e,* ser-gong, *a* a second. [ness.
seconde, se*r*-go*ng*d, *f* (time) second; (railway) second-class.
seconder, se*r*-gong-deh, *v* to support; to further.
secouer, ser-koo-eh, *v* to shake; to shock; to stir up.
secourable, se*r*-koo-rǎh-bl, *a* helpful.
secourir, se*r*-koo-ree*r*, *v* to help; to relieve.
secours, se*r*-koohr, *m* help; relief.
secousse, ser-kooss, *f* shake; jolt; blow; shock.
secret, ser-kray, *m* secret; secrecy.
secr-et, ète,* se*r*-kray, *a* secret; private.
secrétaire, se*r*-kreh-tair, *mf* secretary; writing desk.
secrétariat, se*r*-kreh-tǎh-re-ǎh, *m* secretaryship; secretariat.
secréter, se*r*-kreh-teh, *v* to secrete.
sectaire, seck-tair, *m* & *a* sectarian.
secte, seckt, *f* sect.
secteur, seckt-e*r*, *m* sector; district area (served by electricity, etc); the mains. [etc).
section, seck-se-o*ng*, *f* section; stage (on bus route
séculaire, seh-kE-lair, *a* century-old; time-honoured.
séculi-er, ère, seh-kE-le-eh, *a* secular.
sécurité, seh-kE-re-teh, *f* security.
sédentaire, seh-dah*ng*-tair, *a* sedentary.
séditieu-x, se,* seh-de-se-e*r*, *a* seditious.
séduc-teur, trice, seh-dEEK-ter, *mf* & *a* seducer; fascinating; seductive. [vate.
séduire, seh-dwee*r*, *v* to seduce; to delude; to capti-
séduisant, e, seh-dwee-zah*ng*, *a* captivating; enticing.
seigle, say-gl, *m* rye.

seigneur, sehn-yer, *m* lord.

sein, sang, *m* breast; bosom; (*fig*) womb; midst.

seize, sayz, *m* & *a* sixteen.

seizième, say-ze-aym, *m* & *a* sixteenth.

séjour, seh-**shoor**, *m* stay; sojourn; abode.

séjourner, seh-**shoor**-neh, *v* to stay; to dwell.

sel, sell, *m* salt; (*fam*) wit.

selle, sell, *f* saddle; stool.

seller, sell-eh, *v* to saddle.

selon, ser-long, *prep* according to; after; — que, — ker, according as.

semailles, ser-mah'e, *fpl* sowing; sowing-time.

semaine, ser-main, *f* week; week's wages.

semblable, sahng-blåh-bl, *m* fellow-man, *a** alike; similar.

semblant, sahng-blahng, *m* appearance; show; **faire —, fair —,** to pretend.

sembler, sahng-bleh, *v* to seem; to appear.

semelle, ser-mell, *f* (boots, shoes) sole.

semence, ser-mahngss, *f* seed.

semer, ser-meh, *v* to sow; to scatter.

semestre, ser-mays-tr, *m* half-year.

semeu-r, se, ser-mer, *mf* sower.

semi, ser-me, *prefix* semi; half.

séminaire, seh-me-nair, *m* seminary.

semonce, ser-mongss, *f* lecture; reprimand; rebuke.

semoule, ser-mool, *f* semolina.

sénat, seh-näh, *m* senate.

senilité, seh-ne-le-teh, *f* senility.

sens, sahngss, *m* sense; senses; opinion; direction.

sensation, sahng-säh-se-ong, *f* sensation; excitement.

sensé, e, sahng-seh, *a* sensible; judicious.

sensibilité, sahng-se-be-le-teh, *f* sensibility; sensitivity.

sensible, sahng-see-bl, *a* sensitive; obvious; sore.

sensiblement, sahng-se-bler-mahng, *adv* perceptibly; greatly.

sensuel, le,* sahng-sɛ-ell, *a* sensual.

sentence, sahng-tahngss, *f* sentence; maxim; judgment.

senteur, sahng-ter, *f* scent; fragrance.   [ment.

senti, e, sahng-te, *a* felt; vividly expressed.

sentier, sahng-te-eh, *m* path; footway.

sentiment, sahng-te-mahng, *m* sentiment; sense;

sentinelle, sahng-te-nell, *f* sentry. [feeling.

sentir, sahng-teer, *v* to feel; to smell; to taste of; to see; to foresee.

séparation, seh-päh-räh-se-ong, *f* separation.

séparer, seh-päh-reh, *v* to separate; to divide.

sept, sett, *m & a* seven.

septembre, sayp-tahng-br, *m* September.

septentrional, e, sayp-tahng-tre-onn-ähl, *a* northern.

septième, say-te-aym, *m & a* seventh.

septuple, sayp-te-pl, *m & a* septuple; sevenfold.

sépulture, seh-peel-teer, *f* tomb; burial.

séquestre, seh-kayss-tr, *m* sequestration; seques-

serein, ser-rang, *m* evening dew. [trator.

serein, e, ser-rang, *a* serene.

sérénade, seh-reh-nähd, *f* serenade.

sérénité, seh-reh-ne-teh, *f* serenity.

sergent, sair-shahng, *m* sergeant.

série, seh-re, *f* series; set.

sérieu-x, se,* seh-re-er, *a* serious; earnest; grave.

serin, ser-rang, *m* canary bird; (*pop*) simpleton.

seringue, ser-rang-gh, *f* syringe.

serment, sair-mahng, *m* oath.

sermon, sair-mong, *m* sermon; lecture.

sermonner, sair-monn-eh, *v* to lecture.

serpe, sairp, *f* bill-hook.

serpent, sair-pahng, *m* serpent; snake.

serpenter, sair-pahng-teh, *v* to meander.

serpette, sair-pett, *f* pruning-knife.

serpillière, sair-pe-yair, *f* dish cloth; floor cloth.

serre, sair, *f* green-house; pressing; talon.

serré, e, say-reh, *a* close; compact; precise; tight.

serrer, say-reh, *v* to squeeze; to tighten.

serrure, say-reer, *f* lock.

serrurier, say-re-re-eh, *m* locksmith.

servant, sair-vahng, *m* gunner; *a* serving.

servante, sair-vahngt, *f* maid-servant.

serviable, sair-ve-äh-bl, *a* obliging.

service, sair-veess, *m* service; attendance; duty; set; divine service.

serviette, sair-ve-ett, *f* napkin; towel; brief case.

servile,* sair-veell, *a* servile.

servir, sair-veer, v to serve; to wait upon; **se — de,**
serviteur, sair-ve-ter, m servant. [to use.
ses, say, poss a pl his; her; its; one's.
session, sess-e-ong, f session; sitting; (law) term.
seuil, ser'e, m threshold; sill; beginning.
seul, e,* serl, a only; sole; alone; mere; single.
sève, sayv, f sap; (fig) vigour.
sévère,* seh-vair, a severe; stern; harsh.
sévir, seh-veer, v to punish severely; to rage.
sevrer, ser-vreh, v to wean.
sexagénaire, secks-ăh-sheh-nair, mf & a sexa-
sexe, secks, m sex. [genarian.
sextuple, secks-tee-pl, m & a sixfold.
sexuel, secks-e-ell, a sexual.
si, se, adv so; however; yes; conj if; whether.
siècle, se-ay-kl, m century; time; age.
siège, se-aysh, m seat; see; siege.
siéger, se-ăh-sheh, v to sit; to hold sittings.
sien, ne (le, la), ler se-ang, lăh se-enn, poss pron his;
sieste, se-esst, f siesta; afternoon nap. [her; its.
siffler, se-fleh, v to whistle; to hiss.
sifflet, se-flay, m whistle; hiss.
signal, seen-yăhl, m signal.
signalé, e, seen-yăh-leh, a signal; (fam) notorious.
signalement, seen-yăhl-mahng, m description.
signaler, seen-yăh-leh, v to signal; to point out.
signataire, seen-yăh-tair, m signer.
signature, seen-yăh-teer, f signature.
signe, seen-yer, m sign; mark; token.
signer, seen-yeh, v to sign; **se —,** to cross oneself.
signifier, seen-yee-fee-eh, v to mean; to notify.
silence, se-lahngss, m silence; stillness.
silencieu-x, se,* se-lahng-se-er, a silent; still.
sillon, see-yong, m furrow; trail; wake.
sillonner, see-yonn-eh, v to furrow; to plough.
simagrée, se-măh-greh, f grimace; pl fuss.
similaire, se-me-lair, a similar.
simple, sang-pl, m simpleton; a* simple; single; plain.
simplicité, sang-ple-se-teh, f simplicity.
simulacre, se-me-lăh-kr, m image; sham.
simuler, se-me-leh, v to simulate; to feign.
simultané, e, se-meel-tăh-neh, a simultaneous.

simultanément, se-MEEL-täh-neh-mah*ng*, *adv* simultaneously.

sincère,* sa*ng*-sair, *a* sincere; candid; true.

sincérité, sa*ng*-seh-re-teh, *f* sincerity; honesty.

singe, sa*ng*sh, *m* ape; monkey.

singer, sa*ng*-**sh**eh, *v* to mimic.

singularité, sa*ng*-ghe-läh-re-teh, *f* singularity. [odd.

singuli-er, ère,* sa*ng*-ghe-le-eh, *a* singular; peculiar;

sinistre, se-neess-tr, *m* disaster; *a** sinister; gloomy.

sinon, se-no*ng*, *conj* if not; otherwise; else; except.

sinueu-x, se, se-nE-er, *a* winding.

sirène, se-rain, *f* mermaid; siren.

sirop, se-roh, *m* syrup.

sis, e, se, *a* situated.

site, seet, *m* site; landscape; scenery.

sitôt, se-toh, *adv* as soon; — que, — ker, as soon as.

situation, se-TE-äh-se-o*ng*, *f* situation; position.

situé, e, se-TE-eh, *a* situated.

six, seess (before a consonant, see), *m* & *a* six.

sixième, se-ze-aym, *m* & *a* sixth.

ski, ske, *m* ski; skiing.

skier, ske-eh, *v* to ski.

sobre,* sobr, *a* sober; temperate; sparing.

sobriété, sob-re-eh-teh, *f* sobriety.

sobriquet, sob-re-kay, *m* nickname.

soc, sock, *m* ploughshare.

sociable, soss-e-äh-bl, *a* sociable.

social, e,* soss-e-ähl, *a* social.

socialisme, soss-e-äh-leessm, *m* socialism.

sociétaire, soss-e-eh-tair, *mf* & *a* member; partner.

société, soss-e-eh-teh, *f* society; party; partnership; company.

sociologue, soss-e-o-log, *m* sociologist.

socle, soc-kl, *m* pedestal.

sœur, ser, *f* sister; nun.

soi, so'äh, *pron* oneself; itself; self; himself; herself.

soi-disant, so'äh-de-zah*ng*, *a* would-be; so-called; *adv* supposedly.

soie, so'äh, *f* silk; bristle.

soierie, so'äh-ree, *f* silk-goods; silk-trade.

soif, so'ähf, *f* thirst; **avoir —,** äh-vo'ähr —, to be thirsty.

soigné, e, so'ähn-yeh, *a* done with care; well-groomed.

soigner, so'ähn-yeh, *v* to take care of; to nurse.

soigneu-x, se,* so'ähn-yer, *a* careful.

soin, so'äng, *m* care; *pl* attentions.

soir, so'ähr, *m* evening; night. [party.

soirée, so'äh-reh, *f* evening (duration of); evening

soit, so'äh, *conj* either; whether; or; suppose.

soit! so'äh, *interj* be it so! well and good!

soixantaine, so'ähss-ahng-tain, *f* about sixty.

soixante, so'ähss-ahngt, *m* & *a* sixty; — **-dix,** — deess, seventy.

soixantième, so'ähss-ahng-te-aym, *m* & *a* sixtieth.

sol, sol, *m* soil; ground; the note G.

solaire, soll-air, *a* solar.

soldat, soll-däh, *m* soldier.

solde, solld, *m* balance; sale (of remnants); *f* soldiers' pay.

solder, soll-deh, *v* to settle; to sell off. [pay.

sole, sol, *f* (fish) sole.

soleil, soll-ay'e, *m* sun; sunshine.

solennel, le,* soll-äh-nell, *a* solemn.

solennité, soll-äh-ne-teh, *f* solemnity. [dependent.

solidaire,* soll-e-dair, *a* jointly liable; inter-

solide,* soll-eed, *a* solid; strong; firm; sound.

solitaire,* soll-e-tair, *a* solitary; lonely.

solitude, soll-e-tEED, *f* solitude; loneliness.

solive, soll-eev, *f* joist; rafter.

solliciter, soll-e-se-teh, *v* to solicit; to urge; to [petition.

soluble, soll-E-bl, *a* soluble; solvable.

solution, soll-E-se-ong, *f* solution; break.

solvable, soll-väh-bl, *a* solvent.

sombre, song-br, *a* dark; gloomy; dismal; dull.

sombrer, song-breh, *v* to sink; to founder.

sommaire,* somm-air, *m* & *a** summary; abstract.

sommation, somm-äh-se-ong, *f* summons.

somme, somm, *m* nap; *f* sum; burden; **en —,** ahng—, on the whole; in short.

sommeil, somm-ay'e, *m* sleep.

sommeiller, somm-ay'e-yeh, *v* to doze.

sommelier, somm-er-le-eh, *m* wine-waiter.

sommer, somm-eh, *v* to summon; to call upon.

sommet, somm-ay, *m* summit; top; acme.

sommier, somm-e-eh, *m* spring-mattress.
somnifère, somm-ne-fair, *m* sleeping draught.
somnolent, e, somm-noll-ahng, *a* sleepy, drowsy.
somnoler, somm-no-leh, *v* to drowse; to doze.
somptueu-x, se,* songp-te-er, *a* sumptuous.
son, song, *poss a m* his; her; its; one's.
son, song, *m* sound; bran.
sonate, sonn-ăht, *f* sonata.
sondage, song-dăhsh, *m* sounding; boring.
sonde, songd, *f* fathom-line; probe.
sonder, song-deh, *v* to sound; to fathom; to probe.
songe, songsh, *m* dream.
songer, song-sheh, *v* to dream; to think; to muse.
songerie, songsh-ree, *f* dreaming.
songeu-r, se, song-sher, *mf & a* dreamer: thoughtful.
sonnant, e, sonn-ahng, *a* sounding; striking.
sonner, sonn-eh, *v* to sound; to ring; to strike (the
sonnerie, sonn-ree, *f* ringing; bells; call.   [hour).
sonnette, sonn-ett, *f* small bell; door-bell.
sonore, sonn-or, *a* sonorous.
sorbet, sor-bay, *m* sorbet; water-ice.
sorcellerie, sor-sell-ree, *f* witchcraft; sorcery.
sorci-er, ère, sor-se-eh, *mf & a* sorcerer; wizard; witch.
sordide,* sor-deed, *a* sordid; disgusting; mean.
sornettes, sor-nett, *fpl* idle talk.
sort, sor, *m* fate; lot; spell.
sorte, sort, *f* sort; kind; manner.
sortie, sor-tee, *f* going out; way out; outburst.
sortir, sor-teer, *v* to go out; to emerge; to take out.
sosie, soz-ee, *m* very image; double.
sot, te,* soh, sott, *a* silly; stupid; fool.
sottise, sott-eez, *f* silliness; foolishness; abuse.
sou, soo, *m* old French coin; (*fam*) penny.
soubresaut, soo-brer-soh, *m* sudden start.
souche, soosh, *f* stump; stem; counterfoil; (*fig*) block-
souci, sooss-e, *m* care; anxiety; marigold.   [head.
soucier (se), ser sooss-e-eh, *v* to care (**de,** about; for);
    to mind; to be concerned.
soucieu-x, se,* sooss-e-er, *a* anxious; careworn.
soucoupe, soo-koop, *f* saucer.
soudain, e,* soo-dang, *a* sudden; unexpected;
soudain, *adv* suddenly.

soudaineté, soo-dain-teh, *f* suddenness.
soude, sood, *f* soda.
souder, soo-deh, *v* to solder; to weld.
soudure, soo-DEER, *f* solder; soldering.
souffle, soo-fl, *m* breath; puff. [to prompt.
souffler, soo-fleh, *v* to blow; to breathe; to whisper;
soufflet, soo-flay, *m* bellows; (*fam*) slap in the face;
   insult.
souffleter, soo-fier-teh, *v* to slap in the face; to insult.
souffrance, soo-frahngss, *f* suffering; pain; **en —,**
   ahng —, unsettled; in suspense.
souffrant, e, soo-frahng, *a* suffering; poorly.
souffrir, soo-freer, *v* to suffer; to allow; to be injured.
soufre, soo-fr, *m* sulphur.
souhait, soo-ay, *m* wish.
souhaiter, soo-ay-teh, *v* to wish; to desire.
souiller, soo'e-yeh, *v* to dirty; to soil.
soûl, soo, *m* (*fam*) fill.
soûl, e, soo, *a* (*pop*) drunk.
soulagement, soo-lāhsh-mahng, *m* relief; alleviation.
soulager, soo-lāh-sheh, *v* to relieve; to soothe.
soûler (se), ser soo-leh, *v* (*pop*) to get drunk.
soulèvement, soo-layv-mahng, *m* rising; upheaval;
   insurrection.
soulever, sool-veh, *v* to raise; to lift; to stir up; **se—,**
   to rise; to revolt.
soulier, soo-le-eh, *m* shoe.
souligner, soo-leen-yeh, *v* to underline; to emphasize.
soumettre, soo-met-tr, *v* to subdue; to submit; to lay
   before.
soumis, e, soo-me, *a* submissive.
soumission, soo-miss-e-ong, *f* submission; com-
soupape, soo-pāhp, *f* valve.   [pliance.
soupçon, soop-song, *m* suspicion; surmise; touch.
soupçonner, soop-sonn-eh, *v* to suspect.
soupe, soop, *f* soup.
souper, soo-peh, *v* to have supper; *m* supper.
soupeser, soo-per-zeh, *v* to weigh by hand.
soupière, soo-pe-air, *f* soup-tureen.
soupir, soo-peer, *m* sigh.
soupirail, soo-pe-rah'e, *m* air-hole; vent.
soupirer, soo-pe-reh, *v* to sigh.

souple,* soo-pl, *a* supple; flexible; compliant.
source, soohrss, *f* source; spring; authority.
sourcil, soohr-se, *m* eye-brow.
sourciller, soohr-see-yeh, *v* to frown. ⌈secret; mute.
sourd, e, soohr, *mf* & *a** deaf person; deaf; dull;
sourdine, soohr-deen, *f* damper; **à la—,** äh läh—,
  secretly.
souriant, e, soo-re-ahng, *a* smiling.
souricière, soo-riss-se-air, *f* mouse-trap.
sourire, soo-reer, *v* to smile; *m* smile.
souris, soo-ree, *f* mouse.
sournois, e,* soohr-no'äh, *a* sly; cunning; artful.
sous, soo, *prep* under; beneath; below.
souscripteur, sooss-krip-ter, *m* subscriber.
souscrire, sooss-kreer, *v* to subscribe; to sign.
sous-entendre, soo-z'ahng-tahng-dr, *v* to understand;
  to imply.
sous-entendu, soo-z'ahng-tahng-dE, *m* implication.
sous-marin, soo-mäh-rang, *m* submarine; *a* deep-sea;
  underwater.
soussigné, e, sooss-een-yeh, *mf* & *a* the undersigned;
  undersigned.
sous-sol, sooss-ol, *m* basement.
sous-titre, soo-tee-tr, *m* sub-title.
soustraction, sooss-trähck-se-ong, *f* subtraction.
soustraire, sooss-trair, *v* to subtract; to shelter; **se**
  —, to get away (**à,** from).
soutane, soo-tähn, *f* cassock.
souteneur, soot-ner, *m* upholder; pimp.
soutenir, soot-neer, *v* to sustain; to support; to
  assert; to stand.
soutenu, e, soot-nE, *pp* & *a* sustained; lofty.
souterrain, soo-tay-rang, *m* subway; vault. ⌈hand.
souterrain, e, soo-tay-rang, *a* underground; under-
soutien, soo-te-ang, *m* support; prop; supporter.
soutien-gorge, soo-te-ang-gorsh, *m inv* bra(ssiere).
soutirer, soo-te-reh, *v* to draw off; (*fig*) to extract.
souvenir (se), ser sooh-neer, *v* to remember (**de**).
souvenir, soov-neer, *m* remembrance; keepsake.
souvent, soo-vahng, *adv* often.
souverain, e, soov-rang, *mf* & *a** sovereign.
souveraineté, soov-rain-teh, *f* sovereignty; dominion.

soyeu-x, se, so'ah'e-er, a silky.

spacieu-x, se,* späh-se-er, a roomy; spacious.

sparadrap, späh-räh-dräp, m adhesive plaster.

spécial, e,* speh-se-ähl, a special; particular.

spécialité, speh-se-ähl-e-teh, f speciality; line of business; proprietary article.

spécifier, speh-se-fe-eh, v to specify.

spectacle, speck-täh-kl, m spectacle; show; play.

specta-teur, trice, speck-täh-ter, mf spectator; pl audience.

spectre, speck-tr, m spectre; ghost.

spéculer, speh-kE-leh, v to speculate.

sperme, spairm, m sperm; semen.

sphère, sfair, f sphere; globe.

spirale, spe-rähl, f spiral; a spiral.

spirituel, le,* spe-re-tE-ell, a spiritual; witty.

spiritueu-x, se, spe-re-tE-er, a alcoholic.

splendeur, splahng-der, f splendour; magnificence.

splendide,* splahng-deed, a splendid; magnificent.

spongieu-x, se, spong-she-er, a spongy.

spontané, e, spong-täh-neh, a spontaneous.

spontanément, spong-täh-neh-mahng, adv spontaneously.

sport, spor, m sport; a casual (of clothes).

squelette, sker-lett, m skeleton.

stable, stäh-bl, a stable; steady; durable.

stage, stähsh, m period of probation, course.

stagnant, e, stähgh-nahng, a stagnant; still.

stalle, stähl, f stall.

stance, stahngss, f stanza.

station, stäh-se-ong, f standing; station; taxi-rank.

stationner, stäh-se-onn-eh, v to stop; to park.

stationnement, stäh-se-onn-mahng, m parking.

statistique, stäh-tiss-teeck, f statistics; a statistical.

statue, stäh-tE, f statue.

statuer, stäh-tE-eh, v to decree; to rule.

stature, stäh-tEEr, f stature; height.

statut, stäh-tE, m statute; regulation; status.

sténodactylo(graphe), steh-no-dähck-te-log-rähf, mf shorthand-typist.

sténographe, steh-nog-rähf, mf shorthand-writer.

sténographie, steh-nog-räh-fe, f shorthand.

stéréophonique, steh-reh-o-fo-neeck, a stereophonic.

stérile,* steh-reel, *a* sterile; barren.
stérilité, steh-re-le-teh, *f* barrenness.
stigmate, stigg-măht, *m* stigma; brand; stain.
stigmatiser, stigg-măh-te-zeh, *v* to stigmatize.
stimulant, e, ste-me-lahng, *a* stimulating; *m* stimulant.
stimuler, ste-me-leh, *v* to stimulate; to urge on.
stipuler, ste-pe-leh, *v* to stipulate.
stoïque,* sto-eeck, *a* stoical.
stomacal, e, stomm-ăh-kăhl, *a* stomachic.
stoppage, stop-ăhsh, *m* invisible mending.
store, stor, *m* blind.
strapontin, străh-pong-tang, *m* bracket-seat.
strict, e,* strikt; *a* strict; severe; precise.
strident, e, stre-dahng, *a* shrill.
strié, e, stre-eh, *a* striated; streaked; scored.
structure, strEEK-TEER, *f* structure; frame; build.
studieu-x, se,* stE-de-er, *a* studious.
stupéfait, e, stE-peh-fay, *a* stupefied; amazed; flabbergasted.
stupéfier, stE-peh-fe-eh, *v* to stupefy; to amaze.
stupeur, stE-per, *f* stupor.
stupide,* stE-peed, *a* stupid.
stupidité, stE-pe-de-teh, *f* stupidity.
style, steel, *m* style.   ⌐ball-point pen.
stylo, stee-lo, *m* fountain pen; — **à bille,** — ăh bee-ye,
suaire, sE-air, *m* shroud.
suave,* sE-ăhv, *a* sweet; soft; suave.
subdiviser, sEEb-de-ve-zeh, *v* to subdivide.
subir, sE-beer, *v* to undergo; to suffer; to endure; to
subit, e,* sE-bee, *a* sudden.   ⌊submit.
subjecti-f, ve,* sEEb-sheck-teeff, *a* subjective.
subjonctif, sEEb-shongk-teeff, *a* subjunctive.
subjuguer, sEEb-shE-gheh, *v* to subjugate.
sublime,* sEEb-leem, *a* sublime.
submerger, sEEb-mair-sheh, *v* to submerge, to swamp.
subordonner, sE-bor-donn-eh, *v* to subordinate.
subséquemment, sEEb-seh-kăh-mahng, *adv* subsequently.
subséquent, e, sEEb-seh-kahng, *a* subsequent.
subside, sEEb-seed, *m* subsidy.

subsister, seeb-ziss-teh, *v* to subsist; to stand.
substance, seeb-tahngss, *f* substance.
substantiel, le,* seeb-stahngss-e-ell, *a* substantial.
substituer, seebs-te-te-eh, *v* to substitute (à, for).
substitut, seebs-te-te, *m* substitute; deputy.
subterfuge, seeb-tair-feesh, *m* subterfuge.
subtil, e,* seeb-teel, *a* subtle; sharp; acute; keen.
subtilité, seeb-te-le-teh, *f* subtlety, acuteness.
subvenir, seeb-ver-neer, *v* to provide (à, for); to
help; to relieve.   [sidize.
subventionner, seeb-vahng-se-onn-eh, *v* to sub-
subversi-f, ve,* seeb-vair-seeff, *a* subversive.
suc, seek, *m* juice; essence; substance.
succéder, seek-seh-deh, *v* to succeed; to follow after.
succès, seek-say, *m* success.
successi-f, ve,* seek-sess-eeff, *a* successive.
succession, seek-sess-e-ong, *f* succession; inherit-
succinct, e,* seek-sang, *a* succinct; concise. [ance.
succomber, see-kong-beh, *v* to succumb; to sink; to
yield; to die.
succion, seek-se-ong, *f* suction.
succulent, e, se-ke-lahng, *a* juicy, savoury.
succursale, se-keer-sàhl, *f* branch (of store etc).
sucer, seess-eh, *v* to suck; to suck in, to drain.
sucre, see-kr, *m* sugar.
sucrer, se-kreh, *v* to sweeten; to sugar.
sucrerie, se-krer-ree, *f* sugar-mill; *pl* sweets.
sucrier, se-kre-eh, *m* sugar-bowl.
sud, seed, *m* South; *a* south, southern.
suer, se-eh, *v* to sweat; to toil.
sueur, se-er, *f* sweat, perspiration; toil.
suffire, se-feer, *v* to suffice; to do. **cela suffit,**
ser-làh se-fe, that will do.
suffisamment, se-fe-zàh-mahng, *adv* sufficiently.
suffisance, se-fe-zahngss, *f* sufficiency; conceit.
suffisant, e, se-fe-zahng, *a* sufficient; conceited.
suffocant, e, se-fock-ahng, *a* stifling.
suffoquer, se-fock-eh, *v* to suffocate; to stifle.
suffrage, se-fràhsh, *m* suffrage; approbation.
suggérer, seegh-sheh-reh, *v* to suggest; to hint.
suicide, swee-seed, *m* suicide.
suicider (se), ser swee-see-deh, *v* to commit suicide.

suie, swee, *f* soot.

suif, sweef, *m* tallow.

suinter, swang-teh, *v* to ooze out; to leak.

suite, sweet, *f* rest; consequence; attendants; series; sequence; continuation. **tout de —,** too de*r* —, at once.

suivant, swee-vah*ng*, *prep* according to; **— que,** — ke*r*, according as.   [next.

suivant, e, swee-vah*ng*, *mf* attendant; *a* following,

suivi, swee-ve, *pp* and *a* followed; consistent; sought after.

suivre, swee-vr, *v* to follow; to result; to study; **(faire —,** fair —, to forward).

sujet, se-shay, *m* subject; person; cause; topic.

sujet, te, se-shay, *a* subject; liable; inclined.

sujétion, se-sheh-se-ong, *f* subjection; constraint.

superbe,* se-pairb, *a* superb; majestic; proud.

supercherie, se-pair-sher-ree, *f* deceit; cheat; fraud.

superficie, se-pair-feess-ee, *f* surface; area.

superficiel, le,* se-pair-fe-se-ell, *a* superficial;

superflu, e,* se-pair-flE, *a* superfluous.   [shallow.

supérieur, e,* se-peh-re-er, *a* upper; superior.

superstitieu-x, se,* se-pair-ste-se-e*r*, *a* superstitious.

supplanter, e, se-plah*ng*-teh, *v* to oust.   [deputy.

suppléant, e, se-pleh-ah*ng*, *mf* & *a* substitute;

suppléer, se-pleh-eh, *v* to make good; **— à,** to make up for.

supplément, se-pleh-mah*ng*, *m* supplement; extra charge.

supplémentaire, se-pleh-mah*ng*-tair, *a* additional.

suppliant, e, se-ple-ah*ng*, *mf* & *a* supplicant.

supplication, se-ple-käh-se-ong, *f* entreaty.

supplice, se-pleess, *m* torture; torment.

supplier, se-ple-eh, *v* to entreat; to beseech.

supplique, se-pleek, *f* petition.

support, se-por, *m* support; stand.

supportable, se-por-täh-bl, *a* bearable.

supporter, se-por-teh, *v* to support; to bear.   [tute.

supposer, se-poh-zeh, *v* to suppose; *(jur)* to substi-

supposition, se-poh-ze-se-ong, *f* supposition; *(jur)* substitution; forgery.

supprimer, SE-pre-meh, *v* to suppress; to abolish.

supputer, SE-PE-teh, *v* to reckon; to calculate.

suprématie, SE-preh-mǎhss-ee, *f* supremacy.

suprême,* SE-praym, *a* supreme; crowning; last.

sur, SEER, *prep* on; upon; over; above; by; out of; towards; concerning.

sur, e, SEER, *a* sour.

sûr, e,* SEER, *a* sure; safe; trustworthy.

surcroît, SEER-kro'ǎh, *m* increase.

surdité, SEER-de-teh, *f* deafness.

sûreté, SEER-teh, *f* safety; security; soundness.

surexciter, SEER-eck-se-teh, *v* to overexcite.

surface, SEER-fǎhss, *f* surface; outside; area.

surfaire, SEER-fair, *v* to overcharge; to overrate.

surfin, SEER-fang, *a* superfine.

surgeler, SEER-sher-leh, *v* to deep-freeze.

surgir, SEER-sheer, *v* to arise; (*fam*) to appear suddenly.

surhumain, e, SEER-E-mang, *a* superhuman.

surintendant, SEER-ang-tahng-dahng, *m* superintendent.

surlendemain, SEER-lahngd-mang, *m* second day after.

surmener, SEER-mer-neh, *v* to overwork.

surmonter, SEER-mong-teh, *v* to overcome; to rise above.

surnager, SEER-nǎh-sheh, *v* to float; (*fig*) to survive.

surnaturel, le,* SEER-nǎh-tE-rell, *a* supernatural.

surnom, SEER-nong, *m* nickname.

surnuméraire, SEER-nE-meh-rair, *m & a* supernumerary.

surpasser, SEER-pǎhss-eh, *v* to exceed; to excel.

surplomber, SEER-plong-beh, *v* to overhang.

surplus, SEER-plE, *m* surplus; **au —,** oh —, moreover.

surprenant, e, SEER-prer-nahng, *a* surprising.

surprendre, SEER-prahng-dr, *v* to surprise.

surprise, SEER-preez, *f* surprise.

sursaut, SEER-soh, *m* start; jump.

sursauter, SEER-soh-teh, *v* to start; to give a jump; to be startled.

surseoir, SEER-so'ǎhr, *v* to put off (à).

sursis, SEER-see, *m* delay; suspension; reprieve.

surtaxe, SEER-tǎhcks, *f* extra tax; surcharge.

surtout, SEER-too, *adv* above all; particularly.
surveillance, SEER-vay'e-ahngss, *f* superintendence; supervision.
surveiller, SEER-vay'e-yeh, *v* to supervise; to invigilate.
survenir, SEER-ver-neer, *v* to come unexpectedly.
survie, SEER-vee, *f* survivorship.
survivance, SEER-ve-vahngss, *f* survival.
survivre, SEER-vee-vr, *v* to survive (**à**); to outlive.
sus, SEESS, *prep* on; **en — de,** ahng — der, *prep* over and above.
susceptibilité, SEESS-ep-te-be-le-teh, *f* touchiness.
susciter, SEESS-e-teh, *v* to raise up; to create.
susdit, e, SEESS-de, *a* aforesaid.
suspect, e, SEESS-paykt, *m & a* suspect.
suspecter, SEESS-payk-teh, *v* to suspect.
suspendre, SEESS-pahng-dr, *v* to suspend; to hang-up.
suspens (en) ahng SEESS-pahng, *adv* in abeyance.
suture, SEE-tEEr, *f* suture; **point de —,** po'ang der —, stitch.
svelte, svaylt, *a* slender; slim.
syllabe, seell-lahb, *f* syllable.
sylvestre, sill-vays-tr, *a* sylvan.
symbole, sang-bol, *m* symbol.
symétrique,* se-meh-treeck, *a* symmetrical.
sympathique,* sang-păh-teeck, *a* sympathetic; likeable.
symptôme, sangp-tohm, *m* symptom.
syncope, sang-kop, *f* faint; swoon.
syndicat, sang-de-kah, *m* syndicate; **— d'initiative, — de-ne-se-ah-teev,** tourists' information bureau.
système, siss-taym, *m* system.

ta, tăh, *poss a f sing* familiar form of 'your'.
tabac, tăh-băh, *m* tobacco; snuff.
tabatière, tăh-băh-te-air, *f* snuff-box.
table, tăh-bl, *f* table; board; index.
tableau, tăh-bloh, *m* picture; painting; black-board.
tablette, tăh-blett, *f* shelf; lozenge; slab. list
tablier, tăh-blee-eh, *m* apron; pinafore.
tabouret, tăh-boo-ray, *m* stool.
tache, tăhsh, *f* spot; stain; blemish.
tâche, tahsh, *f* task; job.

tâcher, tah-sheh, v to endeavour; to strive.

tacheté, e, tăhsh-teh, a spotted; speckled.

tacite,* tăh-seet, a implied; tacit.

taciturne, tăh-se-tEErn, a taciturn; quiet.

tact, tăhckt, m touch; tact; discretion.

taie, tay, f pillow-case.

taille, tah'e, f cut; waist; height; pruning.

tailler, tah'e-yeh, v to cut; to prune; to sharpen.

tailleur, tah'e-yer, m tailor.

taillis, tah'e-ye, m copse; underwood.

taire, tair, v to conceal; se —, to be silent.

talent, tăh-lahng, m talent; ability.

talon, tăh-long, m heel; voucher.

talonner, tăh-lonn-eh, v to urge; to follow closely.

talus, tăh-lE, m slope; embankment.

tambour, tahng-boohr, m drum; barrel.

tamis, tăh-mee, m sieve.

tampon, tahng-pong, m plug; tampon; buffer.

tamponner, tahng-ponn-eh, v to stop up; to collide.

tancer, tahngss-eh, v to scold.

tandis que, tahng-de ker, conj while; whilst; whereas.

tangage, tahng-gähsh, m pitching.

tanière, tăh-ne-air, f den; lair.

tanner, tăh-neh, v to tan.

tant, tahng, adv so much; as much; so many; as many;
— **mieux,** — me-er, so much the better; — **pis,** —
pee, so much the worse.

tante, tahngt, f aunt.

tantôt, tahng-toh, adv presently; shortly; now ... now.

tapage, tăh-pähsh, m uproar; row; fuss.

tape, tăhp, f slap; pat; thump.

taper, tăh-peh, v to tap; to pat; to strike.

tapir (se), ser tăh-peer, v to squat; to crouch.

tapis, tăh-pe, m carpet; rug; cover.

tapisserie, tăh-piss-ree, f tapestry.

tapissier, tăh-piss-e-eh, m upholsterer.

tapoter, tăhp-ot-eh, v to tap; to strum.

taquiner, tăh-ke-neh, v to tease.

tard, tăhr, adv late.

tarder, tăhr-deh, v to delay; to be long.

tardi-f, ve,* tăhr-deeff, a late; tardy; backward.

tare, tăhr, f blemish; defect; tare.

taré, e, tăh-reh, *a* damaged; bad; ill-famed.
tarif, tăh-reeff, *m* tariff; price-list; rate; quotation.
tarir, tăh-reer, *v* to dry up.
tarte, tăhrt, *f* tart.
tartine, tăhr-teen, *f* slice of bread and butter or jam.
tas, tah, *m* heap; pile; lot.
tasse, tahss, *f* cup.
tasser, tahss-eh, *v* to heap up; to press down; **se —,** to settle.
tâter, tah-teh, *v* to feel; to try; to taste.   [some.
tâtillon, ne, tah-tee-yong, *mf & a* meddler; meddle-
tâtonner, tah-tonn-eh, *v* to grope; to feel one's way.
tâtons (à), ăh tah-tong, *adv* gropingly.
taudis, toh-dee, *m* hovel.
taupe, tohp, *f* mole.
taupinière, toh-pinn-e-air, *f* mole-hill.
taureau, toh-roh, *m* bull.
taux, toh, *m* rate.
taverne, tăh-vairn, *f* tavern.
taxer, tăhx-eh, *v* to tax; to assess; to accuse.
te, ter, *pers pron mf sing* (familiar form) you; to you; yourself.
technique, teck-neeck, *a* technical; *f* technique.
teigne, tayn-yer, *f* moth; ringworm.
teindre, tang-dr, *v* to dye; to tint.
teint, tang, *m* complexion; dye; colour.
teinte, tangt, *f* tint; shade; tinge.
teinture, tang-teer, *f* dye; dyeing; tincture.
tel, le, tell, *a* such; like; many; **— que, — ker,** similar to; such as.
télégramme, teh-leh-grăhm, *m* telegram.
télégraphier, teh-leh-grăh-fe-eh, *v* to wire.
téléphone, teh-leh-fonn, *m* telephone.
téléphonique, teh-leh-fonn-eeck, *a* telephonic; **cabine —,** kăh-been —, call-box.
télescope, teh-less-kop, *m* telescope.
télévision, teh-leh-ve-ze-ong, *f* television.
tellement, tell-mahng, *adv* so; so much; **— que, — ker,** so that.
téméraire,* teh-meh-rair, *a* rash; foolhardy.
témoignage, teh-mo'ăhn-yăhsh, *m* testimony; evidence.

témoigner, teh-mo'ähn-yeh, *v* to show; to testify.

témoin, teh-mo-ang, *m* witness.

tempe, tahngp, *f* temple.

tempérament, tahng-peh-räh-mahng, *m* temperament; constitution.

tempérant, e, tahng-peh-rahng, *a* temperate.

température, tahng-peh-räh-tEER, *f* temperature.

tempérer, tahng-peh-reh, *v* to moderate; to allay.

tempête, tahng-payt, *f* tempest; storm.

tempêter, tahng-pay-teh, *v* to storm; to fume.

temple, tahng-pl, *m* temple.

temporaire,* tahng-por-air, *a* temporary.

temporel, le,* tahng-por-ell, *a* temporal.

temps, tahng, *m* time; while; period; season; weather;

tenace, ter-nähss, *a* tenacious. [tense; beat.

tenailles, ter-nah'e, *fpl* pincers.

tendance, tahng-dahngss, *f* tendency; leaning.

tendon, tahng-dong, *m* sinew. [to tend.

tendre, tahng-dr, *v* to stretch; to strain; to hold out;

tendre,* tahng-dr, *a* tender; affectionate; new.

tendresse, tahng-dress, *f* tenderness.

tendu, e, tahng-dE, *a* tight; stretched; tense.

ténèbres,* teh-nay-br, *fpl* darkness; gloom.

teneur, ter-ner, *m* — **de livres,** — der lee-vr, book-

teneur, ter-ner, *f* tenor; purport. [keeper.

tenir, ter-neer, *v* to hold; to keep: to last; to deem; to depend on; — **à,** — äh, to value; to care about.

tension, tahng-se-ong, *f* tension.

tentant, e, tahng-tahng, *a* tempting.

tentation, tahng-täh-se-ong, *f* temptation.

tentative, tahng-täh-teev, *f* attempt; endeavour.

tente, tahngt, *f* tent.

tenter, tahng-teh, *v* to attempt; to tempt.

tenture, tahng-tEER, *f* hangings; wall-paper.

ténu, e, teh-nE, *a* slender; thin.

tenue, ter-nEE, *f* holding; behaviour; attitude; dress.

térébenthine, teh-reh-bahng-teen, *f* turpentine.

terme, tairm, *m* term; limit; condition.

terminaison, tair-me-nay-zong, *f* ending.

terminer, tair-me-neh, *v* to finish; to conclude.

terne, tairn, *a* dull; colourless.

ternir, tair-neer, *v* to tarnish; to dim.

terrain, tay-rang, *m* ground; soil; piece of ground.
terrasse, tay-rähss, *f* terrace.   [the ground.
terrasser, tay-rähss-eh, *v* to bank up; to throw on
terre, tair, *f* earth; ground; land; estate; the world.
terrestre, tay-ress-tr, *a* terrestrial.
terreur, tay-rer, *f* terror; dread; awe.
terrible,* tay-ree-bl, *a* terrible; dreadful; frightful.
terrifier, tay-re-fe-eh, *v* to terrify.
terrine, tay-reen, *f* earthen dish; potted meat.
territoire, tay-re-to'ähr, *m* territory.
tertre, tair-tr, *m* hillock.
tes, tay, *poss a m f pl* (familiar form) your.
testament, tess-täh-mahng, *m* testament; will.
têtard, teh-tahr, *m* tadpole.
tête, tayt, *f* head; top; wits; presence of mind.
téter, teh-teh, *v* to suck (at the breast).
tétine, teh-teen, *f* teat.
têtu, e, teh-tE, *a* stubborn; headstrong.
texte, text, *m* text; subject.
textile, tex-teell, *m* textile; *a* textile.
textuel, le,* tex-tE-ell, *a* textual.
thé, teh, *m* tea; tea-party.
théâtral, e, teh-ah-trähl, *a* theatrical.
théâtre, teh-ah-tr, *m* theatre; stage; plays; **coup de**
    —, koo der—, unexpected event.
théière, teh-yair, *f* tea-pot.
thème, taym, *m* topic; theme; exercise.
théorie, teh-or-ee, *f* theory; drill; procession.
théorique,* teh-or-eeck, *a* theoretical.
thérapie, teh-rah-pee, *f* therapy.
thermomètre, tair-momm-ay-tr, *m* thermometer.
thèse, tayz, *f* thesis; argument.
thon, tong, *m* tunny.
thorax, to-racks, *m* thorax; chest.
thym, tang, *m* thyme.
tibia, te-be-äh, *m* shin-bone.
tic, teek, *m* tic; habit.
ticket, te-kay, *m* (bus etc) ticket.
tiède,* te-aid, *a* lukewarm; tepid; indifferent.
tiédir, te-eh-deer, *v* to grow lukewarm.
tien, ne, te-ang, *poss pron mf* (familiar form) yours.
tier-s, ce, te-air, *mf* third person; *a* third.

tige, teesh, *f* stem; stalk; trunk; rod; shaft.
tigre, tigresse, tee-gr, tee-gress, *mf* tiger; tigress.
tilleul, tee-yerl, *m* lime-tree; lime blossom tree.
timbale, tang-bähl, *f* kettle-drum; metal cup.
timbre, tang-br, *m* bell; tone; stamp; stamp-duty.
timbré, e, tang-breh, *a* stamped; sonorous; (*fam*) dotty; mad.
timide,* te-meed, *a* timid; shy; bashful.
timoré, e, te-mor-eh, *a* timorous.
tintamarre, tang-täh-mähr, *m* uproar; hubbub; [clatter.
tinter, tang-teh, *v* to ring; to tinkle; to toll.
tir, teer, *m* shooting; firing; rifle-range.
tirage, te-rähsh, *m* drawing; draught; printing; (newspapers) circulation.
tiraillement, te-rah'e-mahng, *m* pulling; pain.
tire-bouchon, teer-boo-shong, *m* corkscrew.
tiré, e, te-roh, *a* (face) drawn; worn out.
tirelire, teer-leer, *f* money-box.
tirer, te-reh, *v* to draw; to pull; to drag; to verge on;
tiret, te-reh, *m* hyphen; dash. [to shoot.
tiroir, te-ro'ähr, *m* drawer; slide.
tisane, te-zähn, *f* infusion.
tison, te-zong, *m* fire-brand.
tisonnier, te-zonn-e-eh, *m* poker.
tisser, teess-en, *v* to weave.
tissu, teess-E, *m* material; fabric.
titre, tee-tr, *m* title; right; certificate.
tituber, tee-tE-beh, *v* to stagger; to lurch.
titulaire, tee-tE-lair, *mf* holder; titular.
tocsin, tock-sang, *m* alarm-bell.
tohu-bohu, toh-E-boh-E, *m* hurly-burly.
toi, to'äh, *pers pron mf sing* (familiar form) you (subject or object).
toile, to'ähl, *f* cloth; linen; canvas; picture.
toilette, to'äh-lett, *f* washing; lavatory; dress; dressing-table.
toiser, to'äh-zeh, *v* to measure; to eye (someone).
toison, to'äh-zong, *f* fleece; (*fam*) mop of hair.
toit, to'äh, *m* roof; (*fam*) home.
tôle, tohl, *f* sheet-iron.
tolérable, toll-eh-räh-bl, *a* tolerable.
tolérance, toll-eh-rahngss, *f* toleration.

tolérer, toll-eh-reh, *v* to tolerate.
tomate, tomm-äht, *f* tomato.
tombant, e, tong-bahng, *a* falling.
tombe, tongb, *f* tomb; grave.
tombeau, tong-boh, *m* tomb; grave; tombstone.
tomber, tong-beh, *v* to fall; to abate; (— **sur**) to come across.
tombereau, tongb-roh, *m* tumbril; cartload.
tome, tohm, *m* tome; volume.
ton, tong, *poss a m sing* (familiar form) your; *m* tone; style; shade.
tondeuse, tong-derz, *f* lawn-mower; shears.
tondre, tong-dr, *v* to shear; to mow; to clip.
tonne, tonn, *f* ton (20 cwt); tun.
tonneau, tonn-oh, *m* cask; barrel.
tonner, tonn-eh, *v* to thunder.
tonnerre, tonn-air, *m* thunder.
toque, tock, *f* cap; hat; toque.
toqué, e, tock-eh, *a (fam)* crazy.
torche, torsh, *f* torch.
torchon, tor-shong, *m* dish cloth; duster.
tordre, tor-dr, *v* to wring; to twist; **se —,** to writhe.
torpeur, tor-per, *f* torpor; numbness.
torpille, tor-pee-ye, *f* torpedo.
torpilleur, tor-pee-yer, *m* torpedo-boat.
torréfier, tor-reh-fe-eh, *v* to roast.
torrent, tor-rahng, *m* torrent.
torrentiel, le, tor-rahng-se-ell, *a* torrential.
tors, e, tor, *a* twisted; crooked.
torse, torss, *m* torso; trunk; chest.
tort, tor, *m* wrong; harm; injury; **avoir —,** äh-vo'ähr —, to be wrong.
tortiller, tor-tee-yeh, *v* to twist; to shuffle; **se —,** to [wriggle
tortu, e, tor-tE, *a* crooked; tortuous.
tortue, tor-tE, *f* tortoise; turtle.
tortueu-x, se,* tor-tE-er, *a* winding; crooked.
torture, tor-tEEr, *f* torture.
tôt, toh, *adv* soon; early.
total, tot-ähl, *m* total.
total, e,* tot-ähl, *a* total; whole.
touchant, too-shahng, *prep* concerning; regarding.
touchant, e, too-shahng, *a* touching; affecting.

touche, toosh, *f* touch; stroke; key.
toucher, too-sheh, *v* to touch; to cash; to hit; to affect; to be contiguous to.
toucher, too-sheh, *m* touch; feeling.
touffe, toof, *f* tuft; bunch; clump.
touffu, e, too-fr, *a* tufted; bushy; thick.
toujours, too-**shoohr,** *adv* always; ever; nevertheless.
toupet, too-pay, *m* tuft; impudence; cheek.
toupie, too-pee, *f* top; humming-top.
tour, toohr, *m* turn; revolution; circumference; trick; [trip; lathe.
tour, toohr, *f* tower.
tourbe, toohrb, *f* peat; turf; mob.
tourbillon, toohr-bee-yong, *m* whirlwind.
tourelle, too-rell, *f* turret.
touriste, too-risst, *mf* tourist; tripper.
tourment, toohr-mahng, *m* torment; anguish.
tourmente, toohr-mahngt, *f* tempest; turmoil.
tourmenté, e, toohr-mahng-teh, *a* stormy; worried; unnatural.
tourmenter, toohr-mahng-teh, *v* to torment.
tournant, toohr-nahng, *m* turning; bend; corner.
tournée, toohr-neh, *f* round; walk; excursion.
tourner, toohr-neh, *v* to turn; to change.
tourneur, toohr-ner, *m* turner; thrower.
tournevis, toohr-ner-veess, *m* screw-driver.
tournoi, toohr-no'ăh, *m* tournament.
tournoyer, toohr-no'ăh-yeh, *v* to whirl round.
tournure, toohr-NEEr, *f* figure; appearance; turn; [course.
tourte, toohrt, *f* tart; fruit-pie.
tourterelle, toohr-ter-rell, *f* turtle-dove.
toussaint (la), lăh-tooss-ang, *f* All Saints' Day.
tousser, tooss-eh, *v* to cough.
tout, too, *adv* wholly; quite; *m* all; the whole; chief
tout, e, too, *a* all; whole. [point.
tout, too, *pron* all; everything.
tout-à-l'égout, toot-ăh-leh-ghoo, *m* main drainage.
toutefois, toot-fo'ăh, *adv* yet; however.
toute-puissance, toot-pweess-ahngss, *f* omnipotence.
tout-puissant, too-pweess-ahng, *m* Almighty; *a* all-[powerful.
toux, too, *f* cough; coughing.
toxique, tox-eeck, *m* poison; *a* poisonous.
trac, trăhck, *m* (*fam*) fright; stage-fright.

tracas, trăh-kah, *m* confusion; anxiety.

tracasser, trăh-kăhss-eh, *v* to worry; to plague.

trace, trăhss, *f* trace; track; footstep.

tracé, trăhss-eh, *m* outline; planning; line.

tracer, trăhss-eh, *v* to trace; to draw out; to lay down.

traduc-teur, trice, *mf* translator.

traduction, trăh-dEEk-se-ong, *f* translation; trans- [lating.

traduire, trăh-dweer, *v* to translate.

trafic, trăh-feek, *m* traffic; trade.

trafiquer, trăh-fe-keh, *v* to trade; to traffic.

tragique,* trăh-sheeck, *a* tragic(al).

trahir, trăh-eer, *v* to betray; to deceive.

trahison, trăh-e-zong, *f* treachery; betrayal; treason.

train, trang, *m* train; pace; rate; speed; way; style; retinue.

traînard, tray-năhr, *m* straggler; slow-coach.

traîneau, tray-noh, *m* sledge.

traînée, tray-neh, *f* train; trail.

traîner, tray-neh, *v* to drag; to drawl; to lag behind; to lie about.

traire, trayr, *v* to milk.

trait, tray, *m* dart; arrow; stroke; dash; touch; draught; act; feature.

traitable, tray-tăh-bl, *a* tractable.

traite, trayt, *f* journey; draft; trading.

traité, tray-teh, *m* treatise; treaty.

traitement, trayt-mahng, *m* treatment; salary.

traiter, tray-teh, *v* to treat; to handle; to negotiate.

traître, sse, tray-tr, *mf* & *a* traitor; traitress; treacherous. [ously.

traîtreusement, tray-trerz-mahng, *adv* treacher-

traîtrise, tray-treez, *f* treachery; betrayal.

trajet, trăh-shay, *m* journey; passage; distance.

trame, trăhm, *f* woof; weft; plot; progress.

tramer, trăh-meh, *v* to weave; to plot.

tranchant, trahng-shahng, *m* edge.

tranchant, e, trahng-shahng, *a* sharp; cutting; [peremptory.

tranche, trahngsh, *f* slice.

tranchée, trahng-sheh, *f* trench; *pl* gripes.

trancher, trahng-sheh, *v* to cut off; to decide; to solve; to contrast (**sur,** with).

tranquille,* trahng-keel, *a* quiet; peaceful; easy.

tranquilliser, trah*ng*-ke-le-zeh, *v* to calm.

tranquillité, trah*ng*-ke-le-teh, *f* calm; stillness.

transatlantique, trah*ng*ss-äht-lah*ng*-teeck, *m* Ocean steamer; *a* transatlantic.

transborder, trah*ng*ss-bor-deh, *v* to trans-ship.

transcrire, trah*ng*ss-kreer, *v* to transcribe.

transe, trah*ng*ss, *f* fear; apprehension; trance.

transférer, trah*ng*ss-feh-reh, *v* to transfer.

transfert, trah*ng*ss-fair, *m* transfer.

transformer, trah*ng*ss-for-meh, *v* to transform; to change into.

transfuge, trah*ng*ss-fee**sh**, *m* deserter; runaway.

transfusion, trah*ng*ss-fe-ze-ong, *f* transfusion.

transi, e, trah*ng*-ze, *pp* & *a* chilled; benumbed.

transiger, trah*ng*-ze-sheh, *v* to compound.

transitoire,* trah*ng*-ze-to'âhr, *a* transitory.

transmettre, trah*ng*ss-met-tr, *v* to transmit; to broadcast.

transparence, trah*ng*ss-päh-rah*ng*ss, *f* transparency.

transparent, trah*ng*ss-päh-rah*ng*, transparent.

transpiration, trah*ng*ss-pe-räh-se-ong, *f* perspiration.

transpirer, trah*ng*ss-pe-reh, *v* to perspire; to transpire.

transport, trah*ng*ss-por, *m* carriage; conveyance; rapture. [enrapture.

transporter, trah*ng*ss-por-teh, *v* to convey; to

transvaser, trah*ng*ss-vah-zeh, *v* to decant.

trappe, trähp, *f* trap-door; trap; pitfall.

trapu, e, träh-pe, *a* thick-set; dumpy.

traquenard, träck-nähr, *m* snare; trap.

traquer, träh-keh, *v* to hunt out; to surround.

travail, träh-vah'e, *m* work; labour; toil.

travailler, träh-vah'e-yeh, *v* to work; to work on; to ferment.

travers, träh-vair, *m* breadth; defect; oddity; **à —,** äh —, across.

traversée, träh-vair-seh, *f* passage; crossing.

traverser, träh-vair-seh, *v* to cross; to travel over; to

traversin, träh-vair-sang, *m* bolster. [thwart.

travestir, träh-vess-teer, *v* to disguise; to travesty.

trébucher, treh-be-sheh, *v* to stumble.

trèfle, tray-fl, *m* clover; (cards) clubs.

treillage, tray'e-yäh**sh**, *m* lattice-work.
treille, tray'e, *f* vine-arbour.
treize, trayz, *m* & *a* thirteen.
treizième, tray-ze-aym, *m* & *a* thirteenth.
tréma, treh-mah, *m* diaeresis.
tremblement, trah*ng*-bler-mah*ng*, *m* shake; tremor; — **de terre,** — der tair, earthquake.
trembler, trah*ng*-bleh, *v* to tremble; to quake; to shake; to quaver; to fear.
trémousser (se), ser treh-mooss-eh, *v* to bestir oneself.
tremper, trah*ng*-peh, *v* to dip; to soak; (steel) to temper.
trentaine, trah*ng*-tenn, *f* about thirty. ⌊temper.
trente, trah*ng*t, *m* & *a* thirty.
trentième, trah*ng*-te-aym, *m* & *a* thirtieth.
trépasser, treh-pahss-eh, *v* to die.
trépied, treh-pe-eh, *m* tripod.
trépigner, treh-peen-yeh, *v* to stamp.
très, tray, *adv* very; very much; most.
trésor, treh-zor, *m* treasure; treasury.
trésori-er, ère, treh-zor-e-eh, *m f* treasurer.
tressaillir, tress-sah'e-yeer, *v* to start; to thrill; to shudder. ⌊shudder.
tresse, trayss, *f* plait.
tréteau, treh-toh, *m* trestle; *pl* stage.
treuil, trer-e, *m* windlass.
trêve, trayv, *f* truce; — **de,** — der, no more.
tri, triage, tre, tre-áh**sh**, *m* sorting; picking.
tribu, tre-вE, *f* tribe. ⌈Justice.
tribunal, tre-вE-náhl, *m* tribunal; bench; Court of
tribune, tre-вEEN, *f* tribune; platform; grandstand.
tribut, tre-вE, *m* tribute.
tricher, tre-sheh, *v* to cheat.
tricot, tre-ko, *m* knitting; jersey.
tricoter, tre-ko-teh, *v* to knit.
tricycle, tre-see-kl, *m* tricycle.
trier, tre-eh, *v* to sort; to pick; to choose.
trimbaler, tra*ng*-bàh-leh, *v* (*fam*) to carry about; to trail.
trimestre, tre-mess-tr, *m* quarter; term. ⌊trail.
tringle, tra*ng*-gl, *f* rod; curtain rail.
trinquer, tra*ng*-keh, *v* to touch glasses; (*fam*) to drink together.
triompher, tre-o*ng*-feh, *v* to triumph. ⌊together.
tripe, treep, *f* tripe; (*fam*) *pl* guts.

triple,* tre-pl, *a* treble; triple.

tripoter, tre-pot-eh, *v* to mess about; to finger.

triste,* trisst, *a* sad; gloomy; dreary.

tristesse, triss-tess, *f* sadness; gloom; melancholy.

triturer, tre-tE-reh, *v* to grind; to masticate.

troc, trock, *m* barter; exchange.

trognon, tronn-yong, *m* core; stump.

trois, tro'äh, *m & a* three.

troisième, tro'äh-ze-aym, *m & a* third.

trombe, trongb, *f* waterspout.

trombone, trong-bonn, *f* trombone; paper clip.

trompe, trongp, *f* horn; trunk; proboscis.

tromper, trong-peh, *v* to deceive; to cheat; **se —,** to make a mistake.

trompette, trong-pett, *f* trumpet.

trompeu-r, se, trong-per, *mf & a** deceiver; betrayer; deceitful.

tronc, trong, *m* trunk; collection-box.

tronçon, trong-song, *m* stump.

trône, trohn, *m* throne.

tronquer, trong-keh, *v* to mutilate; to cut off.

trop, tro, *adv* too; too much; too many.

troquer, trock-eh, *v* to barter; to exchange.

trotter, trot-eh, *v* to trot; to run.

trottinette, trot-e-nett, *f* child's scooter.

trottoir, trot-o'åhr, *m* pavement.

trou, troo, *m* hole; gap; mouth; hovel.

trouble, troo-bl, *m* disturbance; perplexity; *a* muddy; dull; confused.

troubler, troo-bleh, *v* to disturb; to make muddy; to trouer, troo-eh, *v* to hole; to pierce. �案e put out.

troupe, troop, *f* troupe; gang; set; crew; *pl* troops.

troupeau, troo-poh, *m* flock; herd.

troupier, troo-pe-eh, *m* soldier; trooper. ⎡case.

trousse, trooss, *f* truss; bundle; case; kit; dressing-

trousseau, trooss-oh, *m* bunch of (keys); trousseau.

trousser, trooss-eh, *v* to tie up; to truss; to dispatch.

trouvaille, troo-vah'e, *f* discovery.

trouver, troo-veh, *v* to find; to think; to consider.

truc, trEEk, *m* (*fam*) trick; thing; what's his name.

truffe, trEEf, *f* truffle.

truie, trwee, *f* sow.

truite, trweet, *f* trout.
truquer, trE-keh, *v* to fake.
tu, tE, *pers pron sing* (familiar form) you.
tube, tEEb, *m* tube; pipe.
tuer, tE-eh, *v* to kill; to slaughter.
tuerie, tE-ree, *f* slaughter.
tue-tête (à), äh tE-tayt, *adv* at the top of one's voice.
tuile, tweel, *f* tile.
tumeur, tE-mer, *f* tumour; growth.
tumulte, tE-mEElt, *m* tumult; turmoil.
turbot, tEEr-bo, *m* turbot.
turbulent, tEEr-bE-lahng, *a* turbulent; boisterous.
tutelle, tE-tell, *f* tutelage; protection; guardianship.
tu-teur, trice, tE-ter, *mf* guardian.
tutoyer, tE-to'äh-yeh, *v* to address as **tu.**
tuyau, twee-yoh, *m* pipe; tube; funnel; (*fam*) tip; hint.
type, teep, *m* type; symbol; (*pop*) bloke.
typique, te-peeck, *a* typical.
typhon, te-fong, *m* typhoon.
tyran, te-rahng, *m* tyrant.
tyrannie, te-rähn-nee, *f* tyranny.
tzigane, tse-gähn, *mf & a* gipsy.

ulcère, EEl-sair, *m* ulcer; sore.
ulcéré, EEl-seh-reh, *pp & a* ulcerated; (*fig*) embittered.
ultérieur, e,* EEl-teh-re-er, *a* subsequent; ulterior.
un, e, ung, *num a & n* one; unit; first.
un, e, ung, *indef art & pron* an; one; any.
unanime,* E-näh-neem, *a* unanimous.
uni, e, E-ne, *a* united; smooth; even; level; plain.
unième, E-ne-aym, *a* a first (used only in compounds:
   vingt et unième, twenty-first, etc).
unifier, E-ne-fe-eh, *v* to unify.
uniforme, E-ne-form, *a & m* uniform.   [formly.
uniformément, E-ne-for-meh-mahng, *adv* uni-
uniment, E-ne-mahng, *adv* evenly; plainly.
union, E-ne-ong, *f* union; marriage; harmony.
unique,* E-neeck, *a* only; sole; unique; matchless.
unir, E-neer, *v* to unite; to smooth.
unisson, E-niss-ong, *m* unison.
unité, E-ne-teh, *f* unity; unit.

univers, E-ne-vair, *m* universe.

universel, le,* E-ne-vair-sell, *a* universal.

universitaire, E-ne-vair-se-tair, *mf* & *a* member of the university; belonging to the university.

université, E-ne-vair-se-teh, *f* university.

urbain, e, EER-bang, *a* urban.

urbanité, EER-băh-ne-teh, *f* urbanity.

urgence, EER-shahngss, *f* urgency; emergency.

urgent, e, EER-shahng, *a* urgent.

urine, E-reen, *f* urine.

uriner, E-reen-eh, *v* to make water.

urinoir, E-re-no'ăhr, *m* urinal.

urne, EErn, *f* urn.

usage, E-zăhsh, *m* use; custom; habit; wear.

usagé, e, E-zăh-sheh, *f* urgency; that has been used.

usé, e, E-zeh, *pp* & *a* worn out; stale; hackneyed.

user, E-zeh, *v* to wear; to spend; **— de,** to make use of

usine, E-zeen, *f* factory; works.

usité, e, E-ze-teh, *a* in use; customary.

ustensile, EEss-tahng-seel, *m* utensil.

usuel, le,* E-ze-ell, *a* usual.

usure, E-zEER, *f* wear; usury.

usurpa-teur, trice, E-zEER-păh-ter, *mf* & *a* usurper.

usurper, E-zEER-peh, *v* to usurp. [usurping.

ut, EEt, *m* ut; do; C.

utérus, E-teh-rEss, *m* uterus; womb.

utile, E-teel, *m* & *a** utility; useful; serviceable.

utiliser, E-te-le-zeh, *v* to utilize; to make use of.

utilité, E-te-le-teh, *f* utility; usefulness.

utopique, E-top-eeck, *a* utopian.

vacance, văh-kahngss, *f* vacancy; *pl* holidays.

vacant, e, văh-kahng, *a* vacant; unoccupied.

vacarme, văh-kăhrm, *m* hubbub; uproar; din.

vaccination, văhck-seen-ăh-se-ong, *f* vaccination.

vaccine, văhck-seen, *f* vaccination.

vache, văhsh, *f* cow; cow-hide. [wobble.

vaciller, văh-sill-leh or văh-see-yeh, *v* to waver; to

va-et-vient, văh-eh-ve-ang, *m* coming and going.

vagabond, e, văh-găh-bong, *a* & *mf* vagabond; vagrant.

vague, văhg, *m* vagueness; empty space; *a* vague; indistinct; vacant; (land) waste.

vague, văhg, *f* wave; billow; generation.

vaguer, văh-gheh, *v* to ramble; to rove; to wander.

vaillamment, vah'e-yăh-mahng, *adv* valiantly.

vaillance, vah'e-yahngss, *f* valour; bravery.

vaillant, e, vah'e-yahng, *a* valiant; brave; gallant.

vain, e,* vang, *a* vain; fruitless; vainglorious.

vaincre, vang-kr, *v* to vanquish; to conquer; to de-
vaincu, vang-KE, *m* conquered; vanquished.   [feat.

vainqueur, vang-ker, *m* victor; prize-winner; *a* victorious.

vaisseau, vayss-oh, *m* vessel; ship; structure.

vaisselle, vayss-ell, *f* table-service; crockery; wash-
val, văhl, *m* vale; valley; dale.   [ing-up.

valable,* văh-lăh-bl, *a* valid.

valet, văh-lay, *m* footman; flunkey; (cards) knave.

valeur, văh-ler, *f* value; worth; courage; *pl* securities.

valeureu-x, se,* văh-ler-rer, *a* valiant; brave.

valide,* văh-leed, *a* valid.

validité, văh-le-de-teh, *f* validity.

valise, văh-leez, *f* suitcase.

vallée, văh-leh, *f* valley; vale; dale.

vallon, văh-long, *m* dale; small valley.

valoir, văh-lo'ăhr, *v* to be worth; to yield.

valse, văhls, *f* waltz.

valve, văhlv, *f* valve.

vanille, văh-nee-ye, *f* vanilla.

vanité, văh-ne-teh, *f* vanity.

vaniteu-x, se,* văh-ne-ter, *a* vain; vainglorious.

vanne, văhn, *f* sluice; water-gate.

vanner, văh-neh, *v* to winnow.

vannerie, văhn-ner-ree, *f* basket-making trade.

vantard, e, vahng-tăhr, *mf* & *a* boaster; boastful;
boasting.   [boast.

vanter, vahng-teh, *v* to praise; to extol; **se —,** to

vapeur, văh-per, *m* steamer; *f* vapour; steam.

vaporeu-x, se,* văh-por-er, *a* vaporous; hazy.

vaporiser, văh-por-e-zeh, *v* to vaporize; to spray.

vaquer, văh-keh, *v* to be vacant; **— à, — ăh,** to
attend to.

vareuse, văh-rerz, *f* jumper; boating jacket.

variable,* văh-re-ăh-bl, *a* variable; changeable.

variation, văh-re-ăh-se-*o*ng, *f* variation.

varice, văh-reess, *f* varicose vein.

varicelle, văh-re-sell, *f* chicken-pox.

varier, văh-re-eh, *v* to vary; to differ.

variété, văh-re-eh-teh, *f* variety.

variole, văh-re-ol, *f* smallpox.

vase, vahz, *m* vase; urn; vessel; *f* mud; slime.

vaseu-x, se, vah-z*er*, *a* muddy; miry.

vaste,* văhsst, *a* vast; spacious; wide; great.

va-tout, văh-too, *m* last stake.

vaurien, ne, voh-re-ang, *mf* worthless person.

vautour, voh-toohr, *m* vulture.

vautrer (se), s*er* voh-treh, *v* to wallow; to sprawl.

veau, voh, *m* calf; calf's leather; veal.

vedette, ver-dett, *f* motor-boat; (film) star.

végétal, e, veh-**sh**eh-tăhl, *a* vegetable.

véhément, e,* veh-eh-mah*ng*, *a* vehement.

véhicule, veh-e-KEEL, *m* vehicle.

veille, vay'e, *f* wakefulness; watch; eve.

veillée, vay'e-yeh, *f* sitting-up; vigil.

veiller, vay'e-yeh, *v* to sit up; to watch; to be awake; (à) to see to.

veilleuse, vay'e-y*er*z, *f* night-light; pilot light.

veine, vayn, *f* vein; (*fam*) luck.

velléité, veh-leh-e-teh, *f* slight desire.

vélo, veh-lo, *m* bicycle.

vélodrome, veh-lod-rohm, *m* cycling-track.

velours, ver-loohr, *m* velvet.

velouté, e, ver-loo-teh, *a* velvety; soft; rich (soup etc).

velu, e, ver-l*u*, *a* hairy; shaggy.

venaison, ver-nay-zo*ng*, *f* venison.

venant, e, ver-nah*ng*, *a* coming; thriving; **à tout —,** ăh too —, to all comers.

vendable, vah*ng*-dăh-bl, *a* saleable.

vendange, vah*ng*-dah*ng*sh, *f* vintage; vine harvest.

vendeu-r, se, vah*ng*-d*er*, *mf* seller; salesman **vendre,** vah*ng*-dr, *v* to sell; to betray. └(-woman).

vendredi, vah*ng*-dr*er*-de, *m* Friday.

vénéneu-x, se, veh-neh-n*er*, *a* poisonous.

vénérer, veh-neh-reh, *v* to venerate.

vénérien, ne, veh-neh-re-ang, *a* venereal.

vengeance, vah*ng*-**shah**ngss, *f* revenge.
venger, vah*ng*-**sheh,** *v* to avenge; to revenge.
veng-eur, eresse, vah*ng*-**sher,** *mf* & *a* avenger.
véniel, le, veh-ne-ell, *a* venial.
venimeu-x, se, ver-ne-mer, *a* venomous.
venin, ver-na*ng*, *m* venom; spite; rancour.
venir, ver-neer, *v* to come; to arrive; to happen; to grow; — **de,** — der, to have just ...
vent, vah*ng*, *m* wind; scent; emptiness.
vente, vah*ng*t, *f* sale.
venter, vah*ng*-teh, *v* to be windy.
ventilateur, vah*ng*-te-läh-ter, *m* ventilator; fan.
ventouse, vah*ng*-tooz, *f* cupping-glass; sucker.
ventre, vah*ng*-tr, *m* abdomen; belly; stomach.
ventru, e, vah*ng*-trE, *a* corpulent; big-bellied.
venu, e, ver-nE, *mf* comer.
venue, ver-nE, *f* coming; arrival; growth.
vêpres, vay-pr, *fpl* vespers.
ver, vair, *m* worm; maggot.
verbal, e,* vair-bähl, *a* verbal.
verbe, vairb, *m* verb.
verbeu-x, se, vair-ber, *a* verbose.
verbiage, vair-be-ähsh, *m* verbiage; mere talk.
verdâtre, vair-dah-tr, *a* greenish.
verdeur, vair-der, *f* greenness; tartness.
verdir, vair-deer, *v* to grow green; to make green.
verdoyant, e, vair-do'äh-yah*ng*, *a* verdant.
verdure, vair-dEEr, *f* greenness; verdure; foliage.
véreu-x, se, veh-rer, *a* worm-eaten; (*fam*) suspicious; dishonest.
verge, vairsh, *f* rod; birch rod; penis.
verger, vair-sheh, *m* orchard.
verglas, vair-glah, *m* glazed frost.
vergogne (sans), sah*ng* vair-gonn-yer, *f* shameless.
véridique,* veh-re-deeck, *a* veracious; truthful.
vérifier, veh-re-fe-eh, *v* to verify; to check.
véritable,* veh-re-täh-bl, *a* true; genuine; downright.
vérité, veh-re-teh, *f* truth.
vermeil, vair-may'e, *m* silver-gilt.
vermeil, le, vair-may'e, *a* ruby; rosy.
vermine, vair-meen, *f* vermin.
vermisseau, vair-miss-oh, *m* small worm.

vermoulu, e, vair-moo-lE, *a* worm-eaten.

vernir, vair-neer, *v* to varnish.

vernis, vair-ne, *m* varnish; japan; French polish.

vérole (petite), per-teet veh-rol, *f* smallpox.

verre, vair, *m* glass.

verrerie, vay-rer-ree, *f* glass-works.

verrou, vay-roo, *m* bolt.

verrouiller, vay-roo'e-yeh, *v* to bolt.

verrue, vay-rE, *f* wart; verucca.

vers, vair, *prep* towards; about.

vers, vair, *m* verse; line.

versant, vair-sah*ng*, *m* slope; bank.

verse (à), äh vairss, *adv* (rain) in torrents.

versé, e, vair-seh, *a* well versed, well up (**dans, en,** in).

versement, vair-ser-mah*ng*, *m* payment; instalment.

verser, vair-seh, *v* to pour; to shed; to lodge; to pay in; to overturn.

verset, vair-say, *m* verse.

verso, vair-so, *m* back; reverse (of paper etc).

vert, e, vair, *a* green; unripe; sharp; *m* colour green.

vertement, vair-ter-mah*ng*, *adv* sharply; severely.

vertical, e,* vair-te-kähl, *a* vertical.

vertige, vair-teesh, *m* giddiness; vertigo.

vertigineu-x, se, vair-te-she-ner, *a* giddy; dizzy.

vertu, vair-tE, *f* virtue; chastity; power; property.

vertueu-x, se,* vair-tE-er, *a* virtuous.

verve, vairv, *f* animation; zest; spirits.

vessie, vayss-ee, *f* bladder.

veste, vaysst, *f* jacket.

vestiaire, vayss-te-air, *m* cloak-room; changing-room.

vestibule, vayss-te-bEEl, *m* vestibule.

vestige, vayss-teesh, *m* vestige; remains; track.

veston, vayss-tong, *m* jacket.

vêtement, vaytt-mah*ng*, *m* garment; *pl* clothes.

vétérinaire, veh-teh-re-nair, *m & a* veterinary surgeon; veterinary.

vêtir, vay-teer, *v* to clothe; to dress; to array.

veu-f, ve, verf, *mf & a* widower; widow; widowed.

veule, verl, *a* weak; soft.

veuvage, ver-vähsh, *m* widowhood.

vexatoire, veck-säh-to'ähr, *a* vexatious.

vexer, veck-seh, *v* to vex; to annoy.
viable, ve-ăh-bl, *a* likely to live.
viag-er, ère, ve-ăh-**sh**eh, *a* for life.
viande, ve-ah*ng*d, *f* meat; flesh.
vibrant, e, ve-brah*ng*, *a* vibrating.
vibrer, ve-breh, *v* to vibrate.
vicaire, ve-kair, *m* curate.
vice, veess, *m* vice; defect; blemish; flaw.
vicié, e, veess-e-eh, *a* vitiated; corrupt.
vicier, veess-e-eh, *v* to vitiate; to corrupt.
vicieu-x, se,* veess-e-er, *a* vicious; faulty; depraved.
vicomte, ve-ko*ng*t, *m* viscount.
vicomtesse, ve-kong-tess, *f* viscountess.
victime, vick-teem, *f* victim.
victoire, vick-to'ăhr, *f* victory.
victorieu-x, se,* vick-tor-e-er, *a* victorious.
victuaille, vick-tɛ-ah'e, *f* victuals; *pl* provisions.
vidange, ve-dah*ng*sh, *f* clearing out; draining.
vide, veed, *m* empty space; vacuum; *a* empty.
vider, ve-deh, *v* to empty; to drain; to settle.
vie, vee, *f* life; living; existence.
vieillard, ve-ay'e-ăhr, *m* old man.
vieille, ve-ay'e, *f* old woman.
vieillerie, ve-ay'e-ree, *f* old things.
vieillesse, ve-ay'e-ess, *f* old age.
vieillir, ve-ay'e-eer, *v* to grow old; to age.
vierge, ve-airsh, *f* virgin.
vieux, ve-er, *m* old man; *pl* old folk.
vieux (before a vowel or **h** mute: **vieil**), *f* **vieille,**
ve-er, ve-ay'e, *a* old.
vi-f, ve,* veef, *a* alive; sharp; quick tempered; bright;
strong; running.
vif-argent, veef-ăhr-shah*ng*, *m* quicksilver.
vigie, ve-**sh**ee, *f* look-out.
vigilamment, ve-she-lăh-mah*ng*, *adv* vigilantly.
vigilance, ve-**sh**e-lah*ng*ss, *f* vigilance.
vigilant, e, ve-**sh**e-lăh*ng*, *a* vigilant.
vigne, veen-yer, *f* vine; vineyard.
vigneron, veen-yer-rong, *m* vine-grower.
vignoble, veen-yo-bl, *m* vineyard.
vigoureu-x, se,* ve-goo-rer, *a* vigorous; sturdy;
vigueur, ve-gher, *f* vigour; strength.   ⌊energetic.

vil, e,* veel, *a* vile; base; mean; despicable.

vilain, e,* ve-la*ng*, *a* ugly; nasty; (child) naughty.

vilenie, ve-ler-nee, *f* meanness; dirty trick; *pl* abuse.

vilipender, ve-le-pah*ng*-deh, *v* to vilify.

village, ve-lähsh, *m* village.

villageois, e, ve-läh-**sho'äh**, *mf & a* villager; rustic.

ville, veel, *f* town; city.

vin, va*ng*, *m* wine.

vinaigre, ve-nay-gr, *m* vinegar.

vinaigrette, ve-nay-grett, *f* oil and vinegar dressing.

vindicati-f, ve, va*ng*-de-käh-teeff, *a* revengeful.

vingt, va*ng*, *m & a* twenty; twentieth.

vingtaine, va*ng*-tain, *f* about twenty.

vingtième, va*ng*-te-aym, *m & a* twentieth.

viol, ve-ol, *m* rape.

violation, ve-oll-äh-se-o*ng*, *f* violation; infringement.

violemment, ve-oll-äh-mah*ng*, *adv* violently.

violence, ve-oll-ah*ng*ss, *f* violence.

violent, e, ve-oll-ah*ng*, *a* violent.

violer, ve-oll-eh, *v* to violate; to infringe; to rape.

violet, te, ve-oll-ay, *a* violet-coloured; *m* colour violet.

violette, ve-oll-ett, *f* violet.

violon, ve-oll-o*ng*, *m* violin; violinist; (*pop*) gaol.

vipère, ve-pair, *f* viper.

virage, ve-rähsh, *m* turning; bend; (photography). toning; changing (of colour).

virement, veer-mah*ng*, *m* (finance) transfer.

virer, ve-reh, *v* to turn; to take a bend; to tack.

virgule, veer-ghEEl, *f* comma.

viril, e,* ve-reel, *a* manly; virile.

virilité, ve-re-le-teh, *m* manhood; virility; vigour.

virtuel, le,* veer-tE-ell, *a* virtual.

virulence, ve-rE-lah*ng*ss, *f* virulence.

virus, ve-rEESS, *m* virus.

vis, veess, *f* screw.

visa, ve-zäh, *m* signature; visa.

visage, ve-zähsh, *m* face; visage; look.

vis-à-vis, ve-zäh-ve, *adv* in relation to.

viscère, veess-sair, *m* viscus.

visée, ve-zeh, *f* aim; design; end.

viser, ve-zeh, *v* to aim at; to aspire to; to endorse.

visible,* ve-zee-bl, *a* visible.

visière, ve-ze-air, *f* visor; peak.
vision, ve-ze-ong, *f* vision; sight; phantom.
visionnaire, ve-ze-onn-air, *a* visionary.
visite, ve-zeet, *f* visit; search; medical examination.
visiter, ve-ze-teh, *v* to visit; to inspect; to search.
visqueu-x, se, veess-ker, *a* viscous; sticky.
visser, veess-eh, *v* to screw.
visuel, le,* ve-ze-ell, *a* visual.
vital, e, ve-tähl, *a* vital.
vitalité, ve-täh-le-teh, *f* vitality.
vite, veet, *adv* quickly; fast; *a* quick; swift.
vitesse, ve-tess, *f* quickness; speed.
viticulture, ve-te-keeL-teer, *f* wine-culture.
vitrail, ve-trah'e, *m* stained glass window.
vitre, vee-tr, *f* pane; window pane.
vitrier, ve-tre-eh, *m* glazier.
vitrine, ve-treen, *f* shop-window; glass-case.
vivace, ve-vähss, *a* long-lived; deep-rooted.
vivacité, ve-vähss-e-teh, *f* vivacity; hastiness.
vivant, ve-vahng, *m* living person; lifetime.
vivant, e, ve-vahng, *a* living; alive; lively.
vivier, vee-ve-eh, *m* fish-pond; breeding ground.
vivre, vee-vr, *v* to live; to board.
vivres, vee-vr, *mpl* food; provisions.
vocable, vock-äh-bl, *m* word; term.
vocabulaire, vock-äh-bE-lair, *m* vocabulary; word
vocal, e, vock-ähl, *a* vocal.   [list.
vocatif, vock-äh-teeff, *m* vocative case.
vocation, vock-äh-se-ong, *f* vocation; calling.
vociférer, voss-e-feh-reh, *v* to bawl; to cry out.
vœu, ver, *m* vow; wish.
vogue, vogh, *f* vogue; fashion.
voguer, vogh-eh, *v* to sail.
voici, vo'äh-se, *adv* here is; here are.
voie, vo'äh, *f* way; road; track; gauge; means.
voilà, vo'äh-läh, *adv* there is; there are.
voile, vo'ähl, *m* veil; voile; *f* sail.
voiler, vo'äh-leh, *v* to veil; to cloak; to conceal.
voilier, vo'äh-le-eh, *m* sail-maker; sailing-boat.
voir, vo'ähr, *v* to see; to behold; to inspect; to visit;
voire, vo'ähr, *adv* indeed; nay; even.   [to meet.
voisin, e, vo'äh-zang, *mf* neighbour; *a* adjoining.

voisinage, vo'äh-ze-nähsh, *m* neighbourhood.

voiture, vo'äh-tEER, *f* motor car; cart; carriage.

voix, vo'äh, *f* voice; tone; vote.

vol, vol, *m* flight; theft.

volage, voll-ähsh, *a* fickle.

volaille, voll-ah'e, *f* poultry.

volant, voll-ah*ng*, *m* shuttlecock; steering wheel.

volant, e, voll-ah*ng*, *a* flying; loose.

volcan, voll-kah*ng*, *m* volcano.

volée, voll-eh, *f* flight; flock; volley; shower; peal.

voler, voll-eh, *v* to fly; to soar; to steal; **il ne l'a pas
volé**, ill ner läh päh voll-eh, it serves him right.

volet, voll-ay, *m* shutter.

voleu-r, se, voll-er, *mf* thief; robber.

volière, voll-e-air, *f* aviary.

volontaire, voll-ong-tair, *m* volunteer; *a** voluntary;
headstrong.

volonté, voll-ong-teh, *f* will; *pl* whims; caprices.

volontiers, voll-ong-te-eh, *adv* willingly.

voltage, voll-tähsh, *m* voltage.

volte-face, voll-ter-fähss, *f* turning round; face-about.

voltiger, voll-te-sheh, *v* to flutter; to perform on
rope, trapeze etc.

voltigeur, voll-te-sher, *m* performer on rope,
trapeze etc.

volubilité, voll-E-be-le-teh, *f* volubility.

volume, voll-EEm, *m* volume; bulk; mass; size.

volumineu-x, se, voll-E-me-ner, *a* voluminous.

volupté, voll-EEp-teh, *f* voluptuousness; luxury.

vomir, vomm-eer, *v* to vomit; to throw up.

vomissement, vomm-iss-mah*ng*, *m* vomiting.

vomitif, vomm-e-teeff, *m* emetic.

vorace,* vor-ähss, *a* voracious; ravenous.

voracité, vor-ähss-e-teh, *f* voracity; ravenousness.

vote, vot, *m* vote; suffrage; poll; division.

voter, vot-eh, *v* to vote.

votre, votr, *poss a* your; *pl* **vos**, voh.

vôtre (le, la, les), ler, läh, leh voh-tr, *poss pron* ⌐yours.

vouer, voo-eh, *v* to devote; to vow; to dedicate.

vouloir, voo-lo'ähr, *v* to be willing; to want; to
require; to order; to consent.

vouloir, voo-lo'ähr, *m* will.

voulu, e, voo-lE, *pp* & *a* wanted; required; inten-
vous, voo, *pers pron* you. └tional.
voûte, voot, *f* vault.
vouvoyer, voo-vo'ăh-yeh, *v* to address as **vous**.
voyage, vo'ăh-yăhsh, *m* travel; journey; trip.
voyager, vo'ăh-yăh-sheh, *v* to travel; to journey.
voyageu-r, se, vo'ăh-yăh-**sher,** *mf* & *a* traveller;
passenger; travelling.
voyant, e, vo'ăh-yah*n*g, *mf* fortune-teller; *a* showy;
voyelle, vo'ăh-yell, *f* vowel. └gaudy.
voyou, vo'ăh-yoo, *m* hooligan; ruffian.
vrac (en), ah*n*g vrăhck, *adv* in bulk.
vrai, vray, *adv* truly; *m* truth.
vrai, e, vray, *a* true; genuine; regular; arrant.
vraiment, vray-mah*n*g, *adv* truly; indeed.
vraisemblable, * vray-sah*n*g-blăh-bl, *a* likely.
vraisemblance, vray-sah*n*g-blah*n*gss, *f* likelihood.
vrille, vree-ye, *f* gimlet.
vu, ve, *prep* seeing; considering; *m* sight; examination.
vu, e, ve, *pp* & *a* seen; examined.
vue, ve, *f* sight; view; prospect; design; purpose.
vulgaire, vEEl-ghair, *m* the common people; *a**
vulgar; coarse.

wagon, văh-go*n*g *m* carriage; car; — **lit,** — lee, sleeping car; — **couloir,** — koo-lo'ăhr, corridor train.

xérès, keh-rayss, *m* sherry.

y, e, *pron* to it; at it; by it; for it; from it; to them; at
them etc.
y, e, *adv* there; within; — **compris,** — ko*n*g-pree,
including.
yaourt, yah-oort, *m* yoghurt.
yacht, e-ăhck, *m* yacht.
yeuse, e-erz, *f* ilex; holly; oak.
yeux, e-**er,** *mpl* eyes.
yole, ee-ol, *f* yawl.
youyou, yoo-yoo, *m* dingy.

zèbre, zay-br, *m* zebra.
zébré, e, zeh-breh, *a* striped.
zéla-teur, trice, zeh-läh-ter, *mf* zealot.
zèle, zayl, *m* zeal; ardour; earnestness.
zénith, zeh-neet, *m* zenith.
zéphir, zeh-feer, *m* zephyr; gentle breeze.
zeppelin, zehp-lang, *m* zeppelin.
zéro, zeh-ro, *m* nought; zero; cipher; nobody.
zeste, zaysst, *m* zest; zeal.
zézaiement, zeh-zay-mahng, *m* lisping; limp.
zézayer, zeh-zay-yeh, *v* to lisp.
zibeline, zeeb-leen, *f* sable.
zigzaguer, zeeg-zäh-gheh, *v* to stagger; to zigzag.
zinc, zangk, *m* zinc.
zingueur, zang-gher, *m* zinc-worker.
zodiaque, zod-e-ähck, *m* zodiac.
zona, zoh-näh, *m* shingles.
zone, zohn, *f* zone.
zoo, zoh, *m* (*fam*) zoo.
zoologie, zo-oll-osh-ee, *f* zoology.
zoophyte, zo-off-eet, *m* zoophyte.
zouave, zoo-ähv, *m* zouave.
zut! zeet, *interj* (*fam*) bother! hang it!

DICTIONNAIRE
ANGLAIS-FRANÇAIS
(ENGLISH-FRENCH DICTIONARY)

(Pour l'explication de la prononciation figurée, lire
avec soin les pages vi. et viii.)

a, é, *art* un, une; par.

abandon, *a*-bänn'-d'n, *v* abandonner; **—ed,** *a* abandonné; (morally) dissolu.

abase, *a*-béce', *v* abaisser; humilier.

abash, *a*-bâche', *v* déconcerter.

abate, *a*-béte', *v* diminuer.

abbot, âb'-otte, *n* abbé *m*.

abbreviate, ab-brî'-vi-éte, *v* abréger.

abdicate, âb'-di-quéte, *v* abdiquer.

abdomen, âb-dau'-menn, *n* abdomen *m*.

abduction, âb-doc'-ch'n, *n* enlèvement *m*.

abeyance, *a*-bé'-annce, *n* suspension *f*.

abide, *a*-bäïde', *v* demeurer; **— by,** s'en tenir à.

ability, *a*-bil'-i-ti, *n* habileté *f*; capacité *f*.

ablaze, *a*-bléze', *a* en flammes; enflammé.

able, é-b'l, *a* capable; habile; **to be —,** pouvoir.

abnormal*, âb-nôr'-m'l, *a* anormal.

aboard, *a*-bôrde', *adv* à bord.

abode, *a*-bôde', *n* demeure *f*.

abolish, *a*-bol'-iche, *v* abolir.

abominable, *a*-bomm'-inn-*a*-b'l, *a* abominable.

aboriginal, ab-ör-idj'-inn-'l, *a* aborigène.

abortion, *a*-bôr'-ch'n, *n* avortement *m*.

abound, *a*-bâ'ounnde, *v* abonder.

about, *a*-bâoute', *adv* environ, à peu près; autour. *prep* auprès de; autour de; au sujet de.

above, *a*-bove', *adv* en haut; au-dessus; ci-dessus. *prep* au-dessus de; plus de; sur.

abrasion, *a*-bré'-j'n, *n* écorchure *f*.

abreast, *a*-breste', *adv* de front.

abroad, *a*-brôde', *adv* à l'étranger.

abrupt*, *a*-bropté', *a* brusque; (steep) escarpé.

abscess, âb'-sesse, *n* abcès *m*.

abscond, ăb-skonnde', *v* s'enfuir; se cacher.

absence, ăb'-sennce, *n* absence *f.*

absent, ăb'-sennte, *a* absent. *v* (— oneself) s'absenter; —ee, *n* absent *m* absente *f;* — **minded,** *a* distrait.

absolute*, ăb'-sŏ-lioute, *a* absolu.

absolve, ăb-zolve', *v* absoudre.

absorb, ăb-sorb', *v* absorber.

abstain, ab-sténe', *v* s'abstenir de.

abstainer, ab-sténe'-'r, *n* abstinent *m.*

abstemious*, *ab*-stí'-mi-*euce*, *a* sobre.

abstinence, ăb'-sti-nennce, *n* abstinence *f.*

abstract, ăb-străcte', *v* abstraire; résumer.

abstract, ăb'-străcte, *n* résumé *m.* *a* abstrait.

absurd*, ăb-seurde', *a* absurde.

abundant, *a*-bonne'd'nt, *a* abondant.

abuse, *a*-biouze', *v* abuser de; injurier.

abuse, *a*-biouce', *n* abus *m;* injures *fpl.*

abusive*, *a*-biou'-cive, *a* injurieux; abusif.

abyss, *a*-bisse', *n* abîme *m.*

academy, *a*-kăd'-é-mi, *n* académie *f.*

accede, ăx-îde', *v* accéder; monter (sur).

accelerate, ăx-el'-é-réte, *v* accélérer.

accent, ăx-ennte', *v* accentuer.

accent, ăx'-ennte, *n* accent *m.*

accentuate, ăx-ennte'-iou-éte, *v* accentuer.

accept, ăx-epte', *v* accepter; —ance, *n* acceptation *f.*

access, ăx'-esse, *n* accès *m.*

accession, ăx-ech'n, *n* avènement *m.*

accessory, ăx'-ess-ŏ-ri, *n* complice *m;* accessoire *m.*

accident, ăx'-i-dennte, *n* accident *m.*

accidental*, ăx-i-denn'-t'l, *a* accidentel; accessoire.

acclaim, ac-cléme', *v* acclamer.

accommodate, ac-comm'-mŏ-déte, *v* accommoder; loger; fournir.

accommodation, ac-comm-mŏ-dé'-ch'n, *n* logement *m;* arrangement *m;* aménagement *m.*

accompaniment, ac-comm'-*pa*-ni-m'nt, *n* accompagnement *m;* accessoire *m.*

accompanist, ăx'-comm'-*pa*-nisste, *n* accompagnateur *m,* accompagnatrice *f.*

accompany, ac-comm'-*pa*-ni, *v* accompagner.

accomplice, ac-comm'-plisse, *n* complice *m.*

accomplish, ac-comm'-pliche, *v* accomplir.

accomplishment, ac-comm'-pliche-m'nt, *n* accomplissement *m*; **—s,** talents *mpl*.

accord, ac-côrde', *v* accorder. *n* accord *m*; **of one's own —,** de plein gré; **in —ance with,** d'accord avec; **—ing to,** *prep* selon, d'après; **—ingly,** *adv* en conséquence

accordion, ac-côr'-di'n, *n* accordéon *m*.

accost, ac-coste', *v* accoster, aborder.

account, a-câ''ounnte', *n* (bill) compte *m*; **on —,** (payment) en acompte; **—able,** *a* responsable; **—ant,** *n* comptable *m*.

accrue, ac-croue', *v* provenir (de); s'accumuler.

accumulate, ac-kiou'-miou-léte, *v* (s')accumuler.

accuracy, ac'-kiou-ra-ci, *n* exactitude *f*, précision *f*.

accurate*, â'-kiou-réte, *a* exact, correct, juste.

accursed, a-keur'-st, *a* maudit.

accusation, ac-kiou-zé'-ch'n, *n* accusation *f*.

accuse, a-kiouze', *v* accuser.

accustom, a-coss'-t'm, *v* accoutumer; habituer.

ace, éce, *n* (cards) as *m*.

ache, éque, *n* douleur *f*, mal *m*. *v* faire mal.

achieve, a-tchîve', *v* accomplir, exécuter; **—ment,** *n* accomplissement *m*; exploit *m*.

acid, â'-side, *n* & *a* acide *m*.

acidity, a-side'-i-ti, *n* acidité; (*med*) aigreurs *fpl*.

acknowledge, âc-nol'-èdje, *v* reconnaître; accuser réception de.

acorn, é'-côrne, *n* gland *m*.

acoustics, a-couss'-tiks, *npl* acoustique *f*.

acquaint, a-couénnte', *v* informer; **—ance,** *n* connaissance *f*.

acquiesce, â-coui-esse', *v* acquiescer (à).

acquire, a-couâîre', *v* acquérir; apprendre.

acquisition, a-coui-zi'-ch'n, *n* acquisition *f*.

acquit, a-couitte', *v* acquitter.

acquittal, a-coui'-t'l, *n* acquittement *m*, absolution *f*.

acre, é'-keur, *n* acre *m*.

acrid, âc'-ridde, *a* âcre.

across, a-crosse', *adv* à travers, de l'autre côté. *prep* au travers de.

act, âcte, *n* action *f*; (deed) acte *m*; (of a play) acte *m*;

(law) loi *f. v* agir; (in theatre) jouer; **—or,** *n* acteur *m*; **—ress,** actrice *f.*

action, ăk'-ch'n, *n* action *f*; procès *m*; bataille *f.*

active*, ăc'-tive, *a* actif, alerte, agile.

actual*, ăc'-tiou-al, *a* réel; actuel.

actuate, ăc'-tiou-éte, *v* mettre en action; animer; faire agir.

acumen, a-kiou'-mène, *n* perspicacité *f.*

acute, a-kioute', *a* aigu.

acuteness, a-kioute'-nesse, *n* acuité *f*; finesse *f.*

adamant, ăd'-a-mannte, *a* inflexible.

adapt, a-dăpt', *v* adapter; **— oneself,** s'adapter.

adaptation, a-dăpp-té'-ch'n, *n* adaptation *f.*

add, ădde, *v* additionner; **— to,** ajouter à; **—ition,** *n* addition *f*; **—itional,** *a* supplémentaire.

adder, ăd'-eur, *n* (snake) vipère *f.*

addict, ăd'-icte', *n* personne adonnée (à) *f*; **—ed,** *a* adonné (à).

addle, ăd'-l, *a* (egg) couvi; (*fig*) vide.

address, a-dresse', *n* adresse *f*; (speech) discours *m*; *v* (letters, etc.) adresser; (a meeting) prendre la parole; **—ee,** *n* destinataire *m* & *f.*

adequate, ăd'-i-couéte, *a* proportionnel; suffisant.

adhere, ad-hîre', *v* adhérer; s'en tenir à; **—nt,** *a* & *n*, adhérent *m*, partisan *m.*

adhesive, ad-hî'-cive, *n* colle *f. a* adhésif.

adjacent, ad-jé'-sennte, *a* adjacent (à); avoisinant.

adjourn, ad-jeurne', *v* ajourner; remettre; remise *f.*

adjournment, ad-jeurne'-m'nt, *n* ajournement *m.*

adjunct, ăd'-jonn-kt, *n* accessoire *m. a* adjoint.

adjust, ad-joste', *v* ajuster; régler.

adjustment, ad-joste'-m'nt, *n* ajustement *m.*

adjutant, ăd'-djou-t'nt, *n* adjudant-major *m.*

administer, ad-minn'-isse-teur, *v* administrer.

admirable, ăd'-mi-ra-b'l, *a* admirable.

admiral, ăd'-mi-ral, *n* amiral *m*; **—ty,** amirauté *f.*

admire, ad-maîre', *v* admirer.

admission, ad-mi'-ch'n, *n* admission *f*; entrée *f.*

admit, ad-mitte', *v* admettre; laisser entrer.

admittance, ad-mit'-t'nce, *n* entrée *f*; aveu *m.*

admonish, ad-monn'-iche, *v* exhorter.

adopt, a-dopte', *v* adopter.

adore, *a*-daure′, *v* adorer.

adorn, *a*-dôrne′, *v* parer; **—ment,** *n* parure *f.*

adrift, *a*-drifte′, *adv* (*naut*) à la dérive.

adroit*, *a*-drô′ite′, *a* adroit, habile.

adult, *a*-dolte′, *n* adulte *m* & *f. a* adulte.

adulterate, *a*-dol′-té-réte, *v* falsifier; corrompre.

adultery, *a*-dol′-té-ri, *n* adultère *m.*

advance, *a*-vânnce′, *v* avancer; (price) hausser; faire avancer. *n* (progress) progrès *m*; (money) avance *f*; (prices) hausse *f*; **in —,** d'avance; **—ment,** *n* avancement *m*; progrès *m.*

advantage, ǎd-vânn′-tèdje, *n* avantage *m.*

advantageous*, ǎd-vann-té′-djeusse, *a* avantageux.

advent, ǎd′-vennte, *n* venue *f*; (*eccl*) Avent *m.*

adventure, *a*d-venn′-tioure, *n* aventure *f.*

adventurer, *a*d-venn′-tiou-r′r, *n* aventurier *m.*

adventurous, *a*d-venn′-tiou-reuce, *a* aventureux.

adversary, ǎd′-veur-sa-ri, *n* adversaire *m* & *f.*

adverse*, ǎd′-veursse, *a* défavorable, adverse. opposé.

advertise, ǎd-*v*eur-tâîze, *v* annoncer; faire de la réclame.

advertisement, *a*d-veur′-tize-m′nt, *n* annonce *f*, réclame *f.*

advertising, ǎd-*v*eur-tâî′-zinng, *n* publicité *f.*

advice, *a*d-vǎïsse′, *n* conseil *m.*

advisable, *a*d-vǎï′-za-b′l, *a* prudent; préférable.

advise, *a*d-vǎïze′, *v* conseiller; aviser.

adviser, *a*d-vǎï′-z′r, *n* conseiller *m.*

advocate, ǎd′-vŏ-kéte, *n* avocat *m. v* soutenir.

aerated, é′-*eu*-ré-tedde, *v* **— water,** *n* eau gazeuse *f.*

aerial, é-i′-ri-al, *n* antenne *f. a* aérien.

aerodrome, é′-*eu*-ro-drôme, *n* aérodrome *m.*

aeroplane, é′-*eu*-ro-plêne, *n* avion *m.*

afar, *a*-fare′, *adv* loin, de loin, au loin.

affable, ǎf′-*fa*-b′l, *a* affable.

affair, *a*-faire′, *n* affaire *f*; (love) aventure *f.*

affect, *a*-fecte′, *v* affecter; émouvoir; prétendre; **—ed,** *a* (manners, style) maniéré; (moved) affecté, ému; **—ing,** touchant; **—ion,** *n* affection *f*, tendresse *f.*

affectionate*, *a*-féque′-chŏ-néte, *a* affectueux.

affidavit, ă-fi-dé'-vitte, *n* déposition sous serment *f.*
affiliate, *a*-fil'-i-éte, *v* affilier.
affinity, *a*-fine'-i-ti, *n* affinité *f.*
affirm, *a*-feurme', *v* affirmer; **—ative*,** *a* affirmatif.
affirmation, ă-*feur*-mé'-ch'n, *n* affirmation *f.*
affix, *a*-fixe', *v* apposer; attacher.
afflict, *a*-flicte', *v* affliger; **—ion,** *n* affliction *f.*
affluence, ă-flou-ennce, *n* affluence *f*, opulence *f.*
afford, *a*-faurde', *v* avoir les moyens de.
affray, *a*-fré', *n* échauffourée *f*; rixe *f.*
affront, *a*-fronnte', *n* affront *m. v* affronter; insulter.
aflame, *a*-fléme', *adv & a* enflammé, en flammes.
afloat, *a*-flôte', *adv* à flot.
afraid, *a*-fréde', **to be —,** *v* avoir peur, être effrayé.
afresh, *a*-fréche', *adv* de nouveau.
aft, ăfte, *adv (naut)* à l'arrière.
after, ăf'-t'r, *adv* après, suivant. *prep* après; **—noon,** *n* après-midi *m & f*; **—wards,** *adv* ensuite.
again, *a*-guénne', *adv* encore, de nouveau.
against, *a*-gué'-n'ste, *prep* contre.
age, é'-dje, *n* âge *m*; *(period)* siècle *m.* **to be of —,** *v* être majeur; **—d,** *a* âgé; vieux.
agency, é'-djenn-ci, *n* agence *f*, entremise *f*, agent *m.*
agenda, ă-djenn'-d'a, *n* ordre du jour *m.*
agent, é'-dj'nt, *n* agent *m*; représentant *m.*
aggravate, ăg'-gra-véte, *v* aggraver; empirer; *(fam)* agacer.
aggregate, ăg'-gri-guette, *v* rassembler. *n* total *m.*
aggression, a-grè'-ch'n, *n* agression *f*, attaque *f.*
aggressive*, *a*-gresse'-ive, *a* agressif.
aggrieve, *a*-grive', *v* chagriner.
aghast, *a*-găsste', *a* consterné; bouche bée.
agile, ă-djâll, *a* agile.
agitate, ă-dji-téte, *v* agiter.
agitation, *a*-dji-té'-ch'n, *n* agitation *f.*
ago, *a*-gau', *a* passé; *adv* **long —,** il y a longtemps.
agonize, ăg'-o-nâïze, *v* agoniser; torturer.
agony, ăg'-o-ni, *n* agonie *f*; *(mental)* angoisse *f.*
agree, *a*-gri', *v* s'accorder; être d'accord; consentir; **—able,** *a* agréable; **—ment,** *n* accord *m*; contrat *m.*
agricultural, ăg-gri-kol'-tiou-r'l, *a* agricole.
agriculture, ăg'-gri-kol-tioure, *n* agriculture *f.*

aground, a-grâ'ounnde', *adv (naut)* échoué.

ague, é'-guioue, *n* fièvre intermittente *f.*

ahead, a-hèdde', *adv* en avant; devant.

aid, éde, *n* aide *f;* secours *m; v* aider.

ail, éle, *v* avoir mal; —**ing,** *a* souffrant.

ailment, éle'-m'nt, *n* maladie *f;* mal *m.*

aim, éme, *v* viser. n but *m;* visée *f;* —**less,** *a* sans but.

air, aire, *v* aérer; n air *m;* — **-conditioned,** *a* climatisé; —**-hostess,** hôtesse de l'air *f;* —**-port,** aéroport *m;* —**-tight,** *a* hermétique.

aisle, âïle, *n* nef *f.*

ajar, a-djârre', *a* entrouvert.

akin, a-quinne', *a* apparenté; de même nature.

alabaster, ǎl'-*a*-bǎss-t'r, *n* albâtre *m.*

alarm, a-lârme', *n* alarme *f;* — **-clock,** réveil *m.*

alarming*, a-lârme'-ing, *a* alarmant.

album, ǎl'-bomme, *n* album *m.*

alcohol, ǎl-koh-holl, *n* alcool *m.*

alert, a-leurte', *a* éveillé; **on the —,** sur ses gardes; —**ness,** *n* vigilance *f;* vivacité *f.*

alias, é-li-âsse, *adv* autrement dit. *n* nom supposé *m.*

alibi, ǎl'-i-bǎï, *n* alibi *m.*

alien, é'-lienne, *n* étranger *m.* *a* étranger.

alight, a-lǎïte', *v* descendre de; se poser sur; (aero) atterrir. *a* allumé; en flammes.

alike, a-lǎïke', *adv* également. *a* semblable.

alive, a-lǎïve', *a* vivant; éveillé.

all, oale, *adv* entièrement. *a* tout; — **right,** *adv* très bien; **not at —,** pas du tout.

allay, a-lé', *v* adoucir, calmer.

allege, a-lèdje', *v* alléguer; —**d,** *a* présumé.

allegiance, a-li-dji-annce, *n* fidélité *f.*

allergic, a-leur'-djique, *a* allergique.

alleviate, a-li-vi-éte, *v* adoucir; soulager.

alley, ǎl'-lie, *n* ruelle *f;* allée *f;* **blind —,** impasse *f.*

alliance, a-lǎï'-annce, *n* alliance *f.*

allied, ǎl'-lǎïde, *a* allié.

allot, a-lotte', *v* assigner; —**ment,** *n* part *f.*

allow, a-là'ou', *v* allouer; permettre; admettre

allowance, a-là'ou-annce, *n* concession *f;* (monetary) allocation *f;*(rebate) remisé *f.*

alloy, a-lôïe', *n* alliage *m. v* allier.

allude, a-lioude', *v* faire allusion (à).

allure, a-lioure', *v* attirer; séduire.

alluring, a-liou'-rinng, *a* alléchant.

allusion, a-liou'-j'n, *n* allusion *f.*

ally, a-lâï', *n* allié *m. v* allier.

Almighty, oal-maï'-ti, *n* Tout-Puissant *m.*

almond, â'-mŏnnde, *n* amande *f.*

almost, oale'-mauste, *adv* presque.

alms, ámze, *n* aumône *f;* — **-house,** hospice *m.*

aloft, a-lofte', *adv* en l'air.

alone, a-laune', *a* seul; solitaire.

along, a-lonng', *prep* le long de.

aloof, a-loufe', *adv & a* distant; réservé.

aloud, a-lâ'oude', *adv* à haute voix; tout haut.

already, oal-redd'-i, *adv* déjà.

also, oal'-sau, *adv* aussi, également.

altar, oal'-t'r, *n* autel *m.*

alter, oal'-t'r, *v* changer; modifier.

alteration, oal-teur-é'-ch'n, *n* modification *f.*

alternate*, oal-teur'-néte, *a* alternatif.

alternating, oal-teur-né'-tinng, *a* alternant.

alternative, oal-teur'-né-tive, *n* alternative *f.*

although, oal-*dz*au', *conj* quoique, bien que.

altitude, âl'-ti-tioude, *n* altitude *f,* élévation *f.*

altogether, oal-tou-gué'-*dz*eur, *adv* tout à fait.

aluminium, a-lioue-mine'-i-omme, *n* aluminium *m.*

always, oal'-ouèze, *adv* toujours.

amass, a-mâsse', *v* amasser.

amateur, âmm'-a-tioure, *n* amateur *m.*

amaze, a-méze', *v* étonner; stupéfier; ébahir.

amazement, a-méze'-m'nt, *n* stupéfaction *f.*

ambassador, am-bâss'-a-deur, *n* ambassadeur *m.*

amber, âmm'-b'r, *n* ambre *m.*

ambiguous*, âmm-bi'-ghiou-eusse, *a* ambigu.

ambition, amm-bi'-ch'n, *n* ambition *f.*

ambitious*, amm-bi'-cheusse, *a* ambitieux.

ambulance, âmm'-biou-l'nse, *n* ambulance *f.*

ambush, âmm'-bouche, *v* embuscade *f.*

ameliorate, a-mill'-ior-éte, *v* améliorer.

amenable, a-mî'-na-b'l, *a* disposé à; justiciable de.

amend, a-mennde', *v.* modifier; corriger; réformer.

—ment, *n* modification *m*; **make —s,** *v* dédommager (de).

amenity, *a*-mî-nit-ti, *n* agrément *m*; commodité *f*.

amethyst, ămm'-î-*t*sist, *n* améthyste *f*.

amiable, é'-mi-a-b'l, *a* aimable.

amicable, ămm'-i-ca-b'l, *a* amical.

amid, amidst, *a*-midde', *a*-midste', *prep* au milieu de; **—ships,** *adv* par le travers.

amiss, *a*-mice', *a* de travers. *adv* mal; **take —,** prendre en mauvaise part.

ammonia, *a*-mau'-ni-*a*, *n* ammoniaque *f*.

ammunition, ămm-ioue-ni'-ch'n, *n* munitions *fpl*.

amnesty, ămm'-nesse-ti, *n* amnistie *f*.

among(st), *a*-monng'(ste), *prep* parmi.

amorous*, ămm'-o-*r*euce, *a* amoureux.

amount, *a*-mâ''ounnte, *n* montant *m*; nombre *m*; quantité *f*; *v* s'élever à.

ample, ămm'-p'l, *a* ample; abondant.

amplify, ămm'-pli-fâï, *v* amplifier.

amputate, ămm'-pioue-téte, *v* amputer.

amuse, *a*-miouze', *v* amuser.

amusement, *a*-miouze'-m'nt, *n* amusement *m*.

an, ănne, *art* un, une.

anaesthetize, *a*-nîce-*tz*-eur-tâïze, *v* anesthésier.

analogous, *a*-năl'-*o*-gueusse, *a* analogue.

analysis, *a*-nă'-li-sice, *n* analyse *f*.

analyse, ănn'-*a*-lâïze, *v* analyser.

anarchy, ănn'-ar-ki, *n* anarchie *f*.

ancestor, ănn'-cèsse-teur, *n* ancêtre *m* & *f*.

anchor, ain'-n'g-keur, *n* ancre *f*. *v* ancrer.

anchorage, ain'-n'g-keur-édje, *n* mouillage *m*.

anchovy, ănn-tchô'-vi, *n* anchois *m*.

ancient*, énn'-tchi-ennte, *a* ancien; âgé.

and, ănnde, *conj* et.

angel, énne'-dj'l, *n* ange *m*.

anger, ain'-n'gheur, *n* colère *f*. *v* mettre en colère.

angina, ănn-djăï'-na, *n* angine *f*.

angle, ain'-n'gl, *n* angle m. *v* (fish) pêcher à la ligne; **—r,** *n* pêcheur à la ligne *m*.

angling, ain'-n'gling, *n* pêche à la ligne *f*.

angry, ain'-n'gri, *a* en colère; (vexed) irrité.

anguish, ain'-n'gouiche, *n* angoisse *f*.

animal, ă'-ni-mal, *n* & *a* animal *m*.
animate, ănn'-i-méte, *v* animer; **—d,** *a* animé.
animosity, a-ni-mo'-zi-ti, *n* animosité *f*.
aniseed, ănn'-i-side, *n* anis *m*.
ankle, ain'-n'kl, *n* cheville *f*.
annals, ănn'-alz, *npl* annales *fpl*.
annex, a-nex', *v* annexer; *n* annexe *f*.
annihilate, a-nâï'-hi-léte, *v* anéantir, annihiler.
anniversary, a-ni-veur'-*seu*-ri, *n* anniversaire *m*.
annotate, ănn'-nau-téte, *v* annoter.
announce, a-nâ''ounnce, *v* annoncer.
annoy, a-noa'ï', *v* ennuyer; tourmenter.
annoyance, a-noa'ï'-n'se, *n* désagrément *m*.
annual, ă'-niou-*eul*, *n* annuaire *m*. *a** annuel.
annuity, a-niou'-i-ti, *n* rente annuelle *f*.
annul, a-nol', *v* annuler; **—ment,** *n* annulation *f*.
anoint, a-nŏ'innte', *v* oindre.
anomalous, a-nom'-a-*leuce*, *a* anomal.
anonymous*, a-no'-ni-*meuce*, *a* anonyme.
another, a-*nodzr'*, *a* un(e) autre.
answer, ănn'-s'r, *v* répondre; résoudre. *n* réponse *f*.
ant, ănnte, *n* fourmi *f*.
antagonist, ann-tăgue'-au-nist, *n* antagoniste *m*.
antecedent, ănn-ti-ci'-dennte, *n* & *a* antécédent *f*.
antedate, ănn'-ti-déte, *v* antidater; avancer.
antelope, ănn'-ti-laupe, *n* antilope *f*.
anterior, ănn-ti-ri-*eur*, *a* antérieur.
anteroom, ănn'-ti-roume, *n* antichambre *f*.
anthem, ănn'-*tzème*, *n* hymne national *m*.
anticipate, ănn-ti'-ci-péte, *v* anticiper; s'attendre à.
anticipation, ănn-tice-i-pé'-ch'n, *n* anticipation *f*; attente *f*.
antics, ănn'-tikss, *npl* gambades *fpl*; singerie *f*.
antidote, ănn'-ti-daute, *n* antidote *m*.
anti-freeze, ănn'-ti-frîze, *n* anti-gel *m inv*.
antipathy, ănn-ti'-pa-*tsi*, *n* antipathie *f*.
antipodes, ănn-ti'-pŏ-dize, *npl* antipodes *mpl*.
antiquarian, ănn-ti-coué'-ri-*anne*, *n* antiquaire *m*.
antiquated, ănn'-ti-coué-tedde, *a* vieilli, suranné.
antique, ănn-tique', *n* antiquité *f*. *a* ancien.
antiseptic, ănn-ti-sepp'-tique, *n* & *a* antiseptique *m*.
antler, ănn'-t'*leur*, *n* (stag, etc) bois *mpl*.

anvil, ănn'-vil, *n* enclume *f*.

anxiety, aingue-zăï'-é-ti, *n* inquiétude *f*.

anxious, aink'-chie*u*ce, *a* inquiet; désireux.

any, ènn'-i, *a* quelque; l'un ou l'autre; **—body,** *pron* quelqu'un; **—how,** *adv* de toute façon; n'importe comment; **—one,** *pron* n'importe lequel; **—where,** n'importe où.

apart, a-părte', *adv* à part; en dehors.

apartment, a-părte'-m'nt, *n* appartement *m*.

apathy, ă'-pa-tsi, *n* apathie *f*.

ape, épe, *n* singe sans queue *m*.

aperient, a-pi'-ri-ennte, *n* & *a* laxatif *m*.

aperture, ă'-peur-tioure, *n* ouverture *f*; orifice *m*.

apologize, a-pol'-ŏ-djăïze, *v* faire des excuses.

apology, a-pol'-ŏ-dji, *n* excuses *fpl*.

apostle, a-po'-s'l, *n* apôtre *m*.

appal, a-poal', *v* épouvanter; **—ling,** *a* épouvantable.

apparatus, ăp-pa-ré'-teuce, *n* appareil *m*.

apparent*, a-pă'-rennte, *a* évident, apparent.

apparition, ăp-pa-ri'-ch'n, *n* apparition *f*.

appeal, a-pîle, *v* faire appel; attirer. *n* appel *m*.

appear, a-pîre', *v* paraître; sembler; (law) comparaître.

appearance, a-pî'-r'ns, *n* apparence *f*.

appease, a-pîze', *v* apaiser; **—ment,** *n* apaisement *m*.

append, a-pennde', *v* apposer; annexer, attacher.

appendix, ăp-penne'-dikse, *n* appendice *m*; annexe *f*.

appertain, ăp-peur-téne', *v* appartenir.

appetite, ăp'-pi-tăïte, *n* appétit *m*.

appetizing, ăp'-pi-tăï-zing, *a* appétissant.

applaud, a-ploade', *v* applaudir.

applause, a-ploaze', *n* applaudissement *m*.

apple, ăpp'-'l, *n* pomme *f*; **—-tree,** pommier *m*.

appliance, a-plăï'-annce, *n* appareil *m*, instrument *m*.

applicant, ă'-pli-k'nt, *n* candidat *m*.

application, ăp-pli-ké'-ch'n, *n* demande *f*; application.

apply, a-plăï', *v* appliquer; **—to,** s'adresser à; **—for a post,** poser sa candidature.

appoint, a-pŏ'înnte', *v* nommer; **—ment,** *n* rendez-vous *m*; nomination *f*; situation *f*.

apportion, a-pŏr'-ch'n, *v* répartir.

appraise, *a*-préze', *v* évaluer; —**r,** *n* commissaire-priseur *m*; **appraisal,** évaluation *f*.

appreciable, ăp-pri'-chi-*a*-b'l, *a* appréciable.

appreciate, *a*-pri'-chi-éte, *v* apprécier.

appreciation, ăp-pri-chi-é'-ch'n, *n* appréciation *f*.

apprehend, ăp-pri-hennde', *v* saisir; craindre.

apprehension, ăp-pri-henn'-ch'n, *n* crainte *f*; arrestation *f*.

apprehensive*, ăp-pri-henn'-cive, *a* craintif.

apprentice, *a*-prenn'-tice, *v* mettre en apprentissage. *n* apprenti *m*; —**ship,** apprentissage *m*.

approach, *a*-prautche', *v* (s')approcher (de).

appropriate*, *a*-prau'-pri-éte, *a* convenable.

approval, *a*-prou'-v'l, *n* approbation *f*.

approve, *a*-prouve', *v* approuver.

approximate*, *a*-prox'-i-méte, *a* approximatif.

apricot, é'-pri-cotte, *n* abricot *m*.

April, é'-prile, *n* avril *m*.

apron, é'-pre*u*ne, *n* tablier *m*.

apt, ăpte, *a* apte; propre à; enclin à.

aptitude, ăp'-ti-tioude, *n* aptitude *f*; disposition *f*.

aqueduct, ă'-coui-dokte, *n* aqueduc *m*.

aqueous, ă'-coui-e*u*ce, *a* aqueux.

aquiline, ă'-coui-linne, *a* aquilin.

arable, ăr'-*a*-b'l, *a* labourable.

arbitrary, âr'-bi-tra-ri, *a* arbitraire.

arbitrate, âr'-bi-tréte, *v* arbitrer, juger.

arbitration, âr'-bi-tré-ch'n, *n* arbitrage *m*.

arbitrator, âr'-bi-tré-te*u*r, *n* arbitre *m*.

arbour, âr-be*u*r, *n* tonnelle *f*.

arc, ârc, *n* arc *m*; —**lamp,** lampe à arc *f*.

arcade, âr-kéde', *n* arcade *f*, galerie *f*.

arch, ârtche, *n* arche *f*; —**way,** voûte *f*.

arch, ârtche, *a* arch; —**bishop,** *n* archevêque *m*; —**deacon,** archidiacre *m*; —**duke,** archiduc *m*.

archer, ârtch'-e*u*r, *n* archer *m*; —**y,** tir à l'arc *m*.

architect, âr'-ki-tecte, *n* architecte *m*.

archives, âr'-kâïvz, *npl* archives *fpl*.

arctic, ârc'-tik, *a* arctique.

ardent, âr'-d'nt, *a* ardent; véhément.

ardour, âr'-de*u*r, *n* ardeur *f*; zèle *m*.

arduous*, âr'-diou-e*u*ce, *a* ardu; difficile.

area, ai′-ri-*a*, *n* surface *f*; cour de sous-sol *f*; zone *f*; région *f*.

arena, *a*-ri′-na, *n* arène *f*.

argue, âr′-ghiou, *v* raisonner, discuter; se disputer.

argument, âr′-ghiou-m′nt, *n* argument *m*.

arise, *a*-râïze′, *v* s'élever; provenir de.

aristocracy, ă-rice-to′-cra-ci, *n* aristocratie *f*.

aristocratic, ă-rice′-to-cra′-tik, *a* aristocratique.

arithmetic a-rits′-mé-tique, *n* arithmétique *f*.

ark, ârque, *n* arche *f*; **Noah's —,** arche de Noé *f*.

arm, ârme, *n* bras *m*; **— -chair,** fauteuil *m*; **—ful,** brassée *f*; **—let,** brassard *m*; **—pit,** aisselle *f*.

arm, ârme, *v* armer; **—ament,** *n* armement *m*; **—our,** armure *f*; blindage *m*; **—oured,** *a* blindé; **—oury,** *n* armurerie *f*; **—s,** (*mil*) armes *fpl*; (heraldry) armoiries *fpl*; **—y,** armée *f*.

aromatic, *a*-rau-mă′-tik, *a* aromatique *n*; aromate *m*.

around, *a*-râ′ounnde′, *prep* autour de. *adv* à l'entour.

arouse, *a*-râ′ouze′, *v* exciter; (awake) éveiller.

arrange, *a*-réne′-dje, *v* arranger; disposer.

array, *a*-ré′, *v* ranger; revêtir. *n* ordre *m*; parure *f*.

arrears, *a*-rirze′, *npl* arrérages *mpl*; **to be in —,** être en retard.

arrest, *a*-reste′, *v* arrêter. *n* arrestation *f*.

arrival, *a*-râï′-v′l, *n* arrivée *f*; (*com*) arrivage *m*.

arrive, *a*-râïve′, *v* arriver.

arrogant, âr′-ro-gœnnte, *a* arrogant.

arrow, âr′-rau, *n* flèche *f*.

arsenal, âr′-s′n-l, *n* arsenal *m*.

arson, âr′-s'n, *n* incendie par malveillance *m*.

art, ârte, *n* art *m*; artifice *m*; habileté *f*.

artery, âr′-teur-i, *n* artère *f*.

artful, ârte′-foull, *a* (a sly) rusé.

artichoke, âr′-ti-tchauke, *n* artichaut *m*; **Jerusalem—,** *n* topinambour *m*.

article, âr′-ti-k'l, *n* article *m*; clause *f*.

articulate, âr-ti′-kiou-léte, *v* articuler. *a* articulé.

artifice, âr′-ti-fisse, *n* artifice *m*, ruse *f*.

artificial*, âr-ti-fi′-ch'l, *a* artificiel.

artillery, âr-til′-eur-i, *n* artillerie *f*.

artisan, âr′-ti-zănne, *n* artisan *m*.

artist, âr'-tisste, *n* artiste *m* & *f*.

artless*, ârte'-lesse, *a* simple, naïf.

as, ăze, *conj* comme; car; aussi; que; à mesure que; puisque; **— for, — to,** quant à; **— soon —,** aussitôt que; **— well,** aussi.

asbestos, ass-bess'-*teuce,* *n* amiante *m*.

ascend, a-cennde', *v* monter.

ascendancy, a-cenn'-denn-ci, *n* ascendant *m*.

ascent, a-cennte', *n* ascension *f*; montée *f*.

ascertain, a-seur-téne', *v* s'assurer de; constater.

ascribe, ass-crâïbe', *v* attribuer, imputer.

ash, ăche, *n* cendre *f*; (tree) frêne *m*; **— tray,** cendrier *m*.

ashamed, a-chémmde', *a* honteux.

ashore, a-chaure', *adv* à terre; (*naut*) échoué.

aside, a-sâïde, *adv* de côté; à l'écart, à part.

ask, âske, *v* demander; inviter.

askew, ass-kiou', *adv* de travers.

asleep, a-slîpe', *a* endormi; **fall —,** *v* s'endormir.

asp, ăspe, *n* (snake) aspic *m*.

asparagus, ass-pǎr'-*a-gheuce,* *n* asperge *f*.

aspect, ǎss'-*pecte,* *n* aspect *m*; point de vue *m*.

aspen, ǎss'-p'n, *n* tremble *m*.

aspersion, ǎss-peur'-ch'n, *n* calomnie *f*.

asphyxia, ǎss-fïk'-si-*a,* *n* asphyxie *f*.

aspirate, ǎss'-pi-réte, *v* aspirer. *a* aspiré.

aspire, ass-pâïre', *v* aspirer (à).

ass, ǎsse, *n* âne *m*, ânesse *f*; (*fam*) bête *f*.

assail, a-céle', *v* assaillir; **—ant,** *n* assaillant *m*.

assassinate, a-sǎss'-i-néte, *v* assassiner.

assault, a-soalte', *v* attaquer. *n* attaque *f*.

assay, a-cé', *v* (metals) essayer. *n* essai *m*.

assemble, a-cemm'-b'l, *v* assembler; se réunir.

assembly, a-cemm'-blï, *n* assemblée *f*; montage *m*.

assent, a-cennte', *n* assentiment *m*. *v* consentir à.

assert, a-seurte', *v* affirmer, revendiquer; **—ion,** *n* assertion *f*; revendication *f*.

assess, a-cesse', *v* taxer; évaluer.

assessment, a-cesse'-m'nt, *n* évaluation *f*; cote *f*.

asset, ǎs'-sèt, *n* possession *f*; avoir *m*; atout *m*.

assets, ǎs-sètse, *npl* actif *m*.

assiduous, a-cï'-diou-*euce,* *a* appliqué, assidu.

assign, *a*-sâïne', *v* assigner à; (law) transférer; **—ee**, *n* cessionnaire *m*; **—ment,** transfert *m*.

assist, *a*-ciste', *v* aider; secourir.

assistant, *a*-ciss'-t'nt, *n* aide *m*; commis *m*. *a* auxiliaire.

assizes, *a*-sâïz'-iz, *npl* assises *fpl*.

associate, *a*-sau'-chi-éte, *v* associer. *n* associé *m*.

assort, *a*-sôrte', *v* assortir.

assortment, *a*-sôrte'-m'nt, *n* assortiment *m*.

assuage, *a*-souédje, *v* calmer, adoucir.

assume, *a*-sioume', *v* supposer; prendre sur soi.

assuming, *a*-siou'-minng, *a* prétentieux, arrogant.

assumption, *a*-sommp'-ch'n, *n* présomption *f*.

assurance, *a*-chou'-r'ns, *n* assurance *f*.

assure, *a*-choure', *v* assurer.

asterisk, âss'-teu-risque, *n* astérisque *f*.

astern, *a*-sterne', *adv* (naut) à l'arrière.

asthma, âss'-ma, *n* asthme *m*.

astir, *a*-steur', *a* en mouvement; (up) debout.

astonish, *a*-ss-tonn'-iche, *v* étonner.

astound, *a*ss-tâ'ounnde', *v* stupéfier; ébahir.

astray, *a*ss-tré', *a* égaré.

astride, *a*ss-trâïde', *adv* à califourchon.

astronaut, âss'-tro-nôt, *n* astronaute *m*.

astute*, *a*ss-tioute', *a* fin; avisé.

asylum, *a*-sâï'-leume, *n* asile *m*.

at, âtte, *prep* à; chez.

athlete, â'-tslite, *n* athlète *m*.

atmosphere, atte'-moss-fire, *n* atmosphère *f*; (*fam*) ambiance *f*.

atom, â'-tôme, *n* atome *m*.

atomizer, â'-to-mâï-z'r, *n* vaporisateur *m*; atomiseur *m*.

atone, *a*-taune', *v* expier; **—ment,** *n* expiation *f*.

atrocious*, *a*-trau'-cheuce, *a* atroce.

atrophy, ât'-rau-fi, *n* atrophie *f*. *v* atrophier.

attach, *a*-tâtché', *v* attacher; joindre; (law) saisir.

attachment, *a*-tâtch'-m'nt, *n* attachement *m*.

attack, *a*-tâque', *v* attaquer. *n* attaque *f*.

attain, *a*-téne', *v* atteindre; **—ment,** *n* talent *m*.

attempt, *a*-temmpte', *v* tenter, essayer. *n* tentative *f*, essai *m*; (crime) attentat *m*.

attend, *a-*ntende', *v* assister à; **— to,** s'occuper de.
attendance, *a-*tenn'd'ns, *n* service *m*; auditoire *m*; présence *f*.
attendant, *a-*tenn'-d'nt, *n* employé *m* & *f*; ouvreuse *f*.
attention, *a-*tenn'-ch'n, *n* attention *f*.
attest, *a-*teste', *v* attester.
attic, ăt'-tique, *n* grenier *m*, mansarde *f*.
attire, *a-*tâïre', *v* vêtir; parer. *n* vêtements *mpl*.
attitude, ăt'-ti-tioude, *n* attitude *f*; pose *f*.
attorney, *a-*teur'-ni, *n* avoué *m*, notaire *m*; **power of —,** procuration *f*.
attract, *a-*trăcte', *v* attirer; **—ion,** *n* attraction *f*; (personal) attrait *m*; **—ive,** *a* attirant.
attribute, *a-*tri'-bioute, *v* attribuer. *n* attribut *m*.
auburn, ô'-beurne, *a* châtain.
auction, ôque'-ch'n, *n* vente aux enchères *f*.
auctioneer, ôque'-ch'n-îre, *n* commissaire-priseur *m*.
audacious*, ô-dé'-cheuce, *a* audacieux.
audacity, ô-dăss'-i-ti, *n* audace *f*.
audible, ô'-di-b'l, *a* distinct, intelligible.
audience, ô'-di-ennce, *n* (assembly) auditoire *m*, spectateurs *mpl*.
audit, ô'-ditte, *v* apurer; **—or,** *n* censeur *m*.
augment, ôgue-mennte', *v* augmenter.
augur, ô'-gueur, *n* augurer. *v* augure *m*.
August, ô'-gueusste, *n* août *m*.
august, ô-gueusste', *a* auguste.
aunt, ânnte, *n* tante *f*.
auspicious*, ôss-pi'-cheuce, *a* propice.
austere, ô-stîre', *a* austère.
authentic, ô-*t*senn'-tique, *a* authentique.
author, ô'-*t*seur, *n* auteur *m*.
authoritative, ô-*t*sor'-i-ta-tive, *a* autoritaire.
authority, ô-*t*sor'-i-ti, *n* autorité *f*.
authorize, ô-*t*sŏr-âï'ze, *v* autoriser.
automatic, ô-tŏ-mătt'-ique, *a* automatique.
Autumn, ô'-teumme, *n* automne *m*.
auxiliary, ôg-zil'-i-a-ri, *a* auxiliaire.
avail, *a-*vélé', *n* avantage *m*; utilité *f*. *v* servir à; **— oneself of,** profiter de.
available, *a-*vélé'-*a-*b'l, *a* valable; disponible.
avalanche, ă'-va-lanche, *n* avalanche *f*.

avarice, ă'-va-risse, *n* avarice *f.*
avaricious*, a-va-ri'-cheuce, *a* avare.
avenge, a-venndje', *v* venger.
avenue, a'-vi-ni'ou, *n* avenue *f.*
average, ă'-veu-rédje, *n* moyenne *f. a* moyen.
aversion, a-veur'-ch'n, *n* aversion *f;* repugnance *f.*
avert, a-veurte', *v* détourner; écarter.
aviary, é'-vi-a-ri, *n* volière *f.*
aviation, é-vi-é'-ch'n, *n* aviation *f.*
avidity, a-vid'-i-ti, *n* avidité *f.*
avoid, a-vô'ide', *v* éviter.
await, a-ouéte', *v* attendre.
awake, a-ouéque', *v* s'éveiller; réveiller.
awakening, a-ouéque'-ninng, *n* réveil *m.*
award, a-ouôrde', *v* adjuger; accorder; (prize) décerner.
aware, a-ouère', **to be —,** *v* savoir; être au courant.
away, a-oué', *adv* absent; loin; **far —,** au loin.
awe, ôa, *n* crainte *f;* **to be held in awe by s.o.,** en imposer à quelqu'un; **to stand in awe of someone,** avoir une crainte respectueuse de quelqu'un.
awful, oa'-foull, *a* terrible; imposant.
awhile, a-ou'âïle', *adv* pour un instant.
awkward, oa'-koueurde, *a* gêné; (clumsy) gauche; **—ness,** *n* gaucherie *f.*
awning, oann'-inng, *n* poinçon *m;* banne *f.*
awry, a-râï', *adv* de travers.
axe, âx, *n* hache *f.*
axis, ăk'-siss, *n* axe *m.*
axle, ăk'-s'l, *n* essieu *m.*
azure, ă'-jioure, *n* azur *m.*

babble, băb'-b'l, *n* babil *m. v* babiller.
baby, bé'-bi, *n* bébé *m.*
bachelor, bătch'-eul-eur, *n* célibataire *m;* bachelier *m.*
back, băque, *n* dos *m;* arrière *m. v* (support) soutenir; (bet) parier; (car) aller en arrière. *adv* (behind) en arrière; (return) de retour; **—bone,** *n* épine dorsale *f;* **—ground,** fond *m;* **—ward,** *adv* en arrière. *a* (mentally) arriéré.
bacon, bé'-k'n, *n* lard *m.*

bad, bădde, *a* mauvais; méchant; **—ly,** *adv* mal; gravement.

badge, bàdje, *n* marque *f*; insigne *m*; écusson *m*.

badger, băd'-*jeur*, *n* blaireau *m*. *v* harceler.

baffle, băf'-f'l, *v* déjouer; confondre, déconcerter.

bag, bàgue, *n* sac *m*. *v* mettre en sac.

baggage, băgg'-idje, *n* bagage *m*.

bail, béle, *v* cautionner. *n* caution *f*; **on —,** sous caution.

bailiff, bé'-liff, *n* huissier *m*.

bait, béte, *n* appât *m*. *v* amorcer; (molest) tourmenter

baize, béze, *n* serge *f*.

bake, béque, *v* cuire au four; **—r,** *n* boulanger *m*; **—ry,** boulangerie *f*.

bakelite, bé'-*keu*-lăīt, *n* bakélite *f*.

balance, băl'-n'ce, *v* équilibrer; balancer. *n* équilibre *m*; (com.) solde *m*; **— -sheet,** bilan *m*.

balcony, băl'-kau-ni, *n* balcon *m*.

bald, boalde, *a* chauve; **—ness,** *n* calvitie *f*.

bale, béle, *n* balle *f*; ballot *m*. *v* emballotter; (naut) écoper.

balk, baulk, boak, *v* frustrer; contrarier.

ball, boale, *n* balle *f*; (hard) boule *f*; (foot) ballon *m*; (dance) bal *m*.

ballast, băl'-aste, *n* lest *m*. *v* (weight) lester.

ballet, băl'-lay, *n* ballet *m*.

balloon, bal-loune', *n* ballon *m*.

ballot, băl'-lôtte, *v* voter. *n* scrutin *m*.

ball-pen, boale pène, *n* stylo à bille *m*.

balm, bâ'me, *n* baume *m*.

bamboo, bămm-bou', *n* bambou *m*.

ban, bănne, *n* ban *m*, interdiction *f*. *v* interdir.

banana, ba-na'-na, *n* banane *f*.

band, bănnde, *n* bande *f*; (brass) fanfare *f*; (string) orchestre *m*; (ribbon) bandeau *m*; (gang) bande *f*. *v* se liguer; **—age,** *n* bandage *m*; **— -master,** chef de musique *m*.

bandy, bănn'-di, *a* bancal.

bang, bain-nng, *v* claquer (door); frapper; cogner. *n* détonation *f*; claquement *m*.

banish, bănn'-iche, *v* bannir.

banister, bǎnn'-iss-t'r, *n* rampe *f.*

bank, bain'-nk, *n* banque *f;* (river) rive *f;* (mound) talus *m. v* (money) déposer dans une banque; **—er,** *n* banquier *m;* **— -holiday,** jour férié *m;* **—ing-account,** compte en banque *m;* **—note,** billet de banque *m;* **—rupt,** *a* insolvable; **—ruptcy,** *n* faillite *f.*

banner, bann'-*eur,* *n* bannière *f;* étendard *m.*

banquet, bǎnn'-couette, *n* banquet *m;* festin *m.*

banter, bǎnn'-teur, *n* raillerie *f. v* railler.

baptism, bǎp'-tizme, *n* baptême *m.*

bar, bâre, *n* bar *m;* buffet *m;* (metal) barre *f;* (law) barreau *m. v* barrer; défendre.

barb, bârbe, *n* barbe *f;* **—ed,** *a* barbelé.

barbarian, bâre-bé'-ri-*ann,* *n* & *a* barbare *mf.*

barbarity, bâre-bǎr'-i-ti, *n* barbarie *f.*

barber, bâre-b*eur,* *n* barbier *m;* coiffeur *m.*

bare, bère, *v* mettre à nu. *a* nu; **— -faced,** effronté; **— -footed,** nu-pieds; **—ly,** *adv* à peine; **—ness,** *n* nudité *f;* dénuement *m.*

bargain, bâre'-guinne, *v* marchander. *n* occasion *f.*

barge, bârdje, *n* chaland *m,* péniche *f.*

bark, bârque, *v* aboyer. *n* aboiement *m;* (tree) écorce *f.*

barley, bâre'-li, *n* orge *f.*

barn, bâre-'n, *n* grange *f.*

barometer, ba-ro'-mi-t*eur,* *n* baromètre *m.*

baron, bǎ'-reune, *n* baron *m;* **—ess,** baronne *f.*

barracks, bǎr'-axe, *npl* caserne *f.*

barrel, bǎr'-el, *n* tonneau *m;* (gun) canon de fusil *m.*

barren, bǎr'-enne, *a* stérile; (land) aride.

barrier, bǎr'-i-*eur,* *n* barrière *f.*

barrister, bǎr'-isse-t'r, *n* avocat *m.*

barrow, bǎr'-au, *n* brouette *f.*

barter, bâre'-teur, *v* échanger. *n* échange *m.*

base, béce, *v* baser. *n* base *f. a* vil; **—less,** sans fondement; **—ment,** *n* sous-sol *m;* **—ness,** bassesse *f.*

bash, bǎch, *v* défoncer, cogner; *n* coup *m.*

bashful*, bâche'-foull, *a* timide.

bashfulness, bâche'-foull-nesse, *n* timidité *f.*

basin, bé'-s'n, *n* (dish) bol *m;* (wash) lavabo *m.*

basis, bé'-cisse, *n* base *f;* fondement *m.*

bask, bâsque, *v* se chauffer au soleil.

basket, bâsse'-kett, *n* panier *m*, corbeille *f*.

bass, béce, *n* basse *f*; (fish) bar *m*.

bassoon, bâss'oun, *n* basson *m*.

bastard, bâss-*teurde*, *n* bâtard *m*.

baste, béste, *v* (cooking) arroser de graisse; (sewing) bâtir, faufiler.

bat, bâtte, *n* bat *m*; (animal) chauve-souris *f*.

batch, bâtche, *n* fournée *f*; (articles, etc.) nombre *m*.

bath, bâfs, *n* bain *m*; (tub) baignoire *f*; **shower —** douche *f*; **— -chair,** chaise roulante *f*; **—room,** salle de bain *f*.

bathe, bé-*dze*, *v* se baigner; **—r,** *n* baigneur *m*; baigneuse *f*; **bathing costume,** *n* maillot de bain *m*.

batter, bâtt'-*eur*, *n* pâte à friture *f*. *v* démolir.

battery, bâtt'-trî, *n* pile *f*; batterie *f*.

battle, bâtt'-'l, *n* bataille *f*; **—ship,** cuirassé *m*.

bawl, boal, *v* brailler.

bay, bé, *n* (geog) baie *f*. *a* (colour) bai. *v* aboyer (à); **at —,** aux abois; **— tree,** *n* laurier *m*.

bayonet, bé'-onn-ette, *n* baïonnette *f*.

be, bî, *v* être.

beach, bîtche, *n* plage *f*; rivage *m*; grève *f*.

beacon, bi'-k'n, *n* phare *m*; (naut) balise *f*.

bead, bîde, *n* perle *f*; (drop) goutte *f*.

beak, bîke, *n* bec *m*.

beam, bîme, *n* rayon *m*; (smile) sourire *m*; (wood) poutre *f*.

bean, bîne, *n* haricot *m*; (broad) fève *f*.

bear, bère, *n* ours *m*; *v* donner naissance à porter; endurer; **—able,** *a* supportable.

beard, birde, *n* barbe *f*; **—ed,** *a* barbu; **—less,** *a* imberbe.

beast, bîste, *n* bête *f*; **wild —,** fauve *m*.

beat, bîte, *v* battre. *n* coup *m*; (pulse, etc) battement *m*; secteur *m*.

beautiful*, bioue'-ti-foull, *a* beau; magnifique.

beautify, bioue'-ti-fâî, *v* embellir.

beauty, bioue'-ti, *n* beauté *f*; **— spot,** grain de beauté *m*.

beaver, bî'-*veur*, *n* castor *m*.

becalm, bi-câme', *v* calmer; (naut) abriter du vent.

because, bi-coaze', *conj* parce que; — **of,** à cause de
beckon, bekk''n, *v* faire signe.
become, bi-komme', *v* devenir.
becoming, bi-komm'-inng, *a* convenable; (conduct)
bienséant; (dress) qui va bien; seyant.
bed, bedde, *n* lit *m*; **flower- —,** plate-bande *f*;
—**ding,** literie *f*; —**pan,** bassin de lit *m*; —**ridden,**
a alité; —**room,** *n* chambre à coucher *f*.
bedeck, bi-dèque', *v* parer, orner.
bee, bî, *n* abeille *f*; —**hive,** ruche *f*.
beech, bîtche, *n* hêtre *m*.
beef, bîfe, *n* boeuf *m*; — **-steak,** bifteck *m*.
beer, bîre, *n* bière *f*.
beetle, bî'-t'l, *n* coléoptère *m*; **black —,** cafard *m*.
beetroot, bîte'-route, *n* betterave *f*.
befitting, bi-fitt'-inng, *a* convenable à.
before, bi-foare', *adv & prep* (time) avant; (place)
devant; — **hand,** *adv* d'avance, à l'avance.
befriend, bi-frennde', *v* traiter en ami, aider.
beg, bègue, *v* (alms) mendier; (request, etc) prier;
—**gar,** *n* mendiant *m*; —**ging,** mendicité *f*.
begin, bi-guinne', *v* commencer; —**ner,** *n* débutant
m; —**ning,** commencement *m*.
begrudge, bi-grodge', *v* donner à contre-coeur.
beguile, bi-gâïle', *v* tromper; séduire.
behalf, bi-hâfe', **on — of,** en faveur de; au nom de; de
la part de.
behave, bi-héve', *v* se conduire; se comporter.
behaviour, bi-hé'-vieur, *n* conduite *f*; tenue *f*.
behead, bi-hédde', *v* décapiter.
behind, bi-hâïnnde', *adv* en arrière. *prep* derrière;
—**hand,** *a* en arrière; en retard; n derrière *m*.
behold, bi-haulde', *v* contempler. *interj* regardez!
being, bî'-inng, *n* existence *f*; (human) être *m*.
belch, beltche, *v* avoir un renvoi; (*pop*) roter. *n* renvoi *m*; (*pop*) rot *m*.
belfry, bel'-fri, *n* beffroi *m*, clocher *m*.
belie, bi-lâï', *v* démentir.
belief, bi-lîfe', *n* croyance *f*, foi *f*.
believable, bi-lîve'-*a*-b'l, *a* croyable.
believe, bi-lîve, *v* croire; —**r,** *n* croyant *m*.
bell, belle, *n* cloche *f*; sonnette *f*; grelot *m*.

belligerent, bel-lidj′-*eur*-’nt, *a* & *n* belligérant *m.*

bellow, bél′-lô, *v* beugler, mugir.

bellows, bél′-lôze, *npl* soufflet *m.*

belly, bél′-li, *n* ventre *m.*

belong, bi-longg′, *v* appartenir.

belongings, bi-longg′-inngze, *npl* affaires *fpl.*

beloved, bi-lo′-vèdde, *n* & *a* bien-aimé *m.*

below, bi-lau′, *adv* & *prep* au-dessous, en bas.

belt, bellte, *n* ceinture *f;* (*mech*) courroie *f.*

bemoan, bi-maune′, *v* gémir sur; se lamenter.

bench, benntche, *n* banc *m;* tribunal *m;* établi *m.*

bend, bennde, *v* courber, plier. *n* courbure *f;* (road, etc) coude *m;* tournant *m;* virage *m.*

beneath, bi-ni*ts*′, *adv* & *prep* sous, au-dessous.

benediction, benn-i-dic′-ch’n, *n* bénédiction *f.*

benefactor, benn-i-fâque′-t*eur*, *n* bienfaiteur *m.*

beneficial*, benn-i-fi′-ch*eul*, *a* salutaire; avantageux.

beneficiary, benn-i-fi′-chi-*eur*-i, *n* bénéficiaire *mf.*

benefit, benn′-i-fite, *v* profiter. *n* bénéfice *m.*

benevolence, bi-nèv′-ŏ-lennce, *n* bienveillance *f.*

benevolent, bi-nèv′-ŏ-lennte, *a* bienveillant; charitable.

benign, bi-nâîne′, *a* bénin, doux.

bent, bennte, *pp* courbé; résolu. *n* (*fig*) penchant *m.*

bequeath, bi-kouî*th*′, *v* léguer.

bequest, bi-koueste′, *n* legs *m.*

bereave, bi-rîve′, *v* priver de; **—ment,** *n* perte *f.*

berry, bê′-ri, *n* baie *f.*

berth, beur*ts*, *n* couchette *f.*

beseech, bi-cîtche′, *v* supplier, implorer.

beside, bi-sâîde′, *prep* à côté de; hors de.

besides, bi-sâîdze, *adv* en outre; d’ailleurs. *prep* en plus; excepté.

besiege, bi-cîdje, *v* assiéger.

besotted, bi-sotte′-èdde, *a* abruti.

best, besste, *adv* le mieux. *a* & *n* le meilleur.

bestial, bess′-ti’l, *a* bestial.

bestir, bi-steur′, *v* —**oneself,** se remuer.

bestow, bi-stau′, *v* accorder, conférer; **—al,** *n* don *m.*

bet, bette, *v* parier. *n* pari *m;* **—ting** (odds) cote *f.*

betoken, bi-tau′-k’n, *v* indiquer, dénoter.

betray, bi-tré, *v* trahir; **—al,** *n* trahison *f.*

betroth, bi-traud*z'*, *v* fiancer.

betrothal, bi-traud*z'*-'l, *n* fiançailles *fpl.*

better, bett''r, *v* améliorer, *adv* mieux. *a* meilleur.

betterment, bett'-*eur*-m'nt, *n* amélioration *f.*

between, bi-touîne', *prep* entre.

bevel, bév''l, *v* tailler en biseau; **bevelled,** *a* de biais; en biseau.

beverage, bèv'-*eur*-idj, *n* boisson *f,* breuvage *m.*

bewail, bi-ouéle', *v* déplorer.

beware, bi-ouère', *v* se méfier de, prendre garde à.

bewilder, bi-ouile'-*deur,* *v* ahurir; déconcerter.

bewilderment, bi-ouile'-*deur*-m'nt, *n* ahurissement *m.*

bewitch, bi-ouitche', *v* ensorceler, enchanter.

beyond, bi-ionnde', *adv* au delà; là-bas. *prep* au delà de.

bias, baï'-*asse,* *n* biais *m;* préjugé *m;* **biased,** *a* partial.

Bible, baï'-b'l, *n* bible *f.*

bicker, bik'*eur,* *v* se quereller; se chamailler.

bicycle, baï'-ci-k'l, *n* bicyclette *f.*

bid, bide, *v* commander; prier; (auction) faire une offre; *n* offre *f;* enchère *f;* **—ding,** commandement *m;* enchère *f.*

bide, baîde, *v* attendre; endurer.

bier, bîre, *n* corbillard *m,* bière *f.*

big, bigue, *a* gros; grand; vaste.

bigot, bigg-*eute, n* bigot *m;* **—ed,** *a* bigot.

bilberry, bil'-bê-ri, *n* myrtille *f.*

bile, baîle, *n* bile *f.*

bilingual, baï-linn'-guou'l, *a* bilingue.

bilious, bi'-li-*euce,* *a* bilieux.

bill, bile, *n* note *f,* compte *m,* facture *f;* (restaurant) addition *f;* (bird) bec *m;* (poster) affiche *f;* **— of exchange,** lettre de change *f;* (parliamentary) projet de loi *m;* **— of fare,** menu *m;* **— of lading,** connaissement *m.*

billet, bil'-ette, *v* loger. *n* (*mil*) logement *m.*

billiards, bil'-li*eurdze,* *npl* billard *m.*

bin, bine, *n* huche *f;* (wine) porte-bouteilles *m;* (refuse) boîte à ordures *f;* poubelle *f.*

bind, băînnde, *v* lier; obliger; (books) relier; **—ing** *n* reliure *f*. *a* obligatoire; **— up**, *v* bander.

binocular(s), bi-nok'-ioue-leur(ze), *n* jumelle *f*.

biography, băî-o'-gră-fi, *n* biographie *f*.

birch, beurtche, *n* (tree) bouleau *m*; (punitive) verge *f*.

bird, beurde, *n* oiseau *m*.

birth, beurts, *n* naissance *f*; **—day**, anniversaire *m*; **—mark**, tache de naissance *f*; **—place**, lieu natal *m*; **— rate**, natalité *f*.

biscuit, biss'-kitte, *n* biscuit *m*.

bishop, bich'-eup, *n* évêque *m*.

bit, bitte, *n* morceau *m*; (horse) mors *m*.

bitch, bitche, *n* chienne *f*; (pop) garce *f*.

bite, băîte, *v* mordre. *n* morsure *f*; piqûre *f*.

biting, băî'-inng, *a* mordant.

bitter*, bitt'-eur, *a* amer; **—ness**, *n* amertume *f*.

black, blăque, *a* (shoes) cirer; noircir; *a* noir; *n* noir *m*; **—berry**, *n* mûre *f*; **—bird**, merle *m*; **—currant**, cassis *m*; **—en**, *v* noircir. **—mail** chantage *m*; *v* faire chanter; **—mailer**, *n* maître chanteur *m*; **—smith**, forgeron *m*.

bladder, blăd'-eur, *n* vessie *f*.

blade, bléde, *n* lame *f*; (grass) brin *m*; (oar) plat *m*.

blame, bléme, *v* blâmer. *n* blâme *m*; faute *f*.

blameless*, bléme'-lesse, *a* irréprochable.

blanch, blânntche, *v* blanchir; pâlir.

bland, blânnde, *a* doux; **—ishment**, *n* flatterie *f*.

blank, blain-n'k, *n* blanc *m*. *a* blanc; (mind) vide.

blanket, blaing'-kette, *n* couverture *f*.

blare, blére, *v* retentir.

blaspheme, blass-fîme', *v* blasphémer.

blasphemy, blass-fé-mi, *n* blasphème *f*.

blast, blâsste, *v* (explode) faire sauter; (blight) flétrir. *n* (gust) rafale *f*; (trumpet) son *m*, coup *m*.

blatant, blé'-t'nt, *a* bruyant.

blaze, bléze, *v* flamber. *n* flamme *f*; éclat *m*.

bleach, blîtche, *v* blanchir; décolorer.

bleak, blîque, *a* froid; exposé aux vents; morne.

bleat, blîte, *v* bêler. *n* bêlement *m*.

bleed, blîde, *v* saigner; **—ing**, *n* saignement *m*.

blemish, blèm'-iche, *n* tache *f*. *v* tacher; abîmer.

blend, blennde, v mélanger. n mélange m.

bless, bless, v bénir; —ed, a béni.

blessing, bless'-inng, n bénédiction f.

blight, blâïte, n nielle f; rouille f; (fam) influence néfaste.

blind, blâïnnde, n (window) store m; (venetian) jalousie f. n & a (sight) aveugle m & f. v aveugler. —**fold,** bander les yeux; —**ness,** n aveuglement m; cécité f.

blink, blinng-k, v clignoter. —**er,** n œillère f.

bliss, blisse, n bonheur m; béatitude f.

blissful, bliss'-foull, a bienheureux.

blister, bliss'-t'r, n ampoule f, cloque f.

blithe*, blâïdz, a gai, joyeux.

blizzard, bliz'-eurde, n tempête de neige f.

bloated, blau'-tedde, a boursouflé, bouffi; **bloater,** n hareng fumé m.

block, bloque, v bloquer. n bloc m, billot m; obstacle m; (of houses) pâté de maisons m; —**ade** blocus m; —**head,** n imbécile m & f.

blood, blodde, n sang m; —**hound,** limier m; —**shot,** a injecté de sang; —**thirsty,** sanguinaire; —**y,** sanglant.

blossom, bloss-eume, v fleurir. n fleur f.

blot, blotte, v tacher; (dry) sécher. n tache f; (ink) pâté m; —**ting-paper,** papier buvard m.

blotch, blotche, n tache f; éclaboussure f.

blouse, blâ'-ouze, n blouse f; (woman's shirt) chemisier m.

blow, blau, n coup m. v souffler; (trumpet) sonner; (nose) se moucher.

blubber, blob'-eur, n (whale) graisse de baleine f.

bludgeon, blod'-jeune, n matraque f.

blue, bloue, a & n bleu; —**bell,** n jacinthe des bois f; clochette f.

bluff, bloffe, n bluff m. v bluffer.

bluish, bloue'-iche, a bleuâtre.

blunder, blonne'-deur, n maladresse f. v commettre une maladresse.

blunt, blonnt, v émousser. a* brusque; emoussé.

blur, bleure, v brouiller. n tache f.

blush, bloche, v rougir. n rougeur f.

bluster, bloce'-teur, *v* faire du vacarme. *n* fanfaronnade *f;* **—er,** fanfaron *m;* **—ing,** *a* tapageur; (wind) violent.

boar, baure, *n* (wild) sanglier *m.*

board, baurde, *n* planche *f;* (directors) conseil d'administration *m;* (food) pension *f. v* garnir de planches; **notice- —,** *n* tableau d'annonces *m;* **—er,** pensionnaire *m* & *f;* **—ing-house,** pension *f;* **—ing-school,** pensionnat *m;* pension *f.*

boast, bauste, *v* se vanter.

boaster, baus'-t'r, *n* vantard *m.*

boat, baute, *n* bateau *m;* (rowing) bateau à rames *m;* **motor—,** canot à moteur *m;* **steam—,** vapeur *m;* **— -hook,** gaffe *f.*

bob, bobbe, *v* ballotter; osciller; s'agiter.

bobbin, bob'-ine, *n* bobine *f.*

bodice, bod'-ice, *n* corsage *m.*

bodkin, bod'-kinne, *n* passe-lacet *m;* poinçon *m.*

body, bod'-i, *n* corps *m;* (vehicle) carrosserie *f.*

bog, bogue, *n* marécage *m;* **—gy,** *a* marécageux.

bogey-man, bau'-gui-männe, *n* croquemitaine *m.*

bogie, bau'-gui, *n* (mech) boggie *m.*

boil, boa'île, *v* faire bouillir; bouillir. *n* (med) furoncle *m.*

boiler, boa'il'-eur, *n* chaudière *f.*

boisterous*, bo'ice'-teur-euce, *a* bruyant, turbulent.

bold*, bôlde, *a* hardi; audacieux; effronté.

boldness, bôlde'-nesse, *n* hardiesse *f;* effronterie *f.*

bolster, bôle'-steur, *n* traversin *m. v* (fig) soutenir.

bolt, bôlte, *v* verrouiller; décamper. *n* verrou *m.*

bomb, bomme, *n* bombe *f;* **—ard,** *v* bombarder.

bond, bonnde, *n* (tie) lien *m;* (word) engagement *m;* bon *m;* **in —,** (customs) à l'entrepôt *m.*

bondage, bonndd'-idj, *n* esclavage *m;* servitude *f.*

bone, baune, *n* os *m;* (fish) arête *f.*

bonfire, bonn'-fâïre, *n* feu de joie *m.*

bonnet, bonn'-ette, *n* chapeau *m;* bonnet; (car) capot *m.*

bonus, bau'-neuce, *n* prime *f,* gratification *f.*

bony, bau'-ni, *a* osseux.

boob, boub, *n* (pop) gaffe *f. v* faire une gaffe.

book, bouk, *n* livre *m. v* inscrire; réserver; **—binder,**

n relieur *m;* **—case,** bibliothèque *f;* **—ing-office,** guichet *m;* **—keeper,** comptable *m;* **—seller,** libraire *m;* **—shop,** librairie *f;* **—stall,** kiosque à journaux *m.*

boom, boume, *n (com)* boom *m;* (noise) grondement *m;* (spar) bout-dehors *m.* *v* gronder; *(com)* faire hausser; être à la hausse.

boon, boune, *n* bienfait *m.*

boor, boure, *n* rustre *m;* **—ish,** *a* grossier.

boot, boute, *n* botte *f;* **—-maker,** bottier *m.*

booth, boudz, *n* cabine *f.*

booty, boue'-ti, *n* butin *m.*

border, bôre'-d'r, *n* frontière *f;* bord *m;* bordure *f;* **—ing,** *a* (adjacent) contigu à; touchant.

bore, bôre, *v* percer; (ground) forer; (weary) ennuyer. *n* calibre *m;* (person) raseur *m;* raseuse *f;* (thing) corvée *f;* barbe *f.*

born, bôrne, *pp* né.

borrow, bor'-au, *v* emprunter.

bosom, bou'-zeume, *n* sein *m.*

boss, bosse, *n (fam)* patron *m.* *v* mener, diriger.

botanist, bott'-a-niste, *n* botaniste *mf.*

botany, bott'-a-ni, *n* botanique *f.*

both, bôts, *a* tous deux; les deux.

bother, bo'-dz'r, *v* tracasser. *n* ennui *m.*

bottle, bott'-'l, *v* mettre en bouteilles. *n* bouteille *f.*

bottom, bott'-eume, *n* fond *m;* bas *m;* derrière *m.*

bottomless, bott'-eume-lesse, *a* sans fond.

boudoir, bou'-do'ar, *n* boudoir *m.*

bough, bâ'ou, *n* rameau *m,* branche *f.*

bounce, bâ'ounnce, *v* rebondir.

bound, bâ'ounn'-de, *v* borner; (jump) bondir. *n* (jump) bond *m;* **—ary,** borne *f,* limites *fpl;* **— for,** à destination de.

bountiful*, bâ'ounn'-ti-foull, *a* généreux.

bounty, bâ'ounn'-ti, *n* libéralité *f;* prime *f.*

bouquet, bou-kay, *n* bouquet *m.*

bout, bâ'oute, *n* (fencing) assaut *m;* accès *m.*

bow, bâ'ou, *v* saluer; s'incliner. *n* salut *m;* révérence *f;* (ship) avant *m.*

bow, bau, *n* (archery) arc *m;* (tie) (knot) nœud *m;* (violin) archet *m.*

bowels, bâ'ou'-elze, *n* boyaux *mpl*, intestins *mpl*.

bowl, baule, *n* bol *m*; (ball) boule *f*. *v* jouer aux boules; (cricket) lancer la balle.

box, boxe, *v* boxer. *n* boîte *f*; (theatre) loge *f*; (on the ears) gifle *f*; **—ing,** boxe *f*.

boy, boa'ï, *n* garçon *m*; **—cott,** *v* boycotter. *n* boycottage *m*; **—hood,** enfance *f*.

brace, bréce, *v* lier; fortifier. *n* (*mech*) vilebrequin *m*; (two) couple *m*; **—s,** bretelles *fpl*.

bracelet, bréce'-lette, *n* bracelet *m*.

bracing, bréce'-inng, *a* fortifiant, tonique.

bracken, brăk'-n, *n* fougère *f*.

bracket, brăk'-ette, *n* console *f*; parenthèse *f*.

brackish, brăk'-iche, *a* saumâtre.

brag, brăgue, *v* se vanter; **—gart,** *n* vantard *m*.

braid, bréde, *v* tresser. *n* tresse *f*; (dress) galon *m*.

brain, bréne, *n* (substance) cervelle *f*; (mind) cerveau *m*; **brainy** *a* (*fam*) intelligent.

braise, bréze, *v* braiser.

brake, bréque, *n* frein *m*. *v* freiner.

bramble, brămm'-b'l, *n* ronce *f*.

bran, brănne, *n* son *m*.

branch, brănntche, *n* branche *f*; (*com*) succursale *f*.

brand, brănnde, *n* marque *f*; (fire) brandon *m*. *v* marquer; stigmatiser; **—ish,** brandir.

brandy, brănn'-di, *n* eau de vie *f*.

brassière (*fam* **bra**), brä'-ssiaire (brâ), *n* soutien-gorge *m*.

brass, brâce, *n* laiton *m*, cuivre jaune *m*.

bravado, bra-vâ'-dô, *n* bravade *f*.

brave*, bréve, *a* brave, courageux. *v* braver; **—ry,** *n* bravoure *f*.

brawl, broale, *v* se chamailler.

brawn, broanne, *n* fromage de tête *m*; muscles *mpl*; **—y,** *a* musclé.

bray, bré, *v* braire.

brazen, bré'-z'n, *a* de laiton; (insolent) effronté.

brazil-nut, bra-zile'-notte, *n* noix du Brésil *f*.

breach, brîtche, *n* fracture *f*; violation *f*; rupture *f*.

bread, brède, *n* pain *m*; (*pop*) argent.

breadth, brèd*ts*, *n* largeur *f*.

break, bréque, *v* casser; (amity, etc) rompre; (law)

violer; (smash) briser. *n* brisure *f*; (pause) pause *f*; (school) récréation; **—age,** casse *f*; **—down,** rupture *f*; écroulement *m*; (*mech*) panne *f*; **—er,** (*naut*) grosse vague *f*; **—water,** brise-lames *m*.

breakfast, brèque'-fáste, *n* petit-déjeuner *m*.

bream, brîmme, *n* brème *f*.

breast, breste, *n* sein *m*, poitrine *f*.

breath, brè-*ts*, *n* haleine *f*, souffle *m*; **—less,** *a* essoufflé.

breathe, brî-*dz*, *v* respirer.

breech, brîtche, *n* (firearms) culasse *f*.

breeches, brî'-tchiz, *npl* culotte *f*.

breed, brîde, *v* élever; procréer; se reproduire; *n* race *f*; espèce *f*; **—er,** éleveur *m*; **—ing,** élevage *m*; éducation *f*.

breeze, brîze, *n* brise *f*.

brevity, brèv'-i-ti, *n* brièveté *f*.

brew, broue, *v* brasser; faire infuser; **—er,** *n* brasseur *m*.

brewery, broue'-*eur*-i, *n* brasserie *f*.

briar, brâï'-*eur*, *n* (bramble) ronce *f*; églantier *m*.

bribe, brâïbe, *v* corrompre; (*fam*) graisser la pâte. *n* paiement illicite *m*.

bribery, brâï'-beur-i, *n* corruption *f*.

brick, brique, *n* brique *f*; **—layer,** maçon *m*.

bridal, brâï'-d'l, *a* nuptial.

bride, brâïde, *n* mariée *f*; **—groom,** marié *m*; **—smaid,** demoiselle d'honneur *f*.

bridge, bridje, *n* pont *m*; (*naut*) passerelle *f*.

bridle, brâï'-d'l, *n* bride *f*. *v* brider.

brief, brîfe, *n* dossier *m*. *a** bref; **—case,** *n* serviette *f*; **—ing,** instruction *f*; directives *f*.

brigade, bri-guéde', *n* brigade *f*.

bright*, brâïte, *a* luisant; lumineux; intelligent; **—en,** *v* faire briller; (enliven) égayer; (weather) s'éclaircir; **—ness,** *n* éclat *m*; vivacité *f*.

brilliancy, bril'-iann-ci, *n* éclat *m*; lustre *m*.

brilliant, bril'-iannte, *a* brillant, éclatant.

brim, brime, *n* bord *m*; **—over,** *v* déborder.

brimstone, brime'-staune, *n* soufre *m*.

brine, brâïne, *n* saumure *f*.

bring, brinng, *v* apporter; conduire; **— forward,**

(com) reporter; — **in**, *(com)* rapporter; — **up**, élever.

brink, brinng-k, *n* bord *m*.

brisk, brisque, *a* vif, animé; **—ness**, *n* vivacité *f*.

brisket, briss'-quette, *n* poitrine de bœuf *f*.

bristle, briss'-'l, *n* poil raide *m*; soie *f*. *v* se hérisser.

bristly, briss'-li, *a* dur; poilu; hérissé.

brittle, britt'-'l, *a* fragile, cassant.

broad, broade, *a* large; (accent) prononcé.

broadcast, broade'-câste, *v* radiodiffuser.

broadcasting, broade'-câste-inng, *n* émission *f*.

brocade, brô-quéde', *n* brocart *m*.

broccoli, broque'-o-li, *n* brocoli *m*.

brogue, braugue, *n* patois *m*; chaussure *f*.

broil, broa'île, *n* querelle *f*.

broker, brau'-keur, *n* courtier *m*; **stock—**, agent de change *m*; **—age**, courtage *m*.

bronchitis, bronng-kâï'-tice, *n* bronchite *f*.

bronze, bronnze, *n* bronze *m*. *v* bronzer.

brooch, brautche, *n* broche *f*.

brood, broude, *v* couver; *(fam)* remâcher, ruminer (une idée). *n* couvée *f*.

brook, brouque, *n* ruisseau *m*.

broom, broume, *n* balai *m*; (plant) genêt *m*.

broth, brofs, *n* bouillon *m*.

brothel, brotz'-'l, *n* maison de débauche *f*; *(pop)* bordel *m*.

brother, brodz'-eur, *n* frère *m*; **—hood**, fraternité *f*; *(eccl)* confrérie *f*; — **-in-law**, beau-frère *m*; **—ly**, *a* fraternel.

brow, brâ'ou, *n* front *m*; sourcil *m*; **—beat**, *v* intimider.

brown, brâ'oune, *v* brunir. *a* brun; marron; **—ish**, brunâtre.

browse, brâ'ouze, *v* brouter; *(fam)* fevilleter.

bruise, brouze, *n* contusion *f*; bleu *m*. *v* meurtrir.

brunette, brou-nette', *n* brunette *f*.

brunt, bronnte, *n* choc *m*; violence *f*.

brush, broche, *n* brosse *f*. *v* brosser; (sweep) balayer.

brushwood, broche'-ou'oude, *n* broussailles *fpl*.

brusque, breuske, *a* brusque.

Brussels-sprouts, bross'-lze-spr'outse, *npl* choux de Bruxelles *mpl*.

brutal*, broue'-t'l, *a* brutal; **—ity**, *n* brutalité *f.*

brutalize, broue'-t'l-âîze, *v* abrutir, brutaliser.

brute, broute, *n* brute *f.*

bubble, bo'-b'l, *n* bulle *f.* *v* bouillonner; (wine) pétiller.

buck, boque, *a* mâle. *n* (deer) daim *m.*

bucket, bok'-ette, *n* seau *m;* baquet *m.*

buckle, bo'-k'l, *n* boucle *f.* *v* boucler.

bud, bodde, *n* bourgeon *m;* (flower) bouton *m.* *v* bourgeonner; fleurir.

budge, bodje, *v* bouger.

budget, bodj'-ette, *n* budget *m.*

buff, boffe, *a* couleur chamois. *v* polir.

buffalo, boff'-*a*-lau, *n* buffle *m.*

buffer, boff'-*eur*, *n* tampon (de choc) *m.*

buffet, boff'-ette, *n* (bar) buffet *m.* *v* battre.

buffoon, beuf-foune', *n* bouffon *m.*

bug, bogue, *n* punaise *f;* insecte *m;* **—bear**, (fam) bête noire *f.*

bugle, bioue'-g'l, *n* (mil) clairon *m.*

build, bilde, *v* bâtir. *n* forme *f;* **—er**, constructeur *m;* **—ing**, bâtiment *m.*

bulb, bolbe, *n* bulbe *m;* (lamp) ampoule électrique *f.*

bulge, bol-dj, *v* bomber; gonfler.

bulk, bolke, *n* volume *m;* **in —**, en gros.

bulky, boll'-ki, *a* volumineux; encombrant.

bull, boull, *n* taureau *m;* (stock exchange) haussier *m;* **— -dog**, bouledogue *m;* **—finch**, bouvreuil *m;* **—'s eye**, (target) mouche *f.*

bullet, boull'-ette, *n* balle *f.*

bulletin, boull'-i-tinne, *n* bulletin *m.*

bullion, boull'-ieune, *n* or en barres *m.*

bully, boull'-i, *v* malmener. *n* tyran *m;* brute *f.*

bulrush, boull'-roche, *n* jonc *m.*

bulwark, boull'-ou'eurque. *n* rempart *m;* (naut) pavois *m.*

bumble-bee, bomm'-b'l-bî, *n* bourdon *m.*

bump, bommpe, *n* coup *m;* secousse *f;* (swelling) bosse *f.* *v* heurter; cogner.

bumper, bomm'-peur, *n* (glass) rasade *f;* (of car) pare-chocs *m.*

bumptious, bommpe'-cheuce, *a* arrogant.

bunch, bonntche, *v* grouper; se tasser. *n* (vegetables) botte *f*; (flowers) bouquet *m*; (grapes) grappe de raisin *f*; (keys) trousseau de clefs *m*.

bundle, bonn'-d'l, *n* paquet *m*; ballot *m*; (of wood) fagot *m*.

bung, bonng, *n* bondon *m*; — **-hole,** bonde *f*.

bungalow, bonng'-ga-lau, *n* bungalow *m*.

bungle, bonng'-g'l, *v* gâcher; —**r,** *n* gâcheur *m*.

bunion, bonn'-ieune, *n* oignon aux pieds *m*.

bunker, bonng'-keur, *n* (coal) soute à charbon *f*.

bunting, bonn'-ting, *n* étamine *f*; (flags) drapeaux *mpl*.

buoy, bôa'ï, *n* bouée *f*; —**ancy,** légèreté *f*; (*fam*) entrain *m*; —**ant,** *a* flottable; (*fam*) plein d'entrain.

burden, beur'-d'n, *v* charger; accabler. *n* fardeau *m*; charge *f*; —**some,** *a* lourd.

bureau, biou'-rau, *n* (furniture) bureau *m*; secrétaire *m*; (office) bureau *m*; office *m*.

bureaucracy, biou-rau-cra-si, *n* bureaucratie *f*.

burglar, beur'-gleur, *n* cambrioleur *m*.

burglary, beur'-gleur-i, *n* cambriolage *m*.

burial, bè'-ri-al, *n* enterrement *m*.

burial-ground, bè'-ri-al-grâ'ounnde, *n* cimetière *m*.

burlesque, beur-lesque', *n* & *a* burlesque *m*.

burly, beur'-li, *a* corpulent.

burn, beurne, *v* brûler; (arson) incendier. *n* brûlure *f*; —**er,** (gas; lamp) bec *m*.

burr, beurre, *n* (botanical) carde *f*.

burrow, beurr'-au, *v* terrer. *n* terrier *m*.

bursar, beurr'-sar, *n* (school) économe *m*.

burst, beurste, *v* éclater; (crack) crever, sauter.

bury, bèr-i, *v* enterrer.

bus, boss, *n* autobus *m*.

bush, bouche, *n* buisson *m*, fourré *m*; —**y,** *a* touffu.

business, biz'-nesse, *n* affaires *fpl*; occupation *f*.

bust, bosste, *n* buste *m*; poitrine *f*.

bustle, boss'l, *v* se remuer. *n* mouvement *m*; remue-ménage *m*.

bustling, boss'-linng, *a* affairé.

busy, biz'-i, *a* occupé, affairé.

but, botte, *conj* mais. *adv* seulement.

butcher, boutt'-cheur, *n* boucher *m*. *v* massacrer.

butler, bŏtt'-leur, *n* maître d'hôtel *m*.

butt, bŏtt, *n* bout *m*; (gun) crosse *f*; (cask) tonneau *m*.
v buter.

butter, bŏtt'-eur, *v* beurrer. *n* beurre *m*; —**cup**,
bouton d'or *m*; —**-dish**, beurrier *m*; —**fly**, papillon *m*.

buttock, bŏtt'-ŏque, *n* fesse *f*; culotte de bœuf *f*.

button, bŏtt'-'n, *n* bouton *m*. *v* boutonner; —**-hole**,
n boutonnière *f*.

buxom, bŏx'-eume, *a* (woman) gaillarde *f*; rebondie;
grassouillette.

buy, bâï, *v* acheter; —**er**, *n* acheteur *m*; acheteuse *f*.

buzz, bŏzze, *v* bourdonner.

buzzard, bŏzz'-eurde, *n* buse *f*.

by, bâï, *prep* par; près de; —**gone**, *a* passé;
—**stander**, *n* spectateur *m*; —**word**, dicton *m*.

bye-law, bâï'-loa, *n* réglement *m*, arrêté *m*.

by-pass, bâï'-pâsse, *v* contourner, éviter.

cab, căbbe, *n* taxi *m*.

cabbage, căb'-idj, *n* chou *m*.

cabin, căb'-inn, *n* cabine *f*; (hut) cabane *f*.

cabinet, căb'-inn-ett, *n* cabinet *m*; — **-maker**,
ébéniste *m*.

cable, ké'-b'l, *n* câble *m*. *v* câbler.

cablegram, ké'-b'l-grămme, *n* câblogramme *m*.

cackle, căk'-'l, *v* caqueter. *n* caquet *m*.

cage, kédje, *n* cage *f*. *v* mettre en cage.

cajole, ca-djaule', *v* cajoler.

cake, kéque, *n* gâteau *m*. *v* se coaguler.

calabash, căl'-a-băche, *n* calebasse *f*.

calamitous, ca-lămm'-i-teuce, *a* désastreux.

calamity, ca-lămm'-i-ti, *n* calamité *f*.

calculate, căl'-kiou-léte, *v* calculer.

calendar, căl'-ènn-deur, *n* calendrier *m*.

calf, câfe, *n* veau *m*; (leg) mollet *m*.

calico, căl'-i-kô, *n* calicot *m*.

call, coal, *v* appeler; (name) nommer; (visit) visiter,
passer chez. *n* appel *m*; visite *f*.

callous, căl'-euce, *a* (unfeeling) insensible; endurci.

calm, câme, *v* calmer. *n & a** calme *m*.

calorie, călor'-ri, *n* calorie *f*.

cambric, kéme'-brique, *n* batiste *f.*

camel, cămm'-'l, *n* chameau *m.*

cameo, cămm'-î-ô, *n* camée *m.*

camera, cămm'-*eur-a*, *n* appareil photographique *m;* **in —,** à huis clos; **camera-man,** *n* cameraman *m.*

camomile, cămm'-ô-mäile, *n* camomille *f.*

camp, cămmpe, *v* camper. *n* camp *m;* **— -bed,** lit de camp *m;* **to go camping,** faire du camping.

campaign, cămm-péne', *n* campagne *f.*

camphor, cămm'-*feur*, *n* camphre *m.*

can, cănne, *n* bidon *m;* (of food) boîte. *v* (preserve) conserver en boîte.

can, cănne, *v* pouvoir; savoir.

canal, cănn-ăl', *n* canal *m.*

canary, că-né'-ri, *n* canari *m,* serin *m.*

cancel, cănn-s'l, *v* annuler.

cancer, cănn'-*ceur*, *n* cancer *m.*

candid*, cănn'-dide, *a* candide, franc.

candidate, cănn'-di-déte, *n* candidat *m.*

candle, cănn'-d'l, *n* bougie *f,* chandelle *f;* **—-stick,** bougeoir *m;* chandelier *m.*

candour, cănn'-*deur*, *n* candeur *f,* franchise.

candy, cănn'-di, *n* bonbons *mpl. v* cristalliser.

cane, quéne, *n* canne *f.*

canine, că-nâïne', *a* canin. *n* (tooth) canine *f.*

canister, cănn'-iss-*teur*, *n* boîte en fer blanc *f.*

canker, caing-k'r, *n* chancre *m.*

cannibal, cănn'-i-b'l, *n* & *a* cannibale *m* & *f.*

cannon, cănn'-*eune*, *n* canon *m.*

canoe, *ca*-noue', *n* périssoire *f;* (native) pirogue *f.*

canon, cănn'-*eune*, *n* (title) chanoine *m;* (law) canon *m.*

canopy, cănn'-ô-pi, *n* baldaquin *m.*

cant, cănnt, *n* hypocrisie *f.*

cantankerous, cănn-taing'-*keur-euce*, *a* revêche.

canteen, cănn-tîne, *n* cantine *f.*

canter, cănn'-*teur*, *v* aller au petit galop.

canvas, cănn'-*vasse*, *n* toile *f;* (sail) voile *f.*

canvass, cănn'-*vasse*, *v* solliciter.

cap, căppe, *n* casquette *f;* (of bottle) capsule *f;* (pen) capuchon *m.*

capable, qué'-pa-b'l, *a* capable; competent.

capacity, ca-păsse'-i-ti, n capacité f.

cape, quépe, n (geog) cap m; (cover) cape f.

caper, qué'-peur, n cambriole, gambade f; (cooking) câpre f.

capital, căp'-i-t'l, n (city) capitale f; (money) capital m; (letter) majuscule f.

capitulate, ca-pitte'-ioue-léte, v capituler.

capricious*, ca-prich'-euce, a capricieux.

capsize, căp-săïze', v chavirer.

capstan, căp'-stănne, n cabestan m.

capsule, căp'-sioulle, n capsule f.

captain, căp'-t'n, n capitaine m; (sport) chef d'équipe m.

caption, căp'-ch'n, n légende f.

captive, căp'-tive, n & a, captif m; captive f.

captivity, căp-tive'-i-ti, n captivité f.

capture, căp'-tioure, v capturer. n prise f.

car, câre, n automobile f; voiture f; (aero) nacelle f.

caramel, căr'-a-m'l, n caramel m.

carat, căr'-atte, n carat m.

caravan, căr'-a-vănne, n caravane f; roulotte f.

caraway, căr'-a-oué, n (seed) carvi m.

carbide, căr'-băïde, n carbure m.

carbolic, căr-bol'-ique, a phénique; — **acid,** n phénol m.

carbon, căr'-b'n, n carbone m; — **-copy,** n double m; — **paper,** n papier carbone m.

carbuncle, căr'-bonng-k'l, n (med) anthrax m.

carburettor, căr-bi'oue-rett'-'r, n carburateur m.

carcase, CARCASS, căr'-casse, n carcasse f.

card, cârde, v carder. n carte f; **—board,** carton m.

cardinal, căr'-di-n'l, n cardinal m. a cardinal.

care, quére, n soin m, attention f; inquiétude f; v se soucier de; **take —!** interj attention!; **take — of,** v faire attention à; **—for,** aimer; **—ful*,** a soigneux; prudent; **—less,** négligent; sans soin; **—lessness,** n négligence f; **c/o,** chez; aux bons soins de; **—taker,** n gardien m; concierge m & f.

career, ca-rîre', n carrière f.

caress, ca-resse', v caresser. n caresse f.

cargo, căr'-gau, n cargaison f.

caricature, căr'-i-ca-tioure', n caricature f.

carmine, câr'-mine, *n* carmin *m*.

carnage, câr'-nidj, *n* carnage *m*.

carnal*, câr'-n'l, *a* charnel.

carnation, câr-né'-ch'n, *n* œillet *m*.

carnival, câr'-ni-v'l, *n* carnaval *m*.

carol, câr'-ŏl, *n* cantique de Noël *m*.

carp, cârpe, *n* (fish) carpe *f*. *v* chicaner sur.

carpenter, câr'-penn-t*eur*, *n* charpentier *m*.

carpet, câr'-pette, *n* tapis *m*.

carriage, câr'-idj, *n* voiture *f*; (freight) port *m*; (deportment) maintien *m*; (rail) wagon *m*.

carrier, câr'-i-*eur*, *n* entrepreneur de transports *m*; (on car, cycle, etc) porte-bagages *m*; **— -pigeon,** pigeon voyageur *m*.

carrion, câr'-ri-*eune*, *n* charogne *f*.

carrot, câr'-ŏtte, *n* carotte *f*.

carry, câr'-i, *v* porter; transporter.

cart, cârte, *v* transporter; (*fam*) trimbaler. *n* charrette *f*; **—age,** camionnage *m*.

cartoon, câr-toune', *n* caricature *f*; dessin animé *m*.

cartridge, câr'-tridj, *n* cartouche *f*.

carve, cârve, *v* (wood) sculpter; (meat) découper.

carving, câr'-ving, *n* sculpture *f*; découpage *m*.

cascade, câsse-quéde', *n* cascade *f*.

case, quéce, *n* (box) caisse *f*; (cigarette etc) étui *m*; (jewel) écrin *m*; cas *m*; affaire *f*; **in —,** au cas où.

casement, quéce'-m'nt, *n* croisée *f*, fenêtre *f*.

cash, câche, *n* argent *m*. *v* encaisser; **— -book,** *n* livre de caisse *m*; **— -box,** caisse *f*.

cashier, câche-îre', *n* caissier *m*; caissière *f*.

cashmere, câche'-mîre, *n* cachemire *m*.

cask, câsque, *n* tonneau *m*, baril *m*; fût *m*.

casket, câsse'-quette, *n* cassette *f*; écrin *m*.

cassock, câss'-ŏque, *n* soutane *f*.

cast, câste, *n* (throw) coup *m*; (theatre) distribution des rôles *f*; (metal) moule *m*. *v* (throw) jeter, lancer; (metal) couler; **— -iron,** *n* fonte *f*.

castanet, câsse'-*ta*-nette, *n* castagnette *f*.

caste, câste, *n* caste *f*.

castigate, câsse'-ti-guéte, *v* châtier.

castle, câ'-s'l, *n* château *m*.

castor, câsse'-tŏr, *n* (wheel) roulette *f*.

castor-oil, câsse′-tŏr-oa′ile, *n* huile de ricin *f.*

casual, căj′-iou-*eul*, *a* fortuit; indifférent, détaché.

casualty, căj′iou-*eul*-ti, *n* accidenté *m*; (*mil*) perte *f.*

cat, cătte, *n* chat *m.*

catalogue, căt′-*a*-logue, *n* catalogue *m.*

catarrh, c*a*-târre′, *n* catarrhe *m.*

catastrophe, c*a*-tăce′-trŏ-fi, *n* catastrophe *f.*

catch, cătche, *n* prise *f.* *v* attraper; **—ing,** *a* contagieux; **— up,** *v* rattraper.

category, căt′-i-gŏr-i, *n* catégorie *f.*

cater, qué′-t*eur*, *v* approvisionner; **—er,** *n* traiteur *m.*

caterpillar, căt′-*eur*-pil-*eur*, *n* chenille *f.*

cathedral, c*a*-tsi′-dralle, *n* cathédrale *f.*

catholic, că′-tsŏ-lique, *n* & *a*, catholique *m* & *f.*

cattle, căt′-t'l, *n* bétail *m.*

cauldron, cŏl′-dronne, *n* chaudron *m*; chaudière *f.*

cauliflower, col′-i-flâ′ou-*eur*, *n* chou-fleur *m.*

caulk, côke, *v* calfater.

cause, côze, *n* cause *f.* *v* causer, occasionner.

caustic, côce′-tique, *n* & *a* caustique *m.*

cauterize, cŏ′-t*eur*-âïze, *v* cautériser.

caution, cô′-ch'n, *n* prudence *f*; (*warning*) avis *m.*

cautious, cô′-cheuce, *a* prudent.   [*v* avertir.

cavalier, căv-*a*-lîre′, *n* cavalier *m.*

cavalry, căv′-*a*l-ri, *n* cavalerie *f.*

cave, quéve, *n* caverne *f*; (*animals′*) antre *m.*

cavil, căv′-il, *v* chicaner.

cavity, căv′-i-ti, *n* cavité *f.*

cease, sîce, *v* cesser; **—less,** *a* incessant.

cedar, si-d*eur*, *n* cèdre *m.*

cede, sîde, *v* céder.

ceiling, sîl′-inng, *n* plafond *m.*

celebrate, sell′-i-bréte, *v* célébrer; **—d,** *a* célèbre.

celery, sell′-*eur*-i, *n* céleri *m.*

celestial, si-lesse′-ti-'l, *a* céleste.

celibacy, sell′-i-ba-ci, *n* célibat *m.*

cell, selle, *n* cellule *f.*

cellar, sell′-*eur*, *n* cave *f.*

celluloid, sell′-ioue-lo-ïde, *n* celluloïde *m.*

cement, sé-mennte′, *n* ciment *m.* *v* cimenter.

cemetery, sém′-i-t*eur*-i, *n* cimetière *m.*

cenotaph, senn′-ô-tăffe, *n* cénotaphe *m.*

censor, senn'-*seur*, *n* censeur *m*; **—ship,** censure *f.*

censure, senn'-chioure, *v* censurer. *n* censure *f.*

census, senn'-*ceusse*, *n* recensement *m.*

cent, sennte, *n* sou *m*; **per —,** pour cent; **—enary,** *a* centenaire; **—ury,** *n* siècle *m.*

central, senn'-tr'l, *a* central; **— heating,** *n* chauffage central *m*; **—ize,** *v* centraliser.

centre, senn'-t'r, *n* centre *m. v* placer au centre.

cereal, sī'-rī-l, *n* céréale *f.*

ceremonious*, sair'-i-mau'-ni-*euce*, *a* cérémonieux.

ceremony, sair'-i-mau-ni, *n* cérémonie *f.*

certain*, seur'-t'n, *a* certain.

certificate, seur-tif'-i-quéte, *n* certificat *m*; acte *m.*

certify, seur'-ti-fâï, *v* certifier; (law) attester.

cessation, saiss-sé'-ch'n, *n* cessation *f*; suspension *f.*

cesspool, saiss'-poule, *n* fosse d'aisances *f.*

chafe, tchéfe, *v* irriter, écorcher.

chaff, tchâffe, *v* taquiner. *n* (husk) menue paille *f.*

chaffinch, tchâf'-finntche, *n* pinson *m.*

chain, tchéne, *n* chaîne *f*; **— up,** *v* enchaîner.

chair, tchaire, *n* chaise *f*; **—man,** président *m.*

chalice, tchâl'-isse, *n* calice *m.*

chalk, tchôque, *n* craie *f*; **—y,** *a* crayeux.

challenge, tchâl'-inndje, *v* défier. *n* défi *m.*

chamber, tchéme'-b'r, *n* chambre *f*; **—lain,** chambellan *m*; **— -maid,** femme de chambre *f*; **- -pot,** pot de chambre *m*; **barrister's —s,** cabinet d'avocat *m.*

chamois, chăme'oï, *n* chamois *m.*

champion, tchăme'-pi-*eune*, *n* champion *m. v* soutenir.

chance, tchânnce, *n* hasard *m*; (opportunity) occasion *f. a* fortuit. *v* risquer.

chancel, tchânn'-s'l, *n* sanctuaire *m.*

chancellor, tchânn-*seul-eur*, *n* chancelier *m.*

chancery, tchânn'-*ceu*-ri, *n* chancellerie *f.*

chandelier, chănn-di-lîre', *n* lustre *m.*

change, tchéne'-dje, *v* changer. *n* changement *m*; (cash) monnaie *f*; **—able,** *a* variable; **—less,** immuable.

channel, tchânn'-'l, *v* creuser. *n* canal *m*; voie *f*; (TV) chaîne *f*; **the English —,** La Manche *f.*

chant, tchânnte, *v* chanter. *n* chant *m.*

chaos, qué'-oce, *n* chaos *m.*

chap, tchâpe, (hands, lips, etc.) *v* gercer. *n* gerçure *f;* (person) type *m.*

chapel, tchâp'-l, *n* chapelle *f.*

chaperon, châpe'-*eur*-aune, *v* chaperonner. *n* chaperon *m.*

chaplain, tchâp'-l'n, *n* aumônier *m.*

chapter, tchâp'-*teur*, *n* chapitre *m.*

char, tchâre, *v* carboniser; (clean) faire le ménage; —**woman,** *n* femme de ménage *f.*

character, cãr'-ac-teur, *n* caractère *m;* genre *m;* personnage *m.*

charcoal, tchâr'-caule, *n* charbon de bois *m; (art)* fusain *m.*

charge, tchârdje, *n* attaque *f;* accusation *f;* (load) chargement *m;* (price) prix *m. v* attaquer; accuser; charger; (price) demander; **to take —,** se charger de.

chariot, tohâr'-l-otte, *n* char *m.*

charitable, tchãr'-i-ta-b'l, *a* charitable.

charity, tchãr'-i-ti, *n* charité *f.*

charm, tchârme, *v* charmer. *n* charme *m.*

charming, tchârm'-inng, *a* charmant.

chart, tchârte, *n* carte *f;* carte marine *f;* graphique *m;* tableau *m.*

charter, tchâr'-*teur*, *n* charte *f. v* (hire) affréter.

chary, tché'-ri, *a* circonspect; économe.

chase, tchéce, *v* chasser. *n* chasse *f.*

chasm, cãz'm, *n* abîme *m.*

chaste*, tchéste, *a* chaste; —**n,** *v* châtier; purifier.

chastise, tchàss-tãïze', *v* châtier.

chasuble, tchãz'-ioue-b'l, *n* chasuble *f.*

chat, tchâtte, *v* bavarder. *n* causerie *f;* —**ter,** caquet *m; v* jaser; (teeth) claquer; —**terbox,** *n* moulin à paroles *m.*

chattel, tchãtt'-l, *n* mobilier *m;* effets *mpl.*

chauffeur, chau'-feur, *n* chauffeur *m.*

cheap*, tchîpe, *a & adv* bon marché; —**en,** *v* baisser le prix; discréditer (réputation); —**er,** *a* meilleur marché; —**ness,** *n* bon marché *m;* médiocrité *f.*

cheat, tchîte, *v* tricher. *n* tricheur *m;* tricheuse *f.*

cheating, tchîte'-inng, *n* tricherie *f.*

check, tchèque, *n* (restraint; chess) échec *m*; (verification) contrôle *m*; (pattern) à carreaux *mpl*. *v* (stop) arrêter; (repress) réprimer; (verify) vérifier; **—mate,** *n* échec et mat *m*. *v* mater.

cheek, tchîque, *n* joue *f*; (*fam*) toupet *m*.

cheer, tchîre, *n* gaieté *f*; (applause) acclamation *f*. *v* acclamer; (brighten) égayer; **to — (someone) up,** remonter le moral (de quelqu'un); **—ful,** *a* joyeux; gai; **—less,** *a* triste; sombre.

cheese, tchîze, *n* fromage *m*.

chemical, quèm'-i-k'l, *a* chimique.

chemist, quèm'-isste, *n* pharmacien,-ne *m* & *f*; chimiste *m*; (shop) pharmacie *f*; **—ry,** chimie *f*.

cheque, tchèque, *n* chèque *m*; **— -book,** carnet de chèques *m*.

chequered, tchèque'-*eu*rde, *a* varié, mouvementé.

cherish, tchèr'-iche, *v* chérir.

cherry, tchèr'-i, *n* cerise *f*; **— -tree,** cerisier *m*.

cherub, tchèr'-*eu*b, *n* chérubin *m*.

chess, tchèss, *n* échecs *mpl*.

chest, tchèste, *n* coffre *m*; boîte *f*; (box) caisse *f*; (human) poitrine *f*; **— of drawers,** commode *f*.

chestnut, tchèste'-notte, *n* marron *m*; châtaigne *f*; (tree) châtaignier *m*. *a* châtain; **horse —,** *n* marron d'Inde *m*; (tree) marronnier *m*.

chew, tchiou, *v* mâcher.

chicken, tchik'-enne, *n* poulet *m*; **—pox,** varicelle *f*.

chide, tchaïde, *v* réprimander.

chief, tchîfe, *n* chef *m*; (*fam*) patron *m*. *a** principal.

chilblain, tchil'-bléne, *n* engelure *f*.

child, tchâïlde, *n* enfant *m* & *f*; **—hood,** enfance *f*; **—ish,** *a* enfantin.

chill, tchill, *n* coup de froid *m*. *v* refroidir; réfrigérer.

chilly, tchil'-i, *a* un peu froid; frais.

chime, tchaïme, *v* carillonner. *n* carillon *m*.

chimney, tchime'-ni, *n* cheminée *f*.

chimney-sweep, tchime'-ni-souîpe, *n* ramoneur *m*.

chin, tchine, *n* menton *m*.

china, tchaï'-na, *n* porcelaine *f*.

chintz, tchine'tse, *n* perse *f*.

chip, tchipe, *v* tailler par éclats; ébrécher. *n* fragment *m*; éclat *m*; pomme frite *f*.

chiropodist, câî-rop'-o-diste, *n* pédicure *m*.

chirp, tcheurpe, *v* gazouiller.

chisel, tchiz'-'l, *n* ciseau *m*. *v* ciseler.

chivalrous, chiv'-al-reusse, *a* courtois.

chives, tchâîvze, *npl* ciboulette *f*.

chloride, clau'-râîde, *n* chlorure *m*.

chlorine, clau'-rine, *n* chlore *m*.

chloroform, clau'-ro-forme, *n* chloroforme *m*.

chocolate, tchok'-ŏ-léte, *n* chocolat *m*.

choice, tchoa'ïce, *n* choix *m*. *a* choisi, surfin.

choir, couaï'r, *n* chœur *m*.

choke, tchauque, *v* étouffer; (block up) boucher; (car) *n* starter *m*.

cholera, col'-*eur*-a, *n* choléra *m*.

choose, tchouze, *v* choisir; **choosy,** *a* (fam) difficile.

chop, tchoppe, *n* côtelette *f*. *v* hacher; **— off,** couper; **—per,** *n* hachoir *m*.

choral, co'-r'l, *a* choral.

chord, côrde, *n* (mus) accord *m*.

chorister, cor'-iss-*teur*, *n* choriste *m*.

chorus, côr'-*euss*e, *n* chœur *m*; refrain *m*.

Christ, craïsste, *n* le Christ.

christen, criss'-'n, *v* baptiser; **—ing,** *n* baptême *m*.

Christian, criss'-ti-'n, *n* & *a* chrétien *m*; chrétienne *f*.

Christianity, criss-ti-ann'-i-ti, *n* christianisme *m*.

Christmas, criss'-meusse, *n* Noël *m*; **— -tree,** arbre de Noël *m*.

chronic, cronn'-ique, *a* chronique.

chronicle, cronn'-i-k'l, *n* chronique *f*.

chrysanthemum, cri-sanne'-*tsi*-*meum*me, *n* chrysanthème *m*.

chuck, tcho'-k, *v* jeter, lancer, flanquer.

chuckle, tcho'-k'l, *v* rire tout bas; glousser. *n* gloussement *m*.

church, tcheurtche, *n* église *f*; **—yard,** cimetière *m*.

churlish, cheur'-liche, *a* revêche, maussade.

churn, tcheurne, *v* baratter. *n* baratte *f*.

cider, sâî'-d'r, *n* cidre *m*.

cigar, si-gâre', *n* cigare *m*.

cigarette, sig-*a*-rette', *n* cigarette *f*; **— end,** (fam) mégot *m*.

cinder, sinn'-d'r, *n* cendre *f*.

cinema, si'-ni-ma, *n* cinéma *m.*

cinnamon, sin'-na-meune, *n* cannelle *f.*

cipher, sâï'-f'r, *v* chiffrer. *n* chiffre *m*; zéro *m.*

circle, seur'-k'l, *v* entourer; tourner autour de. *n* cercle *m.*

circuit, seur'-kitte, *n* circuit *m*; tournée *f.*

circuitous, seur-kiou'-i-teusse, *a* détourné.

circular, seur'-kiou-l'r, *n* & *a* circulaire *f.*

circulate, seur'-kiou-léte, *v* circuler; faire circuler.

circulation, seur-kiou-lé'-ch'n, *n* circulation *f*; (newspaper, etc) tirage *m.*

circumference, seur-komm'-feur-'nce, *n* circonférence *f.*

circumflex, seur'-keume-flèxe, *a* circonflexe.

circumscribe, seur'-keume-scrâïbe, *v* circonscrire.

circumspect, seur'-keume-specte, *a* circonspect.

circumstance, seur'-keume-stânnce, *n* circonstance *f.*

circumstantial, seur-keume-stänn'-ch'l, *a* circonstanciel; **— evidence,** *n* preuve indirecte *f.*

circus, seur'-keusse, *n* cirque *m*; (place) rondpoint *m.*

cistern, siss'-teurne, *n* citerne *f*; (lavatory) réservoir de chasse d'eau *m.*

cite, sâïte, *v* citer.

citizen, sit'-i-z'n, *n* citoyen *m*; **—ship,** nationalité *f.*

city, sit'-i, *n* cité *f*; grande ville.

civil, siv'-il, *a* civil; **—ian,** *n* civil *m*; **—isation,** civilisation *f*; **—ity,** politesse *f*, civilité *f.*

claim, cléme, *v* réclamer. *n* réclamation *f*; (inheritance) droit *m*; demande de remboursement *f.* *v* réclamer, prétendre; **—ant,** *n* prétendant *m.*

clammy, clä'-mi, *a* (hands) moite; (weather) humide.

clamour, clämm'-eur, *v* vociférer. *n* clameur *f.*

clamp, clämmpe, *n* crampon *m.* *v* cramponner.

clan, clänne, *n* clan *m*; tribu *f*; (fam) clique *f.*

clandestine, clänne-desse'-tinne, *a* clandestin.

clang, clainng, *n* bruit métallique *m*; résonnement *m.* *v* retentir.

clap, cläppe, *v* applaudir. *n* (thunder) coup *m.*

clapping, cläpp'-inng, *n* applaudissement *m.*

claret, clär'-ette, *n* vin rouge de Bordeaux *m.*

clarify, clär'-i-fâï, *v* clarifier, éclaircir.

clarinet, clăr'-i-nette, *n* clarinette *f.*

clash, clăche, *n* choc *m*; conflit *m.* *v* (se) heurter; (of colours) jurer.

clasp, clâsspe, *v* étreindre. *n* étreinte *f*; (catch) fermoir *m.*

class, clâsse, *n* classe *f*; (school) classe *f*; cours *m.* *v* classer.

classify, clăss'-i-fâî, *v* classifier.

clatter, clătt'-*eur*, *n* fracas *m.* *v* retentir.

clause, cloaze, *n* clause *f*; (gram) proposition *f.*

claw, cloa, *n* griffer. *n* griffe *f*; (bird of prey) serre *f*; (crab, etc) pince *f.*

clay, clé, *n* argile *f*; **—ey,** *a* argileux.

clean, cline, *v* nettoyer. *a* propre. *adv* absolument; **—ing,** *n* nettoyage *m*; **—liness,** propreté *f.*

cleanse, clènnz, *v* purifier.

clear, clîre, *a* clair; net. *v* éclaircir; évacuer; dégager; (table) desservir; **—ness,** *n* clarté *f.*

clearance, clîr'-annce, *n* dégagement *m*; (customs) dédouanement *m*; (sale) liquidation *f.*

cleave, clîve, *v* fendre; (cling) s'attacher à.

cleft, clefte, *n* fente *f.*

clemency, clémm'-enn-ci, *n* clémence *f.*

clench, clentche, *v* serrer.

clergy, cleur'-dji, *n* clergé *m*; **—man,** pasteur *m*; prêtre *m.*

clerical, clé'-ri-k'l, *a* clérical; de bureau; **— error,** *n* erreur de plume *f.*

clerk, clârque, *n* employé *m*; (law) clerc *m.*

clever*, clèv'-eur, *a* habile; intelligent; **—ness,** *n* habileté *f.*

click, clique, *n* déclic *m.*

client, clâï'-ennte, *n* client, -ente *m* & *f*; **—ele,** clientèle *f.*

cliff, cliffe, *n* falaise *f.*

climate, clâï'-méte, *n* climat *m.*

climax, clâï'-măxe, *n* comble *m*; point culminant *m.*

climb, clâïmme, *v* monter, grimper; (mountain, etc) gravir.

clinch, *v* conclure.

cling, clinng, *v* se cramponner; adhérer.

clinic, clinn'-ik, *n* clinique *f*; **—al,** *a* clinique.

clink, clinnque, *v* tinter; (glasses) trinquer.

clinker, clinng'-keur, *n* mâchefer *m*.

clip, clippe, *v* (cut) tondre, couper; agrafer.

cloak, clauque, *n* manteau *m*; cape *f*. *v* (fig) voiler; — **-room,** vestiaire *m*; (station) consigne *f*.

clock, cloque, *n* horloge *f*; pendule *f*; — **-maker,** horloger *m*; — **-work,** mouvement d'horlogerie *m*.

clod, clodde, *n* motte de terre *f*.

clog, clogue, *n* entrave *f*; (shoe) sabot *m*. *v* obstruer.

cloister, cloa'iss'-t'r, *n* cloître *m*.

close, clauze, *n* fin *f*. *v* fermer; terminer. *a* (weather) lourd. *adv* (near) près de.

closet, cloz'-ette, *n* cabinet *m*.

closure, clau-jeure, *n* fermeture *f*.

clot, clotte, *v* cailler. *n* caillot *m*.

cloth, clots, *n* drap *m*; tissu *m*; **table- —,** nappe *f*.

clothe, claudz, *v* habiller, vêtir.

clothes, claudz-z, *npl* vêtements *mpl*; — **-brush,** brosse à habits *f*.

clothing, claudz'-inng, *n* vêtements *mpl*.

cloud, clâ'oude, *n* nuage *m*. *v* obscurcir; — **y,** *a* nuageux.

clout, clâ'oute, *n* claque *f*; gifle *f*.

clove, clauve, *n* clou de girofle *m*.

clover, clauv'-'r, *n* trèfle *m*; **to be in —,** être comme coq en pâte.

clown, clâ'oune, *n* clown *m*.

club, clobbe, *n* club *m*; (cards) trèfle *m*; (stick) massue *f*; **golf —,** club *m*; — **foot,** pied bot *m*.

cluck, cloque, *v* glousser. *n* gloussement *m*.

clue, clioue, *n* indice *m*.

clump, clommpe, *n* (trees) bosquet *m*; (flowers) massif *m*; touffe *f*.

clumsiness, clomme'-zi-nesse, *n* maladresse *f*.

clumsy, clomme'-zi, *a* maladroit, gauche.

cluster, closs'-teur, *n* groupe *m*; (fruit) grappe *f*; (trees) bosquet *m*. *v* se grouper.

clutch, clotche, *n* griffe *f*; (motor) embrayage *m*. *v* saisir.

coach, cautche, *n* (motor) car *m*; (rail) wagon *m*; (tutor) répétiteur *m*. *v* donner des leçons particulières; (sport) entraîner.

coagulate, cau-ăgue'-ioue-léte, *v* coaguler.

coal, caule, *n* houille *f*, charbon de terre *m*; **— -cellar**, cave à charbon *f*; **— -mine**, mine *f*; **—man**, charbonnier *m*.

coalition, cau-ă-li'-ch'n, *n* coalition *f*.

coarse*, caurse, *a* grossier, gros; **—ness**, *n* grossièreté *f*; rudesse *f*.

coast, causste, *n* côte *f*, littoral *m*. *v* côtoyer.

coast-guard, causste'-gârde, *n* garde-côte *m*.

coat, caute, *n* manteau *m*; pardessus *m*; (animal) manteau *m*, pelage *m*; (paint) couche *f*.

coax, cauxe, *v* enjôler, encourager.

cob, cobbe, *n* (horse) cob *m*; bidet; (swan) cygne mâle *m*; (nut) noisette *f*.

cobbler, cob'-bleur, *n* cordonnier *m*.

cobweb, cob'-ouèbbe, *n* toile d'araignée *f*.

cocaine, cau'- kéne, *n* cocaïne *f*.

cochineal, cotch'-i-nil, *n* cochenille *f*.

cock, coque, *n* (bird) coq *m*; (gun) chien *m*; (turn valve) robinet *m*; **—ade**, cocarde *f*; **—erel**, cochet *m*; **—roach**, blatte *f*, cafard *m*.

cockle, coque'-l, *n* coque *f*.

cocoa, cau'-cau, *n* cacao *m*.

coconut, cau'-cau-notte, *n* noix de coco *f*.

cocoon, co-coune', *n* cocon *m*.

cod, codde, *n* morue *f*; **— liver oil**, huile de foie de morue *f*.

coddle, cod'-d'l, *v* choyer, dorloter.

code, caude, *n* code *m*.

codicil, codd'-i-sile, *n* codicille *m*.

co-education, cau-èd-iou-ké'-ch'n, *n* coéducation *f*; enseignement mixte *m*.

coerce, cau-eurce', *v* contraindre.

coffee, cof'-i, *n* café *m*; **— -pot**, cafetière *f*.

coffer, cof'-*eur*, *n* coffre *m*, caisse *f*.

coffin, cof'-inne, *n* cercueil *m*.

cog, cogue, *n* dent de roue *f*; **— -wheel**, roue dentée *f*.

coherent*, cau-hi'-r'nt, *a* cohérent.

cohesion, cau-hi'-j'n, *n* cohésion *f*.

coil, coa'ile, *n* rouleau *m*; (electric) bobine *f*. *v* enrouler; (reptile) s'enrouler.

coin, coa'inne, *n* pièce de monnaie *f.*

coincide, cau-inn-çâîde', *v* coïncider.

coincidence, cau-inn'-si-d'ns, *n* coïncidence *f.*

coke, cauque, *n* coke *m.*

cold, caulde, *n* froid *m*; (*med*) rhume *m.* *a** froid.

colic, col'-ique, *n* colique *f.*

collaborate, còl-la'-bo-réte, *v* collaborer.

collapse, còl-làpse', *v* s'affaisser. *n* effondrement *m.*

collar, col'-eur, *n* col *m*; (dog) collier *m*; — -bone, clavicule *f.*

collate, col-léte', *v* collationner; assembler.

colleague, col'-ligue, *n* collègue *m.*

collect, còl-lècte', *v* rassembler; (stamps, etc) collectionner; (money) encaisser; (alms) quêter; —**ion,** *n* collection *f*; (alms) quête *f*; (postal) levée *f*; —**ive*,** *a* collectif; —**or,** *n* collectionneur *m*; (tax) percepteur *m.*

college, col'-idj, *n* collège *m*; école *f.*

collide, còl-lâîde', *v* se heurter; se tamponner.

collier, col'-i-*eur*, *n* mineur *m*; —**y,** houillère *f.*

collision, còl-li'-j'n, *n* collision *f*, rencontre *f*; (railway) tamponnement *m*; (ships) abordage *m.*

colloquial*, còl-lau'-coui-al, *a* familier.

collusion, còl-lioue'-j'n, *n* collusion *f.*

colon, cau'-l'n, *n* deux points *mpl*; (*anat*) côlon *m.*

colonel, queur'-n'l, *n* colonel *m.*

colonist, col'-önn-iste, *n* colon *m.*

colonnade, col-önn-éde', *n* colonnade *f.*

colony, col'-ŏ-ni, *n* colonie *f.*

colossal, cau-loss'-'l, *a* colossal.

colour, col'-*eur*, *n* couleur *f.* *v* colorier.

colouring, col'-*eur*-inng, *n* coloris *m*; teint *m.*

colt, caulte, *n* poulain *m.*

column, col'-*eume*, *n* colonne *f.*

coma, cau'-mà, *n* (*med*) coma *m.*

comb, caume, *n* peigne *m*; (bird) crête *f.* *v* peigner.

combat, comm'-batte, *n* combat *m.* *v* combattre; —**ant,** *n* combattant *m*; —**ive,** *a* batailleur.

combination, comm-bi-né'-ch'n, *n* combinaison *f.*

combine, còmm-bâîne', *v* combiner.

combustion, còmm'-bòsse'-tch'n, *n* combustion *f.*

come, comme, *v* venir; arriver; — **down,** descendre;

— **in,** entrer; — **off,** se détacher; — **out,** sortir; — **up,** monter.

comedian, cŏ-mi'-di-anne, *n* comédien *m*.

comedy, comm'-i-di, *n* comédie *f*.

comet, comm'-ette, *n* comète *f*.

comfort, comm'-*feurte,* *n* confort *m*; consolation *f*; (relief) soulagement *m*. *v* consoler.

comfortable, comm'-*feur*-ta-b'l, *a* confortable.

comic, comm'-ique, *a* comique.

coming, comm'-inng, *a* proche; futur. *n* venue *f*.

comma, comm'-ma, *n* virgule *f*.

command, cŏmm-ânnde', *v* commander; dominer. *n* ordre *m*; (knowledge) facilité *f*; **—er,** commandant *m*; **—ment(s),** commandement(s) *m(pl)*.

commence, cŏmm-ennce', *v* commencer; **—ment,** *n* commencement *m*.

commend, cŏmm-ennde', *v* recommander; (praise) louer; **—ation,** *n* éloge *m*; louange *f*.

comment, comm'-ennte, *n* commentaire *m*; observation *f*. *v* commenter; **commentary,** *n* commentaire *m*.

commerce, comm'-*eurce,* *n* commerce *m*.

commercial, cŏmm-*eur*'-ch'l, *a* commercial.

commiserate, cŏmm-iz'-*eur*-éte, *v* plaindre.

commission, cŏmm-ich'-'n, *v* charger de. *n* commission *f*; (*mil*) brevet *m*; **—aire,** portier *m*.

commit, cŏmm-itte', *v* commettre; envoyer en prison; (bind) engager.

committee, cŏmm-it'-ti, *n* comité *m*.

commodious, cŏmm-aud'-i-*euce,* *a* spacieux.

commodity, cŏmm-od'-i-ti, *n* produit *m*; marchandise *f*.

common, comm'-'n, *a* commun; ordinaire; **—place,** banal.

Commons, comm'-*eunze,* *npl* (House of —) Chambre des Communes *f*.

commotion, cŏmm-au'-ch'n, *n* commotion *f*.

commune, comm-ioune', *n* commune *f*. *v* converser.

communicate, cŏmm-ioue'-ni-quéte, *v* communiquer.

communication, cŏmm-ioue'-ni-qué'-ch'n, *n* communication *f*.

Communion, cŏmm-ioue'-nie*une*, *n* communion *f.*

communism, cŏmm'-ioue-niz'm, *n* communisme *m.*

communist, cŏmm'-ioue-nisste, *a* & *n* communiste *mf.*

commute, cŏmm-moute', *v* (é)changer, commuer.

community, cŏmm-ioue'-ni-ti, *n* communauté *f.*

compact, comm'-păcte, *n* pacte *m;* (powder) poudrier *m. a* compact.

companion, cŏmm-pănn'-ie*une*, *n* compagnon *m;* —**ship,** *n* camaraderie *f.*

company, comm'-pa-ni, *n* compagnie *f.*

comparative*, cŏmm-păr'-*a*-tive, *a* comparatif.

compare, cŏmm-père', *v* comparer.

comparison, cŏmm-păr'-i-s'n, *n* comparaison *f.*

compartment, cŏmm-parte'-m'nt, *n* compartiment *m;* case *f.*

compass, comm'-pa*sse,* *n* (magnetic) boussole *f;* (a pair of) —**es,** *pl* compas *m.*

compassionate, cŏmm-păch'-e*une*-éte, *a* compatissant.

compel, cŏmm-pel', *v* contraindre, forcer.

compensate, comm'-penn-séte, *v* compenser.

compensation, cŏmm-penn-sé'-ch'n, *n* compensation *f.*

compete, cŏmm-pîte', *v* concourir.

competence, comm'-pi-t'nce, *n* compétence *f.*

competent*, *a* capable, compétent.

competition, cŏmm-pi-ti'-ch'n, *n* (*com*) concurrence *f;* (games, sport) concours *m.*

competitor, cŏmm-pett'-i-te*ur,* *n* (*com*) concurrent *m;* (sport, etc) compétiteur *m.*

compile, cŏmm-pâïle', *v* compiler, composer.

complacent, cŏmm-plé'-cennte, *a* content de soi-même.

complain, cŏmm-pléne', *v* se plaindre.

complaint, cŏmm-plénnte', *n* plainte *f;* maladie *f.*

complement, comm'-pli-m'nt, *n* effectif *m;* complément.

complete, cŏmm-plîte', *v* achever. *a** complet.

completion, cŏmm-plî-ch'n, *n* achèvement *m.*

complex, comm'-plexe, *a* compliqué, complexe; *n* complexe *m.*

complexion, cŏmm-plèque'-ch'n, *n* (face) teint *m.*
compliance, cŏmm-plăï'-'ns, *n* conformité *f.*
compliant, cŏmm-plăï'-'nt, *a* complaisant.
complicate, cŏmm'-pli-quéte, *v* compliquer.
compliment, cŏmm'-pli-m'nt, *n* compliment *m.*
v faire des compliments; **—s,** *npl* compliments *mpl.*
comply, cŏmm-plăï', *v* **— with,** se conformer à.
component, cŏmm-pau'-n'nt, *n* composant *m.*
compose, cŏmm-pauze', *v* composer; calmer.
composer, cŏmm-pau-*zeur,* *n* compositeur *m.*
composition, cŏmm-pau-si'-ch'n, *n* composition *f.*
compositor, cŏmm-po'-zi-t'r, *n* compositeur *m.*
composure, cŏmm-pau'-*jeure,* *n* calme *m.*
compound, cŏmm'-pâ'ounnde, *v* composer. *a* composé; **— interest,** intérêt composé *m.*
comprehend, cŏmm-pri-hennde', *v* comprendre.
comprehension, cŏmm-pri-henn'-ch'n, *n* compréhension *f.*
compress, cŏmm-presse', *v* comprimer. *n* compresse *f.*
comprise, cŏmm-prăïze', *v* contenir, comprendre.
compromise, cŏmm'-prŏ-mâïze, *n* compromis *m.*
v compromettre.
compulsion, cŏmm-pol'-ch'n, *n* contrainte *f.*
compulsory, cŏmm-pol'-sŏr-i, *a* obligatoire.
compunction, cŏmm-ponnk'-ch'n, *n* remords *m.*
compute, cŏmm-pioute', *v* estimer; calculer.
computer, cŏmm-piou'-t'r, *n* ordinateur *m.*
comrade, cŏmm'-réde, *n* camarade *m* & *f*; compagnon *m.*
concave, conn'-quéve, *a* concave.
conceal, cŏnn-cîle', *v* cacher.
concede, cŏnn-cîde', *v* concéder.
conceit, cŏnn-cîte', *n* suffisance *f*; **—ed,** *a* suffisant.
conceive, cŏnn-cîve', *v* concevoir, (s') imaginer.
concentrate, conn'-*seune*-tréte, *v* concentrer.
conception, cŏnn-seppe'-ch'n, *n* conception *f.*
concern, cŏnn-seurne', *n* affaire *f*; (disquiet) souci *m.*
v concerner; **to be —ed,** s'inquiéter.
concert, conn'-*seu*rte, *n* concert *m.*
concession, cŏnn-sèch'-*eun*e, *n* concession *f.*
conciliate, cŏnn-cil'-i-éte, *v* concilier.

concise, cŏnn-sâïce', *a* concis.

conclude, cŏnn-cloude', *v* conclure.

conclusion, cŏnn-cloue'-j'n, *n* conclusion *f*.

conclusive, cŏnn-cloue'-cive, *a* concluant.

concoct, cŏnn-cocte', *v* élaborer; préparer; combiner.

concord, cŏnn'-côrde, *n* concorde *f*; accord *m*.

concrete, conn'-crîte, *n* béton *m*. *a* concret.

concur, cŏnn-queur', *v* concourir; être d'accord.

concussion, cŏnn-coch'-'n, *n* choc *m*; (*med*) commotion *f*.

condemn, cŏnn-demme', *v* condamner.

condense, cŏnn-dennce', *v* condenser.

condescend, cŏnn-di-cennde', *v* condescendre.

condescension, cŏnn-di-cenn'-ch'n, *n* condescendance *f*.

condition, cŏnn-di'-ch'n, *n* condition *f*.

conditional*, cŏnn-dich'-eun-'l, *a* conditionnel.

condole, cŏnn-daule', *v* exprimer ses condoléances.

condolence, cŏnn-daul'-'ns, *n* condoléance *f*.

condone, cŏnn-daune', *v* pardonner.

conducive, cŏnn-dioue'-cive, *a* contribuant à.

conduct, cŏnn-docte', *v* conduire; (*mus*) diriger. *n* conduite *f*.

conductor, cŏnn-doct'-'r, *n* conducteur *m*; chef d'orchestre *m*.

cone, caune, *n* cône *m*; (ice-cream) cornet *m*.

confectioner, cŏnn-fèque'-cheunn-*eur*, *n* confiseur *m*; (shop) confiserie *f*; —**y,** bonbons *mpl*, confiserie *f*.

confederate, cŏnn-féd'-*eur*-éte, *n* & *a* confédéré *m*; complice *m*.

confederation, cŏnn-féd'-*eur*-é'-ch'n, *n* confédération *f*.

confer, cŏnn-feur', *v* conférer; accorder. | **|tion** *f*.

conference, cŏnn'-feur-ennce, *n* conférence *f*; congrès *m*.

confess, cŏnn-fesse', *v* avouer; (*eccl*) confesser.

confession, cŏnn-fé'-ch'n, *n* aveu *m*; (*eccl*) confession *f*.

confide, cŏnn-fâïde', *v* confier; se confier à.

confidence, conn'-fi-d'ns, *n* confiance *f*; (faith) confiance *f*.

confident, conn'-fi-dennte, *a* confiant, assuré.

confidential*, cŏnn-fi-denn'-ch'l, *a* confidentiel.

confine, cònn-fâîne', v limiter; enfermer. **—ment,**
n emprisonnement m; (birth) accouchement m;
(lying-in) couches fpl.

confirm, cònn-feurme', v confirmer.

confirmation, cònn-feur-mé'-ch'n, n confirmation f.

confiscate, cònn'-fisse-quéte, v confisquer.

conflagration, cònn-fla-gré'-ch'n, n incendie m.

conflict, cònn'-flicte, n conflit m; (combat) lutte f.
v être en conflit.

conflicting, cònn-flique'-tinng, a contradictoire.

conform, cònn-foarme', v se conformer.

confound, cònn-fà'ounnde', v confondre.

confront, cònn-frònnte', v confronter; affronter.

confuse, cònn-fiouze', v déconcerter; embrouiller.

confusion, cònn-fioue'-j'n, n confusion f.

congeal, cònn-djîle', v congeler; se congeler.

congenial, cònn-djî'-ni-al, a sympathique.

congenital, cònn-djenn'-i-t'l, a (med) congénital.

congest, cònn-djeste', v entasser; congestionner;
—ion, n (traffic) embouteillage m; (med) congestion f.

congratulate, cònn-grät'-iou-léte, v féliciter.

congratulation, cònn-grät-iou-lé'-ch'n, n félicitation f.

congregate, conng'-gri-guéte, v se rassembler.

congregation, cònng-gri-gué'-ch'n, n assemblée f.

congress, conng'-gresse, n congrès m.

conjecture, cònn-djéque'-tioure, n conjecture f.
v conjecturer.

conjugal, cònn'-djoue-g'l, a conjugal.

conjunction, cònn-djonngk'-ch'n, n conjonction f.

conjurer, cònn'-djeur-eur, n prestidigitateur m.

connect, cònn-necte', v unir; relier à.

connection, cònn-nec'-ch'n, n rapport m; lien m;
(train, etc) correspondance f.

connoisseur, cònn-oss-eur', n connaisseur m.

conquer, conng'-queur, v conquérir; vaincre.

conqueror, conng'-queur-eur, n conquérant m.

conquest, conng'-coueste, n conquête f.

conscience, cònn'-chennce, n conscience f.

conscientious*, cònn-chienn'-cheuce, a conscien-
cieux.

conscious, conn'-cheuce, *a* conscient; **—ness,** *n* conscience *f*; (*med*) connaissance *f*.

conscript, conn'-scripte, *n* conscrit *m*.

consecrate, conn'-ci-créte, *v* consacrer; bénir.

consecutive*, cŏnn-sèk'-iou-tive, *a* consécutif.

consent, cŏnn-cennte', *v* consentir. *n* consentement *m*.

consequence, conn'-ci-couènnce, *n* conséquence *f*.

consequently, conn'-ci-couènn-tli, *adv* par conséquent.

conservative, cŏnn-seur'-va-tive, *n* & *a* conservateur, -trice *m* & *f*.

conservatory, cŏnn-seur'-va-teur-i, *n* serre *f*.

conserve, cŏnn-seurve', *v* conserver.

consider, cŏnn-sâine', *v* considérer; **—able,** *a* considérable; **—ate,** attentionné; **—ation,** *n* considération *f*; **—ing,** *prep* vu; étant donné.

consign, cŏnn-sâine', *v* livrer, consigner; **—ee,** *n* destinataire *m*; **—ment,** envoi *m*; **—or,** expéditeur *m*.

consist, cŏnn-cisste', *v* consister; **—ency,** *n* consistance *f*; **—ent,** *a* compatible; conforme; logique.

consolation, cŏnn-saule-é'-ch'n, *n* consolation *f*.

console, cŏnn-saule', *v* consoler.

consonant, conn'-so-nennte, *n* consonne *f*.

conspicuous, cŏnn-spik'-iou-euce, *a* apparent, en évidence; **to make oneself —,** se faire remarquer.

conspiracy, cŏnn-spir'-a-ci, *n* complot *m*.

conspirator, cŏnn-spir'-é-teur, *n* conspirateur *m*.

conspire, cŏnn-spâïre', *v* conspirer.

constable, conn'-sta-b'l, *n* agent de police *m*.

constabulary, cŏnn-stăb'-iou-la-ri, *n* gendarmerie *f*; police *f*.

constancy, conn'-stann-ci, *n* constance *f*.

constant, conn'-stannte, *a* constant, continuel.

constipation, cŏnn-sti-pé'-ch'n, *n* constipation *f*.

constituency, cŏnn-sti'-tiou-enn-ci, *n* circonscription électorale *f*.

constituent, cŏnn-sti'-tiou-'nt, *n* électeur *m*.

constitute, conn'-sti-tioute, *v* constituer.

constitution, cŏnn-sti-tiou'-ch'n, *n* constitution *f*.

constrain, cŏnn-stréne', *v* contraindre.

constraint, cŏnn-strénnte′, *n* contrainte *f.*

constriction, cŏnn-stric′-ch′n, *n* rétrécissement *m*; resserrement *m.*

construct, cŏnn-strocte′, *v* construire.

construction, cŏnn-stroc′-ch′n, *n* construction *f.*

construe, conn′-stroue, *v* construire; interpréter.

consul, conn′-seul, *n* consul *m*; **—ate,** consulat *m.*

consult, cŏnn-solte′, *v* consulter; **—ation,** *n* consultation *f.*

consume, cŏnn-sioume′, *v* consumer; (food) consommer.

consumer, cŏnn-sioue′-meur, *n* consommateur *m.*

consummate, conn′-somm-éte, *v* consommer.

consummation, cŏnn-somm-mé′-ch′n, *n* consommation *f*; accomplissement *m.*

consumption, cŏnn-sommp′-ch′n, *n* (use) consommation *f*; (*med*) comsomption pulmonaire *f.*

consumptive, cŏnn-sommp′-tive, *a* & *n* tuberculeux.

contact, conn′-tăcte, *n* contact *m*; **— lens,** verre de contact *m.*

contagious, cŏnn-té′-djeuce, *a* contagieux.

contain, cŏnn-téne′, *v* contenir, retenir.

contaminate, cŏnn-tămm′-i-néte, *v* contaminer.

contemplate, cŏnn′-temm-pléte, *v* contempler.

contemporary, cŏnn-temm′-pŏ-ra-ri, *n* & *a* contemporain, -aine.

contempt, cŏnn-temmp′-′t, *n* mépris *m.*

contemptible, cŏnn-temmp′-ti-b′l, *a* méprisable.

contend, cŏnn-tennde′, *v* contester; (maintain) soutenir.

content, cŏnn-tennte′, *v* contenter. *a* satisfait; **—ment,** *n* contentement *m.*

content, conn′-tennte, *n* contenu *m.*

contention, cŏnn-tenn′-ch′n, *n* prétention *f.*

contentious, cŏnn-tenn′-cheuce, *a* discutable.

contents, conn′-tenn-ts, *npl* contenu *m.*

contest, cŏnn-tesste′, *v* contester; concours *m*; match *m.*

contiguous, cŏnn-tigue′-iou-euce, *a* contigu.

continent, conn′-ti-nennte, *n* continent *m.*

contingency, cŏnn-tinn′-djenn-ci, *n* éventualité *f.*

contingent, cŏnn-tinn′-djennte, *a* éventuel.

continual*, cŏnn-tinn'-iou'l, *a* continuel.

continuation, cŏnn-tinn'-iou-é'-ch'n, *n* continuation *f*.

continue, cŏnn-tinn'-ioue, *v* continuer.

continuous*, cŏnn-tinn'-iou-*euce*, *a* continu.

contortion, cŏnn-toar'-ch'n, *n* contorsion *f*.

contract, cŏnn'-trăcte, *n* contrat *m*. *v* contracter; **—ion,** *n* contraction *f*; **—or,** fournisseur *m*; (builder) entrepreneur *m*.

contradict, cŏnn-tra-dicte', *v* contredire; **—ion,** *n* contradiction *f*.

contrary, cŏnn'-tra-ri, *n* & *a* contraire *m*.

contrast, cŏnn'-traste, *n* contraste *m*.

contrast, cŏnn-traste', *v* contraster.

contravene, cŏnn-tra-vîne', *v* enfreindre.

contravention, cŏnn-tra-venn'-ch'n, *n* contravention *f*.

contribute, cŏnn-trib'-ioute, *v* contribuer.

contribution, cŏnn-trib-iou'-ch'n, *n* contribution *f*; (literary) article *m*.

contrite, cŏnn'-trâïte, *a* contrit.

contrivance, cŏnn-trâï'-v'nce, *n* invention *f*; dispositif *m*; (*fam*) manigance *f*.

contrive, cŏnn-trâïve', *v* inventer; trouver moyen; (*fam*) machiner.

control, cŏnn-traule', *v* contrôler; (feelings) (se) maîtriser. *n* contrôle *m*; (feelings) maîtrise *f*; (authority) direction *f*; **—ler,** contrôleur *m*.

controversial, cŏnn-trŏ-veur'-ch'l, *a* controversable.

controversy, conn'-trŏ-*veur*-ci, *n* controverse *f*.

convalescent, cŏnn-*va*-less'-'nt, *a* & *n* convalescent.

convenience, cŏnn-vî'-ni-ennce, *n* convenance *f*.

convenient, cŏnn-vî'-ni-ennte, *a* commode.

convent, cŏnn'-vennte, *n* couvent *m*.

convention, cŏnn-venn'-ch'n, *n* convention *f*.

converge, cŏnn-veurdje', *v* converger.

conversant, conn-*veur*-s'nt, *a* au courant de.

conversation, conn-*veur*-cé'-ch'n, *n* conversation *f*.

converse, cŏnn-veurse', *v* s'entretenir.

conversion, cŏnn-veur'-ch'n, *n* conversion *f*.

convert, cŏnn-veurte', *v* convertir. *n* converti *m*.

convex, conn'-vexe, *a* convexe.

convey, cŏnn-vé', *v* transporter; transmettre; présenter; **—ance,** *n* transport *m*; (law) transfert *m*.

convict, cŏnn-victe', *v* condamner; **—ion,** *n* condamnation *f*; (belief) conviction *f*.

convict, conn'-victe, *n* forçat *m*; bagnard *m*.

convince, cŏnn-vinnce', *v* convaincre.

convivial, cŏnn-viv'-ial, *a* jovial, sociable.

convoy, cŏnn-voa'ï', *v* convoyer, escorter. *n* convoi *m*.

convulse, cŏnn-vol', *v* convulser.

convulsion, cŏnn-vol'-ch'n, *n* convulsion *f*.

coo, cou, *v* roucouler.

cook, couk, *v* faire cuire; faire la cuisine; **cuire.** *n* cuisinier, -ère *m* & *f*.

cooker, couk'-*eu*r, *n* cuisinière *f*.

cookery, couk'-*eu*r-i, *n* cuisine *f*.

cool, coule, *v* refroidir. *a* frais; froid; **—ness,** *n* fraîcheur *f*; (nerve) sang froid *m*.

coop, coupe, *n* cage à poulets *f*.

co-operate, cau-op'-*eu*r-éte, *v* coopérer.

cope, caupe, *v* — **with,** se débrouiller de.

copious*, cau'-pi-*eu*ce, *a* copieux.

copper, cop'-*eu*r, *n* cuivre *m*. *a* de cuivre.

coppice, copse, cop'-ice, copce, *n* taillis *m*.

copy, cop'-i, *v* copier. *n* copie *f*; (of book) exemplaire *m*; (newspaper, etc) numéro *m*; **—right,** droits d'auteur *m*.

coquetry, coque'-éte-ri, *n* coquetterie *f*.

coral, cor'-al, *n* corail *m*.

cord, cŏrde, *v* corder. *n* corde *f*.

cordial, cŏr'-di-al, *a* cordial.

corduroy, cŏar'-diou-roa'ï, *n* velours côtelé *m*.

core, caure, *n* cœur *m*; trognon *m*.

cork, corque, *v* boucher. *n* liège *m*; (stopper) bouchon *m*; **—screw,** tire-bouchon *m*.

corn, corne, *n* blé *m*; (foot, etc) cor *m*.

corner, cŏr'-n'r, *n* coin *m*; (road bend) tournant *m*; virage *m*.

cornflower, cŏrne'-flâ'ou-*eu*r, *n* bluet *m*.

cornice, cor'-nice, *n* corniche *f*.

coronation, cor-ŏ-né'-ch'n, *n* couronnement *m*.

coroner, cor'-o-n*eu*r, *n* magistrat enquêteur *m*.

coronet, cor'-o-nette, *n* couronne *f.*

corporal, coar'-pŏ'-r'l, *n* caporal *m;* (artillery and cavalry) brigadier *m. a* corporel.

corporation, coar'-pŏ-ré'-ch'n, *n* corporation *f.*

corps, core, *n* corps *m.*

corpse, coarpse, *n* cadavre *m.*

corpulence, cor'-piou-lenn-ce, *n* corpulence *f.*

corpulent, cor'-piou-l'nt, *a* corpulent.

corpuscle, cor'-peuss-'l, *n* corpuscule *m.*

correct*, cŏr-recte', *a* correct. *v* corriger; **—ive,** *a* correctif; **—ness,** *n* exactitude *f.*

correspond, cŏr-i-sponnde', *v* correspondre; **—ence,** *n* correspondance *f.*

corridor, cŏr'-i-doar, *n* corridor *m;* couloir *m.*

corroborate, cŏr-rŏb'-ŏ-réte, *v* corroborer.

corroboration, cŏr-rŏb'-ŏ-ré'-ch'n, *n* corroboration *f.*

corrode, cŏr-raude', *v* corroder.

corrosive, cŏr-rau'-sive, *n & a* corrosif *m.*

corrugated, cor'-rou-gué-tedde, **— paper,** *n* papier ondulé *m;* **— iron,** tôle ondulée *f.*

corrupt, cŏr-ropte', *v* corrompre. *a* corrompu.

corruption, cŏr-rope'-ch'n, *n* corruption *f.*

corset, cor'-cette, *n* corset *m.*

cortege, cŏr-téje', *n* cortège *m.*

cost, coste, *n* prix *m;* (expense) frais *mpl. v* coûter; **—ly,** *a* coûteux; **—s,** *npl* (law) dépens *mpl.*

costume, cosse'-tioume, *n* costume *m.*

cosy, cauz'-i, *a* confortable; à l'aise.

cot, cotte, *n* lit d'enfant *m.*

cottage, cot'-idj, *n* (thatched) chaumière *f;* cottage *m.*

cotton, cot'-t'n, *n* coton *m;* **— -wool,** ouate *f;* (med) coton hydrophile *m.*

couch, câ'outche, *n* canapé *m;* divan *m.*

cough, coaf, *v* tousser. *n* toux *f.*

council, câ'ounn'-cil, *n* conseil *m;* **—lor,** conseiller *m.*

counsel, câ'ounn'-s'l, *n* avocat conseil *m. v* conseiller; **—lor,** *n* conseiller *m;* (law) conseil *m.*

count, câ'ounnte, *v* compter. *n* compte *m;* **—ing-house,** la comptabilité *f;* **—less,** *a* innombrable.

count, câ'ounnte, *n* (title) comte *m;* **—ess,** comptesse *f.* [*n* contenance *f.*

countenance, câ'ounn'-*teu*-nannce, *v* approuver.

counter, câ'ounn'-*teur*, n comptoir m; (games) jeton m. adv contre; **—act,** v contrarier; neutraliser; (frustrate) déjouer; **—balance,** contrebalancer; **—feit,** v contrefaire. a faux. n faux m; **—foil,** talon m; **—mand,** v contremander. n contre-ordre m; **—pane,** couvre-lit m; **—part,** contre-partie f; **—sign,** v contresigner. n mot d'ordre m.

country, conn'-tri, n (state) pays m; (rural) campagne f.

county, câ'ounn'-ti, n comté m.

couple, cop'-p'l, v accoupler. n couple m.

courage, cor'-idj, n courage m.

courageous*, keur-é'-djeuce, a courageux.

course, corse, n (river, tuition) cours m; (direction) route f; (race) champ de courses m; (meals) plat m; **of —,** adv naturellement.

court, côrte, n (royal) cour f; (law) tribunal m; (tennis) court m. v faire la cour à; **—ier,** n courtisan m; **— -martial,** conseil de guerre m; **—ship,** cour f; **—yard,** cour f.

courteous*, keur'-ti-euce, a courtois.

courtesy, keur'-ti-ci, n courtoisie f.

cousin, co'-z'n, n cousin m; cousine f.

cove, cauve, n (geog) anse f; petite baie f.

covenant, cov'-nannte, n pacte m; contrat m. v stipuler.

cover, cov'-eur, n couverture f; (lid) couvercle m; (shelter) abri m. v couvrir.

covet, cov'-ette, v convoiter.

cow, câ'ou, n vache f. v intimider: **—slip,** n coucou m.

coward, câ'ou'-eurde, n lâche m & f; **—ice,** lâcheté f.

cower, câ'ou'-eur, v se tapir.

cowl, câ'oule, n (hood, chimney) capuchon m.

coy, côa'ï, a réservé, timide.

crab, crâbbe, n crabe m; **— -apple,** pomme sauvage f.

crack, crâque, n (small) craquelure f; fente f; (glass) fêlure f; (noise) craquement m; (whip) claquement m. v craqueler, fendre; fêler; craquer; claquer; (nuts) casser; **—er,** n (firework) pétard m; (nut) casse-noisette m; **—le,** v craquer; pétiller.

cradle, cré'-d'l, n (crib) berceau m.

craft, crâfte, *n* (trade) métier *m*; (*naut*) embarcation *f*; (cunning) ruse *f*; **—sman,** artisan *m*; **—y,** *a* rusé.

crag, crăgue, *n* rocher à pic *m*.

cram, crămme, *v* bourrer.

cramp, crămmpe, *n* crampe *f*.

cranberry, crânne'-bĕ-ri, *n* airelle *f*.

crane, créne, *n* grue *f*.

crank, crain-ngk, *n* (*mech*) manivelle *f*.

crash, crăche, *v* (break) briser; (aero) s'écraser; (car) se tamponner. *n* (car, train) accident *m*; (noise) fracas *m*.

crate, créte, *n* caisse *f*, cageot *m*.

crater, cré-teur, *n* cratère *m*.

crave, créve *v* implorer, désirer ardemment.

craving, créve'-inng, *n* désir ardent *m*.

crawl, croal, *v* ramper.

crayfish, cré'-fiche, *n* écrevisse *f*; (sea) langouste *f*.

crayon, cré'-onn, *n* pastel *m*.

craze, créze, *n* (mode) manie *f*.

crazy, cré'-zi, *a* toqué; fou.

creak, crique, *v* grincer. *n* craquement *m*.

cream, crîme, *n* crème *f*; **—y,** *a* crémeux.

crease, crîce, *n* (press) pli *m*; (crush) faux pli *m*. *v* se froisser.

create, cri-éte', *v* créer, produire.

creature, crî'-tioure, *n* créature *f*.

credentials, cri-denn'-ch'lz, *npl* lettres de créance *fpl*; papiers d'identité *mpl*.

credible, crèd'-i-b'l, *a* croyable.

credit, crèd'-itte, *n* crédit *m*. *v* créditer; **—able,** *a* estimable, honorable; **—or,** *n* créancier *m*.

credulous, crèd'-iou-leuce, *a* crédule.

creed, crîde, *n* croyance *f*.

creek, crîque, *n* crique *f*.

creep, crîpe, *v* se traîner; (silently) se glisser; (plants, animals, etc) ramper.

creeper, crî'-peur, *n* plante grimpante *f*.

cremate, cri-méte', *v* incinérer.

cremation, cri-mé'-ch'n, *n* crémation *f*.

creole, crî'-ôle, *n* & *a* créole *m* & *f*.

crescent, cress'-'nt, *n* croissant *m*.

cress, cresse, *n* cresson *m*.

crest, cresste, *n* (heraldry) armes *fpl*; (seal, etc) écusson; *m* (hill, bird's) crête *f*; **—fallen**, *a* penaud.

crevice, crév'-ice, *n* crevasse *f*.

crew, croue, *n* (*naut*) équipage *m*.

crick, crique, *n* crampe *f*; (neck) torticolis *m*.

cricket, cri'-quette, *n* grillon *m*; (game) cricket *m*.

crime, crâïme, *n* crime *m*.

criminal, crimm'-i-n'l, *n* & *a* criminel *m* & *f*.

crimson, crimm'-z'n, *n* & *a* cramoisi *m*.

cringe, crinn'-dje, *v* faire des courbettes; se blottir.

crinkle, crinn'-k'l, *v* froisser. *n* froissement *m*.

cripple, crip'-p'l, *n* estropié *m*. *v* estropier.

crisis, crâï'-cisse, *n* crise *f*.

crisp, crispe, *a* (food) croustillant.

criterion, crâï-ti'-ri-eune, *n* critère *m*.

critic, cri'-tique, *n* critique *m*; **—al***, *a* critique.

criticism, crit'-i-ci-z'm, *n* critique *f*.

criticize, crit'-i-sâïze, *v* critiquer.

croak, crauque, *v* (bird) croasser; (frog) coasser. *n* croassement *m*; coassement *m*.

crochet, cro'-ché, *n* crochet *m*. *v* faire du crochet.

crockery, crok'-*eu*-ri, *n* vaisselle *f*.

crocodile, crok'-o-dâïle, *n* crocodile *m*.

crocus, cro'-queuce, *n* crocus *m*.

crook, crouk, *n* crochet *m*; (*pers*) escroc *m*.

crooked, crouk'-edde, *a* tordu; de travers; malhonnête.

crop, crope, *n* récolte *f*; (haircut) coupe *f*. *v* tondre.

cross, crosse, *n* croix *f*. *a* fâché; oblique. *v* (intersect) croiser; **—examine**, interroger; **—ing**, *n* traversée *f*; **—out**, *v* rayer; **—over**, traverser; **—road**, *n* carrefour *m*.

crotchet, crotch'-ette, *n* (music) noire *f*.

crouch, crâ'outche, *v* se tapir; s'accroupir.

crow, crau, *n* corbeau *m*. *v* (cock) chanter.

crowbar, crau'-bâre, *n* pince *f*.

crowd, crâ'oude, *n* foule *f*. *v* encombrer; (s')entasser.

crown, crâ'ounne, *n* couronne *f*; (top) sommet *m*. *v* couronner.

crucible, croue'-ci-b'l, *n* creuset *m*.

crucifix, croue'-ci-fixe, *n* crucifix *m*.

crucify, croue'-ci-fâï, *v* crucifier.

crude*, croude, *a* (raw) cru; (vulgar) grossier.
cruel*, croue'-*eul*, *a* cruel; **—ty**, *a* cruauté *f*.
cruise, crouze, *v* faire une croisière. *n* croisière *f*.
cruiser, croue'-*zeur*, *n* croiseur *m*.
crumb, cromme, *n* mie *f*; (particle) miette *f*.
crumble, cromm'-b'l, *v* tomber en poussière.
crumple, cromm'-p'l, *v* chiffonner.
crunch, cronntche, *v* croquer.
crush, croche, *v* écraser; (pound) broyer. *n* cohue *f*.
crust, crosste, *n* croûte *f*; **—y**, *a* croustillant.
crutch, crotche, *n* béquille *f*.
cry, crâï, *v* crier; (weep) pleurer. *n* cri *m*.
cryptic, cripe'-tic_ *a* occulte.
crystal, criss'-t'l, *n* cristal *m*.
cub, cobbe, *n* (bear) ourson *m*; (lion) lionceau *m*.
cube, kioube, *n* cube *m*.
cuckoo, cou'-coue, *n* coucou *m*.
cucumber, kiou'-comm-b'r, concombre *m*.
cud, code, *n* (to chew the —) ruminer.
cuddle, cod'-d'l, *v* caresser.
cudgel, codd'-j'l, *n* gourdin *m*.
cue, kioue, *n* (billiard) queue *f*; (acting) réplique *f*.
cuff, coffe, *n* manchette *f*.
culinary, kiou'-li-na-ri, *a* culinaire.
culminate, col'-mi-néte, *v* culminer.
culpability, col-pa-bile'-i-ti, *n* culpabilité *f*.
culpable, col'-pa-b'l, *a* coupable.
culprit, col'-pritte, *n* coupable *m* & *f*.
cultivate, col'-ti-véte, *v* cultiver.
culture, col'-tioure, *n* culture *f*.
cumbersome, comm'-*beur*-somme, *a* encombrant.
cunning*, conn'-inng, *n* ruse *f*. *a* rusé
cup, coppe, *n* tasse *f*; (trophy) coupe *f*.
cupboard, cob'-*eurde*, *n* placard *m*; armoire *f*.
cupola, kiou'-po-la, *n* coupole *f*.
cur, keur, *n* cabot *m*; (fig) vil individu *m*.
curate, kiou'-réte, *n* vicaire *m*.
curb, keurbe, *n* frein *m*; rebord de trottoir *m*. *v* (fig)
curd, keurde, *n* lait caillé *m*.
curdle, keur'-d'l, *v* se figer; (milk) se cailler. ⌐réprimer.
cure, kioure, *n* traitement *m*; (remedy) remède *m*.
v guérir; (meat, fish, etc) saler, fumer.

curiosity, kiou-ri-o'-si-ti, *n* curiosité *f*.

curious*, kiou'-ri-*euce*, *a* curieux.

curl, keurle, *v* (hair) friser. *n* boucle *f*.

currant, cor'-annte, *n* (dried) raisin sec *m*.

currency, cor'-enn-ci, *n* monnaie *f*; **foreign —,** *n* devises *fpl*.

current, cor'-ennte, *n* courant *m*. *a* courant.

curse, keurce, *n* malédiction *f*. *v* maudire.

cursory, keur'-so-ri, *a* rapide; superficiel.

curt, keurte, *a* bref; brusque.

curtail, keur-téle', *v* abréger; **—ment,** *n* raccourcissement *m*.

curtain, keur'-t'n, *n* rideau *m*.

curtsy, keurtt'-ci, *n* révérence *f*.

curve, keurve, *n* courbe *f*. *v* courber.

cushion, cou'-ch'n, *n* coussin *m*.

custard, cosse'-teurde, *n* flan *m*, crème cuite *f*.

custody, cosse'-tŏ-di, *n* garde *f*, détention *f*.

custom, cosse'-*teume*, *n* coutume *f*; (trade) clientèle *f*; **—ary,** *a* d'usage; **—er,** *n* client *m*; **—house,** douane *f*; **—s-duty,** droits de douane *mpl*.

cut, cotte, *n* coupure *f*; (joint, etc) tranche *f*. *v* couper; (suits, diamonds, etc) tailler; **—lery,** argenterie *f*; **—let,** côtelette *f*; **—ter,** *n* (tailor) coupeur *m*.

cuticle, kiou'-ti-k'l, *n* cuticule *f*.

cuttle-fish, cott'-'l-fiche, *n* seiche *f*.

cyclamen, sique'-lă-menn, *n* cyclamen *m*.

cycle, saï-k'l, *n* cycle *m*; (vehicle) bicyclette *f*. *v* faire de la bicyclette.

cylinder, sill'-inn-*deur*, *n* cylindre *m*.

cynical, sinn'-i-k'l, *a* cynique.

cypress, saï'-presse, *n* cyprès *m*.

dabble, dăbb-'l, *v* s'occuper; barboter; (shares) boursicoter.

daffodil, dăff'-o-dile, *n* narcisse sauvage *m*; jonquille *f*.

dagger, dăgg'-'r, *n* poignard *m*.

dahlia, dél'-i-ă, *n* dahlia *m*.

daily, dé'-li, *a* quotidien.

dainty, dénne'-ti, *a* délicat.

dairy, dé'-ri, *n* laiterie *f*; (shop) crèmerie *f*.

daisy, dé'-zi, *n* (field) pâquerette *f*.

dale, déle, *n* vallon *m*.

dam, dămme, *n* digue *f*, barrage *m*. *v* endiguer.

damage, dămm'-idj, *n* dommage *m*, dégât *m*, avarie *f*. *v* endommager, abimer.

damask, dămm'-asque, *n* damas *m*.

damn, dămme, *v* damner. *interj* zut!

damnation, dămm-né'-ch'n, *n* damnation *f*.

damp, dămmpe, *v* mouiller. *a* humide.

dampness, dămmpe'-nesse, *n* humidité *f*.

damson, dămm'-s'n, *n* prune de Damas *f*.

dance, dănnce, *v* danser. *n* danse *f*.

dancer, dănne'-ceur, *n* danseur *m*, danseuse *f*.

dandelion, dănn'-di-lâï-onn, *n* pissenlit *m*.

dandruff, dănnde'-rof, *n* pellicules *fpl*.

danger, déne'-djeur, *n* danger *m*; —**ous***, *a* dangereux.

dangle, dănn'-g'l, *v* pendiller; se balancer.

dare, daire, *v* oser; (challenge) défier.

daring, daire'-inng, *n* audace *f*. *a** audacieux.

dark, dârque, *a* sombre; (skin) brun; —**ness,** *n* obscurité *f*.

darling, dâre'-linng, *n* & *a* chéri, -ie *m* & *f*.

darn, dârne, *v* repriser. *n* reprise *f*.

dart, dârte, *n* dard *m*; (game) fléchette *f*; (sewing) pince *f*.

dash, dăche, *n* (short line) trait *m*. *v* lancer; (rush) s'élancer.

data, dé'-ta, *npl* données *fpl*.

data-processing, dé'-ta-prau'-cess-inng, *n* informatique *f*.

date, déte, *n* date *f*; (fruit) datte *f*. *v* dater.

daughter, doa'-t'r, *n* fille *f*; — **-in-law,** belle-fille *f*.

dauntless, doannte'-lesse, *a* intrépide.

dawdle, doa-d'l, *v* flâner, traîner.

dawn, doanne, *n* aurore *f*. *v* faire jour.

day, dé, *n* jour *m*; journée *f*; —**break,** point du jour *m*.

dazzle, dăz'-z'l, *v* éblouir.

deacon, dî'-k'n, *n* diacre *m*.

dead, dède, *a* mort; **—en,** *v* amortir; **—ly,** *a* mortel.

deaf, deffe, *a* sourd; **—en,** *v* assourdir.

deafness, deff'-nesse, *n* surdité *f*.

deal, dîle, *n* quantité *f*; (business) affaire *f*; (wood) bois de sapin *m*. *v* (trade) faire des affaires; (attend to) s'occuper de; (cards) donner.

dealer, dîl'-*eur*, *n* négociant *m*.

dean, dîne, *n* doyen *m*.

dear*, dîre, *a* cher.

dearth, deurfs, *n* manque *m*; pénurie *f*.

death, dèts, *n* mort *f*.

debar, di-bâre, *v* exclure; priver de.

debase, di-béce, *v* avilir; dégrader.

debate, di-béte, *v* discuter. *n* débat *m*.

debauch, di-boatch', *v* débaucher.

debauchery, di-boatch'-*eu*r-i, *n* débauche *f*.

debenture, di-benn'-tioure, *n* obligation *f*.

debility, di-bile'-i-ti, *n* débilité *f*.

debit, dèb'-itte, *n* débit *m*. *v* débiter.

debt, dette, *n* dette *f*; **—or,** *n* débiteur *m*.

decadence, dè'-*ca*-dennce, *n* décadence *f*.

decant, di-cânnte, *v* décanter; **—er,** *n* carafe *f*.

decapitate, di-cậpe'-i-téte, *v* décapiter.

decay, di-qué', *n* (decline) décadence *f*; (rot) délabrement *m*. *v* détériorer; pourrir; (teeth) carier.

decease, di-cîce, *n* décès *m*; **—d,** *a* décédé.

deceit, di-cîte', *n* tromperie *f*; **—ful*,** *a* trompeur.

deceive, di-cîve', *v* décevoir, tromper.

December, di-semm'-b'r, *n* décembre *m*.

decency, dî'-cenn-ci, *n* (moral) décence *f*.

decent, dî'-cennte, *a* (nice) convenable.

deception, di-cepp'-ch'n, *n* tromperie *f*.

deceptive, di-cepp'-tive, *a* trompeur.

decide, di-sàide', *v* décider; **—d,*** *a* décidé.

decimal, dé'-ci-m'l, *a* décimal.

decipher, di-saï'-f'r, *v* déchiffrer.

decision, di-ci'-j'n, *n* décision *f*.

decisive,* di-saï'-cive, *a* décisif.

deck, dèque, *n* pont *m*. *v* orner.

declaim, di-cléme', *v* déclamer.

declaration, di-cla-ré'-ch'n, *n* déclaration *f*.

declare, di-clére', *v* déclarer; se déclarer.

declension, di-clenn'-ch'n, *n* déclinaison *f.*

decline, di-clâïne', *n* baisse *f;* (slope) pente *f;* (decadence) déclin *m. v* refuser; (grammar) décliner.

decompose, di-cŏmm-pauze', *v* décomposer.

decompress, di-comm-presse', *v* décomprimer.

decorate, dè'-cŏ-rète, *v* décorer.

decorous, dè-cŏ'-*reuce*, *a* décent; convenable.

decoy, di-coa'ï', *n* piège *m;* (bird) appeau *m;* (bait) appât *m. v* leurrer.

decrease, di-crîce', *v* décroître; (knitting) diminuer. *n* diminution *f.*

decree, di-crî', *n* décret *m. v* décréter.

decry, di-crâï', *v* décrier.

dedicate, dè'-di-quéte, *v* dédier.

deduce, di-diouce', *v* déduire.

deduct, di-docte', *v* déduire.

deduction, di-doc'-ch'n, *n* déduction *f;* (com) remise *f.*

deed, dîde, *n* action *f;* (heroic) exploit *m;* (law) acte *m,* titre *m.*

deem, dîme, *v* juger; estimer.

deep, dîpe, *a* profond; **—en,** *v* approfondir.

deep-freeze, dîpe'-frîze, *n* congélateur *m.*

deer, dire, *n* daim *m;* (red) cerf *m.*

deface, di-féce', *v* dégrader, mutiler.

defamation, dé-*fa*-mé'-ch'n, *n* diffamation *f.*

defame, di-féme', *v* diffamer.

default, di-foalte', *n* défaut de payement *m;* (law) contumace *f. v* faire défaut.

defeat, di-fîte', *n* défaite *f. v* vaincre; déjouer.

defect, di-fecte', *n* défaut *m;* **—ive,** *a* défectueux.

defence, di-fennce', *n* défense *f.*

defenceless, di-fennce'-lesse, *a* sans défense.

defend, di-fennde', *v* défendre; **—ant,** *n* défendeur *m;* **—er,** défenseur *m.*

defensive, di-fenn'-cive, *n* défensive *f. a* défensif.

defer, di-feur', *v* différer; ajourner.

deference, dèf'-*eur*-ennce, *n* déférence *f.*

defiance, di-faï'-'nce, *n* défi *m.*

deficiency, di-fich'-enn-ci, *n* manque *m,* défaut *m.*

deficient, di-fich'-'nt, *a* défectueux.

deficit, dèf'-i-cite, *n* déficit *m.*

defile, di-fâïle', *v* souiller.

define, di-fâïne', v définir.

definite, dèf'-i-nitte, a déterminé; défini.

definition, dèf-i-ni'-ch'n, n définition f.

deflect, di-flècte', v dévier.

deform, di-foarme', v déformer; —**ed,** a difforme.

defraud, di-froade', v frauder.

defray, di-fré', v défrayer.

deft, defte, a adroit; (clever) habile; (quick) leste.

defunct, di-fonnkt', a défunt.

defy, di-fâï', v défier; provoquer.

degenerate, di-djènn'-eur-éte, v dégénérer. n & a dégénéré m.

degrade, di-gréde', v dégrader.

degree, di-grî', n degré m; (university) licence f.

dehydrate, di'-hâï-dréte, v déshydrater.

deign, déne, v daigner.

deject, di-djèque't', v décourager; déprimer.

dejection, di-djèque'-ch'n, n abattement m.

delay, dì-lé', n retard m; délai m. v tarder; différer.

delegate, dèl'-i-guéte, n délégué m.

delete, di-lîte', v effacer; rayer.

deliberate, di-lib'-eur-éte, v délibérer. a* délibéré.

delicacy, dèl'-i-ca-ci, n délicatesse f.

delicate, dèl'-i-quéte, a délicat.

delicious, di-lich'-euce, a délicieux.

delight, di-lâïte', v enchanter. n délices fpl; joie f.

delightful, di-lâïte'-foull, a délicieux.

delineate, di-linn'-i-éte, v tracer.

delinquent, di-linng'-couente, n délinquant, -e m & f.

delirious, di-lir'-i-euce, a en délire.

delirium, di-lir'-i-eume, n délire m.

deliver, di-liv'-eur, v (letters) distribuer; (goods) livrer; (set free, rid) délivrer; —**y,** n délivrance f; (letters) distribution f; (goods) livraison f.

delude, di-lioude', v tromper.

delusion, di-liou'-j'n, n illusion f.

demand, di-männde', v exiger. n demande f.

demeanour, di-mî'-neur, n conduite f; tenue f.

demented, di-menn'-tedde, a & a dément m.

democratic, dè-mo-crä'-tique, a démocratique.

demolish, di-mol'-iche, v démolir.

demon, di'-mònne, n démon m.

demonstrate, dè'-monn-stréte, *v* démontrer; donner une démonstration.

demonstrative, di-monn'-stra-tive, *a* démonstratif; expansif.

demoralize, di-mô-ră-lăĭze, *v* démoraliser.

demur, di-meûre', *v* hésiter; s'opposer.

demure, di-mioure', *a* modeste.

den, dènne, *n* repaire *m*; cabinet de travail *m*.

denial, di-nâĭ'-'l, *n* dénégation *f*.

denomination, di-nŏmm-i-né'-ch'n, *n* dénomination *f*.

denote, di-naute', *v* dénoter.

denounce, di-nâ'ounnce', *v* dénoncer.

dense, dènnce, *a* dense, épais; (person) stupide.

dent, dènnte, *n* marque *f*; creux *m*. *v* cabosser; bosseler.

dentist, dènn'-tiste, *n* dentiste *m*.

denude, di-nioude', *v* dénuder.

deny, di-nâĭ', *v* nier.

deodorant, di-ô'-deur-'nt, *n* déodorant *m*.

deodorize, di-ô-*deur*-âĭze, *v* désodoriser.

depart, di-pârte', *v* partir; —ment, *n* branche *f*; service *m*; (shop) rayon *m*; —ure, *n* départ *m*.

depend (upon), di-pennde', *v* (contingent) dépendre; (trust) compter sur; —ant, *n* personne à la charge de; —ent, *a* dépendant; à charge.

depict, di-picte', *v* dépeindre.

depletion, di-plî'-ch'n, *n* épuisement *m*.

deplore, di-plaure', *v* déplorer.

deport, di-paurte', *v* déporter.

deportment, di-paurte'-m'nt, *n* maintien *m*.

depose, di-pauze', *v* déposer.

deposit, di-pauz'-itte, *n* (bank, sediment) dépôt *m*; (on account) acompte *m*; arrhes *fpl*. *v* déposer; —or, *n* déposant *m*.

depot, depp'-au, *n* dépôt *m*.

deprave, di-préve', *v* dépraver.

deprecate, dè'-pri-quéte, *v* désapprouver.

depreciate, di-prî'-chi-éte, *v* déprécier.

depress, di-press', *v* déprimer; décourager; —ion, *n* (trade) crise *f*; (spirits) abattement *m*; dépression *f*; (hollow) affaissement *m*.

deprive, di-prâïve', *v* priver.

depth, depts, *n* profondeur *f.*

deputation, dè-piou-té'-ch'n, *n* députation *f.*

deputy, dèp'-iou-ti, *n* représentant *m*; remplaçant *m*; vice-...

derailment, di-réle'-m'nt, *n* déraillement *m.*

derange, di-rénndje', *v* déranger.

derangement, di-rénndje'-m'nt, *n* dérangement *m.*

derelict, dèr'-i-licte, *a* abandonné. *n* (ship) épave *f.*

deride, di-râïde', *v* railler.

derision, di-rï'-jeune, *n* dérision *f.*

derisive*, di-râï'-cive, *a* dérisoire.

derive, di-râïve', *v* dériver; provenir.

descend, di-cennde', *v* descendre; **—ant,** *n* descendant, -ante *m & f.*

descent, di-cennte', *n* descente *f*; origine *f.*

describe, diss-crâïbe', *v* décrire.

description, diss-crippe'-ch'n, *n* description *f.*

desecrate, dess'-si-créte, *v* profaner.

desert, dèz'-eurte, *n* désert *m.*

desert, diz-eurte', *v* abandonner; (mil) déserter; **—er,** *n* déserteur *m*; **—ion,** *n* désertion *f*; abandon *m.*

deserve, di-zeurve', *v* mériter.

design, di-zâïne', *n* (sketch) dessin *m*; (intention) dessein *m*; (pattern) modèle *m*; motif *m.* *v* dessiner; (plan) projeter; créer; **—ing,** *a* intrigant.

desirable, di-zâï'-ra-b'l, *a* désirable, souhaitable.

desire, di-zâïre', *v* désirer. *n* désir *m.*

desirous, di-zâï'-reuce, *a* désireux.

desist, di-zisst', *v* cesser.

desk, dessque, *n* bureau *m*; (school) pupitre *m.*

desolate, dess'-ŏ-léte, *a* désolé; désert.

despair, diss-pair', *n* désespoir *m.* *v* désespérer.

despatch, diss-pâtche', *v* expédier. *n* dépêche *f*; envoi *m.*

desperate*, dess'-peur-éte, *a* désespéré; forcené.

despicable, dess'-pi-ca-b'l, *a* méprisable.

despise, diss-pâïze', *v* mépriser.

despite, diss-pâïte', *prep* en dépit de, malgré.

despoil, diss-poa'île', *v* dépouiller.

despondent, diss-ponn'-d'nt, *a* découragé.

despot, dess'-pŏtte, *n* despote *m.*

dessert, di-zeurte', *n* dessert *m*.

destination, dèss-ti-né'-ch'n, *n* destination *f*.

destiny, dess'-ti-ni, *n* sort *m*; destin *m*.

destitute, dess'-ti-tioute, *a* indigent, dénué.

destitution, dess-ti-tiou'-ch'n, *n* denuement *m*.

destroy, diss-troa'i', *v* détruire.

destruction, diss-trok'-ch'n, *n* destruction *f*.

destructive, diss-trok'-tive, *a* destructif.

desultory, dé'-seul-to-ri, *a* irrégulier; décousu.

detach, di-tâtche', *v* détacher; **—able,** *a* détachable.

detail, di-téle', *v* détailler; — détail *m*.

detain, di-téne', *v* détenir, retenir.

detect, di-tecte', *v* découvrir; surprendre.

detective, di-tèque'-tive, *n* détective *m*; **— novel,** roman policier *m*.

detention, di-tenn'-ch'n, *n* détention *f*; (*sch*) retenue *f*.

deter, di-teur', *v* dissuader, détourner; **—rent,** *n* préventif; (nuclear, etc) arme de dissuasion *f*.

deteriorate, di-ti'-ri-o-réte, *v* détériorer.

determine, di-teur'-minne, *v* déterminer, décider.

detest, di-tesste', *v* détester.

dethrone, di-*ts*rône', *v* détrôner.

detonation, di-to-né'-ch'n, *n* explosion *f*.

detour, di-tour', *n* détour *m*.

detract, di-trâcte', *v* enlever (à); dénigrer.

detrimental*, dèt-ri-menn'-t'l, *a* préjudiciable.

deuce, diouce, *n* (tennis) égalité *f*; (cards, etc) deux *m*.

devaluate, di-val'-iou-éte, *v* dévaluer, **—tion,** *n* dévaluation *f*.

devastate, dè'-vass-téte, *v* dévaster.

develop, di-vèl'-ôpe, *v* développer.

development, di-vèl'-ope-m'nt, *n* développement *m*; exploitation *f*; fait *m*.

deviate, dí'-vi-éte, *v* dévier.

device, di-vâïce', *n* moyen *m*; dispositif *m*.

devil, dév'-'l, *n* diable *m*; **—ry,** diablerie *f*.

devise, di-vâïze', *v* inventer; tramer; (law) léguer.

devoid, di-voa'ïde', *a* dénué, dépourvu.

devote, di-vaute', *v* dévouer; **— oneself to,** se consacrer à.

devour, di-vâ'oure', *v* dévorer.

devout*, di-vâ'oute', *a* dévot; pieux.

dew, dioue, *n* rosée *f.*

dexterous*, deks'-*teur*-*euce*, *a* adroit; habile.

diabetes, dâî-*a*-bî'-tize, *n* diabète *m.*

diabolical*, dâî-*a*-bol'-i-k'l, *a* diabolique.

diagnose, dâî-âgue-nauze', *v* diagnostiquer.

diagonal, dâî-âgue'-o-n'l, *a* diagonal.

diagram, dâî'-*a*-grâmme, *n* diagramme *m*, schéma *m.*

dial, dâî'-*al*, *n* cadran *m.* *v* composer un numéro.

dialect, dâî'-*a*-lecte, *n* dialecte *m.*

dialogue, dâî'-*a*-logue, *n* dialogue *m.*

diameter, dâî-âmm'-i-*teur*, *n* diamètre *m.*

diamond, dâî'-*a*-meunnde, *n* diamant *m*; (cards) carreau *m.*

diarrhœa, dâî-*a*-rî'-*a*, *n* diarrhée *f.*

diary, dâî'-*a*-ri, *n* journal *m*; (pocket) agenda *m.*

dice, dâîce, *npl* dés *mpl.*

dictaphone, dic'-t*a*-fâune, *n* machine à dicter *f.*

dictate, dic-téte', *v* dicter; faire la loi; **dictator**, dictateur *m.*

dictionary, dic'-chŏnn-*a*-ri, *n* dictionnaire *m.*

die, dâî, *v* mourir.

diet, dâî'-ette, *v* (to go on a —) faire un régime. *n* régime *m.*

differ, dif'-*eur*, *v* différer; **—ence**, *n* différence *f*; **—ent**, *a* différent.

difficult, diff'-i-*keulte*, *a* difficile; **—y**, *n* difficulté *f.*

diffident, diff'-i-d'nt, *a* défiant de soi-même.

diffuse, di-fiouze', *v* répandre. *a* diffus.

dig, digue, *v* (garden) bêcher; (excavate) creuser; (archeol) faire des fouilles.

digest, di-djeste', *v* digérer; **—ion**, *n* digestion *f.*

dignified dig'-ni-fâïde, *a* digne.

dignitary, dig'-ni-t*a*-ri, *n* dignitaire *m.*

dignity, dig'-ni-ti, *n* dignité *f.*

digression, di-grèch'-*eunne*, *n* digression *f.*

dike, dâïke, *n* digue *f.*

dilapidated, di-lâpp'-i-dé-tedde, *a* délabré.

dilapidation, di-lâpp'-i-dé-ch'n, *n* délabrement *m.*

dilate, di-léte', *v* dilater; se dilater.

dilatory, dil'-*a*-tŏ-ri, *a* tardif; dilatoire.

dilemma, di-lemm'-m*a*, *n* dilemme *m.*

diligence, dil'-i-djennce, *n* diligence *f*.

diligent*, dil'-i-djennte, *a* appliqué.

dilute, di-lioute', *v* diluer; (wine) couper.

dim, dime, *v* obscurcir. *a* trouble; faible.

dimension, di-menn'-ch'n, *n* dimension *f*.

diminish, di-minn'-iche, *v* diminuer.

dimple, dime'-p'l, *n* fossette *f*.

din, dinn, *n* vacarme *m*. *v* assourdir.

dine, dâïne, *v* dîner.

dingy, dinn'-dji, *a* sombre; sale; défraîchi.

dining, dâï'-ninng, — -car, *n* wagon restaurant *m*; — -room, salle à manger *f*.

dinner, dinn'-*eur*, *n* dîner *m*.

dip, dippe, *v* plonger; tremper; baisser subitement; (slope) incliner.

diphtheria, diff-*tsï*'-ri-a, *n* diphtérie *f*.

diplomacy, di-plau'-ma-ci, *n* diplomatie *f*.

diplomat, dippe'-lau-mätte, *n* diplomate *m*.

dire, dâïre, *a* cruel; terrible; affreux.

direct, di-recte', *v* diriger; indiquer. *a* direct; **—ion,** *n* direction *f*; **—ly,** *adv* tout de suite; **—or,** *n* directeur *m*; administrateur *m*; **—ory,** annuaire *m*.

dirt, deurte, *n* saleté *f*; ordure *f*.

dirty, deur'-ti, a sale. *v* salir.

disability, diss-*a*-bile'-i-ti, *n* incapacité *f*.

disable, diss-é'-b'l, *v* mutiler; (*mech*) mettre hors de service.

disadvantage, diss-ād-vânne'-tidj, *n* désavantage *m*.

disagree, diss-*a*-grî', *v* être en désaccord.

disagreeable, diss-*a*-grî'-*a*-b'l, *a* désagréable.

disallow, diss-a-la'ou', *v* refuser; désapprouver.

disappear, diss-*a*-pîre, *v* disparaître.

disappearance, diss-ap-pîr'-'nce, *n* disparition *f*.

disappoint, diss-*a*-poa'innte', *v* décevoir; **—ment,** *n* déception *f*.

disapprove, diss-*a*-prouve', *v* désapprouver.

disarm, diss-ârme', *v* désarmer; **—ament,** désarmement *m*.

disaster, diz-âsse'-*teur*, *n* désastre *m*; accident *m*.

disastrous*, diz-âsse'-*treuce*, *a* désastreux.

disc, disque, *n* disque *m*.

discard, diss-cârde', *v* rejeter.

discern, diz-zeurne', v discerner.

discharge, diss-tchârdje', n (dismissal) congé m;
(gun) décharge f; (med) suppuration f; perte f.
v congédier; décharger; (fulfil) remplir; (acquit)
acquitter; (release) libérer.

disciple, diss-sâî'-p'l, n disciple m.

discipline, diss'-si-plinne, n discipline f.

disclaim, diss-cléme', v renier; répudier.

disclose, diss-clauze', v révéler.

disclosure, diss-clau'-jioure, n révélation f.

discolour, diss-col'-eur, v décolorer.

discomfort, diss-comm'-feurte, n incommodité f;
manque de confort m; (uneasy) malaise m.

disconnect, diss-cŏnn-necte', v disjoindre; couper.

discontent, diss-cŏnn-tennte', n mécontentement m;
—ed, a mécontent.

discontinue, diss-cŏnn-tinn'-ioue, v cesser.

discord, diss'-coarde, n discorde f.   [escompte m.

discount, dies'-cá'ounnte, n (com) remise f; (fin)

discourage, diss-cor'-idj, v décourager.

discourse, diss-caurse', v discourir. n discours m.

discourteous, diss-keur'-ti-euce, a discourtois.

discover, diss-cov'-eur, v découvrir.

discovery, diss-cov'-eur-i, n découverte f.

discreet*, diss-crîte', a discret.

discrepancy, diss-crĕp'-ann-ci, n différence f.

discriminate, diss-crimm'-i-néte, v discerner.

discuss, diss-cosse', v discuter.

discussion, diss-coch'-'n, n discussion f.

disdain, diss-déne', v dédaigner. n dédain m.

disdainful*, diss-déne'-foull, a dédaigneux.

disease, di-zîze', n maladie f; **—d,** a malade.

disembark, diss-emm-bârke', v débarquer; **—ation**
n débarquement m.

disengaged, diss-enn-guédje', a libre.

disentangle, diss-enn-tain'-p'l, v démêler.

disfigure, diss-figue'-eur, v défigurer.

disgrace, diss-gréce', n disgrâce f; (shame) honte f.
v déshonorer; **—ful,** a honteux.

disguise, diss-gâîze', v déguiser. n déguisement m.

disgust, diss-gosste', v dégoûter. n dégoût m; **—ing,**
a dégoûtant.

dish, diche, *n* plat *m;* (food) mets *m;* — **-cloth,** torchon *m;* — **up,** *v* servir.

dishearten, diss-hâre'-t'n, *v* décourager.

dishevelled, di-chè'-vellde, *a* échevelé.

dishonest, diss-onn'-este, *a* malhonnête.

dishonour, diss-onn'-*eu*r, *v* déshonorer.   *n* déshonneur *m.*

disillusion, diss-il-lioue'-j'n, *v* désillusionner.

disinclination, diss-inn-cli-né'-ch'n, *n* aversion *f.*

disinfect, diss-inn-fecte', *v* désinfecter;   **—ant** *n* désinfectant *m.*

disinherit, diss-inn-hèr'-itte, *v* déshériter.

disintegrate, diss-inn'-*teu*r-grête, *v* désintégrer.

disintegration, diss-inn-*teu*r-gré'-ch'n, *n* désintégration.

disjointed, diss-djoa'inn'-tedde, *a* désarticulé.

dislike, diss-lâïque', *v* ne pas aimer. *n* aversion *f.*

dislocate, diss'-lo-kéte, *v* disloquer.

disloyal, diss-lo'-ial, *a* déloyal.

dismal*, diz'-m'l, *a* triste; lugubre; sombre.

dismay, diss-mé', *v* consterner. *n* consternation *f.*

dismiss, diss-mice', *v* congédier; (mentally) écarter.

dismount, diss-mâ'ounnte', *v* descendre de.

disobedient, diss-o-bî'-di-ennte, *a* désobéissant.

disobey, diss-o-bé', *v* désobéir.

disorder, diss-oar'-*deu*r, *n* désordre *m.*

disorganization, diss-oar-ga-nâî-zé'-ch'n, *n* désorganisation *f.*

disorganize, diss-oar'-*ga*-nâïze, *v* désorganiser.

disown, diz-aune', *v* renier.

disparage, diss-pâr'-idj, *v* dénigrer.

dispatch, (see **despatch**).

dispel, diss-pelle', *v* chasser; dissiper.

dispensary, diss-penn'-*sa*-ri, *n* dispensaire *m.*

disperse, diss-peurce', *v* disperser.

display, diss-plé', *v* exposer. *n* (com) étalage *m.*

displease, diss-plîze', *v* déplaire.

displeasure, diss-plé'-jeure, *n* mécontentement *m.*

disposal, diss-pau-z'l, *n* disposition *f.*

dispose, diss-pauze', *v* disposer; se debarrasser.

disprove, diss-prouve', *v* réfuter.

disputable, diss-pioue'-ta-b'l, *a* contestable.

dispute, diss-pioute', *v* se disputer; contester. *n* dispute *f*; contestation *f*.

disqualify, diss-couôll'-i-fâî, *v* disqualifier.

disquiet, diss-couâî'-ète, *v* inquiéter. *n* inquiétude *f*.

disregard, diss-ri-gârde', *v* négliger; ne pas observer. *n* mépris *m*; indifférence *f*.

disrepute, diss-ri-pioute', *n* discrédit *m*.

disrespect, diss-ri-specte', *n* manque de respect *m*; irrévérence *f*; **—ful,** *a* irrespectueux.

dissatisfy, diss-sǎt'-is-fâî, *v* mécontenter.

dissect, diss-secte', *v* disséquer.

dissemble, diss-semm'-b'l, *v* dissimuler.

dissent, diss-sennte', *v* différer d'opinion.

dissimilar, diss-simm'-i-l'r, *a* dissemblable.

dissipate, diss'-si-péte, *v* dissiper.

dissociate, diss-sau'-chi-éte, *v* dissocier; se désintéresser

dissolute, diss'-sǒ-lioute, *a* dissolu.   [intéresser

dissolve, diss-solv', *v* dissoudre.

dissuade, diss-souéde', *v* dissuader.

distance, diss'-tannce, *n* distance *f*.

distant, diss'-tannte, *a* éloigné; distant.

distasteful, diss-téste'-foull, *a* répugnant.

distemper, diss-temm'-peur, *n* (paint) détrempe *f*; (veterinary) maladie des chiens *f*.

distend, diss-tennde', *v* dilater; gonfler.

distil, diss-till', *v* distiller.

distinct*, diss-tinng'-kt, *a* distinct; clair.

distinction, diss-tinng'-kch'n, *n* distinction *f*.

distinguish, diss-tinng'-gouiche, *v* distinguer.

distort, diss-toarte', *v* défigurer; (*fig*) dénaturer.

distract, diss-trâkt', *v* distraire; détourner; affoler; **—ion,** *n* distraction *f*.

distrain, diss-tréne', *v* saisir.

distress, diss-tresse', *n* détresse *f*; (poverty) misère *f*. *v* affliger; **—ing,** *a* affligeant; pénible.

distribute, diss-trib'-ioute, *v* distribuer.

distributor, diss-trib'-iou-t'r, *n* concessionnaire *m*; (in car, etc) distributeur *m*.

district, diss'-tricte, *n* région *f*; arrondissement *m*.

distrust, diss-trosste', *v* se méfier de. *n* méfiance *f*.

disturb, diss-teurbe', *v* déranger; **—ance,** *n* dérangement *m*; (mob) désordre *m*.

disuse, diss-iouce', *n* désuétude *f*.

ditch, ditche, *n* fossé *m*.

dive, dãïve, *v* plonger.

diver, dãï'-*veur*, *n* plongeur *m*; (salvage, etc) scaphandrier *m*.

diverge, di-veurdje', *v* diverger.

diverse, dãï-veurse, *a* divers; varié.

diversion, di-veur'-ch'n, *n* diversion *f*; divertissement *m*; (road) déviation *f*.

divert, di-veurte', *v* détourner; distraire.

divest, di-veste', *v* dépouiller de; (clothes) dévêtir.

divide, di-vãïde', *v* diviser; partager.

divine, di-vãïne', *v* deviner. *a** divin.

division, di-vi'-j'n, *n* division *f*.

divorce, di-vaurce', *v* divorcer. *n* divorce *m*.

divulge, di-voldje', *v* divulguer.

dizzy, diz'-i, *a* étourdi, vertigineux.

do, doue, *v* faire, accomplir; suffire.

docile, do'-sãïle, *a* docile.

dock, doc, *n* bassin *m*; (court) banc des accusés *m*; **dry —,** cale sèche *f*; **— -yard,** chantier maritime *m*; arsenal *m*.

doctor, doc'-t'r, *n* docteur *m*.

doctrine, doc'-trine, *n* doctrine *f*.

document, doc'-iou-m'nt, *n* document *m*.

documentary, doc'-iou-menn'-ta-ri, *n* documentaire *m*.

dodge, dodje, *v* esquiver, éviter. *n* truc *m*.

dog, dogue, *n* chien *m*; **—ged*,** *a* tenace.

dole, daule, *v* distribuer. *n* allocation de chômage *f*.

doleful*, daule'-foull, *a* plaintif; triste.

doll, dolle, *n* poupée *f*.

domain, dau-méne', *n* domaine *m*.

dome, daume, *n* dôme *m*.

domestic, do-mess'-tique, *n & a* domestique *m & f*.

domesticated, do-mess'-ti-qué-tedde, *a* bonne ménagère.

domicile, domm'-i-sãïle, *n* domicile *m*.

dominate, domm'-i-néte, *v* dominer.

domineer, domm-i-nîre', *v* régenter.

donation, dau-né'-ch'n, *n* donation *f*.

donkey, donng'-qui, *n* âne *m*; baudet *m*.

donor, dau'-*neur,* n donateur m.

doom, doume, n (fate) sort m. v condamner.

doomsday, doumze'-dé, n jugement dernier m.

door, dor, n porte f; (vehicle) portière f; **—keeper,** concierge m & f; **— -mat,** paillasson m; **— -step,** pas de la porte m.

dormitory, dor'-mi-to-ri, n dortoir m.

dose, dauce, n dose f. v doser.

dot, dotte, n point m. v mettre un point sur; (art) pointiller.

double, dob'-'l, v doubler. n & a double m.

doubt, dâ'oute, v douter. n doute m; **—ful,** a douteux; **—less,** adv sans doute.

douche, douche, n douche f. v doucher.

dough, dau, n pâte f.

dove, dove, n colombe f; **— -cot,** colombier m.

dowager, dâ'ou'-édj-*eur,* n douairière f.

down, dâ'ounn, adv & prep en bas. n (feathers) duvet m; **—cast,** a abattu; **—fall,** n chute f; ruine f; **—pour,** pluie torrentielle f; **—stairs,** adv en bas; **—wards,** vers le bas.

dowry, dâ'ou'-ri, n dot f.

doze, dauze, v somnoler. n somme m.

dozen, doz'-'n, n douzaine f.

drab, drâbbe, a terne.

draft, drâfte, n (money) traite f; (sketch) esquisse f; (writing) brouillon m; projet m. v rédiger.

drag, drâgue, v traîner; (water) draguer.

dragon, drâgue'*eune,* n dragon m; **—fly,** libellule f.

drain, dréne, v faire égoutter; faire écouler; (land) drainer. n égout m; **—age,** système d'égouts m; **— -pipe,** n gouttière f.

drake, dréke, n canard m.

drama, drâm'-*a,* n drame m.

dramatic, dra-ma'-tique, a dramatique.

draper, dré'-*peur,* n marchand de nouveautés m.

drastic, drass'-tique, a énergique; (med) drastique.

draught, drâfte, n courant d'air m; (med) potion f; (drinking) coup m; (naut) tirant d'eau m; **— -board,** damier m; **—s,** (jeu de) dames fpl.

draughtsman, drâfts'-mânne, n dessinateur m.

draw, droa, n (lottery) tirage m; (game) partie nulle

f. v (pull) tirer; (pull out) arracher; (attract) attirer;
(sketch) dessiner; (bill) tirer; (money) retirer;
—back, *n* inconvénient *m*; (furniture) tiroir *m*;
—ing, (sketch) dessin *m*; **—ing-room**, salon *m*.

drawl, droal, *v* traîner ses paroles.

dread, drèdde, *v* redouter. *n* terreur *f*; **—ful***, *a* terrible.

dream, drîme, *n* rêve *m*. *v* rêver.

dreary, drî'-ri, *a* triste; morne; monotone.

dredge, drèdje, *v* draguer; **—r**, *n* dragueur *m*.

dregs, drègze, *npl* lie *f*; sédiment *m*.

drench, drenntche, *v* tremper.

dress, dresse, *n* robe *f*; toilette *f*; costume *m*.
v habiller, vêtir; (wounds) panser; **—ing**, *n* (med)
pansement *m*; (culinary) assaisonnement *m*; **—ing-
gown**, robe de chambre *f*; peignoir *m*; **—ing-room**,
cabinet de toilette *m*.

dressmaker, dresse'-mék'-*eur*, *n* couturière *f*.

dribble, drib'-'l, *v* baver; (of water) dégoutter.

drift, drifte, *n* (naut) dérive *f*; (snow, etc) monceau *m*;
(tendency) but *m*. *v* dériver.

drill, drile, *n* (mil) exercice *m*; (tool) foret *m*.
v exercer; forer; percer.

drink, drinnque, *n* boisson *f*. *v* boire.

drip, drippe, *v* dégoutter. *n* goutte *f*.

dripping, dripp'-inng, *n* (fat) graisse de rôti *f*.

drive, drâïve, *v* conduire. *n* (approach) allée *f*;
(outing) promenade en ... (auto, etc) *f*; (of car)
conduite *f*.

driver, drâï'-*veur*, *n* conducteur *m*; chauffeur *m*.

drizzle, driz'-z'l, *v* pleuvasser. *n* bruine *f*.

droll, draule, *a* drôle.

drone, draune, *n* faux-bourdon *m*. *v* bourdonner.

droop, droupe, *v* languir; (plants) tomber.

drop, droppe, *n* chute *f*; (liquid) goutte *f*; (prices)
baisse *f*. *v* tomber; (let fall) laisser tomber.

drought, drâ'oute, *n* sécheresse *f*.

drown, drâ'ounne, *v* noyer, se noyer.

drowsy, drâ'au'-zi, *a* somnolent.

drudge, drodje, *v* trimer; **—ry**, *n* corvée *f*.

drug, drogue, *v* droguer. *n* drogue *f*.

drum, dromme, *n* tambour *m*; **—mer**, tambour *m*.

drunk, dronnque, *a* ivre, soûl; **—ard,** ivrogne *m*;
—**enness,** ivresse *f*; ivrognerie *f*.
dry, drâï, *v* sécher. *a** sec; **— -cleaning,** nettoyage à
sec *m*.
dryness, drâï-ness, *n* sécheresse *f*.
dubious*, dioue'-bi-*euce*, *a* douteux.
duchess, dotch'-esse, *n* duchesse *f*.
duck, doque, *n* canard *m*; cane *f*. *v* plonger; se baisser.
due, dioue, *a* dû *m*; (toll, rights, etc) droits *mpl*.
a (owing) dû; (bill) échu.
duel, dioue'-l, *n* duel *m*.
duet, dioue-ette', *n* duo *m*.
duke, diouque, *n* duc *m*.
dull, dolle, *a* (weather) gris; (tedious) ennuyeux;
(mind) lent; (metal) terne.
duly, dioue-li, *adv* dûment; en temps voulu.
dumb, domme, *a* muet; (*fam*) bête; **—found,** *v* confondre.
dummy, domm'-i, *n* dress *m*; mannequin *m*; (sham)
simulacre *m*; (cards) le mort *m*.
dump, dommpe, *v* déposer. *n* dépôt *m*.
dung, donng, *n* (horse) crottin *m*; (cow) bouse de
vache *f*; (manure) fumier *m*.
dungeon, donn'-djeune, *n* cachot *m*.
dupe, dioupe, *v* duper. *n* dupe *f*.
duplicate, dioue'-pli-quéte, *n* duplicata *m*; double *m*;
a double. *v* faire le double; tirer (des copies).
durable, dioue'-ra-b'l, *a* durable.
duration, dioue-ré'-ch'n, *n* durée *f*.
during, dioue'-rinng, *prep* pendant.
dusk, dossque, *n* crépuscule *m*.
dusky, doss'-ki, *a* sombre; (colour) noirâtre.
dust, dosste, *n* poussière *f*. *v* épousseter; **—er,**
n chiffon *m*; **- -man,** boueux *m*.
dustbin, dosste'-bine, *n* boîte à ordures *f*; poubelle *f*.
dutiful*, dioue'-ti-foull, *a* obéissant, dévoué.
duty, dioue'-ti, *n* devoir *m*; (customs) droits *mpl*;
(task) fonction *f*.
dwarf, douoarfe, *n* & *a* nain *m* & *f*. *v* rapetisser.
dwell, douelle, *v* demeurer, habiter; **—er,** *n* habitant
m; **—ing,** demeure *f*.
dwindle, douinn'-d'l, *v* diminuer; s'amoindrir.

dye, dâï, *n* teinture *f*. *v* teindre.

dynamite, dâïn'-*a*-mâïte, *n* dynamite *f*.

dynamo, dâï'-na-mau, *n* dynamo *f*.

dysentery, diss'-'n-tri, *n* dysenterie *f*.

each, îtche, *pron* chacun, -une. *a* chaque; **— other,** *pron* l'un l'autre; l'une l'autre.

eager, î'-gueur, *a* avide; ardent.

eagerness, î'-gueur-nesse, *n* avidité *f*; empressement *m*.

eagle, î'-g'l, *n* aigle *m* & *f*.

ear, îre, *n* oreille *f*; (corn) épi *m*; **— -ring,** boucle d'oreille *f*; **—wig,** perce-oreille *m*.

earl, eurle, *n* comte *m*.

early, eur'-li, *adv* de bonne heure, tôt. *a* matinal; tôt.

earn, eurne, *v* gagner; mériter; **—ings,** *npl* salaire *m*.

earnest*, eur'-nesste, *a* sérieux; sincère.

earth, eurts, *n* terre *f*; monde *m*. *v* (electricity) mettre à la terre; **—enware,** *n* faïence *f*; **—ly,** *a* terrestre; **—quake,** *n* tremblement de terre *m*.

ease, îze, *n* aise *f*; repos *m*; (facility) facilité *f*. *v* soulager.

easel, î'-z'l, *n* chevalet *m*.

easily, î'-zi-li, *adv* facilement.

east, îsste, *n* est *m*; **—erly,** *a* d'est; **—ern,** oriental.

Easter, îss'-teur, *n* Pâques *m*.

easy, î'-zi, *a* facile; **— -chair,** *n* fauteuil *m*.

eat, îte, *v* manger; (worm; acid) ronger; **—able,** *a* mangeable; **—ables,** *npl* comestibles *mpl*.

eavesdropper, îvz'-dropp-eur, *n* écouteur, -euse (aux portes) *m* & *f*.

ebb, èbe, *v* refluer. *n* reflux *m*.

ebony, èb'-ô-ni, *n* ébène *f*.

eccentric, èque-senn'-trique, *a* excentrique.

echo, èk'-au, *n* écho *m*. *v* répéter.

eclipse, i-klipse', *n* éclipse *f*. *v* éclipser.

economise, i-konn'-ô-mâïze, *v* économiser.

economy, i-konn'-ô-mi, *n* économie *f*.

ecstasy, ex'-ta-zi, *n* extase *f*.

eddy, èd'-i, *n* tourbillon *m*, remous *m*.

edge, èdje, *n* bord *m*; (blade) tranchant *m*. *v* border.

edible, èd′-i-b'l, *n* & *a* comestible *m*.

edify, èd′-i-fâï, *v* édifier.

edit, èd′-itte, *v* éditer; **—ion,** *n* édition *f*; **—or,** rédacteur *m*; **—orial,** *a* éditorial.

educate, èd′-iou-quéte *v* instruire; éduquer.

education, èd-iou-ké′-ch'n, *n* éducation *f*; enseignement *m*; études *fpl*.

eel, île, *n* anguille *f*.

efface, ef-féce′, *v* effacer.

effect, ef-fecte′, *v* effectuer.   *n* effet *m*; **—ive*,** *a* efficace; effectif; **—ual*,** *a* efficace.

effeminate, ef-femm′-i-néte, *a* efféminé.

effervescent, ef-feur-vess′-'nt, *a* effervescent.

efficiency, ef-fich′-enn-ci, *n* efficacité *f*; capacité *f*.

efficient, ef-fich′-ennt, *a* (person) capable, compétent.

effort, ef′-feurte, *n* effort *m*.

effrontery, ef-fron′-teur-i, *n* effronterie *f*.

effusive, ef-fioue′-cive, *a* expansif.

egg, ègg, *n* œuf *m*; **— -cup,** coquetier *m*.

egotism, ègg′-au-tizme, *n* égoïsme *m*.

eiderdown, âï′-deur-dâ′ounne, *n* édredon *m*.

eight, éte, *n* & *a* huit *m*; **—een,** dix-huit *m*; **—eenth,** dix-huitième *m*; **—h,** huitième *m*; **—ieth,** quatre-vingtième *m*; **—y,** quatre-vingts *m*.

either, âï′-*dzeur*, *pron* l'un ou l'autre, *conj* ou; soit.

eject, i-djecte′, *v* expulser

elaborate, i-làb′-ŏ-réte, *a* soigné; raffiné. *v* élaborer.

elapse, i-lâpse′, *v* s'écouler.

elastic, i-làss′-tique, *n* & *a* élastique *m*.

elate, i-léte′, *v* exalter; **—d,** *a* exalté.

elbow, el′-bau, *n* coude *m*. *v* coudoyer.

elder, el′-deur, *n* & *a* aîné *m* & *f*; (tree) sureau *m*.

elderly, el′-deur-li, *a* d'un certain âge.

eldest, el′-deste, *n* & *a* aîné *m* & *f*.

elect, i-lecte′, *v* élire; nommer. *n* & *a* élu *m*.

election, i-lèque′-ch'n, *n* élection *f*.

electric(al)*, i-lèque′-trique('l), *a* électrique.

electrician, i-lèque-tri-ch'n, *n* électricien *f*.

electricity, i-lèque-tri-ci-ti, *n* électricité *f*.

electrify, i-lèque′-tri-fâï, *v* électriser; électrifier.

electron, i-lèque′-tronne, *n* électron *m*; **—ics,** électronique *f*.

electro-plate, i-lèque'-tro-pléte, *n* plaqué *m.*
v plaquer.

elegance, el'-i-gannce, *n* élégance *f.*

elegant*, el'-i-gannte, *a* élégant.

element, el'-i-m'nt, *n* élément *m.*

elementary, i-li-menn'-ta-ri, *a* élémentaire.

elephant, el'-i-fannte, *n* éléphant *m.*

elevate, el'-i-véte, *v* élever; exalter.

eleven, i-lèv'-'n, *n & a* onze *m;* —**th,** onzième *m.*

elicit, i-liss'-ite, *v* faire jaillir, mettre au jour.

eligible, el'-i-dji-b'l, *a* éligible; *n*un bon parti.

eliminate, i-lime'-i-néte, *v* éliminer.

elite, é-lite', *n* élite *f.*

elk, elk, *n* élan *m.*

elm, elme, *n* orme *m.*

elongate, i'-longue-éte, *v* prolonger, allonger.

elope, i-laupe', *v* s'enfuir.

elopement, i-laupe'-m'nt, *n* enlèvement *m.*

eloquent, el'-ŏ-couennte, *a* éloquent.

else, elce, *a* autre.   *adv* autrement; —**where,** ailleurs.

elucidate, i-liou'-ci-déte, *v* eclaircir.

elude, i-lioude', *v* éviter; éluder.

elusive, i-lioue'-sive, *a* évasif.

emaciate, i-mé'-chi-éte, *v* amaigrir.

emanate, emm'-a-néte, *v* émaner.

emancipate, i-mănn'-ci-péte, *v* émanciper.

embalm, emm-bâme', *v* embaumer.

embankment, emm-bainque'-m'nt, *n* terrassement
m; (railway) remblai *m;* (river) quai *m.*

embark, emm-bârke', *v* embarquer.

embarrass, emm-băr'-ass, *v* gêner.

embarrassment, emm-băr'-ass-m'nt, *n* gêne *f & m.*

embassy, emm'-băss-i, *n* ambassade *f.*

embellish, emm-bell'-iche, *v* embellir.

ember, emm'-beur, *n* braise *f.*

embezzle, emm-bez'-z'l, *v* détourner.

embitter, emm-bitt'-eur, *v* (*fig*) aigrir.

embody, emm-bod'-i, *v* incorporer.

embrace, emm-bréce', *n* étreinte *f.*   *v* étreindre.

embroider, emm-broa'i'-d'r, *v* broder.

embroidery, emm-broa'i'-*deu*r-i, *n* broderie *f.*

embroil, emm-broa'il', *v* embrouiller.

emerald, emm'-*eur*-alde, *n* émeraude *f*.

emerge, i-meurdje', *v* surgir; émerger; **—ncy,** *n* circonstance imprévue *f*; cas d'urgence *m*.

emetic, i-mett'-ique, *n* émétique *m*.

emigrant, emm'-i-grannte, *n* émigrant, -e *m* & *f*.

emigrate, emm'-i-gréte, *v* émigrer.

eminence, emm'-i-nennce, *n* éminence *f*.

eminent, emm'-i-nennte, *a* éminent; célèbre.

emissary, emm'-is-sa-ri, *n* émissaire *m*.

emit, i-mitte', *v* émettre; dégager; exhaler.

emotion, i-mau'-ch'n, *n* émotion *f*; **—al,** *a* émotif.

emperor, emm'-*peu*-*reu* *n* empereur *m*.

emphasis, emm'-*fa*-cice, *n* insistance *f*.

emphasize, emm'-*fa*-sâïze, *v* appuyer sur; mettre en valeur.

emphatic, emm-fâte'-ique, *a* emphatique.

empire, emm'-pâïre, *n* empire *m*.

employ, emm-ploa'ï', *v* employer; **—er,** *n* patron *m*; employeur *m*; **—ment,** emploi *m*.

empower, emm-pâ'ou'-*eur*, *v* autoriser.

empress, emm'-presse, *n* impératrice *f*.

empty, emm'-pti, *a* vide. *v* vider.

emulate, emm'-iou-léte, *v* marcher de pair avec **(qn)**.

enable, enn-é'-b'l, *v* permettre de.

enact, enn-âcte', *v* décréter.

enamel, enn-âmm'-'l, *n* émail *m*. *v* émailler.

enamoured, enn-âmm'-*eurde*, *a* épris de.

encamp, enn-cămmpe', *v* camper.

enchant, enn-tchănnte', *v* enchanter; **—ment,** *n* enchantement *m*.

encircle, enn-seur'-k'l, *v* entourer.

enclose, enn-clauze', *v* (field) clôturer; (in) enfermer; joindre.

enclosure, enn-clau'-jeure, *n* enclos *m*; *(com)* pièce jointe *f*.

encore, an-coare', *v* bisser. *interj* bis!

encounter, enn-câ'ounn'-teur, *v* rencontrer. *n* rencontre *f*.

encourage, enn-cor'-idj, *v* encourager; **—ment,** *n* encouragement *m*.

encroach, enn-crautche', *v* empiéter; (time, etc) abuser de; **—ment,** *n* empiétement *m*; abus *m*.

encumber, enn-comm'-*beur,* v encombrer.

encumbrance, enn-comm'-br*a*nnce, n embarras m; (property) charges fpl.

encyclopædia, en-sâï'-clau-pî'-di-*a,* n encyclopédie f.

end, ènnde, n fin f, bout m. v finir.

endanger, enn-dénn'-djeur, v mettre en danger.

endear, enn-dîre', v rendre cher.

endeavour, enn-dèv'-*eur,* v s'efforcer. n effort m.

endive, enn'-dive, n (curly) chicorée frisée f.

endless, ènnde'-lesse, a sans fin.

endorse, enn-doarse', v endosser; approuver; **—ment,** n endossement m; sanction f.

endow, enn-dà'ou', v doter; **— with,** douer de.

endurance, enn-dioue'-r*a*nnce, n résistance f.

endure, enn-dioure', v endurer; supporter.

enema, enn'-i-m*a,* n lavement m.

enemy, enn'-i-mi, n ennemi m.

energetic, enn-*eur*-djett'-ique, a énergique.

energy, enn'-*eur*-dji, n énergie f; force f.

enervate, enn'-*eur*-véte, v affaiblir.

enforce, enn-faurce', v faire observer; imposer.

engage, enn-guédje', v engager; embaucher; **—d,** a fiancé; (reserved) retenu, occupé; **—ment,** n fiançailles fpl; (mil) combat m; (obligation) engagement m; (appointment) rendez-vous m.

engaging, enn-guédj'-inng, a engageant, attirant.

engender, enn-djenn'-d'r, v engendrer.

engine, enn'-djinne, n machine f; (rail) locomotive f; (car) moteur m; **—er,** mécanicien m; (profession) ingénieur m; **—ering,** génie m.

English, inng'-glîche, n & a anglais, m & f; (language) n anglais m.

engrave, enn-gréve', v graver; **—r,** n graveur m; **—ing,** n gravure f.

engross, enn-grausse', v absorber.

engulf, enn-golf', v engouffrer.

enhance, enn-hânnce', v rehausser; mettre en valeur.

enjoy, enn-djoa'ï', v jouir de; **—ment,** n jouissance f; plaisir m; **— oneself,** v s'amuser.

enlarge, enn-lârdje', v agrandir; dilater.

enlargement, enn-lârdje'-m'nt, n agrandissement m.

enlighten, enn-lâï'-t'n, *v* éclairer.

enlist, enn-lisste', *v* enrôler; s'engager.

enliven, enn-lâï'-v'n, *v* animer; égayer.

enmity, enn'-mi-ti, *n* inimitié *f*; hostilité *f*.

enormous, i-nôr'-*meuce*, *a* énorme.

enough, i-noff', *adv & a* assez.

enquire, s'informer de; se renseigner.

enrage, enn-rédje', *v* exaspérer, faire enrager.

enrapture, enn-râp'-tioure, *v* ravir, transporter.

enrich, enn-ritche', *v* enrichir.

enrol, enn-raule', *v* enrôler; s'inscrire.

ensign, enn'-sâïne, *n* (flag) enseigne *f*; (naval flag) pavillon *m*; (rank) enseigne *m*.

enslave, enn-sléve', *v* asservir; captiver.

ensnare, enn-snére', *v* prendre au piège.

ensue, enn-sioue', *v* s'ensuivre.

ensure, enn-choure', s'assurer de; rendre sûr.

entail, enn-télo', *v* entraîner; (law) substituer.

entangle, enn-tănn'-g'l, *v* emmêler.

enter, enn'-*teur*, *v* entrer; — up, inscrire.

enterprise, enn'-*teur*-prâïze, *n* entreprise *f*; (boldness) esprit d'entreprise *m*.

entertain, enn-teur-téne', *v* divertir; (guests) recevoir; (consider) admettre; —ment, *n* divertissement *m*.

enthusiasm, enn-*tsioue*'-zi-âzme, *n* enthousiasme *m*.

entice, enn-tâïce', *v* tenter; séduire.

entire*, enn-tâïre', *a* entier, complet.

entitle, enn-tâï'-t'l, *v* intituler; donner droit à.

entomb, enn-toum', *v* ensevelir.

entrance, enn'-trannce, *n* entrée *f*.

entrance, enn-trânnse', *v* hypnotiser; transporter.

entreat, enn-trîte', *v* supplier; implorer.

entrench, enn-trenche', *v* se retrancher.

entrust, enn-trosste', *v* confier à.

entry, enn'-tri, *n* entrée *f*; (record) écriture *f*.

entwine, enn-tou'âïne', *v* enrouler; enlacer.

enumerate, i-niou'-mé-réte, *v* énumérer.

envelop, enn-vel'-ŏpe, *v* envelopper.

envelope, enn'-vel-ŏpe, *n* enveloppe *f*.

envious*, enn'-vi-*euce*, *a* envieux.

environs, enn-vâï'-ronnze, *npl* environs *mpl*.

envoy, enn'-voa'ï, *n* envoyé *m*.

envy, enn'-vi, *n* envie *f*. *v* envier.

epicure, èp'-i-kioure, *n* gourmet *m*.

epidemic, èp-i-demm'-ique, *n* épidémie *f*.

episode, èp'-i-saude, *n* épisode *m*.

epistle, è-piss'-'l, *n* épître *f*.

epoch, i'-poque, *n* époque *f*.

equal, i'-coual, *n* & *a* égal, -e *m* & *f*. *v* égaler; **—ity,** *n* égalité *f*; **—ize,** *v* égaliser.

equator, i-coué'teur, *n* équateur *m*.

equilibrium, i-coui-lib'-ri-eume, *n* équilibre *m*.

equip, i-couipe', *v* équiper; munir.

equitable, èk'-oui-ta-b'l, *a* équitable.

equity, èk'-oui-ti, *n* équité *f*; justice *f*.

equivalent, i-coui'-va-lennte, *n* & *a* équivalent *m*.

era, i'-ra, *n* ère *f*.

eradicate, é-rād'-i-quéte, *v* extirper; déraciner.

erase, i-réze', *v* (rub out) effacer; (cross out) rayer.

eraser, i-ré'-zeur, *n* gomme à effacer *f*; (metal) grattoir *m*.

erect, i-recte', *v* ériger, bâtir. *a* droit; debout.

ermine, eur'-mine, *n* hermine *f*.

erosion, i-rau'-j'n, *n* érosion; usure *f*.

err, eure, *v* errer; (mistake) se tromper.

errand, èrr'-annde, *n* commission *f*.

erratic, err-răt'-tique, *a* changeant, irrégulier.

erroneous*, err-rau'-ni-euce, *a* erroné.

error, èrr'-eur, *n* erreur *f*; faute.

eruption, i-rope'-ch'n, *n* éruption *f*.

escape, ess-képe', *n* fuite *f*. évasion *f*. *v* échapper.

escort, ess-kôrte', *n* escorte; *f*; cavalier *m*. *v* escorter.

especially, ess-péch'-al-li, *adv* surtout.

essay, ès'-sé, *n* essai *m*; composition *f*.

essential*, ess-senn'-ch'l, *a* essentiel.

establish, ess-tăb'-liche, *v* établir.

establishment, ess-tăb'-liche-m'nt, *n* établissement *m*.

estate, ess-téte', *n* propriété *f*; biens *mpl*; (status) rang *m*; (possessions) succession *f*.

esteem, ess-tîme', *v* estimer. *n* estime *f*.

estimate, ess'-ti-méte, *n* évaluation *f*; (cost) devis *m*. *v* évaluer; estimer.

estrange, ess-tréne'-dje, *v* aliéner.

etch, ètch, *v* graver.

etching, ètch'-inng, *n* gravure à l'eau forte *f.*

eternal*, i-teur'-n'l, *a* éternel.

eternity, i-teur'-ni-ti, *n* éternité *f.*

ether, i'-tseur, *n* éther *m.*

ethical*, é'-tsi-k'l, *a* moral.

ethics, é'-tsiks, *npl* morale *f.*

evacuate, i-vǎk'-iou-éte, *v* évacuer.

evade, i-véde', *v* éviter, éluder.

evaporate, i-vǎp'-ŏ-réte, *v* s'évaporer.

evasive*, i-vé'-cive, *a* évasif.

eve, îve, *n* veille *f.*

even, i'-v'n, *adv* même. *a* égal; pair; quitte; (smooth) uni.

evening, ive'-ninng, *n* soir *m*; soirée *f*; **— -dress,** tenue de soirée *f*; robe du soir *f.*

evensong, i'-venn-sonng, *n* service du soir *m.*

event, i-vennte', *n* événement *m*; cas *m*; **—ful,** *a* accidenté; mémorable; **—ually,** *adv* finalement.

ever, èv'-'r, *adv* toujours; (at any time) jamais.

everlasting*, èv'-eur-lâst-inng, *a* éternel.

every, èv'-ri, *a* chaque; tous les; **—body,** *n* tout le monde; **—thing,** tout *m*; **—where,** *adv* partout.

evict, i-victe', *v* expulser; **—ion,** *n* expulsion *f.*

evidence, èv'-i-dennce, *n* évidence *f*; preuve *f*; déposition *f*; **give —,** *v* déposer.

evident, èv'-i-dennte, *a* évident.

evil, i'-v'l, *n* mal *m*. *a* mauvais; méchant.

evince, i-vînce', *v* manifester.

evoke, i-vauque', *v* évoquer.

evolution, i'-vau-lioue-ch'n, *n* évolution *f*; développement *m.*

evolve, i-volve', *v* déployer; émettre; évoluer.

ewe, ioue, *n* brebis *f.*

exact, egg-zǎct', *a** exact. *v* exiger; **—ing,** *a* exigeant; **—itude,** *n* exactitude *f.*

exaggerate, egg-zǎdj'-i-réte, *v* exagérer.

exaggeration, egg-zǎdj-i-ré'-ch'n, *n* exagération *f.*

exalt, egg-zoalt', *v* exalter.

examination, egg-zǎmm-inn-é'-ch'n, *n* examen *m*; inspection *f*; (legal) interrogatoire *m.*

examine, egg-zămm'-inne, *v* examiner.

example, egg-zămm'-p'l, *n* exemple *m.*

exasperate, egg-zăss'-peur-éte, *v* exaspérer.

excavate, ex'-*ca*-véte, *v* faire des fouilles.

exceed, ex-cíde', *v* excéder; dépasser.

exceedingly, ex-cid'-inng-li, *adv* excessivement.

excel, ex-celle', *v* exceller; **—lent,** *a* excellent.

except, ĕk-cepte', *v* excepter. *prep* sauf; excepté; **—ion,** *n* exception *f;* **take —ion,** *v* s'offenser; **—ional*** *a* exceptionnel.

excerpt, ĕk-seurpte', *n* extrait *m.*

excess, ĕk-cesse', *n* excès *m;* (surplus) excédent *m.*

excessive, ĕk-cess'-ive, *a* excessif.

exchange, ex-tchéne'-dje, *n* échange *m;* (money) change *m;* (telephone) central *m.* *v* échanger.

exchequer, ex-tchèk'-*eur*, *n* ministère des finances *m.*

excise, ĕk-sáïze', *n* régie *f.*

excitable, ĕk-sâï'-ta-b'l, *a* excitable, nerveux.

excite, ĕk-sáïte', *v* exciter; agiter.

excitement, ĕk-sáïte'-m'nt, *n* émotion *f;* agitation *f.*

exciting, ĕk-sâï'-tinng, *a* passionnant.

exclaim, ex-cléme', *v* s'écrier.

exclamation, ex-clă-mé'-ch'n, *n* exclamation .

exclude, ex-cloude', *v* exclure.

exclusive*, ex-cloue'-cive, *a* exclusif.

excruciating, ex-croue'-chi-éte-inng, *a* atroce.

excursion, ex-kor'-ch'n, *n* excursion *f.*

excuse, ex-kiouze', *v* excuser. *n* excuse *f.*

execute, ex'-ci-kioute, *v* exécuter, accomplir.

executioner, ex-ci-kiou'-chŏnn-*eur*, *n* bourreau *m.*

executor, ex-cè'-kioue-te*ur*, *n* exécuteur.

exempt, egg-zemmpte, *v* dispenser. *a* dispensé.

exemption, egg-zemmpte'-ch'n, *n* dispense *f.*

exercise, ex'-*eur*-sâïze, *n* exercice *m.* *v* exercer.

exert, egg-zeurte', *v* s'efforcer; **—ion,** *n* effort *m.*

exhaust, egg-zôste', *v* épuiser. *n* (mech) échappement *m.*

exhibit, egg-zib'-itte, *v* exposer; montrer. *n* article exposé *m.*

exhibition, egg-zi-bi'-ch'n, *n* exposition *f.*

exhilarate, egg-zil'-ă-réte, *v* réjouir.

exhilarating, egg-zil'-*a*-réte-inng, *a* vivifiant.

exigency, èk'-si-djenn-ci, *n* exigence *f.*

exile, èk'-sāïle, *v* exiler. *n* exil *m;* (person) exilé *m.*

exist, egg-zisste', *v* exister; **—ence,** *n* existence *f.*

exit, èk'-citte, *n* sortie *f.*

exonerate, egg-zonn'-*eur*-éte, *v* exonérer; discolper.

exorbitant, èk-sôre'-bi-t'nt, *a* exorbitant.

expand, ex-pānnde', *v* dilater; **—ing,** *a* extensible.

expansion, ex-pānn-ch'n, *n* expansion *f.*

expect, ex-pecte', *v* attendre; s'attendre à; **—ation,**
n attente *f.*

expedient, ex-pi'-di-ennte, *n* expédient *m.* *a* con-

expedite, ex'-pi-dâïte, *v* accélérer. ⌊venable.

expel, ex-pelle', *v* expulser, renvoyer.

expend, ex-pennde', *v* dépenser.

expenditure, ex-penn'-di-tioure, *n* dépense *f.*

expense, ex-pennse', *n* dépense *f;* frais *mpl.*

expensive*, ex-penn'-cive, *a* coûteux, oher.

experience, ex-pi'-ri-ennce, *n* expérience *f.*
v éprouver, faire l'expérience de.

experiment, ex-pair'-i-mennte, *n* expérience *f.*
v expérimenter.

expert, ex-peurte', *n* & *a* expert *m.*

expire, ex-pâïre', *v* expirer.

explain, ex-pléne', *v* expliquer.

explanation, ex-pla-né'-ch'n, *n* explication *f.*

explicit, ex-pli'-site, *a* explicite, clair.

explode, ex-plaude', *v* faire explosion.

exploit, ex-plŏa'ïte', *n* exploit *m.* *v* exploiter.

explore, ex-plaure', *v* explorer.

explorer, ex-plaur'-*eur*, *n* explorateur *m.*

explosion, ex-plau-j'n, *n* explosion *f.*

export, ex-paurte', *v* exporter; *n* exportation *f;* **—er,**
n exportateur *m.*

expose, ex-pauze', *v* exposer; (fraud) démasquer;
(plot) dévoiler.

expostulate, ex-poss'-tiou-léte, *v* faire des remontrances.

exposure, ex-pau'-jeure, *n* exposition *f;* scandale *m.*

expound, ex-pâ'ounnde', *v* exposer; expliquer.

express, ex-presse', *n* express *m,* rapide *m.* *a* exprès.
v exprimer; **—ion,** *n* expression *f.*

expulsion, ex-pol'-ch'n, *n* expulsion *f.*

exquisite*, ex'-coui-zite, *a* exquis.
extend, ex-tennde', *v* étendre; s'étendre.
extensive, ex-tenn'-cive, *a* étendu, vaste.
extent, ex-tennte', *n* étendue *f*; point *m*; degré *m*.
extenuating, ex-tenn'-iou-é'-tinng, *a* atténuant.
exterior, ex-ti'-ri-*eur*, *n* & *a* extérieur *m*.
exterminate, ex-teur'-mi-néte, *v* exterminer.
external*, ex-teur'-n'l, *a* externe; extérieur.
extinct, ex-tinng'-kt, *a* éteint; (race, etc) disparu.
extinguish, ex-tinng'-gouiche, *v* éteindre.
extort, ex-tôrte', *v* extorquer.
extortion, ex-tôr'-ch'n, *n* extorsion *f*.
extra, ex'-tra, *a* en plus. *n* supplément *m*;
—**ordinary**, *a* extraordinaire.
extract, ex-trăcte', *v* extraire. *n* extrait *m*.
extravagant, ex-tră'-va-gannte, *a* dépenser.
extreme, ex-trîme', *n* extrême *m*. *a** extrême.
extremity, ex-trè'-mi-ti, *n* extrémité *f*.
extricate, ex'-tri-kéte, *v* dégager de.
eye, aï, *n* œil *m*; troi *m*; —**ball**, globe *m* (de l'œil);
—**brow**, sourcil *m*; —**lash**, cil *m*; —**let**, œillet *m*;
—**lid**, paupière *f*; —**sight**, vue *f*; —**witness**,
témoin oculaire *m*.

fable, fé-b'l, *n* fable *f*.
fabric, făb'-rique, *n* étoffe *f*; tissu *m*; structure *f*;
—**ation**, fabrication *f*; invention *f*.
fabulous*, făb'-iou-leuce, *a* fabuleux.
façade, fă-sade', *n* façade *f*.
face, féce, *n* figure *f*, visage *m*, face *f*; (clock) cadran *m*.
v faire face à; —**cream**, *n* crème pour le visage *f*.
facilitate, fa-cil'-i-téte, *v* faciliter.
facsimile, făk-simm'-i-li, *n* fac-similé *m*.
fact, făcte, *n* fait *m*.
factor, făk'-tôr, *n* élément *m*.
factory, făk'-teur-i, *n* fabrique *f*; usine *f*.
faculty, făk'-*eul*-ti, *n* faculté *f*; aptitude *f*.
fade, féde, *v* se faner; (colour) passer; (material) se
détendre.
fail, féle, *v* manquer, faillir; (exam; etc) échouer;
—**without**, —, sans faute; —**ing**, *n* défaut *m*; *prep* à

défaut de, faute de; **—ure,** échec *m*; (insolvency)
faillite *f*; (of person) raté, -ée *m* & *f*.

faint, fé-nnte, *v* s'évanouir. *n* évanouissement *m*.
a* léger, faible.

fair, fère, *a* juste; beau; (hair) blond. *n* foire *f*;
—ness, équité *f*; beauté *f*; honnêteté *f*.

fairy, fé'-ri, *n* fée *f*.

faith, féts, *n* foi *f*; confiance *f*; **—ful*,** *a* fidèle.

fall, foal, *n* chute *f*; descente *f*; (prices) baisse *f*.
v tomber; baisser.

fallacy, fǎl'-la-ci, *n* fausseté *f*; illusion *f*.

false*, foalse, *a* faux; artificiel.

falsehood, foalse'-houde, *n* mensonge *m*.

falsification, foal'-si-fi-qué'-ch'n, *n* falsification *f*.

falsify, foal'-si-fâï, *v* falsifier.

falter, foal'-*teur*, *v* hésiter; (speech) balbutier.

fame, féme, *n* renommée *f*; **—d,** *a* renommé.

familiar*, *fa* mil'-i-*eur*, *a* familier, intime.

family, fǎmm'-i-li, *n* famille *f*.

famine, fǎmm'-inn, *n* famine *f*.

famish, fǎmm'-iche, *v* affamer.

famous, féme'-*euce*, *a* fameux, célèbre.

fan, fǎnne, *n* éventail *m*; ventilateur *m*. *v* éventer.

fanatic, fa-nǎt'-ique, *n* & *a* fanatique *m* & *f*.

fanaticism, fa-nǎt'-i-cizme, *n* fanatisme *m*.

fancy, fǎnn'-ci, *n* imagination *f*; (liking) goût *m*;
(desire) envie *f*. *v* imaginer; avoir envie de.

fancy-dress, fǎnn'-ci-dresse, *n* déguisement *m*;
travesti *m*.

fang, fainng, *n* (dog) croc *m*; (snake) crochet *m*.

fantastic, fǎnn-tǎss'-tique, *a* fantastique.

fantasy, fǎnn'-ta-zi, *n* fantaisie *f*.

far, fàre, *adv* loin. *a* lointain, éloigné.

farce, fàrce, *n* farce *f*.

fare, fère, *n* prix du parcours *m*; (food) chère *f*.

farewell, fère-ouel', *n* adieu *m*.

farm, fârme, *n* ferme *f*; **—er,** fermier *m*.

farther, fâre'*dzeur*, *adv* plus loin. *a* plus éloigné.

fascinate, fǎss'-ci-néte, *v* fasciner.

fascinating, fǎss'-ci-né-tinng, *a* séduisant.

fashion, fâche'-*eune*, *n* mode *f*. *v* façonner; **to be in —,**
être à la mode; **—able,** *a* à la mode.

fast, fâste, *a* rapide; ferme; (colour) bon teint. *n* jeûne *m*. *v* jeûner.

fasten, fâs'-s'n, *v* attacher, fixer; (close) fermer.

fastidious*, fâss-tid'-*i-euce*, *a* difficile; exigeant.

fat, fâtte, *n* graisse *f*; (meat) gras *m*. *a* (person) gros; (animal) gras; **—ten,** *v* engraisser; **—ty,** *a* graisseux, gras.

fatal*, fé'-t'l, *a* fatal; mortel.

fate, féte, *n* destin *m*, sort *m*; **—d,** *a* destiné.

father, fâ'-*dzeur*, *n* père *m*; **—in-law,** beau-père *m*; **—ly,** *a* paternel.

fatigue, *fa*-tigue', *v* fatiguer. *n* fatigue *f*.

fault, fôalte, *n* faute *f*; (defect) défaut *m*; **—less*,** *a* impeccable; **—y,** défectueux.

favour, fé'-*veur*, *n* faveur *f*; grâce *f*; (com) honorée *f*. *v* favoriser; **to do** (someone) **a —,** rendre service; **—able,** *a* favorable; propice; **—ite,** *n* & *a* favori, -te *m* & *f*.

fawn, fôanne, *n* faon *m*.

fear, fire, *v* craindre. *n* crainte *f*, peur *f*; **—ful,** *a* effroyable; craintif; **—less,** intrépide.

feasible, fi'-zi-b'l, *a* praticable, faisable.

feast, fîsste, *n* fête *f*; festin *m*. *v* régaler.

feat, fîte, *n* exploit *m*; (skill) tour de force *m*.

feather, fè'-*dzeur*, *n* plume *f*. *v* emplumer.

feature, fit'-*ieure*, *n* trait *m*; particularité *f*.

February, fè'-brou-èr-i, *n* février *m*.

federation, fé-*deur*-é'-ch'n, *n* fédération *f*.

fee, fi, *n* honoraires *mpl*; prix *m*.

feeble, fi'-b'l, *a* faible, débile, mou.

feed, fîde, *v* nourrir; (cattle) paître.

feel, file, *v* sentir; (touch) *n* toucher *m*; **—er,** *n* (insects) antenne *f*; **—ing,** toucher *m*; sensation *f*; sentiment *m*.

feign, féne, *v* feindre, simuler.

fell, fèle, *v* abattre; assommer.

fellow, fèl'-au, *n* membre *m*; collègue *m*; (pop) garçon *m*; homme *m*; **—ship,** camaraderie *f*.

felony, fèl'-au-ni, *n* crime *m*.

felt, felte, *n* feutre *m*.

female, fi'-méle, *n* & *a* femelle *f*; *a* & *n* féminin *m*.

feminine, fème'-i-ninn, *a* & *n* féminin *m*.

fence, fènnce, *n* clôture *f.* *v* entourer; (swordsmanship) faire de l'escrime.

fender, fenn'*-deur,* *n* garde-feu *m.*

ferment, feur-mennte', *v* fermenter. *n* ferment *m.*

fern, feurne, *n* fougère *f.*

ferocious*, fi-rau'*-cheuce,* *a* féroce.

ferret, fèr'-ette, *n* furet *m.* *v* fureter.

ferry, fèr'-i, *n* bac *m.* *v* passer en bac.

fertile, feur'-tâïle, *a* fertile.

fertilize, feur'-ti-lâïze, *v* fertiliser.

fervent, feur'-vennte, *a* fervent, ardent.

fester, fess'*-teur,* *v* s'envenimer.

festival, fess'-ti-v'l, *n* fête *f;* festival *m.* *a* de fête.

festive, fess'-tive, *a* joyeux, de fête.

festoon, fess-toune', *n* feston *m.* *v* festonner.

fetch, fètche, *v* aller chercher.

fetter, fèt'*-teur,* *v* enchaîner; —s, *npl* fers *mpl.*

feud, fioude, *n* inimitié *f;* —al, *a* féodal.

fever, fi'-veur, *n* fièvre *f;* —ish, *a* fiévreux.

few, fioue, *a* peu de; **a —,** quelques.

fibre, fâï'*-beur,* *n* fibre *f.*

fickle, fik'-'l, *a* volage, inconstant.

fiction, fique'-ch'n, *n* fiction *f;* roman *m.*

fictitious*, fique-tich'*-euce,* *a* fictif; faux.

fidelity, fi-dél'-i-ti, *n* fidélité *f.*

fidget, fid'-jette, *v* remuer; —y, *a* remuant.

field, filde, *n* champ *m;* pré *m;* (games) terrain *m.*

fiend, finnde, *n* démon *m;* —ish, *a* diabolique.

fierce*, fîrce, *a* féroce, farouche, furieux.

fiery, fâï'*-eu-*ri, *a* ardent; fougueux.

fifteen, fiff'-tîne, *n & a* quinze *m;* —th, *n & a* quinzième *m & f.*

fifth, fiffs, *n & a* cinquième *m & f.*

fiftieth, fiff'-ti-its, *n & a* cinquantième *m & f.*

fifty, fiff'-ti, *n & a* cinquante *m.*

fig, figue, *n* figue *f;* **— tree,** figuier *m.*

fight, fâïte, *v* se battre, combattre. *n* combat *m.*

figure, figue'-ioure, *n* figure *f;* forme *f;* ligne *f;* (number) chiffre *m.*

filbert, file'*-beurte,* *n* aveline *f.*

filch, filtche, *v* filouter.

file, fâïle, *n* (tool) lime *f;* (office) classeur *m;* dossier *m;* (mil) file *f.* *v* limer; classer.

filigree, fil'-i-grî, *n* filigrane *m*.

fill, file, *v* remplir. — *n* suffisance *f*.

filly, fil'-i, *n* pouliche *f*.

film, filme, *n* voile *m*; (snapshots, etc) pellicule *f*; (cinema) film *m*; *v* filmer.

filter, fil'-teur, *v* filtrer. — *n* filtre *m*.

filth, fil*t*s, *n* saleté *f*; **—y,** *a* sale.

fin, fine, *n* nageoire *f*.

final*, fâï'-n'l, *a* final; décisif.

finance, fi-nânnce', *n* finance *f*. *v* commanditer.

financial*, fi-nânn'-ch'l, *a* financier.

finch, finntche, *n* pinson *m*.

find, fâïnnde, *v* trouver.

fine, fâïnne, *v* mettre à l'amende. *n* amende *f*. *a* fin; délicat; beau; subtil; excellent.

finery, fâï'-neur-i, *n* parure *f*.

finger, finng'-gueur, *n* doigt *m*. *v* toucher.

finish, finn'-iche, *v* finir; terminer. *n* fin *f*.

fir, feur, *n* sapin *m*; **— -cone,** pomme de pin *f*.

fire, fâïre, *n* feu *m*; (conflagration) incendie *m*. *v* incendier; (gun, etc) tirer; **—-alarm,** *n* avertisseur d'incendie *m*; **—-brigade,** corps de pompiers *m*; **—-engine,** pompe à incendie *f*; **—-escape,** échelle de sauvetage *f*; **—-man,** pompier *m*; **—-place,** foyer *m*; **—-proof,** *a* ininflammable; **—-works,** *npl* feu d'artifice *m*.

firm, feurme, *n* maison (de commerce) *f*. *a** solide, ferme.

first, feurste, *n* & *a** premier. -ère *m* & *f*

fish, fiche, *n* poisson *m*. *v* pêcher; **—-bone,** *n* arête *f*; **—-erman,** pêcheur *m*; **— -hook,** hameçon *m*; **—-monger,** poissonnier *m*.

fishing, fich'-inng, *n* pêche *f*; **— -rod,** canne à pêche *f*.

fissure, fich'-ioure, *n* fissure *f*, fente *f*.

fist, fiste, *n* poing *m*.

fistula, fiss'-tioue-la, *n* fistule *f*.

fit, fite, *v* ajuster; (clothes) aller. *n* (*med*) attaque *f*. *a* convenable, propre.

fittings, fitt'-inngs, *npl* garnitures *fpl*, accessoires *mpl*.

five, fâïve, *n* & *a* cinq *m*.

fix, fixe, v fixer. n embarras m; impasse f.

fixture, fixe'-tioure, n objet fixé à demeure m.

fizzy, fiz'-i, a gazeux.

flabby, flâb'-i, a flasque, mollasse.

flag, flâgue, n drapeau m; (naut) pavillon m; **—ship**, vaisseau amiral m; **—staff**, hampe de drapeau f.

flagon, flâg'-ônn, n flacon m.

flagrant, flé'-grannte, a flagrant.

flake, fléme, n (metal) lame f; (snow, etc) flocon m.

flaky, flé'-ki, a (pastry) feuilleté.

flame, fléme, n flamme f. v flamber.

flange, flânndje, n rebord m; (wheel) boudin m.

flank, flain'-ngk, v flanquer; border. n flanc m.

flannel, flânn'-'l, n flanelle f; (face) gant de toilette m.

flap, flâppe, n battant m; (pocket) patte f; (wings) coup d'aile m. v battre; (fam) s'affoler.

flare, flère, n vive clarté f; flamme f. v flamboyer; (trousers, etc) évaser.

flash, flâche, n éclat m; (lightning) éclair m; (guns, etc) feu m.

flask, flâsske, n flacon m.

flat, flâtte, n appartement m; (mus) bémol m. a plat. flatten, flâtt'-'n, v aplatir.

flatter, flâtt'-eur, v flatter; **—ing***, a flatteur; **—y**, n flatterie f.

flavour, flé'-veur, n saveur f; goût m; (wine) bouquet m. v assaisonner.

flaw, floa, n défaut m; (metal) paille f.

flax, flâxe, n lin m.

flea, flî, n puce f.

flee, flî, v fuir, s'enfuir.

fleece, flîce, n toison f. v tondre; (rob) écorcher.

fleet, flîte, n flotte f. a* rapide, léger.

flesh, flèche, n chair f.

flexible, flé-xi-b'l, a flexible; souple.

flicker, flik'-eur, v vaciller; clignoter. n battement m.

flight, flâîte, n (fleeing) fuite f; (birds, planes) vol m; (stairs) escalier m.

flimsy, flimm'-zi, a léger; fragile; (paper) papier pelure m.

flinch, flinntche, v broncher, fléchir.

fling, flinng, v lancer.

flint, flinnte, *n* silex *m*; (lighter) pierre *f* (à briquet).

flippant*, flipp'-annte, *a* léger; (*pers*) désinvolte.

flirt, fleurte, *v* flirter. *n* flirt *m* & *f*.

float, flaute, *n* (angler's) flotteur *m*. *v* flotter; (on back) faire la planche; (a company) lancer.

flock, floque, *n* troupeau *m*; (birds) vol *m*. *v* s'attrouper.

flog, flogue, *v* fouetter.

flood, flodde, *v* inonder. *n* inondation *f*; (tide) marée *f*.

floor, flaure, *n* plancher *m*; (storey) étage *m*.

florid, flor'-ide, *a* fleuri; flamboyant.

florist, flor'-isste, *n* fleuriste *m* & *f*.

floss, flosse, *n* bourre de soie *f*.

flounce, flâ'ounnce, *n* (dress) volant *m*. *v* se démener.

flour, flâ'ou*eur*, *n* farine *f*.

flourish, flor'-iche, *n* brandissement *m*; (*mus*) fanfare *f*. *v* prospérer; (brandish) brandir.

flout, flâ'oute, *v* se moquer de, coulant.

flow, flau, *n* écoulement *m*; (river) cours *m*. *v* couler.

flower, flâ'ou'-*eur*, *n* fleur *f*. *v* fleurir.

fluctuate, floc'-tiou-éte, *v* fluctuer.

flue, floue, *n* tuyau de cheminée *m*.

fluency, floue'-enn-ci, *n* facilité *f*.

fluent, floue'-ennte, *a* facile, coulant.

fluff, floff, *n* duvet *m*; peluches *fpl*; —**y,** *a* pelucheux.

fluid, floue'-idd, *n* & *a* fluide *m*.

fluke, flouque, *n* (chance) coup de hasard *m*.

flurry, flor'-i, *n* émoi *m*. *v* agiter; troubler.

flush, floche, *v* (redden) rougir; (rinse) laver à grande eau. *n* rougeur *f*. *a* (level) au niveau de.

fluster, floce'-*teur*, *v* déconcerter. *n* agitation *f*.

flute, floute, *n* flûte *f*; —**d,** *a* cannelé.

flutter, flott'-*eur*, *v* palpiter; battre des ailes.

fly, flaï, *n* mouche *f*; (trouser) *n* braguette *f*. *v* voler; (flag) flotter.

foal, faule, *n* poulain *m*. *v* pouliner.

foam, faume, *n* écume *f*. *v* écumer.

focus, fau'-ke*uce*, *v* mettre au point; régler. *n* foyer *m*.

fodder, fod'r, *n* fourrage *m*.

foe, fau, *n* ennemi *m*.

foetus, fi'-*teuce*, *n* embryon *m*.

fog, fogue, *n* brouillard *m*; **—gy,** *a* brumeux; **— -horn,** *n* sirène *f*.

foil, foa'ile, *n* (fencing) fleuret *m*; (metal) feuille *f*. *v* déjouer.

foist, foa'iste, *v* imposer; introduire; fourrer.

fold, faulde, *n* (clothes, etc) pli *m*; (sheep) bercail *m*. *v* plier; (arms) croiser.

foliage, fau'-li-édje, *n* feuillage *m*.

folk, fauke, *n* gens *mpl & fpl*.

follow, foll'-au, *v* suivre; (*fig*) s'ensuivre.

follower, foll'-au'r, *n* partisan *m*; disciple *m*.

folly, foll'-i, *n* folie *f*; (stupidity) sottise *f*.

foment, fo-mennte', *v* fomenter.

fond, fonnde, *a* affectueux; **to be — of,** aimer.

fondle, fonn'-d'l, *v* choyer, caresser.

font, fonnte, *n* fonts baptismaux *mpl*.

food, foude, *n* nourriture *f*; (a food) aliment *m*.

fool, foull, *n* imbécile *m & f*. *v* duper; **—hardy,** *a* téméraire; **—ish,** sot; imprudent.

foot, foutt, *n* pied *m*; **—ball,** football *m*; **—man,** valet de pied *m*; **—path,** sentier *m*; (pavement) trottoir *m*; **—print,** trace de pas *f*; **—step,** pas *m*.

for, fôr *prep* pour; pendant. *conj* car.

forage, for'-idj, *n* fourrage *m*. *v* fourrager.

forbear, fôr-bère', *v* supporter; s'abstenir.

forbearance, fôr-bèr'-annce, *n* indulgence *f*.

forbid, fôr-bide', *v* défendre; **—ding,** *a* repoussant.

force, fôrce, *v* forcer. *n* force *f*; **—ful,** *a* vigoureux.

forceps, for'-seppse, *n* pince *f*; forceps *m*.

forcible, fôr'-ci-b'l, *a* énergique; par force.

ford, fôrde, *v* passer à gué. *n* gué *m*.

fore, fore, *n* avant *m*. *a* antérieur; **—arm,** *n* avant-bras *m*; **—bode,** *v* présager; **—boding,** *n* présage *m*; **—cast,** prévision *f*. *v* prévoir; **—close,** *v* (law) forclore; **—fathers,** *n* aïeux *mpl*; **—finger,** index *m*; **—going,** *a* précédent; **—gone,** préconçu *m*; **—ground,** *n* premier plan *m*; **—head,** front *m*; **—man,** contre-maître *m*; **—most,** *a* le plus avancé; principal; **—runner,** *n* précurseur *m*; **—see,** *v* prévoir; **—sight,** *n* prévoyance *f*; **—stall,** *v* devancer; **—taste,** *n* avant-goût *m*; **—tell,** *v* prédire; **—thought,** *n* préméditation *f*; **—warn,** *v* avertir.

foreign, for'-ine, *a* étranger; **—er,** *n* étranger, -ère

forest, for'-este, *n* forêt *f*. |*m* & *f*.

forfeit, for'-fite, *n* gage *m*; (law) dédit *m*. *v* perdre.

forge, fordje, *v* forger; (falsify) contrefaire. *n* forge *f*; **—ry,** contrefaçon *f*, faux *m*.

forget, fôr-guètte', *v* oublier; **—ful,** *a* oublieux, négligent; **—fulness,** *n* oubli *m*; **— -me-not,** (flower) myosotis *m*.

forgive, fôr-guive', *v* pardonner.

forgiveness, fôr-guive'-nesse, *n* pardon *m*.

for(e)go, fore-gau', *v* renoncer à; s'abstenir de.

fork, forque, *n* fourchette *f*; (tool) fourche *f*; (road) bifurcation *f*. *v* bifurquer.

forlorn, fôr-lôrne', *a* abandonné; désespéré.

form, fôrme, *n* forme *f*; (a form to fill up) formule *f*; (seat) banc *m*; (class) classe *f*. *v* former; **—al*,** *a* de forme; formel; officiel; **—ality,** *n* formalité *f*; **—ation,** formation *f*; **—er,** *a* précédent; ancien; **—erly,** *adv* autrefois.

forsake, fôr-céque', *v* délaisser, abandonner.

fort, fôrte, *n* fort *m*; **—ification,** fortification *f*; **—ify,** *v* fortifier; **—ress,** *n* forteresse *f*.

forth, fôrts, *adv* en avant; désormais; **—coming,** *a* prochain; **—with,** *adv* sur le champ.

fortieth, fôr'-ti-its, *n* & *a* quarantième *m* & *f*.

fortitude, fôr'-ti-tioude, *n* courage *m*.

fortnight, forte'-nâîte, *n* quinzaine *f*, quinze jours *m*.

fortunate*, fôr'-tiou-néte, *a* heureux.

fortune, fôr'-tioune, *n* fortune *f*; (fate) sort *m*.

forty, fôr'-ti, *n* & *a* quarante *m*.

forward, fôr'-ouarde, *v* expédier; faire suivre; *adv* en avant. *a* avancé; effronté; **—ing-agent,** *n* agent de transport *m*; **—ness,** effronterie *f*.

fossil, foss'-il, *n* & *a* fossile *m*.

foster, fosse'-t'r, *v* élever; encourager; **— -parents,** *npl* parents adoptifs *mpl*.

foul, fà'oule, *a** sale; impur; obscène; (unfair) déloyal.

found, fà'ounnde, *v* fonder; (metal) fondre; **—ation,** *n* fondation *f*; (*fig*) fondement *m*; **—er,** *v* sombrer. *n* fondateur *m*; **—ling,** enfant trouvé *m*; **—ry,** fonderie *f*.

fountain, fâ'ounn'-tinne, *n* fontaine *f*; — **-pen**, stylo *m*.

four, fôr, *n* & *a* quatre *m*; —**fold**, *a* quadruple; —**teen**, *n* & *a* quatorze *m*; —**th**, quatrième *m* & *f*.

fowl, fâ'oule, *n* volaille *f*.

fox, foxe, *n* renard *m*; — **-terrier**, fox-terrier *m*.

fraction, fråck'-ch'n, *n* fraction *f*.

fracture, fråck'-tioure, *v* fracturer. *n* fracture *f*.

fragile, fråd'-jile, *a* fragile.

fragment, frågue'-m'nt, *n* fragment *m*.

fragrance, fré'-grannce, *n* perfum *m*.

fragrant, fré'-grannt, *a* parfumé.

frail, fréle, *a* frêle; —**ty**, *n* fragilité *f*.

frame, fréme, *n* forme *f*; cadre *m*; (car) chassis *m*. *v* former; (picture, etc) encadrer; —**s**, (glasses) monture *f*.

franchise, frånn'-tchâïze, *n* franchise *f*.

frank*, frain-ngk, *a* franc; —**ness**, *n* franchise *f*.

frantic, frånn'-tique, *a* frénétique; furieux.

fraud, froade, *n* fraude *f*; —**ulent***, *a* frauduleux.

fray, fré, *n* (scuffie) bagarre *f*. *v* (material) s'effiler.

freak, frîque, *n* phénomène *m*; —**ish**, *a* bizarre.

freckle, frèk'-'l, *n* tache de rousseur *f*.

free, frí, *v* libérer; délivrer. *a* libre; gratuit; —**dom**, *n* liberté *f*; —**mason**, franc-maçon *m*; — **trade**, libre échange *m*.

freeze, frîze, *v* geler, glacer, congeler.

freezing, frîz'-inng, *n* congélation *f*. *a* glacial.

freight, fréte, *n* fret *m*; cargaison *f*. *v* affréter.

frenzy, frenn'-zi, *n* frénésie *f*.

frequency, frí'-couenn-ci, *n* fréquence *f*.

frequent, frí'-couennte, *a* fréquent. *v* fréquenter.

fresh*, frèche, *a* frais; —**ness**, *n* fraîcheur *f*.

fret, frette, *v* se tourmenter; —**ful**, *a* irritable; — **-saw**, *n* scie à découper *f*; —**work**, découpage *m*.

friar, frâï'-'r, *n* moine *m*; —**y**, monastère *m*.

friction, frique'-ch'n, *n* friction *f*; frottement *m*.

Friday, frâï'-dé, *n* vendredi *m*; Good —, vendredi-saint *m*.

friend, frennde, *n* ami *m*; —**liness**, bienveillance *f*; —**ly**, *a* amical; —**ship**, *n* amitié *f*.

fright, frâïte, *n* frayeur *f*; peur *f*; —**en**, *v* effrayer; —**ful**, *a* effroyable, épouvantable.

frigid, fridj´-ide, *a* glacial; frigide.

frill, frile, *n* volant *m*, ruche *f*; (paper) papillote *f*.

fringe, frinndje, *n* frange *f*; bord *m*. *v* border.

frisky, frisk´-i, *a* frétillant; animé.

fritter, fritt´-'r, *n* beignet *m*. *v* morceler; — **away,** dissiper, gaspiller.

frivolous*, friv´-ŏ-leuce, *a* frivole.

frock, froque, *n* (dress) robe *f*.

frog, frogue, *n* grenouille *f*.

frolic, frol´-ique, *v* folâtrer. *n* espièglerie *f*.

from, fromme, *prep* de, depuis; de la part de; d'après.

front, fronnte, *n* devant *m*; (mil) front *m*; *a* de face; —**age,** *n* façade *f*.

frontier, fronnt´-i-eur, *n* & *a* frontière *f*.

frost, froste, *v* glacer. *n* gelée *f*; (hoar) givre *m*; —**bitten,** *a* gelé; —**y,** glacé.

froth, frôts, *n* écume *f*; mousse *f*. *v* écumer; mousser.

frown, frâ'oune, *v* froncer les sourcils. *n* froncement de sourcils *m*.

frugal*, froue´-g'l, *a* frugal.

fruit, froute, *n* fruit *m*; —**erer,** fruitier *m*; —**ful,** *a* fructueux; —**less,** *a* stérile.

frustrate, fross-trété´, *v* frustrer.

fry, frâï, *v* frire, faire frire.

fuchsia, fioue´-chi-a, *n* fuchsia *m*.

fuel, fioue´-eul, *n* combustible *m*.

fugitive, fioue´-dji-tive, *n* & *a* fugitif, -ive *m* & *f*.

fugue, fiougue, *n* fugue *f*.

fulcrum, feul´-creum, *n* point d'appui *m*.

fulfil, foull-fill´, *v* accomplir; réaliser; satisfaire; —**ment,** *n* accomplissement *m*; réalisation *f*.

full, foull, *a* plein; complet.

fulness, foull´-nesse, *n* plénitude *f*; abondance *f*.

fulsome, foull´-seumme, *a* vil; écœurant.

fume, fioume, *n* vapeur *f*. *v* (rage) rager.

fun, fonne, *n* amusement *m*; (joke) plaisanterie *f*; —**ny,** *a* drôle; amusant.

function, fonnk´-ch'n, *n* fonction *f*. *v* fonctionner.

fund, fonnde, *n* fonds *mpl*; caisse *f*.

fundamental*, fonn-da-menn´-t'l, *a* fondamental *f*.

funeral, fioue´-neur-'l, *n* enterrement *m*; funérailles *fpl*.

funnel, fonn'-'l, *n* entonnoir *m*; (smoke) cheminée.

fur, feure, *n* fourrure *f*; (boiler) tartre *m*. *v* incruster;
—**rier,** *n* fourreur *m*.

furious*, fioue'-ri-*euce*, *a* furieux.

furnace, feur'-nisse, *n* four *m*; fourneau *m*; (ship, etc)
foyer *m*.

furnish, feur'-niche, *v* meubler; fournir.

furniture, feur'-ni-tioure, *n* meubles *mpl*.

furrow, for'-au, *v* sillonner. *n* sillon *m*.

further, feur'*dzeur*, *adv* en plus; plus loin. *a* supplémentaire. *v* avancer; seconder.

furtive*, feur'-tive, *a* furtif.

fury, fioue'-ri, *n* furie *f*.

fuse, fiouze, *n* (time) fusée *f*; (electric) plomb *m*.
v fuser, sauter.

fuss, foce, *n* embarras *m*; cérémonies *fpl*; (*fam*) des
histoires *fpl*.

fusty, foce'-ti, *a* sentant le renfermé; moisi.

futile, fioue'-tâïle, *a* futile; frivole.

future, fioue'-tioure, *n* avenir *m*. *a* futur.

gable, gué'-b'l, *n* pignon *m*.

gaff, gâffe, *n* gaffe *f*.

gag, gâgue, *v* bâillonner. *n* bâillon *m*; (*fam*) blague *f*.

gaiety, gué'-i-ti, *n* gaieté *f*.

gaily, gué'-li, *adv* gaiement.

gain, guéne, *n* gain *m*. *v* gagner; atteindre; (clock, etc)
avancer.

gait, guéte, *n* démarche *f*; (horse) allure *f*.

gaiter, gué'-t'r, *n* guêtre *f*.

galaxy, gâl'-*ak*-ci, *n* galaxie *f*.

gale, guéle, *n* tempête *f*.

gall, goal, *n* bile *f*. *v* irriter; — **-stone,** *n* calcul
biliaire *m*; — **-bladder,** *n* vésicule biliaire *f*.

gallant, gâl'-'nt, *a* brave; galant.

gallantry, gâl'-ann-tri, *n* bravoure *f*; galanterie *f*.

gallery, gâl'-*eur*-i, *n* galerie *f*; amphithéâtre *m*.

gallop, gâl'-ôpe, *v* galoper. *n* galop *m*.

gallows, gâl'-auze, *n* potence *f*; gibet *m*.

galvanism, gâl'-vann-izme, *n* galvanisme *m*.

galvanise, gâl'-vann-âïze, *v* galvaniser.

gamble, gămm'-b'l, *v* jouer de l'argent; miser; **—r,** *n* joueur *m.*

game, guéme, *n* jeu *m;* partie *f;* (birds, etc) gibier *m;* **—-keeper,** garde-chasse *m.*

gammon, gămm'-*eune,* *n* cuisse de porc fumée *f.*

gander, gănn'-d'r, *n* jars *m.*

gang, gain'-ng, *n* équipe *f;* bande *f;* **—way,** passage *m;* (ship) passerelle *f.*

gaol, djéle, *n* prison *f.*

gap, găppe, *n* brèche *f;* ouverture *f;* trou *m;* écart *m.*

gape, guépe, *v* regarder bouche bée; s'ouvrir.

garage, ga-râdge', *n* garage *m.*

garb, gârbe, *n* costume *m,* habit *m.*

garbage, gâr'-bidj, *n* ordures *fpl.*

garden, găr'-d'n, *n* jardin *m;* (kitchen) (jardin) potager *m;* **—er,** jardinier *m;* **—ing,** jardinage *m.*

gargle, gâr'-g'l, *v* se gargariser. *n* gargarisme *m.*

garland, gâr'-lânnde, *n* guirlande *f. v* enguirlander.

garlic, gâr'-lique, *n* ail *m.*

garment, gâr'-m'nt, *n* vêtement *m.*

garnish, gâr'-niche, *v* garnir. *n* garniture *f.*

garret, găr'-ette, *n* mansarde *f.*

garrison, găr'-i-s'n, *n* garnison *f.*

garrulous, găr'-ou-leuce, *a* bavard.

garter, gâr'-t'r, *n* jarretière *f.*

gas, găce, *n* gaz *m;* **—eous,** *a* gazeux; **—-cooker,** *n* cuisinière à gaz *f;* **—works,** usine à gaz *f.*

gash, găche, *v* balafrer. *n* balafre *f;* coupure *f.*

gasp, găsspe, *v* haleter. *n* soupir convulsif *m.*

gastric, găss'-trique, *a* gastrique.

gate, guéte, *n* porte *f;* (iron) grille *f;* (wooden) barrière *f.*

gather, gădz'-*eur,* *v* rassembler; (pluck) cueillir; (conclude) comprendre; **—ing,** *n* réunion *f;* (med) abcès *m.*

gaudy, goa'-di, *a* voyant; criard.

gauge, guédje, *n* indicateur *m. n* (tool) calibre *m;* (railway) entre-rail *m;* (size) mesure *f. v* mesurer; estimer.

gaunt, gŏannte, *a* maigre, décharné.

gauze, goaze, *n* gaze *f;* (wire) toile métallique *f.*

gawky, goa'-ki, *a* dégingandé; gauche.

gay, gué, *a* gai, joyeux; dissolu.

gaze, guéze, *v* regarder fixement. *n* regard fixe *m*.

gazelle, ga-zelle', *n* gazelle *f*.

gazette, ga-zette', *n* gazette *f*.

gear, guîeur, *n* équipment; (car) vitesse *f*; (car) boîte de vitesse *f*.

gelatine, djell'-*a*-tinn, *n* gélatine *f*.

gelding, guêl'-dinng, *n* cheval hongre *m*.

gem, djème, *n* pierre précieuse *f*.

gender, djenn'-d'r, *n* genre *m*.

general, djenn'-*eu*-ra*l*, *n* général *m*. *a** général.

generalize, djenn'-*eu*-ra-lâize, *v* généraliser.

generate, djenn'-*eur*-éte, *v* produire; engendrer.

generation, djenn-*eur*-é'-ch'n, *n* génération *f*.

generosity, djenn-*eur*-o'-si-ti, *n* générosité *f*.

generous*, djenn'-*eur*-*euce*, *a* généreux.

genial, dji'-ni-a*l*, *a* doux; cordial.

genetive, djenn'-i-tive, *n* & *a* génitif *m*.

genius, dji'-ni-*euce*, *n* génie *m*.

genteel, djenn-tîle', *a* comme il faut.

gentle, djenn'-t'l, *a* doux; —**man,** *n* homme bien élevé *m*; monsieur *m*; —**ness,** douceur *f*.

gently, djenn'-tli, *adv* doucement.

genuine*, djenn'-iou-ine, *a* authentique; sincère; —**ness,** *n* authenticité *f*; sincérité *f*.

geography, dji-og'-râ-fi, *n* géographie *f*.

geology, dji-ol'-o-dji, *n* géologie *f*.

geometry, dji-omm'-e-tri, *n* géométrie *f*.

geranium, dji-ré'-ni-omm, *n* géranium *m*.

germ, djeurme, *n* germe *m*; microbe *m*.

germinate, djeur'-mi-néte, *v* germer.

gesticulate, djesse-tik'-ioue-léte, *v* gesticuler.

gesture, djesse'-tioure, *n* geste *m*.

get, guette, *v* obtenir; (earn) gagner; (fetch) aller chercher; (attain) arriver; — **back,** recouvrer; — **down,** descendre; — **off,** descendre; — **on,** progresser; monter; s'entendre; — **out,** sortir; — **up,** se lever.

geyser, guî'-zeur, *n* geyser *m*; chauffe-bain *m*.

ghastly, gâce'-tli, *a* blême; (awful) épouvantable.

gherkin, gueur'-quine, *n* cornichon *m*.

ghost, gôsste, *n* revenant *m*; fantôme *m*.

giant, djâï'-'nte, *n* géant *m*; **—ess,** géante *f*.

gibberish, guib'-*eur*-iche, *n* baragouin *m*.

gibbet, djib'-ette, *n* gibet *m*, potence *f*.

gibe, djâïbe, *v* se moquer de. *n* raillerie *f*.

giblets, djib'-*l*etce, *npl* abatis *mpl*.

giddiness, guid'-i-ness, *n* vertige *m*.

giddy, guid'-i, *a* étourdi; vertigineux.

gift, guifte, *n* don *m*; cadeau *m*; talent *m*.

gifted, guif'-tédde, *a* doué.

gigantic, djâï-gânne'-tique, *a* gigantesque.

giggle, guig-'l, *v* rire nerveusement.

gild, guilde, *v* dorer.

gilding, gilt, guild'-inng, guilte, *n* dorure *f*.

gills, guilze, *npl* branchies *fpl*.

gimlet, guime'-lette, *n* vrille *f*.

gin, djine, *n* gin *m*.

ginger, djinn'-djeur, *n* gingembre *m*.

gipsy, djip'-ci, *n* bohémien *m*, tzigane *m*.

giraffe, dji-raffe', *n* girafe *f*.

girder, gueur'-d'r, *n* poutre *f*, traverse *f*.

girdle, gueur'-d'l, *n* gaine *f*. *v* ceindre.

girl, gueurle, *n* fille *f*, jeune fille *f*; **—hood,** jeunesse *f*.

girth, gueurts, *n* contour *m*; (horse) sangle *f*.

gist, djisste, *n* substance *f*; essentiel *m*.

give, guive, *v* donner; remettre; **— in,** céder; **— up,** [renoncer à.

gizzard, guiz'-*eur*de, *n* gésier *m*.

glacier, glé'-ci-*eur*, *n* glacier *m*.

glad, glâdde, *a* heureux; content; **—den,** *v* réjouir; **—ness,** *n* joie *f*, plaisir *m*.

glade, gléde, *n* clairière *f*, percée *f*.

glance, glânnce, *n* coup d'œil *m*. *v* jeter un coup d'œil; **— off,** dévier.

gland, glânnde, *n* glande *f*.

glare, glère, *n* clarté *f*; (stare) regard fixe *m*. *v* éblouir; regarder fixement.

glaring, glèr'-inng, *a* éblouissant, voyant; (of fact, etc) manifeste.

glass, glâce, *n* verre *m*; miroir *m*; (pane) vitre *f*; **—es,** (spectacles) *n* lunettes *fpl*; **—ware,** verrerie *f*; **—y,** *a* vitreux; (smooth) lisse.

glaze, gléze, *v* vitrer; (cake, etc) glacer; (pottery) émailler. *n* (lustre) lustre *m*; émail *m*.

glazier, glé'-jeur, *n* vitrier *m.*

gleam, glîme, *n* lueur *f;* (ray) rayon *m.* *v* luire; briller.

glean, glîne, *v* glaner; **—er,** *n* glaneur, -euse *m* & *f.*

glee, glî, *n* joie *f.*

glen, glène, *n* vallon *m.*

glib, glibbe, *a* (of the tongue) bien déliée.

glide, glâïde, *v* glisser; planer; **—r,** *n* (aircraft) planeur *m.*

glimmer, glimm'-r, *v* luire faiblement. *n* lueur *f.*

glimpse, glimmpse, *n* coup d'œil *m;* aperçu *m.*

glint, glinnte, *n* trait de lumière *m.* *v* luire.

glisten, gliss'-n, *v* étinceler; reluire.

glitter, glitt'-r, *v* briller; étinceler. *n* éclat *m.*

gloat, glaute, *v* se réjouir de; couver des yeux.

globe, glaube, *n* globe *m;* sphère *f.*

globular, globb'-iou-l'r, *a* sphérique.

gloom, gloume, *n* obscurité *f;* (dismal) tristesse *f.*

gloomy, gloumm'-i, *a* obscur; (dismal) triste.

glorify, glau'-ri-fâï, *v* glorifier.

glorious*, glau'-ri-euce, *a* glorieux; superbe.

glory, glau'-ri, *n* gloire *f.* *v* **—in,** se glorifier de.

gloss, glôsse, *n* lustre *m;* **—y,** *a* luisant, brillant.

glove, glove, *n* gant *m.*

glow, glau, *n* éclat *m;* rougeur *f.* *v* luire; rougir.

glue, gloue, *n* colle *f.* *v* coller.

glum, gleumme, *a* morose.

glut, glotte, *v* (market) inonder; (of food) (se) gorger. *n* excès *m.*

glutton, glott'-'n, *n* glouton, -onne *m* & *f.*

gnarled, nârlde, *a* noueux.

gnash, nâche, *v* grincer; **—ing,** *n* grincement *m.*

gnat, nätte, *n* cousin *m,* moucheron *m.*

gnaw, noa, *v* ronger.

go, gau, *v* aller; partir; (*mech*) marcher; **— away,** s'en aller; partir; **— back,** retourner; **— down,** descendre; **— out,** sortir; **— up,** monter; **— without,** se passer de.

goad, gaude, *n* aiguillon *m.* *v* aiguillonner; inciter.

goal, gaule, *n* but *m.*

goat, gaute, *n* chèvre *f;* **he —,** bouc *m.*

gobble, gob'-l, *v* avaler avidement; dévorer.

goblin, gob'-linne, *n* lutin *m,* farfadet *m.*

God, godde, *m,* Dieu *m;* dieu *m;* **—child,** filleul, -e *m* & *f;* **—dess,** déesse *f;* **—father,** parrain *m;* **—liness,** *n* piété *f;* **—ly,** *a* pieux; **—mother,** *n* marraine *f.*

goggles, gog'-g'lze, *npl* grosses lunettes *fpl.*

goitre, go'i'-teur, *n* goître *m.*

gold, gaulde, *n* or *m;* **—en,** *a* d'or; **—finch,** *n* chardonneret *m;* **—fish,** poisson rouge *m;* **— -leaf,** or en feuille *m;* **—smith,** orfèvre *m.*

golf, golf, *n* golf *m;* **— -links,** terrain de golf *m.*

gong, gon-ng, *n* gong *m.*

gonorrhœa, gonn-o-ri'-*a, n* blennorragie *f.*

good, goudd, *n* bien *m;* avantage *m. a* bon; sage; **— -bye!** *interj* adieu! au revoir! **—morning, —afternoon, —day,** bonjour; **—night,** bonsoir.

good-natured, goudd-nét'-tiour'd, *a* d'un bon naturel.

goodness, goudd'-nesse, *n* bonté *f.*

goods, goudd'-ze, *npl* marchandises *fpl;* effets *mpl.*

goodwill, goudd-ouil', *n* bienveillance *f;* (business) fonds *m,* clientèle *f.*

goose, goûce, *n* oie *f.*

gooseberry, goûce'-beur-i, *n* groseille à maquereau *f.*

gore, gôre, *n* (blood) sang *m. v* encorner.

gorge, gôrdje, *n* gorge *f. v* se gorger de.

gorgeous*, gôr'-djeuce, *a* somptueux; splendide.

gorilla, go-ril'-la, *n* gorille *m.*

gorse, gôrse, *n* ajonc *m.*

gosling, goz'-linng, *n* oison *m.*

gospel, goss-p'l, *n* évangile *m.*

gossip, goss'-ippe, *v* bavarder; papoter. *n* potin *m;* cancans *mpl;* (person) commère *f.*

gouge, gâ'oudje, *n* gouge *f. v* gouger; arracher.

gout, gâ'oute, *n* goutte *f.*

govern, gov'-eurne, *v* gouverner; **—ess,** *n* gouvernante *f;* **—ment,** gouvernement *m;* **—or,** gouverneur *m;* (mech) régulateur *m.*

gown, gâ'oune, *n* robe *f.*

grab, grâbe, *v* empoigner; saisir. *n* (mech) benne preneuse *f.*

grace, gréce, *n* grâce *f;* **—ful*,** *a* gracieux.

gracious*, gré'-cheuce, *a* gracieux.

grade, gréde, *n* grade *m*; degré *m*; rang *m*. *v* classer; graduer.

gradient, gré'-di-ennte, *n* pente *f*; rampe *f*.

gradual*, grăd'-iou-eul, *a* progressif.

graduate, grăd'-iou-éte, *n* diplômé, -e *m* & *f*. *v* graduer; obtenir des diplômes universitaires.

graft, grâfte, *n* greffe *f*; (*fig*) corruption *f*. *v* greffer.

grain, gréne, *n* grain *m*. *v* (paint) veiner.

grammar, grămm'-'r, *n* grammaire *f*.

granary, grănn'-*a*-ri, *n* grenier *m*.

grand*, grănnde, *a* grandiose, magnifique; **—daughter,** *n* petite-fille *f*; **—father,** grand-père *m*; **—mother,** grand'mère *f*; **—son,** petit-fils *m*.

grant, grânnte, *v* accorder. *n* subvention *f*; bourse *f*.

grape, grépe, *n* raisin *m*.

grape-fruit, grépe'-froute, *n* pamplemousse *m*.

grapple, grăp'-p'l, *n* (hook) grappin *m*. *v* lutter.

grasp, grâsspe, *v* empoigner; (understand) comprendre. *n* étreinte *f*; **—ing,** *a* avide.

grass, grâsse, *n* herbe *f*; (lawn) gazon *m*; **—hopper,** sauterelle *f*; **—y,** *a* herbeux.

grate, gréte, *n* (fire) grille *f*. *v* grincer; (cookery, etc) râper.

grateful, gréte'-foull, *a* reconnaissant.

gratification, gră-ti-fi-qué'-ch'n, *n* satisfaction *f*.

gratify, gră'-ti-fâï, *v* satisfaire; **—ing,** *a* agréable.

grating, gré'-tinng, *n* grillage *m*. *a* grinçant.

gratis, gré'-tisse, *adv* gratis.

gratitude, gră'-ti-tioude, *n* reconnaissance *f*.

gratuitous*, gra-tiou'-i-teuce, *a* gratuit.

gratuity, gra-tiou'-i-ti, *n* pourboire *m*.

grave, gréve, *n* tombe *f*. *a** grave; **— -digger,** *n* fossoyeur *m*; **—stone,** pierre tombale *f*; **— yard,** cimetière *m*.

gravel, grăv'-'l, *n* gravier *m*.

gravitate, grăv'-i-téte, *v* graviter.

gravity, grăv'-i-ti, *n* gravité *f*.

gravy, gré'-vi, *n* jus *m*; sauce *f*.

gray, grey, gré, *a* gris (complexion) blême.

graze, gréze, *n* écorchure *f*. *v* effleurer; érafler; (feed) paître.

grease, grîce, *n* graisse *f*. *v* graisser.

greasy, grî'-zi, *a* graisseux; (roadway) glissant *f.*

great*, gréte, *a* grand; **—ness,** *n* grandeur *f.*

greed, grîde, *n* gourmandise *f;* avidité *f;* **—ily,** *adv* goulûment; **—y,** *a* gourmand; avide.

green, grîne, *n & a* vert *m;* **—gage,** *n* reine-Claude *f;* **— -grocer,** fruitier *m;* **—house,** serre *f;* **—ish,** *a* verdâtre.

greet, grîte, *v* saluer; **—ing,** *n* salutation *f.*

grenade, gre-néde', *n* grenade *f.*

grey, (see **gray**).

greyhound, gré'-hâ'ounnde, *n* lévrier *m.*

grief, grîfe, *n* chagrin *m,* douleur *f.*

grievance, grî'-v'nce, *n* grief *m.*

grieve, grîve, *v* s'affliger; chagriner.

grievous, grî'-*veuce, a* grave; accablant.

grill, grile, *v* griller. *n* gril *m.*

grim*, grime, *a* sinistre; menaçant.

grimace, gri-méce', *n* grimace *f.*

grime, grâïme, *n* saleté *f;* (dirt) crasse *f.*

grin, grinne, *v* grimacer; sourire à belles dents. *n* large sourire *m.*

grind, grâïnnde, *v* moudre; (sharpen) aiguiser.

grinder, grâïnn'-deur, *n* rémouleur *m;* broyeur *m;* (coffee, etc) moulin *m.*

grip, grippe, *n* (action) étreinte *f;* (handle) poignée *f. v* empoigner; saisir.

gripe, grâïpe, *v* (bowels) donner la colique.

grisly, grize'-li, *a* affreux, horrible.

grit, gritte, *n* gravier *m;* sable *m;* **—ty,** *a* graveleux.

groan, graune, *v* gémir. *n* gémissement *m.*

grocer, grau'-ceur, *n* épicier *m;* **—y,** épicerie *f.*

grog, grôgue, *n* grog *m.*

groin, grô'ine, *n* aine *f;* (arch) arête *f.*

groom, groume, *n* palefrenier *m.*

groove, grouve, *v* rainer. *n* rainure *f.*

grope, graupe, *v* tâtonner.

gross, grauce, *n* (12 dozen) grosse *f; a* (coarse) grossier; (obvious) flagrant; **— weight,** *n* poids brut *m.*

ground, grâ'ounnde, *v* (naut) échouer. *n* terrain *m;* terre *f;* (reason) motif *m;* base *f;* **-floor,** rez-de-chaussée *m;* **—less,** *a* sans fondement; **— work,** *n* base *f.*

group, groupe, *n* groupe *m.* *v* grouper.

grouse, grâ'ouce, *n* coq de bruyère *m.* *v* grogner, se plaindre.

grove, grauve, *n* bocage *m,* bosquet *m.*

grovel, grov'-l, *v* (*fig*) ramper.

grow, grau, *v* pousser, croître, grandir; cultiver; **—er,** *n* cultivateur *m*; **—n up,** adulte *m* & *f*; **—th,** croissance *f.*

growl, grâ'oule, *n* grognement *m.* *v* grogner.

grub, grobbe, *n* larve *f,* asticot *m.*

grudge, grodje, *n* rancune *f.* *v* donner à regret; envier à.

gruel, groue'-'l, *n* gruau *m.*

gruesome, groue'-somme, *a* affreux, macabre.

gruff*, groffe, *a* brusque, rude.

grumble, gromm'-b'l, *v* grommeler; se plaindre; **—r,** *n* grognon *m.*

grunt, gronnte, *v* grogner. *n* grognement *m.*

guarantee, ga-rann-tî', *v* garantir. *n* garantie *f.*

guard, gârde, *n* garde *f.* *v* garder; **—ed,** *a* circonspect.

guardian, gâr'-di-anne, *n* gardien *m*; (trustee) tuteur *m.*

guess, guesse, *v* deviner.

guest, guesse, *n* invité -ée *m* & *f*; (hotel) client -e *m* & *f*; **—house,** *n* pension de famille *f.*

guidance, gâï'-d'nce, *n* direction *f*; conduite *f*; orientation *f.*

guide, gâïde, *v* guider. *n* guide *m.*

guild, guilde, *n* corps de métier *m*; corporation *f.*

guile, gâïle, *n* astuce *f*; artifice *m*; **—less,** *a* ingénu.

guilt, guilte, *n* culpabilité *f*; **—y,** *a* coupable.

guinea, gui'-ni, *n* guinée *f*; **— -fowl,** pintade *f*; **— -pig,** cochon d'Inde *m.*

guise, guâïze, *n* façon *f*; apparence *f.*

guitar, gui-târe', *n* guitare *f.*

gulf, golfe, *n* (*geog*) golfe *m*; (abyss) gouffre *m.*

gull, golle, *n* mouette *f.* *v* duper.

gullet, goll'-ette, *n* gosier *m.*

gulp, golpe, *v* avaler. *n* gorgée *f.*

gum, gomme, *n* gomme *f*; (teeth) gencive *f.*

gun, gonne, *n* fusil *m*; (artillery) canon *m*; **—ner,** canonnier *m*; **—powder,** poudre à canon *f*; **—smith,** armurier *m.*

gurgle, gueur'-g'l, *v* gargouiller. *n* gargouillement *m*.

gush, goche, *v* jaillir. *n* jaillissement *m*.

gust, gosste, *n* coup de vent *m*; rafale *f*.

gut, gotte, *n* boyau *m*. *v* vider.

gutter, gott'-'r, *n* gouttière *f*; (street) ruisseau *m*.

gymnasium, djimm-né'-zi-ômme, *n* gymnase *m*.

gymnastics, djimm-nâss'-tikse, *npl* gymnastique *f*.

N.B.   La lettre H doit toujours s'aspirer distinctement sauf dans les quelques mots marqués §

haberdashery, hăb'-eur-dăch'-ri, *n* mercerie *f*.

habit, hăb'-itte, *n* habitude *f*, coutume *f*.

habitable, hăb'-i-ta-b'l, *a* habitable.

habitual*, ha-bit'-iou-eul, *a* habituel.

hack, hăque, *v* écharper; hacher, couper.

hackneyed, hăque'-nidde, *a* rebattu, banal.

haddock, hăd'-oque, *n* aiglefin fumé *m*; haddock *m*.

hæmorrhage, hém'-ridje, *n* hémorragie *f*.

hag, hăgue, *n* mégère *f*; **—gard,** *a* hagard.

haggle, hăgg'-'l, *v* marchander.

hail, héle, *n* grêle *f*. *v* grêler; (greet) saluer.

hair, hère, *n* poil *m*; (of head only) cheveu *m*; (horse)
crin *m*; **—brush,** brosse à cheveux *f*; **—dresser,**
coiffeur, -euse *m* & *f*; **— pin,** épingle à cheveux *f*;
—y, *a* poilu, chevelu.

hake, héke, *n* merluche *f*.

half, hâfe, *n* moitié *f*; demi, -e *m* & *f*. *a* demi. *adv* à
moitié.

halibut, hăl'-i-botte, *n* flétan *m*.

hall, hoal, *n* vestibule *m*; entrée *f*; salle *f*; **— -mark,**
poinçon de contrôle *m*.

hallow, hal'-lau, *v* sanctifier.

hallucination, hal-liou-ci-né'-ch'n, *n* hallucination *f*.

halo, hé'-lau, *n* auréole *m*; (astronomy) halo *m*.

halt, hoalte, *n* arrêt *m*. *v* arrêter. *interj* halte!

halter, hoal'-t'r, *n* licou *m*.

halve, hâve, *v* partager en deux.

ham, hămme, *n* jambon *m*.

hamlet, hămm'-lette, *n* hameau *m*.

hammer, hămm'-'r, *n* marteau *m*. *v* marteler.

hammock, hămm'-oque, *n* hamac *m.*

hamper, hămm'-p'r, *n* panier *m;* bourriche *f. v* gêner.

hand, hănnde, *n* main *f;* (clock) aiguille *f. v* passer; donner; — **-bag,** *n* sac à main *m;* — **-book,** manuel *m;* — **-cuffs,** menottes *fpl;* — **ful,** poignée *f;* — **kerchief,** mouchoir *m;* — **le,** manche *m;* (door) bouton *m. v* manier; — **-made,** *a* fait à la main; — **-rail,** *n* rampe *f;* — **y,** *a* utile; commode; à portée.

handsome*, hănn'-somme, *a* beau; généreux.

hang, hain-ng, *v* pendre; — **up,** *v* accrocher.

hangar, hain'-gueur, *n* hangar *m.*

hanger, hain'-gueur, *n* cintre *m.*

hanker, hain'-nkeur, *v* désirer ardemment.

happen, hăp'-p'n, *v* arriver, se passer.

happily, hăpp'-i-li, *adv* heureusement.

happiness, hăpp'-i-nesse, *n* bonheur *m.*

happy, hăpp'-i, *a* heureux.

harangue, hă-raingue, *n* harangue *f. v* haranguer.

harass, hăr'-ăce, *v* harceler.

harbour, hâr'-b'r, *n* port *m. v* héberger.

hard, hârde, *a* dur; difficile; — **en,** *v* durcir; (*refl*) s'endurcir; — **ly,** *adv* à peine; durement; — **ness,** *n* dureté *f;* — **ship,** peine *f;* privation *f;* — **ware,** quincaillerie *f;* — **y,** *a* robuste.

hare, hère, *n* lièvre *m;* — **-lip,** bec de lièvre *m.*

harm, hârm, *n* mal *m,* tort *m. v* faire du mal; — **ful,** *a* nuisible; — **less,** inoffensif.

harmonious*, hâr-mô'-ni-*e*uce, *a* harmonieux.

harmonize, hâr'-mônn-âïze, *v* harmoniser.

harness, hâr'-nesse, *n* équipment *m;* (horse) harnais *m. v* harnacher; (to a cart) atteler; (forces) utiliser.

harp, hârpe, *n* harpe *f. v* rabâcher.

harpoon, hâr-poune', *n* harpon *m.*

harrow, hăr'-au, *n* herse *f. v* (*fig*) tourmenter.

harsh, hârche, *a* (sound) discordant; (severe) dur; (colour) criard.

hart, hârte, *n* cerf *m.*

harvest, hâr'-veste, *n* moisson *f;* récolte *f. v* moissonner; récolter.

hash, hâche, *n* hachis *m;* (*fig*) gâchis *m. v* hacher.

hassock, hăs'-soque, *n* carreau *m,* coussin *m.*

haste, héste, *n* hâte *f;* — **n,** *v* hâter; se hâter.

hastily, héce'-ti-li, *adv* à la hâte.

hat, hätte, *n* chapeau *m*; — **-stand,** porte-chapeaux *m*.

hatch, hätche, *n* trappe *f*; (*naut*) écoutille *f*. *v* (eggs) couver; (plot) tramer.

hatchet, hätch'-ette, *n* hachette *f*.

hate, héte, *n* haine *f*. *v* haïr; —**ful***, *a* odieux.

hatred, hé'-tredde, *n* haine *f*.

haughtiness, hoa'-ti-nesse, *n* hauteur *f*; arrogance *f*.

haughty, hoa'-ti, *a* hautain, altier.

haul, hoale, *n* tirage *m*; (catch) coup de filet *m*. *v* tirer; (boat) haler; (drag) traîner.

haunch, hoanntche, *n* hanche *f*.

haunt, hoannte, *v* hanter; (*fig*) fréquenter. *n* rendezvous *m*; (animals) repaire *m*.

have, hâve, *v* avoir; posséder.

haversack, häve'-*eur*-sāque, *n* havresac *m*.

havoc, häv'-ôque, *n* dégât *m*, ravage *m*.

hawk, hoaque, *n* épervier *m*. *v* colporter.

hawker, hoak'-'r, *n* colporteur *m*.

hawthorn, hoa'-tsôrne, *n* aubépine *f*.

hay, hé, *n* foin *m*; — **-fever,** rhume des foins *m*; — **-loft,** grange *f*; — **-making,** fenaison *f*; — **-rick,** meule de foin *f*.

hazard, häz'-arde, *n* hasard *m*. *v* hasarder.

hazardous, häz'-*ar*-deuce, *a* hasardeux.

haze, héze, *n* brume *f*.

hazel, hé'-z'l, *n* noisetier *m*; — **-nut,** noisette *f*.

hazy, hé'-zi, *a* brumeux.

he, hî, *pron* il; lui.

head, hedde, *n* tête *f*; chef *m*; principal *m*; directeur *m*; —**ache,** mal de tête *m*; —**ing,** entête *m*; titre *m*; —**land,** promontoire *m*; —**light,** phare *m*; —**long,** *adv* tête baissée, aveuglément; — **-master,** *n* directeur *m*; — **-quarters,** quartier général *m*; —**strong,** *a* entêté, opiniâtre; —**way,** progrès *m*.

heady, hedd'-i, *a* capiteux.

heal, hîle, *v* guérir, cicatriser; —**ing,** *n* guérison *f*. *a* curatif.

health, hêlts, *n* santé *f*.

healthy, hêlts'-i, *a* sain; (climate) salubre.

heap, hîpe, *n* tas *m*. *v* entasser, amonceler.

hear, hîre, *v* entendre; **—ing,** *n* (sense) ouïe *f*; (judicial) audience *f*; **—say,** *n*, ouï-dire *m*.

hearse, heurce, *n* corbillard *m*.

heart, hârte, *n* cœur *m*; courage *m*; **— -attack,** *n* crise cardiaque *f*; **— -broken,** *a* brisé de douleur; **—burn,** *n* aigreurs d'estomac *fpl*; **—ily,** *adv* cordialement; **—less,** *a* sans cœur.

hearth, hârts, *n* foyer *m*.

heat, hîte, *n* chaleur *f*. *v* chauffer; **—er,** *n* réchaud *m*; radiateur *m*; **—ing,** chauffage *m*.

heath, hîts, *n* lande *f*, bruyère *f*.

heathen, hî'-*dz*'n, *n* & *a* païen, -enne *m* & *f*.

heather, hèdz'-*eur*, *n* bruyère *f*.

heave, hîve, *v* hisser; (sigh) pousser un soupir.

heaven, hèv'-'n, *n* ciel *m*; **—ly,** *a* céleste.

heaviness, hèv'-i-nesse, *n* poids *m*, pesanteur *f*.

heavy, hèv'-i, *a* lourd, pesant.

hectic, hèk'-tik, *a* agité, mouvementé.

hedge, hèdje, *n* haie *f*; **—hog,** *n* hérisson *m*.

heed, hîde, *v* tenir compte de. *n* attention *f*; **—ful*,** *a* attentif; **—less,** inattentif; étourdi.

heel, hîle, *n* talon *m*.

heifer, hèf'-'r, *n* génisse *f*.

height, hâîte, *n* hauteur *f*; (person) taille *f*.

heighten, hâî-t'n, *v* rehausser; augmenter.

heinous*, hé-*neuce*, *a* atroce, abominable.

§**heir,** aire, *n* héritier *m*; **—ess,** héritière *f*.

helicopter, he'-li-cop-t'r, *n* hélicoptère.

hell, hêle, *n* enfer *m*; **—ish,** *a* infernal.

helm, hêlme, *n* barre *f*; (wheel) gouvernail *m*.

helmet, hêle'-mette, *n* casque *m*.

helmsman, hêlmze'-männe, *n* timonnier *m*.

help, helpe, *n* aide *f*; (in distress) secours *m*. *interj* au secours! *v* aider; secourir; **—er,** *n* aide *m*; **—ful,** *a* utile; serviable; **—less,** impuissant.

hem, hemme, *n* ourlet *m*. *v* faire un ourlet; **— in,** cerner.

hemisphere, hemm'-i-sfire, *n* hémisphère *m*.

hemlock, hemm'-loque, *n* ciguë *f*.

hemp, hemmpe, *n* chanvre *m*.

hen, henne, *n* poule *f*; **—-roost,** perchoir *m*.

hence, hennce, *adv* d'ici; **—forth,** désormais.

her, heur, *pron* elle, la. *poss a* son, sa, ses.

herb, heurbe, *n* herbe *f*; **—alist,** herboriste *m*.

herd, heurde, *n* troupe *f*, troupeau *m*. *v* s'attrouper; **—sman,** *n* pâtre *m*.

here, hîre, *adv* ici; **—about,** près d'ici; **—after,** ci-après; dorénavant; **—by,** par ceci; **—in,** là-dedans; ci-inclus; **—of,** de ceci; **—upon,** là-dessus; **—with,** avec ceci; ci-joint.

hereditary, he-redd'-i-ta-ri, *a* héréditaire.

heresy, hêr'-i-ci, *n* hérésie *f*.

heretic, hêr'-i-tique, *n* hérétique *m* & *f*.

hermit, heur'-mitte, *n* ermite *m*; **—age,** ermitage *m*.

hernia, hêr'-ni-a, *n* hernie *f*.

hero, hi'rau, *n* héros *m*.

heroic, hi-rau'-ique, *a* héroïque.

heroine, hêr'-o-inn, *n* héroïne *f*.

heroism, hêr'-o-izme, *n* héroïsme *m*.

herring, hêr'-ïng, *n* hareng *m*.

hers, heurze, *poss pron* le sien, la sienne; les siens, les siennes.

herself, heur-self', *pron* elle-même.

hesitate, hêz'-i-téte, *v* hésiter.

hesitation, hêz-i-té'-ch'n, *n* hésitation *f*.

hew, hioue, *v* couper; (stone) tailler.

hiccup, hik'-*eupe*, *n* hoquet *m*. *v* avoir le hoquet.

hide, hâïde, *v* cacher. *n* peau *f*; cuir *m*.

hideous*, hid'-*i-euce*, *a* hideux.

hiding, hâï'-dinng *n* (*fig*) raclée *f*.

hiding-place, hâï'-dinng-pléce, *n* cachette *f*.

high, hâï, *a* haut; élevé; (game) faisandé; **—est,** le plus élevé; le plus haut; **—fidelity,** haute fidélité; **—way,** grand-route *f*.

hilarity, hil-âr'-i-ti, *n* hilarité *f*.

hill, hile, *n* colline *f*; (road) côte *f*.

hilly, hil'-i, *a* accidenté; à pentes.

hilt, hilte, *n* garde *f*; (handle) poignée *f*.

him, himme, *pron* le, lui; **—self,** lui-même.

hind, hâïnnde, *n* biche *f*. *a* d'arrière.

hinder, hinn'-d'r, *v* empêcher; gêner.

hindermost, hâïnn'-d'r-mauste, *a* dernier.

hindrance, hinn'-dr*a*nnce, *n* empêchement *m*.

hinge, binndje, *n* charnière *f*; (door) gond *m*.

hint, hinnte, *n* insinuation *f.* *v* insinuer.

hip, hippe, *n* hanche *f.*

hire, hâïre, *v* louer. *n* location *f*; — **purchase**, *n* vente à tempérament *f.*

his, hize, *poss pron* le sien, la sienne; les siens, les siennes. *poss a* son, sa, ses.

hiss, hice, *v* siffler. *n* sifflement *m.*

historian, hice-tô'-ri-ænne, *n* historien *m.*

historical, hice-tô'-ri-k'l, *a* historique.

history, hice'-tŏr-i, *n* histoire *f.*

hit, hitte, *v* frapper; (target, etc) toucher. *n* coup *m.*

hitch, hitch, *n* (obstacle) anicroche *f*; (*naut*) amarre *f.* *v* (pull up) remonter; (hook on) attacher; — **hike**, *v* faire de l'auto-stop.

hither, hidz̆'-'r, *adv* ici; par ici; —**to**, *adv* jusqu'ici.

hive, hâïve, *n* ruche *f.*

hoard, haurde, *v* amasser; (food, etc) accaparer; *n* amas *m.*

hoarding, haurd'-inng, *n* palissade *f.*

hoarse, haurse, *a* rauque, enroué.

hoax, hauxe, *n* mystification *f*; tour *m.* *v* mystifier; jouer un tour.

hobble, hobb'-'l, *v* clopiner, boitiller.

hobby, hobb'-i, *n* passe-temps favori *m.*

hock, hoque, *n* vin du Rhin *m*; (leg) jarret *m.*

hoe, hau, *n* binette *f*, houe *f.* *v* biner.

hog, hogue, *n* cochon *m*, porc *m.*

hogshead, hogz'-hédde, *n* pièce *f*, tonneau *m.*

hoist, hoa'isste, *v* hisser.

hold, haulde, *v* tenir; contenir. *n* prise *f*; (ship) cale *f*; — **back**, *v* retenir; —**er**, *n* possesseur *m*, détenteur *m*; (shares, etc) actionnaire *m* & *f*; (receptacle) porte- . . . *m*; —**ing**, (possession) possession *f*; (*com*) participation *f*; — **on**, *v* tenir ferme; — **over**, *v* ajourner.

hole, haule, *n* trou *m.*

holiday, holl'-i-dé, *n* jour de fête *m*; (leave) congé *m.*

holidays, holl'-i-dèze, *npl* vacances *fpl.*

holiness, hau'-li-nesse, *n* sainteté *f.*

hollow, holl'-au, *n* cavité *f.* *a* creux. *v* creuser.

holly, holl'-i, *n* houx *m.*

holy, hau'-li, *a* saint, sacré; — **water**, *n* eau bénite *f*; — **week**, semaine sainte *f.*

homage, home'-idj, n hommage m.

home, hôme, n maison f; (circle) foyer m, chez soi m; (homeland) patrie f; **at —,** chez soi; **—less,** a sans abri; **—ly,** intime; (to be) **—sick,** (avoir) le cafard; **—work,** n devoirs mpl.

§**honest*,** onn'-este, a honnête; **—y,** n honnêteté f.

honey, honn'-i, n miel m; **—moon,** lune de miel f; **—suckle,** chèvrefeuille m.

§**honorary,** onn'-eur-a-ri, a honoraire.

§**honour,** onn'-eur, n honneur m. v honorer.

§**honourable,** onn'-eur-a-b'l, a honorable.

hood, houdd, n capuchon m; (vehicle) capote f.

hoodwink, houdd'-ouinnque, v tromper.

hoof, houff, n sabot m.

hook, houk, n crochet m; (large) croc m; (naut) gaffe f; (fish) hameçon m. v accrocher; **— and eye,** n agrafe f.

hoop, houpp, n cercle m; (toy) cerceau m.

hoot, houte, n (owl) hululement m; (derision) huée f; (motor) coup de klaxon m. v hululer; huer; (motor) klaxonner; **—er,** n klaxon m.

hop, hoppe, v sautiller. n saut m; (plant) houblon.

hope, hôpe, v espérer. n espoir m; **—ful,** a encourageant; plein d'espoir; **—less,** sans espoir; inutile.

horizon, ho-râï'-zonne, n horizon m.

horizontal, hor-i-zonn'-t'l, a horizontal.

horn, hoarne, n corne f; (motor) klaxon m; (hunt) cor de chasse m.

hornet, hoar'-nette n frelon m.

horrible, hor'-i-b'l, a horrible.

horrid*, hor'-ride, a horrible; affreux.

horrify, hor'-ri-fâï, v épouvanter, horrifier.

horror, hor'-rör, n horreur f.

horse, horce, n cheval m; **—back (on),** adv à cheval; **—hair,** n crin m; **— -power,** puissance (f) en chevaux; **— -radish,** n raifort m; **—shoe,** fer à cheval m.

hose, hauze, n tuyau d'arrosage m.

hospitable, hoss'-pi-ta-b'l, a hospitalier.

hospital, hoss'-pi-t'l, n hôpital m.

host, hauste, n (friend) hôte m; (army) armée f; (sacrament) hostie f; **—ess,** hôtesse f.

hostage, hoss'-tidj, *n* otage *m*.

hostel, hoss'-tell, *n* pension *f*; **youth —,** *n* auberge de la jeunesse *f*.

hostile, hoss'-tâïle *a* hostile.

hot, hotte, *a* chaud; (food, sauces, etc) épicé, fort.

hotel, hô-tel', *n* hôtel *m*.

hothouse, hott'-hâ'ouce, *n* serre *f*.

hound, hâ'ounnde, *n* chien de chasse *m*. *v* chasser; traquer.

§**hour,** âour, *n* heure *f*; **—ly,** *adv* d'heure en heure.

house, hâ'ouce, *v* loger. *n* maison *f*; **—-agent,** agent de location *m*; **—-hold,** maison *f*; **—-keeper,** femme de charge *f*; **— of Commons,** Chambre des Communes *f*; **—-work,** ménage *m*.

hovel, hov'-'l, *n* taudis *m*, bouge *m*.

hover, hov'-'r, *v* voltiger, planer; hésiter.

hovercraft, hov'-r-crâfte, *n* aeroglisseur *m*.

how, hâ'ou, *adv* comment; **—ever,** cependant; **— much, many ?** combien?

howl, hâ'oule, *v* hurler. *n* hurlement *m*.

hub, hobbe, *n* moyeu *m*.

huddle, hod'-d'l, *v* se presser les uns contre les autres.

hue, hi'oue, *n* couleur *f*; (shade) nuance *f*.

hug, hogue, *v* étreindre. *n* étreinte *f*.

huge, hioudje, *a* immense, énorme, vaste.

hulk, holke, *n* (*naut*) ponton *m*.

hull, holle, *n* (*naut*) coque *f*.

hum, homme, *v* (insect) bourdonner; (engine) vrombir; (voice) fredonner. *n* bourdonnement *m*.

human*, hi'oue'-manne, *a* & *n* humain *m*.

humane, hi'oue-méne', *a* humain, compatissant.

humanity, hi'oue-mǎ'-ni-ti, *n* humanité *f*.

humble, homm'-b'l, *a* humble. *v* humilier.

humidity, hi'oue-mid'-i-ti, *n* humidité *f*.

humiliate, hi'oue-mil'-i-éte, *v* humilier.

humiliation, hi'oue-mil-i-é'-ch'n, *n* humiliation *f*.

humorous*, hi'oue'-meur-euce, *a* comique.

humour, hi'oue'-meur, *v* complaire à. *n* (temper) humeur *f*; (wit) esprit *m*; humour *m*.

hunch, honntche, *n* bosse *f*; **—back,** bossu *m*.

hundred, honn'-dredde, *n* & *a* cent *m*; **—th,** *a* & *n* centième *m* & *f*.

hunger, honng'-gu*eur*, *v* avoir faim; désirer; *n* faim *f.*
hungry, honng'-gri, *a* affamé; **to be —,** *v* avoir faim.
hunt, honnte, *v* chasser. *n* chasse *f.*
hurdle, heur'-d'l, *n* claie *f*; (sport) obstacle *m.*
hurl, heurle, *v* lancer; précipiter.
hurricane, hor'-i-c*a*ne, *n* ouragan *m.*
hurry, hor'-i, *v* se dépêcher. *n* hâte *f.*
hurt, heurte, *v* faire mal; (feeling) blesser.
hurtful, heurte'foull, *a* nuisible; blessant.
husband, hoze'-bănnde, *n* mari *m.* *v* ménager.
hush! hoche, *interj* chut! — **up,** *v* étouffer; *n* silence *m.*
husk, hossque, *n* (seeds) cosse *f.*
husky, hoss'-ki, *a* (voice) rauque; enroué.
hustle, hoss'-'l, *v* se presser; bousculer.
hut, hotte, *n* hutte *f*; baraque *f.*
hutch, hotche, *n* cabane à lapins *f*; clapier *m.*
hyacinth, hâï'-*a*-sinn*t*s, *n* jacinthe *f.*
hydrant, hâï'-dr*a*nnte, *n* bouche d'incendie *f.*
hydraulic, hâï'-drau'-lique, *a* hydraulique.
hydro, hâï'-drau, **—gen,** *n* hydrogène *m*; **—phobia,** hydrophobie *f*; **—plane,** hydravion *m.*
hygiene, hâï'-djeen, *n* hygiène *f.*
hygienic, hâï-djeenn'-ique, *a* hygiénique.
hymn, himme, *n* hymne *f.*
hyphen, hâï'-fenne, *n* trait d'union *m.*
hypocrisy, hip-o'-cri-si, *n* hypocrisie *f.*
hypocrite, hip'-ŏ-crite, *n* hypocrite *m* & *f.*
hypodermic, hâï-po-deur'-mique, *a* hypodermique.
hypothetical, hâï-po-*t*sè'-ti-k'l, *a* hypothétique, supposé.
hysterical*, hice-tèr'-i-k'l, *a* hystérique.

I, aï, *pron* je, moi.
ice, aïce, *n* glace *f.* *v* glacer; **—berg,** *n* iceberg *m*; **— -cream,** *n* glace *f.*
icicle, âï'-ci-k'l, *n* glaçon *m.*
icy, âï'-ci, *a* glacial, glacé.
idea, aï-dî'-*a*, *n* idée *f.*
ideal, aï-dî'-*eul*, *n* & *a* idéal *m*; **—ize,** *v* idéaliser.
identical*, aï-denn'-ti-k'l, *a* identique.

identify, aï-denn'-ti-fâî, *v* identifier.

identity, aï-denn'-ti-ti, *n* identité *f.*

idiom, i'-di-ômme, *n* idiome *m.*

idiot, i'-di-*eute*, *n* idiot, -e *m* & *f*; **—ic,** *a* idiot.

idle, aï'-d'l, *v* flâner. *a* oisif, paresseux; **—ness,** *n* oisiveté *f*; **—r,** flâneur *m.*

idol, aï'-dôl, *n* idole *f*; **—ize,** *v* adorer.

idyll, aï'-dile, *n* idylle *f.*

if, if, *conj* si; **even—,** même si.

ignite, igue-nâïte', *v* allumer; enflammer.

ignition, igue-ni'-ch'n, *n* (spark) allumage *m*; (car, etc) contact *m.*

ignoble, igue-nau'-b'l, *a* ignoble.

ignominious*, igue-nŏ-minn'-i-*euce*, *a* ignominieux.

ignominy, igue'-no-mi-ni, *n* ignominie *f.*

ignorance, igue'-nŏ-r'nce, *n* ignorance *f.*

ignorant, *a* ignorant.

ignore, igue-nôre', *v* ne pas tenir compte de; faire semblant de ne pas voir.

ill, il, *a* malade; **—ness,** *n* maladie *f.*

illegal*, il-lî'-gal, *a* illégal.

illegible, il-lèdj'-i-b'l, *a* illisible.

illegitimate*, il-li-djitt'-i-méte *a* illégitime.

illiterate, il-li'-*teur*-éte, *n* & *f*, illettré, -e *m* & *f.*

illogical*, il-lodj'-i-k'l, *a* illogique.

illuminate, il-lioue'-mi-néte, *v* éclairer, illuminer.

illumination, il-lioue-mi-né'-ch'n, *n* illumination *f*;

illusion, il-lioue-j'n, *n* illusion *f.*   [éclairage *m.*

illusory, il-lioue'-so-ri, *a* illusoire.

illustrate, il'-*leuce*-tréte, *v* illustrer; élucider.

illustration, il-*leuce*-tré'-ch'n, *n* illustration *f.*

illustrious, il-loss'-tri-*euce*, *a* illustre, célèbre.

image, imm'-idj, *n* image *f*; portrait *m.*

imagination, i-mădj-i-né'-ch'n, *n* imagination *f.*

imagine, i-mădj'-inne, *v* imaginer; s'imaginer.

imbecile, imm'-bi-sîle, *n* & *a*, imbécile *m* & *f.*

imbue, imm-bioue', *v* imprégner; pénétrer.

imitate, imn'-i-téte, *v* imiter.

immaculate*, imm-măque'-iou-léte, *a* immaculé; impeccable.

immaterial*, imm-ma-tî'-ri-*eul*, *a* sans importance; indifférent.

immature, imm-ma-tioure', *a* pas mûr.
immeasurable, imm-mèj'-iou-ra-b'l, *a* incommensurable; infini.
immediate*, imm-mí'-di-éte, *a* immédiat.
immense, imm-mennce', *a* immense.
immensity, imm-menn'-ci-ti, *n* immensité *f.*
immerge, imm-meurdje', *v* immerger, plonger.
immigrant, imm'-mi-grannt, *n* & *a* immigrant, -e
immigrate, imm'-mi-gréte, *v* immigrer. [*m* & *f.*
imminent, imm'-mi-nennte, *a* imminent.
immoderate*, imm-mod'-*eur*-éte, *a* immodéré.
immodest*, imm-mod'-este, *a* immodeste.
immoral*, imm-mor'-'l, *a* immoral.
immortal*, imm-mor-t'l, *a* immortel.
immortalize, imm-mor'-tal-âîze, *v* immortaliser.
immovable, imm-mouv'-a-b'l, *a* inébranlable.
immune, imm-mioune', *a* immunisé.
immunity, imm-mioue'-ni-ti, *n* immunité *f.*
immunization, imm'-mioue-nâî-zé-ch'n, *n* immunisation *f.*
imp, inmpe, *n* lutin *m*; (*fig*) petit diable *m.*
impact, imm'-pâcte, *n* choc *m*, impact *m.*
impair, imm-paire', *v* détériorer, abîmer.
impale, imm-péle' *v* empaler.
impart, imm-pârte', *v* communiquer.
impartial*, imm-pâr'-ch'l, *a* impartial.
impassable, imm-pâss'-a-b'l, *a* impraticable.
impassive*, imm-pâss'-ive, *a* impassible.
impatience, imm-pé'-ch'nce, *n* impatience *f.*
impatient, imm-pé'-ch'nt, *a* impatient.
impede, imm-pîde', *v* empêcher; gêner.
impediment, imm-pèd'-i-m'nt, *n* empêchement *m.*
impel, imm-pelle', *v* forcer, pousser.
impending, imm-penn'-dinng, *a* imminent.
imperative, imm-pair'-*a*-tive, *n* & *a* impératif *m.*
imperfect*, imm-peur'-fecte, *n* & *a* imparfait *m.*
imperfection, imm-peur-fèque'-ch'n, *n* imperfection *f.*
imperial, imm-pí'-ri-*e*ul, *a* impérial.
imperil, imm-pair'-il, *v* mettre en danger.
imperishable, imm-pair'-i-cha-b'l, *a* impérissable.
impersonal, imm-peur'-sô-n'l, *a* impersonnel.
impersonate, imm-peur'-sô-néte, *v* personnifier.

impertinence, imm-peur'-ti-n'nce, *n* impertinence *f.*
impertinent*, imm-peur'-ti-nennte, *a* impertinent.
impervious*, imm-peur'-vi-*euce*, *a* impénétrable.
impetuous*, imm-pett'-iou-*euce*, *a* impétueux.
impetus, imm-'pi-*teuce*, *n* impulsion *f*, élan *m.*
implant, imm-plânnte', *v* implanter; inculquer.
implement, imm'-pli-m'nt, *n* instrument *m*, outil *m.*
implicate, imm'-pli-quéte, *v* impliquer.
implication, imm-pli-qué'-ch'n, *n* implication *f*; sous-entendu *m.*
implicit*, imm-pliss'-itte, *a* implicite.
implore, imm-plore', *v* implorer.
imply, imm-plâï', *v* impliquer; dénoter; insinuer.
impolite*, imm-po-lâïte', *a* impoli.
import, imm'-porte, *v* importer. *n* importation *f*;
— **-duty,** droit d'entrée *m*; — **er,** importateur *m.*
importance, imm-por'-tannce, *n* importance *f.*
important, imm-por'-t'nt, *a* important.
impose, imm-pauze', *v* imposer; — **upon,** abuser de.
imposing, imm-pauze'-inng, *a* imposant.
imposition, imm-po-zi'-ch'n, *n* abus *m*; (tax) impôt *m.*
impossibility, imm-poss'-i-bi'-li-ti, *n* impossibilité *f.*
impossible, imm-poss'-i-b'l, *a* impossible.
impostor, imm-poss'-t'r, *n* imposteur *m.*
impotent, imm'-po-tennte, *a* impuissant.
impound, imm-pâ'ounnde', *v* (animals) mettre en fourrière; (law) déposer au greffe; saisir (des marchandises).
impoverish, imm-pov'-*eur*-iche, *v* appauvrir.
impracticable, imm-prăc'-ti-c*a*-b'l, *a* impraticable.
impregnable, imm-pregg'-na-b'l, *a* imprenable.
impregnate, imm-pregg'-néte, *v* imprégner; (fertilize) féconder.
impress, imm-presse', *v* imprimer; (feelings) faire une impression; (make clear) faire bien comprendre;
— **ion,** *n* impression *f*; (stamp) empreinte *f*; — **ive,** *a* frappant; émouvant.
imprint, imm-prinnte', *n* marque *f*; empreinte *f.* *v* empreindre; (mind) imprimer.
imprison, imm-prize'-*o*nn, *v* emprisonner; — **ment,** *n* emprisonnement *m.*

improbable, imm-prob'-*a*-b'l, *a* improbable.
improper, imm-prop'-'r, *a* inconvenant.
improve, imm-prouve', *v* améliorer; se perfectionner; —ment, *n* amélioration *f*.
improvident, imm-prove'-i-dennte, *a* imprévoyant.
improvise, imm'-pro-vaïz, *v* improviser.
imprudent*, imm-proue'-dennte, *a* imprudent.
impudence, imm'-pioue-dennce, *n* insolence *f*.
impudent*, imm'-piou-dennte, *a* insolent.
impulse, imm'-polse, *n* impulsion *f*; elan *m*.
impure*, imm-pioure', *a* impur.
impurity, imm-pioue'-ri-ti, *n* impureté *f*.
impute, imm-pioute', *v* imputer.
in, inne, *prep* dans; en; à; *adv* dedans.
inability, inn-*a*-bil'-i-ti, *n* impuissance *f*.
inaccessible, inn-ǎc-sess'-i-b'l, *a* inaccessible.
inaccuracy, inn-ǎc'-quiou-*ra*-ci, *n* inexactitude *f*.
inaccurate*, inn-ǎc'-quiou-réte, *a* inexact.
inadequate, inn-ǎd'-i-couéte, *a* insuffisant.
inadvertent*, inn-ǎd-veur'-tennte, *a* inattentif.
inane, inn-éne', *a* inepte; stupide.
inanimate, inn-ǎnn'-i-méte, *a* inanimé.
inapt, inn-ǎpte', *a* inapte; —itude, *n* inaptitude *f*.
inasmuch as, inn-aze-motche' ǎze, *conj* vu que.
inaudible, inn-oa-di-b'l, *a* inaudible.
inaugurate, inn-oa-guioue-réte, *v* inaugurer.
inborn, inn'-boarne, *a* inné.
incalculable, inn-cal'-kiou-la-b'l, *a* incalculable.
incapable, inn-qué'-pa-b'l, *a* incapable.
incapacitate, inn-ca-pǎss'-i-téte, *v* rendre incapable.
incapacity, inn-ca-pǎss'-i-ti, *n* incapacité *f*.
incarnation, inn-câr-né'-ch'n, *n* incarnation *f*.
incautious*, inn-cô'-cheuce, *a* imprudent.
incense, inn-cennse', *n* encens m. *v* provoquer.
incentive, inn-cenn'-tive, *n* motif *m*; stimulant *m*.
incessant, inn-cess'-annte, *a* incessant.
inch, inntche, *n* pouce anglais *m*.
incident, inn'-ci-dennt, *n* incident *m*; —al, *a* fortuit.
incision, inn-ci'-j'n, *n* incision *f*.
incite, inn-sâïte', *v* inciter.
inclination, inn-cli-né'-ch'n, *n* inclination *f*; (disposition) penchant *m*.

incline, inn'-clâine, *n* (slope) pente *f. v* incliner.

include, inn-cloude', *v* comprendre, renfermer.

inclusive*, inn-cloue'-cive, *a* inclusif; compris.

incoherent*, inn-co-hi'-rennte, *a* incohérent.

income, inn'-comme, *n* revenu *m*, rentes *fpl*; — **-tax,** impôt sur le revenu *m*.

incoming, inn'-comm-inng, *a* entrant; nouveau.

incomparable, inn-comm'-pa-ra-b'l, *a* incomparable.

incompatible, inn-comm-patt'-i-b'l, *a* incompatible.

incompetent, inn-comm'-pi-tennte, *a* incompétent.

incomplete*, inn-comm-plîte', *a* incomplet.

incomprehensible, inn-comm'-pré-henn'-si-b'l, *a* incompréhensible.

inconceivable, inn-conn-cî'-va-b'l, *a* inconcevable.

inconclusive, inn-cŏnn-cloue'-cive, *a* inconcluant.

incongruous*, inn-conng'-grou-euce, *a* incongru.

inconsiderable, inn-cŏnn-si'-deur-a-b'l, *a* insignifiant.

inconsiderate, inn-conn-si'-deur-éte, *a* sans égards.

inconsistent*, inn-cŏnn-ciss'-tennte, *a* illogique.

inconsolable, inn-cŏnn-sol'-a-b'l, *a* inconsolable.

inconstant, inn-conn'-stannte, *a* inconstant.

inconvenience, inn-cŏnn-vî'-ni-ennce, *v* déranger; gêner. *n* dérangement *m*; inconvénient *m*.

inconvenient, inn-cŏnn-vî'-ni-ennte, *a* incommode.

incorporate, inn-kor'-po-réte, *v* incorporer.

incorrect*, inn-cŏr-recte', *a* inexact; (behaviour) incorrect.

incorrigible, inn-cor'-i-dji-b'l, *a* incorrigible.

increase, inn-crîce', *v* augmenter, accroître. *n* augmentation *f*, accroissement *m*.

incredible, inn-crèd'-i-b'l, *a* incroyable.

incredulous, inn-crèd'-iou-leuce, *a* incrédule.

incriminate, inn-crimm'-inn-éte, *v* incriminer.

incubate, inn'-kioue-béte, *v* couver.

incubator, inn'-kioue-bé-teur, *n* couveuse *f*.

inculcate, inn'-kol-quéte, *v* inculquer.

incur, inn-queur', *v* encourir; (expenses) faire.

incurable, inn-kiou'-ra-b'l, *a* incurable.

indebted, inn-dett'-èdde, *a* endetté; redevable.

indecent, inn-dî'-cennte, *a* indécent.

indecision, inn-di-si'-j'n, *n* indécision *f*.

indecisive, inn-di-saî'-cive, *a* indécis.

indeed, inn-dîde', *adv* en effet; vraiment.

indefatigable, inn-di-fătt'-i-gă-b'l, *a* infatigable.

indefensible, inn-di-fenn'-si-b'l, *a* indéfendable.

indefinite*, inn-déf'-i-nitte, *a* indéfini.

indelible, inn-dèl'-i-b'l, *a* indélébile; ineffaçable.

indemnify, inn-demm'-ni-fâï, *v* indemniser.

indemnity, inn-demm'-ni-ti, *n* indemnité *f*.

independence, inn-di-penn'-dennce, *n* indépendance *f*.

independent*, inn-di-penn'-dennte, *a* indépendant.

indescribable, inn-di-scrâï'-ba-b'l, *a* indescriptible.

indestructible, inn-di-strok'-ti-b'l, *a* indestructible.

index, inn'-dexe, *n* table des matières *f*; index *m*.

index-finger, inn'-dexe-finng'-gueur, *n* index *m*.

indicate, inn'-di-quéte, *v* indiquer.

indication, inn-di-qué'-ch'n, *n* indication *f*.

indicator, inn'-di-qué-teur, *n* indicateur *m*.

indict, inn-dâïte', *v* poursuivre.

indifference, inn-dif'-eur-ennce, *n* indifférence *f*.

indifferent*, inn-dif'-eur-ennte, *a* indifférent.

indigestible, inn-di-djess'-ti-b'l, *a* indigeste.

indigestion, inn-di-djess'-ti-'n, *n* indigestion *f*.

indignant, inn-dig'-nannte, *a* indigné.

indignity, inn-dig'-ni-ti, *n* indignité *f*.

indigo, inn'-di-go, *n* indigo *m*.

indirect*, inn-di-recte', *a* indirect.

indiscreet*, inn-diss-crîte', *a* indiscret.

indiscriminate, inn-diss-crimm'-i-néte, *a* sans discernement; **—ly,** *adv* indistinctement.

indispensable, inn-diss-penn'-sa-b'l, *a* indispensable.

indisposed, inn-diss-pauz'd', *a* indisposé.

indisputable, inn-diss-piou'-ta-b'l, *a* incontestable.

indistinct*, inn-diss-tinng'kt', *a* indistinct.

indistinguishable, inn-diss-tinng'-gouich-a-b'l, *a* imperceptible.

individual*, inn-di-vid'-iou-al, *a* individuel. *n* individu *m*.

indolent, inn'-dŏ-lennte, *a* indolent.

indoor, inn-daur', *a* d'intérieur.

indoors, inn-daurze', *adv* à l'intérieur, à la maison.

induce, inn-diouce', *v* provoquer; causer; induire.

inducement, inn-diouce'-m'nt. *n* stimulant *m*; motif *m*.

indulge, inn-doldje', *v* gâter; se livrer à; s'abandonner à.

indulgent*, inn-dol'-djennte, *a* indulgent.

industrial*, inn-doss'-tri-*a*l, *a* industriel.

industrious*, inn-doss'-tri-*e*uce, *a* laborieux.

industry, inn'-doss-tri, *n* industrie *f*.

inebriated, inn-i'-bri-é-tedde, *a* ivre.

ineffective*, inn-èf-fèque'-tive, *a* inefficace.

inefficient*, inn-èf-fich'-ennte, *a* inefficace; incapable.

inept, inn-epte', *a* inepte, absurde.

inequality, inn-i-couol'-i-ti, *n* inégalité *f*.

inert, inn-eurte', *a* inerte.

inestimable, inn-ess'-ti-m*a*-b'l, *a* inestimable.

inevitable, inn-èv'-i-t*a* b'l, *a* inévitable.

inexcusable, inn-èks-kioue'-z*a*-b'l, *a* inexcusable.

inexhaustible, inn-èks-hauss'-ti-b'l, *a* inépuisable.

inexpedient, inn-èks-pí'-di-ennte, *a* inopportun.

inexpensive, inn-èks-penn'-cive, *a* bon marché.

inexperienced, inn-èks-pí'-ri-ennçd, *a* inexpérimenté; sans expérience.

inexplicable, inn-èks'-pli-k*a*-b'l, *a* inexplicable.

inexpressible, inn-èks-press'-si-b'l, *a* inexprimable.

infallible, inn-fåll'-i-b'l, *a* infaillible.

infamous, inn'-f*a*-me*u*ce, *a* infâme.

infancy, inn'-fann-ci, *n* enfance *f*; (law) minorité *f*.

infant, inn'-f*a*nnte, *n* enfant *m*; (law) mineur, -e *m* & *f*.

infantry, inn'-fann-tri, *n* infanterie *f*.

infatuation, inn-fått-iou-é'-ch'n, *n* engouement *m*.

infect, inn-fèkte', *v* infecter; **—ious***, *a* contagieux.

infer, inn-feur', *v* inférer; déduire.

inference, inn'-feur'-nce, *n* déduction *f*.

inferior, inn-fi'-ri-e*u*r, *n* & *a* inférieur *m*.

infernal*, inn-feur'-n'l, *a* infernal.

infest, inn-feste', *v* infester.

infidel, inn'-fi-d'l, *n* & *a* infidèle *m* & *f*.

infiltrate, inn'-file-tréte, *v* infiltrer; imprégner.

infinite*, inn'-fi-nite, *a* infini.

infirm, inn-feurme', *a* infirme; maladif.

infirmary, inn-feurm'-*a*-ri, *n* infirmerie *f.*

inflame, inn-fléme', *v* enflammer.

inflammable, inn-flămm'-*a*-b'l, *a* inflammable.

inflammation, inn-fla-mé'-ch'n, *n* inflammation *f.*

inflate, inn-fléte, *v* gonfler; (prices) hausser.

inflation, inn-flé'-ch'n, *n* inflation *f.*

inflexible, inn-flèk'-si-b'l, *a* inflexible.

inflict, inn-flickte', *v* infliger.

influence, inn'-flou-ennce, *n* influence *f. v* influencer.

influential, inn-flou-enn'-ch'l, *a* influent; **to be —,** avoir de l'influence.

influenza, inn-flou-enn'-za, *n* grippe *f.*

inform, inn-foarme', *v* informer; **—al,** *a* sans cérémonie; **—ation,** *n* renseignements *mpl.*

infrequent, inn-frī'-couennte, *a* infréquent, rare.

infringe, inn-frinndje', *v* empiéter; transgresser.

infringement, inn-frinndje-m'nt, *n* infraction *f.*

infuriate, inn-fiou'-ri-éte, *v* rendre furieux.

infuse, inn-fiouze', *v* inculquer; (tea, etc) infuser.

ingenious*, inn-djī'-ni-*euce*, *a* ingénieux.

ingenuity, inn-dji-niou'-i-ti, *n* ingéniosité *f.*

ingot, inng'-gôtte, *n* lingot *m.*

ingrained, inn-grénnde', *a* enraciné, invétéré.

ingratiate, inn-gré'-chi-éte, *v* **— oneself with,** se faire bien voir de quelqu'un.

ingratitude, inn-grătt'-i-tioude, *n* ingratitude *f.*

ingredient, inn-grī'-di-ennte, *n* ingrédient m.

inhabit, inn-hăb'-itte, *v* habiter; **—able,** *a* habitable; **—ant,** *n* habitant m.

inhale, inn-héle', *v* aspirer; (smoke) avaler.

inherent*, inn-hī'-r'nt, *a* inhérent.

inherit, inn-hèr'-itte, *v* hériter; **—ance,** *n* succession *f*; héritage *m.*

inhibit, inn-hi'-bitte, *v* empêcher; inhiber; **—ion,** *n* inhibition *f.*

inhospitable, inn-hoss'-pit-*a*-b'l, *a* inhospitalier.

inhuman*, inn-hioue'-m'n, *a* inhumain.

iniquitous, inn-ik'-oui-t*euce*, *a* inique.

initial, inn-i'-ch'l, *n* initiale *f. a** initial, premier.

initiate, inn-i'-chi-éte, *v* initier, commencer. [piqûre*f.*

inject, inn-djecte', *v* injecter; **—ion,** *n* injection *f*;

injudicious*, inn-djiou-dich'-*euce*, *a* peu judicieux.

injunction, inn-djonnk'-ch'n, *n* injonction *f.*

injure, inn'-djioure, *v* blesser; abîmer; nuire à.

injurious*, inn-djioue'-ri-*eu*ce, *a* nuisible.

injury, inn'-dj*eu*r-i, *n* blessure *f;* tort *m.*

injustice, inn-djoss'-tice, *n* injustice *f.*

ink, inng'-k, *n* encre *f; —stand,* encrier *m.*

inlaid, inn-léde', *a* incrusté; (wood) marqueté.

inland, inn'-lânnde, *n* & *a* intérieur *m.*

inlet, inn'-lette, *n* entrée *f;* (geog) bras de mer *m.*

inmate, inn'-méte, *n* pensionnaire *m* & *f;* interné *m.*

inmost, inn'-mauste, *a* le plus profond.

inn, inne, *n* auberge *f; —keeper,* aubergiste *m.*

inner, inn'-'r, *a* intérieur; secret.

innocent, inn'-o-cennte, *a* innocent.

innocuous*, inn-o'-kiou-*eu*ce, *a* inoffensif.

innovation, inn-no-vé'-ch'n, *n* innovation *f.*

innumerable, inn-nioue'-m*eu*r-a-b'l, *a* innombrable.

inoculate, inn-o'-kiou-léte, *v* inoculer.

inoffensive, inn-o-fenn'-cive, *a* inoffensif.

inopportune, inn-opp'-or-tioune, *a* inopportun.

inquest, inn'-coueste, *n* enquête *f.*

inquire, inn-couâïre, *v* demander; s'informer.

inquiry, inn-couâ'ï-ri, *n* demande *f;* enquête *f;*
—office, bureau de renseignements *m.*

Inquisition, inn-couiz-i'-ch'n, *n* Inquisition *f.*

inquisitive*, inn-couiz'-i-tive, *a* curieux.

insane, inn-séne', *a* fou, dément.

insanity, inn-sann'-i-ti, *n* folie *f,* démence *f.*

insatiable, inn-sé'-chi-a-b'l, *a* insatiable.

inscription, inn-scripe'-ch'n, *n* inscription *f.*

insect, inn'-secte, *n* insecte *m.*

insecure, inn-ci-kioure', *a* peu sûr; hasardeux.

insensible, inn-senn'-si-b'l, *a* insensible; (unconscious) sans connaissance.

inseparable, inn-sép'-a-ra-b'l, *a* inséparable.

insert, inn-seurte', *v* insérer; introduire; *—ion,*
n insertion *f;* (advertisement) annonce *f.*

inside, inn-sâïde', *n* intérieur *m. a* intérieur. *adv* en
dedans.

insidious*, inn-si'-di-*eu*ce, *a* insidieux.

insignificant, inn-sigg-nifi'-i-k'nt, *a* insignifiant.

insincere*, inn-sinn-cire', *a* faux.

insinuate, inn-sinn'-iou-éte, *v* insinuer.

insipid*, inn-sipp'-idde, *a* insipide; fade.

insist, inn-sisste', *v* exiger, insister.

insolence, inn'-sŏ-lennce, *n* insolence *f.*

insolent, inn'-sŏ-lennte, *a* insolent.

insolvent, inn-soll'-vennte, *a* insolvable.

inspect, inn-specte', *v* inspecter; **—ion,** *n* inspection *f;* **—or,** inspecteur *m.*

inspiration, inn-spi-ré'-ch'n, *n* inspiration *f.*

inspire, inn-spâïre, *v* inspirer; **—d,** *a* inspiré.

install, inn-stoale', *v* installer; (*mech*) monter; **—ation,** *n* installation *f;* montage *m.*

instalment, inn-stoale'-m'nt, *n* versement partiel *m;* (of story etc.) épisode *m;* **to pay by —s,** *v* payer à tempérament.

instance, inn'-stænnce, *n* exemple *m;* cas *m.*

instant, inn'-stænnte, *n* instant *m. a* (date) courant; **—aneous*,** instantané; **—ly,** *adv* à l'instant.

instead of, inn-stedde' ove, *adv* au lieu de.

instep, inn'-steppe, *n* cou-de-pied *m.*

instigate, inn'-sti-guéte, *v* inciter.

instil, inn-stille', *v* instiller.

instinct, inn'-stinng-kt, *n* instinct *m.*

institute, inn'-sti-tioute, *n* institut *m. v* instituer.

institution, inn-sti-tiou'-ch'n, *n* institution *f;* établissement *m.*

instruct, inn-stroete', *v* instruire; charger de.

instruction, inn-stroc'-ch'n, *n* instruction *f.*

instrument, inn'-strou-m'nt, *n* instrument *m.*

insubordinate, inn-seub-oar'-din-néte, *a* insubordonné.

insufferable, inn-sof'-feur-a-b'l, *a* insupportable.

insufficient, inn-sof-fi'-chennte, *a* insuffisant.

insulation, inn-siou-lé'-ch'n, *n* isolation *f;* (heat, pipes, etc) calorifugeage *m.*

insult, inn-sollte', *v* insulter. *n* insulte *f.*

insurance, inn-chou'-r'nce, *n* assurance *f.*

insure, inn-choure', *v* assurer.

insurrection, inn-seur-rèque'-ch'n, *n* insurrection *f.*

integrate, inn'-teur-gréte, *v* rendre entier; intégrer.

intellect, inn'-teur-lecte, *n* intelligence *f;* intellect *m;* **—ual,** *a* intellectuel.

intelligence, inn-tel'-li-dj'nce, *n* intelligence *f*.

intelligent*, inn-tel'-li-dj'nt, *a* intelligent.

intemperate*, inn-temm'-peur-éte, *a* inmodéré.

intend, inn-tennde', *v* se proposer; avoir l'intention

intense*, inn-tennce', *a* intense; vif.   ⎰de.

intent, inn-tennte', *n* dessein *m*. *a* appliqué; **—ion,** *n* intention *f*; **—ionally,** *adv* exprès.

inter, inn-teur', *v* enterrer; **—ment,** *n* enterrement *m*.

inter, inn'-teur, **—cept,** *v* intercepter; **—change,** échanger; **—course,** *n* commerce *m*; relations *fpl*; **—fere,** *v* se mêler de; **—ference,** *n* intervention *f*; (radio) bruit parasite *m*; **—lude,** intermède *m*; **—mediate,** *a* intermédiaire; **—mingle,** *v* s'entremêler; **—mittent,** *a* intermittent; **—mix,** *v* entremêler; **—national,** *a* international; **—rupt,** *v* interrompre; **—val,** *n* intervalle *m*; (theatre) entracte *m*; **—vene,** *v* intervenir; **—vention,** *n* intervention *f*; **—view,** entrevue *f*; (for news) interview *f*. *v* interviewer.

interest, inn'-teur-reste, *n* intérêt *m*. *v* intéresser; **—ing,** *a* intéressant.

interior, inn-ti'-ri-eur, *n* & *a* intérieur *m*.

intern, inn-teurne', *v* interner.

internal*, inn-teur'-n'l, *a* interne.

interpret, inn-teur'-prette, *v* interpréter.

interpreter, inn-teur'-prett-'r, *n* interprète *m*.

interrogate, inn-terr'-ŏ-guéte, *v* interroger.

intestate, inn-tess'-téte, *a* intestat.

intestine, inn-tess'-tinne, *n* intestin *m*.

intimacy, inn'-ti-ma-ci. *n* intimité *f*.

intimate, inn'-ti-méte, *v* signaler; donner à entendre. *a** intime.

intimation, inn-ti-mé'-ch'n, *n* indice *m*, avis *m*.

intimidate, inn-ti'-mi-déte, *v* intimider.

into, inn'-tou, *prep* dans, en.

intolerable, inn-tol'-eur-a-b'l, *a* intolérable.

intoxicate, inn-toks'-i-quéte, *v* enivrer, griser.

intrepid*, inn-trepp'-ide, *a* intrépide.

intricate*, inn'-tri-quéte, *a* compliqué; embrouillé.

intrigue, inn-trígue', *n* intrigue *f*. *v* intriguer.

intriguing, inn-trí'-guinng, *a* intrigant.

intrinsic, inn-trinn'-sique, *a* intrinsèque.

introduce, inn-trŏ-diouce', *v* introduire; présenter.

introductory, inn-trŏ-doc'-tŏ-ri, *a* préliminaire.

intrude, inn-troude', *v* s'imposer; déranger; être de trop.

intuition, inn-tiou-i'-ch'n, *n* intuition *f.*

inundate, inn'-ŏnn-déte, *v* inonder.

inundation, inn-ŏnn-dé'-ch'n, *n* inondation *f.*

inure, inn-ioure', *v* endurcir; accoutumer.

invade, inn-véde', *v* envahir; **—r**, *n* envahisseur *m.*

invalid, inn'-va-lide, *n* malade *m* & *f*; infirme *m* & *f*; **—chair**, voiture d'infirme *f.*

invalid, inn-vǎl'-ide, *a* nul, non valable.

invaluable, inn-vǎl'-iou-*a*-b'l, *a* inestimable.

invariable, inn-vé'-ri-*a*-b'l, *a* invariable.

invasion, inn-vé'-j'n, *n* invasion *f.*

inveigle, inn-vî'-g'l, *v* séduire, attirer dans.

invent, inn-vennte', *v* inventer; **—ion**, *n* invention *f*; **—or**, inventeur *m.*

inventory, inn'-venn-to-ri, *n* inventaire *m.*

invert, inn-veurte', *v* intervertir; renverser.

invest, inn-veste', *v* investir; (money) placer; **—ment**, *n* placement *m*; **—or**, épargnant *m.*

investigate, inn-vess'-ti-guéte, *v* rechercher; faire une enquête.

inveterate, inn-vett'-eur-éte, *a* invétéré.

invigorate, inn-vig'-ŏr-éte, *v* fortifier.

invincible, inn-vinn'-ci-b'l, *a* invincible.

invisible, inn-viz'-i-b'l, *a* invisible.

invitation, inn-vi-té'-ch'n, *n* invitation *f.*

invite, inn-vâîte', *v* inviter.

invoice, inn'-voa'ice, *n* facture *f.*

invoke, inn-vauke', *v* invoquer.

involuntary, inn-vol'-onn-ta-ri, *a* involontaire.

involve, inn-volve', *v* impliquer; **—d**, *a* compliqué.

inward*, inn'-oueurde, *a* intérieur.

iodine, âî'-o-dine, *n* iode *m.*

ire, âîre, *n* courroux *m*, ire *f*, colère *f.*

iris, âî'-rice, *n* iris *m.*

irksome, eurk'-somme, *a* ennuyeux; pénible.

iron, âî'-eurne, *n* fer *m*; (flat) fer à repasser *m.* *a* de fer. *v* repasser; **—monger**, *n* quincaillier *m.*

ironic, âî-ronn'-ik, *a* ironique.

irony, âî'-rŏnn-i, *n* ironie *f.*

irreconcilable, ir-rèk-ŏnn-saî'-*la*-b'l, *a* irréconciliable; incompatible.

irregular*, ir-regg'-iou-l'r, *a* irrégulier.

irrelevant, ir-rèl'-i-v'nt, *a* hors de propos, déplacé.

irreproachable, ir-ri-prautch'-*a*-b'l, *a* irréprochable.

irresistible, ir'-ri-ziss'-ti-b'l, *a* irrésistible.

irrespective, ir-ress-pèk'-tive, *adv* sans tenir compte de.

irresponsible, ir-ress-ponn'-ci-b'l, *a* irresponsable.

irretrievable, ir-ri-trî'-*va*-b'l, *a* irréparable.

irrigate, ir'-ri-guéte, *v* irriguer, arroser.

irritable, ir'-ri-*ta*-b'l, *a* irritable; irascible.

irritate, ir'-ri-téte, *v* irriter; agacer.

island, aï'-lannde, *n* île *f*; —**er,** *n* insulaire *m* & *f*.

isle, aïlle, *n* île *f*; (islet) îlot *m*.

isolate, aï'-sŏ-léte, *v* isoler.

isolation, aï-sŏ-lé'-ch'n, *n* isolement *m*.

issue, i'-chiou, *n* progéniture *f*; (edition) numéro *m*; (result) issue *f*; résultat *m*. *v* émettre; publier; émaner; donner; délivrer.

isthmus, iss'-*meuce,* *n* isthme *m*.

it, itt, *pron* il, elle; le, la, lui; il, cela.

italic, i-tal'-ique, *n* & *a* (type) italique *m*.

itch, itch, *v* démanger. *n* démangeaison *f*.

item, aï'-temme, *n* article *m*; chose *f*; (news) article *m*.

its, itse, *poss pron* le sien, la sienne; les siens, les siennes. *poss a* son, sa, ses.

itself, itt-self', *pron* lui-même, elle-même.

ivory, aï'-*veur*-i, *n* ivoire *m*.

ivy, aï'-vi, *n* lierre *m*.

jabber, jăb'-'r, *v* jacasser. *n* baragouinage *m*.

jack, djăque, *n* (mech) cric *m*.

jackal, djăk'-oale, *n* chacal *m*.

jacket, djăk'-ette, *n* veston *m*, veste *f*; jaquette *f*.

jade, djéde, *n* (stone) jade *m*.

jaded, djé'-dédde, *a* éreinté.

jag, djăgue, *n* brèche *f*. *v* ébrécher —**ged,** *a* entaillé; dentelé.

jail, djéle, *n* prison *f*; —**er,** geôlier *m*.

jam, djămme, *n* (conserve) confiture *f*; (traffic) embouteillage *m*. *v* (lock) coincer; (crowd) presser.

January, djänn'-iou-èr-i, *n* janvier *m.*

jar, djârre, *n* pot *m;* bocal *m;* (shock) secousse *f.*

jaundice, djoann'-dice, *n* jaunisse *f.* ⌊agacer.

jaw, djoa, *n* mâchoire *f.*

jay, djé, *n* geai *m.*

jealous*, djèl'-euce, *a* jaloux; **—y,** *n* jalousie *f.*

jeer, djíre, *v* railler. *n* raillerie *f.*

jelly, djèl'-i, *n* gelée *f;* **— -fish,** méduse *f.*

jeopardize, djèp'eur-dâïze, *v* compromettre.

jeopardy, djèp'-eur-di, *n* danger *m,* péril *m.*

jerk, djeurque, *v* donner une secousse. *n* secousse *f.*

jersey, djeur'-zi, *n* jersey *m,* tricot *m.*

jest, djesste, *n* plaisanterie *f. v* plaisanter.

jester, djess'-t'r, *n* farceur *m;* (court) bouffon *m.*

jet, djett, *n* (mineral) jais *m;* (liquid) jet *m;* (aircraft) avion à réaction *m.*

jettison, djett'-i-sonn, *v* jeter à la mer.

jetty, djett'-i, *n* jetée *f.*

Jew, djioue, *n* Juif *m;* **—ess,** Juive *f;* **—ish,** *a* juif, -ve.

jewel, djioue'-l, *n* bijou *m,* joyau *m;* **—ler,** bijoutier *m;* **—lery,** bijouterie *f.*

jig, djigue, *n* gigue *f.*

jilt, djillte, *v* délaisser; plaquer.

jingle, djing'-g'l, *v* tinter. *n* tintement *m.*

job, djobbe, *n* situation *f;* emploi *m;* (task) besogne *f;* travail *m;* job *m.*

jockey, djok'-i, *n* jockey *m.*

jocular, djok'-iou-l'r, *a* jovial.

join, djoa'ine, *v* joindre; unir; (club) devenir membre; **— in,** prendre part à.

joiner, djoa'inn'-r, *n* menuisier *m.*

joint, djoa'innte, *n* joint *m;* (anatomy) articulation *f;* (meat) quartier *m;* (roast) rôti *m. a* uni, collectif.

jointly, djoa'innt'-li, *adv* conjointement.

joke, djauke, *n* plaisanterie *f;* blague *f. v* plaisanter.

joker, djauk'-r, *n* farceur *m.*

jolly, djoll'-i, *a* gai.

jolt, djault, *n* cahot *m. v* cahoter; secouer.

jostle, djoss'-l, *v* coudoyer, bousculer.

journal, djeur-n'l, *n* journal *m;* **—ism,** journalisme *m;* **—ist,** journaliste *m* & *f.*

journey, djeur'-ni, n voyage m. v voyager.

jovial*, djau'-vi-al, a jovial, joyeux.

joy, djoa'i, n joie f; **—ful*,** a joyeux.

jubilant, djoue'-bi-l'nt, a réjoui.

judge, djodje, n juge m; connaisseur m. v juger.

judgment, djodje'-m'nt, n jugement m.

judicial*, djoue-di'-ch'l, a judiciaire.

judicious*, djoue-di'-cheuce, a judicieux.

jug, djogue, n cruche f; pot m; (large) broc m.

juggle, djogg'-g'l, v jongler.

juggler, djogg'-l'r, n jongleur m.

juice, djouce, n jus m; (botanical) suc m.

juicy, djoue'-ci, a juteux; succulent.

July, djou-lâï', n juillet m.

jumble, djomm'-b'l, n fouillis m. v emmêler.

jump, djommpe, v sauter. n saut m.

junction, djongk'-ch'n, n jonction f; (railway)
embranchement m; (road) carrefour m.

juncture, djongk'-tioure, n conjoncture f.

June, djoune, n juin m.

jungle, djonng'-g'l, n jungle f.

junior, djoue'-ni-eur, n & a cadet m. a jeune.

juniper, djoue'-ni-p'r, n genièvre m.

jurisdiction, djoue-rice-dik'-ch'n, n juridiction f.

juror, djoue'-reur, n juré m.

jury, djoue'-ri, n jury m.

just, djosste, a & adv juste; **—ice,** n justice f;
—ification, justification f; **—ify,** v justifier; **—ly,**
adv justement.

jut, djotte, v faire saillie.

juvenile, djoue'-vi-nâïle, a d'enfants, jeune.

kangaroo, kănng'-ga-roo, n kangourou m.

keel, kîle, n quille f.

keen*, kînne, a ardent; (blade) affilé.

keenness, kîn'-nesse, n acuité f; empressement m.

keep, kîpe, n entretien m. v garder; maintenir;
rester; **— back,** retenir; **— off,** éviter; se tenir
éloigné de; **— up,** maintenir; **—er,** n gardien m;
—sake, souvenir m.

keg, quègue, n caque f, barillet m.

kennel, quènn'-'l, *n* chenil *m.*

kerb, queurbb, *n* bord du trottoir *m.*

kernel, queur'-n'l, *n* noyau *m,* amande *f.*

kettle, quètt'-'l, *n* bouilloire *f;* — **-drum,** timbale *f.*

key, kî, *n* clef *f;* (music) clef *f;* (piano) touche *f;* — **board,** clavier *m;* — **hole,** trou de serrure *m.*

kick, kique, *v* donner un coup de pied; ruer. *n* coup de pied *m;* (horse) ruade *f.*

kid, kidde, *n* chevreau *m. fam* gosse *m* & *f.*

kidnap, kidd'-năppe, *v* enlever; kidnapper.

kidney, kidd'-ni, *n* rein *m;* (cookery) rognon *m.*

kill, kille, *v* tuer.

kiln, kilne, *n* four *m.*

kin, kinne, *n* parenté *f. a* allié; — **dred,** de même nature.

kind, kâînnde, *n* espèce *f,* genre *m,* sorte *f. a** bon, aimable; — **ness,** *n* bonté *f.*

kindergarten, kinn'-d'r-gar-t'n, *n* jardin d'enfants *m;* école maternelle *f.*

kindle, kinn'-d'l, *v* allumer; (*fig*) enflammer.

king, kinng, *n* roi *m;* — **dom,** royaume *m.*

kipper, kipp'-*eur,* *n* hareng fumé *m.*

kiss, kisse, *n* baiser *m. v* embrasser.

kit, kitte, *n* équipement *m;* trousse *f.*

kitchen, kitt'-chine, *n* cuisine *f.*

kite, kâîte, *n* cerf-volant *m;* (bird) milan *m.*

kitten, kit'-t'n, *n* chaton *m.*

knack, năque, *n* don *m,* talent *m;* truc *m.*

knapsack, năpp'-săque, *n* havresac *m.*

knave, néve, *n* coquin *m;* (cards) valet *m.*

knead, nîde, *v* pétrir.

knee, nî, *n* genou *m;* — **cap,** rotule *f.*

kneel, nîle, *v* s'agenouiller; se mettre à genoux.

knell, nêle, *n* glas *m.*

knickers, nick-*eurse,* *n* culotte (de femme) *f.*

knife, nâïfe, *n* couteau *m;* — **pen—,** canif *m.*

knight, nâïte, *n* chevalier *m;* (chess) cavalier *m.*

knit, nitte, *v* tricoter; — **ting,** *n* tricot *m.*

knob, nobbe, *n* bouton *m;* (stick) pomme *f.*

knock, noque, *n* coup *m. v* frapper; — **against,** heurter; — **down,** renverser; — **er,** (door) marteau *m.*

knot, not, *n* nœud *m. v* nouer.

knotty, nott'-i, *a* noueux; (*fig*) embrouillé.
know, nau, *v* savoir; connaître.
knowledge, noll'-idj, *n* connaissance *f*; savoir *m*.
knuckle, nok'-'l, *n* articulation *f*; jointure *f*.

label, lé'-b'l, *n* étiquette *f*. *v* mettre une étiquette.
laboratory, lâb'-o-ra-to-ri, *n* laboratoire *m*.
laborious*, la-bau'-ri-*euce*, *a* laborieux; pénible.
labour, lé'-*beur*, *v* travailler; peiner. *n* travail *m*; labeur *m*; **—er,** travailleur *m*.
lace, léce, *n* dentelle *f*; (shoe, etc) lacet *m*. *v* lacer.
lacerate, lâss'-*eur*-éte, *v* lacérer.
lack, lâque, *v* manquer de. *n* manque *m*.
lacquer, lâk'-'r, *n* laque *f*. *v* laquer.
lad, lâdde, *n* garçon *m*, jeune homme *m*.
ladder, lâdd'-'r, *n* échelle *f*.
ladle, lé'-d'l, *n* louche *f*. *v* servir.
lady, lé'-di, *n* dame *f*; **— -bird,** coccinelle *f*; (*fam*) bête à bon Dieu *f*.
lag, lâgue, *v* traîner; rester en arrière; (boiler etc) calorifuger.
lagoon, la-goune', *n* lagune *f*.
lair, lère, *n* repaire *m*.
lake, léque, *n* lac *m*.
lamb, lâmme, *n* agneau *m*.
lame, léme, *a* boiteux. *v* estropier.
lament, la-mennte', *v* se lamenter. *n* plainte *f*.
lamp, lâmmpe, *n* lampe *f*; (street lamp) réverbère *m*; (electric bulb) ampoule électrique *f*.
lance, lânnce, *n* lance *f*; (*med*) bistouri *m*. *v* (*med*) ouvrir au bistouri.
land, lânnde, *n* terre *f*; (home) pays *m*. *v* débarquer; (aircraft) atterrir; **—ing,** débarquement *m*; (quay) débarcadère *m*; (stairs) palier *m*; **—lady,** patronne *f*; **—lord,** propriétaire *m*; **—mark,** point de repère *m*; **—scape,** paysage *m*; **—slide,** éboulement *m*.
lane, léne, *n* (country) chemin *m*; (town) ruelle *f*; (traffic) file *f*; (motorway) voie *f*.
language, lânng'-gouidje, *n* langage *m*; langue *f*.
languid, lânng'-gouide, *a* languissant.
languish, lânng'-gouiche, *v* languir.

lanky, lain'-nki, *a* grand et maigre.

lantern, lǎnn'-teurne, *n* lanterne *f.*

lap, lǎppe, *n* genoux *mpl;* (sport) tour *m.* *v* (drink) laper.

lapel, lǎ-pèl', *n* revers d'habit *m.*

lapse, lǎpse, *v* s'écouler; retomber. *n* cours *m;* erreur *f.*

larceny, lǎr'-ci-ni, *n* larcin *m.*

lard, lǎrde, *n* saindoux *m;* **—er,** garde-manger *m.*

large*, lǎrdje, *a* grand; gros; fort; considérable.

lark, lǎrque, *n* alouette *f.*

lash, lǎche, *n* (whip) fouet *m;* (stroke) coup de fouet *m;* (eye) cil *m.* *v* fouetter; (bind) attacher.

lassitude, lǎss'-i-tioude, *n* lassitude *f.*

last, lǎsste, *v* durer. *a* dernier; **—ing,** durable.

latch, lǎtche, *n* loquet *m.* *v* fermer au loquet.

late, léte, *adv* tard. *a* en retard; tard; récent; tardif; (deceased) feu; **to be —,** *v* être en retard.

lately, léte'-li, *adv* dernièrement.

latent, lé'-tennte, *a* caché; latent.

lathe, lédz, *n* tour *m.*

ather, lǎdz'-'r, *n* mousse de savon *f.* *v* savonner.

latitude, lǎt'-i-tioude, *n* latitude *f.*

latter*, lǎtt'-'r, *a* dernier (des deux).

lattice, lǎtt'-ice, *n* treillis *m.*

laudable, loa'-da-b'l, *a* louable.

laugh, lǎfe, *v* rire. *n* rire *m;* **—able,** *a* risible; **—ter,** rires *mpl;* hilarité *f.*

launch, loanntche, *n* (boat) chaloupe *f.* *v* lancer; **—ing,** *n* lancement *m.*

launderette, loann'-deur-rète, *n* laverie *f.*

laundress, loann'-dresse, *n* blanchisseuse *f.*

laundry, loann'-dri, *n* blanchisserie *f.*

laurel, lau'-r'l, *n* laurier *m.*

lavatory, lǎv'-a-tŏ-ri, *n* lavabo *m,* toilette *f.*

lavender, lǎv'-enn-d'r, *n* lavande *f.*

lavish, lǎv'-iche, *a** prodigue; somptueux. *v* prodiguer.

law, loa, *n* loi *f;* (jurisprudence) droit *m;* **—ful*,** *a* légal; licite; légitime; **—suit,** *n* procès *m;* **—yer,** avocat *m;* (solicitor) avoué *m.*

lawn, loanne, *n* pelouse *f.*

lax, lǎxe, *a* relâché; mou.

laxative, lǎx'-a-tive, *n & a* laxatif *m.*

lay, lé, *v* coucher; placer; mettre; (hen) pondre.

layer, lé'-*eur,* *n* couche *f.*

layman, lé'-mănne, *n* laïque *m.*

laziness, lé'-zi-nesse, *n* paresse *f.*

lazy, lé'-zi, *a* paresseux.

lead, lèdde, *n* plomb *m;* (pencil) mine *f;* (*naut*) sonde *f. v* plomber.

lead, lîde, *v* conduire; guider. *n* (dog) laisse *f;* **—ing,** *a* premier; principal.

leader, lîde'-*r,* *n* guide *m;* conducteur *m;* chef *m;* **—ship,** direction *f;* conduite *f.*

leaf, lîfe, *n* feuille *f;* (table) rallonge *f.*

leaflet, lî'-lett, *n* prospectus *m.*

league, lîgue, *n* ligue *f;* (measurement) lieue *f.*

leak, lîque, *v* fuir; (boats, etc) faire eau. *n* fuite *f.*

lean, lîne, *n & a* maigre *m;* **— against, — on,** *v* s'appuyer; **— out,** se pencher.

leap, lîpe, *v* sauter; bondir. *n* saut *m.*

leap-year, lîpe'-i'ïre, *n* année bissextile *f.*

learn, leurne, *v* apprendre; **—ed,** *a* savant; **—er,** *n* étudiant *m;* apprenti *m;* **—ing,** (study) étude *f;* (knowledge) savoir *m;* érudition *f.*

lease, lîce, *v* louer. *n* bail *m.*

leash, lîche, *n* laisse *f. v* tenir en laisse.

least, lîste, *adv* le moins. *a* le moindre.

leather, lèdz'-*r,* *n* cuir *m;* (patent) cuir verni *m.*

leave, lîve, *v* permission *f. v* partir, s'en aller; quitter; abandonner; laisser; (bequeath) léguer; **—out,** omettre; exclure.

lecture, lèque'tioure, *n* conférence *f;* réprimande *f. v* faire une conférence; réprimander.

lecturer, lèque'-tiour-*r,* *n* conférencier *m.*

ledge, lèdje, *n* rebord *m.*

leech, lîtche, *n* sangsue *f.*

leek, lîque, *n* poireau *m.*

leer, lîre, *v* lorgner.

left, lefte, *a & n* gauche *f;* **— -handed,** gaucher.

leg, lègue, *n* jambe *f;* (animal) patte *f;* (mutton, lamb) gigot *m;* (fowl) cuisse *f;* (furniture) pied *m.*

legacy, lègg'*a*-ci, *n* legs *m;* héritage.

legal,* lî'-g'l, *a* légal; licite; **—ize,** *v* légaliser.

legation, li-gé'-ch'n, *n* légation *f.*

legend, lèdj'-ennde, *n* légende *f.*

legible, lèdj'-i-b'l, *a* lisible.

legion, li'-dj'n, *n* légion *f.*

legislate, lèdj'-iss-léte, *v* légiférer.

legislation, lèdj-iss-lé-ch'n, *n* législation *f.*

legitimacy, lidj-itt'-i-ma-ci, *n* légitimité *f.*

legitimate*, lidj-itt'-i-méte, *a* légitime.

leisure, lé'-jeure, *n* loisir *m;* convenance *f.*

leisurely, lé'-jeur-li, *adv* à loisir.

lemon, lèmm'-'n, *n* citron *m;* —**ade,** limonade *f.*

lend, lennde, *v* prêter.

length, lenng'-*t*s, *n* longueur *f;* (time) durée *f;* —**en,**
v allonger; prolonger; —**ways,** *adv* en longueur;
—**y,** *a* long, prolongé.

leniency, li'-ni-enn-ci, *n* indulgence *f.*

lenient, li'-ni-ennte, *a* indulgent.

lens, lennze, *n* lentille *f;* verre *m.*

Lent, lennte, *n* carême *m.*

lentil, lenn'-t'l, *n* lentille *f.*

leopard, lèp'-*eu*rde, *n* léopard *m.*

leper, lèp'-'r, *n* lépreux, -euse *m & f.*

leprosy, lèp'-rŏ-si, *n* lèpre *f.*

less, lesse, *adv* moins. *n & a* moindre *m.*

lessee, less-i', *n* locataire *m.*

lessen, less-'n, *v* diminuer; (pain) alléger.

lesson, less'-'n, *n* leçon *f.*

let, lette, *v* laisser; permettre; (lease) louer.

letter, lett'-'r, *n* lettre *f;* —**-box,** boîte aux lettres *f.*

lettuce, lett'-ice, *n* laitue *f.*

level, lèv'-'l, *n* niveau *m. a* de niveau; uni. *v* niveler;
(plane) aplanir; —**-crossing,** *n* passage à niveau *m.*

lever, li'-v'r, *n* levier *m.*

levity, lèv'-i-ti, *n* légèreté *f.*

levy, lèv'-i, *v* (taxes) imposer. *n* impôt *m;* (troops)
levée *f.*

lewd*, lioude, *a* impudique.

lewdness, lioude'-nesse, *n* impudicité *f.*

liabilities, lâï-a-bil'-i-tèze, *npl* (com) passif *m.*

liability, lâï-*a*-bil'-i-ti, *n* responsabilité *f.*

liable, lâï'-*a*-b'l, *a* responsable; —**to,** exposé à.

liar, lâï'-*eu*r, *n* menteur, -euse *m & f.*

libel, lâï'-b'l, *n* diffamation *f. v* diffamer.

libellous, lâï'-bel-*eu*ce, *a* diffamatoire.

liberal, lib'-eur'l, *n* & *a** libéral *m*.

liberate, lib'-eur-éte, *v* délivrer, libérer.

liberty, lib'-eur-ti, *n* liberté *f*.

librarian, lâï'-brè'-ri-ænne, *n* bibliothécaire *m*.

library, lâï'-bré-ri, *n* bibliothèque *f*.

licence, lâï'-cennce, *n* permis *m*, autorisation *f*.

license, lâï'-cennce, *v* autoriser.

licentious, lâï-cenn'-cheuce, *a* licencieux; libertin.

lichen, lâï'-k'n *n* lichen *m*.

lick, lique, *v* lécher; — **up,** laper.

lid, lidde, *n* couvercle *m*; (eye) paupière *f*.

lie, lâï, *n* (untruth) mensonge *m*. *v* mentir; (in a place, situation) se trouver; — **down,** (repose) se coucher.

lieutenant, lêf-tenn'-annte, *n* lieutenant *m*.

life, lâïfe, *n* vie *f*; (vivacity) vivacité *f*; — **-belt,** ceinture de sauvetage *f*; — **-boat,** canot de sauvetage *m*; — **-insurance,** assurance sur la vie *f*; —**less,** *a* inanimé; sans vie; —**like,** naturel; —**long,** de toute la vie; — **-size,** grandeur naturelle; —**time,** *n* cours de la vie *m*.

lift, lifte, *n* ascenseur *m*. *v* lever; soulever.

light, lâïte, *n* lumière *f*; clarté *f*. *a** léger; clair *v*. allumer; éclairer; —**en,** alléger; —**er,** *n* briquet *m*; (boat) allège *f*; —**house,** phare *m*; —**ing,** éclairage *m*; —**ness,** légèreté *f*.

lightning, lâïte'-ning, *n* (flash) éclair *m*; (strike) foudre *f*; — **-conductor,** paratonnerre *m*.

like, lâïque, *v* aimer. *a* pareil; égal; —**lihood,** probabilité *f*; —**ly,** *a* probable; —**ness,** *n* ressemblance *f*; —**wise,** *adv* de même.

liking, lâïque'-inng, *n* goût *m*; penchant *m*.

lilac, lâï'-laque, *n* lilas *m*.

lily, lil'-i, *n* lis *m*; — **of the valley,** muguet *m*.

limb, limm, *n* (anatomy) membre *m*.

lime, lâïme, *n* chaux *f*; (bird lime) glu *f*; (fruit) limette *f*; (tree) tilleul *m*.

limit, limm'-itte, *n* limite *f*. *v* limiter; **Ltd. Co.,** *n* société anonyme *f*.

limp, limmp, *v* boiter. *a* (soft) mou, flasque.

limpet, limm'-pette, *n* patelle *f*.

line, lâïne, *n* ligne *f*; (business) partie *f*; (rope) corde *f*. *v* (garment) doubler.

lineage, linn'-i-idj, *n* lignée *f*.

linen, linn'-enne, *n* toile *f*; (laundry) linge *m*.

liner, lâï'-neur, *n* paquebot *m*.

linger, linn'-gueur, *v* tarder; languir.

linguist, linn'-gouiste *n* linguiste *m* & *f*.

lining, lâïnn'-inng, *n* doublure *f*.

link, linnque, *v* enchaîner; unir. *n* chaînon *m*; (cuff links) boutons de manchettes *mpl*.

linnet, linn'-ette, *n* linot *m*.

linseed, linn'-cîde, *n* graine de lin *f*.

lion, lâï'-*eune*, *n* lion *m*; **—ess,** lionne *f*.

lip, lippe, *n* lèvre *f*; **— -stick,** rouge à lèvres *m*.

liquefy, lik'-oui-fâï, *v* liquéfier.

liqueur, li-kioure', *n* liqueur *f*.

liquid, lik'-ouide, *n* & *a* liquide *m*.

liquidate, lik'-oui-déte, *v* liquider; (debts) acquitter.

liquidation, lik-oui-dé'-ch'n, *n* liquidation *f*.

liquor, lik'-*eur*, *n* alcool *m*.

liquorice, lik'-*eur*-ice, *n* réglisse *f*.

lisp, lisspe, *v* zézayer. *n* zézaiement *m*.

list, lisste, *n* liste *f*; (*naut*) bande *f*. *v* (*naut*) donner de la bande.

listen, liss'-'n, *v* écouter.

listener, liss'-neur, *n* auditeur, -euse *m* & *f*.

literal*, litt'-*eur*-al, *a* littéral.

literary, litt'-*eur*-a-ri, *a* littéraire.

literature, litt'-*eur*-a-tioure, *n* littérature *f*.

lithograph, *lis*'-o-grâfe, *n* lithographie *f*. *v* lithographier.

litigate, litt'i-guéte, *v* plaider.

litigation, litt-i-gué'-ch'n, *n* litige *m*.

litter, litt'-'r, *n* (stretcher, stable) litière *f*; (untidiness) fouillis *m*; (bedding) paillasse *f*; (young) portée *f*. *v* (scatter) éparpiller.

little, litt'-t'l, *a* (quantity, time) peu de; (size) petit. *adv* peu.

live, live, *v* vivre; habiter; (dwell) demeurer.

live, lâïve, *a* vivant; vif; **—ly,** animé.

liver, liv'-*eur*, *n* foie *m*.

livid, liv'-ide, *a* livide.

living, liv'-inng, *n* vie *f*; (eccl) bénéfice *m*. *a* vivant; **— room,** *n* salle de séjour *m*.

lizard, liz'-*eur*de, *n* lézard *m*.

load, laude, *v* charger. *n* charge *f.*

loaf, laufe, *n* pain *m.*

loafer, lau'-*feur*, *n* (idler) fainéant *m.*

loam, laume, *n* terre glaise *f;* **—y,** *a* glaiseux.

loan, laune, *n* prêt *m;* emprunt *m.*

loathe, laudz, *v* détester, abhorrer.

loathing, laudz'-inng, *n* aversion *f;* dégoût *m.*

loathsome, laudze'-seume, *a* répugnant; odieux.

lobby, lob'-i, *n* antichambre *f;* couloir *m.*

lobe, laube, *n* lobe *m.*

lobster, lob'-st'r, *n* homard *m.*

local*, lau'-k'l, *a* local du pays; régional; **—ity,** *n* localité *f.*

locate, lau'-kéte', *v* situer; déterminer la position.

location, lau-ké'-ch'n, *n* emplacement *m.*

lock, loque, *n* serrure *f;* (hair) mèche *f;* (canal, etc) écluse *f. v* fermer à clef; **—et,** *n* médaillon *m;* **— in** (or **up**), *v* enfermer; **—-jaw,** *n* tétanos *m;* **— out,** *v* laisser dehors; **—smith,** *n* serrurier *m.*

locomotive, lau'-ko-mau-tive, *n* locomotive *f.*

locust, lau'-*keusste,* *n* criquet *m,* locuste *f.*

lodge, lodje, *n* loge *f. v* loger.

lodger, lodj'-*r, *n* locataire *m* & *f.*

lodging, lodj'-inng, *n* logement *m.*

loft, lofte, *n* grenier *m;* **—y,** *a* haut; (*fig*) hautain.

log, logue, *n* bûche *f;* **—-book,** (ship) journal de bord *m.*

logic, lodj'-ique, *n* logique *f;* **—al*,** *a* logique.

loin, lô'ine, *n* (mutton) filet *m;* (veal) longe *f.*

loiter, loa'ï-t'r, *v* flâner; **— behind,** traîner.

loll, lolle, *v* se prélasser; (tongue) pendre la langue.

lollipop, loll'-i-poppe, *n* sucette *f.*

loneliness, laune'-li-nesse, *n* solitude *f.*

lone(ly), laune'(-li), *a* solitaire; isolé.

long, lonng, *a* long. *adv* longtemps; **— for,** *v* désirer ardemment; **—ing,** *n* désir ardent *m.*

longitude, lonn'-dji-tioude, *n* longitude *f.*

look, louk, *n* regard *m. v* regarder; (seem) avoir l'air; **— after,** (take care of) s'occuper de; **— at,** regarder; **—er on,** *n* spectateur *m;* **— for,** *v* chercher; **—ing-glass,** *n* miroir *m;* (large) glace *f;* **— out,** *v* regarder par. *n* (*naut*) vigie *f. interj* gare!

loom, loume, *n* métier *m.* *v* paraître au loin.

loop, loupe, *n* boucle *f;* —**hole,** (fort, etc) meurtrière *f;* — **the loop,** *v* boucler la boucle.

loose, louce, *a* lâche; (tooth) branlante; (morals) relâché; —**n,** *v* relâcher; desserer.

loot, loute, *n* butin *m.* *v* piller.

lop, loppe, *v* (prune) élaguer; — **off,** couper.

loquacious, lo-coué′-cheuce, *a* loquace.

Lord, lôrde, *n* (Deity) le Seigneur *m,* Dieu *m.*

Lord's Prayer, lôrdze prè′-*eur,* *n* Pater *m.*

lord, lôrde, *n* lord *m.*

lorry, lor′-ri, *n* camion *m.*

lose, louze, *v* perdre; (clock) retarder; —**r,** *n* perdant *m.*

loss, losse, *n* perte *f.*

Lost Property Office, loste prop′*eur*-ti of′-ice, *n* bureau des objets trouvés *m.*

lot, lotte, *n* (auction) lot *m;* (fate) sort *m;* (many) beaucoup.

lotion, lau′-ch'n, *n* lotion *f.*

lottery, lott′-*eur*-i, *n* loterie *f.*

loud*, lâ′oude, *a* fort; haut; (colours) voyant; — **-speaker,** *n* (radio) haut-parleur *m.*

lounge, lâ-ounndje, *n* grand vestibule *m;* salon *m.* *v* flâner.

louse, lâ′ouce, *n* pou *m.*

lout, lâ′oute, *n* rustre *m;* (clumsy) lourdaud *m.*

love, love, *v* aimer. *n* amour *m;* affection *f;* —**liness,** beauté *f;* —**ly,** *a* charmant; —**r,** *n* amoureux *m;* (illicit) amant *m.*

low, lau, *v* mugir. *a* bas; vulgaire; —**er,** *v* baisser; humilier; —**land,** *n* pays plat *m.*

loyal*, lo′-ial, *a* loyal; fidèle; —**ty,** *n* loyauté *f.*

lozenge, loz′-enndje, *n* losange *m,* pastille *f.*

lubricate, lioue′-bri-quéte, *v* lubrifier; graisser.

lucid*, lioue′-cide, *a* lucide.

luck, loque, *n* chance *f;* fortune *f;* —**y,** *a* fortuné; veinard.

ludicrous*, lioue′-di-creuce, *a* risible; ridicule.

luggage, logg′-idj, *n* bagages *mpl;* **left — office,** consigne *m.*

lukewarm, liouke′-ouârme, *a* tiède.

lull, lolle, *v* endormir; (child) bercer. *n* calme *m*.

lullaby, loll'-*a*-bâï, *n* berceuse *f*.

lumbago, lomm-bé'-go, *n* lumbago *m*.

lumber, lomm'-b'r, *n* (timber) bois de charpente *m*; (old things) vieilleries *fpl*.

luminous*, loue'-minn-euce, *a* lumineux.

lump, lommpe, *n* morceau *m*; (med) grosseur *f*; **—y,** *a* grumeleux.

lunacy, loue'-na-ci, *n* aliénation mentale *f*, folie *f*.

lunar, loue'-n'r, *a* lunaire.

lunatic, loue'na-tique, *a* fou *m*, folle *f*; **— asylum,** maison d'aliénés *f*.

lunch, lonntche, *n* déjeuner *m*. *v* déjeuner.

lung, lonng, *n* poumon *m*.

lurch, leurtche, *n* secousse *f*; (ship) coup de roulis *m*; **to leave in the —,** laisser dans l'embarras.

lure, lioure, *n* leurre *m*. *v* leurrer; attirer.

lurid, lioue'-ride, *a* (colour) blafard.

lurk, leurque, *v* (hide) se cacher.

luscious, loch'-euce, *a* succulent.

lust, losste, *n* luxure *f*; (greed) convoitise *f*. *v* convoiter; **—ful,** *a* sensuel.

lustre, loss'-teur, *n* lustre *m*.

lute, lioute, *n* luth *m*.

luxurious*, lok-siou'-ri-euce, *a* luxueux.

luxury, lok'-seur-i, *n* luxe *m*; somptuosité *f*.

lymph, limmfe, *n* lymphe *f*.

lynch, lintche, *v* lyncher.

macaroon, măc-*a*-rounne', *n* macaron *m*.

mace, méce, *n* (staff) masse *f*.

machine, ma-chîne', *n* machine *f*; **—ry,** mécanisme *m*; **-gun,** mitrailleuse *f*; **sewing- —,** machine à coudre *f*.

machinist, ma-chînn'-iste, *n* mécanicien *m*.

mackerel, măc'-r'l, *n* maquereau *m*.

mackintosh, măc'-inn-toche, *n* imperméable *m*.

mad, mădde, *a* fou; (dog) enragé; **—man,** *n* aliéné *m*; **madam,** mằd'-ame, *n* madame *f*. [**—ness,** folie *f*.

magazine, mă-ga-zîne', *n* (periodical) magazine *m*; (gun) magasin *m*; (powder) poudrière *f*.

maggot, măgg´-eute, *n* ver *m*; larve *f*; asticot *m*.

magic, mădj´-ique, *n* magie *f*. *a* magique.

magistrate, mădj´-iss-tréte, *n* magistrat *m*.

magnanimity, măg´-nă-nimm´-i-ti, *n* magnanimité *f*.

magnanimous*, măg-nănn´-i-meuce, *a* magnanime.

magnet, măg´-néte, *n* aimant *m*; **—ic,** *a* magnétique; **—ism,** *n* magnétisme *m*; **—ize,** *v* magnétiser; aimanter.

magneto, măg-ni´-tau, *n* magnéto *f*.

magnificent*, măg-nif´-i-cennte, *a* magnifique.

magnify, măg´-ni-faï, *v* grossir; **—ing-glass,** *n* loupe *f*.

magnitude, măg´-ni-tioude, *n* grandeur *f*; importance *f*.

magpie, măg´-paï, *n* pie *f*.

mahogany, ma-hog´-a-ni, *n* acajou *m*.

Mahometan, ma-homm´-è-tănne, *n* mahométan *m*.

maid, méde, *n* (young girl) jeune fille *f*; (servant) bonne *f*; **—en,** vierge *f*; **old —,** vieille fille *f*.

mail, méle, *n* (post) courrier *m*, poste *f*; (armour) cotte de mailles *f*. *v* expédier par la poste; **— -bag,** *n* sac de poste *m*; **— -boat,** paquebot poste *m*.

maim, méme, *v* mutiler.

main, méne, *a** principal, essentiel. *n* (pipe, cable) conduit principal *m*; **—land,** terre ferme *f*.

maintain, méne-téne´, *v* maintenir; soutenir.

maintenance, méne´-teu-nannce, *n* maintien *m*; soutien *m*.

maize, méze, *n* mais *m*.

majestic, ma-djess´-tique, *a* majestueux.

majesty, mădj´-ess-ti, *n* majesté *f*.

major, mé´-djeur, *n* (mil) commandant *m*. *a* majeur; **—ity,** *n* majorité *f*.

make, méque, *v* faire; fabriquer. *n* façon *f*; marque *f*; **— -believe,** faire semblant; **—r,** *n* fabricant *m*; **— -shift,** expédient *m*; **— up,** (face) maquillage *m*. *v* maquiller.

malady, măl´-a-di, *n* maladie *f*.

malaria, ma-lé´-ri-a, *n* paludisme *m*.

male, méle, *n* & *a* mâle *m*.

malediction, ma-lè-dique´-ch'n, *n* malédiction *f*.

malevolent*, ma-lèv'-ŏl-ennte, a malveillant.

malice, măl'-ice, n malice f, malveillance f.

malicious*, ma-li'-cheuce, a méchant; malveillant.

malign, ma-lâïne', v diffamer, calomnier.

malignant, ma-ligue'-nannte, a malfaisant; (*med*) malin.

malinger, ma-linng'-gueur, v faire le malade.

mallet, măl'-ette, n maillet m.

mallow, măl'-au, n mauve f.

malt, moalte, n malt m.

maltreat, măl-trîte', v maltraiter.

mammal, mămm'-'l, n mammifère m.

man, mănne, v armer. n homme m; **—hood**, virilité f; **—kind**, genre humain m; **—ly**, a viril; **—slaughter**, homicide m.

manacle, mănn'-a-k'l, v mettre les menottes.

manage, mănn'-idj, v (business) diriger; (accomplish, control) parvenir à, arriver à; **—ment**, n administration f; gestion f; direction f; **—r**, directeur m, gérant m.

mandate, mănn'-déte, n ordre m; (law) mandat m.

mandoline, mănn'-dau-linne, n mandoline f.

mane, méne, n (of a horse, lion) crinière f.

mangle, main'-ng'l, v mutiler, écraser. n (laundry) essoreuse f. v essorer.

mania, mé'-ni-a, n manie f, folie f.

maniac, mé'-ni-âque, n fou furieux m.

manicure, mănn'-i-kioure, v faire les ongles.

manifest*, mănn'-i-feste, a* manifeste. v manifester.

manifold, mănn'-i-faulde, a multiple, divers.

manipulate, ma-nipp'-iou-léte, v manipuler.

manner, mănn'-'r, n manière f; façon f.

manners, mănn'-eurze, npl manières fpl.

manoeuvre, ma-noue'-v'r, v manœuvrer. n manœuvre f.

manor, mănn'-ŏr, n manoir m.

mansion, mănn'-ch'n, n (country) château m.

mantel-piece, mănn'-t'l-pîce, n cheminée f.

manual*, mănn'-iou-'l, n & a manuel m.

manufacture, mănn-iou-făc'-tioure, v fabriquer. n fabrication f; **—r**, fabricant m.

manure, ma-nioure', v fumer. n fumier m; engrais m.

manuscript, mănn'-iou-scripte, n manuscrit m.

many, menn'-i, *a* beaucoup.

map, măppe, *n* carte *f;* (town) plan *m.*

maple, mé'-p'l, *n* érable *m.*

mar, mâre, *v* gâter; défigurer.

marble, mâr'-b'l, *n* marbre *m;* (toy) bille *f.*

march, mârtche, *v* marcher. *n* marche *f.*

March, mârtche, *n* mars *m.*

marchioness, mâr'-cheunn-esse, *n* marquise *f.*

mare, mère, *n* jument *f.*

margarine, mâr'-ga-rinne, *n* margarine *f.*

margin, mâr'-djinne, *n* marge *f.*

marginal*, mâr'-djinn-'l, *a* marginal.

marigold, mar'-i-gaulde, *n* souci *m.*

marine, ma-rîne', *a* marin. *n* fusilier marin *m.*

mariner, mar'-i-neur, *n* marin *m.*

maritime, mar'-i-tâïmme, *a* maritime.

mark, mârque, *v* marquer. *n* marque *f;* **book- —,** signet *m;* **trade- —,** marque de fabrique *f.*

market, mâr'-kette, *n* marché *m.*

marmalade, mâr'-meu-léde, *n* confiture d'oranges *f.*

marmot, mâr'-motte, *n* marmotte *f.*

maroon, ma-roune', *n & a* marron, pourpré *m. v* abandonner.

marquee, mâr-ki', *n* (tent) marquise *f.*

marquess, mâr'-couesse, *n* marquis *m.*

marriage, mâr'-idj, *n* mariage *m.*

married, mâr'-idde, *a* marié; — **couple,** *n* ménage *m.*

marrow, mâr'-au, *n* moelle *f;* (vegetable) courge *f.*

marry, mâr'-i, *v* marier; se marier; épouser.

marsh, mârche, *n* marais *m.*

marshal, mâr'-ch'l, *n* maréchal *m.*

mart, mârte, *n* marché *m;* (auction) salle de ventes *f.*

marten, mâr'-tenne, *n* martre *f.*

martial*, mâr'-ch'l, *a* martial; **court- —,** *n* conseil de guerre *m;* — **law,** état de siège *m.*

martyr, mâr'-teur, *n* martyr *m. v* martyriser.

martyrdom, mâr'-teur-deume, *n* martyre *m.*

marvel, mâr'-v'l, *n* merveille *f. v* s'émerveiller.

marvellous*, mâr'-veul-euce, *a* merveilleux.

masculine, măss'-kiou-line, *n & a* masculin *m.*

mash, mâche, *n* purée *f. v* écraser.

mask, mâssque, *n* masque *m. v* masquer.

mason, mé'-s'n, *n* maçon *m;* **—ry,** *n* maçonnerie *f.*

masquerade, mǎss-keur-éde', *v* se déguiser.

mass, mǎsse, *n* masse *f;* (eccl) messe *f. v* masser.

massacre, mǎss'-a-k'r, *n* massacre *m. v* massacrer.

massage, mǎss-âge', *n* massage *m. v* masser.

massive*, mǎss'-ive, *a* massif.

mast, mǎste, *n* mât *m.*

master, mǎss'-t'r, *v* maîtriser; surmonter. *n* maître *m;* patron *m;* professeur *m;* **—ful*,** impérieux; **—ly,** *a* magistral; **—piece,** *n* chef-d'œuvre *m.*

masticate, mǎss'-ti-quéte, *v* mastiquer.

mastiff, mǎss'-tif, *n* mâtin *m.*

mat, mǎtte, *n* natte *f;* (door) paillasson *m.*

match, mǎtche, *n* allumette *f;* (contest) match *m. v* assortir; (contest) matcher; **—less,** *a* incomparable.

mate, méte, *n* camarade *m & f. v* accoupler.

material, ma-ti'-ri-al, *n* matière *f;* (building etc) matériaux *mpl;* (cloth) tissu *m.*

materialize, ma-ti'-ri-al-âîze, *v* matérialiser.

maternal*, ma-teur'-n'l, *a* maternel.

maternity, ma-teur'-ni-ti, *n* maternité *f.*

mathematics, mǎ-*t*si-mǎt'-ikse, *n* mathématiques *fpl.*

matrimony, mǎt'-ri-mǒn-i, *n* mariage *m.*

matrix, mé'-trikse, *n* matrice *f.*

matron, mé'-tr'n, *n* infirmière en chef *f.*

matter, mǎtt'-'r, *n* matière *f;* (pus) pus *m;* (business, subject) affaire *f. v* importer.

matting, mǎtt'-inng, *n* natte *f;* (straw) paillasson *m.*

mattress, mǎt'-tress, *n* matelas *m.*

mature, ma-tioure', *v* mûrir; (bill) échoir. *a* mûr.

maturity, ma-tiou'-ri-ti, *n* maturité *f;* échéance *f.*

maul, moale, *v* déchirer à coups de griffes.

mauve, mauve, *n & a* mauve *m.*

maxim, mǎx'-simm, *n* maxime *f.*

maximum, mǎx'-si-momm, *n & a* maximum *m.*

may, mé, *v* pouvoir.

May, mé, *n* mai *m;* **— -flower,** aubépine *f.*

mayor, mè'-eur, *n* maire *m.*

maze, méze, *n* labyrinthe *m.*

me, mie, *pron* moi, me.

meadow, mèd'-au, *n* pré *m,* prairie *f.*

meagre*, mî′-gu*eu*r, *a* maigre.

meal, mîle, *n* farine *f*; (repast) repas *m*.

mean, mîne, *a* avare; (action) bas. *v* avoir l'intention de; vouloir dire; **—ing**, *n* signification *f*; **—ingless**, *a* dénué de sens.

means, minn′ze, *npl* moyens *mpl*.

meanwhile, mine′-houâîle, *adv* en attendant.

measles, mîz′-′lz, *n* rougeole *f*.

measure, mèj′-*eu*r, *n* mesure *f*; (tape) mètre (à ruban) *m*. *v* mesurer; **—ments**, *n* les mesures *fpl*.

meat, mîte, *n* viande *f*.

mechanic, mi-cănn′-ique, *n* ouvrier mécanicien *m*; **—al**, *a* mécanique; **—s**, *n* mécanique *f*.

mechanism, mé′-cănn-izme, *n* mécanisme *m*.

medal, mèd′-′l, *n* médaille *f*.

meddle, mèd′-′l, *v* se mêler de.

mediæval, mèd-i-î′-v′l, *a* du moyen âge.

mediate, mî′-di-éte, *v* intervenir (en faveur de).

medical*, mèd′-i-k′l, *a* médical.

medicine, mèd′-cine, *n* médecine *f*.

mediocre, mî′-di-ô-k*eu*r, *a* médiocre.

meditate, mèd′-i-téte, *v* méditer.

medium, mî′-di-ômme, *n* moyen *m*; (person) entremise *f*; (spiritualist) médium *m*.

meek*, mîque, *a* doux; humble.

meet, mîte, *v* rencontrer; (obligations) remplir.

meeting, mî′-tinng, *n* rencontre *f*; réunion *f*.

melancholy, mèl′-ann-côl-i, *n* mélancolie *f*.

mellow, mèl′-au, *a* doux; moelleux.

melodious*, mèl-au′-di-*eu*ce, *a* mélodieux.

melody, mèl′-o-di, *n* mélodie *f*.

melon, mèl′-*eu*ne, *n* melon *m*.

melt, melte, *v* fondre.

member, memm′-b′r, *n* membre *m*; (parliament) député *m*; **—ship**, sociétariat *m*; cotisation *f*.

memento, mi-menn′-to, *n* mémento *m*.

memoir, memm′-ouâre, *n* mémoire *m*.

memorable, memm′-ô-*r*a-b′l, *a* mémorable.

memorandum, memm-ô-rănn′-d′m, *n* note *f*; memorandum *m*; **— -book**, carnet de notes *m*.

memorial, mi-mau′-ri-*a*l, *n* monument commémoratif *m*.

memory, memm'-ŏ-ri, *n* mémoire *f.*

menace, menn'-*ace*, *v* menacer. *n* menace *f.*

menagerie, mi-nădj'-*eur*-i, *n* ménagerie *f.*

mend, mennde, *v* réparer; (sew) raccommoder.

menial, mí'-ni-*al*, *a* servile. *n* domestique *m* & *f.*

mental*, menn'-t'l, *a* mental.

mention, menn'-ch'n, *v* mentionner. *n* mention *f.*

menu, menn'-iou, *n* menu *m*, carte *f.*

mercantile, meur'-*kann*-tâîle, *a* mercantile.

merchandise, meur'-tch*ann*-dâîze, *n* marchandise *f.*

merchant, meur'-tch'nt, *n* négociant *m*; marchand *m.* *a* commercial; (fleet) marchand.

merciful*, meur'-ci-foull, *a* clément; miséricordieux.

mercury, meur'-kiou-ri, *n* mercure *m.*

mercy, meur'-ci, *n* grâce *f*; indulgence *f.*

mere, mire, *a** pur, simple, seul. *n* lac *m.*

merge, meurdje, *v* fondre; absorber; **—r,** *n* fusion *f.*

meridian, mi-ri'-di-*anne*, *n* méridien *m.* *a* méridien.

merit, mair'-itte, *n* mérite *m*; *v* mériter.

meritorious*, mair-i-tau'-ri-*euce*, *a* méritoire.

mermaid, meur'-méde, *n* sirène *f.*

merriment, mair'-i-m'nt, *n* gaieté *f*, joie *f.*

merry, mair'-i, *a* joyeux.

mesh, maiche, *n* maille *f.*

mesmerize, mez'-*meur*-âîze, *v* hypnotiser.

mess, messe, *n* mess *m*; (dirt) saleté *f*; (spoil) gâchis

message, mess'-sédje, *n* message *m.*   [*m. v* salir.

messenger, mess'-enn-dj'r, *n* coursier, -ère *m* & *f*; (restaurant, hotel, etc) chasseur *m.*

metal, mett'-'l, *n* métal *m*; **—lic,** *a* métallique.

meteor, mí'-ti-ŏre, *n* météore *m.*

meter, mí'-*teur*, *n* compteur *m.*

method, mai*ts*-'ŏde, *n* méthode *f.*

methylated spirit, me*ts*'-i-lé-tedd spir'-itte, *n* alcool à brûler.

metropolis, mi-trop'-ŏ-lice, *n* métropole *f.*

mica, mâî'-ka, *n* mica *m.*

Michaelmas, mik'-el-m*ass*, *n* la Saint Michel *f.*

microscope, mâî'-cross-kaupe, *n* microscope *m.*

middle, midd'-'l, *n* centre *m*; milieu *m.* *a* moyen; **— -aged,** *a* d'un certain âge; **— -class(es),** *n* (people) classe moyenne *f*; **—man,** intermédiaire *m.*

midge, midje, *n* cousin *m*, moucheron *m*.

midget, midj'-ette, *n* nain, -e *m* & *f*.

midnight, midd'-nâïte, *n* minuit *m*.

midshipman, midd'-chipp-mànne, *n* aspirant de marine *m*.

midwife, midd'-ouâïfe, *n* sage-femme *f*.

mien, mîne, *n* mine *f*, air *m*.

might, maïte, *n* force *f*; puissance *f*.

mighty, mâï'-ti, *a* puissant; fort.

migrate, maï'-gréte, *v* émigrer.

mild*, mâïlde, *a* doux; léger; tempéré.

mildew, mill'-dioue, *n* moisissaure *f*.

mile, mâïle, *n* mille *m*; —**stone,** borne *f*.

military, mil'-i-ta-ri, *n* & *a* militaire *m*.

milk, milque, *n* lait *m*. *v* traire; —**y,** *a* laiteux; —**y-way,** *n* voie lactée *f*.

mill, mill, *n* moulin *m*; —**er,** meunier *m*.

milliner, mill'-i-n'r, *n* modiste *f*; —**y,** modes *fpl*.

million, mill'*ieune*, *n* million *m*.

millionaire, mill'ionn-air, *n* millionnaire *m*.

mimic, mimm'-ique, *v* mimer. *n* mime *m*.

mince, minnce, *v* hacher; (words) mâcher.

mind, mâïnnde, *n* esprit *m*; opinion *f*. *v* faire attention à; (nurse) soigner; —**ful,** *a* attentif.

mine, mâïne, *poss pron* le mien, la mienne; les miens, les miennes; à moi.

mine, mâïne, *n* mine *f*. *v* miner; —**r,** *n* mineur *m*.

mineral, minn'-*eur*-al, *n* & *a* minéral *m*.

mingle, minng'-g'l, *v* mélanger; se mêler.

miniature, minn'-i-a-tioure, *n* miniature *f*.

minimize, minn'-i-mâïze, *v* réduire, diminuer.

minister, minn'-iss-t'r, *n* pasteur *m*; (government) ministre *m*. *v* pourvoir à; administrer.

ministry, minn'-iss-tri, *n* ministère *m*.

mink, minque, *n* vison *m*.

minor, mâï'-neur, *n* mineur, -e *m* & *f*. *a* mineur.

minority, minn-or'-i-ti, *n* minorité *f*.

minstrel, minn-str'l, *n* ménestrel *m*.

mint, minnte, *n* la Monnaie *f*; (plant) menthe *f*. *v* frapper de la monnaie.

minuet, minn'-iou-ette, *n* menuet *m*.

minus, mâï'-neuce, *a* & *adv* moins. *prep* sans.

minute, minn'-itte, *n* minute *f.*

minute, mâîn-ioute', *a* menu; (exact) minutieux.

miracle, mir'-*a*-k'l, *n* miracle *m.*

miraculous*, mi-răk'-iou-leuce, *a* miraculeux.

mirage, mi-râge', *n* mirage *m.*

mire, mâîre, *n* fange *f;* boue *f,* bourbe *f.*

mirror, mir'-*eur,* *n* miroir *m.* *v* refléter.

mirth, meur*t*s, *n* gaieté *f;* hilarité *f.*

mis, miss, *n* mésaventure *f;* —**apprehension,** malentendu *m;* —**appropriate,** *v* détourner; —**behave,** se conduire mal; —**carriage,** *n*
(*med*) fausse couche *f;* —**carry,** *v* échouer; (*med*)
faire une fausse couche; —**conduct,** *n* mauvaise
conduite *f;* —**construction,** mésinterprétation *f;*
—**count,** *v* mal compter; —**demeanour,** (law) délit
m; —**direct,** *v* mal diriger; —**fortune,** malheur *m,*
calamité *f;* —**giving,** crainte *f;* —**govern,** *v* mal
gouverner; —**guide,** égarer; (*fig*) mal conseiller;
—**hap,** *n* contretemps *m;* accident *m;* —**inform,** *v*
mal renseigner; —**judge,** mal juger; —**lay,** égarer;
—**lead,** tromper; —**manage,** mal gérer; —**place,**
mal placer; —**print,** *n* faute d'impression *f;*
—**pronounce,** *v* mal prononcer; —**represent,**
fausser; —**statement,** *n* rapport inexact *m;* —**take,**
v se tromper; *n* erreur *f;* —**taken,** *a* erroné; —**trust,**
v se méfier de. *n* méfiance *f;* —**understand,** *v* mal
comprendre; —**understanding,** *n* malentendu *m;*
—**use,** *v* abuser de.

miscellaneous, miss-s'l-lé'-ni-*e*uce, *a* varié; divers.

mischief, miss'-tchife, *n* mal *m;* dommage *m;* (of
child) bêtise *f.*

mischievous*, miss'-tchi-*v*euce, *a* malicieux.

miser, mâî'-z'r, *n* avare *m* & *f;* —**ly,** *a* mesquin.

miserable, miz'-*eur*-*a*-b'l, *a* misérable; triste.

misery, miz'-*eur*-i, *n* misère *f;* tourment *m.*

Miss, mice, *n* mademoiselle *f.*

miss, mice, *v* manquer; (someone's absence) regretter; —**ing,** *a* absent; perdu; manquant.

missile, miss'-âîl, *n* projectile *m.*

mission, mich'-*e*une, *n* mission *f.*

missionary, mich'-*e*une-ri, *n* (*eccl*) missionaire *m* & *f.*

mist, miste, *n* brume *f;* —**y,** *a* brumeux.

Mister, (Mr), miss'*teur*, *n* monsieur *m*.

mistletoe, miss'-s'l-tau, *n* gui *m*.

mistress, miss'-tresse, *n* madame *f*; (school) maî-tresse *f*; (kept) maîtresse *f*.

mitigate, mit'-i-guéte, *v* adoucir; mitiger.

mitre, mâï'-*teur*, *n* mitre *f*.

mix, mixe, *v* mêler, mélanger; (salad) tourner; **—ed**, *a* mixte; **—ture**, *n* mélange *m*.

moan, maune, *v* gémir; grogner; *n* gémissement *m*.

moat, maute, *n* fossé *m*.

mob, mobbe, *n* foule *f*; bande *f*. *v* houspiller; (enthusiasm) presser par la foule.

mobile, mô'-bâïle, *a* & *n* mobile *m*.

mobilize, môb'-il-âïze, *v* mobiliser.

mock, moque, *v* se moquer. *a* simulé; faux; **—ery**, *n* moquerie *f*; **—ingly**, *adv* en se moquant.

mode, maude, *n* manière *f*; (fashion) mode *f*.

model, modd'-'l *n* modèle *m*, (fashion) mannequin *m*. *v* modeler.

moderate, modd'-*eur*-éte, *v* modérer. *a** modéré; passable.

moderation, modd-*eur*-é'-ch'n, *n* modération *f*.

modern, modd'*eurne*, *a* moderne.

modest*, modd'este, *a* modeste.

modify, modd'-i-fâï, *v* modifier.

Mohammedan, mô-hamm'-é-danne, *n* & *a* ma-hométan, -e *m* & *f*.

moist, moa'isste, *a* moite, humide; **—en**, *v* humecter; **—ure**, *n* humidité *f*.

mole, maule, *n* taupe *f*; (mark) grain de beauté *m*; (jetty) môle *m*; **— -hill**, taupinière *f*.

molest, mo-leste', *v* molester.

mollify, moll'-i-fâï, *v* adoucir.

molten, maule'-t'n, *a* fondu; en fusion.

moment, mau-m'nt, *n* moment *m*; **—ous**, *a* important; mémorable.

momentum, mau-menn'-tomme, *n* (impetus) impulsion *f*.

monarch, monn'-*eurque*, *n* monarque *m*.

monarchy, monn'-*eur*-ki, *n* monarchie *f*.

monastery, monn'-*ass*-tri, *n* monastère *m*.

Monday, monn'-dé, *n* lundi *m*.

monetary, monn'-*eu*-ta-ri, *a* monétaire.

money, monn'-i, *n* argent *m;* (coin) monnaie *f;* — -lender, prêteur d'argent *m;* — -order, mandat-poste *m.*

mongrel, monng'-gr'l, *n & a* bâtard, -e *m & f.*

monk, monng'-k, *n* moine *m.*

monkey, monng'-ki, *n* singe *m.*

monocle, monn'-o-k'l, *n* monocle *m.*

monogram, monn'-ŏ-grămme, *n* monogramme *m.*

monopolize, mŏnn-op'-ŏ-lâïze, *v* monopoliser.

monopoly, mŏnn-op'-ŏ-li, *n* monopole *m.*

monotonous*, mŏnn-ot'-ŏ-n*euce*, *a* monotone.

monster, monn'-st'r, *n* monstre *m.*

monstrous*, monn'-str*euce*, *a* monstrueux.

month, monn*ts*, *n* mois *m;* —ly, *a* mensuel.

monument, monn'-iou-m'nt, *n* monument *m.*

mood, moude, *n* humeur *f;* (grammar) mode *m.*

moody, moud'-i, *a* d'humeur changeante.

moon, moune, *n* lune *f;* —light, clair de lune *m.*

moor, mou'r, *n* (heath) lande *f. v* (ship) amarrer.

Moor, mou'r, *n* Maure *m;* —ish, *a* mauresque.

mop, moppe, *n* balai à laver *m. v* éponger.

mope, maupe, *v* s'attrister; s'ennuyer.

moral, mor'*al*, *n* morale *f. a** moral; —ity, *n* moralité *f;* —s, mœurs *fpl;* moralité *f.*

morale, mo-râl', *n* moral *m.*

morass, mo-răce', *n* marécage *m.*

moratorium, mŏr-a-tô'-ri-omme, *n* moratorium *m.*

morbid*, môr'-bidde, *a* morbide.

more, môre, *adv* plus; plus de; davantage; encore.

moreover, môr-au'-v'r, *adv* en outre, de plus.

morning, môr'-ninng, *n* matin *m;* (period) matinée *f;* good —, bonjour.

morocco, mo-rok'-au, *n* (leather) maroquin *m.*

morose*, mŏ-rauce', *a* morose.

morphia, moar'-fi-*a*, *n* morphine *f.*

morsel, môr's'l, *n* morceau *m.*

mortal, môr'-t'l, *n & a** mortel, -elle *m & f;* —ity, *n* [mortalité *f.*

mortar, môr'-t'r, *n* mortier *m.*

mortgage, môr'-guédje, *n* hypothèque *f. v* hypothéquer; —e, *n* créancier hypothécaire *m;* —r, débiteur hypothécaire *m.*

mortification, môr'-ti-fi-qué'-ch'n, *n* mortification *f.*

mortify, môr'-ti-fâï, *v* mortifier.

mortuary, môr'-tiou-*a*-ri, *n* morgue *f.*

mosaic, mô-zé'-ique, *n* & *a* mosaïque *f.*

mosque, mosske, *n* mosquée *f.*

mosquito, moss-kî'-tau, *n* moustique *m.*

moss, moss, *n* mousse *f.*

most, mauste, *adv* extrêmement, le plus. **n** la plupart *f;* **—ly,** *adv* principalement.

moth, motz, *n* papillon de nuit *m;* (clothes) mite *f.*

mother, modz'-eur, *n* mère *f;* — maternité *f;* **—in-law,** belle-mère *f;* **—of-pearl,** nacre *f;* **—ly,** *a* maternel.

motion, mau'-ch'n, *n* mouvement *m.*

motionless, mau'-ch'n-lesse, *a* immobile.

motive, mau'-tive, *n* motif *m. a* mobile.

motor, mau'-t'r, *n* moteur *m;* **— -car,** automobile *f;* **— -cycle,** motocyclette *f;* **—ing,** automobilisme *m;* **—ist,** automobiliste *m* & *f;* **—way,** *n* autoroute *f.*

mottled, mò'-t'ld, *a* bigarré.

motto, mot'-tau, *n* devise *f.*

mould, maulde, *v* mouler. *n* moule *m;* (mildew) moisissure *f;* (earth) terreau *m;* **—er,** mouleur *m;* **—ing,** moulure *f;* **—y,** *a* moisi.

mound, mâ'ounnde, *n* monticule *m.*

mount, mâ'ounnte, *n* mont *m;* (horse, jewels) monture *f;* (picture) cadre *m. v* monter.

mountain, mâ'ounn'-tinne, *n* montagne *f;* **—eer,** montagnard, -e *m* & *f;* **—ous,** *a* montagneux.

mourn, môrne, *v* se lamenter; pleurer; **—ful,** *a* triste; lugubre; **—ing,** *n* deuil *m.*

mouse, mâ'ouce, *n* souris *f;* **— -trap,** souricière *f.*

moustache, mousse-tache, *n* moustache *f.*

mouth, mâ'outz, *n* bouche *f;* gueule *f;* (river) embouchure *f;* **—ful,** bouchée *f;* **—piece,** embouchure *f;* (fig) porte-parole *m.*

movable, moue'-va-b'l, *a* mobile.

move, mouve, *v* mouvoir; (house) déménager; (fidget) se remuer; (stir) bouger. *n* mouvement *m;* (fig) coup *m.*

mow, mau, *v* faucher; (lawn) tondre.

mower, mau'-eur, *n* tondeuse *f.*

much, motche, *adv* beaucoup; **how —?** combien?

mud, modde, *n* boue *f*; **—dy,** *a* boueux; **—guard,** *n* garde-boue *m*.

muddle, modd'-l, *n* confusion *f*; fouillis *m*. *v* embrouiller.

muff, moffe, *n* manchon *m*; **—le,** *v* (sound) étouffer; (cover) emmitoufler; **—ler,** *n* écharpe *f*.

mug, mogue, *n* gobelet *m*; pot *m*.

mulberry, moll'-bèr-î, *n* mûre *f*; **— tree,** mûrier *m*.

mule, mioule, *n* mulet *m*, mule *f*.

mullet, mol'-ette, *n* mulet *m*; **red —,** rouget *m*.

multiplication, mole'-ti-pli-qué'-ch'n, *n* multiplication *f*.

multiply, moll'-ti-plaî, *v* multiplier.

multitude, moll'-ti-tioude, *n* multitude *f*.

mummy, momm'-i, *n* momie *f*.

mumps, mommpse, *npl* oreillons *mpl*.

munch, monntche, *v* mâcher; (crunch) croquer.

municipal, miou-niss'-i-p'l *a* municipal.

munition, miou-ni'-ch'n, *n* munition *f*.

murder, meur'-d'r, *v* assassiner. *n* assassinat *m*; **—er,** assassin *m*; **—ous,** *a* meurtrier.

murky, meur'-ki, *a* obscur, ténébreux.

murmur, meur'-m'r, *v* murmurer. *n* murmure *m*.

muscle, moss'-l, *n* muscle *m*.

muse, miouze, *v* musarder; méditer. *n* muse *f*.

museum, mioue-zî'-omme, *n* musée *m*.

mushroom, moche'-roumme, *n* champignon *m*.

music, mi'oue'-zique, *n* musique *f*; **—al,** *a* musical.

musician, mi'oue-zi'-ch'n, *n* musicien, -enne *m* & *f*.

musk, mossque, *n* musc *m*.

muslin, moze'-linne, *n* mousseline *f*.

mussel, moss'-l, *n* moule *f*.

must, moste, *v* devoir; falloir.

mustard, moss'-t'rd, *n* moutarde *f*.

muster, moss'-t'r, *v* rassembler; (mil) faire l'appel.

musty, moss'-ti, *a* moisi.

mute, mioute, *n* & *a* muet, -ette *m* & *f*.

mutilate, miou'-ti-lête, *v* mutiler.

mutineer, mioue-ti-nîre', *n* mutin *m*, révolté *m*.

mutinous, mioue'-ti-neuce, *a* en révolte.

mutiny, mioue'-ti-ni, *n* mutinerie *f*. *v* se mutiner *m*.

mutter, mott'-'r, v marmotter.
mutton, mott'-'n, n mouton m; **leg of —,** gigot m.
mutual*, mioue'-tiou-al, a mutuel.
muzzle, mozz'-'l, n (for dogs, etc) muselière f; (snout) museau m; (gun) bouche f. v museler.
my, mâï, poss a mon, ma, mes; **—self,** pron moi-même.
myrrh, meure, n myrrhe f.
myrtle, meur'-t'l, n myrte f.
mysterious*, miss-ti'-ri-euce, a mystérieux.
mystery, miss'-teur-i, n mystère m.
mystify, miss'-ti-fâï, v mystifier.
myth, mits, n mythe m; **—ology,** mythologie f.

nag, năgue, v gronder; harceler. n (horse) bidet m.
nail, néle, n (metal) clou m; (human) ongle m. v clouer; **— -brush,** n brosse à ongles f; **— -file,** lime à ongles f.
naïve*, nà-ive', a naïf.
naked, né'-kedde, a nu; (trees, etc) dépouillé.
name, néme, v appeler; (specify) nommer. n nom m; **Christian —,** prénom m; **sur—,** nom de famille m; **—less,** a anonyme; **—ly,** adv à savoir; **—sake,** n homonyme m.
nap, năppe, n (sleep) somme m; (cloth) poil m.
nape, népe, n nuque f.
naphtha, năph'-tsa, n naphte m.
napkin, năpp'-kinne, n serviette f.
narcissus, nâr-siss'-euce, n narcisse m.
narcotic, nâr-cott'-ique, n & a narcotique m.
narrative, năr'-ra-tive, n narration f.
narrow, năr'-au, v rétrécir. a* étroit; **— -minded,** étroit d'esprit; **—ness,** n étroitesse f.
nasal*, né'-z'l, a nasal.
nasturtium, nass-teur'-ch'm, n capucine f.
nasty, nâsse'-ti, a méchant; mauvais; (dirty) sale.
nation, né'-ch'n, n nation f; pays m.
national, năch'-eunn-'l, a national.
nationality, năch-eunn-al'-i-ti, n nationalité f.
native, né'-tive, n & a natif, -ive m & f, indigène m & f. a natal (**my native country,** mon pays natal).
natural*, năt'-tiou-r'l, a naturel.

naturalization, năt'-tiou-ral-aï-zé'-ch'n, *n* naturalisation *f*.

nature, nét'-tioure, *n* nature *f*.

naught, noate, *n* rien *m*; zéro *m*.

naughty, noa'-ti, *a* vilain; pas sage.

nauseous, nô'-si-*eu*ce, *a* nauséabond; écœurant.

nautical, nô'-ti-k'l, *a* nautique.

naval, né'-v'l, *a* naval; maritime; — **officer**, officier de marine *m*.

navel, né'-v'l, *n* nombril *m*.

navigate, nă'-vi-guéte, *v* naviguer.

navigation, nă-vi-gué'-ch'n, *n* navigation *f*.

navigator, năv'-i-gué-t*eur*, *n* navigateur *m*.

navvy, năv'-i, *n* terrassier *m*; ouvrier *m*.

navy, né'-vi, *n* marine *f*; — **blue**, *a* bleu marine *m*.

near, nîre, *a* proche. *prep* près de. *adv* près. *v* s'approcher de; **—ly**, *adv* presque; **—ness**, *n* proximité *f*. **—sighted**, *n* & a myope *m* & *f*.

neat, nîte, *a* (spruce) soigné; (dainty) délicat; (tidy) rangé; (not diluted) pur.

neatness, nîte'-ness, *n* netteté *f*; (clean) propreté *f*.

necessarily, nèss'-ess-*a*-ri-li, *adv* nécessairement.

necessary, nèss'-ess-*a*-ri, *a* nécessaire.

necessitate, ni-sess'-i-téte, *v* nécessiter.

necessity, ni-sess'-i-ti, *n* nécessité *f*.

neck, nèque, *n* cou *m*; (bottle) goulot *m*; **—lace**, collier *m*; **—tie**, cravate *f*.

need, nîde, *v* avoir besoin de. *n* besoin *m*; **—ful***, *a* nécessaire; **—less***, inutile; **—y**, nécessiteux.

needle, nî'-d'l, *n* aiguille *f*.

negation, ni-gué'-ch'n, *n* négation *f*.

negative, negg'-*a*-tive, *n* négative *f*. *a*** négatif.

neglect, nig-lecte', *v* négliger. *n* négligence *f*.

negligence, negg'-li-djennce, *n* négligence *f*.

negligent, negg'-li-dj'nt, *a* négligent.

negotiate, ni-gau'-chi-éte, *v* négocier.

negotiation, ni-gau'-chi-é'-ch'n, *n* négociation *f*.

negress, nî'-gresse, *n* négresse *f*.

negro, nî'-grau, *n* nègre *m*.

neigh, né, *v* hennir. *n* hennissement *m*.

neighbour, nè'-b'r, *n* voisin *m*; **—hood**, voisinage *m*; **—ly**, *a* bon voisin.

neither, nâï'-*dz*'r, *pron* & *a* ni l'un ni l'autre. *adv* non plus;— . . . **nor,** *conj* ni . . . ni.

nephew, név'-iou, *n* neveu *m*.

nerve, neurve *n* nerf *m*; (pluck, etc) sang froid *m*; (cheek) audace *f*.

nervous*, neur'-*veuce*, *c* nerveux; timide; excitable.

nest, nesste, *n* nid *m*. *v* nicher.

nestle, ness'-'l, *v* se nicher; se blottir.

net, nett, *n* filet *m*. *a* (weight, etc) net.

nettle, nett'-'l, *n* ortie *f*.

network, nett'-oueurque, *n* réseau *m*.

neuralgia, nioue-rall'-dji-a, *n* névralgie *f*.

neuter, nioue'-teur, *n* & *a* neutre *m*.

neutral, nioue'-tr'l, *a* neutre.

never, nèv'-'r, *adv* (ne) . . . jamais; — **more,** plus jamais; —**theless,** *adv* néanmoins.

new, nioue, *a* neuf; nouveau; frais; — **year,** *n* nouvel an *m*; — **Year's Day,** jour de l'an *m*.

news, niouze, *npl* nouvelles *fpl*; (radio, TV) informations *fpl*; —**agent,** marchand de journaux *m*; —**paper,** journal *m*.

next, nexte, *a* prochain; suivant; (beside) à côté, voisin. *adv* ensuite.

nib, nibbe, *n* plume *f*.

nibble, nib'-b'l, *v* grignoter; (rats, etc) ronger.

nice*, nâïce, *a* agréable; sympathique; aimable; (subtle) scrupuleux.

nickel, nique'-'l, *n* nickel *m*.

nickname, nique'-néme, *n* surnom *m*.

nicotine, nique'-ô-tinne, *n* nicotine *f*.

niece, nîce, *n* nièce *f*.

night, nâïte, *n* nuit *f*; — -**dress,** chemise de nuit *f*; —**fall,** tombée de la nuit *f*; —**ingale,** rossignol *m*; —**ly,** *adv* tous les soirs; —**mare,** *n* cauchemar *m*.

nimble, nimm'-b'l, *a* leste; agile; vif.

nine, nâïne, *n* & *a* neuf *m*; —**teen,** dix-neuf *m*; —**teenth,** dix-neuvième *m* & *f*; —**tieth,** quatre-vingt-dixième *m* & *f*; —**ty,** quatre-vingt-dix *m*.

ninth, nâïnnfs, *n* & *a* neuvième *m* & *f*.

nip, nippe, *v* pincer; — **off,** couper, filer.

nipple, nip'-p'l, *n* mamelon *m*.

nitrate, nâï'-tréte, *n* nitrate *m*.

nitrogen, nâï'-trô-dj'n, *n* azote *m*, nitrogène *m*.

no, nau, *adv* non, pas, ne . . . pas. *a* aucun.

nobility, no-bil'-i-ti, *n* noblesse *f*.

noble, nau'-b'l, *n* noble *m*. *a* noble; généreux.

nobody, nau'-bôdd-i, *n* un rien *m*. *pron* personne.

nod, nodde, *v* faire un signe de tête. *n* signe de tête *m*.

noise, noa'ize, *n* bruit *m*; **—less*,** *a* silencieux.

noisily, noa'iz'-i-li, *adv* bruyamment.

noisy, noa''-i-zi, *a* bruyant, tapageur.

nominal*, nomm'-i-n'l, *a* nominal.

nominate, nomm'-i-néte, *v* nommer; proposer.

nominee, nomm-i-ni', *n* personne désignée *f*.

non, nonne, **— -commissioned officer,** *n* sous-officier *m*; **—plussed,** *a* confus; dérouté; **—sense,** *n* absurdité *f*; **—stop,** *a* continu; (train, etc) direct.

nook, nouk, *n* coin *m*.

noon, noune, *n* midi *m*.

noose, nouce, *n* nœud coulant *m*.

normal*, nôr'-m'l, *a* normal.

north, nôrts, *n* nord *m*; **—erly,** *adv* au nord. *a* du nord.

nose, nauze, *n* nez *m*.

nostril, noss'-tr'l, *n* narine *f*; naseau *m*.

not, notte, *adv* ne . . . pas; ne . . . point; pas.

notable, naute'-a-b'l, *a* notable, insigne.

notary, naute'-a-ri, *n* notaire *m*.

notch, notche, *v* entailler. *n* entaille *f*, coche *f*.

note, naute, *v* noter; remarquer. *n* note *f*; (currency) billet de banque *m*; **— -book,** carnet *m*; **—d,** *a* fameux; célèbre; **—paper,** *n* papier à lettres *m*; **—worthy,** *a* digne de remarque.

nothing, no'-tsinng, rien; for **—,** en vain.

notice, nau'-tice, *v* remarquer; faire attention; observer. *n* avis *m*; affiche *f*; (to quit) congé *m*; **—able,** *a* perceptible.

notify, nau'-ti-fâï, *v* notifier; signaler.

notion, nau'-ch'n, *n* notion *f*; idée *f*.

notoriety, nau-tô-râï'-è-ti, *n* notoriété *f*.

notorious, nau-tau'-ri-euce, *a* notoire; insigne.

notwithstanding, nott-ouidz-stännd'-inng, *prep & conj* néanmoins, malgré.

noun, na'oune, *n* nom *m*, substantif *m*.

nourish, nor'-iche, v nourrir; **—ing,** a nourrissant; **—ment,** n nourriture f.

novel, nov'-'l, n roman m. a nouveau; **—ist,** n romancier m; **—ty,** nouveauté f; innovation f.

November, no-vemm'-b'r, n novembre f.

novice, nov'-ice, n novice m & f.

now, nâ'ou, adv maintenant; **—adays,** de nos jours; **— and then,** de temps en temps.

nowhere, nau'-houère, adv nulle part.

noxious, noque'-oheuce, a nuisible; pernicieux.

nozzle, noz'-z'l, n buse f; lance f; jet m.

nuclear, nioue'-kl-îr, a nucléaire.

nucleus, nioue'-kli-euce, n noyau m.

nude, nioude, n & a nu m.

nudge, nodje, n coup de coude m.

nugget, nogg'-itte, n pépite f.

nuisance, nioue'-s'nce, n (annoyance) plaie f; (bother) ennui m.

null, nolle, a nul; **—ify,** v rendre nul.

numb, nomme, a engourdi. v engourdir; **—ness,** n engourdissement m.

number, nomm'-b'r, n nombre m; (of a series) numéro m. v numéroter; **—less,** a innombrable.

numerous, nioue'-meur-euce, a nombreux.

nun, nonne, n nonne f; religieuse f.

nuptial, nopp'-ch'l, a nuptial; **—s,** npl noces fpl.

nurse, neurce, n infirmière f; (male) infirmier m. v soigner; (suckle) nourrir; **—ry school,** maternelle f; (plants, etc) pépinière f; **—ry-rhyme,** conte de nourrice m.

nut, notte, n noix f; (hazel) noisette f; (pea) cacahuète f; (mech) écrou m; **—cracker,** casse-noisettes m; **—meg,** muscade f; **—shell,** coquille de noix f.

nutriment, nioue'-tri-m'nt, n nourriture f.

nutritious, nioue-tri'-cheuce, a nutritif.

nylon, nâî'-lonn, n nylon m.

oak, auque, n chêne m.

oar, ore, n rame f, aviron m; **—sman,** rameur m.

oasis, au-é'-cisse, n oasis f.

oat, aute, n avoine f; **—meal,** farine d'avoine f.

oath, au*t*s, *n* serment *m*; (profane) juron *m*.

obdurate*, ob′-diou-réte, *a* endurci; obstiné.

obedience, o-bî′-di-ennce, *n* obéissance *f*.

obedient*, o-bî′-di-ennte, *a* obéissant.

obese, au-bîce, *a* obèse.

obesity, au-bîs′-i-ti, *n* obésité *f*.

obey, o-bé′, *v* obéir.

obituary, o-bit′-iou-*a*-ri, *n* nécrologie *f*. *a* nécrologique.

object, ob-djecte′, *v* protester; s'opposer à.

object, ob′-djecte, *n* objet *m*; (aim) but *m*; (grammar) complément *m*; **—ion**, objection *f*; **—ionable**, *a* répréhensible; **—ive**, *n* & *a* objectif *m*.

obligation, o-bli-gé′-ch'n, *n* obligation *f*.

obligatory, ob′-lî-ga-to-ri, *a* obligatoire.

oblige, o-blâîdje′, *v* obliger; (favour) rendre service.

obliging*, o-blâîdj′-inng, *a* obligeant.

obliterate, ob-litt′-*eur*-éte, *v* effacer.

oblivion, ob-liv′-i-*eune*, *n* oubli *m*.

oblivious, ob-liv′-i-*euce*, *a* oublieux.

oblong, ob′-lonng, *a* oblong. *n* rectangle *m*.

obnoxious*, ob-noque′-*cheuce*, *a* repoussant.

obscene*, ob-cîne′, *a* obscène.

obscure, ob-skioure′, *v* obscurcir. *a** obscur.

observant, ob-zeur′-v'nt, *n* observateur.

observation, ob-zeur-vé′-ch'n, *n* observation *f*.

observatory, ob-zeur′-va-tŏ-ri, *n* observatoire *m*.

observe, ob-zeurve′, *v* observer; remarquer.

obsolete, ob′-sô-lîte, *a* suranné; hors d'usage.

obstacle, ob′-stâ-k'l, *n* obstacle *m*.

obstinacy, ob′-sti-*na*-ci, *n* obstination *f*; opiniâtreté *f*.

obstinate, ob′-sti-néte, *a* entêté, obstiné.

obstruct, ob-strocte′, *v* encombrer; (hinder) empêcher; **—ion**, *n* encombrement *m*.

obtain, ob-téne′, *v* obtenir; se procurer.

obtrude, ob-troude′, *v* s'imposer.

obtrusive*, ob-trouce′-cive, *a* importun.

obviate, ob′-vi-éte, *v* obvier à.

obvious*, ob′-vi-*euce*, *a* évident, clair.

occasion, o-qué′-j'n, *n* occasion *f*; **—al**, *a* occasionnel; **—ally**, *adv* de temps en temps.

occult, ok′-kolte, *a* occulte, secret.

occupation, ok-kiou-pé'-ch'n n occupation f.
occupier, ok'-kiou-pâî-*eur*, n occupant m; (tenant) locataire m & f.
occupy, ok'-kiou-pâî, v occuper; s'occuper.
occur, ok-keure', v (to the mind) venir à l'esprit; (happen) arriver; (opportunity) se présenter.
occurrence, ok-keur'-ennse, n événement m.
ocean, au'-ch'n, n océan m.
ochre, ô'-keur, n ocre f.
octagon, ok'-*ta*-gonne, n & a octogone m.
octagonal, ok-ta'-gonn-*al*, a octogonal.
octave, ok'-téve, n octave f.
October, ok-tau'-b'r, n octobre m.
octopus, ok'-tau-*peu*ce, n pieuvre f, poulpe m.
oculist, ok'-iou-liste, n oculiste m.
odd, odde, a (number) impair; (single) dépareillé; (strange) étrange; **—ly**, adv singulièrement; **—s**, npl (number) chances fpl; **—s and ends**, bricoles fpl.
odious(*), au'-di-*euce*, a odieux, détestable.
odium, au'-di-*eume*, n odieux m; (hatred) haine f.
odour, o'-d'r, n odeur f; (sweet) parfum m.
of, ove, prep de; (among) parmi.
off, of, adv loin, à distance. prep de.
offal, of'-f'l, n abats mpl; (refuse) rebut m.
offence, of-fennce', n offense f; (law) délit m.
offend, of-fennd', v offenser.
offensive, of-fenn'-cive, a* offensif. n offensive f.
offer, of'-f'r, v offrir. n offre f; **—ing**, offrande f.
office, of'-ice, n bureau m; fonctions fpl.
officer, of'-iss-'r, n (mil) officier m.
official, of-ich'-'l, n fonctionnaire m. a* officiel.
officious(*), of-ich'-*euce*, a officieux.
offspring, of'-spring, n descendant m.
oft, often, of'-t'n, adv souvent, fréquemment.
ogle, au'-g'l, v lorgner.
oil, oa'ile, n huile f. v lubrifier; **—cloth**, n toile cirée f.
ointment, ô'innte'-m'nt, n pommade f.
oid, aulde, a vieux; âgé; antique; ancien.
old-fashioned, aulde-fâch'-*eun*'d, a démodé.
olive, ol'-ive, n olive f; **— -oil**, huile d'olive f.
omelette, omm'-lette, n omelette f.
omen, au'-menne, n augure m, présage m.

ominous*, o'-mi-*neuce*, *a* de mauvais augure.

omission, o-mîch'-'n, *n* omission *f*; oubli *m*.

omit, o-mitte', *v* omettre.

omnipotent, omm-nip'-o-tennte, *a* tout-puissant.

on, onne, *prep* en; à; sur. *adv* (upon) dessus; (onward) en avant; (date) le; — **foot**, à pied.

once, ou'onnce, *adv* une fois; (formerly) autrefois; **all at** —, tout d'un coup; **at** —, tout de suite; — **more**, encore une fois.

one, ou'onne, *n & a* un *m*; une *f*; (impersonal) on.

onerous*, onn'-*eur-euce*, *a* onéreux.

oneself, ou'onne'-selfe, *pron* soi-même.

onion, onn'-*ieune*, *n* oignon *m*.

only, aune'-li, *adv* seulement. *a* unique, seul.

onslaught, onn'-sloate, *n* assaut *m*.

onward, onn'-*oueurde*, *adv* en avant.

onyx, onn'-ix, *n* onyx *m*.

ooze, ouze, *v* suinter; dégouliner. *n* vase *f*; fange *f*.

opal, au'-pal, *n* opale *f*.

opaque, ô-péque', *a* opaque.

open, ôp'-'n, *v* ouvrir. *a** ouvert; — **-air**, en plein air; —**er**, *n* (tool) ouvre . . . *m*; —**ing**, ouverture *f*; occasion *f*.

opera, op'-*eur-a*, *n* opéra *m*.

operate, op'-*eur*-éte, *v* faire marcher; (med) opérer.

operation, op-*eur*-é'-ch'n, *n* opération *f*.

operator, op'-*eur-é-teur*, *n* opérateur *m*.

opinion, ŏ-pinn'-*ieune*, *n* opinion *f*.

opium, au'-pi-omme, *n* opium *m*.

opponent, ŏ-pau'-nennte, *n* adversaire *m*.

opportune, op'-ŏr-tioune, *a* opportun; à propos.

opportunity, ŏ-por-tioue'-ni-ti, *n* occasion *f*.

oppose, ŏp-auze', *v* opposer; s'opposer.

opposite, op'-ŏ-zitte, *adv* en face de. *a* opposé. *n* opposé *m*.

opposition, ŏp-pô-zi'-ch'n, *n* opposition *f*; (com) concurrence *f*.

oppress, ŏp-presse', *v* opprimer; —**ion**, *n* oppression *f*; —**ive**, *a* tyrannique; (atmosphere) accablant.

optician, ŏp-tich'-'n, *n* opticien *m*.

option, op'-ch'n *n* option *f*; —**al**, *a* facultatif.

opulent, op'-iou-lennte, *a* opulent.

or, aur, *conj* ou; — **else,** ou bien.

oral*, au′-r'l, *a* oral.

orange, or′-inndje, *n* orange *f.*

orator, or′-*a*-t'r, *n* orateur *m.*

oratory, or′-*a*-tò-ri, *n* éloquence *f;* (*eccl*) oratoire *m.*

orb, oarbe, *n* (sphere) globe *m,* orbe *m,* sphère *f.*

orbit, oar′-bitte, orbite *f.*

orchard, oar′-tcheurde, *n* verger *m.*

orchestra, oar′kess-tra, *n* orchestre *m.*

orchid, or′-kidde, *n* orchidée *f.*

ordain, oar-déne′, *v* ordonner.

ordeal, oar′-dîle, *n* épreuve *f.*

order, oar′-deur, *n;* (goods) commande *f. v* commander; **—ly,** *a* ordonné; (quiet) calme. *n*

ordinary, oar′-di-*na*-ri, *a* ordinaire. [planton *m.*

ordnance, oard′-nannce, *n* artillerie *f.*

ore, aure, *n* minerai *m.*

organ, oar′-guenne, *n* orgue *m;* (*med*) organe *m.*

organic, oar-gänn′-ique, *a* organique.

organization, oar-*ga*-naï-zé′-ch'n, *n* organisation *f.*

organize, oar′-ga-naïze, *v* organiser.

orgy, oar′-dji, *n* orgie *f.*

orient, au′-ri-ennte, *n* orient *m;* **—al,** *a* oriental.

origin, or′-i-djinne, *n* origine *f;* **—al*,** *a* original.

originate, òr-idj′-i-néte, *v* provenir de.

ornament, oar′-na-mennte, *n* ornement *m.*

ornamental, oar′-na-menn′-t'l, *a* ornemental.

orphan, oar′-f'n, *n* orphelin, -e *m & f;* **—age,** orphelinat *m.*

orthodox, or′-tsò-dòxe, *n & a* orthodoxe *m & f.*

orthography, oar-tsog′-ra-fi, *n* orthographe *f.*

oscillate, os′-sil-léte, *v* osciller.

ostentatious*, oss-tenn-té′-cheuce, *a* fastueux.

ostrich, oss′-tritche, *n* autruche *f.*

other, o′-dz'r, *a* autre; **the — one,** *pron* l'autre.

otherwise, o′-dz'r-ou′âîze, *adv* autrement.

otter, ot′-t'r, *n* loutre *f.*

ought, oate, *v* devoir, falloir.

our, â′our, *poss a* notre, nos.

ours, â′ourze, *poss pron* le nôtre, la nôtre, les nôtres.

ourselves, â′our-celves′, *pron* nous-mêmes.

out, â'oute, *adv* hors, dehors; (extinguished) éteint; (issued) paru; **—bid,** *v* surenchérir; **—break,** *n* insurrection *f*; épidémie *f*; **—burst,** explosion *f*; **—cast,** proscrit *m*; **—cry,** clameur *f*; **—do,** *v* surpasser; **—fit,** *n* équipement *m*; **—fitter,** confectionneur *m*; (ships) armateur *m*; **—grow,** *v* devenir trop grand pour; **—last,** survivre à; dépasser ...; **—law,** *n* proscrit *m*. *v* proscrire; **—lay,** *n* déboursés *mpl*; **—let,** débouché *m*; issue *f*; **—line,** *v* esquisser; **—live,** survivre à; **—look,** *n* perspective *f*; aspect *m*; **—lying,** *a* éloigné; **—number,** *v* surpasser en nombre; **—post,** *n* avantposte *m*; **—put,** rendement *m*; **—rage,** outrage *m*; **—rageous,** *a* outrageux; exorbitant; **—right,** *adv* entièrement; **—run,** *v* dépasser en vitesse; **—side,** *adv* en dehors. *n* extérieur *m*; dehors *m*; **—size,** grande taille *f*; **—skirts,** confins *mpl*; **—standing,** *a* saillant; (debts) impayé; **—ward,** *adv* à l'extérieur. *a* extérieur *m*; **—ward bound,** (*naut*) à destination de l'étranger; **—wit,** *v* surpasser en finesse.

oval, au'-v'l, *n* & *a* ovale *m*.

ovary, au'-va-ri, *n* ovaire *m*.

oven, o'-v'n, *n* four *m*.

over, au'-v'r, *adv* par-dessus. *prep* sur; au-dessus de; **—alls,** *n* salopette *f*; **—bearing,** *a* arrogant; **—board,** *adv* par-dessus bord; **—cast,** *a* couvert; **—charge,** *n* surcharge *f*; **—coat,** (woman) manteau *m*; (man) pardessus *m*; **—come,** *v* vaincre; triompher de; **—do,** surmener; exagérer; **—dose,** *n* dose trop forte *f*; **—draw,** *v* excéder son crédit; **—due,** *a* en retard; (debt) arriéré; **—flow,** *v* déborder; **—grow,** trop grandir; (botanical) recouvrir; **—hang,** surplomber; **—haul,** (*mech*) examiner; mettre en état; **—hear,** surprendre une conversation; **—joyed,** *pp* transporté de joie; **—land,** *adv* par voie de terre; **—lap,** *v* chevaucher; **—load,** surcharger; **—look,** avoir vue sur; (forget) oublier; (pardon) laisser passer; **—power,** (vanquish) maîtriser; (heat, fumes, etc) accabler; **—rate,** surestimer; **—rule,** (set aside) rejeter; **—run,** envahir; infester; **—seas,** *a* d'outre-mer; **—see,** *v* surveiller; **—seer,** *n* surveillant *m*; **—sight,** inadvertance *f*; **—sleep,** *v* dormir trop longtemps; **—take,** rattraper; (car, etc) doubler; **—throw,** renverser; **—time,** n (work) travail supplémentaire m; **—turn,** v renverser; se renverser; **—weight,** n excédent de poids m; **—whelm,** v accabler; écraser; **—work,** v surmener. n surmenage m.

owe, au, v devoir.

owing, au'-inng, dû; **— to,** prep à cause de.

owl, à'oule, n hibou m.

own, aune, v posséder; (admit) avouer. a propre.

owner, aune'-'r, n propriétaire m.

ox, oxe, n boeuf m.

oxygen, ok'-si-dj'n, n oxygène m.

oyster, oa'iss'-t'r, n huître f; **— -bed,** parc à huîtres m.

pace, péce, n pas m; (speed) allure f. v mesurer.

pacify, pàss'-i-fâï, v pacifier; calmer.

pack, pàque, v (stuff) empaqueter; (a case) faire les valises. n paquet m; (load) charge f; (cards) jeu m; (gang) bande f; (animals) troupeau m; (hounds) meute f; **—age,** colis m; **—et,** paquet m; **—ing,** emballage m; (mech) garniture f.

pact, pàcte, n pacte m.

pad, pàdde, v (stuff) rembourrer. n (stamp pad) tampon m; (writing) bloc-notes m.

padding, pàdd'-inng, n rembourrage m.

paddle, pàd'-d'l, v pagayer; (feet, hands) patauger. n pagaie f; **—steamer,** vapeur à roues m; **—wheel,** roue à aubes f.

paddock, pàdd'-ôque, n (meadow) enclos m.

padlock, pàd'-lôque, n cadenas m. v cadenasser.

pagan, pé'-ganne, n & a païen m.

page, pédje, n page f; **—boy,** chasseur m.

pageant, pà'-djannte, n cortège m, spectacle m.

pail, péle, n seau m.

pain, péne, v faire mal. n douleur f; **—ful,** a* douloureux; **—less,** sans douleur.

paint, péne-te, v peindre. n peinture f; (art) couleur f; **— -brush,** pinceau m; **—er,** peintre m; **—ing,** (picture) tableau m.

pair, père, *n* paire *f*; couple *m*.

palace, păl'-ace, *n* palais *m*.

palatable, păl'-*a*-ta-b'l, *a* agréable au goût.

palate, păl'-ate, *n* palais *m*.

pale, péle, *a* pâle. *v* pâlir; **—ness,** *n* pâleur *f*.

palette, păl'-ette, *n* palette *f*.

paling, péle'-inng, *n* palissade *f*.

palm, pâme, *n* palmier *m*; (hand) paume *f*; **—ist,** chiromancien *m*; **—istry,** chiromancie *f*; **— Sunday,** dimanche des Rameaux *m*.

palpitation, păl-pi-té'-ch'n, *n* palpitation *f*.

pamper, pămm'-p'r, *v* choyer.

pamphlet, pămm'-flitte, *n* brochure *f*.

pan, pănne, *n* (frying) poêle *f*; **—cake,** crêpe *f*.

pane, péne, *n* vitre *f*; carreau *m*.

panel, pănn'-'l, *n* panneau *m*; (persons) liste *f*.

pang, pain-ng, *n* angoisse *f*.

panic, pănn'-ique, *n* panique *f*.

pansy, pănn'-zi, *n* pensée *f*.

pant, pănnte, *v* haleter.

panther, pănn'-*tseur*, *n* panthère *f*.

pantomime, pănn'-tau-mâïme, *n* (Xmas) féerie *f*.

pantry, pănn'-tri, *n* (food) garde-manger *m*.

pants, pănntse, *npl* caleçon *m*.

papal, pé'-pal, *a* papal.

paper, pé'-p'r, *v* tapisser. *n* papier *m*; **news—,** journal *m*; **wall- —,** papier peint *m*.

par, pâre, *n* pair *m*; égalité *f*.

parable, păr'-*a*-b'l, *n* parabole *f*.

parachute, pă'-ra-choute, *n* parachute *m*.

parade, pa-réde', *v* parader. *n* parade *f*.

paradise, pă'-ra-dâïce, *n* paradis *m*.

paraffin, pă'-ra-finne, *n* paraffine *f*; **— lamp,** lampe à pétrole *f*.

paragraph, pă'-ra-grâfe, *n* paragraphe *m*.

parallel, pă'-ral-lelle, *a* parallèle; (similar) semblable.

paralyse, pă'-ra-lâïze, *v* paralyser.

paralysis, pa-ral'-i-sisse, *n* paralysie *f*.

parasite, pă'-ra-sâïte, *n* parasite *m*.

parcel, pâr'-s'l, *n* paquet *m*, colis *m*.

parched, pârtch'-'t, *a* desséché; aride.

parchment, pârtch'-m'nt, *n* parchemin *m*.

pardon, pâr'-d'n, *v* pardonner; excuser. *n* pardon *m*; (official) grâce *f*.

parents, pè'-renntse, *npl* parents *mpl*.

parish, pâr'-iche, *n* commune *f*; (eccl) paroisse *f*.

park, pârque, *n* parc *m*; **—ing** (motors) stationnement *m*; **—ing meter,** *n* parcomètre *m*; **car park,** *n* parking *m*.

parley, pâr'-li, *v* parlementer. *n* pourparlers *mpl*.

parliament, pâr'-li-mennte, *n* parlement *m*.

parlour, pâr'-l'r, *n* petit salon *m*.

parochial, pa-rau'-ki-al, *a* communal, paroissial.

parrot, pâr'-ôtte, *n* perroquet *m*.

parry, pâr'-i, *v* parer. *n* parade *f*.

parsimonious*, pâr-ci-mau'-ni-euce, *a* parcimonieux. [nieux.

parsley, pârce'-li, *n* persil *m*.

parsnip, pârce'-nippe, *n* panais *m*.

parson, pâr'-s'n, *n* pasteur *m*; (catholic) prêtre *m*.

parsonage, pâr'-sônn-idj, *n* presbytère *m*.

part, pârte, *v* séparer; (hair) faire la raie; *n* (share) part *f*; (actor's) rôle *m*; (district) partie *f*.

partake, pâr-téque', *v* participer à.

partial*, pâr'-ch'l, *a* partial; **—ity,** *n* prédilection *f*.

participate, pâr-tiss'-i-péte, *v* participer à *or* de.

participle, pâr'-ti-ci-p'l, *n* (grammar) participe *m*.

particle, pâr'-ti-c'l, *n* particule *f*.

particular, par-tik'-iou-l'r, *a* spécial; exigeant; (exact) minutieux; **—s,** *npl* détails *mpl*.

parting, pâr'-tinng, *n* séparation *f*; (hair) raie *f*.

partition, pâr-ti'-ch'n, *n* (wall) cloison *f*.

partner, pârte'n'r, *n* (business) associé *m*; (games) partenaire *m* & *f*; (dance) danseur *m*.

partnership, pârte'-n'r-chippe, *n* association *f*.

partridge, pârte'-ridje, *n* perdrix *f*.

party, pâr'-ti, *n* parti *m*; fête *f*; (evening) soirée *f*.

pass, pâsse, *v* passer; (overtake) dépasser; (meet) rencontrer; (exam) réussir, *n* permis *m*; (mountain) passe *f*; **— -book,** carnet de banque *m*; **—port,** passeport *m*.

passage, pâss'-idj, *n* passage *m*; (house) corridor *m*; (sea) traversée *f*.

passenger, pâss'-inn-dj'r, *n* voyageur, -euse *m* & *f*; passager, -ère *m* & *f*.

passer-by, pâsse'-'r-bâï, *n* passant, -e *m* & *f.*

passion, pâch'-ŏnne, *n* passion *f;* (anger) colère *f.*

passionate*, pâch'-ŏnn-éte, *a* passionné.

past, pâsst, *n* & *a* passé *m. prep* au-delà de.

paste, péste, *n* pâte *f;* (adhesive) colle *f. v* coller.

pastime, pâsse'-tâïme, *n* passe-temps *m.*

pastries, péss'-trize, *npl* pâtisserie *f;* gâteaux *mpl.*

pastry, péss'-tri, pâte *f.*

pasture, pâsse'-tioure, *n* pâturage *m.*

pat, pâtte, *v* caresser de la main. *n* caresse *f.*

patch, pâtche, *v* rapiécer. *n* pièce *f.*

patent, pé'-tennte, *v* breveter *n* brevet d'invention *m. a* breveté; — **-leather,** *n* cuir verni *m.*

paternal*, pa-teur'-n'l, *a* paternel.

path, pâts, *n* sentier *m;* (garden) allée *f.*

pathetic, pâ-tsé'-tique, *a* pathétique.

patience, pé'-ch'nce, *n* patience *f.*

patient, pé'-ch'nt, *n* malade *m* & *f. a** patient.

patriot, pé'-tri-ŏtte, *n* patriote *m* & *f;* **—ic,** *a* (person) patriote; (thing) patriotique.

patrol, pa-traule', *n* patrouille *f. v* faire une ronde.

patronize, pă'-trŏnn-âïse, *v* favoriser; (fig) faire l'important.

pattern, pătt'-eurne, *n* modèle *m;* (sample) échantillon *m;* (paper, etc) patron *m.*

paunch, poanche, *n* panse *f,* ventre *m.*

pauper, poa'-p'r, *n* pauvre *m* & *f.*

pause, poaze, *v* faire une pause; s'arrêter. *n* pause *f.*

pave, péve, *v* paver; **—ment,** *n* trottoir *m.*

pavilion, pă-vil'-ieunne, *n* pavillon *m.*

paw, poa, *n* patte *f. v* (as a horse) piaffer.

pawn, poanne, *n* gage *m;* (chess) pion *m; v* mettre en gage; **—broker's shop,** *n* mont de piété *m.*

pay, pé, *v* payer. *n* (military) solde *f;* (workman's) salaire *m;* **—able,** *a* payable; **—er,** *n* payeur *m;* **—ment,** paiement *m.*

pea, pî, *n* pois *m;* **—nut,** cacahuète *f.*

peace, pîce, *n* paix *f;* **—ful*,** *a* paisible.

peach, pîtche, *n* pêche *f;* **— -tree,** pêcher *m.*

peacock, pî'-coque, *n* paon *m.*

peak, pique, *n* (mountain) pic *m;* (fig) sommet *m.*

peal, pîle, *n* (bells) carillon *m*; (thunder) coup de tonnerre *m*.

pear, père, *n* poire *f*; — **-tree,** poirier *m*.

pearl, peurle, *n* perle *f*.

peasant, pèz'-'nt, *n* paysan, -anne *m* & *f*; —**ry,** les paysans *mpl*.

peat, pîte, *n* tourbe *f*.

pebble, pèb'-b'l, *n* galet *m*.

peck, pèque, *v* picoter. *n* coup de bec *m*.

peculiar*, pi-kiou'-li-*eur*, *a* singulier.

peculiarity, pi-kiou'-li-ăr'-i-ti, *n* singularité *f*.

pedal, pède'-'l, *n* pédale *f*. *v* pédaler.

pedantic, pè-dănn'-tique, *a* (person) pédant; (thing) pédantesque.

pedestal, pèd'-ess-t'l, *n* piédestal *m*.

pedestrian, pèd'-ess-'tri-anne, *n* piéton *m*.

pedigree, pèd'-i-grî, *n* généalogie *f*; (dog) pedigree *m*.

pedlar, pèd'-l'r, *n* colporteur *m*.

peel, pîle, *n* pelure *f*. *v* peler; éplucher.

peep, pîpe, *v* jeter un coup d'œil. *n* coup d'œil *m*.

peer, pîre, *n* pair *m*; —**age,** pairie *f*.

peevish*, pî'-viche, *a* grincheux, maussade.

peg, pègue, *n* cheville *f*; (for hats, etc) patère *f*; **clothes-** —, pince à linge *f*.

pellet, pel'-lite, *n* boulette *f*; (shot) grain de plomb *m*.

pelt, pelte, *n* peau *f*. *v* assaillir à coups de . . .

pen, pène, *n* stylo *m*; (cattle, etc) parc *m*; —**holder,** porte-plume *m*; —**knife,** canif *m*; — **-nib,** plume *f*.

penal, pî'-n'l, *a* pénal; — **servitude,** *n* travaux forcés *mpl*.

penalty, penn'-al-ti, *n* peine *f*; (fine) amende *f*.

penance, penn'-'nce, *n* pénitence *f*.

pencil, penn'-s'l, *n* crayon *m*.

pendant, penn'-dennte, *n* (jewel) pendentif *m*.

pending, penn'-dinng, *prep* en suspens.

pendulum, penn'-diou-leume, *n* pendule *m*.

penetrate, penn'-i-tréte, *v* pénétrer.

penguin, penn'-gouine, *n* pingouin *m*.

penicillin, penn'-i-sil-inne, *n* pénicilline *f*.

peninsula, penn-inn'-siou-la, *n* péninsule *f*.

penis, pî'-nisse, *n* pénis *m*.

penitent, penn'-i-tennte, *n* & *a* pénitent, -e *m* & *f*.

penniless, penn'-i-less, *a* sans le sou.

pension, penn'-ch'n *n* pension *f.* *v* mettre à la retraite; **—er,** *n* retraité, -e *m & f*; (of mil. or naval homes) invalide *m.*

pensive*, penn'-cive, *a* pensif.

penurious, pi-niou'-ri-euce, *a* indigent.

people, pi'-p'l, *n* gens *m & fpl*; (community) peuple *m.*

pepper, pèp'-'r, *n* poivre *m*; **—mint,** menthe *f.*

per, peure, *prep* par; **— cent,** pour cent; **—centage,** *n* pourcentage *m.*

perceive, peur-cîve', *v* apercevoir; s'apercevoir.

perception, peur-sèpp'-ch'n, *n* perception *f.*

perch, peurtche, *n* perchoir *m*; (fish) perche *f.*

peremptory, pair'-emmp-tô-ri, *a* péremptoire.

perfect, peur'-fècte, *a** parfait. *v* perfectionner.

perfection, peur-fèque'-ch'n, *n* perfection *f.*

perfidious*, peur-fid'-i-euce, *a* perfide.

perforate, peur'-fo-réte, *v* perforer.

perform, peur-foarme', *v* exécuter; (stage) représenter; **—ance,** *n* exécution *f*; représentation *f.*

perfume, peur'-fioume, *n* parfum *m.* *v* parfumer.

perhaps, peur-hâpse', *adv* peut-être.

peril, pèr'-ile, *n* péril *m*; **—ous,** *a* périlleux.

period, pi'-ri-ode, *n* période *f*; **menstrual —s,** règles *fpl*; **—ical,** *a* périodique.

periscope, pèr'-iss-kôpe, *n* périscope *m.*

perish, pèr'-iche, *v* périr; (spoil) avarier.

perishable, pèr'-iche-a-b'l, *a* périssable.

perjury, peur'-djiou-ri, *n* parjure *m.*

perm, peurme, *n* permanente *f.*

permanent*, peur'-ma-nennte, *a* permanent.

permeate, peur'-mi-éte, *v* pénétrer.

permission, peur-mich'n, *n* permission *f.*

permit, peur'-mitte, *n* permis *m.* *v* permettre.

pernicious*, peur-nich'-euce, *a* pernicieux.

perpendicular, peur-penn-di'-kiou-lar, *n & a* perpendiculaire *f.*

perpetrate, peur'-pi-trête, *v* commettre.

perpetual*, peur-pett'-iou-al, *a* perpétuel.

perplex, peur-plexe', *v* embarrasser.

persecute, peur'-si-kioute, *v* persécuter.

persecution, peur-si-kiou'-ch'n, *n* persécution *f.*

perseverance, peur-si-vir'-'nce, n persévérance f.

persevere, peur-si-vire', v persévérer.

persist, peur-sisste', v persister.

person, peur'-s'n, n personne f; **—al,** a* personnel; **—ality,** n personnalité f.

personify, peur-sonn'-i-fâî, v personnifier.

personnel, peur'-sŏ-nèl, n personnel m.

perspective, peur-spèque'-tive, n perspective f.

perspicacity, peur-spi-kǎ'-ci-ti, n perspicacité f.

perspiration, peur-spi-ré'-ch'n, n transpiration f.

perspire, peur-spâïre', v transpirer, suer.

persuade, peur-souéde', v persuader.

persuasion, peur-soué'-j'n, n persuasion f.

pert, peurte, a éveillé; impertinent.

pertinent, peur'-ti-nennte, a à propos.

perturb, peur-teurbe', v troubler; agiter.

perusal, peur-ouze'-'l, n examen m; lecture f.

peruse, peur-ouze', v lire attentivement.

perverse, peur-veurce', a pervers; dépravé.

pervert, peur-veurte', v pervertir; dénaturer.

pest, peste, n peste f; pestilence f.

pester, pess'-t'r, v tourmenter; importuner.

pet, pette, n favori m; (child) chéri m.   v choyer; (spoil) gâter.

petal, pett'-'l, n pétale m.

petition, pi-ti'-ch'n, n requête f.   v présenter une requête; **—er,** n pétitionnaire m & f.

petrify, pett'-ri-fâî, v pétrifier.

petrol, pett'-rŏlle, n essence f.

petroleum, pè-trau'-li-eume, n pétrole m.

petticoat, pett'-i-caute, n jupon m.

petty, pett'-i, a mesquin; **— cash,** n petite caisse f.

petulance, pett'-ioul'-nce, n pétulance f.

pew, pioue, n banc d'église m.

pewter, pioue'-t'r, n étain m.

phantom, fânn'-teume, n fantôme m, spectre m.

phase, féze, n phase f.

pheasant, fèz'-'nt, n faisan m.

phenomenon, fi-nomm'-i-nŏnne, n phénomène m.

philosopher, fi-loss'-ŏf'-r, n philosophe m.

phlegm, flemme, n flegme m.

phosphate, fosse'-féte, n phosphate m.

phosphorus, fosse'-fo-*reuce,* n phosphore m.

photograph, fau'-to-gräfe, n photographie f.

photographer, fau-tog'-räf-'r, n photographe m.

phrase, fréze, n phrase f, locution f.

physical, fiz'-zi-k'l, a physique.

physician, fi-zi'-ch'n, n médecin m.

physics, fiz'-zix, npl la physique f.

piano, pi-ă'-nau, n piano m; **grand —,** piano à queue m.

pick, pique, n pic m; (— axe) pioche f. v choisir; (gather) cueillir; (bones) ronger; **— up,** ramasser; **—pocket,** n pickpocket m.

pickle, pik'-'l, v conserver au vinaigre.

pickles, pik'-'lze, npl conserves au vinaigre fpl.

picnic, pik'-nique, n pique-nique m.

picture, pik'-tioure, n tableau m; illustration f; portrait m; film m.

pie, pâï, n (meat) pâté m; (fruit-open) tarte f.

piece, pîce, n pièce f; (fragment, portion) morceau m; **—meal,** adv par morceaux; **—work,** n travail aux pièces m.

pier, pire, n jetée f.

pierce, pirce, v percer.

piercing, pire'-cinng, a perçant.

piety, pâï'-i-ti, n piété f.

pig, pigue, n cochon m, porc m; **— -iron,** fonte en gueuse f; **—sty,** porcherie f.

pigeon, pid'-jinne, n pigeon m.

pigeon-hole, pid'-jinne-haule, n (papers) case f.

pike, pâïque, n pique f; (fish) brochet m.

pilchard, pill'-chârde, n pilchard m, sardine f.

pile, pâïle, n pieu m; (heap) tas m; (carpet, etc) poil m. v empiler.

piles, pâïlze, npl (med) hémorroïdes fpl.

pilfer, pill'-f'r, v chiper.

pilgrim, pill'-grimme, n pèlerin, -e m & f.

pilgrimage, pill'-grimm-idj, n pèlerinage m.

pill, pile, n pilule f.

pillage, pill'-idj, n pillage m. v piller.

pillar, pill'-'r, n pilier m; **—box,** boîte aux lettres f.

pillow, pill'-au, n oreiller m; **—-case,** taie d'oreiller f.

pilot, pâï'-leutte, n pilote m. v piloter.

pimple, pimm'-p'l, n bouton m, pustule f.

pin, pinne, *n* épingle *f*; (safety) épingle de sûreté *f*. *v* épingler.

pinafore, pinn´-*a*-faure, *n* tablier *m*.

pincers, pinn´-ceurze, *npl*, pince *f*, tenailles *fpl*.

pinch, pinntche, *v* pincer; (press) gêner. *n* pincée *f*.

pine, pâïne, *n* pin *m*; — **-apple,** ananas *m*.

pinion, pinn´-ieune, *n* pignon *m*. *v* lier les bras.

pink, pinng-k, *a* rose. *n* œillet *m*.

pinnacle, pinn´-*a*-k'l, *n* pinacle *m*.

pint, pâïnnte, *n* pinte *f*.

pioneer, pâï-o-nîr´, *n* pionnier *m*; (*mil*) sapeur *m*.

pious*, pâï´-euce, *a* pieux.

pip, pippe, *n* pépin *m*.

pipe, pâïpe, *n* tuyau *m*; conduit *m*; (tobacco) pipe *f*.

pirate, pâï´-réte, *n* pirate *m*.

pistol, piss´-t'l, *n* pistolet *m*.

piston, piss´-t'n, *n* piston *m*.

pit, pitte, *n* fosse *f*; (mine) mine *f*; (theatre) parterre *m*.

pitch, pitche, *n* poix *f*; (*mus*) ton *m*. *v* (*naut*) tanguer; (throw) lancer.

pitcher, pitch´-'r, *n* (jug) cruche *f*.

pitchfork, pitche´-foarque, *n* fourche *f*.

pitfall, pitt´-foale, *n* piège *m*.

pith, pits, *n* moelle *f*.

pitiful*, pitt´-i-foull, *a* pitoyable.

pitiless*, pitt´-i-lesse, *a* impitoyable.

pity, pitt´-i, *n* pitié *f*. *v* avoir pitié de; plaindre; **what a** —! *interj* quel dommage!

pivot, piv´-eute, *n* pivot *m*.

placard, plå´-kårde, *n* affiche *f*. *v* placarder.

place, pléce, *n* place *f*; (locality) lieu *m*; endroit *m*. *v* mettre.

placid*, plåss´-ide, *a* placide, calme.

plagiarism, plé´-dji-*a*-rizme, *n* plagiat *m*.

plague, plégue, *n* peste *f*. *v* tourmenter.

plaice, pléce, *n* carrelet *m*.

plain, pléne, *n* plaine *f*. *a* simple; clair; (looks, etc) ordinaire.

plaint, pléne-te, *n* plainte *f*; lamentation *f*; **—iff,** plaignant, -e *m* & *f*; **—ive***, *a* plaintif.

plait, plăte, *n* natte *f.* *v* tresser; (fold) plisser.

plan, plănne, *a* plan *m;* projet *m.* *v* projeter.

plane, pléne, *v* raboter. *n* rabot *m;* **— -tree,** platane *m.*

planet, plănn'-ette, *n* planète *f.*

plank, plain-nk, *n* planche *f.*

plant, plânnte, *v* planter. *n* plante *f;* (*mech*) outillage *m;* **—ation,** plantation *f.*

plaster, plâsse-'t'r, *v* plâtrer. *n* plâtre *m;* (*med*) emplâtre *m;* **court- —,** taffetas anglais *m.*

plastic, plâsse'-tique, *n* plastique *m.*

plate, pléte, *v* argenter; dorer; nickeler. *n* assiette *f;* (silver) argenterie *f;* (photo) plaque *f.*

plate-glass, pléte'-glâce, *n* glace *f.*

platform, plătt'-fôrme, *n* estrade *f;* (station) quai *m.*

platinum, plătt'-i-nomme, *n* platine *m.*

play, plé, *v* jouer. *n* jeu *m;* (theatre) pièce *f;* **—er,** musicien, -ienne *m* & *f;* acteur *m;* actrice *f;* joueur, -euse *m* & *f;* **—ful*,** *a* enjoué; **—ground,** *n* terrain de jeux *m;* (school) cour *f;* **—ing-cards,** cartes à jouer *fpl.*

plea, plî, *n* procès *m;* prétexte *m;* défense *f.*

plead, plîde, *v* alléguer; (law) plaider.

pleasant*, plè-'z'nt, *a* plaisant, agréable.

please, plîze, *v* plaire; contenter. *interj* s'il vous plaît!

pleasing, plî'-zzing, *a* agréable, aimable.

pleasure, plè'-jeure, *n* plaisir *m.*

pleat, plîte, *n* pli *m;* **—ed,** *a* plissé.

pledge, plèdje, *n* gage *m;* (surety) garantie *f.* *v* (pawn) mettre en gage.

plenty, plenn'-ti, *n* abondance *f.*

pleurisy, plioue'-ri-si, *n* pleurésie *f.*

pliable, plâî'-a-b'l, *a* flexible.

pliers, plâî'-eurze, *npl* pinces *fpl.*

plight, plâîte, *n* état *m.* situation *f.*

plod, plodde, *v* (work) bûcher; **— along,** (walk) marcher péniblement.

plodder, plodde'-'r, *n* bûcheur, -euse *m* & *f.*

plot, plotte, *v* tramer. *n* complot *m;* (land) parcelle *f;* (story, etc) sujet *m;* **—ter,** conspirateur *m.*

plough, plâ'ou, *n* charrue *f.* *v* labourer.

ploughman, plå'ou'-manne, *n* laboureur *m*.

plover, plov'-'r, *n* pluvier *m*.

pluck, ploque, *v* cueillir; plumer. *n* courage *m*.

plug, plogue, *v* boucher. *n* bouchon *m*, tampon *m*; **sparking —**, bougie d'allumage *f*; **wall —**, prise de courant.

plum, plomme, *n* prune *f*; **— tree**, prunier *m*.

plumage, ploue'-midj, *n* plumage *m*.

plumb, plomme, *v* sonder. *n* plomb *m*; **—ing**, plombage *m*.

plumber, plomm'-*eur*, *n* plombier *m*.

plump, plommpe, *a* gras; (person) potelé.

plunder, plonn'-d'r, *v* piller. *n* pillage *m*.

plunderer, plonn-*deur-eur*, *n* pillard *m*.

plunge, plonndje, *v* plonger. *n* plongeon *m*.

plural, ploue'-r'l, *n* & *a* pluriel *m*.

plus, plosse, *prep* plus.

plush, ploche, *n* peluche *f*.

ply, plaï, *v* (trade) exercer; (3-ply wool) laine à trois fils *f*; **— between**, *v* faire le service entre. . . .

pneumatic, niou-mått'-ique, *a* pneumatique.

pneumonia, niou-mau'-ni-*a*, *n* pneumonie *f*.

poach, pautche, *v* braconner; (eggs) pocher.

poacher, pautch'-'r, *n* braconnier *m*.

pocket, pok'-ette, *v* empocher. *n* poche *f*.

pod, pode, *n* cosse *f*; (garlic) gousse *f*.

poem, pau'-emme, *n* poème *m*.

poet, pau'-ette, *n* poète *m*; **—ry**, poésie *f*.

point, poa''innte, *v* indiquer; (finger) montrer; (sharpen) tailler. *n* (tip) pointe *f*; (punctuation, position) point *m*; **—ed**, *a* pointu; (*fig*) direct; **—er**, *n* (rod) baguette *f*; (dog) chien d'arrêt *m*.

poise, poa''ize, *n* équilibre *m*; (person) maintien *m*.

poison, poa'i'-z'n, *n* poison *m*. *v* empoisonner; **—ous**, *a* vénéneux; (animal) venimeux.

poke, pauke, *v* pousser; (fire) attiser.

poker, pau'-*keur*, *n* tisonnier *m*; (cards) poker *m*.

pole, paule, *n* perche *f*; (arctic) pôle *m*.

police, pô-lice', *n* police *f*; **—man**, agent *m*; **— station**, commissariat de police *m*.

policy, pol'-i-ci, *n* politique *f*; (insurance) police *f*.

polish, pol'-iche, *n* (gloss) luisant *m*; (shoes) cirage *m*; (furniture, etc) cire *f*. *v* polir; cirer; **French —,** vernir.

polite*, pŏ-läïte', *a* poli; **—ness**, *n* politesse *f*.

political, pŏ-lite'-i-k'l, *a* politique.

politician, pŏl-i-tiche'-*ann*, *n* homme politique *m*.

politics, pol'-i-tikse, *n* politique *f*.

poll, paule, *n* élection *f*; scrutin *m*. *v* voter.

pollute, pŏl-lioute', *v* polluer.

pollution, pol-liou'-ch'n, *n* pollution *f*.

pomade, pau-méde', *n* pommade *f*.

pomegranate, pomm'-gränn-éte, *n* grenade *f*.

pomp, pommpe, *n* pompe *f*; **—ous***, *a* pompeux.

pond, ponnde, *n* étang *m*.

ponder, ponn'-d'r, *v* réfléchir; méditer.

ponderous*, ponn'-*deur-euce*, *a* lourd, pesant.

pony, pau'-ni, *n* poney *m*.

poodle, pot e'-d'l, *n* caniche *m*.

pool, poule. *n* (water) mare *f*; (swimming) piscine *f*; (cards) cagnotte *f*; poule *f*. *v* mettre en commun.

poop, poue'pe, *n* poupe *f*.

poor, pou'*eur*, *a* pauvre. *n* les pauvres *mpl*.

pop, poppe, *v* sauter. *n* (of a cork) bruit d'un bouchon qui saute *m*.

Pope, paupe, *n* pape *m*.

poplar, pop'-l'r, *n* peuplier *m*.

poplin, pop'-linne, *n* popeline *f*.

poppy, pop'-i, *n* coquelicot *m*.

populace, pop'-iou-léce, *n* peuple *m*; foule *f*.

popular*, pop'-iou-l'r, *a* populaire.

populate, pop'-iou-léte, *v* peupler.

population, pop-iou-lé'-ch'n, *n* population *f*.

populous, pop'-iou-leuce, *a* populeux.

porcelain, por'-ce-linne, *n* porcelaine *f*.

porch, paurtche, *n* porche *m*; portique *m*.

porcupine, poar'-kiou-pâïne, *n* porc-épic *m*.

pore, paure, *n* pore *m*; **— over**, *v* étudier assidûment.

pork, paurque, *n* porc *m*; **—butcher**, charcutier *m*.

porous, pau'-*reuce*, *a* poreux.

porpoise, poar'-*peuce*, *n* marsouin *m*.

porridge, por'-idj, *n* bouillie de gruau d'avoine *f*.

port, poar'te, *n* (wine) porto *m*; (harbour) port *m*; (naut) bâbord *m*; **—hole**, hublot *m*.

portable, paur'-ta-b'l, *a* portatif.

portend, poar-tennde', *v* présager.

porter, paur'-t'r, *n* (luggage) porteur *m*; (door) portier *m*; **—age,** factage *m*.

portfolio, paurt-fau'-li-au, *n* serviette *f*.

portion, paur'-ch'n, *n* portion *f*; (share) part *f*.

portly, paurt-li, *a* corpulent; majestueux.

portmanteau, paurt-männ'-tau, *n* valise *f*.

portrait, paur'-tréte, *n* portrait *m*.

portray, paur-tré', *v* peindre; (describe) décrire.

pose, pause, *n* pose *f*. *v* poser; **— as,** se faire passer pour.

position, po-zi'-ch'n, *n* position *f*; situation *f*.

positive*, poz'-i-tive, *a* positif; certain.

possess, pô-zesse', *v* posséder; **—ion,** *n* possession *f*.

possessor, pô-zess'-eur, *n* possesseur *m*.

possibility, poss-i-bil'-i-ti, *n* possibilité *f*.

possible, poss'-i-b'l, *a* possible.

possibly, poss'-i-bli, *adv* peut-être.

post, pauste, *n* poste *f*; courrier *m*; (wood, etc) poteau *m*; (job) emploi *m*, place *f*; *v* mettre à la poste; **—age,** *n* port *m*; **—card,** carte postale *f*; **— -date,** *v* postedater; **—er,** *n* affiche *f*; **— -free,** *a* franco; **—man** *n* facteur *m*; **—master,** receveur des postes *m*; **— -mortem,** autopsie *f*; **— -office,** bureau de poste *m*; **—pone,** *v* remettre; **—script,** *n* postscriptum *m*.

posterior, poss-ti'-ri-eur, *n* & *a* postérieur *m*.

posterity, poss-tèr'-i-ti, *n* postérité *f*.

posture, poss'-tioure, *n* posture *f*.

pot, potte, *n* pot *m*; (cooking) marmite *f*.

potash, pot'-âche, *n* potasse *f*.

potato, po-té'-tau, *n* pomme de terre *f*.

potent, pau'-tennte, *a* puissant; efficace.

potion, pau'-ch'n, *n* potion *f*.

pottery, pot'-eur-i, *n* poterie *f*.

pouch, pâ'outche, *n* poche *f*; (tobacco) blague *f*.

poulterer, paule'-teur-eur, *n* marchand de volaille *m*.

poultice, paule'-tice, *n* cataplasme *m*.

poultry, paule'-tri, *n* volaille *f*.

pounce, pâ'ounce, *v* (on, upon) fondre sur.

pound, pâ'ounde, *n* livre sterling *f*; (weight)

livre *f*; (animals) fourrière *f*. *v* (pulverise) broyer.

pour, paure, *v* verser; (rain) pleuvoir à verse.

pour out, paure â'oute, *v* verser; (serve) servir.

pout, pâ'oute, *v* faire la moue.

poverty, pov'*-eu-*ti, *n* pauvreté *f*.

powder, pâ'ou-d'r, *n* poudre *f*. *v* pulvériser; (face) poudrer.

power, pâ'-*eur*, *n* pouvoir *m*; (mech) force *f*; (state) puissance *f*; **—ful*,** *a* puissant; **—less,** impuissant.

pox, poxe, **small— —,** *n* variole *f*; **chicken— —,** varicelle *f*.

practicable, prâque'-ti-*ca*-b'l, *a* praticable.

practical*, prâque'-ti-c'l, *a* pratique.

practice, prâque'-tice, *n* pratique *f*; (custom) coutume *f*; (professional) clientèle *f*; (exercise) exercice *m*.

practise, prâque'-tice, *v* s'exercer; (profession) exercer.

practitioner, prâque-tiche'-onn-*eur*, *n* practicien *m*.

praise, préze, *v* louer. *n* louange *f*, éloge *m*.

praiseworthy, préze'-oueur-*dzi*, *a* louable.

pram, prâmme, *n* landau *m*.

prance, prânnce, *v* se cabrer; (fig) se pavaner.

prank, prain-nk, *n* escapade *f*, farce *f*.

prawn, proanne, *n* bouquet *m*.

pray, pré, *v* prier.

prayer, prére, *n* prière *f*; **—book,** livre de prières *m*; Lord's Prayer, pater *m*.

preach, prîtche, *v* prêcher; **—er,** *n* prédicateur *m*.

precarious*, pri-ké'-ri-*euce*, *a* précaire.

precaution, pri-koa'-ch'n *n* précaution *f*.

precede, prî-cîde', *v* précéder.

precedence, prè'-sid-ennce, *n* préséance *f*.

precedent, prè'-sid-ennte, *n* (example) précédent *m*.

precept, prî'-cèpte, *n* précepte *m*.

precinct, prî'-cinng-kt, *n* enceinte *f*.

precious*, prè'-cheuce, *a* précieux.

precipice, prèce'-i-pice, *n* précipice *m*.

precise*, pri-sâïce', *a* précis; exact.

preclude, pri-cloude', *v* exclure; empêcher.

precocious*, pri-kau'-*cheuce*, *a* précoce.

predecessor, pri-di-sess'-*eur*, *n* prédécesseur *m*.

predicament, pri-dik′-*a*-mennte, *n* mauvaise passe *f*; situation difficile *f*.

predicate, predd′-i-quéte, *n* (*gram*) attribut *m*.

predict, pri-dicte′, *v* prédire; **—ion,** *n* prédiction *f*.

predominant, pri-domm′-i-nannte, *a* prédominant.

preface, preff′-ace, *n* préface *f*.

prefect, pri′-fecte, préfet *m*.

prefer, pri-feur′, *v* préférer.

preferable, preff′-*eur*-a-b′l, *a* préférable.

preference, preff′-*eur*-ennce, *n* préférence *f*.

prefix, prè′-fixe, *n* préfixe *m*. *v* mettre en tête.

pregnant, pregg′-nannte, *a* enceinte; (animals) pleine.

prejudice, prédj′-iou-dice, *n* préjugé *m*; préjudice *m*. *v* préjudicier; **—d,** *a* prévenu contre; **without —,** sans préjudice de.

prejudicial*, prédj-iou-dich′-′l, *a* préjudiciable.

prelate, prél′-éte, *n* prélat *m*.

preliminary, pri-limm′-i-na-ri, *a* préliminaire.

prelude, pré′-lioude, *n* prélude *m*.

premature*, pré′-ma-tioure, *a* prématuré.

premeditate, pri-medd′-i-téte, *v* préméditer.

premier, pri′-mi-*eur*, *n* président du conseil *m*. *a* premier.

premises, premm′-i-cize, *npl* locaux *mpl*.

premium, pri′-mi-*eume*, *n* prime *f*.

preparation, prip-a-ré′-ch′n, *n* préparation *f*.

prepare, pri-pére′, *v* préparer.

prepossessing, pri-pô-zess′-inng, *a* avenant.

preposterous*, pri-poss′-*teur*-*euce*, *a* absurde.

prerogative, pri-rog′-*a*-tive, *n* prérogative *f*.

prescription, pri-skrip′-ch′n, *n* (*med*) ordonnance *f*.

presence, préz′-ennce, *n* présence *f*; **— of mind,** présence d'esprit *f*.

present, pri-zennte′, *v* présenter; (gift) offrir.

present, préz′-ennte, *n* cadeau *m*. *a* présent; **—ation,** *n* présentation *f*; **—ly,** *adv* tout à l'heure.

presentiment, pri-zenn′-ti-mennte, *n* pressentiment *m*.

preservation, prèz-*eur*-vé′-ch′n, *n* protection *f*; (state, condition) conservation *f*.

preserve, pri-zeurve′, *v* préserver; conserver; (candied) confire; **—s,** *npl* conserves *fpl*.

preside, pri-zâîde′, v présider.

president, préz′-i-dennte, n président m.

press, presse, n presse f. v presser; appuyer; (clothes) repasser; **—ing**, a urgent; **—man**, n journaliste m.

pressure, préch′-eur, n pression f; urgence f.

presume, pri-zioume′, v présumer; (dare) oser.

presumption, pri-zomm′-ch′n, n présomption f.

pretence, pri-tennce′, n simulation f; prétexte m.

pretend, pri-tennde′, v prétendre; (sham) feindre, faire semblant.

pretentious*, pri-tenn′-cheuce, a prétentieux.

pretext, prî′-texte, n prétexte m.

pretty, pritt′-i, a joli.

prevail, pri-véle′, v prévaloir; **— upon**, persuader.

prevalent, prév′-a-lennte, a dominant; général.

prevent, pri-vennte′, v empêcher; **—ion**, n prévention f; **—ive**, a* préventif.

previous, prî′-vi-euce, a précédent; préalable.

prey, pré, n proie f. v faire sa proie de.

price, prâïce, n prix m; **—less**, a hors de prix.

prick, prique, v piquer. n piqûre f; **—le**, épine f; **—ly**, a épineux.

pride, prâïde, n orgueil m. v s'enorgueillir de.

priest, prîste, n prêtre m.

prig, prigue, n pédant m; fat m; **—gish**, a suffisant.

prim, prime, a collet monté; (dress) soigneux.

primary, prâï′-ma-ri, a primaire; fondamental.

primate, prâï′-méte, n primat m.

prime, prâîme, n (of life) fleur de l'âge f. a premier; de première qualité. v préparer; **— minister**, n président du conseil m.

primer, prâï′-meur, n (school) livre élémentaire m.

primitive, primm′-i-tive, a primitif.

primrose, primm′-rauze, n primevère f.

prince, prinnce, n prince m; **—ly**, a princier; **—ss**, n princesse f.

principal, prinn′-ci-p′l, n directeur m, chef m. (funds) principal m. a* principal.

principle, prinn′-ci-p′l, n principe m.

print, prinnte, v imprimer. n impression f; (photo) épreuve f; **—er**, n imprimeur m; **—ing**, n impression f; **—ing-works**, imprimerie f.

prior, prâï'-*eur*, *n* prieur *m*. *a* antérieur. *adv* avant de; **—ity,** *n* priorité *f*; **—y,** prieuré *m*.

prism, prizme, *n* prisme *m*; **—atic,** *a* prismatique.

prison, priz'-'n, *n* prison *f*; **—er,** prisonnier, -ère *m* & *f*.

privacy, prâï'-*va*-ci, *n* retraite *f*; intimité *f*.

private, prâï'-véte, *a** privé; personnel; particulier. *n* (soldier) simple soldat *m*.

privation, prâï-vé'-ch'n, *n* privation *f*.

privilege, priv'-i-lidje, *n* privilège *m*. *v* privilégier.

privy, priv'-i, *a* privé, secret.

prize, prâïze, *n* prix *m*; (ship) prise *f*. *v* évaluer.

probable, prob'-*a*-b'l, *a* probable.

probate, pro'béte, *n* vérification d'un testament *f*.

probation, pro-bé'-ch'n, *n* épreuve *f*, essai *m*; **—er,** stagiaire *m* & *f*; (eccl) novice *m* & *f*.

probe, praube, *v* sonder; explorer. *n* sonde *f*.

problem, prob'-lemme, *n* problème *m*.

procedure, prŏ-cîd'-ioure, *n* procédé *m*; (law) procédure *f*.

proceed, prŏ-cîde', *v* procéder; continuer; **—ings,** *npl* mesures *fpl*; (law) poursuites *fpl*.

proceeds, prau'-cîdze, *npl* produit *m*; bénéfices *mpl*.

process, prau'-cesse, *n* cours *m*; (manufacture) procédé *m*.

procession, prŏ-cé'-ch'n, *n* procession *f*.

proclaim, prŏ-clême', *v* proclamer; publier.

proclamation, prŏc-là-mé'-ch'n, *n* proclamation *f*.

procure, prŏ-kioure', *v* se procurer; procurer.

prod, prŏde, *v* piquer; pousser.

prodigal*, prod'-i-g'l, *a* prodigue.

prodigious*, prŏ-di'-djeuce, *a* prodigieux.

prodigy, prod'-i-dji, *n* prodige *m*.

produce, prŏ-dîouce', *v* produire. *n* produit *m*; denrées *fpl*; **—r,** producteur, -trice *m* & *f*; (stage) metteur en scène *m*.

product, prod'-*eu*cte, *n* produit *m*; **—ion,** production *f*; (stage) représentation *f*.

profane, prŏ-féne', *v* profaner. *a** profane.

profess, prŏ-fesse', *v* professer; déclarer; **—ion,** *n* profession *f*; carrière *f*; **—ional***, *a* professionnel.

professor, prŏ-fess'-'r, *n* professeur *m*.

proficiency, prŏ-fĭ'-chenn-ci, *n* capacité *f*; compétence *f*.

proficient, prŏ-fĭ'-ch'nt, *a* avancé; verse.

profile, prau'-fâïle, *n* profil *m*.

profit, prof'-itte, *n* bénéfice *m*. *v* profiter; **—able,** *a* avantageux; **—er,** *n* profiteur, -euse *m* & *f*.

profound*, prŏ-fâ'ŏunnde', *a* profond.

profuse, prŏ-fiouce', *a* prodigue; abondant.

programme, prau'-grâmme, *n* programme *m*.

progress, prau-gresse', *v* faire des progrès; avancer.

progress, prau'-gresse, *n* progrès *m*.

prohibit, prau-hib'-itte, *v* interdire, défendre.

project, prŏd-jecte', *v* projeter; dépasser; deborder. *n* projet *m*; **—ile,** projectile *m*; **—ion,** saillie *f*; **—or,** projecteur *m*.

proletarian, prau-lè-té'-ri-anne, *n* & *a* prolétaire *m*.

prologue, prau'-logue, *n* prologue *m*.

prolong, prau-lonng', *v* prolonger.

promenade, promm-*eu*-nâde', *v* se promener. *n* promenade *f*.

prominent, promm'-i-nennte, *a* proéminent.

promise, promm'-iss, *n* promesse *f*. *v* promettre.

promissory note, promm'-iss-o-ri naute, *n* billet à ordre *m*.

promote, prŏ-maute', *v* promouvoir; (business) lancer; **—r,** *n* promoteur *m*; **company —r,** lanceur d'affaires *m*.

promotion, prau-mau'-ch'n, *n* avancement *m*; promotion *f*.

prompt, prommpte, *a** prompt. *v* suggérer; (stage) souffler; **—er,** *n* souffleur *m*.

prone, praune, *a* étendu; enclin à; (bent) courbé.

prong, pronng, *n* dent *f*, pointe *f*.

pronoun, prau'-nâ'ounne, *n* pronom *m*.

pronounce, prŏ-nâ'ounnce', *v* prononcer.

pronunciation, prŏ-nonn-ci-é'-ch'n, *n* prononciation *f*.

proof, proufe, *n* preuve *f*. *a* à l'épreuve de.

prop, proppe, *n* soutien *m*, support *m*. *v* étayer; supporter.

propaganda, prop-a-gänn'-da, *n* propagande *f*.

propagate, prop'-a-guéte, *v* propager.

propel, prŏ-pelle', *v* faire mouvoir.
propeller, prŏ-pell'-*eur*, *n* hélice *f*.
proper*, prop'-'r, *a* propre; (fit) convenable.
property, prop'-*eur*-ti, *n* propriété *f*, biens *mpl*.
prophecy, prof'-i-si, *n* prophétie *f*.
prophesy, prof'-i-sâï, *v* prédire.
prophet, prof'-ette, *n* prophète *m*.
propitious*, pro-pich'-*euce*, *a* propice.
proportion, pro-paur'-ch'n, *n* proportion *f*.
proposal, pro-pauz'-'l, *n* proposition *f*.
propose, pro-pauze', *v* proposer; offrir.
proposition, pro-pau-zich'-'n, *n* proposition *f*.
proprietor, pro-prâï'-è-*teur*, *n* propriétaire *m*.
proprietress, pro-prâï'-è-tresse, *n* propriétaire *f*.
propriety, pro-prâï'-è-ti, *n* convenances *fpl*.
prose, prauze, *n* prose *f*.
prosecute, pross'-i-kioute, *v* (law) poursuivre.
prosecution, pross-i-kioue'-ch'n, *n* poursuites *fpl*.
prosecutor, pross'-i-kioue-t*eur*, *n* plaignant *m*.
prospect, pross'-pecte, *n* vue *f*; (future) avenir *m*.
  v explorer; **—ive,** *a* futur.
prospectus, pross-pec'-t*euce*, *n* prospectus *m*.
prosper, pross'-p'r, *v* prospérer; **—ity,** *n* prospérité *f*;
  —ous*, *a* prospère.
prostitute, pross'-ti-tioute, *n* prostituée *f*.
prostrate, pross-tréte, *v* se prosterner. *a* abattu.
prostration, pross-tré'-ch'n, *n* prostration *f*.
protect, pro-tecte', *v* protéger.
protection, pro-tec'-ch'n, *n* protection *f*.
protest, pro-tesste', *v* protester. *n* protestation *f*.
protract, pro-tracte', *v* prolonger.
protrude, pro-troude', *v* faire saillie, déborder.
proud*, prâ'oude, *a* fier, orgueilleux.
prove, prouve, *v* prouver; vérifier.
proverb, prov'-eurbe, *n* proverbe *m*.
provide, prŏ-vâïde', *v* pourvoir; fournir.
Providence, prov'-i-dennce, *n* Providence *f*.
provident, prov'-i-dennte, *a* prévoyant.
province, prov'-innce, *n* province *f*.
provision, prŏ-vi'-j'n, *n* provision *f*; stipulation *f*;
  —al*, *a* provisoire; **—s,** *npl* comestibles *mpl*.
provocation, prŏv-ô-qué'-ch'n, *n* provocation *f*.

provoke, prŏ-vauke′, *v* provoquer; irriter.

prowl, prâ′oule, *v* rôder.

proximity, prok-simm′-i-ti, *n* proximité *f.*

proxy, prok′-ci, *n* fondé de pouvoir *m;* **by —,** par procuration.

prude, proude, *a* prude *f;* **—nce,** prudence *f;* **—nt*,** *a* prudent; **—ry,** *n* pruderie *f.*

prudish, prou′-diche, *a* prude.

prune, proune, *n* pruneau *m. v* (trees, etc) tailler.

pry, prâï, *v* fureter; fourrer son nez dans . . .

psalm, sâme, *n* psaume *m.*

pseudonym, sioue′-dô-nimme, *n* pseudonyme *m.*

psychiatry, sâï-kâï′-a-tri, *n* psychiatrie *f.*

psychology, sâï-col′-ŏdj-i, *n* psychologie *f.*

public, pobb′-lique, *n & a* public *m;* **—an,** *n* aubergiste *m;* **— house,** auberge *f.*

publication, pobb-li-qué′-ch′n, *n* publication *f,*

publish, pobb′-liche, *v* publier; (books, etc) éditer.

publisher, pobb′-lich-*eur,* *n* éditeur *m.*

pucker, pok′-′r, *v* rider; plisser; froncer.

pudding, poudd′-inng, *n* pudding *m.*

puddle, podd′-′l, *n* flaque *f.*

puerile, pioue′-*eur*-âïl, *a* puéril.

puff, poffe, *v* souffler; (swell) boursoufler. *n* (breath) souffle *m;* (wind, etc) bouffée *f;* **powder —,** houppe *f;* **—y,** *a* boursouflé.

pug, pogg, *n* (dog) carlin *m;* **—nacious,** *a* batailleur; **— -nosed,** qui a le nez épaté.

pugilist, pioue′-djil-ist, *n* pugiliste *m.*

pull, poull, *n* coup *m. v* tirer; **— down,** abattre; démolir; (lower) baisser; **— out,** (draw) arracher; **— up,** remonter; hisser.

pullet, poull′ette, *n* poulette *f.*

pulley, poull′-i, *n* poulie *f.*

pulp, polpe, *n* pulpe *m; wood —,* pâte de bois *f.*

pulpit, poull′-pitte, *n* chaire *f.*

pulse, pollse, *n* pouls *m.*

pulverize, poll′-veur-âïze, *v* pulvériser.

pumice-stone, pomm′-ice staune, *n* pierre ponce *f.*

pump, pommpe, *n* pompe *f. v* pomper.

pun, ponne, *n* jeu de mots *m.*

punch, ponntche, *n* coup de poing *m;* (tool) poinçon

m; (drink) punch *m*; (Punch and Judy) Guignol *m*.
v donner un coup de poing; percer.

punctilious*, ponngk-til'-i-*euce*, *a* pointilleux.

punctual*, ponngk'-tiou-*eul*, *a* ponctuel.

punctuate, ponngk'-tiou-éte, *v* ponctuer.

punctuation, ponngk-tiou-é'-ch'n, *n* ponctuation.

puncture, ponngk'tioure, *n* (*med*) ponction *f*; (tyre)
crevaison *f*. *v* crever.

pungency, ponn'-djenn-si, *n* âcreté *f*; aigreur *f*.

pungent, ponn'-djennte, *a* âcre; piquant.

punish, ponn'-iche, *v* punir; **—able**, *a* punissable.

punishment, ponn'-iche-mennte, *n* punition *f*.

punitive, pioue'-ni-tive, *a* punitif.

punt, ponnte, *n* bateau plat *m*.

puny, pioue'-ni, *a* chétif; faible.

pupil, pioue'-pile, *n* élève *m* & *f*; (eye) pupille *f*.

puppet, popp'-ette, *n* marionnette *f*; poupée *f*.

puppy, popp'-i, *n* jeune chien *m*.

purchase, por'-tchiss, *v* acheter. *n* achat *m*.

purchaser, por'-tché-*seur*, *n* acheteur, -euse *m* & *f*.

pure*, pioure, *a* pur; vierge.

purgative, peur'-ga-tive, *n* & *a* purgatif *m*.

purgatory, peur'-ga-tò-ri, *n* purgatoire *m*.

purge, peurdje, *v* purger. *n* purge *f*.

purify, pioue'-ri-fâï, *v* purifier.

purity, pioue'-ri-ti, *n* pureté *f*.

purloin, peur'-lô'ine, *v* dérober.

purple, peur'-p'l, *n* & *a* pourpre *m*.

purpose, peur'-*peuce*, *n* but *m*; **—ly**, *adv* exprès.

purr, peur, *v* ronronner.

purse, peurce, *n* porte-monnaie *m*; (prize) bourse *f*.

purser, peur'-ceur, *n* (ship's) commissaire *m*.

pursue, peur-siou*e'*, *v* poursuivre.

pursuit, peur-siout*e'*, *n* poursuite *f*.

purveyor, peur-vé'-*eur*, *n* fournisseur *m*.

pus, poss, *n* pus *m*; humeur *f*.

push, pouche, *v* pousser. *n* poussée *f*; **— -chair**, *n*
poussette *f*.

pushing, pouch'-inng, *a* (keen) entreprenant.

put, poutt, *v* mettre; placer; poser; **— off**, remettre;
— on, mettre.

putrefy, pioue'-tri-fâï, *v* se putréfier; pourrir.

putrid, pioue'-tride, *a* putride.

putty, pott'-i, *n* mastic *m.*

puzzle, pozz-z'l, *v* embarrasser; intriguer. *n* embarras *m;* (toy) casse-tête *m;* puzzle *m;* **cross word —,** mots croisés *mpl.*

pyjamas, pi-djâ'-maze, *npl* pyjama *m.*

pyramid, pir'-*a*-mide, *n* pyramide *f.*

python, pâï'-*t*sonn, *n* python *m.*

quack, couâque, *v* cancaner. *n* charlatan *m;* **—ery,** charlatanisme *m.*

quadrille, couodd'rile, *n* quadrille *m.*

quadruped, couodd'-rou-pedde, *n* quadrupède *m.*

quadruple, couodd'-rou-p'l, *a* quadruple.

quagmire, couâgue'-mâïre, *n* marécage *m.*

quail, couéle, *n* caile *f.* *v* trembler.

quaint*, couénnte, *a* bizarre; étrange.

quaintness, couénnte'-nesse, *n* bizarrerie *f.*

quake, couéque, *v* trembler; **earth—,** *n* tremblement de terre *m.*

quaker, coué'-keur, *n* (sect) quaker *m.*

qualification, couoll-i-fi-qué'-ch'n, *n* aptitude *f.*

qualify, couoll'-i-fâï, *v* qualifier; acquérir les qualités requises.

quality, couoll'i-ti, *n* qualité *f.*

quandary, couonn'-*d*a-ri, *n* perplexité *f.*

quantity, couonn'-ti-ti, *n* quantité *f.*

quarantine, couor'-ann-tîne, *n* quarantaine *f.*

quarrel, couor'-elle, *n* dispute *f.* *v* se disputer.

quarrelsome, couor'-ell-s*e*ume, *a* querelleur.

quarry, couor'-i, *n* carrière *f;* (prey) proie *f.*

quarter, couôr'-t'r, *v* loger; diviser en quatre. *n* quart *m;* (period) trimestre *m;* (district) quartier *m;* **— -day,** terme *m;* **—ly,** *a* trimestriel.

quartet, couôr-tette', *n* quatuor *m.*

quartz, couortze, *n* quartz *m.*

quash, couoche, *v* subjuguer; réprimer; annuler.

quaver, coué'-v'r, *v* chevroter. *n* (*mus*) croche *f.*

quay, quî, *n* quai *m.*

queen, couîne, *n* reine *f.*

queer*, couîre, *a* bizarre, étrange, drôle.

queil, couelle, *v* réprimer; dompter.

quench, couenntche, *v* éteindre; (thirst) apaiser sa [soif.

querulous*, couèr'-ou-*leuce*, *a* plaintif.

query, couï'ri, *v* mettre en doute. *n* question *f*.

quest, coueste, *n* recherche *f*; enquête *f*.

question, couess'-tieune, *v* questionner; douter. *n* question *f*; **—able,** *a* contestable; **— mark,** *n* point d'interrogation *m*.

queue, kîoue, *n* queue *f*.

quibble, couib'-b'l, *v* ergoter. *n* chicane *f*.

quick*, couique, *a* rapide; (hurry vite; (wit, etc) vif; **—en,** *v* accélérer; animer; **—lime,** *n* chaux vive *f*; **—ness,** vitesse *f*; vivacité *f*; **—sands,** sables mouvants *mpl*; **—silver,** mercure *m*.

quiet, couâî'-ette, *v* calmer. *a** tranquille.

quill, couille, *n* (pen) plume d'oie *f*.

quilt, couillte, *n* couvre-pieds *m*; édredon *m*.

quince, couinnce, *n* coing *m*.

quinine, couinn'-âîne, *n* quinine *f*.

quit, couitte, *v* quitter; **—s,** *a* quitte.

quite, couâîte, *adv* tout à fait, entièrement; assez.

quiver, couiv'-'r, *n* carquois *m*. *v* trembler; *n* tremblement *m*.

quoit, coa'itte', *n* palet *m*.

quota, cou'au'ta, *n* quote-part *f*.

quotation, cou'au-té'-ch'n, *n* citation *f*; (price) devis *m*; (shares, etc) cote *f*.

quote, cou'aute, *v* citer; coter; faire un prix.

rabbi, răb'-bâî, *n* rabbin *m*.

rabbit, răb'-itte, *n* lapin *m*.

rabble, răbb'-'l, *n* populace *f*; (riffraff) canaille *f*.

rabid, răb'-ide, *a* enragé.

rabies, ré'-bi-ize, *n* rage *f*, hydrophobie *f*.

race, réce, *v* courir; courir vite; faire la course. *n* (breed) race *f*; (contest) course *f*; **— -course,** champ de courses *m*; **— -horse,** cheval de course *m*; **—s,** courses *fpl*.

rack, răque, *n* (torture) roue *f*; (luggage) filet *m*.

racket, răque'-ette, *n* (sports) raquette *f*.

radar, ré-dâre, *n* radar *m*.

radiant*, ré'-di-*annte*, *a* rayonnant; (*fig*) radieux.

radiate, ré'-di-éte, *v* rayonner; (heat) émettre.

radiator, ré'-di-é-*teur*, *n* radiateur *m.*

radio, ré'-di-o, *n* radio *f.*

radish, răd'-iche, *n* radis *m*; **horse- —**, raifort *m.*

radium, ré'-di-omme, *n* radium *m.*

radius, ré'-di-*euce*, *n* rayon *m.*

raffle, răff'-'l, *n* loterie *f. v* mettre en loterie.

raft, râfte, *n* radeau *m.*

rafter, râf'-t'r, *n* chevron *m*, poutre *f.*

rag, răgue, *n* chiffon *m*; **—ged**, *a* en loques.

rage, rédje, *n* rage *f. v* être furieux.

raid, réde, *n* incursion *f*; (air- **—**) raid *m*; (police- **—**) descente de police *f.*

rail, réle, *v* railler. *n* (railway) rail *m*; (stair) barreau *m*; **—lery**, raillerie *f*; **—way**, chemin de fer *m.*

rain, réne, *v* pleuvoir. *n* pluie *f*; **—bow**, arc-en-ciel *m*; **—coat**, imperméable *m*; **—fall**, quantité de pluie *f*; **- -water**, eau de pluie *f*; **—y**, *a* pluvieux.

raise, réze, *v* lever; relever; soulever; (increase) augmenter; (heighten) rehausser; (crops) cultiver.

raisin, ré'-z'n, *n* raisin sec *m.*

rake, réque, *n* râteau *m*; (person) roué *m. v* râtisser; (fire) secouer.

rally, răl'-i, *v* rallier; rassembler; *n* rallye *m.*

ram, rămme, *n* bélier *m. v* enfoncer; (ship) aborder.

rampant, rămm'-*pannte*, *a* rampant; exubérant.

rampart, rămm'-pârte, *n* rempart *m.*

rancid, rănn'-cide, *a* rance.

rancour, rănng'-keur, *n* rancune *f.*

random, rănn'-d'm, at **—**, *adv* au hasard.

range, réne'-dje, *n* série *f*; (kitchen) fourneau *m*; (extent) étendu *f*; (mountain) chaîne *f*; (practice) champ de tir *m*; (projectile) portée *f. v* ranger.

ranger, réne'-djeur, *n* garde forestier *m.*

rank, rain-nk, *a* (taste, smell) rance. *n* rang *m*; (*mil*) grade *m*; (row) rangée *f.*

ransack, rănn'-săque, *v* saccager; fouiller.

ransom, rănn'-*seume*, *n* rançon *f. v* rançonner.

rap, răppe, *n* coup *m. v* frapper.

rape, répe, *v* violer; enlever. *n* viol *m.*

rapid*, răp'-ide, *a* rapide; **—s**, *npl* rapides *mpl.*

rapture, răp'-tioure, *n* ravissement *m*.

rare*, raire, *a* rare; **—fy,** *v* raréfier.

rarity, ré'-ri-ti, *n* rareté *f*.

rascal, rásse-c'l, *n* coquin *m*, fripon *m*.

rash*, răche, *n* (skin) éruption *f*. *a** téméraire; **—er,** *n* tranche de lard *f*; **—ness,** témérité *f*.

rasp, răsspe, *n* râpe *f*. *v* râper.

raspberry, răze'-beur-i, *n* framboise *f*.

rat, rătte, *n* rat *m*; **— -trap,** ratière *f*.

rate, réte, *n* proportion *f*; (tax; exchange; charge) taux *m*; (speed) vitesse *f*. *v* évaluer.

rather, rădz'-'r, *adv* plutôt; (somewhat) assez.

ratify, răt'-i-fâï, *v* ratifier.

ratio, ré'-chi-au, *n* proportion *f*.

ration, ră'-ch'n, *n* ration *f*. *v* rationner.

rational*, răch'-*eunn*-'l, *a* rationnel; raisonnable.

rattle, răt'-t'l, *n* (instrument) crécelle *f*; (toy) hochet *m*; (noise) tapage *m*; (death) râle *m*.

rattlesnake, răt'-t'l-snéke, *n* serpent à sonnettes *m*.

ravage, răv'-idj, *v* ravager. *n* ravage *m*.

rave, réve, *v* délirer; **— about,** s'extasier sur.

raven, ré'-v'n, *n* corbeau *m*.

ravenous, răv'-'n-*euce*, *a* vorace.

ravine, ră-vine', *n* ravin *m*.

raving, ré'-vinng, *a* en délire; (*fig*) furieux.

ravish, ră'-viche, *v* ravir; **—ing,** *a* ravissant.

raw, roa, *a* cru; (wound) à vif.

ray, ré, *n* rayon *m*.

raze, réze, *v* raser; abattre.

razor, ré'-z'r, *n* rasoir *m*; **safety—,** rasoir mécanique *m*; **—blade,** lame de rasoir *f*; **— -strop,** cuir à rasoir *m*.

reach, rîtche, *v* atteindre; (arrive) parvenir à.

react, ri-acte', *v* réagir; **—ion,** *n* réaction *f*.

read, rîde, *v* lire; (for exam) étudier; **—er,** *n* lecteur *m*; correcteur *m*; **—ing,** lecture *f*.

readily, redd'-i-li, *adv* promptement; volontiers.

ready, redd'-i, *a* prêt; **— -made,** tout fait; (clothes) le prêt à porter.

real*, ri'-'l, *a* réel; véritable.

realize, ri'-al-âïze, *v* se rendre compte de; (sell) réaliser.

REA 541 REC

realm, relme, *n* royaume *n*.

reap, rîpe, *v* moissonner, récolter; **—er,** *n* moissonneur *m*; **—ing-machine,** moissonneuse *f*.

rear, rire, *v* élever; (prance) se cabrer.   *n (mil)* arrière-garde *f*; (back) arrière *m*.

reason, rî'-z'n, *v* raisonner.   *n* raison *f*.

reasonable, rî'-z'n-a-b'l, *a* raisonnable.

reassure, rî-*a*-choure', *v* rassurer.

rebate, ri-béte', *n* rabais *m. v* rabattre.

rebel, rebb'-'l, *n* & *a* rebelle *m* & *f*.

rebel, ri-bel', *v* se révolter; **—lion,** *n* rébellion *f*.

rebound, ri-bâ'ounndé', *v* rebondir.

rebuff, ri-boffe', *v* rebuter.   *n* rebuffade *f*.

rebuke, ri-biouke', *v* réprimander.   *n* réprimande *f*.

recall, ri-coale', *v* rappeler; (retract) retirer.

recapitulate, ri-ca-pit'-iou-léte, *v* récapituler.

recede, ri-cîde', *v* reculer.

receipt, ri-cîte', *n* reçu *m. v* acquitter.

receipts, ri-cîtse', *npl (com)* recettes *fpl.*

receive, ri-cîve', *v* recevoir; **—r,** *n* receveur *m*; (bankruptcy) syndic de faillite *m*.

recent*, rî'-cennte, *a* récent.

receptacle, ri-sèpe'-ta-k'l, *n* réceptacle *m*.

reception, ri-sèpe'-ch'n, *n* réception *f*.

recess, ri-cesse', *n* (space) renfoncement *m*; alcôve *f*.

recipe, ress'-'l-pî, *n* recette *f*.

reciprocate, ri-cip'-rŏ-quéte, *v* rendre la pareille.

recital, ri-saï'-t'l, *n* récit *m*; récitation *f*; *(mus,* etc) récital *m*.

recite, ri-sâîte', *v* réciter.

reckless*, rèque'-lesse, *a* imprudent.

reckon, rèque'-'n, *v* compter, calculer.

reclaim, ri-cléme', *v* réclamer; (land) défricher.

recline, ri-clâîne', *v* se pencher, s'appuyer.

recluse, ri-clouce', *n* & *a* reclus, -e *m* & *f*.

recognition, rèk-ŏgue-niche'-'n, *n* reconnaissance *f*.

recognize, rèk'-ŏgue-nâîze, *v* reconnaître.

recoil, ri-coa'ile', *v* reculer.   *n* recul *m*.

recollect, rèk-ŏl-lecte', *v* se rappeler, se souvenir de.

recollection, rèk-ŏl-lèque'-ch'n, *n* souvenir *m*.

recommence, ri-cŏmm-ennce', *v* recommencer.

recommend, rè-cŏmm-ennde', *v* recommander; **—ation,** *n* recommandation *f*.

recompense, rĕk'-ŏmm-pennce, *v* récompenser. *n* récompense *f*.

reconcile, rĕk'-ŏnn-sâïle, *v* réconcilier; concilier.

reconnoitre, rĕk-ŏnn-no'ï'-tr, *v* faire une reconnaissance.

reconsider, ri-cŏnn-cid'-'r, *v* considérer de nouveau.

record, ri-coarde', *v* enregistrer; mentionner.

record,rĕk'-oarde, *n* registre *m*; archives *fpl*;(gramophone) disque *m*; — -player, *n* électrophone *m*.

recoup, ri-çoupe', *v* dédommager.

recourse, ri-caurse', *n* recours *m*.

recover, ri-cov'-'r, *v* recouvrer; (health) se rétablir; —y, *n* recouvrement *m*; rétablissement *m*.

re-cover, ri-cov'-'r, *v* recouvrir.

recreation, rĕk-ri-é'-ch'n, *n* divertissement *m*; — ground, cour de récréation *f*.

recruit, ri-croute', *n* recrue *f*. *v* recruter.

rectangular, rĕk-tănng'-guiou-l'r, *a* rectangulaire.

rectify, rĕk'-ti-fâï, *v* rectifier.

rector, rĕk'-t'r, *n* recteur *m*; —y, presbytère *m*.

recumbent, ri-comm'-bennte, *a* étendu; couché.

recuperate, ri-kiou'-pair-éte, *v* se remettre.

recur, ri-keur', *v* se reproduire, se répéter.

red, red, *n* & *a* rouge *m*; —breast, *n* rougegorge *m*; —den, *v* rougir; —dish, *a* rougeâtre; — -hot, chauffé au rouge; —ness, *n* rougeur *f*; — -skin, Peau-Rouge *m* & *f*.

redeem, ri-dîme', *v* (promise) accomplir; (bonds, etc) rembourser; (pledge) dégager; (soul) délivrer.

redemption, ri-demmp'-ch'n, *n* (*com*) rachat *m*.

redouble, ri-dob'-'l, *v* redoubler.

redress, ri-dresse', *v* réparer. *n* réparation *f*.

reduce, ri-diouce', *v* réduire; (disgrace) rétrograder.

reduction, ri-doque'-ch'n, *n* réduction *f*; rabais *m*.

reed, rîde, *n* roseau *m*.

reef, rîfe, *n* récif *m*; (sail) ris *m*. *v* prendre un ris.

reek, rîque, *v* fumer; exhaler; empester. *n* odeur forte *f*.

reel, rîle, *n* (cotton; film) bobine *f*; (angling) moulinet, *m*. *v* chanceler.

refer, ri-feur', *v* se référer; (apply) s'adresser à; (to a book) consulter.

referee, rèf'-*eur*-ĭ', *n* arbitre *m*.

reference, rèf'-*eur*-'nce, *n* allusion *f*; (testimonial) référence *f*; with — to, concernant.

refine, ri-fâïne', *v* raffiner, épurer; —d, *a* raffiné; —ment, *n* raffinement *m*.

reflect, ri-flecte', *v* réfléchir; (lights, etc) refléter; —ion, *n* réflexion *f*; —or, réflecteur *m*.

reform, ri-fôrme', *v* réformer; se réformer. *n* réforme *f*; —ation, réformation *f*.

refrain, ri-fréne', *v* s'abstenir de.

refresh, ri-frèche', *v* rafraîchir; se rafraîchir.

refreshment, ri-frèche'-m'nt, *n* rafraîchissement *m*.

refrigerator, ri-fridje'-*eur*-é-teur, *n* frigidaire *m*.

refuge, rèf'-ioudje, *n* refuge *m*; (shelter) abri *m*.

refugee, rèf-iou-djî', *n* réfugié, -ée *m* & *f*.

refund, ri-fonndé', *v* rembourser. *n* remboursement *m*.

refusal, ri-fiou'-z'l, *n* refus *m*.

refuse, ri-fiouze, *v* refuser.

refuse, rèf'-iouce, *n* rebut *m*; (garbage) ordures *fpl*.

refute, ri-fioute', *v* réfuter.

regain, ri-guéné', *v* regagner; (health) récupérer.

regal*, rî'-g'l, *a* royal.

regale, ri-guéle', *v* régaler.

regard, ri-gârde', *v* regarder; considérer. *n* regard *m*; (heed) égard *m*; —less, *a* sans égard; —s, *npl* amitiés *fpl*.

regatta, ri-gǎt'-ta, *n* régate *f*.

regenerate, ri-djenn'-*eur*-éte, *v* régénérer.

regent, rî'-djennte, *n* régent, -e *m* & *f*.

regiment, rèdj'-i-m'nt, *n* régiment *m*.

region, rî'-djeune, *n* région *f*.

register, rèdje'-iss-teur, *v* enregistrer; (letter) recommander. *n* registre *m*.

registrar, rèdje'-iss-trâre, *n* (births, etc) officier de l'état civil *m*; (court) greffier *m*.

registration, rèdge-iss-tré'-ch'n *n* enregistrement *m*; inscription *f*.

registry, rèdge'-iss-tri, *n* bureau d'enregistrement *m*.

regret, ri-grette', *v* regretter. *n* regret *m*.

regrettable, ri-grett'-*a*-b'l, *a* regrettable.

regular*, regg'-iou-l'r, *a* régulier.

regulate, regg'-iou-léte, *v* régler.

regulation, regg-iou-lé'-ch'n, *n* règlement *m*.

rehearsal, ri-heur'-s'l, *n* répétition *f*.

rehearse, ri-heurce', *v* répéter.

reign, réne, *n* règne *m*. *v* régner.

reimburse, ri-imm-beurce', *v* rembourser.

rein, réne, *n* rêne *f*.

reindeer, réne'-dire, *n* renne *m*.

reinforce, ri-inn-faurce', *v* renforcer.

reinstate, ri-inn-stéte', *v* réintégrer.

reject, ri-djecte', *v* rejeter.

rejoice, ri-djoa'ice', *v* réjouir.

rejoicings, ri-djoa'ice'-inngse, *npl* réjouissances *fpl*.

rejoin, ri-djô'ine', *v* rejoindre.

rejuvenate, ri-djiou'-venn-éte, *v* rajeunir.

relapse, ri-lâpse', *n* rechute *f*. *v* retomber.

relate, ri-léte', *v* raconter; **—d,** *a* apparenté à.

relation, ri-lé'-ch'n, *n* parent, -e *m* & *f*; (*com*) rapport *m*.

relative, rèl'-*a*-tive, *n* parent, -e *m* & *f*. *a** relatif.

relax, ri-lâxe', *v* se détendre; **—ation,** *n* détente, relaxation *f*.

relay, ri-lé', *n* (radio) relais *m*. *v* relayer.

release, ri-lîce', *v* relâcher; libérer. *n* décharge *f*.

relent, ri-lennte', *v* se laisser fléchir.

relentless*, ri-lennte'-lesse, *a* implacable.

relevant, rèl'-i-vannte, *a* applicable; relatif.

reliable, ri-lâï'-*a*-b'l, *a* digne de confiance; sûr.

reliance, ri-lâï'-*a*nnce, *n* confiance *f*.

relic, rèl'-ique, *n* relique *f*; **—s,** *pl* restes *mpl*.

relief, ri-lîfe', *n* (anxiety; pain) soulagement *m*; (help) secours *m*; (raised) relief *m*.

relieve, ri-lîve', *v* soulager; secourir.

religion, ri-lidj'-onn, *n* religion *f*.

religious*, ri-lidj'-euce, *a* religieux.

relinquish, ri-linng'-couiche, *v* abandonner.

relish, rèl'-iche, *v* savourer. *n* saveur *f*.

reluctance, ri-loque'-t'nce, *n* répugnance *f*.

reluctant, ri-loque'-tannte, *a* peu disposé à.

rely, ri-lâï, *v* compter sur.

remain, ri-méne', *v* rester; **—der,** *n* reste *m*.

remand, ri-mânnde. *v* (law) renvoyer à une autre audience.

---

remark, ri-mârque', *n* remarque *f.* *v* remarquer.

remarkable, ri-mâr'-*k*a-b'l, *a* remarquable.

remedy, remm'-i-di, *n* remède *m.* *v* remédier à.

remember, ri-memm'-b'r, *v* se souvenir de.

remembrance, ri-memm'-brannce, *n* souvenir *m.*

remind, ri-maïnnde, *v* rappeler.

remit, ri-mitte', *v* remettre; **—tance,** *n* remise *f.*

remnant, remm'-nannte, *n* reste *m*; **—s,** *pl* (fabrics) coupons *mpl.*

remonstrate, ri-monn'-stréte, *v* faire des remontrances à.

remorse, ri-moarce', *n* remords *m.*

remote, ri-maute', *a* éloigné, reculé, lointain.

removal, ri-moue-v'l, *n* déménagement *m.*

remove, ri-mouve', *v* déménager; (shift) déplacer.

remunerate, ri-mioue-*neur*-éte, *v* rémunérer.

remunerative, ri-mioue-*neur*-*a*-tive, *a* rémunérateur, avantageux.

rend, rennde, *v* déchirer; **—er,** rendre; (account) présenter; **—ering,** *n* traduction *f.*

renegade, renn'-i-guéde, *n* rénégat, -e *m* & *f.*

renew, ri-nioue', *v* renouveler; **—al,** *n* renouvellement *m.*

renounce, ri-nâ'ounce', *v* renoncer.

renovate, renn'-ŏ-véte, *v* renouveler.

renown, ri-nâ'oune', *n* renommée *f,* renom *m.*

rent, rennte, *n* loyer *m*; (tear) déchirure *f.* *v* louer.

renunciation, ri-nonn-ci-é'-ch'n, *n* renonciation *f.*

repair, ri-paire', *v* réparer; (sewing) raccommoder. *n* réparation *f.*

reparation, rèp-*a*-aré'-ch'n, *n* réparation *f.*

repartee, rèp-ar-ti', *n* repartie *f.*

repay, ri-pé', *v* rembourser.

repeal, ri-pîle', *v* révoquer. *n* révocation *f.*

repeat, ri-pîte', *v* répéter.

repel, ri-pelle', *v* repousser; **—lent,** *a* répulsif.

repent, ri-pennte', *v* se repentir (de).

repetition, rèp-i-tiche'-'n, *n* répétition *f.*

replace, ri-pléce', *v* remplacer; (put back) replacer.

replenish, ri-plenn'-iche, *v* remplir.

reply, ri-plaï', *v* répondre. *n* réponse *f.*

report, ri-paurte', *n* rapport *m*; compte rendu *m*;

(news) nouvelles *fpl*; (school) bulletin *m*; (noise) détonation *f*. *v* informer; signaler.

reporter, ri-paur'-t'r, *n* reporter *m*.

repose, ri-pauze', *n* repos *m*. *v* (se) reposer.

repository, ri-poz'-i-tô-ri, *n* dépôt *m*.

represent, rèp-ri-zennte', *v* représenter; **—ation,** *n* représentation *f*; **—ative,** représentant *m*.

reprieve, ri-prîve', *v* commuer, remettre.

reprimand, rèp-ri-mânnde', *v* réprimander.

reprimand, rèp'-ri-mânnde, *n* réprimande *f*.

reprint, ri-prinnte', *v* réimprimer. *n* réimpression *f*; nouveau tirage *m*.

reprisal, ri-prâï'-z'l, *n* représaille *f*.

reproach, ri-prautche', *v* reprocher à. *n* reproche *m*.

reprobate, rèp'-ro-béte, *n* vaurien *m*.

reproduce, ri-prô-diouce', *v* reproduire.

reproduction, ri-prô-dock'-ch'n, *n* reproduction *f*.

reproof, ri-proufe', *n* réprimande *f*.

reprove, ri-prouve', *v* blâmer, censurer.

reptile, rèp'-tâïle, *n* reptile *m*.

republic, ri-pobb'-lique, *n* république *f*.

repudiate, ri-pioue'-di-éte, *v* répudier.

repugnant, ri-pog'-nannte, *a* répugnant.

repulse, ri-polce', *v* repousser. *n* échec *m*.

repulsive, ri-poll'-cive, *a* repoussant.

reputation, rèp'-iou-té'-ch'n, *n* réputation *f*.

repute, ri-pioute', *n* renom *m*.

request, ri-couesste', *n* demande *f*. *v* demander.

require, ri-couâïre', *v* avoir besoin de; exiger; **—ment,** *n* besoin *m*; demande *f*.

requisite, rèk'-oui-zitte, *a* requis, nécessaire.

rescue, ress'-kioue, *v* sauver. *n* sauvetage *m*.

research, ri-seurtche', *n* recherche *f*.

resemble, ri-zemm'-b'l, *v* ressembler (à).

resent, ri-zennte', *v* garder rancune; **—ful*,** *a* vindicatif; **—ment,** *n* ressentiment *m*.

reserve, ri-zeurve', *v* réserver. *n* réserve *f*.

reservoir, rèz'-eur-vo'ar, *n* réservoir *m*.

reside, ri-zâïde', *v* résider, habiter, demeurer.

residence, rèz'-i-dennce, *n* résidence *f*; (stay) séjour *m*.

resident, rèz'-i-dennt, *n* habitant, -e *m* & *f*; pensionnaire *m* & *f*. *a* résidant.

resign, ri-zâïne', *v* abandonner; (a post) démission-
ner; (oneself to) se résigner à.

resin, rèz'-inn, *n* résine *f*.

resist, ri-zisste', *v* résister à; —**ance**, *n* résistance *f*.

resolute*, rèz'-o-lioute, *a* résolu, déterminé.

resolution, rèz'-o-liou'-ch'n, *n* résolution *f*.

resolve, ri-zolve', *v* résoudre; décider.

resort, ri-zoarte', — **to**, *v* recourir à.

resound, ri-zâ'ounnde', *v* retentir, résonner.

resource, ri-soarce', *n* ressource *f*.

respect, riss-pecte', *v* respecter. *n* respect *m*, égard
m; —**ability**, respectabilité *f*; —**able**, *a* respectable;
—**ful***, respectueux; —**ive***, respectif.

respite, ress'-pâïte, *n* répit *m*.

respond, riss-ponnde', *v* répondre.

respondent, riss-ponn'-dennt, *n* défendeur *m*.

response, riss-ponnce', *n* réponse *f*.

responsible, riss-ponn'-ci-b'l, *a* responsable.

rest, reste, *n* repos *m*; (sleep) somme *m*; (remainder)
reste *m*. *v* se reposer; —**ful**, *a* tranquille; —**ive**, rétif;
—**less**, agité.

restaurant, ress'-to-rannte, *n* restaurant *m*; — **-car**,
wagon-restaurant *m*.

restore, ri-staure', *v* restituer; (health) rétablir.

restrain, ri-stréne', *v* retenir; réprimer.

restraint, ri-strénnte, *n* contrainte *f*.

restrict, ri-stricte', *v* restreindre.

restriction, ri-strick'-ch'n, *n* restriction *f*.

result, ri-zollte', *v* résulter. *n* résultat *m*.

resume, ri-zioumme', *v* reprendre, continuer.

resumption, ri-zomm'-ch'n, *n* reprise *f*.

resurrection, rèz-eur-rèque'-ch'n, *n* résurrection *f*.

retail, rî'-téle, *v* vendre au détail. *n* vente au détail *f*;
—**er**, détaillant *m*.

retain, ri-téne', *v* retenir; (keep) garder.

retaliate, ri-tâl'-i-éte, *v* user de représailles.

retard, ri-târde', *v* retarder.

reticent, rètt'-i-sennte, *a* réservé; taciturne.

retinue, rètt'-i-nioue, *n* suite *f*; cortège *m*.

retire, ri-tâïre', *v* se retirer; —**ment**, *n* retraite *f*.

retort, ri-toarte', *v* riposter. *n* réplique *f.*

retract, ri-trăcte', *v* rétracter.

retreat, ri-trîte', *v* se retirer. *n* retraite *f.*

retrench, ri-trenntche', *v* retrancher.

retrieve, ri-trîve, *v* recouvrer; réparer.

return, ri-teurne', *v* (come back) revenir; (go back) retourner; (give back) rendre. *n* retour *m*; —s, rendement *m*; — -ticket, billet d'aller et retour *m.*

reveal, ri-vîle', *v* révéler.

revel, rèv'-'l, *v* faire bombance. *n* réjouissance *fpl.*

revenge, ri-venndje', *v* se venger. *n* vengeance *f.*

revenue, rèv'-i-nioue, *n* revenu *m*; (state) fisc *m.*

reverse, ri-veurce', *v* renverser; (engine) faire marche arrière. *n* revers *m*; contraire *m.* *a* inverse.

revert, ri-veurte', *v* revenir, retourner.

review, ri-vioue', *v* examiner; (inspect) passer en revue; (books, etc) analyser. *n* revue *f*; (books) critique *f.*

revile, ri-vâïle', *v* injurier.

revise, ri-vâïze', *v* réviser.

revision, ri-vije'-'n, *n* révision *f.*

revive, ri-vâïve', *v* revenir à la vie; se ranimer.

revoke, ri-vauque', *v* révoquer. *n* (cards) renonce *f.*

revolt, ri-volte', *n* révolte *f.* *v* se révolter.

revolve, ri-volve', *v* tourner.

revolver, ri-vole'-veur, *n* révolver *m.*

reward, ri-ouòrde', *n* récompense *f.* *v* récompenser.

rheumatism, roue'-mă-tizme, *n* rhumatisme *m.*

rhinoceros, raï-noce'-i-rôsse, *n* rhinocéros *m.*

rhubarb, rou'-bârbe, *n* rhubarbe *f.*

rhyme, râïme, *n* rime *f.* *v* rimer.

rib, ribbe, *n* côte *f.*

ribbon, ribb'-'n, *n* ruban *m.*

rice, râïce, *n* riz *m.*

rich*, ritche, *a* riche; —es, *n* richesse *f.*

rick, rique, *n* meule *f.*

rickets, rik'-ètse, *n* rachitisme *m.*

rickety, rik'-ett-i, *a* détraqué; (*med*) rachitique.

rid, ridde, *v* débarrasser; délivrer.

riddle, ridd'-'l, *n* énigme *f.* *v* cribler de.

ride, râïde, *v* monter à cheval; aller en auto; aller à bicyclette. *n* promenade à cheval *f*, etc.

ridge, ridje, *n* (mountain) crête *f.*

ridicule, ridd'-i-kioule, *v* ridiculiser. *n* ridicule *m.*

ridiculous*, ri-dik'-iou-*leuce*, *a* ridicule.

rifle, raï'-f'l, *v* piller. *n* fusil *m.*

rift, rifte, *n* fente *f;* fissure *f.*

rig, rigue, *v* (naut) gréer. *n* (ship) gréement *m.*

right, raïte, *n* droite *f.* *v* rétablir. *a* droit; juste; en règle.

rigid*, rid'-jide, *a* rigide, raide.

rigorous*, rigg'-ŏr-*euce*, *a* rigoureux.

rigour, rigg'-*eur*, *n* rigueur *f.*

rim, rimme, *n* bord *m;* (brim) rebord *m;* (wheel) jante *f.*

rind, raïnnde, *n* (fruit) pelure *f;* (bacon) couenne *f;* (cheese) croûte *f.*

ring, rinng, *n* anneau *m;* (finger) bague *f;* (wedding) alliance *f;* (napkin) rond *m;* (circus) arène *f;* (of bell) coup de sonnette *m.* *v* sonner; tinter.

ringleader, rinng'-li-d'r, *n* meneur *m.*

rinse, rinnse, *v* rincer.

riot, raï'-ôte, *n* émeute *f.* *v* faire une émeute.

rip, rippe, *v* fendre; (cloth) déchirer.

ripe, raïpe, *a* mûr; **—n,** *v* mûrir.

ripple, rip'-p'l, *n* ride *f.*

rise, raïze, *v* se lever; (revolt) se soulever; (river) monter; (prices) hausser. *n* (wages) augmentation *f.*

risk, risque, *v* risquer. *n* risque *m.*

rite, raïte, *n* rite *m.*

rival, raï'-v'l, *n* rival, -e *m & f;* (com) concurrent, -e

rivalry, raï'-val-ri, *n* rivalité *f.* [*m & f.*]

river, riv'-'r, *n* fleuve *m;* (small) rivière *f.*

rivet, riv'-ette, *v* river. *n* rivet *m.*

road, raude, *n* chemin *m,* route *f;* (street) rue *f.*

roam, raume, *v* rôder; errer.

roar, raure, *v* rugir. *n* rugissement *m.*

roast, rauste, *v* rôtir. *n & a* rôti *m.*

rob, robbe, *v* voler; dépouiller; **—ber,** *n* voleur, -euse

robbery, robb'-*eur*-i, *n* vol *m.* [*m & f.*]

robe, raube, *n* robe *f;* (eccl) vêtements *mpl.*

robin, robb'-inn, *n* rouge-gorge *m.*

robust*, ro-bosste', *a* robuste; vigoureux.

rock, roque, *n* rocher *m.* *v* (quake) secouer; (roll) rouler; (cradle) bercer; **—y,** *a* rocailleux; (sea) plein de rochers.

rocket, rok'-ette, *n* fusée *f.*

rod, rodde, *n* baguette *f;* (fishing) canne à pêche *f;* (curtain) tringle *f.*

roe, rau, *n* chevreuil *m,* biche *f;* (fish) laitance *f.*

rogue, raugue, *n* fripon *m;* **—ry,** friponnerie *f.*

roll, raule, *v* rouler; (— up) enrouler. *n* rouleau *m;* (bread) petit pain *m;* **— -call,** appel *m;* **—er,** roulette *f;* (garden, steam) rouleau *m;* **—er-skate,** patin à roulettes *m.*

romance, rau-mànnce', *n* roman *m;* (mus) romance *f.*

romp, rommpe, *v* jouer bruyamment.

roof, roufe, *n* toit *m;* (mouth) palais *m.*

rook, rouque, *n* corneille *f.*

room, roumme, *n* pièce; (bedroom) chambre *f;* (public) salle *f;* (space) place *f.*

roost, rouste, *v* percher. *n* perchoir *m.*

root, route, *n* racine *f. v* s'enraciner.

rope, raupe, *n* corde *f;* (naut) cordage *m.*

rosary, rau'-za-ri, *n* rosaire *m.*

rose, rauze, *n* rose *f;* **— -bush,** rosier *m.*

rosemary, rauze'-mé-ri, *n* romarin *m.*

rosin, roz'-inne, *n* colophane *f.*

rosy, rauz'-i, *a* rosé; vermeil.

rot, rotte, *n* pourriture *f. v* pourrir.

rotate, rau'-téte, *v* tourner.

rouge, rouge, *n* rouge *m.*

rough*, roffe, *a* (manners) grossier, rude; (coarse) rugueux, rude; (sea) houleuse; (wind) tempétueux; (bumpy) cahoteux.

roughness, roffe'-nesse, *n* rudesse *f;* grossièreté *f.*

round, rà'ounnde, *a* rond. *v* arrondir; **—about,** *a* détourné. *n* manège *m;* **—ness,** rondeur *f.*

rouse, rà'ouze, *v* exciter; (awaken) éveiller.

rout, rà'oute, *v* mettre en déroute. *n* déroute *f.*

route, route, *n* route *f;* itinéraire *m.*

routine, rou-tîne', *n* routine *f.*

rove, rauve, *v* rôder; (fig) errer.

row, rau, *n* rangée *f;* (persons) file *f;* (boating) canotage *m. v* (scull) ramer.

row, rà'ou, *n* querelle *f;* (noise) vacarme *m.*

royal*, roa'i'-al, *a* royal; **—ty**, *n* royauté *f*; (payment) droits d'auteur *mpl*.

rub, robbe, *v* frotter; **—ber**, *n* caoutchouc *m*; (eraser) gomme à effacer *f*; **— off**, *v* effacer.

rubbish, robb'-iche, *n* ordures *fpl*; (trash) camelot *f*.

ruby, roue'-bi, *n* rubis *m*. *a* vermeil.

rudder, rodd'-'r, *n* gouvernail *m*.

rude*, roude, *a* impoli; (coarse) grossier.

rudiment, roue'-di-m'nt, *n* rudiment *m*.

rue, roue, *v* déplorer; **—ful***, *a* lamentable.

ruffian, roffe'-iane, *n* chenapan *m*.

ruffle, rof'-f'l, *v* déranger; troubler.

rug, rogue, *n* couverture *f*; (mat) tapis *m*.

rugged, rogg'-ide, *a* (scenery) accidenté.

ruin, roue'-inne, *n* ruine *f*. *v* ruiner.

rule, roule, *v* gouverner; (lines) régler. *n* gouvernement *m*; (regulation, etc) règle *f*.

ruler, roul'-'r, *n* (drawing) règle *f*.

rum, romme, *n* rhum *m*.

rumble, romm'-b'l, *n* grondement sourd *m*.

rummage, romm'-idj, *v* fouiller. *n* fouillis *m*.

rumour, roue'-m'r, *n* rumeur *f*.

run, ronne, *v* courir; (colours) déteindre; **—away**, fuir. *n* (horse) cheval emballé *m*.

rupture, ropp'-tioure, *n* rupture *f*; (med) hernie *f*.

rural, rou'-r'l, *a* champêtre, rural.

rush, roche, *n* ruée *f*; (water) torrent *m*; (reed) jonc *m*. *v* se ruer; se précipiter.

rust, rosste, *n* rouille *f*. *v* rouiller; **—y**, *a* rouillé.

rustic, ross'-tique, *a* rustique.

rustle, ross'-'l, *v* bruire. *n* bruissement *m*; (silk) frou frou *m*.

rut, rotte, *n* ornière *f*.

rye, raï, *n* seigle *m*.

sable, sé'-b'l, *n* (fur) zibeline *f*.

sack, sàque, *n* sac *m*. *v* piller.

sacrament, sàc'-rä-m'nt, *n* sacrement *m*.

sacred, sé'-cridde, *a* sacré; consacré.

sacrifice, sàc'-ri-fâïce, *n* sacrifice *m*. *v* sacrifier.

sacrilege, sàc'-ri-lèdje, *n* sacrilège *m*.

sad*, sădde, *a* triste; **—ness**, *n* tristesse *f.*
saddle, săd'-d'l, *n* selle *f;* **—r**, sellier *m.*
safe, séfe, *a* sauf; sûr. *n* coffre-fort *m;* **—guard**
   sauvegarde *f. v* protéger; **—ty**, *n* sûreté *f;* **—ty-**
   razor, rasoir mécanique *m.*
sag, săgue, *v* s'affaisser.
sagacious*, sa-gué'-*cheuce,* *a* sagace.
sage, sédje, *n* sage *m;* (herb) sauge *f.* *a** sage.
sail, séle, *n* voile *f.* *v* naviguer.
sailor, sé'-l'r, *n* matelot *m;* marin *m.*
saint, sénnte, *n* saint, -e *m* & *f.*
sake, séque, *n* cause *f;* égard *m;* amour *m.*
salad, săl'-ade, *n* salade *f.*
salary, săl'-*a*-ri, *n* salaire *m.*
sale, séle, *n* vente *f;* (shop) solde *m;* **—able**, *a* vendable; **—sman**, *n* vendeur *m.*
salient, sé'-li-ennte, *a* & *n* saillant *m.*
saliva, sa-lăï'-va, *n* salive *f.*
sallow, săl'-au, *a* jaunâtre.
salmon, sămm'-'n, *n* saumon *m.*
saloon, sa-loune', *n* salon *m;* **dining- —**, salle à
   manger *f.*
salt, soalte, *n* sel *m.* *a* salé; **— -cellar**, *n* salière *f.*
salute, sa-lioute', *v* saluer. *n* salut *m.*
salvage, săl'-védje, *n* sauvetage *m.* *v* sauver.
salvation, săl-vé-ch'n, *n* salut *m;* **— army**, Armée
   du Salut *f.*
salver, sal'-v'r, *n* plateau *m.*   [du Salut *f.*
same, séme, *a* même.
sample, sămme'-p'l, *n* échantillon *m.*
sanctify, sainnk'-ti-făï, *v* sanctifier. *n* sanction *f.*
sanction, sainnk'-ch'n, *v* sanctionner. *n* sanction *f.*
sanctuary, sainnk'-tiou-a-ri, *n* sanctuaire *m.*
sand, sănnde, *n* sable *m;* **—y**, *a* sablonneux.
sandal, sănn'-d'l, *n* sandale *f.*
sandwich, sănnde'-houitche, *n* sandwich *m.*
sane, séne, *a* sain d'esprit.
sanguine, saing'-gouine, *a* sanguin; confiant.
sanitary, sănn'-i-ta-ri, *a* sanitaire; **— towel**, *n*
   serviette hygiénique *f.*
sanity, sănn'-i-ti, *n* bon sens *m.*
sap, săppe, *n* sève *f.* *v* saper.
sapper, săpp'-*eux*, *n* (*mil*) sapeur *m.*

sapphire, săf'-fâïre, *n* saphir *m*.

sarcasm, sâr'-căzme, *n* sarcasme *m*.

sarcastic, sâr-căs'-tique, *a* sarcastique.

sardine, sâr-dîne', *n* sardine *f*.

sash, săche, *n* (belt) écharpe *f*.

satchel, sătt'-ch'l, *n* sacoche *f*; (school) cartable *m*.

satellite, satt'-i-lâïte, *n* satellite *m*.

satiate, sé'-chi-éte, *v* rassasier.

satin, sătt'-inne, *n* satin *m*. *a* de satin.

satire, sătt'-âïre, *n* satire *f*.

satisfaction, sătt-iss-făk'-ch'n, *n* satisfaction *f*.

satisfactory, sătt-iss-făk'-teur-i, *a* satisfaisant.

satisfy, sătt'-iss-fâï, *v* satisfaire.

saturate, sătt'-iou-réte, *v* saturer.

Saturday, sătt'-or-di, *n* samedi *m*.

satyr, sătt'-eur, *n* satyre *m*.

sauce, soace, *n* sauce *f*; **—pan,** casserole *f*.

saucer, soa'-seur, *n* soucoupe *f*.

saunter, soann'-t'r, *v* marcher en flânant.

sausage, soss'-idj, *n* saucisse *f*; (preserved) saucis-son *m*.

savage, săv'-idj, *a** sauvage; féroce. *n* sauvage *m* & *f*.

save, séve, *v* sauver; (economize) épargner; (keep) garder.

saving, sé'-vinng, *a* économe; frugal; (things) économique. *n* économie *f*; **—s,** épargne *f*.

Saviour, sé'-vieur, *n* Sauveur *m*; sauveur *m*.

savour, sé'-v'r, *v* avoir le goût de; avoir l'odeur de. *n* saveur *f*; **—y,** *a* savoureux.

saw, soa, *n* scie *f*. *v* scier.

say, sé, *v* dire; **—ing,** *n* dicton *m*.

scabbard, scăbb'-'rd, *n* fourreau *m*.

scaffold, scăff'-ôlde, *n* échafaud *m*.

scaffolding, scăff'-ôldd-inng, *n* échafaudage *m*.

scald, scoalde, *v* échauder.

scale, skéle, *n* (fish) écaille *f*; (measure) échelle *f*; (mus) gamme *f*. *v* écailler; (climb) escalader.

scales, skélze, *npl* balance *f*.

scallop, scăll'-oppe, *n* coquille Saint Jacques *f*.

scalp, scălpe, *n* cuir chevelu *m*.

scamper, scămm'-p'r, *v* déguerpir.

scan, scănne, *v* scruter; (verse) scander.

scandal, scănn'-d'l, *n* scandale *m*.

scandalous*, scănn'-dăl-*euce*, *a* scandaleux.

scanty, scănn'-ti, *a* insuffisant; (tight) étriqué.

scapegoat, sképe'-gaute, *n* bouc émissaire *m*.

scar, scăre, *n* cicatrice *f*. *v* cicatriser.

scarce*, skăirce, *a* rare.

scarcity, skair'-ci-ti, *n* rareté *f*, disette *f*.

scare, skaire, *n* panique *f*. *v* effrayer; — **away,**
épouvanter; —**crow,** *n* épouvantail *m*.

scarf, scărfe, *n* écharpe *f*; foulard *m*.

scarlet, scăre-lette, *n* & *a* écarlate *f*.

scarlet-fever, scăre'-lette-fi'-*veur*, *n* scarlatine *f*.

scathing*, ské'-*ts*inng, *a* cinglant.

scatter, scătt'-'r, *v* disperser, éparpiller.

scavenger, scăv'-enn-dj'r, *n* boueur *m*.

scene, sîne, *n* scène *f*; —**ry,** vue *f*; paysage *m*;
(theatre) décors *mpl*.

scent, sennte, *n* parfum *m*; (trail) piste *f*. *v* parfumer.

sceptical*, skepp'-ti-c'l, *a* sceptique.

sceptre, sepp'-t'r, *n* sceptre *m*.

schedule, chedd'-ioule, *n* inventaire *m*; liste *f*.

scheme, skîme, *n* plan *m*, projet *m*. *v* projeter.

scholar, skol-'r, *n* lettré, -e *m* & *f*; (pupil) élève *m* & *f*.

scholarship, skol-'r-chippe, *n* (prize) bourse *f*.

school, skoul, *n* école *f*; —**master,** maître d'école *m*;
—**mistress,** maîtresse d'école *f*.

schooner, skoue'-n'r, *n* schooner.

sciatica, sâï-ătt'-i-*ca*, *n* sciatique *f*.

science, sâï'-ennce, *n* science *f*.

scientific, sâï-en-tiff'-ique, *a* scientifique.

scissors, siz'-*eurze*, *npl* ciseaux *mpl*.

scoff, skoffe, *v* se moquer de, railler.

scold, skaulde, *v* gronder.

scoop, skoupe, *n* (shovel) pelle à main *f*. *v* creuser.

scope, skaupe, *n* portée *f*; étendue *f*; place *f*.

scorch, skoartche, *v* roussir.

score, skaure, *n* (number) vingtaine *f*; (games) points
mpl. *v* (win) gagner; (cut) faire des entailles;
(keeping count) marquer.

scorn, skoarne, *n* dédain *m*. *v* dédaigner.

scornful*, skoarne'-foulle, *a* dédaigneux.

scoundrel, skâ'ounn'-dr'l, *n* coquin *m*, gredin *m*.

scour, skâ'oure, v recurer.

scourge, skeurdje, v fouetter. n fouet m; fléau m.

scout, skâ'oute, v aller en éclaireur. n éclaireur m;
boy—, boy-scout m.

scowl, skâ'oule, v froncer les sourcils. n regard
menaçant m.

scraggy, skrägg'-'i, a (thin) décharné.

scramble, skramm'-b'l, n (struggle) lutte f. v
(climb) grimper; **— for**, se bousculer pour.

scrap, skräppe, n fragment m; (cloth) morceau m.

scrape, skrépe, v gratter; (— mud off) décrotter.

scraper, skrépe'-r, n grattoir m; décrottoir m.

scratch, skrätche, n égratignure f; (sport) ligne de
départ f. v égratigner; (rub) gratter; (sports) retirer;
(glass) rayer.

scream, skrîme, v crier; hurler. n cri m.

screen, skrîne, n (fire; cinema) écran m; **wind —**,
pare-brise m; (partition) paravent m. v protéger.

screw, skroue, n vis f. v visser.

screwdriver, skroue-draï'-veur, n tournevis m.

scribble, skribb'-'l v griffonner. n griffonnage m.

Scripture, skripp'-tioure, n Ecriture Sainte f.

scroll, skraule, n rouleau m.

scrub, scrobbe, v laver à la brosse. n (bush) broussailles fpl.

scruple, scroue'-p'l, n scrupule m.

scrupulous*, scroue'-piou-leuce, a scrupuleux.

scrutinize, scroue'-ti-nâïze, v scruter.

scuffle, scoff'-'l, n bagarre f. v se battre.

scull, scolle, n godille f. v godiller.

scullery, scoll'-eur-i, n laverie f.

sculptor, scolp'teur, n sculpteur m.

sculpture, scolp'-tioure, v sculpter. n sculpture f.

scum, scomme, v écumer. n écume f; (fig) lie f.

scurf, skeurfe, n pellicules fpl.

scurrilous*, skorr'-i-leuce, a grossier; injurieux.

scuttle, skott'-'l, n (coal) seau à charbon m. v (naut)
[saborder.

scythe, sâïdze, n faux f.

sea, sî, n mer f; **—man**, marin m; **— sickness**, mal
de mer m; **—side**, bord de la mer m; **—weed**, algue
f; **—worthy**, a navigable.

seal, sîle, n cachet m; (official) sceau m; (animal)

phoque *m*. *v* cacheter; **—ing-wax,** *n* cire à cacheter *f*; **—skin,** peau de phoque *f*.

seam, sîme, *n* couture *f*; (mine) veine *f*.

seamstress, sîme'-stresse, *n* couturière *f*.

sear, sîre, *v* (burn) brûler; (brand) marquer au fer.

search, seurtche, *v* (look for) chercher; (people; luggage) fouiller. *n* recherche *f*.

searchlight, seurtche'-lâîte, *n* projecteur *m*.

season, sî'-z'n, *v* assaisonner; (timber) sécher. *n* saison *f*; **—able,** *a* de saison; **—ing,** *n* assaisonnement *m*; **—-ticket,** carte d'abonnement *f*.

seat, sîte, *n* siège *m*, place *f*; (bench) banc *m*; (country estate) propriété *f*. *v* asseoir; placer.

secluded, si-cloue'-dedde, *a* retiré.

seclusion, si-cloue'-j'n, *n* retraite *f*.

second, sèk'-ônnde, *v* (support) seconder. *n* (time) seconde *f*; (duel) témoin *m*. *n* & *a** deuxième *m* & *f*; **—ary,** *a* secondaire; **—hand,** d'occasion.

secrecy, sî'-cri-ci, *n* secret *m*.

secret, sî'-crète, *n* secret *m*. *a** secret.

secretary, sèk'-ri-ta-ri, *n* secrétaire *m* & *f*.

secrete, si-crîte', *v* cacher; (gland) sécréter.

secretion, si-crî'-ch'n, *n* sécrétion *f*.

sect, secte, *n* secte *f*.

section, sèk'-ch'n, *n* section *f*; (cross) coupe *f*.

secular, sèk'-iou-l'r, *a* (old) séculaire; (music) profane; (school) laïque.

secure, si-kioure', *v* mettre en sûreté; s'assurer; *a* sûr; à l'abri.

securities, si-kiour'-i-tize, *npl* valeurs *fpl*.

security, si-kiour'-i-ti, *n* sûreté *f*; garantie *f*.

sedate*, si-déte', *a* posé, calme.

sedative, sedd'-*a*-tive, *n* & *a* sédatif *m*; calmant *m*.

sedentary, sedd'-enn-ta-ri, *a* sédentaire.

sediment, sedd'-i-mennte, *n* sédiment *m*.

sedition, si-diche'-'n, *n* sédition *f*.

seditious*, si-diche'-euce, *a* séditieux.

seduce, si-diouce', *v* séduire.

see, sî, *v* voir; **—through,** voir à travers; (*fig*) pénétrer; **—to,** veiller à.

seed, sîde, *n* graine *f*, semence *f*.

seek, sîque, *v* chercher; (strive) s'efforcer de.

seem, sîme, *v* sembler, paraître; **—ly**, *a* convenable.

seethe, sîdz, *v* bouillonner; (*fig*) grouiller.

seize, sîze, *v* saisir; (take possession) s'emparer de.

seizure, sî'-j'r, *n* prise *f*, capture *f*; (stroke) attaque *f*; (law) saisie *f*.

seldom, sell'-d'm, *adv* rarement.

select, si-lecte', *v* choisir. *a* choisi; d'élite.

selection, si-lec'-ch'n, *n* choix *m*.

self, selfe, **one—**, *pron* soi-même; se . . . ; **—ish**, *a* égoïste; **—ishness**, *n* égoïsme *m*; **— -starter**, (motor) démarreur *m*.

sell, selle, *v* vendre; **—er**, *n* vendeur, -euse *m* & *f*.

semblance, semm'-blannce, *n* semblant *m*.

semi, semm'-i, semi, demi; **—circle**, *n* demi-cercle *m*; **—colon**, point et virgule *f*.

seminary, semm'-i-na-ri, *n* séminaire *m*.

semolina, semm-ô-li'-na, *n* semoule *f*.

senate, senn'-éte, *n* sénat *m*.

send, sennde, *v* envoyer; expédier; **— away, — back**, renvoyer; **—er**, *n* expéditeur, -trice *m* & *f*; **— for**, *v* envoyer chercher; **— in advance**, envoyer à l'avance; **— on**, faire suivre.

senile, sî'-nâile, *a* sénile.

senior, sî'-ni-*eur*, *a* aîné; (rank) plus ancien; **— partner**, *n* associé principal *m*.

sensation, senn-sé'-ch'n, *n* sensation *f*.

sense, sennce, *n* sens *m*; **—less**, *a* dénué de sens.

sensible, senn'-si-b'l, *a* sensé.

sensitive*, senn'-si-tive, *a* sensible.

sensual*, senn'-chou-'l, *a* sensuel.

sentence, senn'-t'nce, *n* phrase *f*; (law) sentence *f*. *v* condamner.

sentiment, senn'-ti-m'nt, *n* sentiment *m*.

sentry, senn'-tri, *n* sentinelle *f*; **— -box**, guérite *f*.

separate, sepp'-*a*-réte, *v* séparer. *a** séparé.

separation, sepp-*a*-ré'-ch'n, *n* séparation *f*.

September, sepp-temm'-b'r, *n* septembre *m*.

septic, sepp'-tique, *a* septique.

sequel, sî'-couelle, *n* suite *f*, conséquence *f*.

sequence, sî'-couennce, *n* série *f*; succession *f*.

serene*, si-rîne', *a* calme, serein.

serge, seurdje, *n* serge *f*.

sergeant, sâr´-dj'nt, *n* sergent *m*.

serial, sî´-ri-*al*, *a* consécutif. *n* feuilleton *m*.

series, sî´-rize, *n* série *f*.

serious*, sî´-ri-*euce*, *a* sérieux.

sermon, seur´-m'n, *n* sermon *m*.

serpent, seur´-pennte, *n* serpent *m*.

servant, seur´-vannte, *n* domestique *m* & *f*.

serve, seurve, *v* servir.

service, seur´-vice, *n* service *m*; (*eccl*) office *m*.

serviceable, seur´-viss-*a*-b'l, *a* utile.

servile, seur´-vâïle, *a* servile.

servitude, seur´-vi-tioude, *n* servitude *f*; (penal) travaux forcés *mpl*.

session, sèch´-eune, *n* session *f*; (sitting) séance *f*.

set, sette, *v* (type) composer; (to music) mettre en . . .; (fowls) couver; (clock) régler; (trap) tendre; (task) imposer; (question) poser; (example) donner; (tools) affûter; (plants) planter; (fracture) réduire; (solidify) cailler; (jewels) monter. *n* collection *f*; série *f*; (china) service *m*; (buttons, etc) garniture *f*; **— on fire,** mettre le feu à.

settee, sett´-ie, *n* canapé *m*, divan *m*.

settle, sett´-'l, *v* (accounts) régler; (finish) mettre fin à; (decide) résoudre; (assign) assigner; (domicile) s'établir; **—ment,** *n* colonie *f*; (dowry) dot *f*; (accounts) règlement *m*; (agreement) solution *f*; (foundation) tassement *m*.

seven, sèv´-'n, *n* & *a* sept *m*; **—teen,** dix-sept *m*; **—th,** septième *m* & *f*; **—ty,** soixante-dix *m*.

sever, sèv´-'r, *v* séparer; (cut) couper net.

several, sèv´-*eur*-l, *a* plusieurs; divers.

severe*, si-vire´, *a* sévère; rigoureux; violent.

severity, si-vèr´-i-ti, *n* sévérité *f*.

sew, sau, *v* coudre; **—ing,** *n* couture *f*; **—ing-cotton,** fil à coudre *m*; **—ing-machine,** machine à coudre *f*.

sewage, sioue´-idj, *n* eaux d'égout *fpl*.

sewer, sioue´-'r, *n* égout *m*.

sex, sexe, *n* sexe *m*; **—ual,** *a* sexuel.

shabby, chàbb´-i, *a* râpé; usé; (action) mesquin.

shackle, chàk´-'l, *n* chaînes *fpl*. *v* enchaîner.

shade, chéde, *n* ombre *f*; (colour) nuance *f*; (lamp) abat-jour *m*; (eyes) visière *f*. *v* protéger; (art) ombrer.

shadow, chăd'-au, *n* ombre *f*. *v* (follow) filer.

shady, ché'-di, *a* ombragé; (*fig*) louche.

shaft, châfte, *n* (arrow) flèche *f*; (*mech*) arbre *m*; (mine) puits *m*; —s, (vehicle) brancards *mpl*.

shaggy, chăgg'-i, *a* poilu, velu.

shake, chéque, *v* secouer; (nerves, etc) trembler; (sway) ébranler; — **hands**, serrer la main.

shaky, ché'-ki, *a* branlant; tremblotant.

shallow, chǎl'-au, *a* peu profond.

sham, chǎmme, *n* feinte *f*. *a* simulé. *v* feindre.

shame, chéme, *n* honte *f*. *v* faire honte à; —**ful***, *a* honteux; —**less**, éhonté.

shampoo, chǎmm'-poue, *n* shampooing *m*.

shamrock, chǎmm'-roque, *n* trèfle *m*.

shape, chépe, *n* forme *f*. *v* former; modeler.

share, chére, *n* part *f*; (stock) action *f*. *v* partager; participer à; —**holder**, *n* actionnaire *m* & *f*.

shark, chârque, *n* requin *m*.

sharp, chârpe, *a* (blade) tranchant; (point) pointu; (edge) coupant; (taste) piquant; (mind) dégourdi. *n* (music) dièse *m*; —**en**, *v* aiguiser; —**ness**, *n* acuité *f*.

shatter, chătt'-'r, *v* briser, fracasser; renverser.

shave, chéve, *v* raser; se raser.

shaving, ché'-vinng, —**-brush**, *n* blaireau *m*.

shavings, ché'-vinngze, *npl* copeaux *mpl*.

shawl, choale, *n* châle *m*.

she, chî, *pron* elle.

sheaf, chîfe, *n* (corn, etc) gerbe *f*; (papers) liasse *f*.

shear, chîre, *v* tondre; —**s**, *npl* cisailles *fpl*.

sheath, chîts, *n* (scabbard) fourreau *m*.

shed, chedde, *n* hangar *m*. *v* (tears, blood) verser; (hair, leaves, feathers) perdre.

sheen, chîne, *n* lustre *m*.

sheep, chîpe, *n* mouton *m*.

sheer, chîre, *a* pur; (steep) perpendiculaire.

sheet, chîte, *n* drap *m*; (paper, metal) feuille *f*; — **-lightning**, éclair de chaleur *m*.

shelf, chelfe, *n* planche *f*, rayon *m*; (a set) étagère *f*.

shell, chelle, *n* (hard) coquille *f*; (soft) cosse *f*;

(projectile) obus *m.* *v* écosser; bombarder; — **-fish** *n* mollusque *m*; crustacé *m.*

shelter, chel'-t'r, *n* abri *m.* *v* abriter; protéger.

shepherd, chepp'-*eurde,* *n* berger *m*, pâtre *m.*

sheriff, chè'-rife, *n* shérif *m.*

sherry, chèr'-i, *n* Xérès *m.*

shield, chîlde, *n* bouclier *m.* *v* protéger.

shift, chifte, *n* (working) équipe *f.* *v* changer de place.

shin, chine, *n* tibia *m.*

shine, châine, *v* luire; briller. *n* lustre *m*; éclat *m.*

shingle, chinng'-g'l, *n* galet *m.*

shingles, chinng'-g'lz, *n* zona *m.*

ship, chippe, *n* vaisseau *m*, navire *m*, bateau *m.* *v* embarquer; expédier; — **-broker,** *n* courtier maritime *m*; —**ment,** (cargo) chargement *m*; — **-owner,** armateur *m*; —**wreck,** naufrage *m.*

shirk, cheurque, *v* éviter; éluder.

shirker, cheur'-*keur,* *n* flémard *m.*

shirt, cheurte, *n* chemise *f.*

shiver, chiv'-'r, *v* frissonner. *n* frisson *m.*

shoal, choale, *n* (multitude) foule *f*; (fish) banc *m*; (shallow) haut fond *m.*

shock, choque, *n* secousse *f*; (fright) choc *m.* *v* (disgust) choquer; — **-absorber,** *n* amortisseur *m*; —**ing,** *a* révoltant; choquant.

shoddy, chodd'-i, *a* (goods) camelote; (persons) râpé.

shoe, choue, *n* chaussure *f*; soulier *m*; (horse) fer à cheval *m*; *v* (horse) ferrer; — **-horn,** chausse-pied *m*; — **-lace,** lacet *m*; —**maker,** cordonnier *m*; — **-polish,** cirage *m.*

shoot, choutte, *v* tirer; (kill) tuer d'un coup de feu; (execute) fusiller; (grow) pousser. *n* chasse *f*; (growth) pousse *f*; —**ing,** tir *m*; —**ing-star,** étoile filante *f.*

shop, choppe, *n* boutique *f*; (stores) magasin *m.* *v* faire des achats; —**keeper,** *n* marchand, *m* & *f*.

shore, chaure, *n* côte *f*; (beach) rivage *m*; (land) terre *f*; (support) étai *m.* *v* étayer.

shorn, chorne, *a* tondu.

short, choarte, *a* court; (persons) petit; (need) dénué de; —**age,** *n* insuffisance *f*; — **circuit,** court-circuit *m*; —**en,** *v* raccourcir; abréger; —**hand,**

sténographie *f*; **—ly**, *adv* sous peu; **— -sighted**, *a* myope.

shot, chotte, *n* (noise) coup de feu *m*; (score, etc) coup *m*; (marksman) tireur *m*; (pellet) plomb de chasse *m*.

shoulder, chaule'-d'r, *n* épaule *f*. *v* porter sur l'épaule.

shout, châ'oute, *n* cri *m*. *v* crier.

shovel, chov'-'l, *n* pelle *f*. *v* ramasser à la pelle.

show, chau, *n* spectacle *m*; exposition *f*; (prize —) concours *m*. *v* montrer; (teach) enseigner; **—room**, *n* salle d'exposition *f*; **—y**, *a* voyant.

shower, châ'ou-*eur*, *n* averse *f*; **— -bath**, douche *f*; **—y**, *a* pluvieux.

shred, chredde, *n* (tatter) lambeau *m*. *v* déchiqueter.

shrew, chroue, *n* mégère *f*.

shrewd, chroûde, *a* malin; (cunning) rusé; sagace.

shriek, chrîque, *v* pousser des cris. *n* cri perçant *m*.

shrill, chrille, *a* perçant.

shrimp, chrimmpe, *n* crevette *f*.

shrine, chrâine, *n* châsse *f*; sanctuaire *m*.

shrink, chrinnque, *v* rétrécir.

shrivel, chriv'-'l, *v* ratatiner.

shroud, chrâ'oude, *n* linceul *m*.

Shrove Tuesday, chrôve-tiouze'-dé, *n* mardi gras *m*.

shrub, chrobbe, *n* arbuste *m*.

shrug, chrogue, *v* hausser les épaules.

shudder, chodd'-'r, *n* frémissement *m*. *v* frémir.

shuffle, choff'-'l, *v* (gait) traîner les pieds; (cards) battre.

shun, chonne, *v* éviter.

shunt, chonnte, *v* changer de voie, faire la manœuvre.

shut, chotte, *v* fermer.

shutter, chott'-'r, *n* volet *m*; (camera) obturateur *m*.

shuttle, chott'-'l, *n* navette *f*.

shy, châï, *a* timide, réservé. *v* se jeter de côté.

shyness, chaï'-nesse, *n* timidité *f*.

sick, sique, *a* malade; **—en**, *v* (fig) dégoûter; **—ly**, *a* maladif; **—ness**, *n* maladie *f*; **to be —**, vomir.

sickle, sique'-'l, *n* faucille *f*.

side, sâïde, *n* côté *m*; (mountain) versant *m*; (river) bord *m*; (of record) face *f*. *v* prendre parti; **—board**, *n* buffet *m*; **— -car**, side-car *m*; **—ways**, *adv* de côté.

siege, sîdje, *n* siège *m.*

sieve, sive, *n* tamis *m*, crible *m.*

sift, sifte, *v* tamiser, cribler.

sigh, sâï, *n* soupir *m.* *v* soupirer.

sight, sâïte, *v* apercevoir. *n* (eye) vue *f*; (spectacle) spectacle *m*; (gun) guidon *m*; **at —,** *adv* à vue; **by —,** de vue.

sign, sâïne, *v* signer. *n* signe *m*; (board) enseigne *f*; **— -post,** poteau indicateur *m.*

signal, sigue'-n'l, *n* signal *m.* *v* signaler.

signature, sigue'-na-tioure, *n* signature *f.*

significant*, sigue-nîf'-i-cannte, *a* significatif.

signify, sigue'-ni-fâï, *v* signifier.

silence, sâï'-lennce, *n* silence *m.* *v* faire taire.

silencer, sâï'-lenn-ceur, *n* (engine) silencieux *m.*

silent*, sâï'-lennt, *a* silencieux.

silk, silque, *n* soie *f*; **—en,** *a* de soie; **—worm,** *n* ver à soie *m*; **—y,** *a* soyeux.

sill, sile, *n* (door) seuil *m*; (window) rebord *m.*

silly, sill'-i, *a* sot, niais.

silver, sill'-v'r, *n* argent *m.* *a* d'argent. *v* argenter.

silversmith, sill'-v'r-smit*s*, *n* orfèvre *m.*

similar*, simm'-i-l'r, *a* semblable.

similarity, simm-i-lar'-i-ti, *n* similitude *f.*

simile, simm'-i-li, *n* comparaison *f.*

simmer, simm'-'r, *v* mijoter.

simple, simm'-p'l, *a* simple; **—ton,** *n* nigaud, -e *m* &*f.*

simplicity, simm-pliss'-i-ti, *n* simplicité *f.*

simplify, simm'-pli-fâï, *v* simplifier.

simultaneous*, simm-*eul*-té'-ni-euce, *a* simultané.

sin, sine, *v* pécher. *n* péché *m*; **—ner,** pécheur *m*, pécheresse *f.*

since, sinnce, *prep* depuis. *adv* depuis lors. *conj* (cause) puisque; (time) depuis que.

sincere*, sinn-cire', *a* sincère.

sinew, sinn'-ioue, *n* tendon *m*; (*fig*) nerf *m.*

sing, sinng, *v* chanter; **—er,** *n* chanteur *m*, chanteuse *f*; (star) cantatrice *f*; **—ing,** chant *m.*

singe, sinndje, *v* roussir; (hair) brûler.

single, sinng'-g'l, *a* seul, célibataire; (ticket) simple; **— -handed,** seul.

singly, sinngue'-li, *adv* un à un.

singular*, sinng'-guiou-l'r, *a* singulier; unique.

sinister, sinn'-iss-*teur*, *a* sinistre.

sink, sinnque, *n* évier *m*. *v* enfoncer; couler; (ship) sombrer; (scuttle) saborder; (shaft) creuser.

sip, sipe, *n* gorgée *f*. *v* boire à petites gorgées.

siphon, saï'-f'n, *n* siphon *m*.

siren, saï'-renn, *n* sirène *f*.

sirloin, seur'-lò'ïne, *n* aloyau *m*.

sister, siss'-t'r, *n* sœur *f*; — **-in-law**, belle-sœur *f*.

sit, sitte, *v* s'asseoir; (incubate) couver; —**ting**, *a* assis. *n* séance *f*; —**ting-room**, salon *m*.

site, sâïte, *n* site *m*; (building) emplacement *m*.

situated, sit'-iou-é-tedde, *a* situé.

situation, sit-iou-é'-ch'n, *n* situation *f*.

six, sixe, *n* & *a* six *m*; —**teen**, seize *m*; —**teenth**, seizième *m* & *f*; —**th**, sixième *m* & *f*; —**tieth**, soixantième *m* & *f*; —**ty**, soixante *m*.

size, sâïze, *n* dimension *f*; (measure) pointure *f*; (persons) taille *f*; (glue) colle *f*. *v* coller.

skate, skéte, *v* patiner. *n* patin *m*; (fish) raie *f*.

skeleton, skell'-*eu*-t'n, *n* squelette *m*.

sketch, sketche, *v* esquisser. *n* esquisse *f*, croquis *m*.

skewer, skioue'-*eur*, *n* brochette *f*; broche *f*.

ski, ski, *v* skier; faire du ski; *n* ski *m*; — **lift**, remonte-pente *m*.

skid, skidde, *v* déraper. *n* dérapage *m*.

skiff, skiffe, *n* esquif *m*, skiff *m*.

skilful*, skill'-foull, *a* adroit, habile.

skill, skille, *n* habileté *f*, adresse *f*; (natural) talent *m*.

skim, skimme, *v* effleurer; écrémer; (scum) écumer.

skin, skinne, *n* peau *f*; (hide) cuir *m*; (peel) écorce *f*; (thin peel) pelure *f*.

skip, skippe, *v* sauter; manquer; sauter à la corde.

skipper, skipp'-'r, *n* patron de bateau *m*.

skirmish, skeur'-miche, *n* escarmouche *f*.

skirt, skeurte, *n* (dress) jupe *f*. *v* border.

skittles, skitt'-'lze, *npl* quilles *fpl*.

skull, skolle, *n* crâne *m*.

skunk, skonngk, *n* mouffette *f*; (fur) putois *m*.

sky, skâï, *n* ciel *m*; —**light**, lucarne *f*; —**scraper**, ⌊gratte-ciel *m*.

slab, slâbbe, *n* dalle *f*; plaque *f*.

slack, slàque, *n* menu charbon *m*. *a* (loose) lâche.

slacken, slăque'-'n, *v* relâcher; (pace) ralentir.

slander, slânne'-d'r, *v* calomnier. *n* calomnie *f*; (law) diffamation *f*; **—er,** calomniateur *m*.

slang, slain-ngue, *n* argot *m*.

slant, slânnte, *v* être en pente; incliner; *n* pente *f*; **—ing,** *a* oblique.

slap, slăppe, *n* gifle *f*. *v* gifler.

slash, slăche, *v* taillader; (gash) balafrer.

slate, sléte, *n* ardoise *f*. *v* couvrir d'ardoises.

slaughter, sloa'-t'r, *v* abattre; massacrer. *n* tuerie *f*; **—er,** tueur *m*; **— -house,** abattoir *m*.

slave, sléve, *n* esclave *m* & *f*; **—ry,** esclavage *m*.

slay, slé, *v* tuer; massacrer.

sledge, slèdje, *n* traîneau *m*; **— -hammer,** marteau de forgeron *m*.

sleek, slíque, *a* lisse; (manners) mielleux.

sleep, slîpe, *v* dormir. *n* sommeil *m*; **—ing-car,** wagon-lit *m*; **—less,** *a* sans sommeil; **—lessness,** *n* insomnie *f*; **—y,** *a* qui a sommeil.

sleet, slîte, *n* grésil *m*.

sleeve, slîve, *n* manche *f*.

sleigh, slé, *n* traîneau *m*.

sleight, slâîte, *n* tour d'adresse *m*; **— of hand,** prestidigitation *f*. ⌐modeste.

slender, slenn'-d'r, *a* mince; (figure) svelte; (means)

slice, slâîce, *n* tranche *f*. *v* couper en tranches.

slide, slâîde, *n* glissade *f*; (microscopic) porte-objet *m*; (photo) diapositif *m*; (lantern) verre *m*. *v* glisser.

slight, slâîte, *n* marque de mépris *f*. *v* traiter sans égards. *a** mince; (mistake, etc) léger.

slim, slimme, *a* élancé. *v* se faire maigrir.

slime, slâîme, *n* vase *f*, limon *m*.

slimy, slâî'-mi, *a* vaseux, visqueux.

sling, slinng, *n* (med) écharpe *f*. *v* (throw) lancer.

slink, slinng-k, *v* s'esquiver.

slip, slippe, *v* glisser; **—pery,** *a* glissant.

slipper, slipp'-'r, *n* pantoufle *f*.

slit, slitte, *v* fendre. *n* fente *f*.

sloe, slau, *n* prunelle *f*.

slope, slaupe, *v* aller en pente. *n* pente *f*.

slot, slotte, *n* fente *f*; (box; machine) ouverture *f*.

sloth, slau*t*s, *n* paresse *f*; indolence *f*.

slouch, slâ'outche, *v* marcher lourdement.

slovenly, slov'-'n-li, *a* sans soin.

slow*, slô, *a* lent; **to be —,** *v* (clock, etc) retarder.

slug, slogg, *n* limace *f*; (missile) lingot *m*.

sluggish*, slogg'-iche, *a* lent; (liver) paresseux.

sluice, slouce, *n* écluse *f*; **— -gate,** vanne *f*.

slum, slomme, *n* bas quartier *m*; taudis *m*.

slumber, slomm'-b'r, *v* sommeiller. *n* sommeil *m*.

slump, slomme, *n* effondrement des cours *m*.

slur, sleur, *n* tache *f*. *v* tacher; déprécier.

slush, sloche, *n* boue *f*, fange *f*.

slut, slotte, *n* souillon *m* & *f*.

sly, slâî, *a* sournois, rusé.

smack, smăque, *v* (hand) donner une claque; (lips) faire claquer. *n* claque *f*; (boat) smack *m*.

small, smoal, *a* petit; **—ness,** *n* petitesse *f*.

small-pox, smoal'-poxe, *n* petite vérole *f*.

smart, smârte, *a* vif; (clever) spirituel; **habile;** (spruce) pimpant, chic. *v* (pain) cuire.

smash, smăche, *n* collision *f*; (com) krach *m*. *v* briser en morceaux; briser.

smattering, smătt'-eur-inng, *n* connaissance superficielle *f*.

smear, smîre, *v* barbouiller. *n* barbouillage *m*.

smell, smelle, *v* sentir. *n* odeur *f*.

smelt, smelte, *v* fondre. *n* (fish) éperlan *m*.

smile, smâîle, *v* sourire. *n* sourire *m*.

smite, smâîte, *v* frapper; affliger.

smith, smit*s*, *n* forgeron *m*; **—y,** forge *f*.

smoke, smauke, *v* fumer. *n* fumée *f*; **—less,** *a* sans fumée; **—r,** *n* fumeur *m*.

smoky, smau'-ki, *a* enfumé.

smooth, smood*z*, *a** lisse. *v* lisser; (temper) apaiser.

smother, smod*z*'-r, *v* étouffer, suffoquer.

smoulder, smaul'-d'r, *v* brûler sans flammes.

smudge, smodje, *v* tacher. *n* tache *f*.

smuggle, smog'-g'l, *v* passer en contrebande.

smuggler, smog'-gleur, *n* contrebandier *m*.

snack, snăque, *n* snack *m*.

snail, snéle, *n* colimaçon *m*; (edible) escargot *m*.

snake, snéque, *n* serpent *m*.

snap, snăppe, *n* (noise) claquement *m*; (bite) coup de dent *m.* *v* fermer bien; (break) briser net; (fingers) claquer les doigts; (animal) happer.

snapshot, snăppe′-chotte, *n* instantané *m.*

snare, snère, *n* piège *m.* *v* prendre au piège.

snarl, snârle, *v* grogner. *n* grognement *m.*

snatch, snătche, *v* saisir; **— at,** *v* chercher à saisir; **— from,** arracher à.

sneak, snîque, *n* cafard *m.* *v* (steal) chiper; **— away,** *v* s'esquiver furtivement.

sneer, snîre, *v* ricaner. *n* ricanement *m.*

sneeze, snîze, *v* éternuer. *n* éternuement *m.*

sniff, sniffe, *v* renifler.

snip, snipe, *n* coup de ciseaux *m.* *v* couper avec des ciseaux.

snipe, snâïpe, *n* bécassine *f*; **—r,** tireur d'élite *m.*

snob, snobbe, *n* snob *m*; **—bish,** *a* poseur.

snore, snaure, *v* ronfler. *n* ronflement *m.*

snort, snoarte, *v* renâcler. *n* renâclement *m.*

snout, snâ′oute, *n* museau *m*; (pig) groin *m.*

snow, snau, *v* neiger. *n* neige *f*; **—drop,** perce-neige *m*; **— -storm,** tempête de neige *f.*

snub, snobbe, *v* dédaigner. *n* rebuffade *f.*

snub-nose, snobbe′-nauze, *n* nez camus *m.*

snuff, snoffe, *n* tabac à priser *m*; **—box,** tabatière *f.*

so, sau, *adv* aussi; ainsi; comme cela; si.

soak, sauque, *v* tremper.

soap, saupe, *n* savon *m.*

soar, saure, *v* s'élever; planer.

sob, sobbe, *v* sangloter. *n* sanglot *m.*

sober*, sau′-b'r, *a* sobre; modéré.

sociable, sau′-cha-b'l, *a* sociable.

social, sau′-ch'l, *a** social; **—ism,** *n* socialisme *m*; **—ist,** *n* socialiste *m & f.*

society, sŏ-saï′-i-ti, *n* société *f*; compagnie *f*; grand monde *m.*

sock, soque, *n* chaussette *f.*

socket, sok′-ette, *n* emboîture *f*; (eyes) orbite *f*; (teeth) alvéole *m.*

sod, sode, *n* motte de gazon *f.*

soda, sau′-da, *n* soude *f*; **—water,** eau de Seltz *f.*

soft*, softe, *a* mou; doux; tendre; **—en,** *v* adoucir; (fig) attendrir; **—ness,** *n* douceur *f.*

soil, soa'ile, *v* souiller; abîmer. *n* sol *m*, terre *f*.

sojourn, sŏ'-djeurne, *v* séjourner. *n* séjour *m*.

solace, sŏl'-ace, *n* consolation *f*. *v* consoler.

solder, saule'-d'r, *n* soudure *f*. *v* souder.

soldier, saule'-dj'r, *n* soldat *m*.

sole, saule, *n* (shoes, etc) semelle *f*; (fish) sole *f*. *v* ressemeler. *a** seul; unique.

solemn*, sŏl'-emme, *a* solennel.

solicit, sŏ-liss'-itte, *v* solliciter.

solicitor, sŏ-liss'-itt-'r, *n* avoué *m*; notaire *m*.

solicitude, sol-i'-ci-tioude, *n* sollicitude *f*.

solid*, sŏl'-ide, *a* solide; massif; **—ify,** *v* solidifier.

solitary, sŏl'-i-ta-ri, *a* solitaire; seul.

solitude, sŏl'-i-tioude, *n* solitude *f*.

soluble, sŏl'-iou-b'l, *a* soluble.

solution, so-lioue'-ch'n, *n* solution *f*.

solve, solve, *v* résoudre.

solvency, sŏl'-venn-ci, *n* solvabilité *f*.

solvent, sŏl'-vennte, *a* dissolvant; (com) solvable.

sombre, somme'-beur, *a* sombre.

some, somme, *art a* & *pron* du, de la, des; quelques; en; **—body,** *n* quelqu'un *m*; **—how,** *adv* de façon ou d'autre; **—one,** *n* quelqu'un *m*; **—thing,** quelque chose *m*; **—times,** *adv* quelquefois; **—what,** quelque peu; **—where,** quelque part.

somersault, somm'-eur-solte, *n* saut périlleux *m*; culbute *f*.

somnambulist, somme-nămm'-bioue-liste, *n* somnambule *m* & *f*.

son, sonne, *n* fils *m*; **—in-law,** gendre *m*.

sonata, sŏ-nâ'-ta, *n* sonate *f*.

song, sonng, *n* chanson *f*; chant *m*.

soon, soune, *adv* bientôt; **as — as,** aussitôt que; **how —?** quand?

soot, soute, *n* suie *f*.

soothe, soudz, *v* adoucir; (pacify) calmer.

sophisticated, sau-fis'-ti-qué-téde, *a* sophistiqué.

sorcerer, saur'-ceur-eur, *n* sorcier *m*.

sorcery, saur'-ceur-i, *n* sorcellerie *f*.

sordid*, sŏr'-dide, *a* sordide; vil.

sore, saure, *n* plaie *f*; mal *m*. *a** mal; douloureux.

sorrel, sorr'-'l, *n* oseille *f*.

sorrow, sor'-au, *n* chagrin *m*; affliction *f*. *v* s'affliger; **—ful,** *a* affligeant; triste.

sorry, sor'-i, *a* fâché; désolé; **I am —,** je regrette; pardon!

sort, sôrte, *n* espèce *f*, genre *m*, sorte *f*. *v* trier.

soul, saule, *n* âme *f*.

sound, sâ'ounnde, *v* sonner; (*naut*) sonder. *a* (health) robuste; (character) droit; (sleep) profond. *n* son *m*; (bells) son *m*; (channel) détroit *m*; **—proof,** *a* insonore; **—track,** *n* bande sonore *f*; **—ing,** (*naut*) sondage *m*.

soup, soupe, *n* potage *m*, soupe *f*.

soup-tureen, soupe-tioue-rine', *n* soupière *f*.

sour*, sâ'oueur, *a* sur; aigre.

source, saurce, *n* source *f*.

south, sâ'outs, *n* sud *m*; **— of France,** le midi *m*.

southerly, seudz'-eur-li, *a* du sud; méridional.

souvenir, sou-vi-nîre', *n* souvenir *m*.

sovereign, sov'-eur-ine, *n* & *a* souverain *m*.

sow, sau, *v* semer; **—er,** *n* semeur *m*.

sow, sâ'ou, *n* truie *f*.

space, spéce, *n* espace *m*; (time) période *f*.

spacious*, spé'-cheuce, *a* spacieux.

spade, spéde, *n* bêche *f*; (cards) pique *m*.

span, spânne, *n* empan *m*; envergure *f*; (architecture) ouverture *f*; (*fig*) durée *f*. *v* traverser.

spangle, spain'-g'l, *v* pailleter. *n* paillette *f*.

spaniel, spânn'-ieule, *n* épagneul *m*.

spanner, spânn'-eur, *n* (tool) clef anglaise *f*.

spar, spâre, *v* s'exercer à la boxe. *n* (naut) espar *m*.

spare, spére, *a* de rechange. *v* (forbear) épargner; **can you — this?** pouvez-vous vous en passer?

sparing*, spéré'-inng, *a* frugal; économe.

spark, spârke, *n* étincelle *f*. *v* étinceler.

sparkle, spâr'-k'l, *v* étinceler; (wine) pétiller.

sparrow, spâr'-au, *n* moineau *m*.

spasm, spâzme, *n* spasme *m*.

spasmodic, spâz-mod'-ique, *a* spasmodique.

spats, spâttse, *npl* guêtres *fpl*.

spatter, spâtt'-r, *v* éclabousser.

spawn, spoanne, *n* frai *m*. *v* frayer.

speak, spîke, *v* parler; **—er,** *n* orateur *m*.

spear, spîre, *v* percer d'un coup de lance. *n* lance *f.*

special*, spè'-ch'l, *a* spécial; particulier.

speciality, spèch-i-al'-i-ti, *n* spécialité *f.*

specie, spî'-chî, *n* numéraire *m.*

species, spî'-chîze, *n* espèce *f;* sorte *f.*

specification, spess-i-fi-qué'-ch'n, *n* description *f;* (schedule) devis *m.*

specify, spess'-i-fâï, *v* spécifier.

specimen, spess'-i-menn, *n* spécimen *m;* modèle *m.*

specious*, spî-cheuce, *a* spécieux, plausible.

speck, spèque, *n* petite tache *f.*

spectacle, spèk'-*ta*-k'l, *n* spectacle *m.*

spectacles, spèk'-*ta*-k'lse, *npl* lunettes *fpl.*

spectator, spèk-té'-t'r, *n* spectateur, -trice *m & f.*

spectre, spèk'-t'r, *n* spectre *m.*

speculate, spèk'-iou-léte, *v* spéculer; méditer.

speech, spîtche, *n* parole *f;* (discourse) discours *m;*
   —less, *a* muet; (*fig*) interdit.

speed, spîde, *n* vitesse *f;* **—y,** *a* prompt; rapide.

speedometer, spî-domm'-it'r, *n* indicateur de vitesse *m.*

spell, spelle, *v* épeler. *n* charme *m.*

spend, spennde, *v* dépenser; **—thrift,** *n* dépensier,

sphere, sfîre, *n* sphère *f.*   └-ère *m & f.*

spice, spâïce, *n* épice *f. v* épicer.

spicy, spâï'-ci, *a* épicé; (*fig*) piquant.

spider, spâï'-d'r, *n* araignée *f.*

spike, spâïke, *n* piquant *m;* pointe *f. v* clouer.

spill, spille, *v* répandre; renverser.

spin, spinne, *v* filer; faire tourner; **—ning,** *n* filage *m.*

spinach, spinn'-idj, *n* épinards *mpl.*

spinal, spâïne'-'l, *a* spinal; vertébral.

spindle, spinn-d'l, *n* fuseau *m;* axe *m.*

spine, spâïne, *n* épine dorsale *f.*

spinster, spinn'-st'r, *n* femme non mariée *f.*

spiral, spâï'-r'l, *a* spiral. *n* spirale *f.*

spire, spâïre, *n* flèche *f.*

spirit, spir'-itte, *n* esprit *m;* (alcohol) alcool *m;*
s(animation) entrain *m;* **—ed,** *a* animé; **—ual,**
spirituel; **—ualist,** *n* spiritualiste *m.*

pit, spitte, *v* cracher. *n* crachat *m;* (roasting) broche *f;* **—toon,** crachoir *m.*

spite, spâïte, *v* dépiter. *n* dépit *m*; **—ful,** *a* vindicatif; **in — of,** *prep* malgré.

splash, splâche, *v* éclabousser; (play) patauger.

splendid*, splenn'-dide, *a* splendide.

splendour, splenn'-d'r, *n* splendeur *f*.

splint, splinnte, *n* (surgical) attelle *f*.

splinter, splinn'-t'r, *n* écharde *f*. *v* voler en éclats.

split, splitte, *v* fendre. *n* fente *f*.

spoil, spoa'île, *v* gâter; (damage) abîmer.

spoke, spauke, *n* rayon d'une roue *m*.

spokesman, spaukce'-mânne, *n* porte-parole *m*.

sponge, sponndje, *n* éponge *f*. *v* éponger.

sponsor, sponn'-sor, *n* garant *m*; (baptism) parrain *m*; marraine *f*.

spontaneous*, sponn-té'-ni-*euce*, *a* spontané.

spool, spoule, *n* bobine *f*.

spoon, spoune, *n* cuiller *f*; **—ful,** cuillerée *f*.

sport, spaurte, *n* sport *m*; **—ing,** *a* sportif; **—ive,** *a* gai.

spot, spotte, *v* tacher. *n* tache *f*; (place) endroit *m*; **—less,** *a* sans tache.

spout, spâ'oute, *n* (gutter) gouttière *f*; (jug or pot) bec *m*. *v* jaillir.

sprain, spréne, *v* se fouler. *n* entorse *f*.

sprat, sprâte, *n* sprat *m*.

sprawl, sproale, *v* s'étaler; se vautrer.

spray, spré, *n* (branch) ramille *f*; (water) embrun *m*. *v* arroser; pulvériser; atomiser.

sprayer, spré'-*eur*, *n* vaporisateur *m*; atomiseur.

spread, spredde, *v* étendre; (on bread, etc) étaler; (news) répandre; **— out,** déployer.

sprig, sprigue, *n* brin *m*, brindille *f*.

sprightly, sprâïte'-li, *a* enjoué; vif; gai.

spring, springg, *n* (season) printemps *m*; (leap) saut *m*; (water) source *f*; (metal) ressort *m*. *v* sauter; **—y,** *a* élastique.

sprinkle, springg'-k'l, *v* asperger; saupoudrer.

sprout, sprâ'oute, *v* germer. *n* pousse *f*.

spruce, sprouce, *n* sapinette *f*. *a* pimpant.

spur, speur, *n* éperon *m*. *v* éperonner.

spurious*, spiou'-ri-*euce*, *a* faux.

spurn, speurne, *v* dédaigner, mépriser.

spy, spâî, *n* espion, -onne *m* & *f*. *v* espionner.

squabble, scouob'-b'l, *v* se chamailler.

squad, scouodde, *n* (*mil*) escouade *f*; **—ron,** (*mil*) escadron *m*; (naval, air) escadre *f*.

squalid*, scouoll'-ide, *a* sale; abject.

squall, scouoale, *n* (wind) rafale *f*. *v* (scream) brailler.

squalor, scouoll-*eur*, *n* abjection *f*.

squander, scouonn'-d'r, *v* dissiper, gaspiller.

square, scouère, *n* & *a* carré *m*; (public) place *f*.

squash, scouoche, *v* écraser. *n* écrasement *m*.

squat, scouotte, *v* s'accroupir. *a* (*fig*) trapu.

squeak, scouike, *v* crier; (bearings, etc) grincer.

squeeze, scouize, *v* serrer; (cuddle) étreindre; (lemon, etc) presser.

squint, scouinnte, *v* loucher. *n* regard louche *m*.

squirrel, scouir-'l, *n* écureuil *m*.

squirt, scoueurte, *n* seringue *f*. *v* seringuer, faire gicler.

stab, stâbbe, *v* poignarder. *n* coup de poignard *m*.

stability, stâ-bil'-i-ti, *n* stabilité *f*.

stable, sté'-b'l, *n* écurie *f*; (cattle) étable *f*. *a* stable.

stack, stâque, *n* pile *f*; (hay) meule *f*; (chimney) cheminée *f*. *v* empiler.

staff, stâffe, *n* bâton *m*; (employees) personnel *m*; (*mil*) état-major *m*; **flag— —,** hampe *f*.

stag, stâgue, *n* cerf *m*.

stage, stédje, *n* (theatre) scène *f*; (hall) estrade *f*; (period) phase *f*. *v* mettre en scène.

stagger, stagg'-'r, *v* chanceler; (*fig*) renverser.

stagnate, stagg'-néte, *v* croupir.

staid*, stéde, *a* posé; sérieux.

stain, sténe, *v* teindre; (soil) souiller. *n* teinture *f*; (soil) tache *f*; **—less,** *a* (metal) inoxydable.

stair, stére, *n* marche *f*; **—s,** *pl* escalier *m*.

stake, stéque, *v* garnir de pieux; (bet) parier. *n* pieu *m*; (wager) enjeu *m*; **at the —,** sur le bûcher.

stale, stéle, *a* (bread, etc) rassis; (beer, etc) éventé.

stalk, stoake, *n* tige *f*. *v* chasser à l'affût.

stall, stoale, *n* fauteuil d'orchestre *m*; (market) étalage *m*; (cattle) box *m*. *v* (of engine) caler.

stalwart, stoal'-oueurte, *a* fort; robuste.

stamina, stâmm'-i-na, *n* force de résistance *f*.

stammer, stămm'-'r, *v* bégayer.

stamp, stămmpe, *n* timbre *m*. *v* timbrer; (foot) frapper du pied.

stampede, stămm-pîde', *v* fuir en panique; *n* débandade *f*.

stand, stănnde, *v* être debout; (place) mettre; (endure) supporter. *n* tribune *f*; résistance *f*; (pedestal) support *m*; (market) étalage *m*; (exhibition) stand *m*; **—ing,** *a* permanent. *n* rang *m*; **—ing-room,** place debout *f*; **—still,** arrêt *m*.

standard, stănn'-*deurde*, *n* étendard *m*. *n* & *a* modèle *m*; (weights, measures) étalon *m*.

staple, sté'-p'l, *n* crampon de fer *m*; agrafe *f*. *a* principal.

star, stârre, *n* étoile *f*; **—ry,** *a* étoilé.

starboard, stârre'-baurde, *n* tribord *m*.

starch, stârtche, *n* amidon *m*. *v* empeser.

stare, stére, *v* regarder fixement. *n* regard fixe *m*.

starling, stâr'-linng, *n* étourneau *m*.

start, stârte, *n* commencement *m*; (shock) coup *m*. *v* commencer; (machinery) mettre en marche; (leave) partir.

startle, stâr'-t'l, *v* sursauter; effrayer.

starvation, stâr-vé'-ch'n, *n* faim *f*.

starve, stârve, *v* mourir de faim; (deprive) affamer.

state, stéte, *v* déclarer. *n* état *m*; (pomp) apparat *m*; **—ly,** *a* majestueux; **—ment,** *n* déclaration *f*; (account) relevé de compte *m*.

statesman, stéts'-mănne, *n* homme d'Etat *m*.

station, sté'-ch'n, *n* position *f*; (railway) gare *f*; (fire, police) poste *m*. *v* poster.

stationary, sté'-chŏnn-*a*-ri, *a* stationnaire.

stationer, sté'-cheunn-*eur*, *n* papetier *m*.

stationery, sté'-cheunn-*eur*-i, *n* papeterie *f*.

statistics, sta-tiss'-tiks, *n* statistique *f*.

statue, stă'-tiou, *n* statue *f*.

statute, stă'-tioute, *n* statut *m*, loi *f*.

staunch, stănnche, *v* étancher. *a* ferme.

stave, stéve, *n* douve *f*; **— in,** *v* défoncer.

stay, sté, *n* séjour *m*. *v* séjourner, rester.

stays, stéze, *npl* corset *m*.

stead, stedde, *n* place *f*; **in— of,** au lieu de.

steadfast, stedd'-fàsste, *a* solide; constant.

steady, stedd'-i, *a* ferme; (reliable) sérieux; (market) ferme.

steak, stéque, *n* bifteck *m*.

steal, stîle, *v* voler, dérober.

stealth, by—, à la dérobée.

steam, stîme, *n* vapeur *f*; **—er,** bateau à vapeur *m*.

steel, stîle, *n* acier *m*.

steep, stîpe, *a* escarpé. *v* (soak) tremper.

steeple, stî'-p'l, *n* clocher *m*.

steer, stîre, *v* (*naut*) gouverner; (*aero*) diriger; (motor) conduire. *n* (ox) bouvillon *m*.

steerage, stîre'-idj, *n* entrepont *m*.

stem, stemme, *n* tige *f*; (glass) pied *m*; (tobacco-pipe) tuyau *m*. *v* refouler.

stench, stenntche, *n* infection *f*, puanteur *f*.

step, steppe, *v* marcher; aller. *n* pas *m*; (stair) marche *f*; (ladder) échelon *m*; **—father,** beau-père *m*; **—mother,** bellemère *f*; **—ladder,** échelle double *f*.

stereophonic, stér-io-fon'-ique, *a* stéréophonique.

sterile, stér'-il, *a* stérile.

sterilize, stér'-i-lâïze, *v* stériliser.

sterling, steur'-linng *a* sterling; pur; de bon aloi.

stern, steurne, *n* arrière *m*. *a** sévère; rébarbatif.

stevedore, stî'-ve-daure, *n* arrimeur *m*.

stew, stioue, *n* ragoût *m*. *v* mettre en ragoût.

steward, stioue-eurde, *n* (estate) intendant *m*; (ship) garçon de cabine *m*; **—ess,** femme de chambre *f*; **wine —,** sommelier *m*.

stick, stique, *v* (affix) coller. *n* bâton *m*; (walking) canne *f*; **—y,** *a* collant.

stiff*, stife, *a* raide; **—en,** *v* raidir; (linen) empeser.

stifle, stâï'-f'l, *v* étouffer, suffoquer.

stigmatize, stigg'-ma-tâïze, *v* stigmatiser.

stile, stâïle, *n* barrière *f*; **turn—,** tourniquet *m*.

still, stille, *n* (distil) alambic *m*. *v* calmer. *a* tranquille; *adv* encore; toujours. *conj* (nevertheless) néanmoins.

stimulate, stimm'-iou-léte, *v* stimuler.

sting, stinng, *v* piquer. *n* piqûre *f*.

stink, stinng-k, *v* puer. *n* puanteur *f*.

stint, stinnte, *v* restreindre; rogner.

stipend, stâï'-pennde, *n* traitement *m*.

stipulate, stip'-iou-léte, *v* stipuler.

stipulation, stip-iou-lé-ch'n, *n* stipulation *f*.

stir, steur, *v* remuer; agiter; bouger. *n* émoi *m*.

stirrup, stirr'-*eupe*, *n* étrier *m*.

stitch, stitche, *v* coudre. *n* point *m*.

stock, stoque, *v* avoir en magasin; stocker; *n* (tree) tronc *m*; (gun) fût *m*; (flower) giroflée *f*; (goods) stock *m*; (live) animaux vivants *mpl*; (meat, etc) bouillon *m*; — **-book,** livre d'inventaire *m*; —**broker,** agent de change *m*; — **-exchange,** bourse *f*; —**s,** (securities) valeurs *fpl*; (pillory) pilori *m*; — **-size,** taille normale *f*; — **-taking,** inventaire *m*.

stocking, stok'-inng, *n* bas *m*.

stoke, stauque, *v* chauffer; —**r,** *n* chauffeur *m*.

stolid, stol'-id, *a* lourd.

stomach, stomm'-aque, *n* estomac *m*; — **-ache,** mal d'estomac *m*; mal au ventre *m*.

stone, staune, *n* pierre *f*; (pebble) caillou *m*; (med) calcul *m*. *v* lapider; (fruit) enlever les noyaux.

stool, stoule, *n* tabouret *m*; (med) selle *f*.

stoop, stoupe, *v* se baisser.

stop, stoppe, *n* arrêt *m*; (interruption) pause *f*; (punctuation) point *m*. *v* arrêter, s'arrêter; (payment) suspendre; (teeth) plomber; (cease) cesser; — **up,** boucher.

stopper, stopp'-*r,* *n* bouchon *m*.

storage, staur'-idj, *n* magasinage *m*.

store, staure, *n* (shop) magasin *m*.

stores, staur'ze, *npl* approvisionnements *mpl*.

stork, stoarque, *n* cigogne *f*.

storm, stoarme, *n* tempête *f*. *v* donner l'assaut à.

stormy, stoar'-mi, *a* orageux.

story, stau'-ri, *n* histoire *f*; (untruth) mensonge *m*; (floor) étage *m*.

stout, stå'oute, *a* gros; (strong) fort.

stove, stauve, *n* poêle *m*; (cooking) cuisinière *f*.

stow, stau, *v* (naut) arrimer; (away) ranger.

stowaway, stau-*a*-oué, *n* voyageur clandestin *m*.

straggle, strägg'-'l, *v* s'écarter de; (lag) traîner.

straight, stréte, *a* droit; direct; —**en,** *v* redresser; —**forward*,** *a* honorable; franc.

strain, stréne, *n* effort *m*; (music) air *m*; (pull) tension *f*. *v* s'efforcer; (stretch) tendre; (tendon) fouler; (liquid) filtrer.

strainer, stré'-neur, *n* passoire *f*; filtre *m*.

straits, strétse, *npl* (channel) détroit *m*.

strand, strännde, *v* (*naut*) échouer. *n* plage *f*; (rope) brin *m*.

strange*, stréne'dje, *a* étrange; —**r**, *n* étranger, -ère *m* & *f*.

strangle, strain'-ng'l, *v* étrangler.

strap, sträppe, *v* attacher avec une courroie; *n* courroie *f*.

straw, stroa, *n* paille *f*; —**berry**, fraise *f*.

stray, stré, *v* s'égarer; s'éloigner. *a* égaré, perdu.

streak, strîke, *n* raie *f*; rayon *m*. *v* rayer.

streaky, strîk'-i, *a* rayé; (meat) entrelardé.

stream, strîme, *n* ruisseau *m*; courant *m*. *v* couler; — -**lined**, *a* aérodynamique.

street, strîte, *n* rue *f*.

strength, strenng-*ts*, *n* force *f*; —**en**, *v* renforcer.

strenuous*, strenn'-iou-*euce*, *a* ardu.

stress, stresse, *n* accent *m*; (pressure) pression *f*; tension *f*; (urge) urgence *f*. *v* accentuer; souligner.

stretch, stretche, *v* (widen) élargir; (oneself) s'étirer; (pull) tirer; —**er**, *n* (*med*) brancard *m*; (shoe, etc) forme *f*.

strew, stroue, *v* répandre; parsemer.

strict*, stricte, *a* exact; strict; rigoureux.

stride, sträide, *n* enjambée *f*. *v* enjamber.

strife, sträïfe, *n* dispute *f*; contestation *f*.

strike, sträïke, *v* (work) se mettre en grève; (lightning; smite) frapper; (match) frotter. *n* grève *f*; — **off**, — **out**, *v* effacer; (disqualify) rayer; —**r**, *n* gréviste *m* & *f*.

string, strinng, *v* (beads) enfiler. *n* ficelle *f*; (music) corde *f*.

stringent, strinn'-djennte, *a* rigoureux.

strip, strippe, *v* dénuder. *n* bande *f*.

stripe, sträïpe, *n* raie *f*; (*mil*) galon *m*. *v* rayer.

strive, sträïve, *v* s'efforcer de.

stroke, strauke, *n* (*med*) attaque *f*; (pen) trait de plume *m*; (blow) coup *m*; (piston) course *f*. *v* caresser.

stroll, straule, v flâner; faire un tour. n tour m.

strong*, stronng, a fort; solide.

strop, stroppe, n cuir à rasoir m. v repasser.

structure, strok'-tioure, n structure f.

struggle, strogg'-'l, v lutter. n lutte f.

strut, strotte, v se pavaner. n (brace) étai m.

stubborn, stobb'-eurne, a obstiné; opiniâtre.

stud, stodde, n (nail) clou à grosse tête m; (collar) bouton m; (breeding) haras m. v garnir de clous.

student, stioue'-dennte, n étudiant, -e m & f, élève m & f.

studio, stioue'-di-ô, n atelier m; studio m.

studious*, stioue'-di-euce, a studieux.

study, stodd'-i, v étudier. n étude f; (room) cabinet de travail m; bureau m.

stuff, stoffe, v rembourrer; (preserve) empailler; (cookery) farcir. n matière f; **—ing,** (cookery) farce f.

stumble, stomm'-b'l, v trébucher.

stump, stommpe, n tronçon m; (arm, leg) moignon m; (tooth) racine f; (cricket) bâton m.

stun, stonne, v étourdir.

stunning, stonn'-inng, a (fig) étourdissant.

stunt, stonnte, n tour de force m; acrobatie f; **— man,** cascadeur m.

stunted, stonn'-tedde, a rabougri.

stupefy, stioue'-pi-fäi, v stupéfier.

stupendous*, stiou-penn'-deuce, a prodigieux.

stupid*, stioue'-pide, a stupide; **—ity,** n stupidité f.

stupor, stioue'-peur, n stupeur f.

sturdy, steur'-di, a vigoureux; hardi.

sturgeon, steur'-dj'n, n esturgeon m.

stutter, stott'-'r, v bégayer, balbutier.

sty, stäï, n porcherie f; (med) compère-loriot m.

style, stäïle, n mode f; (manner) style m.

stylish, stäïl'-iche, a à la mode; élégant.

subdue, seub-dioue', v subjuguer; (tame) dompter.

subject, sobb'-djecte', v assujétir; exposer à.

subject, sobb'-djecte, n sujet m.

subjection, sobb'-djèque'-ch'n, n dépendance f; soumission f.

subjunctive, sobb-djonngk'-tive, n subjonctif m.

sublime*, s*eu*b-lâïme', *a* sublime.

submarine, sob'-ma-rine, *n* & *a* sous-marin *m*.

submerge, s*eu*b-meurdje', *v* submerger.

submission, s*eu*b-mich'-'n, *n* soumission *f*.

submit, s*eu*b-mitte', *v* soumettre; se soumettre.

subordinate, s*eu*b-or'-di-néte, *a* subordonné.

subpœna, s*eu*b-pî'-na, *n* assignation *f*. *v* assigner.

subscribe, s*eu*b-scrâïbe', *v* souscrire; (papers) s'abonner; **—r**, *n* souscripteur *m*; abonné, -ée *m* & *f*.

subscription, s*eu*b-scrip'-ch'n, *n* souscription *f*; (papers, library, etc) abonnement *m*.

subsequent*, s*eu*b'-sî-couennte, *a* subséquent.

subservient, s*eu*b-seur'-vi-ennte, *a* subordonné.

subside, s*eu*b-sâïde', *v* s'affaisser; (water) baisser.

subsidiary, s*eu*b-side'-i-a-ri, *a* subsidiaire.

subsidy, s*eu*b'-si-di, *n* (grant) subvention *f*.

subsist, s*eu*b-cisste', *v* subsister; **— on**, vivre de.

substance, s*eu*b'-st'nce, *n* substance *f*; fond *m*.

substantial*, s*eu*b-stänn'-cheul, *a* substantiel.

substantiate, s*eu*b-stänn'-chi-éte, *v* établir.

substantive, s*eu*b'-stänn-tive, *n* substantif *m*.

substitute, s*eu*b-sti-tioute, *v* remplacer. *n* (proxy) remplaçant, -e *m* & *f*; **as a —**, à la place de.

subterranean, s*eu*b-tèr-ré'-ni-ann, *a* souterrain.

subtle, s*eu*tt'-'l, *a* subtil; adroit.

subtract, s*eu*b-trâcte', *v* soustraire.

suburb, s*eu*b'-eurbe, *n* banlieue *f*.

subway, s*eu*b'-ou'é, *n* passage souterrain *m*.

succeed, s*eu*k-cîde', *v* succéder; (achieve) réussir.

success, s*eu*k-cesse', *n* succès *m*; **—ful**, à couronné de succès; (person) heureux; **—ion**, *n* succession *f*; **—or**, successeur *m*.

succour, s*eu*k'-'r, *n* secours *m*. *v* secourir.

succumb, s*eu*k-komme', *v* succomber.

such, sotche, *a* pareil; semblable.

suck, soque, *v* sucer; (baby) téter; **—le**, allaiter.

suction, soque'-ch'n, *n* succion *f*.

sudden*, sod'-'n, *a* soudain; imprévu.

sue, sioue, *v* poursuivre en justice.

suet, sioue'-ette, *n* graisse de rognon *f*.

suffer, soff'-'r, *v* souffrir; supporter; **—ing**, *n* souffrance *f*. *a* patient; **on —ance**, par tolérance.

suffice, s*euf*-fâîce', *v* suffire.

sufficient*, s*euf*-fi'-chennte, *a* suffisant.

suffocate, sof'-ŏ-quéte, *v* suffoquer.

suffrage, s*euf*'-frédje, *n* suffrage *m*.

sugar, chou'-gueur, *n* sucre *m*; — **-tongs,** pince à sucre *f*.

suggest, s*eudd*-jeste', *v* suggérer; (advice) conseiller; **—ion,** *n* suggestion *f*; **—ive,** *a* suggestif.

suicide, siou'-i-sâîde, *n* suicide *m*.

suit, sioute, *n* (retinue) suite *f*; (dress) aller bien. *n* complet *m*; costume *m*; (law) procès *m*; (cards) couleur *f*; **—able,** *a* convenable; **—case,** *n* valise *f*; **—or,** (wooer) prétendant *m*.

suite, souîte, *n* (retinue) suite *f*; (rooms) appartement *m*; (furniture) ameublement *m*.

sulk, sollque, *v* bouder; **—y,** *a* bouder.

sullen*, soll'-'n, *a* maussade; morose.

sulphur, soll'-f'r, *n* soufre *m*.

sultry, soll'-tri, *a* lourd, accablant.

sum, somme, *n* somme *f*; — **up,** *v* résumer.

summary, somm'-*a*-ri, *n* résumé *m*. *a* sommaire.

summer, somm'-'r, *n* été *m*.

summit, somm'-itte, *n* sommet *m*.

summon, somm'-'n, *v* appeler; (call) convoquer.

summons, somm'-*eu*nnze, *n* sommation *f*.

sumptuous*, somm*p*'-tiou-*eu*ce, *a* somptueux.

sun, sonne, *n* soleil *m*; **—beam,** rayon de soleil *m*; **—dial,** cadran solaire *m*; **—glasses,** *n* lunettes de soleil *fpl*; **—ny,** *a* ensoleillé; **—rise,** *n* lever du soleil *m*; **—set,** coucher du soleil *m*; **—stroke,** coup de soleil *m*.

Sunday, sonn'-dé, *n* dimanche *m*.

sundries, sonn'-drize, *npl* articles divers *mpl*.

sundry, sonn'-dri, *a* divers.

sunken, song'-k'n, *a* enfoncé, coulé.

sup, soppe, *v* souper; **—per,** *n* souper *m*.

super, siou*e*'-p*eu*r, *a* (theatrical) figurant *m*; **—abundant,** *a* surabondant; **—annuation,** *n* retraite *f*; **—cilious,** *a* hautain; dédaigneux; **—ficial,** superficiel; **—fine,** surfin; **—intend,** *v* surveiller; **—intendent,** *n* contrôleur *m*; **—market,** *n* supermarché *m*; **—natural,** *a* surnaturel; **—sede,** *v* supplanter; **—vise,** surveiller; **—vision,** n surveillance f.

superb*, sioue-peurbe', a superbe.

superfluous, sioue-peur'-flou-euce, a superflu.

superior, sioue-pi'-ri-eur, a supérieur.

superlative, sioue-peur'-la-tive, n & a superlatif m.

superstitious*, sioue-peur-stich'-euce, a superstitieux.

supplant, seup-plânnte', v supplanter.

supple, sopp'-'l, a souple.

supplement, sopp'-li-m'nt, n supplément m.

supplier, seup-plâï'-eur, n fournisseur.

supply, seup-plâï', v fournir. n fourniture f.

support*, seup-paurte', n (prop) support m; (moral) appui m; (maintenance) entretien m. v supporter; entretenir; (morally) soutenir.

suppose, seup-pauze', v supposer.

supposition, seup-pau-ziche'-'n, n supposition f.

suppress, seup-press', v supprimer; (conceal) cacher.

supremacy, sioue-premm'-a-ci, n suprématie f.

supreme, sioue-prîme', a suprême.

surcharge, seur'-tchârdje, n surcharge f. v surcharger.

sure*, choueur'-'ti, a sûr, certain.   [charger.

surety, choueur'-'ti, n (bail, etc) caution f.

surf, seurfe, n ressac m.

surface, seur'-féce, n surface f.

surge, seurdje, v s'enfler. n houle f.

surgeon, seur'-djeune, n chirurgien m.

surgery, seur'-djeur-i, n chirurgie f.

surgical, seur'-dji-c'l, a chirurgical.

surly, seur'-li, a bourru; (dog) hargneux.

surmise, seur-mâïze', v conjecturer. n conjecture f.

surmount, seur-mâ'ounnte', v surmonter.

surname, seur'-néme, n nom de famille m.

surpass, seur-pâsse', v surpasser; l'emporter sur.

surplus, seur'-pleuce, n excédent m, surplus m.

surprise, seur-prâïze', v surprendre. n surprise f.

surrender, seur-renn'-d'r, n (mil) reddition f. v se rendre; (cede) céder.

surround, seur-râ'ounnde, v entourer; (mil) cerner; **—ings,** npl environs mpl.

survey, seur-vé', n (land) arpentage m; enquête f. v

mesurer; (look at) inspecter; **—or**, *n* arpenteur *m*; architecte *m*; inspecteur *m*.

survival, *seur*-vâï'-v'l, *n* survivance *f*.

survive, *seur*-vâïve, *v* survivre.

survivor, *seur*-vâï'-v'r, *n* survivant, -e *m* & *f*.

susceptible, *seuss*-cepp'-ti-b'l, *a* susceptible.

suspect, *seuss*-pecte', *v* soupçonner. *n* & *a* suspect, -e *m* & *f*.

suspend, *seuss*-pennde', *v* suspendre; (defer) ajourner; **—ers**, *npl* jarretelles *fpl*.

suspense, *seuss*-pennce', *n* suspens *m*; incertitude *f*.

suspension, *seuss*-penn'-ch'n, *n* suspension *f*; **— -bridge**, pont suspendu *m*.

suspensory, *seuss*-penn'-sor-i, *n* suspensoir *m*.

suspicion, *seuss*-pich'-n, *n* soupçon *m*.

suspicious*, *seuss*-pich'-euce, *a* méfiant; suspect.

sustain, *seuss*-téné', *v* soutenir; supporter.

swagger, *sou*'ågg'-'r, *v* faire le fanfaron.

swallow, *sou*'oll'-au, *v* avaler. *n* (bird) hirondelle *f*.

swamp, *sou*'ommpe, *n* marécage *m*. *v* submerger.

swan, *sou*'onne, *n* cygne *m*.

swarm, *sou*'oarme, *n* (bees, etc) essaim *m*; (people) multitude *f*. *v* essaimer; (crowd) pulluler.

sway, *soué*, *v* influencer; osciller; (totter) chanceler. *n* influence *f*; (power) pouvoir *m*.

swear, *sou*'aire, *v* jurer; (law) prêter serment.

sweat, *sou*'ète, *n* sueur *f*. *v* suer; transpirer.

sweep, *sou*'ipe, *v* balayer; (chimney) ramoner. *n* (chimney) ramoneur *m*; **—er**, balayeur *m*; (carpet) balai mécanique *m*.

sweet, *sou*'ite, *a* sucré; (*fig*) doux. *n* (confection) bonbon *m*; (meals) entremets *m*; **— -bread**, ris de veau d'agneau *m*; **—en**, *v* sucrer; **—heart**, *n* amoureux, -euse *m* & *f*; **—ness**, douceur *f*; **— -pea**, pois de senteur *m*.

swell, *sou*'elle, *v* enfler; **—ing**, *n* (*med*) enflure *f*.

swerve, *sou*'eurve, *v* dévier; (skid) déraper.

swift, *sou*'ifte, *a** rapide. *n* martinet *m*.

swim, *sou*'imme, *v* nager. *n* nage *f*; **—mer**, nageur, -euse *m* & *f*; **—ming-bath**, piscine *f*.

swindle, *sou*'inn'-d'l, *v* escroquer; rouler; *n* escroquerie *f*; **—r**, escroc *m*.

swine, sou-âîne, *n* cochon *m*; porc *m*.
swing, sou'inng, *n* oscillation *f*; (child's) balançoire *f*. *v* osciller; se balancer; (whirl) tournoyer.
switch, sou'itche, *n* (riding) cravache *f*; (electric) commutateur *m*; *v* (train) aiguiller; — **off**, (light) éteindre; — **on**, (light) allumer.
swivel, sou'ive'-'l, *n* tourniquet *m*.
swoon, swoune, *v* s'évanouir. *n* évanouissement *m*.
swoop, swoupe, *v* fondre sur.
sword, saurde, *n* épée *f*; (sabre) sabre *m*.
sworn, sou'aurne, *a* assermenté.
syllable, sil'-*la*-b'l, *n* syllabe *f*.
syllabus, sil'-*la*-beuce, *n* programme *m*.
symbol, simm'-b'l, *n* symbole *m*.
symmetry, simm'-èt-ri, *n* symétrie *f*.
sympathetic, simm'-pa-*ts*èt'-ique, *a* sympathique.
sympathize, simm'-pa-*ts*âîze, *v* sympathiser.
sympathy, simm'-pa-*ts*i, *n* sympathie *f*.
symptom, simmp'-t'm, *n* symptôme *m*.
synchronize, sinn'-cronn-âîze, *v* synchroniser.
syndicate, sinn'-di-kéte, *n* syndicat *m*.
synonymous, si-nonn'-i-*m*euce, *a* synonyme.
syphilis, siff'-i-lice, *n* syphilis *f*.
syringe, sir'-inndje, *n* seringue *f*. *v* seringuer.
syrup, sir'-oppe, *n* sirop *m*.
system, siss'-t'm *n* système *m*.

table, té-'b'l, *n* table *f*; — **-cloth**, nappe *f*; — **-land**, plateau *m*; — **-spoon**, cuiller à bouche *f*.
tablet, tâb'-lette, *n* tablette *f*; plaque *f*.
tack, tâque, *n* (nail) semence *f*. *v* clouer; (sew) faufiler; (naut) courir une bordée.
tackle, tâque'-'l, *n* (fishing) articles de pêche *mpl*; (naut) apparaux *mpl*. *v* attaquer.
tact, tâkt, *n* tact *m*; — **-ful**, *a* qui a du tact; — **-ics**, *n* tactique *f*; — **-less**, *a* sans tact.
tadpole, tâde'-pôle, *n* têtard *m*.
tail, téle, *n* queue *f*; (coat, short, etc) pan *m*.
tailor, té'-l'r, *n* tailleur *m*.
taint, ténnte, *v* souiller; infecter. *n* souillure *f*.
take, téque, *v* prendre; accepter; — **away**, (carry

away) emporter; (clear away) enlever; (lead away) emmener; — **care of**, prendre soin de, avoir soin de; — **off**, enlever.

takings, té'-kinngse, *npl* recettes *fpl*.

tale, téle, *n* récit *m*; (fairy) conte *m*.

talent, tăl'-ennte, *n* talent *m*.

talk, toak, *v* parler; causer. *n* conversation *f*.

talkative, toak'-*a*-tive, *a* bavard.

tall, toal, *a* grand; haut.

tallow, tăl'-au, *n* suif *m*.

tally, tăl'-i, *v* concorder; correspondre.

talon, tăl'-onne, *n* serre *f*.

tame, téme, *a* apprivoisé, domestique. *v* apprivoiser; (beasts) dompter; **taming**, *n* apprivoisement *m*; —**r**, dompteur *m*.

tamper, tămm'-p'r, *v* toucher à.

tan, tănne, *v* (leather) tanner; (sun) bronzer.

tangerine, tănn'-dje-rinne, *n* mandarine *f*.

tangible, tănn'-dji-b'l, *a* tangible; palpable.

tangle, tain'-ng'l, *n* emmêlement *m*. *v* embrouiller; emmêler.

tank, tain'-ngk, *n* citerne *f*; (mil) char d'assaut *m*.

tantalize, tănn'-ta-lăïze, *v* tenter; torturer.

tap, tăppe, *n* tape *f*; petit coup *m*; (cock) robinet *m*; (cask) cannelle *f*. *v* taper; (knock) frapper; (tree) inciser; (cask) mettre en perce.

tape, tépe, *n* ruban *m*; — **-measure**, mètre à ruban *m*; — **recorder**, *n* magnétophone *m*; —**worm**, ver solitaire *m*; **red** —, (fig) bureaucratie *f*.

taper, tépe'-'r, *v* effiler.

tapestry, tăp'-'s-tri, *n* tapisserie *f*.

tar, târe, *n* goudron *m*. *v* goudronner.

tardy, târe'-di, *a* lent; (late) tardif.

target, târe'-guette, *n* cible *f*.

tariff, târe'-if, *n* tarif *m*.

tarnish, târe'-niche, *v* ternir.

tarpaulin, târe-poa'-linne, *n* bâche *f*.

tart, târte, *n* tarte *f*; tourte *f*. *a** acide.

task, tàssque, *n* tâche *f*.

tassel, tăss'-'l, *n* gland *m*.

taste, téste, *v* goûter. *n* goût *m*; —**ful**, *a* de bon goût; —**less**, sans goût, insipide.

tasty, tést'-i, *a* savoureux.

tatter, tätt'-'r, *n* haillon *m*; lambeau *m*; **—ed,** *a* déguenillé.

tattle, tätt'-'l, *v* jaser. *n* bavardage *m*.

tattoo, ta-toue', *v* (skin) tatouer. *n* tatouage *m*; (mil) retraite aux flambeaux *f*.

taunt, toannte, *v* tancer. *n* reproche *m*.

tavern, täv'-eurne, *n* taverne *f*.

tawdry, toa'-dri, *a* clinquant.

tax, täxe, *v* taxer. *n* impôt *m*; **— -payer,** contribuable *m & f*.

taxi, täk'-si, *n* taxi *m*.

tea, tî, *n* thé *m*; **— -pot,** théière *f*.

teach, tîtche, *v* enseigner; **—er,** *n* professeur *m*; (primary) maître, -tresse *m & f*.

teaching, tîtch'-inng, *n* enseignement *m*.

team, tîme, *n* (sport) équipe *f*; (horses, etc) attelage *m*.

tear, tère, *v* (rend) déchirer. *n* déchirure *f*.

tear, tîre, *n* larme *f*.

tease, tîze, *v* taquiner; (annoy) agacer.

teat, tîte, *n* mamelon *m*; (dummy) tétine *f*.

technical*, tèque'-ni-c'l, *a* technique.

tedious*, tî'-di-euce, *a* ennuyeux; fatigant.

tedium, tî'-di-omme, *n* ennui *m*.

teem, tîme, **— with,** *v* fourmiller de.

teething, tîdz'-inng, *n* dentition *f*.

teetotaller, tî-tô'-t'leur, *n* abstinent, -ente *m & f*.

telegram, tell'-i-grämme, *n* télégramme *m*.

telegraph, tell'-i-gräfe, *v* télégraphier.

telephone, tell'-i-faune, *v* téléphoner. *n* téléphone *m*.

telescope, tell'-i-scaupe, *n* télescope *m*, longue-vue *f*.

television, tell-i-vij'-'n, *n* télévision *f*.

tell, tell, *v* dire; (narrate) raconter.

temper, temm'-p'r, *n* humeur *f*; colère *f*; (steel) trempe *f*. *v* tremper; **—ance,** *n* tempérance *f*; sobriété *f*. *a* de tempérance; **—ate*,** modéré; sobre; **—ature,** *n* température *f*; fièvre *f*.

tempest, temm'-peste, *n* tempête *f*.

temple, temm'-p'l, *n* temple *m*; (head) tempe *f*.

temporary, temm'-pô-ra-ri, *a* temporaire.

tempt, temmpte, *v* tenter; **—ing,** *a* tentant.

temptation, temmp-té´-ch´n, *n* tentation *f*.

ten, tenne, *n* & *a* dix *m*; **—th,** dixième *m* & *f*.

tenable, tenn´-a-b´l, *a* soutenable; (*mil*) tenable.

tenacious*, ti-né´-cheuce, *a* tenace.

tenacity, ti-nàss´-i-ti, *n* ténacité *f*.

tenancy, tenn´-ann-ci, *n* location *f*.

tenant, tenn´-annte, *n* locataire *m* & *f*.

tend, tennde, *v* soigner.

tendency, tenn´-denn-ci, *n* tendance *f*.

tender, tenn´-d´r, *v* offrir; (contract) soumissionner. *n* offre *f*; soumission *f*. *a** tendre; (painful) sensible; **— -hearted,** compatissant; **—ness,** *n* tendresse *f*; sensibilité *f*.

tenement, tenn´-i-m´nt, *n* habitation *f*, logement *m*.

tennis, tenn´-ice, *n* tennis *m*.

tenor, tenn´-´r, *n* ténor *m*; (purport) teneur *f*.

tense, tennce, *n* (grammar) temps *m*. *a** tendu.

tension, tenn´-ch´n, *n* tension *f*.

tent, tennte, *n* tente *f*.

tentative*, tenn´-ta-tive, *a* expérimental.

tenure, tenn´-ioure, *n* jouissance *f*.

tepid, tepp´-idde, *a* tiède.

term, teurme, *n* terme *m*; (school) trimestre *m*; (time) durée *f*; **—inate,** *v* terminer; se terminer; **—inus,** *n* terminus *m*; **—s,** *pl* conditions *fpl*; (instalments) à tempérament.

terrace, terr´-ice, *n* terrasse *f*.

terrible, terr´-i-b´l, *a* terrible.

terrific, terr-i´-fique, *a* formidable.

terrify, terr´-i-fâi, *v* terrifier.

territory, terr´-i-tör-i, *n* territoire *m*.

terror, terr´-´r, *n* terreur *f*, effroi *m*; **—ize,** *v* terroriser.

terse*, teurse, *a* sec, net.

test, tesste, *v* mettre à l'épreuve, essayer. *n* épreuve *f*, essai *m*; examen *m*; **—ify,** *v* attester; **—imonial,** *n* certificat *m*; (presentation) témoignage de reconnaissance *m*.

Testament, tess´-ta-m´nt, *n* Testament *m*.

testicle, tess´-ti-k´l, *n* testicule *m*.

testimony, tess´-ti-mo-ni, *n* témoignage *m*.

tether, tèdz´-´r, *n* longe *f*. *v* mettre à l'attache.

text, texte, *n* texte *m*; **— -book,** manuel *m*.

textile, tex′-tâîle, *a* textile.

texture, tex′-tioure, *n* tissu *m*; texture *f*.

than, dzànne, *conj* que; de.

thank, tsain-ngk, *v* remercier; — **you!** *interj* merci! —**ful,** *a* reconnaissant; —**less,** *ingrat*; —**s,** *npl* remerciements *mpl*; —**s to,** *prep* grâce à.

thanksgiving, tsainngkse′-guiv-inng, *n* actions de grâces *fpl*.

that, dzàtte, *pron* lequel, laquelle, lesquels, lesquelles; cela. *a* ce, cet, cette. *conj* que, afin que; — **one,** *pron* celui-là, celle-là.

thatch, tsàtche, *n* chaume *m*. *v* couvrir de chaume.

thaw, tsoa, *n* dégel *m*. *v* dégeler.

the, dze, *art* le, la, les.

theatre, tsi′-a-t′r, *n* théâtre *m*.

theft, tsefte, *n* vol *m*; (petty) larcin *m*.

their, dzère, *poss a* leur, leurs.

theirs, dzèrze, *poss pron* le leur, la leur, les leurs.

them, dzemme, *pron* eux, elles, les; **to —,** leur; —**selves,** eux-mêmes, elles-mêmes (refl.) se.

theme, tsime, *n* thème *m*; texte *m*.

then, dzenne, *adv* alors; ensuite. *conj* donc.

thence, dzennce, *adv* de là; —**forth,** désormais.

theology, tsi-ol′-ŏdj-i, *n* théologie *f*.

theoretical*, tsi-ŏ-rett′-i-c′l, *a* théorique.

theory, tsi′-ŏ-ri, *n* théorie *f*.

there, dzaïr, *adv* là; —**by,** *adv* par là; —**fore,** donc; —**upon,** là-dessus; sur ce.

thermal, tseur′-m′l, *a* thermal.

thermometer, tseur-momm′-i-t′r, *n* thermomètre *m*.

these, dzîze, *pron* ceux-ci, celles-ci. *a* ces; ces . . . -ci.

thesis, tsi-sisse, *n* thèse *f*.

they, dzé, *pron* ils; elles; eux.

thick, tsique, *a** épais; (big) gros; —**en,** *v* épaissir; —**et,** *n* taillis *m*; —**ness,** épaisseur *f*.

thief, tsife, *n* voleur, -euse *m* & *f*.

thieve, tsîve, *v* voler; (filch) dérober.

thigh, tsàî, *n* cuisse *f*.

thimble, tsimm′-b′l, *n* dé à coudre *m*.

thin, tsinne, *a* mince; maigre; (sparse) clairsemé. *v* amincir; (trees, etc) élaguer; —**ness,** *n* minceur *f*; maigreur *f*.

thing, *t*sinng, *n* chose *f*.

think, *t*sinnque, *v* penser; **— about, (of),** penser à, (de); **— over,** réfléchir.

third, *t*seurde, *n* & *a** troisième *m* & *f*; (one-third) tiers *m*.

thirst, *t*seurste, *n* soif *f*; **to be —y,** *v* avoir soif.

thirteen, *t*seur'-tîne, *n* & *a* treize *m*; **—th,** treizième *m* & *f*.

thirtieth, *t*seur'-ti-i*t*s, *n* & *a* trentième *m* & *f*.

thirty, *t*seur'-ti, *n* & *a* trente *m*.

this, *dz*ice, *pron* ceci; ce. *a* ce, cet, cette.

thistle, *t*siss'-'l, *n* chardon *m*.

thong, *t*sonng, *n* lanière *f*.

thorn, *t*soarne, *n* épine *f*; **—y,** *a* épineux.

thorough*, *t*sor'-ô, *a* entier; parfait; profond; **—bred,** *n* & *a* pur sang *m*. *a* (dog) de race; **—fare,** *n* voie *f*; (main) grande artère *f*; **no —fare,** rue barrée.

those, *dz*auze, *pron* ceux-là, celles-là. *a* ces; ces . . . -là.

thou, *dz*à'ou, *pron* tu.

though, *dz*au, *conj* quoique; bien que.

thought, *t*soate, *n* pensée *f*; **—ful***, *a* pensif; attentif; **—less***, étourdi; inattentif.

thousand, *t*sâ'ou-z'nd, *n* & *a* mille *m*. *a* (date) mil.

thousandth, *t*sâ'ouz'-annd*t*s, *n* & *a* millième *m* & *f*.

thrash, *t*srâche, *v* battre; (flog) fouetter; **—ing,** *n* raclée *f*; **—ing-machine,** batteuse *f*.

thread, *t*sredde, *n* fil *m*. *v* enfiler; **—bare,** *a* râpé.

threat, *t*srette, *n* menace *f*; **—en,** *v* menacer.

threatening*, *t*srett'-ninng, *a* menaçant.

three, *t*srie, *n* & *a* trois *m*; **—fold,** *a* triple.

threshold, *t*srèch'-aulde, *n* seuil *m*.

thrift, *t*srifte, *n* économie *f*; **—less,** *a* prodigue.

thrifty, *t*srif'-ti, *a* économe.

thrill, *t*srill, *v* émouvoir. *n* saisissement *m*.

thrive, *t*srâïve, *v* prospérer.

throat, *t*sraute, *n* gorge *f*.

throb, *t*srobbe, *v* vibrer; (heart) battre.

throes, *t*srose, *npl* douleurs *fpl*; (fig) angoisses *fpl*.

throne, *t*sraune, *n* trône *m*.

throng, *t*sronng, *v* venir en foule. *n* foule *f*.

throttle, *t*srot'-t'l, *n* larynx *m*; (mech) étrangleur *f*.

through, *tsroue, prep* par; à travers; pour cause de; **—out,** *adv* partout; **— train,** *n* train direct *m.*

throw, *tsrau, v* jeter; lancer. *n* coup *m.*

thrush, *tsroche, n* grive *f.*

thrust, *tsrosste, v* pousser; (sword) porter un coup d'épée. *n* poussée *f*; coup d'épée *m.*

thud, *tsodde, n* bruit sourd *m.*

thumb, *tsomme, n* pouce *m.*

thump, *tsommpe, v* frapper du poing. *n* coup de poing *m.*

thunder, *tsonn'-d'r, v* tonner. *n* tonnerre *m*; **—bolt,** foudre *f*; **— -storm,** orage *m.*

Thursday, *tseurz'-dé, n* jeudi *m.*

thus, *dzosse, adv* ainsi.

thwart, *tsouoarte, v* contrarier; frustrer.

thyme, *tâïme, n* thym *m.*

tick, tique, *v* (clock) faire tic-tac; (check) pointer. *n* (cattle) tique *f*; (cover) toile à matelas *f.*

ticket, tik'-ette, *n* billet *m*; (price, etc) étiquette *f*; **season —,** carte d'abonnement *f . . .*

tickle, tik'-'l, *v* chatouiller.

ticklish, tik'-liche, *a* chatouilleux.

tidal, tâï'-d'l, *a* de marée.

tide, tâïde, *n* marée *f*; **high —,** marée haute *f*; **low —,** marée basse *f.*

tidings, tâïd'-inngze, *npl* nouvelles *fpl.*

tidy, tâï'-di, *a* en ordre; (neat) rangé. *v* mettre en ordre.

tie, tâï, *n* (bow) nœud *m*; (neck) cravate *f. v* ficeler; (a knot) nouer; (together) attacher; (surgical) bander.

tier, tire, *n* rangée *f*; gradin *m*; rang *m.*

tiger, tâï'-gueur, *n* tigre *m.*

tight, tâïte, *a* serré; (tention) tendu; **—en,** *v* serrer; (tension) tendre; **—s,** *v* collant *m.*

tile, tâïle, *n* carreau *m*; (roof) tuile *f*; (slate) ardoise *f. v* carreler; couvrir de . . .

till, til, *n* tiroir caisse *m. v* (land) labourer. *conj* jusqu'à ce que. *prep* jusqu'à.

tiller, till'-eur, *n* barre du gouvernail *f.*

tilt, tilte, *v* pencher; incliner.

timber, timm'-b'r, *n* bois de construction *m.*

time, tâïme, v contrôler; (engine) régler. n temps m; (occasion) fois f; (hour) heure f; (music) mesure f; (step) pas m; — **limit,** délai m; —**ly,** a & adv opportun; —**table,** n horaire m.

timid*, timm'-ide, a timide.

tin, tinne, n fer blanc m; (pure metal) étain m. v étamer; — **box,** n boîte en fer blanc f; —**foil,** feuille d'étain f; — **-plate,** fer blanc m.

tincture, tinng'-ktioure, n teinture f.

tinge, tinndje, n teinte f; (fig) soupçon m. v teinter.

tingle, tinng'-g'l, v picoter.

tinkle, tinng'-k'l, v tinter; faire tinter; n tintement m.

tinsel, tinn'-s'l, n clinquant m.

tint, tinnte, n teinte f. v teinter.

tiny, taï'-ni, tout petit, minuscule.

tip, tippe, v (give) donner un pourboire; (cart, etc) faire basculer. n pourboire m; (hint) tuyau m; (point) pointe f; **on — toe,** adv sur la pointe des pieds.

tire, tâïeure, v fatiguer; se fatiguer; — **of,** se lasser de; —**some,** a fatigant; (fig) ennuyeux.

tissue, ti'-chiou, n tissu m.

tissue-paper, ti'-chiou-pé'-p'r, n papier de soie m.

tithe, tâïdz, n dîme f.

title, tâï'-t'l, n titre m; — **-deed,** titre de propriété m; — **-page,** page du titre f.

titter, titt'-'r, v ricaner. n ricanement m.

to, tou, prep à; en; vers.

toad, taude, n crapaud m.

toast, tauste, n pain grillé m; toast m. v griller, rôtir.

toast, tauste, v (drink) toast m. v porter un toast à.

tobacco, to-bâk'-au, n tabac m; —**nist,** marchand de tabac m; — **-pouch,** blague à tabac f.

toboggan, tô-bogue'-an, n luge f.

to-day, tou-dé', adv aujourd'hui.

toe, tau, n orteil m, doigt de pied m.

toffee, tof'-i, n caramel m.

together, tou-guèdz'-'r, adv ensemble.

toil, toa'ile, v peiner. n labeur m; —**er,** travailleur m.

toilet, toa'il'-ette, n toilette f; (W.C.) lavabo m.

token, tau'-k'n, n marque f, symbole m.

tolerable, tol'-eur-a-b'l, a tolérable.

tolerance, tol'-eur-'nce, n tolérance f.

tolerant*, tol'-eur-'nt, a tolérant.

tolerate, tol'-eur-éte, v tolérer.

toll, taule, n (knell) glas m; (due) droit m; (motorway) péage m. v sonner le glas.

tomato, tŏ-mâ'-tau, n tomate f.

tomb, toum, n tombeau m; **—stone,** pierre tombale f.

to-morrow, tou-morr'-au, adv demain.

tomtit, tomme'-tite, n mésange f.

ton, tonne, n tonne f; **—nage,** tonnage m.

tone, taune, n ton m; accent m; (voice) timbre m.

tongs, tonngze, npl pincettes fpl.

tongue, tonng n langue f.

tonic, tonn'-ique, n & a tonique m. a fortifiant.

to-night, tou-nâïte', adv cette nuit; ce soir.

tonsil, tonn' s'l, n amygdale f.

tonsilitis, tonn-sil-âï'-tice, n amygdalite f.

too, toue, adv trop; (also) aussi; **— much,** trop.

tool, toule, n outil m.

tooth, touts, n dent f; **—ache,** mal de dents m; **— -brush,** brosse à dents f; **— -paste,** pâte dentifrice f; **—pick,** cure-dents m; **— -powder,** poudre dentifrice f.

top, toppe, n (upper part) haut m; (mountain) sommet m; (of tree) cime f; (spinning) toupie f; **—hat,** chapeau haut de forme m; **on —,** adv par dessus, au-dessus.

topic, top'-ique, n sujet m.

topple, topp'-'l, **— over,** v culbuter; (car) verser.

topsy-turvy, topp'-ci-teur'-vi, adv sens dessus dessous.

torch, tôrtche, n torche f; (flaming) flambeau m; (electric) lampe de poche f.

torment, tôr'-mennte, n tourment m. v tourmenter.

torpedo, tôr-pî'-dau, n torpille f.

torpedo-boat, tôr-pî'-dau-baute, n torpilleur m.

torpid, tôr'-pidde, a engourdi, inerte.

torpor, tôr'-peur, n torpeur f.

torrent, tôr'-ennte, n torrent m.

torrid, tôr'-ride, a torride.

tortoise, tôr'-teuce, n tortue f; **—shell,** écaille f.

torture, tôr'-tioure, v torturer. n torture f.

toss, tosse, v lancer en l'air; (coin) tirer à pile ou face; — **about,** s'agiter; (naut) ballotter.

total, tau'-t'l, n total m. a total, complet. v totaliser; —**isator,** n totalisateur m.

totter, tott'-'r, v chanceler; —**ing,** a chancelant.

touch, totche, n contact m; (talent) doigté m; (sense) toucher m. v toucher.

touching, totch'-inng, a (emotion) touchant.

tough, toffe, a dur; résistant.

tour, toueur, n tour m; excursion f; —**ist,** touriste m & f; —**nament,** tournoi m.

tout, tâ'oute, v racoler. n racoleur m.

tow, tau, v (haul) remorquer. n (flax) étoupe f; —**age,** remorquage m; (canal) halage m; —**ing-path,** chemin de halage m; — **-line,** corde de remorque f.

towards, tö-ouôrdze', prep envers; (direction) vers.

towel, tâ'ou'-elle, n serviette de toilette f.

tower, tâ'ou'-eur, n tour f.

town, tâ'oune, n ville f; — **-hall,** hôtel de ville m.

toy, toa'i, n jouet m. v jouer.

trace, tréce, n trace f; (trail) piste f; (harness) trait m. v suivre; suivre la piste; (draw) calquer; (origin) rechercher.

tracing, tréce'-inng, n calque m; —**paper,** papier à calquer m.

track, trâque, n trace f; (race) piste f; (railway) voie f. v suivre la piste.

tract, trâkt, n étendue f; (religious) opuscule m.

traction, trâk-ch'n, n traction f.

tractor, trâk'-t'r, n tracteur m.

trade, tréde, v faire le commerce. n commerce m; (craft) métier m; — **-mark,** marque de fabrique f; —**sman,** fournisseur m, — **s-union,** syndicat ouvrier m.

tradition, trâ-dich'-eunn, n tradition f.

traditional*, trâ-dich'-eunn-al, a traditionnel.

traffic, trâf'-ique, n circulation f; (trade) trafic m.

tragedian, tra-djî'-di-ânne, n tragédien m.

tragedy, trâdj'-i-di, n tragédie f.

tragic, trâdj'-ique, a tragique.

trail, tréle, v suivre à la piste; (drag) traîner. n piste f; route f; —**er,** (van) remorque f.

train, tréne, *n* train *m*; (dress) traîne *f*; (retinue) suite *f*. *v* instruire; éduquer; (sport; *mil*) entraîner; (animals) dresser.

training, tré'-ning, *n* éducation *f*; entraînement *m*.

traitor, tré'-t'r, *n* traître *m*.

tram, trămme, *n* tramway *m*.

tramp, trămmpe, *n* clochard,-e *m* & *f*. *v* aller à pied.

trample, trămm'-p'l, *v* piétiner.

trance, trânnce, *n* extase *f*; (*med*) catalepsie *f*.

tranquil, trănng'-kouill, *a* tranquille.

transact, trănn-săcte', *v* traiter, arranger, faire.

transaction, trănn-săc'-ch'n, *n* affaire *f*.

transcribe, trănn-scrăïbe', *v* transcrire.

transfer, trănnss-feur', *v* transférer; transporter. *n* transport *m*; billet de correspondance *m*; (shares) transfert *m*.

transform, trănnss-fôrme', *v* transformer.

transgress, trănnss-grèsse', *v* transgresser.

tranship, trănn-chippe', *v* transborder.

transit, trănn'-citte, *n* transit *m*.

translate, trănnss-léte', *v* traduire.

translation, trănnss-lé'-ch'n, *n* traduction *f*.

translator, trănnss-lé'-t'r, *n* traducteur, -trice *m* & *f*.

transmit, trănnss-mitte', *v* transmettre.

transparent, trănnss-pă'-reunte, *a* transparent.

transpire, trănnss-păïre', *v* transpirer.

transport, trănnss-pôrte', *v* transporter. *n* transport *m*; (naut) transport *m*.

transpose, trănnss-pause', *v* transposer.

trap, trăppe, *n* piège *m*. *v* prendre au piège.

trash, trăche, *n* camelote *f*; **—y,** *a* camelote.

travel, trăv'-'l, *v* voyager; **—ler,** *n* voyageur, -euse *m* & *f*.

traverse, trăv'-eurse, *v* traverser.

trawler, troa'-leur, *n* chalutier *m*.

tray, tré, *n* plateau *m*; ash- **—,** cendrier *m*.

treacherous*, trett'-cheur-euce, *a* traître; perfide.

treachery, trett'-cheur-i, *n* traîtrise *f*; perfidie *f*.

treacle, trî'-c'l, *n* mélasse *f*.

tread, tredde, *n* pas *m*; (stair) marche *f*. *v* poser le pied; (accidental) marcher sur.

treason, trî'-z'n, *n* trahison *f*.

treasure, tréj'-*eur*, n trésor m. v garder précieuse-
treasurer, tréj'-*eur-eur*, n trésorier m. [ment.
treasury, tréj'-*eur-*i, n Trésor m.
treat, trîte, n (outing) partie de plaisir f. v traiter;
 (fig) régaler; (med) soigner; **—ment,** n traitement m.
treatise, trî'-tize, n traité m.
treaty, trî'-ti, n traité m.
treble, tréb'-'l, v tripler. n & a triple m.
tree, trî, n arbre m.
trellis, trell'-ice, n treillis m.
tremble, tremm'-b'l, v trembler.
tremendous*, tri-menn'-*deuce*, a prodigieux.
tremor, tremm'-'r, n tremblement m.
tremulous*, tremm'-iou-*leuce*, a craintif.
trench, trenntche, n fossé m; (mil) tranchée f.
trend, trennde, n tendance f.
trespass, tress'-*pass*, v empiéter sur.
trespasser, tress'-*pass-*'r, n intrus m.
trestle, tress'-'l, n tréteau m.
trial, traï'-*al*, n épreuve f, essai m; (law) procès m.
triangle, traï'-ănng-g'l, n triangle m.
triangular, traï-ănng'-guiou-*lar*, a triangulaire.
tribe, traïbe, n tribu f.
tribunal, traï-bioue'-n'l, n tribunal m.
tributary, trib'-iou-ta-ri, n affluent m.
tribute, trib'-ioute, n tribut m.
trick, trique, n (fraud) ruse f; (dexterity) tour m;
 (cards) levée f; (joke) farce f. v duper; **—ery,**
 n duperie f; **—ster,** fourbe m.
trickle, trique'-'l, v dégoutter; (flow) couler.
trifle, traï'-f'l, v jouer; badiner; n bagatelle f.
trifling, traï'-fiinng, a insignifiant.
trigger, trigg'-'r, n détente f.
trill, trile, v triller. n trille m.
trim, trime, v (hat, dress) garnir; (hair) couper;
 égaliser. a soigné; **— ming,** n garniture f.
trinity, trinn'-i-ti, n trinité f.
trinket, trinng'-kitte, n colifichet m; breloque f.
trio, trî'-au, n trio m.
trip, trippe, n excursion f. v (stumble) trébucher;
 —per, n excursionniste m & f; **—up,** v donner un
 croc en jambe.

tripe, trâïpe, *n* tripes *fpl.*

triple, tripp'-'l, *a* triple.

triplets, tripp'-lètse, *npl* trois jumeaux *mpl.*

tripod, trâï'-pode, *n* trépied *m.*

triumph, trâï'-eummf, *n* triomphe *m.* *v* triompher.

trivial, triv'-i-al, *a* trivial, insignifiant.

trolley, troll'-i, *n* chariot *m*; (dinner) serveuse *f.*

trombone, tromm'-bône, *n* trombone *m.*

troop, troupe, *n* troupe *f*; — **-ship,** transport *m.*

trooper, troup'-eur, *n* cavalier *m.*

trophy, trau'-fi, *n* trophée *m.*

tropical, tropp'-i-c'l, *a* tropical.

tropics, tropp'-ikse, *npl* tropiques *mpl.*

trot, trotte, *v* trotter. *n* trot *m*; **—ter,** trotteur *m*; (pig) pied de cochon *m.*

trouble, trobb'-'l, *v* chagriner; (disturb) déranger. *n* (cares) soucis *mpl*; (inconvenience) dérangement *m*; (disturbance) trouble *m*; (difficulty) difficulté *f*; **—some,** *a* ennuyeux; difficile.

trough, troffe, *n* pétrin *m*; (cattle, etc) abreuvoir *m.*

trousers, trâ'ou'-zeurce, *npl* pantalon *m.*

trout, trâ'oute, *n* truite *f.*

trowel, trâ'ou'l, *n* (mason's) truelle *f*; (garden) déplantoir *m.*

truant, troué'-annte, **play —,** *v* faire l'école buissonnière.

truce, trouce, *n* trève *f.*

truck, troque, *n* wagon *m*; (hand) voiture à bras *f.*

truculent*, trok'-iou-lennte, *a* brutal; féroce.

trudge, trodje, *v* marcher péniblement.

true, troue, *a* vrai; (faithful) fidèle.

truffle, troff'-'l, *n* truffe *f.*

truism, troué'-izme, *n* truisme *m.*

trump, trommpe, *n* atout *m.* *v* couper.

trumpet, trommp'-itte, *n* trompette *f.*

truncheon, tronn'-ch'n, *n* bâton *m.*

trunk, tronng-k, *n* (tree; body) tronc *m*; (elephant) trompe *f*; (travelling) malle *f*; **— -call,** appel interurbain *m.*

truss, trosse, *n* (hay, etc) botte *f*; (surgical) bandage herniaire *m.* *v* (poultry) trousser.

trust, trosste, *n* confiance *f;* (combine) trust *m. v* se fier à; (rely) compter sur.

trustee, tross-tî', *n* dépositaire *m;* (public) curateur *m;* (liquidation) syndic de faillite *m.*

trustworthy, trosst'-oueurdz-i, *a* digne de confiance.

truth, trou*ts*, *n* vérité *f;* —**ful*,** *a* véridique.

try, trâï', *v* essayer; (taste) goûter; (law) juger; —**ing,** *a* pénible; — **on,** *v* essayer.

tub, tobbe, *n* baquet *m;* (bath) tub *m.*

tube, tioube, *n* tube *m;* (railway) métro *m.*

tuck, toque, *n* pli *m. v* faire des plis; — **in,** (rug, etc) border; — **up,** retrousser.

Tuesday, tiouze'-dé, *n* mardi *m.*

tuft, tofte, *n* (grass) touffe *f;* (hair) houppe *f.*

tug, togue, *v* tirer; (boat) remorquer.

tug-boat, togue'-baute, *n* remorqueur *m.*

tuition, tiou-i'-ch'n, *n* enseignement *m.*

tulip, tiou'-lippe, *n* tulipe *f.*

tumble, tomm'-b'l, *v* (fall) dégringoler.

tumbler, tomm'-bl'r, *n* (glass) grand verre *m.*

tumour, tioue'-m'r, *n* tumeur *f.*

tumult, tioue'-meulte, *n* tumulte *m;* (riot) émeute *f.*

tune, tioune, *n* air *m. v* accorder.

tuneful, tioune'-foull, *a* mélodieux.

tunic, tiou'-nique, *n* tunique *f.*

tuning-fork, tioue'-ninng forque, *n* diapason *m.*

tunnel, tonn'-'l, *n* tunnel *m. v* percer un tunnel.

tunny, tonn'-i, *n* thon *m.*

turbine, teur'-bâïne, *n* turbine *f.*

turbot, teur'-beute, *n* turbot *m.*

turbulent, teur'-biou-lennte, *a* turbulent.

tureen, tiou-rîne', *n* soupière *f;* (sauce) saucière *f.*

turf, teurfe, *n* (grass) gazon *m;* (peat) tourbe *f.*

turkey, teur'-ki, *n* dinde *f*, dindon *m.*

turkish, teur'-quiche, *a* turc.

turmoil, teur'-moa'ile, *n* tumulte *m;* désordre *m.*

turn, teurne, *n* tour *m. v* tourner; — **about,** se tourner; — **aside,** détourner; — **back,** revenir sur ses pas; —**er,** *n* (artisan) tourneur *m;* —**ing,** (corner) tournant *m;* —**ing-point,** point décisif *m;* — **into,** *v* se changer en; — **off,** fermer; — **on,** ouvrir; —**out,** (expel) renvoyer; (light) éteindre; — **over,** se retourner. *n (com)* chiffre d'affaires *m*; **—stile,** tourniquet *m*; **— to,** *v* recourir à.

turnip, teur'-nipe, *n* navet *m*.

turpentine, teur'-penn-tâïne, *n* térébenthine *f*.

turret, teur'-rĕtte, *n* tourelle *f*.

turtle, teur'-t'l, *n* tortue de mer *f*; **turn —,** *v* chavirer — **-dove,** *n* tourterelle *f*.

tusk, tossque, *n* (long) défense *f*; (short) croc *m*.

tussle, toss'-'l, *v* lutter. *n* bagarre *f*.

tutor, tioue'-t'r, *n* précepteur *m*, professeur *m*. *v* instruire.

twang, touain-ng, *n* nasillement *m*; (sound) son *m*.

tweezers, touï-*zeurze*, *npl* pinces *fpl*.

twelfth, tou'elfts, *n & a* douzième *m & f*.

twelve, tou'elve, *n & a* douze *m*.

twentieth, tou'enn'-ti-its, *n & a* vingtième *m & f*.

twenty, tou'enn'-ti, *n & a* vingt *m*.

twice, tou'âïce, *adv* deux fois.

twig, tou'igue, *n* brindille *f*.

twilight, tou'âï'-lâïte, *n* crépuscule *m*.

twill, tou'ile, *n* croisé *m*.

twin, tou'inne, *n & a* jumeau *m*, jumelle *f*.

twine, tou'âïne, *n* cordonnet *m*. *v* s'enrouler.

twinge, tou'inndje, *n* élancement *m*; (fig) tourment *m*.

twinkle, tou'inng'-k'l, *v* scintiller; (eyes) cligner.

twirl, tou'eurle, *v* tournoyer; tourner. *n* tour *m*.

twist, tou'iste, *v* tordre; tourner; contourner.

twitch, tou'itche, *v* sĕ crisper. *n* crispation *f*; tic *m*.

twitter, tou'itt'-'r, *v* gazouiller.

two, toue, *n & a* deux *m*; **—fold,** *a* double.

type, tâïpe, *n* type *m*; (print) caractère *m*. *v* taper à la machine; **—writer,** *n* machine à écrire *f*.

typhoid, tâï'-fo'ide, *n* fièvre typhoïde *f*.

typhoon, tâï-foune', *n* typhon *m*.

typical*, tip'-i-c'l, *a* typique.

typist, tâïp'-iste, *n* dactylographe *m & f*.

typography, ti-pogue'-ra-fi, *n* typographie *f*.

tyrannical*, ti-rănn'-i-c'l, *a* tyrannique.

tyrannize, ti'-ra-nâïze, *v* tyranniser.

tyrant, tâï'-r'nt, *n* tyran *m*.

tyre, tâïre, *n* bande *f*; (pneumatic) pneu *m*.

ubiquitous, ioue-bik'-oui-*teuce*, *a* omniprésent.

udder, odd'-*r*, *n* pis *m*.

ugliness, ogg'-li-nesse, *n* laideur *f*.

ugly, ogg'-li, *a* laid, vilain.

ulcer, ol'-*ceur*, *n* ulcère *m*; —**ate,** *v* ulcérer.

ulterior, ol-ti'-ri-*eur*, *a* ultérieur.

ultimate*, ol'-ti-méte, *a* définitif, final.

ultimatum, ol-ti-mé'-tomm, *n* ultimatum *m*.

umbrella, omm-brell'-*a*, *n* parapluie *m*; — **stand,** porte-parapluies *m*.

umpire, omm-pâîre, *n* arbitre *m*. *v* arbitrer.

unabashed, onn-*a*-bâshte', *a* sans honte.

unabated, onn-*a*-bé'-tedde, *a* continu; soutenu.

unable, onn-é'-b'l, **to be** —, *v* être incapable de; ne pas pouvoir.

unacceptable, onn-äx-ep'-ta-b'l, *a* inacceptable.

unaccountable, onn-*a*-câ'ounn'-ta-b'l, *a* inexplicable.

unacquainted, onn-*a*-couénn'-tedde, *a* (person) étranger à; (subject) être ignorant de.

unaffected*, onn-*a*-fèque'-tedde, *a* naturel; (unmoved) impassible.

unaided, onn-é'-dedde, *a* sans aide.

unalterable, onn-oal'-*teur*-a-b'l, *a* immuable.

unaltered, onn-oal'-*teurde*, *a* pas changé.

unanimous*, ioue-nänn'-i-*meuce*, *a* unanime.

unapproachable, onn-*a*-prautch'-a-b'l, *a* inabordable, inaccessible.

unarmed, onn'ârmde', *a* sans armes.

unassailable, onn-*a*-cél'-a-b'l, *a* inattaquable.

unassuming, onn-*a*-sioue'-minng, *a* modeste.

unattainable, onn-*a*-tén'-a-b'l, *a* inaccessible.

unavoidable, onn-*a*-vô'ï'-da-b'l, *a* inévitable.

unaware, onn-*a*-ouère', *a* ignorant.

unawares, onn-*a*-ouèrze', *adv* à l'improviste.

unbalanced, onn-bâl'-'nsste, *a* déséquilibré.

unbearable, onn-bèr'-a-b'l, *a* insupportable.

unbelievable, onn-bi-live'-a-b'l, *a* incroyable.

unbending, onn-benn'-dinng, *a* inflexible.

unbiassed, onn-bâî'-asste, *a* impartial.

unbleached, onn-blîtchte', *a* écru.

unblemished, onn-blèm'-ichte, *a* sans tache.

unbounded, onn-bâ'ounn'-dedde, *a* illimité.

unbreakable, onn-bréque'-a-b'l, *a* incassable.

unburden, onn-beur'-d'n, *v* décharger.

unbutton, onn-bot'-'n, *v* déboutonner.

uncalled for, onn-coalde' fôr, *a* déplacé.

uncanny, onn-cänn'-i, *a* surnaturel, étrange.

uncared for, onn-cairde' fôr, *a* négligé.

unceasing*, onn-si'-cinng, *a* incessant.

uncertain*, onn-seur'-tinne, *a* incertain.

unchangeable, onn-tchène'-dja-b'l, *a* invariable.

unclaimed, onn-clémde', *a* non réclamé.

uncle, onn'-k'l, *n* oncle *m*.

unclean, onn-clîne', *a* malpropre; impur.

uncomfortable, onn-comm'-feur-ta-b'l, *a* incommode; (not at ease) mal à l'aise.

uncommon, onn-comm'-'n, *a* peu commun, rare.

unconcern, onn-conn-seurne', *n* indifférence *f*.

unconditional*, onn-conn-di'-ch'n-al, *a* sans condition.

unconscious*, onn-conn'-cheuce, *a* sans connaissance; (*fig*) inconscient.

uncontrollable, onn-cŏnn-traul'-a-b'l, *a* incontrôlable.

uncork, onn-corque', *v* déboucher.

uncouth*, onn-coûts, *a* (manners) grossier.

uncover, onn-cov'-eur, *v* découvrir.

uncultivated, onn-col'-ti-vé-tedde, *a* inculte.

undaunted, onn-doann'-tedde, *a* intrépide.

undeceive, onn-di-cîve', *v* détromper.

undecided, onn-di-sâï'-dedde, *a* indécis.

undelivered, onn-di-liv'-'rde, *a* non livré.

undeniable, onn-di-nâï'-a-b'l, *a* incontestable.

under, onn'-d'r, *prep* sous; au-dessous de. *adv* dessous; **—age,** *a* mineur; **—done,** *a* peu cuit; (beef) saignant; **—estimate,** *v* sousestimer; **—fed,** *a* mal nourri; **—go,** *v* endurer; **—ground,** *a* souterrain. *n* (railway) métro *m*; **—hand,** *a* sous main; **—line,** *v* souligner; **—mine,** (mine); **—neath,** *adv* au-dessous; **—rate,** *v* estimer trop bas; **—sell,** vendre à plus bas prix; **—signed,** *n & a* soussigné, *a & f*; **—stand,** *v* comprendre; **—standing,** *n* entente *f*; compréhension *f*; **—study,** doublure *f*; **—take,** *v* entreprendre; **—taker,** *n* entrepreneur de pompes funèbres *m*; **—taking,** entreprise *f*; engagement *m*; **—tone,** à voix basse; **—wear,** (men) vêtements de dessous *mpl*; (ladies) dessous *mpl*; **—writer,** assureur *m*.

undeserved, onn-di-zeurvde', *a* immérité.

undesirable, onn-di-zâï'-ra-b'l, *a* indésirable.

undignified, onn-dig'-ni-fàïde, *a* sans dignité.

undismayed, onn-diss-méde', *a* sans peur.

undo, onn-doue', *v* défaire; (untie) délier.

undoing, onn-dou'-inng, *n* (downfall) déchéance *f*.

undoubted*, onn-dâ'outt'-edde, *a* indubitable.

undress, onn-dresse', *v* déshabiller; se déshabiller.

undulating, onn'-diou-lé-ting, *a* ondulé.

unduly, onn-dioue'-li, *adv* indûment; à l'excès.

unearned, onn-eurnde', *a* non gagné; immérité.

unearthly, onn-eurts'-li, *a* surnaturel.

uneasy, onn-i'-zi, *a* inquiet; mal à l'aise.

uneducated, onn-éd'iou-qué-tedde, *a* sans éducation.

unemployed, onn-emm-ploa'ide', *a* sans travail. *n* les chômeurs *mpl*.

unemployment, onn-emm-ploa'i'-m'nt, *n* chômage *m*.

unequal*, onn-i'-coual, *a* inégal; **—led,** sans égal.

uneven*, onn-i'-v'n, *a* irrégulier; rugueux; (number) impair.

unexpected*, onn-ex-pec'-tedde, *a* inattendu.

unfailing, onn-fél'-inng, *a* infaillible.

unfair*, onn-fère', *a* injuste.

unfaithful, onn-féts'-foull, *a* infidèle.

unfasten, onn-fâs'-s'n, *v* défaire; ouvrir.

unfavourable, onn-fé'-veur-a-b'l, *a* défavorable.

unfeeling*, onn-fi'-linng, *a* insensible.

unfit, onn-fite', *a* impropre à.

unflagging, onn-flâgue'-inng, *a* soutenu.

unflinching, onn-flinntch'-inng, *a* ferme, résolu.

unfold, onn-faulde', *v* déplier; (reveal) dévoiler.

unforeseen, onn-fore-cîne', *a* imprévu.

unfortunate*, onn-fôr'-tiou-néte, *a* malheureux.

unfounded, onn-fâ'ounn'-dedde, *a* sans fondement.

unfriendly, onn-frennde'-li, *a* peu amical; hostile.

unfulfilled, onn-foull-fillde', *a* inaccompli.

unfurl, onn-feurle', *v* déployer.

unfurnished, onn-feur'-nichte, *a* non meublé.

ungrateful, onn-gréte'-foull, *a* ingrat.

unguarded, onn-gâre'-dedde, *a* (*fig*) inconsidéré.

unhappy, onn-hăpp'-i, *a* malheureux.

unhealthy, onn-hèltz'-i, *a* malsain; (sick) maladif.

unheard, onn-heurde', — of, *a* inconnu; inouï.

unheeded, onn-hî'-dedde, *a* inaperçu.

unhinge, onn-hinndje', *v* démonter; déranger.

unhurt, onn-heurte', *a* sain et sauf.

uniform*, ioue'-ni-fôrme, *n* & *a* uniforme *m*.

uniformity, ioue-ni-fôr'-mi-ti, *n* uniformité *f*.

unimaginable, onn-i-mădj'-i-na-b'l, *a* inimaginable.

unimpaired, onn-imm-pairde', *a* intact.

unimportant, onn-imm-por'-t'nt, *a* sans importance.

uninhabitable, onn-inn-hăb'-i-ta-b'l, *a* inhabitable.

uninhabited, onn-inn-hăb'-i-tedde, *a* inhabité.

unintelligible, onn-inn-tel'-i-dji-b'l, *a* inintelligible.

unintentional*, onn-inn-tenn'-ch'n-*a*l, *a* involontaire.

uninviting, onn-inn-vâï'-tinng, *a* peu attrayant.

union, ioue'-ni-*eu*ne, *n* union *f*.

unique*, iou-nique', *a* unique.

unit, ioue'-nitte, *n* unité *f*.

unite, iou-nâïte', *v* unir; s'unir.

unity, ioue'-ni-ti, *n* unité *f*; concorde *f*.

universal*, iou-ni-veur'-s'l, *a* universel.

universe, iòue'-nl-v*eu*rce, *n* univers *m*.

university, iou-ni-veur'-ci-ti, *n* université *f*.

unjust*, onn-djosste', *a* injuste.

unkind*, onn-kâïnnde', *a* pas gentil; peu aimable.

unknown, onn-naune', *a* inconnu.

unlawful*, onn-loa'-foull, *a* illégal; illicite.

unless, *onn*-lesse', *conj* à moins que, à moins de.

unlike, onn-lâïque', *a* différent; —ly, improbable.

unlimited, onn-limm'-i-tedde, *a* illimité.

unload, onn-laude', *v* décharger.

unlock, onn-loque', *v* ouvrir; (*fig*) révéler.

unlucky, onn-loque'-i, *a* malheureux; (ill-omened) de mauvais augure; qui porte malheur.

unmanageable, onn-mănn'-idj-*a*-b'l, *a* ingouvernable; intraitable.

unmannerly, *onn-*mănn'-*r*-li, *a* grossier, mal élevé.

unmarried, *onn-*măr'-idde, *a* non marié; célibataire.

unmerciful*, *onn-*meur'-ci-foull, *a* impitoyable.

unmistakable, *onn-*mice-téque'-*a*-b'l, *a* évident.

unmoved, *onn-*mouvde', *a* impassible.

unnatural, *onn-*năt'-tiou-r'l, *a* (hard) dénaturé.

unnecessary, *onn-*nèss'-ess-*a*-ri, *a* inutile.

unnerve, *onn-*neurve', *v* effrayer; démonter.

unnoticed, *onn-*nau'-tisste, *a* inaperçu.

unoccupied, *onn-*ok'-kiou-pãîde, *a* inoccupé, libre.

unopposed, *onn-*ŏp-auzde', *a* sans opposition.

unpack, *onn-*păque', *v* défaire; (case) déballer.

unparalleled, *onn-*pă'-ral-lelde, *a* sans pareil.

unpardonable, *onn-*păr'-donn-*a*-b'l, *a* impardonnable.

unpleasant*, *onn-*plè'-zannte, *a* déplaisant.

unpopular, *onn-*pop'-iou-lar, *a* impopulaire.

unprecedented, *onn-*pré'-sid-enn-tedde, *a* **sans précédent.**

unprepared, *onn-*pri-pérde', *a* à l'improviste.

unproductive, *onn-*pro-*deuc*'-tive, *a* improductif.

unprofitable, *onn-*prof'-i-ta-b'l, *a* peu profitable.

unprotected, *onn-*pro-tec'-tedde, *a* sans protection; sans défense.

unprovided, *onn-*prŏ-vãî'-dedde, *a* dépourvu de.

unpunctual, *onn-*ponngk'-tiou-*a*l, *a* inexact.

unqualified, *onn-*couoll'-i-fãîde, *a* non qualifié; incapable.

unquestionable, *onn-*couess'-ti*eunn*-*a*-b'l, *a* incontestable.

unravel, *onn-*răv'-'l, *v* démêler.

unreadable, *onn-*rĩ'-da-b'l, *a* illisible.

unreasonable, *onn-*rĩ'-z'n-*a*-b'l, *a* déraisonnable.

unrelenting, *onn-*ri-lenn'-tinng, *a* implacable.

unreliable, *onn-*ri-lãî'-*a*-b'l, *a* sur lequel on ne peut pas compter.

unreserved, *onn-*ri-zeurvde', *a* non réservé, libre; sans réserve.

unrest, *onn-*reste', *n* inquiétude *f*; agitation *f*.

unrestrained, *onn-*ri-strénnde, *a* sans contrainte; (unruly) désordonné.

unrestricted, onn-ri-stric'-tedde, *a* sans restriction.

unripe, onn-râïpe', *a* pas mûr, vert.

unroll, onn-raule', *v* dérouler.

unruly, onn-roue'-li, *a* indiscipliné.

unsafe, onn-séfe', *a* peu sûr; dangereux.

unsatisfactory, onn-sätt-iss-fâque'-t'ri, *a* peu satisfaisant.

unscrew, onn-scroue', *v* dévisser.

unscrupulous, onn-scroue'-piou-leuce, *a* sans scrupule.

unseasonable, onn-sî'-z'n-*a*-b'l, *a* hors de saison.

unseemly, onn-sîme'-li, *a* inconvenant.

unseen, onn-sîne', *a* inaperçu.

unselfish, onn-self'-iche, *a* désintéressé.

unsettled, onn-sett'-lde, *a* incertain; troublé; (accounts) en suspens.

unshaken, onn-chéque'-'n, *a* inébranlable.

unshrinkable, onn-chrinng'-ka-b'l, *a* irrétrécissable.

unsightly, onn-sâïte'-li, *a* déplaisant; laid.

unskilled, onn-skillde, *a* inexpérimenté.

unsociable, onn-sau'-cha-b'l, *a* insociable.

unsold, onn-saulde', *a* invendu.

unsolicited, onn'sŏ-liss'-i-tedde, *a* spontané.

unsound, onn-sâ'ounnde', *a* défectueux; (mind) dément.

unsparing*, onn-spére'-inng, *a* prodigue; impitoyable.

unsteady, onn-stedd'-i, *a* instable.

unsuccessful, onn-seuk-cess'-foull, *a* (person) sans succès; (undertaking) infructueux.

unsuitable, onn-sioue'-ta-b'l, *a* déplacé, impropre.

unsupported, onn-seup-paur'-tedde, *a* sans appui.

unsurpassed, onn-seur-pâsste', *a* sans égal.

unsuspecting, onn-seuss-pèque'-tinng, *a* confiant.

untamed, onn-témmde', *a* indompté; sauvage.

untarnished, onn-târe'-nichte, *a* sans tache.

untenable, onn-tenn'-a-b'l, *a* insoutenable.

untidy, onn-tâï'-di, *a* en désordre; (person) négligé.

untie, onn-tâï', *v* délier; défaire; dénouer.

until, onn-til', *prep* jusqu'à; jusque. *conj* jusqu'à ce que.

untold, onn-taulde', *a* non raconté, passé sous silence; (*fig*) inouï.

untouched, onn-tochte', *a* intact; non ému.

untranslatable, onn-trănnss-lé'-*ta*-b'l, *a* intraduisible.

untried, onn-trâïde', *a* non essayé.

untrodden, onn-trode'-'n, *a* non frayé; vierge.

untrue, onn-troue', *a* faux; pas vrai.

untrustworthy, onn-trosst'-oueur*dz*-i, *a* indigne de confiance.

untruth, onn-trouts', *n* mensonge *m.*

untwist, onn-tou'isste', *v* détordre.

unusual*, onn-ioue'-joueu*l*, *a* rare, peu commun.

unvaried, onn-vair'-idde, *a* uniforme, constant.

unveil, onn-vaile', *v* dévoiler; inaugurer.

unwarrantable, onn-ouor'-ann-*ta*-b'l, *a* injustifiable; inexcusable.

unwary, onn-ouè'-ri, *a* imprudent.

unwelcome, onn-ouel'-k'm, *a* importun; indésirable.

unwell, onn-ouéli', *a* indisposé, souffrant.

unwholesome, onn-haule-somme, *a* malsain; insalubre.

unwieldy, onn-ouïld'-i, *a* lourd, pesant.

unwilling, onn-ouil'-inng, *a* de mauvaise volonté.

unwind, onn-ouâïnnde', *v* dérouler.

unwise, onn-ouâïze', *a* peu sage, imprudent.

unwittingly, onn-ouitt'-inng-li, *adv* sans y penser.

unworthy, onn-oueur*dz*'-i, *a* indigne.

unwrap, onn-răppe', *v* défaire.

unwritten, onn-ritt'-'n, *a* non écrit; traditionnel.

unyielding, onn-yîld'-inng, *a* rigide; inflexible.

up, op, *adv* en haut; en l'air; (stand up) debout; (prices) en hausse; (risen) levé; — **and down,** de haut en bas; — **here,** ici; — **side down,** sens dessus dessous; à l'envers; — **there,** là-haut; — **to,** *prep* jusqu'à.

upbraid, op-brède', *v* reprocher.

upheaval, op-hî'-v'l, *n* (geological) soulèvement *m.*

uphill, op'-hill, *a* en montant; (*fig*) ardu.

uphold, op-haulde', *v* soutenir; maintenir.

upholsterer, op-haule-steur-'r, *n* tapissier *m.*

upkeep, op'-kîpe, *n* entretien *m*; soutien *m.*

upland, op'-lánnde, *n* pays élevé *m*.

uplift, op-lifte', *v* élever.

upon, op-onne', *prep* sur.

upper, op'-r, *a* supérieur; de dessus; **— -hand,** *n* avantage *m*, dessus *m*; **—most,** *a* dominant.

upright, op'-râïte, *a* droit; honorable; (erect) debout.

uprising, op-râï'-zinng, *n* soulèvement *m*.

uproar, op'-raure, *n* tumulte *m*, vacarme *m*.

uproot, op-route', *v* déraciner.

upset, op-cette', *v* renverser; **to be —,** être bouleversé.

upstairs, op'-stèrze, *adv* en haut; **to go —,** *v* aller en haut.

upstart, op'-stärte, *n* parvenu, -e *m* & *f*, nouveau riche *m*.

upwards, op'-oueurdse, *adv* en haut; en montant.

urban, eur'-b'n, *a* urbain.

urchin, eur'-tchinne, *n* (child) gamin, -e *m* & *f*.

urge, eurdje, *n* désir ardent *m*. *v* pousser.

urgency, eur'-djenn-ci, *n* urgence *f*.

urgent, eur'-djennte, *a* urgent, pressant.

urine, iou'-râïne, *n* urine *f*.

urn, eurne, *n* urne *f*.

us, osse, *pron* nous.

use, iouze, *v* user de; se servir de; employer. *n* usage *m*; utilité *f*; **—ful*,** *a* utile; **—less*,** inutile; **— up,** *v* consommer.

usher, och'-r, *n* huissier *m*; **— in,** *v* annoncer.

usherette, och'-orette', *n* ouvreuse *f*.

usual*, iou'-jou'*eul*, *a* usuel, habituel; ordinaire.

usurer, iou'-jeu-r'r, *n* usurier, ère *m* & *f*.

usurp, iou-zeurpe', *v* usurper.

usury, iou'-jeu-ri, *n* usure *f*.

utensil, iou-tenn'-cil, *n* ustensile *m*.

utility, iou-til'-i-ti, *n* utilité *f*.

utilize, ioue'-til-âïze, *v* utiliser.

utmost, ott'-mauste, *a* extrême; dernier. *adv* le plus. *n* comble *m*; tout son possible *m*.

utter, ott'-r, *v* (words) prononcer; (sound, coin, etc) émettre; (cry) pousser. *a* entier, absolu, total.

utterance, ott'-*eur*-'nce, *n* expression *f*; émission *f*.

uttermost, (see **utmost**).

vacancy, vé'-k'n-ci, *n* vacance *f*; place vacante *f*; (emptiness) vide *m*.

vacant*, vé'-k'nt, *a* (empty) vide; (free) libre; (mind) distrait.

vacate, va-quéte', *v* vider; évacuer; quitter.

vacation, va-qué'-ch'n, *n* vacances *fpl*; congé *m*.

vaccinate, văque'-ci-néte, *v* vacciner.

vaccine, văque'-ci-néte *n* vaccin *m*.

vacillate, văss'-il-léte, *v* vaciller.

vacuum, văque'-iou-'m, *n* vide *m*; — -cleaner, aspirateur *m*; — -flask, thermos *m*.

vagabond, vague'-*a*-bonnde, *n* vagabond, -e *m* & *f*.

vagina, va-dji'-na, *n* vagin *m*.

vague*, végue, *a* vague.

vain*, véne, *a* vain; vaniteux; **in —,** *adv* en vain.

vale, véle, *n* vallée *f*; vallon *m*.

valet, văl'-ette, *n* valet de chambre *m*.

valiant*, văl'-i-annte, *a* vaillant, brave.

valid, văl'-ide, *a* valable, valide.

valley, văl'-i, *n* vallée *f*.

valour, văl'-'r, *n* bravoure *f*.

valuable, văl'-iou-*a*-b'l, *a* précieux, de valeur.

valuables, văl'-iou-*a*-b'lze, *n* objets de valeur *mpl*.

valuation, văl'-iou-é'-ch'n, *n* évaluation *f*.

value, văl'-iou, *v* évaluer; priser. *n* valeur *f*.

valuer, văl'-iou-'r, *n* priseur *m*; (official) commissaire-priseur *m*.

valve, vălve, *n* valve *f*, soupape *f*; (radio) lampe *f*.

vampire, văm'-pâïre, *n* vampire *m*.

van, vănne, *n* camion *m*, camionnette *f*; (train) fourgon *m*.

vane, véne, *n* girouette *f*; (windmill) aile *f*.

vanilla, va-nil'-*a*, *n* vanille *f*.

vanish, vănn'-iche, *v* disparaître.

vanity, vănn'-i-ti, *n* vanité *f*.

vanquish, vaing'-kouiche, *v* vaincre.

vaporize, vé'-por-âïze, *v* vaporiser.

vapour, vé'-p'r, *n* vapeur *f*.

variable, vé'-ri-*a*-b'l, *a* variable; (*fig*) inconstant.

variation, vé-ri-é'-ch'n, *n* variation *f*; différence *f*.

varicose vein, văr'-i-kôze véne, *n* varice *f*.

varied, vé'-ride, *a* varié, divers.

variegated, vé'-ri-i-gué-tedde, *a* panaché, bigarré.

variety, va-râï'-i-ti, *n* variété *f*, choix *m*; — **-theatre,** music-hall *m*.

various, vè'-ri-*euce*, *a* divers, différent.

varnish, vâre'-niche, *n* vernis *m*. *v* vernir.

vary, vé'-ri, *v* varier, changer; dévier.

vase, vâze, *n* vase *m*; (oriental) potiche *f*.

vaseline, vâze'-i-line, *n* vaseline *f*.

vast, vâsste, *a* vaste, immense.

vat, vâtte, *n* cuve *f*; cuvier *m*.

Vatican, vât'-i-k'n, *n* Vatican *m*.

vault, voalte, *n* voûte *f*; (church, etc) crypte *f*; (burial) caveau *m*; (cellar) cave *f*. *v* (jump) sauter.

veal, vile, *n* veau *m*.

veer, vi'-*eur*, *v* tourner; (wind) changer.

vegetable, vedj'-i-ta-b'l, *n* légume *m*. *a* végétal.

vegetarian, vedj-i-té'-ri-an, *n* végétarien, -ne *m* & *f*.

vegetation, vedj-i-té'-ch'n, *n* végétation *f*.

vehement, vi'-hi-m'nt, *a* véhément.

vehicle, vi'-i-k'l, *n* véhicule *m*.

veil, véle, *n* voile *m*. *v* voiler.

vein, véne, *n* veine *f*; (geological) filon *m*.

vellum, vell'-'m, *n* vélin *m*.

velocity, vi-loss'-i-ti, *n* vélocité *f*; (mech) vitesse *f*.

velvet, vell'-vett, *n* velours *m*.

velveteen, vell-vè-tine', *n* velours de coton *m*.

vendor, venn'-d'r, *n* vendeur, -euse *m* & *f*.

veneer, vi-nieur', *n* placage *m*. *v* plaquer.

venerable, venn'-*eur*-a-b'l, *a* vénérable.

veneration, venn-*eur*-é'-ch'n, *n* vénération *f*.

venereal, vi-ni'-ri-al, *a* vénérien.

vengeance, venn'-dj'nce, *n* vengeance *f*.

venial*, vi'-ni-al, *a* véniel.

venison, venn'-i-z'n, *n* venaison *f*.

venom, venn'-'m, *n* venin *m*; — **-ous,** *a* venimeux.

vent, vennte, *n* issue *f*; (cask) trou de fausset *m*; **give — to,** *v* donner cours à.

ventilate, venn'-ti-léte, *v* aérer.

ventilator, venn'-ti-lé-t'r, *n* ventilateur *m*.

ventriloquist, venn-tril'-ŏ-couiste, *n* ventriloque *m* & *f*.

venture, venn'-tioure, *v* aventurer; risquer; (dare)

oser. *n* aventure *f*; entreprise *f*; —**some**, *a* aventureux; (daring) osé.

veracity, vi-ràss'-i-ti, *n* authenticité *f*; véracité *f*.

veranda, vi-rănn'-*da*, *n* véranda *f*.

verb, veurbe, *n* verbe *m*; —**al***, *a* verbal; —**atim**, *adv* & *a* mot pour mot.

verbose, veur-bauce', *a* verbeux, diffus.

verdant, veur'-dannte, *a* verdoyant.

verdict, veur'-dicte, *n* verdict *m*.

verdigris, veur'-di-gri, *n* vert-de-gris *m*.

verge, veurdje, *v* pencher vers. *n* (brink) bord *m*.

verger, veur'-dj'r, *n* bedeau *m*.

verify, vair'-i-fâï, *v* vérifier.

vermilion, veur-mil'-yonne, *n* & *a* vermillon *m*.

vermin, veur'-minne, *n* vermine *f*.

vernacular, veur-năk'-iou-l'r, *n* & *a* vernaculaire *m*.

versatile, veur'-*sa*-tăïle, *a* versatile, apte à tout.

verse, veurce, *n* vers *m*; (song) couplet *m*; (Bible) verset *m*.

versed, veursste, *a* versé.

version, veur'-ch'n, *n* version *f*.

versus, veur'-ceusse, *prep* contre.

vertical*, veur'-ti-k'l, *a* vertical.

vertigo, veur'-ti-gau, *n* vertige *m*, étourdissement *m*.

very, vèr'-i, *adv* très, fort, bien. *a* même.

vessel, vess'-l, *n* vase *m*; récipient *m*; (naut) vaisseau *m*.

vest, veste, *n* gilet *m*; (under) tricot de corps *m*.

vested, vess'-tedde, *a* (interest; rights) acquis.

vestige, vess'-tidje, *n* vestige *m*.

vestment, vesst'-m'nt, *n* vêtement *m*.

vestry, vess'-tri, *n* sacristie *f*.

veteran, vett'-e-rănn, *n* vétéran *m*.

veterinary, vett'-*eur*-i-na-ri, *a* vétérinaire; — **surgeon** (pop: vet), *n* vétérinaire *m*.

veto, vî'-tau, *n* veto *m*. *v* mettre le veto à.

vex, vexe, *v* vexer, contrarier.

vexatious, vex-é'-cheuce, *a* vexant, contrariant, irritant; (law) vexatoire.

via, văï'-*a*, *prep* via, par.

viaduct, văï'-*a*-docte, *n* viaduc *m*.

vibrate, văï'-bréte, *v* vibrer.

vibration, vâï-bré'-ch'n, *n* vibration *f.*

vicar, vik'-r, *n* curé *m*; (protestant) pasteur *m.*

vicarage, vik'-r-idj, *n* presbytère *m.*

vice, vâïce, *n* vice *m*; (mech) étau *m.*

vice-admiral, vâïce-àd'-mi-ral, *n* vice-amiral *m.*

vice-president, vâïce-prèz'-i-dennte, *n* vice-prési-
dent *m.*

viceroy, vâïce'-roa'i, *n* vice-roi *m.*

vicinity, vi-cinn'-i-ti, *n* voisinage *m*; proximité *f.*

vicious*, vich'-*euce*, *a* vicieux.

viciousness, vich'-*euce*-nesse, *n* nature vicieuse *f.*

victim, vic'-time, *n* victime *f.*

victimize, vic'-timm-âïze, *v* rendre victime.

victor, vic'-t'r, *n* vainqueur *m.*

victorious*, vic-tau'-ri-*euce*, *a* victorieux.

victory, vic'-tŏr-i, *n* victoire *f.*

victual, vitt'-'l, *v* ravitailler; **—s,** *npl* vivres *mpl.*

vie, vâï, *v* rivaliser; faire assaut de.

view, vioue, *n* vue *f*; opinion *f. v* visiter; examiner.

vigil, vidj'-il, *n* veille *f*; (eccl) vigile *f.*

vigilance, vidj'-i-l'nce, *n* vigilance *f.*

vigilant, vidj'-i-l'nt, *a* vigilant.

vigorous*, vigg'-*eur*-*euce*, *a* vigoureux, fort.

vigour, vigg'-'r, *n* vigueur *f*, force *f.*

vile*, vâïle, *a* vil; abject.

vilify, vil'-i-fâï, *v* diffamer, avilir.

village, vil'-idj, *n* village *m*; **—r,** *n* villageois, oise *m* & *f.*

villain, vil'-inne, *n* scélérat *m*; gredin *m.*

villainous, vil'-*a*-neuce, *a* vil, infâme.

villainy, vil'-*a*-ni, *n* infamie *f.*

vindicate, vinn'-dik-éte, *v* défendre; justifier.

vindication, vinn-di-ké'-ch'n, *n* justification *f*;
défense *f.*

vindictive*, vinn-dic'-tive, *a* vindicatif, rancunier.

vindictiveness, vinn-dic'-tive-nesse, *n* rancune *f.*

vine, vâïne, *n* vigne *f.*

vinegar, vinn'-i-gueur, *n* vinaigre *m.*

vineyard, vinn'-ieurde, *n* vignoble *m.*

vintage, vinn'-tidje, *n* vendange *f*; (year) année *f.*

viola, vi-au'-la, *n* alto *m.*

violate, vâï'-ŏ-léte, *v* violer.

violence, vâï'-ŏ-l'nce, *n* violence *f.*

violent*, vâï′-ŏ-lennte, *a* violent.

violet, vâï′-ŏ-lette, *n* violette *f*. *n* & *a* violet *m*.

violin, vâï-ŏ-linne′, *n* violon *m*.

violinist, vâï-ŏ-linn′-ist, *n* violoniste *m* & *f*.

viper, vâï′-p′r, *n* vipère *f*.

virgin, veur′-djinne, *n* & *a* vierge *f*.

virile, vi′-râïle, *a* viril.

virtual*, veur′-tiou-al, *a* virtuel.

virtue, veur′-tioue, *n* vertu *f*.

virtuous*, veur′-tiou-euce, *a* vertueux.

virulent, vir′-iou-lennte, *a* virulent.

visa, vi′-za, *n* visa *m*.

viscount, vâï′-câ′ounnte, *n* vicomte *m*.

viscountess, vâï′-câ′ounn-tesse, *n* vicomtesse *f*.

visibility, viz-i-bile′-i-ti, *n* visibilité *f*.

visible, viz′-i-b′l, *a* visible.

visibly, viz′-i-bli, *adv* visiblement.

vision, vij′-′n, *n* vision *f*.

visit, viz′-itte, *v* visiter, aller voir; (a person) rendre visite à. *n* visite *f*; **—ing-card**, carte de visite *f*.

visitor, viz′-itt-′r, *n* visiteur, -euse *m* & *f*.

visual, vij′-iou-′l, *a* visuel.

vital*, vâï′-t′l, *a* essentiel, vital; **—s**, *npl* organes essentiels *mpl*.

vitality, vâï-tăl′-i-ti, *n* vitalité *f*.

vitriol, vite′-ri-ôle, *n* vitriol *m*.

vivacious*, vi-vé′-cheuce, *a* vif, animé.

vivacity, vi-văss′-i-ti, *n* vivacité *f*.

vivid, viv′-ide, *a* vif, frappant; (colour) éclatant.

vixen, vic′-senn, *n* renarde *f*; (*fig*) mégère *f*.

viz (namely, némme′-li), *adv* c'est-à-dire.

vocabulary, vau-căb′-iou-la-ri, *n* vocabulaire *m*.

vocal*, vau′-c′l, *a* vocal; **— -chords**, *npl* cordes vocales *fpl*.

vocalist, vau′-cal-ist, *n* chanteur *m*; cantatrice *f*.

vocation, vau-qué′-ch′n, *n* vocation *f*; profession *f*.

vociferous*, vŏ-ci′-feur-euce, *a* bruyant.

vogue, vaugue, *n* vogue *f*, mode *f*.

voice, voa′ice, *n* voix *f*.

void, voa′ide, *a* vide; nul; dénué de. *n* vide *m*.

volatile, vol′-a-tâïle, *a* volatil; (*fig*) gai.

volcano, vol-qué′-nau, *n* volcan *m*.

volley, vol'-i, *n* volée *f*; (salute) salve *f*.

volt, volte, *n* (electric) volt *m*; **—age**, tension *f*.

voluble, vol'-iou-b'l, *a* délié.

volume, vol'-ioume, *n* volume *m*.

voluminous*, vol-ioue'-mi-ne*uce*, *a* volumineux.

voluntary, vol'-eunn-ta-ri, *a* volontaire *m*; spontané.

volunteer, vol-eunn-tîre', *n* volontaire *m* & *f*. *v* s'offrir.

voluptuous*, vol-op'-tiou-*euce*, *a* voluptueux.

vomit, vomm'-itte, *v* vomir.

voracious, vŏ-ré-*cheuce*, *a* vorace; dévorant.

vortex, voar'-texe, *n* tourbillon *m*.

vote, vaute, *n* vote *m*, scrutin *m*, voix *f*. *v* voter; **—r**, *n* électeur, -trice *m* & *f*.

vouch, vâ'outche, *v* attester; (persons) répondre de.

voucher, vâ'outch'-'r, *n* pièce justificative *f*; bon *m*.

vow, vâ'ou, *n* vœu *m*. *v* faire vœu de; jurer.

vowel, vâ'ou'-'l, *n* voyelle *f*.

voyage, voa'i'-idj, *n* voyage par mer *m*.

vulgar, vol'-gueur, *a* vulgaire; commun.

vulnerable, vol'-neur-a-b'l, *a* vulnérable.

vulture, vol'-tioure, *n* vautour *m*.

wad, ouode, *n* bourre *f*; (surgical) tampon *m*.

wadding, ouodd'-inng, *n* coton-hydrophile *m*; (padding) ouate *f*.

waddle, ouodd'-'l, *v* se dandiner.

wade, ouéde, *v* marcher dans.

wafer, oué'-f'r, *n* (thin biscuit) gaufrette *f*; (eccl) hostie *f*.

wag, ouâgue, *v* remuer, secouer. *n* farceur *m*.

wage, ouédje, *v* (war) faire la guerre à.

wager, oué'-dj'r, *n* gageure *f*, pari *m*. *v* parier.

wages, oué'-djize, *npl* (servants) gages *mpl*; (workmen) salaire *m*.

waggle, ouâgg'-'l, *v* remuer; **— about**, *v* frétiller.

wagon, ouâgg'-'n, *n* chariot *m*; (rail) wagon *m*.

waif, ouéfe, *n* épave *f*.

wail, ouéle, *v* se lamenter. *n* lamentation *f*.

waist, ouéste, *n* taille *f*, ceinture *f*.

waistcoat, ouess'-côte, *n* gilet *m*.

wait, ouéte, *v* attendre; (at table) servir; **—er,** *n* garçon *m*; **head —,** *n* maître d'hôtel *m*; **— for,** *v* attendre; **—ing,** *n* attente *f*; (service) service *m*; **—ing-room,** salle d'attente *f*; **—ress,** serveuse *f*; **— upon,** *v* servir.

waive, ouéve, *v* abandonner, renoncer à.

wake, ouéke, *v* (to awake) se réveiller; (to be called) réveiller. *n* (ship's) sillage *m*.

walk, ou'oak, *v* aller à pied; marcher; (stroll) se promener. *n* promenade *f*.

wall, ou'oal, *n* mur *m*; **—flower,** giroflée *f*; **—-paper,** papier peint *m*.

wallet, ouol'-ite, *n* portefeuille *m*.

wallow, ouol'-au, *v* se vautrer.

walnut, ouôl'-notte, *n* noix *f*; (tree) noyer *m*.

walrus, ouôl'-reuce, *n* morse *m*.

waltz, ouôlts, *v* valser. *n* valse *f*.

wan, ou'oanne, *a* pâle, blême.

wander, ou'oann'-d'r, *v* errer; (mentally) délirer.

wane, ouéne, *v* décroître. *n* déclin *m*.

want, ou'oannte, *n* (lack) manque *m*; (distress) dénuement *m*; **for — of,** faute de; *v* vouloir; avoir besoin de; avoir envie de.

wanton, ou'onne'-t'n, *a* (lustful) licencieux; (waste) de gaieté de cœur; (wicked) criminel.

war, ou'oar, *v* faire la guerre. *n* guerre *f*; **—like,** *a* belliqueux; **— office,** ministère de la guerre *m*; **—-ship,** vaisseau de guerre *m*.

warble, ou'oar-b'l, *v* gazouiller.

warbler, ou'oar'-bleur, *n* fauvette *f*.

ward, ou'oarde, *n* (minor) pupille *m* & *f*; (hospital) salle *f*; **—en,** (guard) gardien *m*; (college) principal *m*; **—er,** gardien de prison *m*; **— off,** *v* parer; **—ress,** *n* gardienne *f*; **—robe,** armoire *f*; **—-room,** (naval) carré des officiers *m*.

ware, ouère, *n* marchandise *f*, denrée *f*.

warehouse, ouère'-hâ'ouce, *n* entrepôt *m*, magasin *m*. *v* emmagasiner; (furniture, etc) entreposer.

warm, ou'oarme, *a** chaud. *v* chauffer; se chauffer; **—th,** *n* chaleur *f*; ardeur *f*.

warn, ou'oarne, *v* avertir; notifier; **—ing,** *n* avertissement *m*; (caution) avis *m*.

warp, ou'oarpe, *v* (wood) jouer; (mind) fausser.

warrant, ouor'-'nte, *n* (authority) autorisation *f*; (for arrest) mandat d'arrêt *m*; (voucher) mandat *m*; **—y,** garantie *f*.

warrior, ouor'-ieur, *n* guerrier *m*.

wart, ou'oarte, *n* verrue *f*.

wary, oué'-ri, *a* circonspect, prudent.

wash, ou'oache, *v* laver; se laver; **—-basin,** *n* cuvette *f*; **— up,** *v* faire la vaisselle; **—erwoman,** laveuse *f*; **—ing,** blanchissage *m*; **—machine,** *n* machine à laver *f*; **—stand,** table de toilette *f*.

washer, ou'oache'-'r, *n* (mech) joint *m*, rondelle *f*.

wasp, ou'oaspe, *n* guêpe *f*.

waste, ouéste, *n* gaspillage *m*; (refuse) rebut *m*; (land) terrain vague *m*. *v* gaspiller; **— away,** dépérir; **—ful,** *a* gaspilleur; prodigue.

watch, ouotche, *v* veiller; observer; (vigilance) surveiller. *n* montre *f*; (wrist) montre-bracelet *f*; (naut) quart *m*; **— -dog,** chien de garde *m*; **—maker,** horloger *m*; **—man,** veilleur de nuit *m*; **—over,** *v* veiller sur; **—word,** *n* mot d'ordre *m*.

water, ou'oa'-t'r, *v* arroser; (cattle, etc) abreuver. *n* eau *f*; **hot — bottle,** bouillotte *f*; **— -closet,** cabinets *mpl*, W.C. *mpl*; **— -colour,** aquarelle *f*; **—cress,** cresson *m*; **—fall,** chute d'eau *f*; **— -jug,** cruche *f*; **—lily,** nénuphar *m*; **—line,** ligne de flottaison *f*; **—logged,** *a* plein d'eau; **—mark,** *n* niveau des eaux *m*; (paper) filigrane *m*; **—proof,** *a* imperméable; **— -tank,** *n* réservoir *m*; **—tight,** *a* étanche; **—works,** *npl* ouvrages hydrauliques *mpl*.

watering, ou'oa-teur-inng, *n* arrosage *m*; abreuvage *m*; **— -can,** arrosoir *m*; **— -place,** station thermale *f*.

wave, ouéve, *n* (sea, etc) vague *f*; (radio, etc) onde *f*. *v* (flags, etc) flotter; agiter; (to somebody) faire signe; (sway) se balancer; (hair) onduler; **— -length,** *n* longueur d'onde *f*.

waver, ouéve'-'r, *v* hésiter, être indécis.

wavering, ouévé'-eur-inng, *a* indécis, irrésolu.

wavy, ouévé'-i, *a* onduleux; (hair) ondulé.

wax, ouàxe, *v* cirer. *n* cire *f*; **— -works,** musée de figures de cire *m*.

way, oué, *n* chemin *m*; manière *f*, façon *f*; **— in,**

entrée f; **—lay,** v dresser un guetapens; **— out,** n sortie f; **—through,** passage m; **—ward,** a entêté; capricieux.

we, oui, *pron* nous.

weak, ouïque, *a** faible; infirme; débile; **—en,** v affaiblir; **—ening,** a débilitant; **—ling,** n être faible m; **—ness,** faiblesse f.

weal, ouîle, n bien-être m; (mark) marque f.

wealth, ouèlts, n richesse f, opulence f.

wealthy, ouèlts'-i, a riche, opulent.

wean, ouîne, v sevrer; (fig) détacher de.

weapon, ouèp'-'n, n arme f.

wear, ouère, n (by use) usage m. v (carry) porter; (last) durer; **—able,** a mettable; **— out (away),** v user; (fatigue) épuiser.

weariness, ouî'-ri-nesse, n lassitude f, ennui m.

weary, ouî'-ri, a las; ennuyé. v fatiguer; **— of,** se lasser de.

weasel, ouî-z'l, n belette f.

weather, ouèdz'-'r, n temps m. v surmonter; **—-bound,** a retenu par le mauvais temps; **—cock,** n girouette f; **—-report,** bulletin météorologique m.

weave, ouîve, v tisser; **—r,** n tisserand m.

web, ouèbe, n (spider) toile f.

webbing, ouèbe'-inng, n sangle f.

web-footed, ouèbe-foutt'-èdde, a palmé.

wed, ouède, v se marier, épouser; (perform ceremony) marier.

wedding, ouède'-inng, n mariage m; **—-breakfast,** repas de noce m; **—-ring,** alliance f.

wedge, ouèdje, n coin m, cale f. v caler; **— in,** serrer, presser.

wedlock, ouède'-loque, n mariage m.

Wednesday, ou'ennze'-dé, n mercredi m.

weed, ouîde, n mauvaise herbe f. v sarcler.

week, ouïque, n semaine f; **— -day,** jour de semaine m; **—-end,** fin de semaine f; week-end m; **—ly,** a hebdomadaire.

weep, ouîpe, v pleurer.

weevil, ouî-v'l, n charançon m.

weigh, oué, v peser; (mentally) considérer; **—ing-machine,** n bascule f.

weight, ouéte, *n* poids *m*; **—y,** *a* pesant; grave.

weir, ouire, *n* barrage *m*.

weird, ouirde, *a* étrange, fantastique.

welcome, ouell'-*keume*, *n* bienvenue *f*. *a* bienvenu. *v* bien recevoir; accueillir.

weld, ouelde, *v* souder.

welfare, ouell'-fére, *n* bien-être *m*; prospérité *f*.

well, ouell, *n* puits *m*. *adv* bien. *a* bon; **— -being,** *n* bien-être *m*; **— -bred,** *a* bien élevé; **— done,** (meat, etc) bien cuit.

welt, ouelte, *n* (shoe, etc) trépointe *f*.

wend, ouennde, *v* aller; se diriger vers.

west, ouesste, *n* ouest *m*; occident *m*.

westerly, ouess'-*teur*-li, *a* d'ouest; occidental.

wet, ouette, *n* humidité *f*. *a* humide; mouillé; (weather) pluvieux. *v* mouiller.

wet-nurse, ouette'-neurce, *n* nourrice *f*.

whack, houàque, *v* rosser, battre.

whale, houéle, *n* baleine *f*; **— -bone,** baleine *f*.

whaler, houél'-*eur*, *n* baleinier *m*.

wharf, hou'oarfe, *n* quai *m*; embarcadère *m*.

what, houotte, *pron* ce qui, ce que; que; quoi; qu'est-ce qui, qu'est-ce que. *a* quel, quelle, quels, quelles.

whatever, houotte-èv'-*r*, *pron & a* tout ce qui, tout ce que; quel que soit; quelque . . . que.

wheat, houîte, *n* froment *m*, blé *m*.

wheedle, houîdd'-'l, *v* cajoler, câliner.

wheel, houîle, *n* roue *f*. *v* faire rouler; **spinning-—,** *n* rouet *m*; **— -barrow,** brouette *f*; **— -wright,** charron *m*.

wheezy, houîz'-i, *a* poussif.

whelk, hou'èlque, *n* buccin *m*.

when, houenne, *adv* quand; lorsque; où, que; **—ce,** d'où; **—ever,** chaque fois que.

where, houère, *adv* où; **—about(s),** où; **—as,** *conj* tandis que; (law) vu que; **—at,** *adv* sur quoi; **—by,** par quoi; **—fore,** c'est pourquoi; **—in,** dans lequel; **—on,** sur lequel.

wherever, houère-èv'-*r*, *adv* partout où.

whet, houette, *v* aiguiser.

whether, houèdz'-*r*, *conj* si; soit que, que.

which, houitche, *pron* qui; que; lequel, laquelle, lesquels, lesquelles.

whichever, houitch-èv'-'r, *pron* lequel, laquelle, lesquels, lesquelles.

while, houâîle, *v* passer. *conj* pendant que.

whim, houimme, *n* lubie *f*; caprice *f*; —**sical,** *a* capricieux.

whimper, houimm'-p'r, *v* pleurnicher.

whine, houâîne, *v* gémir; (*fig*) pleurnicher.

whip, houippe, *n* fouet *m*. *v* fouetter; (riding whip) cravacher; (cream) fouetter.

whirl, hou'eurle, *v* faire tourner; —**pool,** *n* tourbillon *m*; —**wind,** tourbillon *m*.

whisk, houisske, *n* (cookery) fouet *m*. *v* (eggs) battre; (cream) fouetter.

whiskers, houissk'-eurze, *npl* favoris *mpl*; (cat) moustaches *fpl*.

whisky, houiss'-ki, *n* whisky *m*.

whisper, houiss'-p'r, *v* chuchoter. *n* chuchotement *m*.

whist, houisste, *n* (cards) whist *m*.

whistle, houiss'-'l, *n* sifflet *m*. *v* siffler.

whistling, houiss'-linng, *n* sifflement *m*.

white, houâîte, *n* & *a* blanc *m*; — **bait,** *n* blanchaille *f*; —**ness,** blancheur *f*; — **of egg,** blanc d'œuf *m*; —**wash,** *v* (lime) blanchir à la chaux.

whither, houidz'-'r, *adv* où.

whiting, houâîte'-inng, *n* (fish) merlan *m*.

Whitsuntide, houitt'-s'n-tâîde, *n* Pentecôte *f*.

whiz, houize, *v* siffler.

who, houe, *pron* qui.

whoever, houe-èv'-'r, *pron* quiconque.

whole, haule, *n* tout; total *m*. *a* tout; entier; —**sale,** *n* vente en gros *f*. *a* en gros; —**some***, sain; salubre.

wholly, haul'-li, *adv* entièrement.

whom, houme, *pron* que; qui; lequel, laquelle, lesquels, lesquelles.

whoop, houpe, *v* huer. *n* cri *m*.

whooping-cough, houp'-inng-coaf, *n* coqueluche *f*.

whore, haure, *n* prostituée *f*.

whose, houze, *pron* dont.

whosoever, (see **whoever**).

why, houâî, *adv* pourquoi.

wick, ouique, *n* mèche *f.*

wicked*, ouïk'-ide, *a* méchant; mauvais; criminel.

wickedness, ouïk'-ide-ness, *n* méchanceté *f.*

wicker, ouïk'-r, *n* osier *m.*

wide, ouaïde, *a* large; vaste; étendu; — -awake, bien éveillé; (*fig*) vif; sur ses gardes; —ly, *adv* largement; très; — -spread, *a* répandu.

widen, ouaïde'-'n, *v* élargir; s'élargir.

widow, ouid'-au, *n* veuve *f.*

widower, ouid'-au-r, *n* veuf *m.*

width, ouïdts, *n* largeur *f;* (extent) étendue *f.*

wield, ouïlde, *v* manier; (power) détenir.

wife, ouaïfe, *n* femme *f;* femme mariée *f;* épouse *f.*

wig, ouigue, *n* perruque *f.*

wild*, ouaïlde, *a* sauvage, farouche; (*fig*) furieux.

wilderness, ouil'-d'r-ness, *n* désert *m;* solitude *f.*

wile, ou'âîle, *n* ruse *f;* artifice *m.*

wilful*, ouil'-foull, *a* volontaire; (act) prémédité.

will, ouil, *n* volonté *f;* testament *m. v* vouloir; (bequeath) léguer; **good- —,** *n* (com) clientèle *f.*

willing, ouil'-inng, *a* consentant; complaisant; —ly, *adv* volontiers; —ness, *n* bonne volonté *f.*

will-o'-the-wisp, ouil-ô-dzi-ouïspe', *n* feu follet *m.*

willow, ouil'-au, *n* saule *m;* **weeping- —,** saule pleureur *m.*

wily, ou'âï'-li, *a* astucieux; malin.

win, ouinne, *v* gagner; (victory) remporter; **—ner,** *n* gagnant, -e *m & f;* **—ning,** *a* (manners) engageant; **—ning-post,** *n* poteau d'arrivée *m;* but *m;* **—nings,** gain *m.*

wince, ouinnce, *v* reculer, tressaillir.

winch, ouinntche, *n* treuil *m.*

wind, ouaïnnde, *v* enrouler; (road, river, etc) serpenter; **—ing,** *a* sinueux; (stairs) en colimaçon; **— up,** *v* rouler; (clock) remonter; (com) liquider.

wind, ouinnde, *n* vent *m;* flatulence *f;* **-fall,** (luck) aubaine *f;* **-mill,** moulin à vent *m;* **-pipe,** trachée-artère *f;* **-ward,** côté du vent *m;* **to be -y,** *v* (weather) faire du vent.

windlass, ouinnde'-lasse, *n* cabestan *m.*

window, ouinn'-dau, *n* fenêtre *f*, croisée *f*; (car, etc) glace *f*; (shop) vitrine *f*; **— shopping,** *n* lèche-vitrines *m*.

wine, ouâïne, *n* vin *m*.

wine-glass, ouâïne'-glâce, *n* verre à vin *m*.

wing, ouinng, *n* aile *f*; (theatre) coulisse *f*.

wink, ouinnque, *v* cligner de l'œil. *n* clin d'œil *m*.

winkle, ouinnque'-'l, *n* bigorneau *m*.

winter, ouinn'-t'r, *n* hiver *m*. *v* passer l'hiver, hiverner.

wipe, ouâïpe, *v* essuyer; **—off,** *v* effacer.

wire, ouâïre, *n* fil de fer *m*; **—less,** sans fil; *n* (radio) radio; T.S.F.

wisdom, ouiz'-d'm, *n* sagesse *f*; prudence *f*.

wise*, ouâïze, *a* sage; prudent.

wish, ouiche, *n* souhait *m*, vœu *m*; désir *m*. *v* souhaiter; désirer; vouloir.

wishful, ouiche'-foull, *a* désireux.

wisp, ouïsspe, *n* touffe *f*; (straw) bouchon de paille *m*; (hair) mèche *f*.

wistaria, ouïss-terr'-i'a, *n* glycine *f*.

wistful*, ouïsst'-foull, *a* pensif; d'envie; de regret.

wit, ouitte, *n* esprit *m*; **to —,** à savoir; c'est-à-dire.

witch, ouitche, *n* sorcière *f*.

witchcraft, ouitche'-crâfte, *n* sorcellerie *f*.

with, ouidz, *prep* avec; chez; de.

withdraw, ouidz-droa', *v* retirer; se retirer.

wither, ouidz'-'r, *v* se faner, se flétrir.

withhold, ouidz-hauldé', *v* retenir; (sanction) refuser.

within, ouidz-inné', *prep* dans; en. *adv* à l'intérieur.

without, ouidz-à'oute', *prep* sans. *adv* (outside) dehors.

withstand, ouidz-stândné', *v* résister à.

witness, ouitt'-nesse, *n* témoin *m*. *v* témoigner.

wits, ouittse, *npl* jugement *m*; **to live by one's —,** vivre d'expédients.

witticism, ouitt'-i-cizme, *n* trait d'esprit *m*.

witty, ouitt'-i, *a* spirituel.

wizard, ouiz'-eurde, *n* sorcier *m*, magicien *m*.

wobble, ou'obbe'-'l, *v* branler; vaciller.

woe, ou'au, *n* malheur *m*; peine *f*.

woeful*, ou'au'-foull, *a* triste; affligé.

wolf, ou'oulf, *n* loup *m*; **she- —,** louve *f.*

woman, ou'oum'-m'n, *n* femme *f.*

womanhood, ou'oum'-m'n-houdde, *n* état de femme *m.*

womanly, ou'oum'-m'n-li, *a* féminin.

womb, ou'oumme, *n* utérus *m*; matrice *f*; (*fig*) sein *m.*

wonder, ouonn'-d'r, *n* merveille *f.* *v* s'émerveiller de; s'étonner de; (doubt) se demander.

wonderful, ouonn'-d'r-foull, *a* merveilleux; étonnant.

woo, ou'ou, *v* faire la cour à; **-er,** *n* prétendant *m.*

wood, ou'oude, *n* bois *m.*

woodcock, ou'oude'-coque, *n* bécasse *f.*

wooden, ou'oude'-n, *a* de bois.

woodpecker, ou'oude-pèque'-r, *n* pivert *m.*

woody, ou'oud'-i, *a* (trees) boisé.

wool, ou'oul, *n* laine *f.*

woollen, ou'oul'-n, *a* de laine.

woolly, ou'oul'-i, *a* laineux.

word, ouerde, *n* mot *m*, parole *f*; (news) nouvelles *fpl.* *v* (verbal) exprimer; (written) rédiger; **— of honour,** *n* parole d'honneur *f.*

wording, ouerde'-inng, *n* termes *mpl*; style *m*; rédaction *f.*

work, ouerque, *v* travailler; (mine) exploiter; (*mech*) fonctionner, marcher. *n* travail *m*; ouvrage *m*; (literary) œuvre *f.*

worker, ouerque'-r, *n* travailleur, **-euse** *m* & *f.*

workhouse, ouerque'-hâ'ouce, *n* asile des pauvres *m.*

working, ouerque'-inng, *n* (*mech*) fonctionnement *m*, marche *f*; (mine) exploitation *f*; (handling) manœuvre *f*; **— expenses,** frais d'exploitation *mpl.*

workman, ouerque'-m'n, *n* ouvrier *m*; **—ship,** exécution *f*; façon *f.*

works, ouerque'se, *npl* usine *f*; (*mech*) mécanisme *m.*

workshop, ouerque'-choppe, *n* atelier *m.*

world, ouerlde, *n* monde *m*, univers *m.*

worldly, ouerlde'-li, *a* mondain.

worm, ouerme, *n* ver *m*; (screw) filet *m.*

worm-eaten, ouerme'-ïtt'-n, *a* vermoulu.

worry, ouorr'-i, *n* tracas *m*; (anxiety) tourment *m.*

v s'inquiéter; se tracasser; se tourmenter; (bother) ennuyer.

worse, oueurse, *adv* pis. *a* pire.

worship, oueur'-chippe, *v* adorer. *n* adoration *f;* (divine) culte *m.*

worst, oueurste, *a* le pire. *n* le pis *m.*

worsted, ou'ouss'-tèdde, *n* (yarn) fil de laine *m.*

worth, oueurts, *n* valeur *f;* mérite *m. a* qui vaut; **to be —,** *v* valoir; mériter; **to be —while,** valoir la peine.

worthily, oueurdz'-i-li, *adv* dignement.

worthless, oueurts'-lesse, *a* sans valeur.

worthy, oueurdz'-i, *a* digne; méritant.

would-be, ou'oude'-bî, *a* soi-disant; prétendu.

wound, ou'ounde, *n* blessure *f;* plaie *f. v* blesser.

wrangle, rain'-ng'l, *v* se disputer. *n* querelle *f.*

wrap, râppe, *n* sortie de bal *f. v* envelopper; **— up,** (oneself) s'emmitoufler.

wrapper, râppe'-'r, *n* enveloppe *f;* (postal) bande *f;* (book) couverture *f.*

wrath, roats, *n* courroux *m,* colère *f.*

wreath, rits, *n* couronne *f.*

wreathe, ridz, *v* entrelacer.

wreck, rèque, *n* naufrage *m;* (fig) ruine *f. v* faire naufrage; (fig) ruiner; **—age,** *n* (pieces of ship, etc) épaves *fpl.*

wrecked, rèkte, *a* naufragé; ruiné.

wren, rène, *n* roitelet *m.*

wrench, renntche, *n* arrachement violent *m;* (sprain) entorse *f;* (tool) clé anglaise *f. v* tordre; (pull) arracher.

wrestle, ress'-'l, *v* lutter.

wrestler, ress'-l'r, *n* lutteur *m.*

wretch, rètche, *n* misérable *m & f.*

wretched, rétch'-edde, *a* triste; (person) misérable.

wretchedness, rétch'-edde-ness, *n* misère *f.*

wriggle, rigg'-'l, *v* se tortiller; **— through,** se faufiler.

wring, rinng, *v* tordre; (washing) essorer.

wrinkle, rinng'-k'l, *n* ride *f. v* rider; (brow) froncer.

wrist, risste, *n* poignet *m.*

writ, rite, *n* assignation *f;* commandement *m.*

write, râïte, *v* écrire.

writer, râîte'-'r, *n* auteur *m*, écrivain *m*.

writhe, râîdz, *v* se tordre.

writing, râîte'-inng, *n* écriture *f*; inscription *f*;
hand—, écriture *f*; **in —,** *adv* par écrit.

writing-pad, râîte'-inng-pàdde, *n* (blotter) sous-
main *m*; (note-paper) bloc-notes *m*.

writing-paper, râîte'-inng-pé'-pr, *n* papier à lettres.

written, ritt'-'n, *a* écrit.

wrong, ron-ng, *n* tort *m*; injustice *f*. *v* faire tort à.
a* faux; mauvais; mal; injuste; illégal; **— side,**
n mauvais côté *m*; (material) envers *m*; **to be —,**
avoir tort.

wrought iron, roat àî'-*eurne,* *n* fer forgé *m*.

wry, râî, *a* de travers, tordu; **— face,** *n* grimace *f*.

wryneck, râî'-nèque, *n* torticolis *m*; (bird) torcol *m*.

Xmas (Christmas), criss'-meusso, *n* Noël *m*.

x-rays, èkce-réze, *npl* rayons X *mpl*; (X-ray
photograph) radiographie *f*. *v* radiographer.

xylophone, sâî'-lo-faune, *n* xylophone *m*.

yacht, i'ôte, *n* yacht *m*.

yachting, i'ote'-inng, *n* yachting *m*.

yard, i'ârde, *n* cour *f*; (measure) yard *m*; (ship,
timber, etc) chantier *m*.

yarn, i'ârne, *n* fil *m*; (story) histoire *f*.

yawn, i'oanne, *v* bâiller. *n* bâillement *m*.

yawning, i'oann'-inng, *n* bâillement *m*. *a* (*fig*) béant.

year, i'îre, *n* an *m*, année *f*.

yearly, i'ire'-li, *a* annuel. *adv* annuellement.

yearn, i'eurne, *v* soupirer après; languir pour.

yearning, i'eurne'-inng, *n* désir *m*; aspiration *f*.

yearningly, i'eurne'-inng-li, *adv* ardemment.

yeast, yi'iste, *n* levure *f*, levain *m*.

yellow, i'ell'-au, *n* & *a* jaune *m*.

yelp, i'elpe, *v* glapir, japper. *n* glapissement *m*.

yes, i'ess, *adv* oui; (after negative question) si.

yesterday, i'ess'-t'r-dé, *adv* & *n* hier *m*.

yet, i'ette, *adv* encore; déjà. *conj* cependant.

yew, i'oue, *n* if *m*.

yield, yi'ilde, *v* céder; produire; (bring in) rapporter.
n rapport *m*; produit *m*.

yoke, i'auke, *n* joug *m*; (*fig*) sujétion *f*. *v* mettre au
joug; subjuguer.

yokel, i'au-k'l, *n* rustre *m*.

yolk, i'auke, *n* jaune d'œuf *m*.

yonder, i'onn'-d'r, *adv* là-bas. *a* ce . . . là.

you, i'oue, *pron* vous; (*fam*) tu; te; toi.

young, i'onng, *a* jeune. *n* (animals) petits *mpl*.

youngster, i'onng'-st'r, *n* jeune garçon, fille.

your, i'our, *poss a* votre, vos.

yours, i'ourze, *poss pron* le vôtre, la vôtre, les
vôtres.

youth, i'outs, *n* jeunesse *f*; (lad) jeune homme *m*.

youthful, i'outs'-foull, *a* jeune; juvénile.

youthfulness, i'outs'-foull-nesse, *n* jeunesse *f*.

Yule-tide, i'oule'-taïde, *n* temps de Noël *m*.

zeal, zíle, *n* zèle *m*.

zealous, zèl'-euce, *a* zélé; ardent.

zebra, zi'-bra, *n* zèbre *m*; — **crossing,** *n* passage
clouté *m*.

zenith, zenn'-*its*, *n* zénith *m*.

zephyr, zèf'-'r, *n* zéphyr *m*.

zero, zi'-rau, *n* zéro *m*.

zest, zeste, *n* ardeur *f*; (relish) saveur *f*.

zinc, zinnque, *n* zinc *m*. *v* zinguer.

zip-fastener, zipe-fâs'-s'n-'r, *n* fermeture-éclair *f*.

zone, zaune, *n* zone *f*.

zoo, zou, *n* zoo *m*.

zoological, zau-ôl-odj'-i-c'l, *a* zoologique.

zoology, zau-ol'-odj-i, *n* zoologie *f*.

hugo

POCKET DICTIONARIES

All with Imitated Pronunciation

also issued in

German-English/English-German
Spanish-English/English-Spanish
Italian-English/English-Italian
Russian-English/English-Russian
Dutch-English/English-Dutch
English Pocket Dictionary
(*without pronunciation*)

★

POCKET PHRASE BOOKS

for

France, Germany, Spain, Greece,
Italy, Holland, Scandinavia and
Portugal

*Essential words and phrases, with
lots more useful information.*